ZU DIESEM BUCH: Unter der Oberfläche der westlichen Kultur verläuft der Strom einer geheimen Tradition, die nie aufgehört hat zu existieren. Viele große Leute der europäischen Geistesgeschichte haben ihr angehört, auch wenn ihre Biographien diese Tatsache kaum erwähnen. In einem von einer materialistischen Wissenschaft dominierten Klima hatte dieser Bereich keinen Platz. Doch in der heutigen Zeit, die von einer ungeheuren Sinnkrise beherrscht wird, interessieren sich immer mehr Menschen für dieses verborgene Wissen.

In der Flut der esoterischen Bücher ist wirklich verläßliche Information dünn gesät. Unter Kennern galt immer das zweibändige Werk «Der westliche Weg» als unübertroffene Einführung in dieses vielschichtige Gebiet. Ob Sie sich für Schamanismus, Naturreligionen, Mysterienschulen, Magie, Alchemie, Tarot, die Kabbala interessieren, hier finden Sie eine klare und differenzierte Einführung in das jeweilige Thema. Ein umfassendes Literaturverzeichnis ermöglicht ein tiefergehendes Studium. Doch was das Buch auszeichnet, sind die vielen praktischen Übungen. Wer sich auf sie einläßt, kann selbst überprüfen, was die Autoren an Erkenntnissen vermitteln. Totes Wissen wird dadurch zur lebendigen Erfahrung.

Endlich liegt dieses Standardwerk des esoterischen Wissens in einer einbändigen Ausgabe wieder vor.

Caitlín und John Matthews sind Experten auf dem Gebiet des Schamanismus und der keltischen Mythologie. Sie haben mehrere Bücher zu diesen Themen veröffentlicht und halten Vorträge und Workshops in der ganzen Welt.

CAITLÍN UND JOHN MATTHEWS

Der westliche Weg

Ein praktischer Führer in die Geheimlehren des Westens

Mit einem Vorwort von
Gareth Knight
Deutsch von
Malwine Blunck

Rowohlt Taschenbuch Verlag

rororo transformation
Herausgegeben von Bernd Jost

Sonderausgabe Mai 1999

Veröffentlicht im Rowohlt Taschenbuch Verlag
GmbH, Reinbek bei Hamburg, August 1988, März 1989

Die englische Originalausgabe erschien 1985/86 im Verlag
Arkana Paperbacks, Routledge & Kegan
Paul plc. London, unter dem Titel
«The Western Way – A Practical Guide
to the Western Mystery Tradition»
Volume 1: *The Native Tradition*
Volume 2: *The Hermetic Tradition*

Umschlaggestaltung Walter Hellmann
(Illustration: Cordula Schmidt)
Druck und Bindung Clausen & Bosse, Leck
Printed in Germany
ISBN 3 499 60811 1

BAND I

Ein praktischer Führer in die alten Geheimlehren

Inhalt

BAND 1

Danksagungen

Wir möchten all denen danken, die halfen, dieses Buch besser zu machen... obwohl wir natürlich für jegliche Fehler verantwortlich sind.

Besonderer Dank geht an Basil und Roma Wilby, Bob Stewart, Marian Green, Naomi Humphrey, Jerry Ozaniec, Vivienne Jones, Dick Swettenham, Tony Willis und alle übrigen von der Gesellschaft von Hawkwood; außerdem an Geoffrey Ashe, Delenath und alle in Chanctonbury und an all die Helfer, die die praktischen Übungen testeten.

Für Dolores Ashcroft-Nowicki
und für alle, die an die Möglichkeit glauben,
Dinge aus der Zauberwelt zurückzubringen

Die mythische Wahrheit ist die ganze Wahrheit
P. L. Travers in einer Radiosendung

Vorwort

Dies ist ein Buch, das ein großes Bedürfnis unserer Zeit erfüllt. Und es erfüllt dieses sehr gut.

Es besteht ein Bedürfnis nach einer rationalen und informativen Beschreibung darüber, wie man die Kräfte begreifen kann, die die Struktur der «inneren Welten» formen: diese verborgenen Kräfte, die die äußere Welt, die wir mittels unserer physischen Sinne kennen, stützen und gestalten. Denn eine Vergegenwärtigung des Bedürfnisses, mit diesen anderen Dimensionen der Realität ins Einvernehmen zu gelangen, wird den westlichen Menschen immer deutlicher gewahr.

Diejenigen, die dieses Bedürfnis noch nicht erkannt haben, sind manchmal erschrocken über das, was sie als «Flucht vor dem Verstand» ansehen. Wie auch immer, diese «Flucht» sollte als das wahrgenommen werden, was sie ist. Es ist kein gedankenloser wilder Rückzug von Unverantwortlichen, sondern das beflügelnde Aufschwingen einer beseelten Intuition, die nicht länger mit der intellektuellen Beschäftigung mit oberflächlichen Erscheinungen zufrieden ist.

Andere beklagen, was sie «Herumpfuschen im Okkulten« zu nennen belieben, das sie entweder für unnütz, albern oder pervers fehlgeleitet halten. Während auch wir nicht danach trachten würden, den okkulten Dilettanten zu ermutigen, fühlen diejenigen von uns, die mehr Jahre mit dieser Forschung verbracht haben, als sie wahrhaben möchten, mit aller gebotener Bescheidenheit, daß wir an Weisheit und menschlicher Erfüllung eher gewonnen denn verloren haben.

Es gibt unter uns keinen Mangel an fähigen, verantwortungsvollen Bürgern – auch wenn die weniger gut unterrichteten manchmal ungläubig nach Luft schnappen mögen, wenn sie mit unserer Sicht der Wahrheit konfrontiert werden. Wir wissen, daß es kein leichter Eskapismus ist, sondern ein hartes und prüfendes, wenn auch unendlich lohnendes Ringen um Wahrheit: Wahrheit darüber, was wir selbst sind; über unseren Platz im Universum und über unsere Pflichten vor Gott und dem Rest der Schöpfung.

Stereotype politische, wissenschaftliche und religiöse Antworten lassen viele Menschen heute unbefriedigt zurück. Die Suche im Innern nach den tieferen Problemen mag ein Ausweg aus der nuklearen oder ökologischen Krise sein – obwohl sie letzten Endes sogar tiefgründiger ist als das! Krisen kommen und gehen. Die Beziehung des Menschen zur Ewigkeit ist immerwährend.

John und Caitlín Matthews bringen in das Thema nicht nur Gelehrsamkeit, Ausgewogenheit und gesunden Menschenverstand ein, sondern auch eine breite praktische Erfahrung. Einige Bereiche dieser Erfahrung habe ich geteilt, und so empfehle ich vertrauensvoll jedem, sich in die führenden Hände der Autoren dieses Buches zu begeben. Sie werden nicht in die Irre geleitet.

Darüber hinaus haben die Autoren ein breites Wissen und Weisheit, die viele marktschreierische okkulte Vielwisser an ihren Platz verweist. Sie sind ebenso in den engelgleichen Höhen des christlichen Mystizismus zu Hause wie bei den «Herr-lichen» in den Tiefen der ausgehöhlten Hügel. Und dies ist lebendige Erfahrung, nicht reines Buchwissen. Obwohl, wie die Leser bald feststellen werden, ihre literarischen Quellen umfassend sind.

Dies ist ein Lehrbuch für die Gegenwart und die Zukunft. Die altertümlichen okkulten Gruppen mit ihrer Gesamtheit an Doktrinen und starren esoterischen Strukturen gehören schnell der Vergangenheit an. Ihr Gutes ist getan. Ihre gewichtigen Bände voller Doktrinen bleiben als Monumente und Meilensteine am Weg zurück.

Sie mögen uns jetzt noch helfen. Doch die esoterischen Schüler der Gegenwart und Zukunft werden solche sein, die für das unmittelbar vorliegende Ziel in eklektischer Freiheit nehmen, was sie finden können. Ihre Ausbildung wird nicht weniger streng sein, weil sie offener und unstrukturierter ist, ihre Arbeitsgruppe nicht weniger wirksam, trotz ihres relativen Durchgangs-, sogar Ad-hoc-Charakters.

Um es mit einer vertrauten, wenn auch etwas überstrapazierten Wendung auszudrücken, dies ist der Zugang zur okkulten Ausbildung im Neuen oder Wassermann-Zeitalter.

John und Caitlíns *Westlicher Weg* liefert einen Ariadnefaden, um einer neuen Generation von Suchern zu helfen, ihren Weg durch das Labyrinth zu finden. Und ein Stück Weges zu gehen, um weniger abenteuerlustige Seelen darüber aufzuklären, was dies Labyrinth, das wir unsere Welt nennen, bedeutet.

Gareth Knight

EINFÜHRUNG

Die inwendige Spirale

«Unsere Aufgabe ist es, die Schriftführer, die Deuter und Bewahrer der Erinnerungen unserer Vorfahren zu sein.»
William Stukely

«Die Menschen sind, mehr als man wahrhaben will, ein Ausdruck des Teils der Erde, auf dem sie leben. Eine Rose des Westens sollte nicht danach verlangen, so zu blühen wie der Lotus des Ostens.»
Gareth Knight *The Rose Cross and the Goddess*

Mit dem Faden durch das Labyrinth

1968 erschien ein Buch mit dem Titel *Die Westliche Mysterientradition*[105]. Sein Thema war die Grundlage primitiver Mythen, auf der die meisten Systeme westlicher Magie basieren. Seine Autorin, Christine Hartley, war Mitglied einer der führenden esoterischen Schulen jener Zeit und daher in der außerordentlichen Lage, die magische Tradition von innen heraus erläutern zu können. Erstaunlicherweise war ihr Buch beinahe das erste seit der Renaissance, das sich mit den westlichen Mysterien getrennt von denen des Ostens auseinanderzusetzen versuchte, und dies mit besonderem Schwerpunkt auf den ursprünglichen Riten und Techniken. Es gab und gibt immer noch zahllose Veröffentlichungen über

Kabbala, Tarot, Astrologie und eine große Zahl anderer Disziplinen, aber es gab noch keinen ernsthaften Versuch, Christine Hartleys Beispiel zu folgen. Während ihr Buch aufgrund seiner Einsichten und Erkenntnisse noch immer wertvoll ist, läßt es viele Fragen unbeantwortet. Es versucht zum Beispiel nicht, die älteren einheimischen Mysterientraditionen zu denen der späteren, sogenannten hermetischen Schulen in Beziehung zu setzen. Die eine hätte jedoch ohne die andere kaum existieren können, und es gibt immer noch eine wichtige Beziehung zwischen ihnen. Teils um diese Lücke zu füllen, wurde das vorliegende Buch geschrieben, teils auch um das alte Sprichwort zu widerlegen, daß man aus der Zauberwelt nichts mit zurückbringen könne. Es gibt tatsächlich viel zurückzubringen, vieles, das für uns heute bei unserer beständigen Suche nach einer transzendenten Wirklichkeit von Wert sein kann. Vor allem ist es unsere Absicht, eher eine inhaltliche anstatt einer chronologischen Sicht der westlichen Mysterien zu liefern: eine Sicht, die als praktischer Führer durch das unendliche Reich dienen kann, das wir besuchen mögen, in dem wir aber größtenteils Fremde in einem fremden Land bleiben.

Doch zuerst ist es notwendig, einige der Begriffe zu definieren, die in diesem Buch verwendet werden und die aus verschiedenen Gründen unbekannt sein mögen.

Der erste ist der Begriff «Westlicher Weg» selbst. Hiermit beziehen wir uns auf einen Hauptteil esoterischen Lehrens und Wissens, der ein System magischer Techniken und magischen Glaubens ausmacht, die zum Anbeginn der Zeit zurückgehen – der «Vorzeit», in der unsere Ahnen die inneren Reiche der Existenz zu erforschen begannen. Und es ist ein «Westlicher» Weg, um ihn klar von den östlichen und orientalischen Systemen zu unterscheiden, die in den letzten Jahren im Westen so stark Fuß gefaßt haben, aber eigentlich weniger anwendbar sind als unsere eigenen einheimischen Traditionen.

Aus zwei Gründen haben wir entschieden, diesen Begriff zu verwenden, anstatt des üblicheren «Westliche Mysterientradition». Erstens machen die Disziplinen, die normalerweise unter dieser Überschrift zusammengefaßt werden – Kabbala, Alchemie, Gnostizismus, die okkulten Wissenschaften –, nicht die vollständige Geschichte aus; und zweitens ist es eigentlich ein Weg, dem wir folgen werden: ein Weg, den viele vor uns gegangen sind und der noch von vielen begangen werden wird. Nichtsdestoweniger stellt

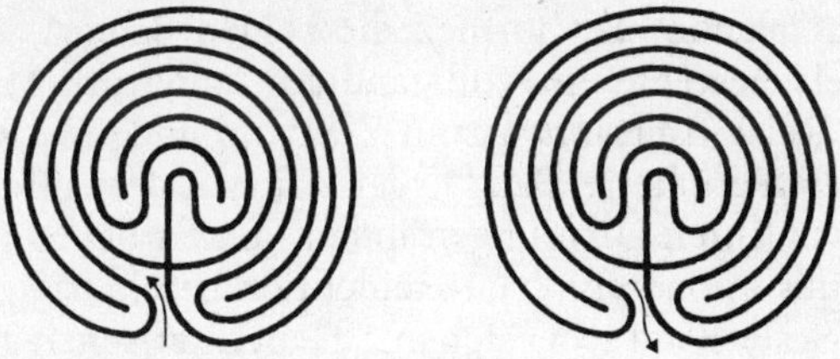

Abb. 1

jener Begriff immer noch einen äußerst nützlichen Bezugsrahmen dar, was Definitionen angeht: «Westlich» eher als östlich; «Mysterien», weil verborgenes, esoterisches Wissen; «Tradition», weil es sich um Material handelt, das mündlich weitergegeben wurde oder von der Gruppenseele des Planeten bzw. dem rassischen Stammesbewußtsein empfangen wurde. Mit diesen wenigen Definitionen im Kopf können wir beginnen.

Stellen Sie sich also vor, daß Sie dabei sind, sich auf eine Reise in ein unermeßlich fernes und fremdes Land zu begeben. Wen nehmen Sie als Begleiter und Führer mit? Wenn Sie weise sind, werden Sie jemanden auswählen, der den Weg kennt und mit dem Terrain vertraut ist. Genauso, falls Sie sich entscheiden, Ihre eigene *innere* Landschaft zu erkunden, die aus Ihrem kulturellen Hintergrund und Ihrer Tradition heraus bevölkert ist, sollten Sie danach streben, soviel Sie können über diejenigen zu erfahren, die Sie auf dem Weg treffen: was sie zu Ihnen sagen werden, welche Symbole sie zeigen werden. Sie müssen wissen, welche Worte bestimmte Türen öffnen und wie diejenigen, die diese hüten, anzusprechen sind. Sie werden Landkarten brauchen.

Eine solche Landkarte ist das symbolische Diagramm, das als Labyrinth bekannt ist, und obwohl Sie vielen anderen wiederkehrenden Abbildern überall in diesem Buch begegnen werden – dem Baum, dem Kreis, dem Kreuz, um nur drei zu nennen –, ist es eins der wichtigsten. Das Labyrinth als ein Symbol des Einweihungspfades findet man an vielen Mysterienplätzen überall in der Welt.

Es ist ein lebendiges Bildzeichen des westlichen Weges, durch das alle auf der Suche nach ihrem Schicksal im Rahmen der Mysterien hindurchgehen müssen.

Zusammengenommen formen die beiden Bände*, aus denen diese Arbeit besteht, ein vollständiges Labyrinth-Muster, das heißt eine Reise nach *innen* zum Zentrum und eine Reise nach *außen* an die Peripherie. Band 1, der sich mit der einheimischen Tradition von ihren Ursprüngen in der Vorzeit bis zu ihren heutigen Manifestationen im Neu-Heidentum beschäftigt, ist die inwendige Spirale. Band 2, der sich mit der hermetischen Tradition – so genannt nach ihrem vermutlichen Gründer Hermes Trismegistos – von ihren Anfängen im klassischen Altertum bis zur derzeitigen Wiedergeburt in der Arbeit zeitgenössischer magischer Schulen befaßt, ist die außengerichtete Spirale.

Zusammen formen diese beiden Pfade die prima materia des westlichen Weges: die einheimische Tradition, intuitiver, erdbewußt Göttinnen-orientiert; und die hermetische Tradition mit ihrer Betonung auf der Suche nach Wissen, Einheit mit der Gottheit, Überbewußtsein. Zusammen gleichen sie einander aus: der eine sondiert tiefer die ersten Mysterien menschlicher Bewußtheit; der andere sucht dieses innere Verständnis auf klarere und erklärende Weise zu benutzen. Hier lernt der Wanderer, was auf der inneren Reise gelehrt wurde, anzuwenden – es somit zurück ins Tageslicht tragend. Per definitionem kann die Reise nach außen nicht zum selben Platz zurückführen.

Der hermetische Weg ist in der Philosophia perennis begründet; die einheimische Tradition im Jenseits. Gott oder Gottheit wird von den einheimischen Traditionalisten als elementare Kraft gesehen; während sich in den hermetischen Schulen die Wahrnehmung von «Gott da draußen» zum Gott innerhalb des Selbst verschiebt. Die Evolution des Bewußtseins ist in beiden Traditionen eingeschlossen. Ebensowenig wie der Hermetiker ohne die Grundlagen der Einheimischen existieren kann, kann der Einheimische ohne die Projektion des Hermetikers fortschreiten. Sie sind die Wurzeln und Zweige des Baumes des westlichen Weges.

Christine Hartley wies in ihrer bahnbrechenden Studie darauf hin, daß «das ursprüngliche Wirken der Mysterien erst zurück-

* Der Westliche Weg, Band 2: Ein praktischer Führer zu Magie, Mystik und Alchemie (Nr. 8510), März 89

schaute und dann nach vorn, und auf ihre grundlegenden Lehren können wir die Traditionen und Mysterien unserer westlichen Schulen gründen».[105] Die Zwei-Bahn Reise in das Labyrinth hinein und heraus ist eine fortwährende Spirale der Entdeckung: wir gehen nach innen, um wieder herauszukommen, und wenn unser Faden voll abgewickelt ist, müssen wir nach innen zurückkehren, um Inventur zu machen, unsere Funde zu speichern und uns auszuruhen. Dies ist das Muster, dem wir folgen müssen, wenn wir den Wunsch haben zu lernen.

Westliche Volksdichtung

Während die meisten Leute denken, die «wahre» westliche Mysterientradition ruhe in der Hermetischen Tradition, sind andere davon überzeugt, sie im Kontext ihrer Grundlagen zu sehen. Diejenigen, die sich von den größeren Zivilisationen im Nahen Osten und dem Mittelmeerraum Einsicht in die Mysterien erwarten, übersehen deren Vergangenheit. Wie der Prophet gilt eine Tradition nichts im eigenen Land. Anderswo ist das Gras grüner und saftiger, und so wird es immer erscheinen. Wir haben viele Beispiele aus der britischen Tradition herangezogen, nicht nur, um den Westlichen Weg zu repräsentieren, sondern auch, weil wir aus unserer eigenen Erfahrung, dem Gedächtnis der Ahnen und dem traditionellen Erbe geschöpft haben. Was wir hier getan haben, kann genausogut für andere Traditionen und Kulturen getan werden. Der heimischen Tradition des Westens können sich alle nähern, die ein westliches Bewußtsein und eine kulturelle Identität haben.

Letztendlich sind Osten und Westen ganz unwichtig, doch hat jeder seinen Platz. Der westliche Weg ist hauptsächlich seit dem Beginn institutionalisierter Religion so vernachlässigt worden, daß die individuelle Suche aus den Augen verloren wurde. Die Retter und prophetischen Repräsentationsfiguren hatten alle ihren Sinn, doch der lag vor allem darin, die innere Suche zu stimulieren. «Suche zuerst das Königreich des Himmels – das in dir liegt.»[21] Um jenseits organisierter Religionsformen zu gelangen, müssen wir erst die Versatzstücke unserer Entwicklung aufsammeln, die Gegenströmungen, die Einflüsse und Ursachen, bevor wir in die Zeit vorangehen können, in der Mysterientraditionen weder östlich noch westlich sein werden.

Wie, also, definieren wir Westlich in «Westlicher Mysterientradition»? Geographisch gesehen, vom Nahen Osten westwärts. Kulturell ist die Grenzlinie weniger leicht zu definieren. Keiner von uns ist wirklich noch irgendwo ein Einheimischer. Sogar die Familien, die in, sagen wir, Schottland seit Generationen lebten, waren ursprünglich Eindringlinge nordischer, piktischer bzw. gälischer Herkunft, mit vielleicht einigen Tropfen «eingeborenen» Blutes. Es gibt keine reine Abstammung, keine unanfechtbaren Beweise für eine apostolische Nachfolge in der Volkstradition. Was einmal auf den britischen Inseln geschah, ist jetzt in den USA geschehen und auch anderswo. Ethnische Minderheiten haben Amerika in aufeinanderfolgenden Schüben «überfallen» – Engländer, Franzosen, Spanier, Deutsche, Skandinavier, Italiener, um nur einige zu nennen. Schließlich ist der kulturelle Spielraum um Juden aus allen Ländern, Griechen, Russen, Japaner, asiatische und afrikanische Völker erweitert worden.

In diesem Schmelzkessel der Völker und Stämme neigen die Menschen dazu, ihre verschiedenen einheimischen Traditionen im neuen Heimatland wenigstens einige Generationen lang aufrechtzuerhalten. Traditionen wurden einmal über längere Zeiträume bewahrt. Jetzt führt der Einfluß der Medien dazu, alle trennenden Barrieren aufzubrechen. Wie auch die Voraussagen lauten mögen, es ist zweifelhaft, ob die Menschheit der Zukunft eine Hautfarbe, eine Kosmo-Kultur und eine Sprache besitzen wird: Unterschiede sind von Bedeutung, und die Heimat ist immer noch das Beste. Doch das zwanzigste Jahrhundert hat viele Menschen entwurzelt, die aus ihren Heimatländern «verbannt», als Flüchtlinge oder Immigranten in einem fremden Land leben, das seine eigene kulturelle Identität nicht mehr kennt.

Die Autoren haben nichts für Rassismus oder extremen Nationalismus irgendeiner Art übrig. Sie möchten nur darauf hinweisen, daß die Menschheit aus territorialen Wesen besteht, die ihr eigenes Stückchen Land und ihre eigenen Gebräuche wollen. Für diejenigen, die soviel nicht erlangen können, ist ihr kulturelles Wesen außerordentlich wichtig. Die Volkstraditionen und religiösen Praktiken werden um so wertvoller, weil sie der einzige Besitz sind, der nicht weggenommen werden kann – sie können unter der strengsten Tyrannei praktiziert werden, wie wir von der jüdischen Erfahrung im Holocaust wissen, den Christen in Rußland oder tatsächlich allen Religionen unter dem derzeitigen Regime in Albanien. Doch auch in kommunistischen und anderen nichtreligiösen Staaten wird die Volksseele niemals aufgegeben, da es auch hier Verständnis dafür gibt, wie stark ihre Anziehungskraft auf das Volk wirkt.

Hitlers Rückfall auf teutonische Mythologie während des Popularitätsanstiegs der Nationalsozialistischen Partei stellt eine heilsame Mahnung dar, welchen Schaden die Volksseele anrichten kann, wenn sie für die individuelle Vision eines Verrückten manipuliert wird. Doch wenn es auch zutrifft, daß ein zu genaues Befolgen der einheimischen Tradition in einem Rückfall in den Typus resultieren kann und daß unter dem Lack von Zivilisation, Religion und Kultur die Volksseele noch stark ist, so ist dies doch kein negativer Faktor in unserem Konzept. Sie kann uns in Krisen- oder Kriegszeiten kraftvoll zur Seite stehen; sie kann uns als Anker dienen, wenn wir verwirrt oder unglücklich sind, und uns ein Zugehörigkeitsgefühl angesichts von Exil oder Verlust geben.

Volkstraditionen und religiöser Glaube werden, ebenso wie kulturelle Werte, mitunter einem Volk von einem anderen aufgezwungen wie im Falle der europäischen Amerikaner und der Indianer, holländischer Siedler und schwarzer Südafrikaner, britischer Emigranten und australischer Ureinwohner – aber die darauf folgende Kultur hat sich dadurch selbst eine Grube gegraben, in die sie im Laufe der Zeit fallen wird. Das widrige Karma und die sich ergebende soziale Verwirrung werden noch zu ernten sein.

Dennoch ist es die angenommene Getrenntheit von Okzident und Orient, aus der eine transzendente Einheit hervorgeht. In esoterischen Kreisen gibt es keine wirklichen Gegensätze – nur verschiedene Wege, sich dem gleichen Ziel zu nähern. Der Westen ist ein Ort der Manifestation: der Osten ein Ort des Beginns. So wie die Sonne von Ost nach West über die Himmel zieht, so reflektiert die Esoterik diese Bewegung. Im Osten werden religiöse Andachten zum Tagesbeginn verrichtet – Bäder in Mutter Ganges; Hymnen an die Sonne; Morgenpujas; ausgeführt als Antwort auf Generationen des Glaubens. Im Westen kommen andächtige Übungen zum Ende des Tages mit Vesper, Abendlied, dem Gruß an den Sabbat. Obwohl Religionen in Ost und West ihre Andacht während des ganzen Tages und der Nacht ausüben, sind dies bedeutende Aspekte esoterischer Manifestation.

In keiner Weise sollten wir die Errungenschaften des Ostens verschmähen oder unterbewerten, noch beklagen, daß westliche Menschen östliche Techniken praktizieren. Der Osten hat uns die Möglichkeiten des westlichen Weges eröffnet, indem er uns eine genaue Terminologie für die Konzepte gibt, die in europäischen Sprachen nicht mehr ausgedrückt werden können – Avatar, Daikini, Karma, Nirvana, Shakti, Mandala, Yantra, Mantra –, allesamt etablierte Begriffe in der esoterischen Praxis. Östliche Religionen und esoterische Techniken sind ebenso relevant wie die im Westen praktizierten, obwohl östliche Denk- und Verstehensweisen manchmal schwer nachzuvollziehen sind, bevor man eine reife spirituelle Ebene erreicht hat. Kultur und Vererbung vermitteln Einsicht in bestimmte Metaphern und Begriffsinhalte, so daß ein Franzose vollkommene Sympathie für den Taoismus aufgrund von Inkarnationsverbindungen empfinden mag und in ähnlicher Weise ein Sikh starke Verbindungen zum Katholizismus erfährt. Tatsache bleibt, daß die Geburt in eine bestimmte Umgebung, Zeit und Familie eine taugliche Beantwortung erfordert – eine Lebenslektion, die in dieser Inkarnation erfüllt werden muß. Erst nachdem man dies erkannt und akzeptiert hat, ist es wieder möglich, diese Inkarnationsverbindungen weiter zu verfolgen.

Der Westen scheint sehr im Erdhaften, im materiellen Selbstausdruck verankert; während der Osten materiell verarmt scheint, seine inneren Reichtümer verbergend. Dies ändert sich, da die Verwestlichung sogar zum Herzen sehr entfernter Länder vordringt. Der notwendige Austausch sollte erlaubt werden: Eine Transfusion inneren und äußeren Fortschritts. Aber vorsichtige, verantwortungsvolle Transplantateure werden gebraucht.

Unsere Absicht bei der Durchführung einer Studie über die einheimische Tradition im Westen ist, die Wurzeln unseres Bewußtseins zu suchen, unsere Entwicklung in Übereinstimmung mit den Bedürfnissen der Menschheit zurückzuverfolgen. Denn hier ist unser genetischer Impuls kodiert worden, hier entspringt unser Erbgedächtnis. Die Absicht dieses Buches ist, über unsere Wurzeln hinauszugehen und nicht, zwischen ihnen zu verweilen.

Die Mysterientraditionen – westliche und östliche – befassen sich damit, Türen zwischen den Welten offen zu halten, Energien von inneren zu äußeren Welten durchzulassen und zu vermitteln, mit der Anderwelt-Realität, von der unsere Welt eine noch nicht verwirklichte Resonanz ist, zu kooperieren. Die spirituelle Aufgabe im Leben wird leicht aus den Augen verloren, aber mehr und mehr Menschen sind mit der Qualität eines rein materialistisch orientierten Lebens unzufrieden und suchen mit großer Entschlossenheit eigenständig nach dieser Aufgabe. Diese individuelle Suche unterlag nicht immer der freien Wahl – es gab Zeiten, in denen sie nur in dem gleichermaßen befreienden wie auch begrenzenden Bereich institutionalisierter Religion zu finden war. Dieses ändert sich. Mit den oft unbedacht gebrauchten Begriffen wie «Wassermann-Bewußtsein» und «New Age-Erleuchtung» weisen viele Menschen das Alte um der neuen, unerprobten Kulte des Tages zurück – von denen viele, wie sich herausstellt, nach den gleichen materialistischen Mustern organisiert sind, die die Eskapisten glaubten, hinter sich gelassen zu haben.

Auf der Suche nach dem richtigen Weg werden Individuen auf ihre eigenen Hilfsquellen zurückgeworfen, mit denen sie sowohl ihre Bedürfnisse und Erwartungen als auch ihr Potential entdekken müssen. Ohne Selbstkritik oder Selbsterkenntnis ist kein System oder keine Suche nach spirituellem Sinn gültig. Ein formaler Ausdruck, der Beitritt zu einer religiösen Gruppe, ist nicht immer notwendig, obwohl er Leitlinien gibt, denen man folgen kann.

Ein interessanteres Phänomen ist die Art, in der eine große Anzahl Menschen ihre Wurzeln in den frühesten und ältesten Glaubensformen sucht. Kreise und aufrechte Steine üben wachsende Faszination aus, schamanistische Wege und andere Kulturen erregen Interesse, das Wiederauftauchen der Göttin als ein klarer religiöser Archetyp, all das weist auf eine Wiederentdeckung uralten traditionellen Wissens. Während dies in weiterem Sinne mit den Bestrebungen der Philosophia perennis verbunden ist, ist es auch ein Hinweis auf das Selbst und seine Wurzeln in den einheimischen Traditionen.

Wir müssen mit unserer Volksseele kommunizieren, und sei es nur, um ihren möglichen falschen Gebrauch zu verhindern. Wir haben unsere Zugehörigkeit – in unserem Stamm, unserer Nation, unserem Volk, und so sollte es auch sein. Aber wir sind ebenfalls Bürger dieser Welt, des neuen Wassermannzeitalters. Es ist möglich, den nationalen Stolz zu fördern und dennoch Rassismus abzulehnen; unsere Liebe für die Vergangenheit mit unserer Verantwortung für die Zukunft auszugleichen. Wir müssen uns selbst fragen, ob wir der Erde, auf der wir gehen, angehören oder für immer von unseren Wurzeln, eines Zugehörigkeitsgefühls beraubt, abgeschnitten sein wollen.

Wenn, wie wir behaupten, der westliche Weg in frühester Zeit wurzelt, können wir dann sichergehen, daß die Übertragung von dieser Zeit in unsere eigene ohne Unterbrechung war? Sicher, wenn wir auf eine Art apostolischer Nachfolge aus sind, werden wir enttäuscht sein. Es mögen Familien existieren, deren Lebensstil sich über Hunderte von Jahren wenig verändert hat, die ihre Nähe zur Natur bewahrt und eine Sammlung weiser Lehren und Glaubensanschauungen weitergegeben haben, doch sie sind sicher selten (siehe Kapitel 5). Heutzutage sind Menschen nicht an ihren Geburtsort gebunden, sie ziehen dorthin, wohin Arbeit und Umstände sie verschlagen; das Festhalten am Glauben der Eltern ist selten, und wo der religiöse Instinkt erhalten blieb, mag er ebenso wahrscheinlich zu einem grundlosen Kult wie auch zu einer der großen östlichen Philosophien führen. Wie können wir also Wissen teilen, zu dem wir niemals körperlichen Zugang hatten? Vorausgesetzt, daß die Kontinuität der Tradition zu einem gewissen Teil abgeschnitten ist, wie dann können wir zum Beispiel lernen, warum bestimmte alte Steinkreise errichtet wurden und welche Riten man dort ausführte?

Einige Methoden, diese Art der Information zurückzurufen, werden in diesem Buch vorgestellt, obwohl es viele andere gibt. Das Zeitalter der Vernunft ist so fest in der westlichen Vorstellung verankert, daß solche Techniken mit einem Stirnrunzeln betrachtet werden; wir hoffen dennoch zu zeigen, daß wir außer dem Kult des «edlen Wilden» und der Anbetung wissenschaftlicher Erleuchtung noch ein anderes Erbe haben. Die Geschichten und Traditionen unseres Heimatlandes sollten von uns direkt begriffen und geliebt werden, denn wir haben noch andere Geschenke außer dem Verstand zu unserer Verfügung. Man muß die kreative Phantasie, die so oft unterdrückt wird, befreien, bevor man sie trainieren kann. Wir alle sind der Voraussicht, Rücksicht und Einsicht fähig, wenn wir uns die Mühe machen, über diese Dinge etwas herauszufinden. Und während es vielleicht zu einfach ist, den Besucher-Archäologen in unserer eigenen Vergangenheit zu spielen – um romantische Fiktion zu historischen Fakten zu machen –, so braucht das Wissen von Herz und Kopf nicht zueinander im Widerspruch stehen, wenn wir unsere instinktive Wahrnehmung mit rationalem Urteilsvermögen und kühler Einschätzung ausgleichen.

Obwohl der Weg mit dem Faden durch das Labyrinth eine symbolische Reise von A nach B werden mag – mit was für Abschweifungen auch immer –, so kann man sich mit der westlichen Mysterientradition ebensowenig chronologisch wie in einem Rahmen reiner Rationalität befassen. Einsicht kommt in vielen Verkleidungen und auf vielen verschiedenen Ebenen von Zeit und Erfahrung. Man kann über die innere Realität von Atlantis ebenso viel von Dion Fortune[79] oder Helena Blavatsky[23] lernen wie von Plato[20]. Alle drei *erlebten*, was sie beschreiben, auf einer tieferen Ebene als die meisten, dennoch war ihre Annäherung individuell verschieden.

Esoterisches Wissen allgemein kann, wenn es empirischer Gelehrsamkeit ausgesetzt wird, Dinge offenbaren, die diejenigen, die sie niederschrieben, nicht erkannten. Aber auf diesem Gebiet gibt es keine harte und schnelle Methode, richtig von falsch zu unterscheiden – wenn nicht durch die Reaktion des Individuums auf die *symbolische* Realität, die von Bildern und Zeichen der Mysterien ausgedrückt wird, hinter denen die essentielle Wahrheit erkannt werden kann.

In der Vergangenheit hat all dies nur zu oft als Entschuldigung für Spekulationen, die jeglicher Grundlage entbehrten, gedient. Das war vielleicht unausweichlich. Die Spekulation ist sicher kein Fremdling auf diesen Buchseiten – der Natur des Themas entsprechend kann sie es nicht sein –, aber alles, was wir über die westliche Mysterientradition zu sagen haben, ist der Überprüfung durch persönliche Erfahrung ausgesetzt gewesen. Wir haben alle Übungen ausprobiert, sind den Pfadarbeiten gefolgt, haben die Meditationen gemacht und mit den Techniken gearbeitet – meist über einen langen Zeitraum und mit der Hilfe von anderen. Ihnen wie auch den anderen, die uns äußerlich und innerlich unterstützten, schulden wir Dank. Doch noch mehr schulden wir denjenigen, die den westlichen Weg vor uns gegangen sind, die uns entlang der Straße Wegweiser hinterließen, denen wir folgen können. Indem wir mit diesen lebendigen Bildern arbeiten, ist es uns möglich, das Muster des Labyrinths nachzuvollziehen, nach innen und wieder nach außen in Richtung Zukunft.

Es erfordert Geduld, verlorenes Material mit diesen Mitteln

wiederzugewinnen, aber das Wissen, daß andere den Weg vor uns gegangen sind, ist tröstlich: sie haben uns den Pfad deutlicher hinterlassen, und ihr Wissen ist heute zu unserer Führung verfügbar. Solches Wissen lebt in den mündlichen Traditionen von Lied und Erzählung weiter, von denen eine überraschende Menge bewahrt blieb, dank der Bemühungen einiger Folkloristen des neunzehnten Jahrhunderts, die viel Material gerade noch zur rechten Zeit vor kultureller Zerstörung retteten.

Die andere Quelle für verlorenes Material ist die Volksseele, die Gruppenseele jeder Nation, die sowohl im Blut als auch im Gedächtnis existiert und eine kollektive Brunnenquelle von Bildern und Glauben darstellt. Wann immer eine Legende lebt oder eine Tradition überdauert, hier liegen die Anhaltspunkte, die wir suchen müssen. Der fragmentarische Charakter solcher Anhaltspunkte macht sie auf frustrierende Weise schwer faßbar; doch Wahrheit wird von tieferen Ebenen, die vom Normalbewußtsein nicht wahrgenommen werden, aufsteigen, und man kann sie dazu durch verschiedene Techniken, wie den hier mitgelieferten, ermutigen.

Man mag einwenden, daß die Stimulation früher Glaubensmuster auf diese Weise ungesund und sogar gefährlich sei, doch wir täten gut daran, uns zu erinnern, daß es, wie zivilisiert wir uns auch empfinden mögen, in diesem Jahrhundert grausamere Zerstörung gab, als die Welt je zuvor gesehen hat. Wir sind uns alle des Hangs zur Zerstörung in unserer Gesellschaft bewußt, aber ist dies nicht so, weil wir das Wissen um die Mysterien, nach denen unsere Urahnen lebten, ignorierten? Sie lebten einst in Harmonie mit dem Universum, wie sie es sahen und verstanden; es scheint, daß wir, nur weil wir so viel mehr wissen, den Weg dieser harmonischen Beziehung verloren haben. Es ist daher sicherlich unsere Verantwortung, die Techniken für ein holistisches Leben wieder zu erlernen – Wege, die sich sowohl auf den Körper als auch den Geist erstrecken – nicht, indem wir das Bewußtsein einige Jahrtausende zurückverbannen, sondern, indem wir unser neuentdecktes Wissen in das Leben des zwanzigsten Jahrhunderts integrieren.

Einige sehr treffende Worte des Anthropologen Bronislav Malinowski zum Thema Magie und Mythos sind es wert, hier zitiert zu werden. Mythos, behauptet er, ist kein totes Produkt vergangener Zeiten. Es ist eine lebendige Kraft, ständig die Magie durch neue Zeugnisse umgebend. Magie bewegt sich in der Glorie vergangener Tradition, aber sie kreiert auch ihre Atmosphäre in ewig wachsendem Mythos. So wie es die bereits feststehende, standardisierte Gesamtheit von Legenden gibt, die die Folklore des Stammes ausmacht, so gibt es immer einen Strom von Erzählungen, die mit denen der mythologischen Zeit verbunden sind. Magie ist die Brücke zwischen dem goldenen Zeitalter uralter Fertigkeit und der Wunder wirkenden Kraft von heute. Daher sind die Formeln voller psychologischer Anspielungen, die, wenn ausgesprochen, die Kräfte der Vergangenheit losketten und sie in die Gegenwart richten.[156]

Die rituelle Haltung

Es ist diese «Brücke», von der Malinowski schreibt, an deren Wiederaufbau wir uns gemacht haben, indem wir den westlichen Weg beschreiten. Daher beharren wir auf der Wichtigkeit der esoterischen Anfänge, die nur zu leicht von vielen als kindisch oder primitiv übergangen oder vernachlässigt werden. Es ist wahr, daß ein inzestuöser, beschränkter und düsterer Geist jede Studie primitiver Bewußtheitsebenen durchdringen kann, doch dies ist nicht unsere Absicht. Die klare und ursprüngliche Energie der Vorzeit ist innerhalb der zeitlos aktiven Gegenwart der Anderwelt lebendig – die auf viele Weisen erreicht wird. Das New Age hat viele zu Schaden kommen sehen, die durch unverstandene Spiritualität und idealistischen Mystizismus nach «höheren Dingen» gegriffen haben. Die Techniken jeder Kunst – ob okkulter oder anderer – sind hart erarbeitet und mühsam aufrechterhalten, wie viele Tänzer, Sänger oder Darsteller bestätigen werden; für den Weg des Schamanen, Magiers und Mystikers gilt dies nicht weniger. Jede Arbeit auf den inneren Ebenen muß durch Anstrengung unterstützt werden, auf harter Einübung basieren, durch spirituelle Hingabe beseelt sein und auf ein ausgeglichenes Gutes hinzielen. Eifrige Möchtegern-Mystiker erreichen nur zu oft zuviel des Guten, es ist *un*ausgeglichen, was ihnen und anderen unermeßliches Leiden zufügt. Was gebraucht wird, sind die Fähigkeiten des Technikers, kombiniert mit einer inspirierten Geisteshaltung. Dies ist die rituelle Haltung des Eingeweihten, der in der Lage ist, sowohl in der Vergangenheit als auch in der Gegenwart umherzureisen und diese trotz ihrer anfänglichen Unterschiede als ein und dasselbe zu erkennen.

Wir beginnen deshalb ganz neu in dem Bemühen, den Weg zurück zu unseren Wurzeln zu zeigen – er wurde so lange vernachlässigt, außer von einer Minderheit, oft mißverstanden oder entstellt und ist doch noch immer eine sehr lebendige Kraft. Demgemäß beschäftigen wir uns in den Kapiteln 1–3 mit den Anfängen der westlichen Mysterientradition, diesen ersten Regungen des religiösen Impulses, aufgrund dessen unsere Vorfahren ihre Aufmerksamkeit auf die Elemente richteten: die Erde unter ihren Füßen, den Himmel über ihnen, die Steine und Bäume und Flüsse, die für sie lebende Wesen waren, fähig, unabhängig zu handeln und zu denken, und mit denen sie das Erbe der Erde, ihrer Mutter, teilten. Von da aus, in Kapitel 4, machen wir die Reise in die Anderwelt, dieses riesige Paradigma unseres eigenen Bewußtseins, das sich ebenso grenzenlos ausbreitet wie das Reich der Phantasie – mit anderen Worten, so weit wie die Ewigkeit – und das alles andere in seinem zeit- und raumlosen Griff behält. Diejenigen, die die Straße hin *und* zurück von diesem Ort gereist sind, haben ihre eigene Welt, innerhalb der Grenzen unserer, geschaffen. Sie sind das geheime Volk, das das innere Reich im Herzen jedes Landes baut und erhält[279], das im Zentrum des Labyrinths steht, zurück und nach vorn schauend. Mit ihm folgen wir der Bewegung vom Stammes- zum Individualbewußtsein. In der Bewegung nach außen müssen wir uns nach einem Bewußtsein umsehen, das beides enthält, eine Mischung der einheimischen und der hermetischen Traditionen.

An dieser Stelle können wir nur Definitionen anbieten: einige weithin akzeptiert, andere weniger. Wer, zum Beispiel, kann sagen, was er meint, wenn er von Wesenheiten der inneren Ebene oder der inneren Ebene selbst spricht? Wir können diese Dinge definieren, aber können wir auch die Realität hinter ihnen erreichen? Nichts ist so festgelegt, daß es unverändert oder unveränderbar bleibt. Diejenigen, die sich aufmachen, diese Dinge persönlich zu erfahren, mögen wohl mit neuen Definitionen zurückkehren, die ebenso akzeptabel sind wie die zur Zeit aufgestellten.

Wenn dies verwirrend scheint oder sich anhört, als gäbe es keine Gewißheit über diese Dinge, dann muß man hinter sie sehen auf die Realität, von der sie abstammen, eine Realität, zu der die meisten in dieser Zeit den Kontakt verloren haben, die jedoch nichtsdestotrotz existiert, wie sie es immer getan hat, als Grundlage auf der man aufbauen kann. Wir mögen von Gott oder Göttin sprechen, Mutter Erde oder Vater Himmel, oder wir mögen die abstrakten Begriffe der Wissenschaft benutzen und es Schöpfung nennen; doch was immer wir tun, wir können sie nicht lange ignorieren. Es ist die fundamentale Realität hinter allem, was wir tun, sind und fühlen.

Die gegen die Anhänger des westlichen Weges gerichteten Vorwürfe der Beschränktheit erkennen weder dieses, noch, daß die Bilder, mit denen man sich unter den Überschriften von Mythos oder Magie Vorzeit oder Anderwelt beschäftigt, transzendent sind. Sie gehören zu keiner bestimmten Kultur, Stamm oder Nation, sondern sind Teil einer universellen Weisheit. Sie sind zufällig die westlichen Projektionen von etwas, das eigentlich weltweit ist.

In der allgemeinen Vorstellung, besonders in offenkundig okkulten Kreisen, verbinden sich mit der westlichen Mysterientradition Konnotationen von konservativer «traditioneller» Magie – der des Kabbalisten und des rituellen Magiers eher als der des Schamanen oder des Priesters. Sie wird mit rein nationalistischer Mythologie in Verbindung gebracht, mit philosophischen und komplexen Mysterien. Nur zu häufig wird sie mit gelehrtem und selbstgefälligem esoterischen Wissen assoziiert: eine Art mittelalterlicher «Mittelklasse-Freimaurerei» für unentschiedene Christen und andersdenkende Juden. Solch ein Bild vermeidet die Herausforderung vieler New Age-Entwicklungen, die einer neuen Generation von Suchern entspringen, die begierig sind, den westlichen Weg zu gehen, und es vernachlässigt die Errungenschaft und das hingebungsvolle Überleben vieler hausgemachter Bewegungen: der Hexenkunst – dem einheimischen Schamanismus in Europa – der Dorfheiler und Volkssänger. Wiedererwachendes Interesse an dem einheimischen Erbe kommt und geht, doch die wahre Tradition wird weitergegeben.

Diese Bewegungen mögen vielen als die letzten Reste einer sterbenden Religion oder Folklore erscheinen; doch die gleiche Bemerkung könnte man gegen das richten, was allgemein als typisch westliche Mysterientradition gilt. Die Zeit für eine dynamische Neueinschätzung ist gekommen. Die einheimische Tradition bildet die Basis der hermetischen Tradition. Nun geht die hermetische Tradition in der Gestalt des späten neunzehnten Jahrhunderts unter und muß im Licht von New Age-Vorstellungen ersetzt und umgestaltet werden. Wir wissen nun alles: die Welt ist katalogisiert, enthüllt, erforscht. Es gibt nichts mehr zu suchen – außer im Inneren: das Mysterium von uns selbst und unseren inneren Ebenen. Als zivilisiertes Volk haben wir jeden Sinn für eine reale innere Perspektive verloren: die Mythologien der enthüllten Religion sind durch zeitgenössische Neuformulierung im wesentlichen irrelevant geworden. Auf den niedrigsten gemeinsamen Nenner reduziert, können sie den durchschnittlichen Sucher nach spiritueller Nahrung nicht mehr reizen oder erfüllen. Der ausgebildete Schamane, Magier, Mystiker ist eine Anomalie in der modernen Welt. Landkarten der inneren Welt sind ebenso selten wie Landkarten der Schatzinsel. Wir haben unsere innere Währung auf dem Weg in die Zivilisation und den industriellen Fortschritt verloren. Es gibt nur wenige Lehrer, aber viele Sucher. Wie soll man sie ernähren? Wir geben unseren Kindern Steine anstatt Brot, wenn wir sie aus der Kindheit ins Erwachsenensein zwingen ohne die heilende Geschichte, die rituelle Antwort, die innere Dimension, die die irdische Welt durch ihre Berührung transformiert. Die Welt schreit nach einer besseren, leuchtenderen Vorstellung: doch sie wird sie nicht im Materialismus und spirituellen Gemeinplätzen finden.

Wir sind vernünftig genug, nicht alle alten Wege spirituellen Überlebens über Bord zu werfen. Jetzt, wie nie zuvor, befaßt sich die Welt mit einer großen Wiederentdeckung ihres spirituellen Erbes, und obwohl wenige sich ihrer Rolle in diesem Prozeß bewußt sind, gehören immer mehr zu den Lernenden. Es wird schwierig sein, unsere Verbindung mit der fernen Vergangenheit zurückzuverfolgen, ebenso wie der Versuch, unsere matrilinearen Vorfahren zu entdecken – eine anspruchsvolle Aufgabe, die intuitive und sensible Forschung erfordert. Im Westen trägt das Kind den Namen des Vaters; die mütterliche Linie wird bald vergessen. Wir wissen alle gut genug über unser patrilineares exoterisches Selbst Bescheid; doch über unser matrilineares esoterisches Selbst bleiben wir weitgehend unwissend.

Der westliche Weg birgt viele der Geheimnisse unserer Verwandtschaft mit der Erde. Wie wir in Kapitel 2 zu zeigen hoffen, hütet er das Wissen darüber, wer wir *wirklich* sind und kann uns die Schlüssel zu unserer wahren Herkunft überreichen.

Doch lassen Sie sich nicht zu dem Gedanken verleiten, daß dieses nur ein weiteres System ist, das Ihnen schnelle Reichtümer oder kosmisches Wissen garantiert. Der Weg ist oft weit und hart, er erfordert große Disziplin und Hingabe. Es gibt wenige Abkürzungen. Wir befassen uns mit Fragen persönlicher Identität und der Beziehung zu einer Tradition, die so alt oder älter als die Geschichtsschreibung ist. Wir befassen uns nicht zuletzt mit unserem Platz im Kosmos. Was Sie zwischen diesen Seiten finden werden, ist eine Reise – lang und manchmal merkwürdig –, die Sie nach innen ins Zentrum des Labyrinths des Seins und wieder hinaus führt. Bis zu welchem Punkt man schließlich gelangt, hängt vom Individuum ab – was er oder sie mit zur Arbeit bringt und von seinen oder ihren Absichten. Wir haben nur den Stoff unserer gewöhnlichen irdischen Hülle zur Verfügung. Für den Rest wird man in den Kräften und Energien der Traditionen selbst einen Richtungssinn und eine Reisegeschwindigkeit finden.

Es gibt weder einen Aufsichtsrat noch eine zentrale Autorität, die den westlichen Weg regiert. Keine Kirche, keinen Papst, keinen Hexenkönig. Statt dessen gibt es unvereinbare Bewegungen und Gruppen, von denen einige nicht sehr glücklich miteinander wären, doch in denen man das Siegel des westlichen Weges erkennen kann. Dieses Siegel ist auch ein Wiedererkennungszeichen zwischen den Individuen, die dem gleichen Pfad folgen. Dieser Siegelabdruck mag von Stolz und Bigotterie überlagert, hinter Angst und Unsicherheit verborgen sein, doch er ist immer offenbar – eine gemeinsame Verwandtschaft, die die westliche Mysterientradition in eine lose Familieneinheit bindet.

Zu keiner Zeit befürwortet der westliche Weg einen Rückzug von der realen Welt. Die westliche Esoterik hat die spirituellen und materiellen Welten immer in eine Einheit integriert: der Weg des Sadhu, Sannyasin und des Mönchs war immer der eines Spezialisten. Wir selbst haben uns nicht zur Aufgabe gemacht, jemanden zu irgend etwas zu bekehren. Was wir geschrieben haben, mag Ihren Pfad enthüllen oder den Pfad, den Sie bereits gegangen sind, in einem klareren Licht zeigen. Es gibt heute so viele Menschen, die aus einer Tradition ausgetreten sind oder nie einer angehörten, daß gewisse Übereinkünfte, die einst üblich waren, nicht mehr vorausgesetzt werden können.

Es ist nicht unsere Absicht, Neu-Heiden irgendeiner offenbaren Religion entgegenzustellen. Im Heraufdämmern des neuen Wassermannzeitalters suchen viele Menschen das «Gute und Wohlgefällige und Vollkommene» (Römer 12,2) wo immer sie es finden. Systematisierung ist kein Wassermann-Gedanke: verborgene spirituelle Disziplinen und abgekapselte esoterische Gruppenarbeit werden nun zugunsten individueller persönlicher Verpflichtung und öffentlicher Meditation aufgegeben. Aus der Einzelarbeit entspringt jedoch viel Verwirrung, und der Verpflichtung fehlt der Schwung, wenn der Enthusiasmus erlahmt. Die Erkenntnis, daß alle Religionen und spirituellen Systeme zu einem gemeinsamen Ziel zusammenfließen, ist eine Stärke. Wir hoffen, daß diejenigen, die bereits einem bestimmten Pfad folgen, ihre Bewußtheit und Verpflichtung diesem gegenüber vermehren, in Anbetracht dessen, wie weit sie seinen Ansprüchen gerecht werden und inwieweit sie ausgerüstet sind, seinen Herausforderungen zu begegnen. Wir hoffen, daß diejenigen, die sich abmühen, ihren Pfad zu erhellen, ihn finden werden, vielleicht nicht als Resultat der Lektüre dieses Buches, sondern als Reaktion darauf. Wir bitten den Leser, zu benutzen, was immer für ihn persönlich nützlich ist, das Material in brauchbarer Weise zu individualisieren – dabei die besonderen Instruktionen beachtend, die einigen Übungen vorausgehen.

Das Ergebnis dieser inneren Reise ist die Wiederentdeckung unserer eigenen traditionellen Weisheit, die häufig durch Symbole in Träumen oder Einsichten, die wir durch Meditation gewinnen, offenbar wird. Die Obhut über die westlichen Mysterien lag bis vor kurzem in den Händen esoterischer Orden und ihrer Anhänger; die Dinge haben sich zunehmend verändert und werden sich noch drastischer ändern. Die esoterischen Schulen haben ihre Arbeit gut gemacht, indem sie das Wissen über die Mysterien in der Welt ausgesät haben; doch die Zeit kommt näher, in der die Symbole und Systeme durch einen Zufluß neuen und doch uralten Materials regeneriert werden, das aus dem Innern der Gruppenseele und dem Erbegedächtnis gewöhnlicher Menschen auftaucht.

Die Enthüllungsarbeit hat auf vielen Ebenen und innerhalb vieler Disziplinen bereits begonnen. Wir haben nicht alle die Anlagen, Mystiker, Magiere, Heiler oder weise Frauen zu werden; doch kraft unserer Herkunft und unseres Standortes im Westen sind wir die Erben des westlichen Weges. Während es immer besondere Vermittler geben wird, besteht der neue Weg darin, persönliche Verantwortung für unseren inneren Pfad zu übernehmen. Wenn Sie den Mut haben, einige der Techniken und Übungen in diesem Buch auszuprobieren, dann werden Sie sich selbst in der Lage sehen, mit der westlichen Mysterientradition in Kontakt zu kommen und zu arbeiten.

Die Obhut geht, so war es immer, auf die nächste Generation über: doch mit einem Unterschied. Die Betonung wird nun auf individueller Arbeit liegen, entweder an alten Stätten oder zu Hause – stets auf der Suche nach einer engeren Affinität zu der Tradition, die uns schon einmal gelehrt hat und uns wieder lehren wird, wenn wir ihr die Chance geben.

In der Tat sind Sie, die Leser dieses Buches, die neuen Wächter. Es ist Ihre Generation, die die Fäden des großen Gewebes in Händen hält, welches den westlichen Weg ausmacht. Es ist an Ihnen, die Webarbeit forzusetzen, die aus unzähligen Einzelfäden gesponnen ist, die zusammen das wunderbare Muster unserer Tradition ergeben.

BITTE LESEN SIE DIESEN ABSCHNITT, BEVOR SIE IRGENDEINE DER ÜBUNGEN DURCHFÜHREN

Anmerkungen zu den Übungen in diesem Buch

Für jede der Techniken in diesem Buch gibt es eigens Anweisungen, aber ein paar allgemeine Bemerkungen an dieser Stelle mögen den unerfahrenen Übenden über einige Dinge aufklären. Wir glauben, daß der westliche Weg ein lebendiger Pfad ist, nicht ein theoretisches Konzept, und daß Sie, der Leser, ein Recht haben, Ihre eigenen Erfahrungen damit zu machen. Wie bei einem guten Kochbuch ist jede Übung geprüft und erprobt worden. Die Herkunft der Techniken variiert: unsere eigene Arbeit innerhalb des westlichen Weges lieferte uns die Basis, und für die Substanz haben wir frei aus mündlicher Tradition, schriftlicher Überlieferung und empfangenem Material geschöpft. Bei der Auswahl des Materials haben wir uns bemüht, nicht sektiererisch zu sein – der westliche Weg ist mannigfaltig, indem er sowohl Heiden, Christen und Kabbalisten mit Priestern, Hexen und Magiern verbindet, als auch andere fromme Seelen einschließt, die zur gesamten Skala der New Age-Gruppen gehören. Die Übungen sind für den einzelnen Leser, der wenig oder keine Erfahrung hat, entworfen, aber jede ist auch für den Gebrauch in Gruppen anwendbar und kann von denen, die sich auskennen, sinnvoll «erweitert» werden. Einige Übungen können ohne vorherige Bezugnahme auf andere nicht gemacht werden, aber ansonsten haben wir nicht versucht, eine Einstufung vorzunehmen. In der Reihenfolge ihres Erscheinens genommen, wird ein logischer Fortschritt durch die Mysterien entstehen.

Alle Übungen sollten Sie, wenn nicht anders angegeben, bequem in einem aufrechten Stuhl sitzend und in einer störungsfreien Umgebung ausführen: Stellen Sie Ihr Telefon ab, und verständigen Sie Ihre Familie, daß Sie eine Stunde lang nicht gestört werden möchten. Bei Übungen im Freien, besonders an heiligen Stätten, ist die Wahrscheinlichkeit der Unterbrechung groß: Obwohl es schwierig ist, sich mitten in der Touristensaison auf ein heiliges Erdzentrum einzustimmen, so ist es doch möglich, wenn ein Mindestmaß an gesundem Menschenverstand und ein Höchstmaß an Konzentration gegeben ist. Es wird vorausgesetzt, daß sich der Leser bewußt ist, welche Bedeutung ruhiger rhythmischer Atmung und körperlicher Entspannung bei der Ausführung der Übungen zukommen. Ohne diese beiden ebensooft betonten wie selten angewandten wesentlichen Voraussetzungen werden Ihre Übungen nur unbedeutende Resultate zeitigen.

Die Meditationen in diesem Buch können auf zwei Arten durchgeführt werden. Entweder Sie lesen die Anweisungen durch und lernen diese auswendig, oder Sie nehmen sie auf Band und führen die Übung durch, während Sie zuhören. Pfadarbeiten, wie man Meditationen heute oft nennt, stammen von der kabbalistischen Methode der Arbeit auf den Pfaden des Lebensbaumes – man sollte sie nicht mit den Techniken von Phantasiereisen verwechseln, die psychologische Schulen häufig verwenden. Wenn Sie sich dafür entscheiden, die Meditationen auf Band zu nehmen, denken Sie daran, genügend lange Pausen zwischen den Texten zu lassen, wo Sie das Bedürfnis haben könnten, zu visualisieren oder über das Gesagte nachzudenken. Die Technik der Pfadarbeit ist leicht zu lernen: Sie gleicht dem Zuhören einer Geschichte, nur daß Sie selbst der Protagonist sind. Anstatt sich selbst wie auf einem Fernsehschirm zu sehen, *seien Sie da*, mit aller Klarheit Ihrer visuellen Kräfte; sie sollten die Szenen vor sich wie aus den eigenen Augen betrachten und nicht sich selbst bei einer Tätigkeit beobachten – was darauf hinweisen würde, daß Sie nicht in Übereinstimmung mit der Pfadarbeit sind.

Unmittelbar nach der Meditation und, in der Tat, nach jeder Übung schreiben Sie Ihre Impressionen nieder. Wie Träume werden Sie Ihnen sonst entfallen. Aufzeichnungen Ihrer Arbeit sind eine nützliche Kontrolle für die Zukunft, in der Sie vielleicht den Wunsch haben werden, Ihre Fühler nach anderen Forschungsbereichen auszustrecken. Meditation ist ein Mittel, Ihre eigene Innenwelt, die an die Anderwelt angrenzt, zu erforschen (siehe Kapitel 4). Die Realität, die Sie in der Anderwelt treffen, ist innerhalb ihrer eigenen Grenzen beständig, und wenn Sie ihrem Kodex folgen, sind Sie sicher: Folgen Sie dem vorgeschriebenen Weg, respektieren Sie die Hüter, und achten Sie auf Grenzsteine. Pfadarbeit ist nicht eine Art Phantasiespiel mit Kerkern und Drachen, also bewahren Sie Ernsthaftigkeit ebenso wie Ihren Sinn für Humor. Sollten Sie mal einen falschen Schritt machen, sollten Sie jemanden treffen, den Sie nicht erwartet haben, oder an ein schreckliches früheres Ereignis in Ihrem Leben erinnert werden, dessen Betrachtung sehr schmerzhaft ist, geraten Sie nicht in Panik; alles dies sind Wegweiser auf Ihrem Pfad. Meditation neigt dazu, unvollkommen integrierte Aspekte der Persönlichkeit zutage zu fördern, aber das Thema der Mysterien lautet «Erkenne dich selbst». Lernen Sie, nicht vor Ihren Neigungen davonzulaufen, sondern ihnen entgegenzugehen; beginnen Sie, Verantwortung für Ihre persönliche Entwicklung zu übernehmen, und Ihr spirituelles Wachstum wird stetig fortschreiten.

Ihre Erfahrungen werden außerordentlich verschieden von denen anderer sein. Obwohl es manchmal hilfreich ist, Aufzeichnungen mit denen der Mitreisenden auf dem westlichen Weg zu vergleichen, kann es auch verwirrend und nachteilig für Ihren Fortschritt sein, zu versuchen, mit jemandem über Ihre Entdeckungen zu sprechen, der sich nicht mit ähnlicher Arbeit befaßt. Wir sagen dies nicht, um Geheimniskrämerei zu fördern oder Mißtrauen unter Ihren Freunden zu erwecken, sondern weil jeder die Erkenntnisse, die dieser Pfad mit sich bringt, *für sich selbst* erfahren muß. Wie sehr Sie andere Menschen auch lieben, Sie können die Erleuchtung nicht um ihretwillen erlangen: Diese Menschen müssen ihren eigenen Weg machen, ihre eigene Metapher finden und ihre eigenen Erkenntnisse gewinnen. Jeder von uns hat das Ziel, seine individuellen Fähigkeiten zu vertiefen und seine Beziehung zur spirituellen Evolution unseres Planeten klarer wahrzunehmen – nicht um der Selbsterhöhung willen, sondern um Erkenntnis über seine körperlichen, psychischen und spirituellen Mittel zu gewinnen und diesen zu ermöglichen, effektive Werkzeuge im Dienste des Kosmos zu sein. Dieses Modell des Dienens liegt der Arbeit des westlichen Weges zugrunde und sollte von jenen im Auge behalten werden, die Gewissensbisse haben, weil sie in scheinbar eigennütziger Weise an sich selbst arbeiten. Jedes Maß an Erkenntnis, die Sie über sich selbst gewinnen, hat einen positiven Effekt auf die Welt um sie herum. Weltmächte scheinen Ihr Leben zu steuern, aber tatsächlich hat jeder von uns einen Beitrag zur Selbst-Herrschaft zu leisten.

Bei Meditationen ist es nützlich, eine Art Eröffnungs- und Abschlußmotto zu haben, um Ihre Wirkungsfelder gegeneinander abzugrenzen. Diese Wahlsprüche werden gebraucht, um Verwirrung zwischen den physikalischen und physischen Ebenen zu vermeiden und um sowohl geistige Ausrichtung als auch rechte Absicht herzustellen. Wir haben weiter unten einige Vorschläge dazu angeboten, aber wenn sie Ihnen nicht gefallen, schreiben und verwenden Sie Ihre eigenen – sie werden weitaus wirksamer sein als Mottos, die von anderen geschrieben sind und gedankenlos angewendet werden. Wie die Kelten, die in Gegenwart Fremder Eide bei «den Göttern meines Stammes» schworen, können Sie völlig nach Belieben das gleiche tun.

Um eine Meditation zu beginnen, stellen Sie sich selbst als Pilger gekleidet vor, gerade dabei, zwischen den Welten hindurchzugehen. Sagen Sie das Folgende:

Ich steh hier mit Bündel und Stab an der Schwelle;
Möge Gott (die Götter) mich beschützen, von hier bis zur Quelle.

Sich unter Schutz zu begeben, heißt nicht notwendigerweise, Tod und Teufel zu erwarten, sondern es zeigt, daß Sie Ihre innere Reise mit einer Absicht unternehmen – und das ist wahrscheinlich die wichtigste Bedingung von allen. In dem folgenden Gesang können Sie den Namen Ihres spirituellen Beschützers durch Ihr persönliches oder Ihr Klan-Totem (siehe Übung 1) ersetzen:

Von Licht zu Licht,
Von dieser Welt zur Anderwelt,
Über die Schwellen,
Im Namen von (Beschützer) komme ich, das (Symbol oder Totem) tragend.

Zur Rückkehr aus der Meditation können Sie den Eingangsgesang mit der Absicht zurückzukommen wiederholen oder den zweiten Gesang folgendermaßen verändern:

Aus der Anderwelt in meine Welt,

wobei Sie sich intensiv Ihr persönliches Symbol vorstellen. Viele Menschen verwenden das einfache Mittel imaginärer, sich öffnender und schließender Türen oder Vorhänge.

Schließen Sie ganz bewußt jegliche esoterische Arbeit vom übrigen Teil Ihres Lebens aus: Dies ist vernünftige psychische Hygiene, die oft vernachlässigt wird. Wenn Sie je nach Ihrer Kontoabrechnung oder nach einem heftigen Streit mit einem Freund versucht haben, eine Nacht gut zu schlafen, dann werden Sie wissen, wovon wir sprechen. Eine schnelle Versiegelungsgeste, mit Absicht ausgeführt, nimmt nur einige Sekunden in Anspruch und ist besser, als Ihre Psyche auf Hochtouren laufen zu lassen.

Keine der Übungen in diesem Buch ist schädlich, wenn Sie den Instruktionen genau folgen und Ihren gesunden Menschenverstand benutzen. Jede Technik, die die Entwicklung wenig genutzter Fähigkeiten fördert, kann zu Anfang verwirrend sein, also erwarten Sie in den ersten paar Wochen gewisse Umwälzungen Ihres Bewußtseins. Erinnern Sie sich an Ihren ersten Schul- oder Arbeitstag – wie müde Sie waren und wie wenig Lust Sie hatten, diese Erfahrung zu wiederholen. Nun, diese Übungen könnten genauso sein. Desgleichen kann jede Technik von den Individuen, die sich selbst für Experten auf jedem Gebiet halten, mißbraucht werden (lesen Sie Frannys Erfahrung des orthodoxen Jesusgebets in *Franny und Zooey* von J. D. Salinger, 222). Allgemein gesprochen, machen Sie nur eine Übung gleichzeitig, bis Sie verstehen, wie sie funktioniert. Schließlich würde auch niemand den Versuch unternehmen, in einer Woche Griechisch sprechen, Auto fahren oder Cello spielen zu lernen. Der westliche Weg wird warten, also seien Sie geduldig mit sich selbst, und nehmen Sie sich Zeit, jede Technik zu meistern. Es gibt hierbei keine schnellen Automatenergebnisse und keine «richtigen» Antworten. Sie allein besitzen dafür den Schlüssel. Denn ohne Ihre Mitwirkung sind die Techniken wertlos.

Es geht uns hier nicht darum, übersinnliche Phänomene zu fördern oder zu produzieren. Zweifellos finden Parapsychologen und übersinnliche Stümper viel Informatives und Unterhaltsames an verbogenen Löffeln und schwebenden Streichholzschachteln, doch der Produzent unverlangter übersinnlicher Phänomene bringt sowohl Familie und Freunde als auch sich selbst in Verlegenheit – er braucht Hilfe, nicht Ermutigung. Genau wie Epilepsiekranke medizinische Unterstützung brauchen, um mit ihrer Behinderung fertig zu werden, so muß das wahre Medium oder der Sensitive die Natur und die Probleme seiner übersinnlichen Gaben verstehen. Wer dem westlichen Weg folgt, braucht sich weniger damit zu befassen, übersinnlich zu werden, als Klarheit über ihr oder sein eigenes Potential zu gewinnen, Wege zu öffnen, ein Wanderer zwischen den Welten von Geist und Materie zu sein, traditionelle Weisheit innerhalb des menschlichen Existenzplans zu ererben und auszuüben, dunkle Stellen im menschlichen Bewußtsein zu erhellen. Je intensiver Sie sich mit innerlicher Arbeit befassen, um so stärker werden Sie Ihr Wesen für die Mechanismen beider, der inneren und äußeren, Welten sensibilisieren: Lebenslektionen werden häufiger auftauchen, wenn Sie an den subtilen Veränderungen und Störungen der Erde selbst teilhaben. Dies mag zu Anfang beunruhigend sein, aber allmählich werden Sie lernen, mit dem inneren Druck, der manchmal entsteht, umzugehen. Mit schwachen Kopfschmerzen müssen Sie bei dieser Arbeit von Zeit zu Zeit rechnen. Bei Beginn eines physischen Problems, wie gering auch immer, überprüfen Sie, ob Sie sorgfältig versiegeln, und «erden» Sie sich selbst mit einer guten heißen Mahlzeit nach dem Meditieren. Wenn Sie krank, deprimiert oder sonst nicht gut in Form sind, lassen Sie die Techniken in Ruhe, bis Sie sich besser fühlen. Sie sind für den praktischen täglichen Gebrauch gedacht, und wenn Sie sich unter Druck fühlen und Ihre Lebensumstände emotional geladen sind, dann sind die Techniken eine Last, auf die Sie verzichten können. Seien Sie also auf der Hut davor, die Anderwelt, Ihre innere Landschaft, als einen Zufluchtsort vor Traumata im Alltag zu benutzen. Wenn Sie sich selbst auf allen Ebenen, äußeren und inneren, antreiben, kann dies die Vitalität Ihrer physischen Hilfsmittel sehr erschöpfen, was darin resultiert, daß der ätherische Körper sehr dünn wird und wenig Schutz bietet. Das einzige Heilmittel sind regelmäßige Ruhepausen, Entspannung und völlige Abwechslung von innerer Arbeit. Lesen Sie harmlose Romane statt bildender Literatur; sehen Sie fern oder machen Sie Gartenarbeit, aber verstärken Sie die innere Arbeit nicht. Machen Sie diese Übungen nicht, falls Sie Drogen nehmen, ob zum Vergnügen oder aus medizinischen Gründen. Halluzinogene weisen nur scheinbar den schnellen Weg zum Nirwana, aber viel häufiger enden sie in einem Kurzschluß statt in einer Abkürzung. Welchen Weg Sie auch gehen, die Wahrheit bleibt dieselbe: Sie können nur mit Ihrer eigenen Geschwindigkeit vorankommen. Raketenantrieb wird Ihnen nicht helfen, und der Druck könnte Sie zermalmen. Wenn Sie in einer Verfassung sind, die ärztlich verschriebene Medikamente erfordert, sollten Sie innere Arbeit nicht versuchen, solange dieser Zustand anhält. Unausgeglichenheit im Körper ist das Ergebnis innerer Störungen Ihres Wesens, und wenn die Medikamente diese Unausgeglichenheit bis zu einem gewissen Grade beheben, so dringen sie oft nicht zur eigentlichen Ursache vor.

Allein den westlichen Weg zu gehen kann zeitweise eine einsame Angelegenheit sein; nichtsdestoweniger gibt es eine echte Gemeinschaft zwischen den Praktizierenden des Weges, die Zeit und Raum transzendiert. Die Meilensteine auf dem Weg, die Hüter, die Sie auf dem Weg treffen, sind von anderen vor Ihnen erkannt und erfahren worden und werden es von denen, die nach Ihnen kommen, wieder sein. Die Autoren wünschen Ihnen eine erfreuliche und glückliche Reise in unser Erbe. Sie sind daran interessiert, von jedem zu hören, der ungewöhnliche oder interessante Erfahrungen gemacht hat, die das Ergebnis der Langzeitanwendung dieser Technik sind. Ein frankierter und adressierter Umschlag, der an den Herausgeber dieses Buches geschickt wird, erreicht uns sicher.

Am Ende des Buches ist eine Diskographie, die helfen mag, passende Begleitmusik für die Übungen zu finden, bei denen sie angebracht ist. Musik ist die größte Pforte zu den Mysterien, obwohl wir heute durch den, uns auf Schritt und Tritt begleitenden Musiksalat für ihre Wirkung so desensibilisiert sind, daß es einige Zeit dauern kann, uns auf ihr volles Potential einzustellen.

Kapitel 1

Die Alte Religion

Der Kult-Mensch steht allein in Pellams Land…
er kann neue und alte Dinge hervorholen…
die Dinge kommen vom Himmel herunter zusammen mit dem bewahrten Andenken.

David Jones: *Anathemata*

In den alten Tagen, als wir ein starkes und glückliches Volk waren, kam all unsere Kraft aus dem heiligen Ring der Nation zu uns, und solange der Ring nicht zerstört war, gedieh das Volk. Der blühende Baum war das lebendige Zentrum des Ringes, und der Kreis der vier Himmelsrichtungen nährte ihn.

John G. Neihardt: *Black Elk Speaks*

Ritus und Vorzeit

«Es war einmal eine Zeit, da gab es keine Zeit, und es war damals als…» ist die traditionelle Eröffnung einer Geschichte, vorgetragen von einem bretonischen Erzähler, der sein Publikum damit unmittelbar in einen anderen Existenzbereich versetzte. In dieses «es war einmal» müssen wir gehen, um die ersten Spuren des westlichen Weges zu finden, denn unsere Geschichte innerhalb geschichtlicher Aufzeichnung zu beginnen, hieße den wichtigsten aller Anfänge auszulassen. Es ist diese «Nicht-Zeit», in der wir die Anderwelt finden – eine Dimension, wo die Götter immer noch in der inneren Landschaft unserer spirituellen Heimat leben. Die Anderwelt ist das westliche Äquivalent für die Traumzeit der Aborigines. Sie ist keine Erinnerung an die Vergangenheit noch ein Überbleibsel eines goldenen Zeitalters, sondern eine lebendige Gegenwart, wo Vergangenheit und Zukunft sich treffen und vereinen.

Der Bereich dieses ersten Bandes ist innerhalb der Welt und der Arbeit des Schamanen und der Schamanka, seines weiblichen Gegenstücks, enthalten. Zusammen mit ihren linearen Nachkommen sind sie die einheimischen Traditionalisten, die in einem bekannten und vertrauten Muster arbeiten, das sich aus den frühesten Stammesbewußtseinsebenen entwickelt hat. Die gegenwärtige Zunahme des Interesses und die Wiederbelebung der alten Religion haben dazu geführt, daß die Ereignisse und Glaubenshaltungen der Vorzeit ins Scheinwerferlicht ehrerbietiger Ehrfurcht gerückt sind: die Wiedererwecker der einheimischen Tradition neigen dazu, schamanistische Riten und primitive Glaubenshaltungen sklavisch zu imitieren, als habe es die dazwischenliegenden Jahrhunderte nicht gegeben. Wenn und wo diese Praktiken relevant für modernes Leben sind, sind die Erfahrungen der Alten Religion und des Schamanen völlig gültig: die wesentlichen Grundideen und das alte Wissen von der Vorzeit an sind uns über die Anderweltreise zugänglich (siehe Kapitel 4 und Übung 8), wo die archetypische Weisheit bewahrt ist. Aber um Irrtümern vorzubeugen, müssen wir bedenken, daß das Leben in der Vorzeit hart war und Religion keine Freizeitbeschäftigung, der man ausschweifend frönen konnte. Religion war eine fundamentale Art, das Leben zu leben. Magie, wie wir sie verstehen, existierte nicht: das ganze Leben war in gewissem Sinne magisch. Doch es gab nichts innerhalb der Schöpfung, das wahrhaft übernatürlich war. Diese scheinbar widersprüchlichen Feststellungen resultieren aus jeglichem Versuch, in die Vorzeit – in der das Leben mit der numinosen Natur der Götter erfüllt war – vom heutigen Standpunkt aus einzudringen – von dem aus alles aus wissenschaftlicher Sicht erklärbar ist.

Bevor wir den Versuch unternehmen, müssen wir verstehen, wo wir uns in bezug auf das Bewußtsein befinden, denn der westliche Weg ist vor allem der Pfad des Bewußtseins und seiner Entwicklung. Symbolische Wahrheit ist heute so wahr wie in der Vorzeit, doch der Weg dieser Wahrheit – oft durch Bilder, Geschichten oder Musik vermittelt – verändert sich mit der Entwicklung des Menschheitsbewußtseins. Entsprechend dem vorherrschenden Bewußtsein an einer beliebigen historischen Kreuzung in der linearen Zeit werden verschiedene Ebenen symbolischer Wahrheit enthüllt. Die Entwicklung und Entfaltung des menschlichen Bewußtseins ist der motivierende Faktor auf dem westlichen Weg; es ist der Impuls, der den Suchenden, vom Schamanen bis zum Wissenschaftler, auf den Pfad bringt, entschlossen, die verbindenden Faktoren zwischen physischen oder äußeren und spirituellen oder innerem Leben zu finden. Die Fähigkeit, diese Faktoren zu verstehen und gleichzusetzen, hängt von der Bewußtseinsebene ab, die man bei dieser Suche einbringt.

Die ersten Schritte auf dem Weg macht man innerhalb der einheimischen Tradition, in der Stammes- oder Kollektivbewußtsein vorherrscht: aus dem Stamm geht der Schamane hervor, der mit individuellem Bewußtsein experimentiert – der nächste Schritt –, indem er sich mit dem numinosen Wesen der Schöpfung, wie es von den Göttern personifiziert wird, identifiziert und diese Erfahrung synthetisiert und dem Stamm in angemessener Form übermittelt. Den notwendigen nächsten Schritt zum Individual-Bewußtsein können nicht alle gleichzeitig machen: diese Evolution braucht viele Generationen und wird zum Teil durch die Gegenwart und Arbeit des Schamanen und einer wachsenden Zahl Eingeweihter erreicht, die bereits begonnen haben, den Übergang innerhalb des Stammes zu vollziehen. Die einheimische Tradition jedes Landes führt ihr Volk auf die lange Reise vom Stammes- zum Individualbewußtsein, ebenso wie die hermetische oder esoterische Tradition versucht, den Menschen vom individuellen zum kosmischen Bewußtsein zu führen, in welchem die entwickelte Menschheit ihre kollektive Verantwortung wahrnehmen wird (Abb. 2).

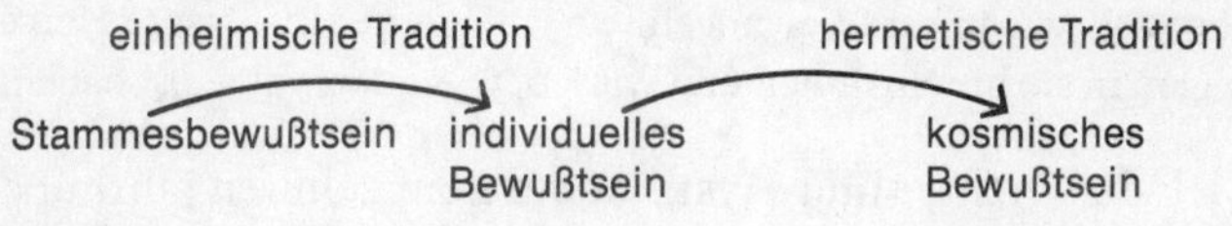

Abb. 2

Die Aufgabe von Religionen, sowohl alten als auch neuen, war, diesen evolutionären Prozeß durch die ihnen zur Verfügung stehenden Mittel unermüdlich zu predigen. Den variierenden Erfolg dieser Bewegung kann man mit einer schnellen geistigen Erkundung der eigenen Lebenserfahrungen bis zum gegenwärtigen Zeitpunkt beurteilen. In der Vorzeit begann diese Suche mit Hilfe eines Kontaktes mit dem Mineralienreich und den vitalen Energien der Erde, die zum Verständnis und zur Personifizierung dieser Energien mit Gott-Formen führten. Während die einheimische Tradition, von den unmittelbaren und vertrauten Kräften der Erde ausgehend, auf ein entwickeltes Verständnis eines kosmischen Plans oder einer einzelnen zentralisierten Gottheit hinarbeitet, ist der Weg der hermetischen Tradition die Wahrnehmung der kosmischen und hierarchischen Kräfte, die das Universum motivieren, und die Identifikation ihres Wirkens innerhalb elementarer und vorgestellter Gott-Formen – wie wir in Band 2* sehen werden.

Zur Zeit bemüht sich die westliche Welt noch, die letzten Überreste des Stammesbewußtseins abzuschütteln, die sich noch nicht von selbst gelöst haben. Die Wiederbelebung der Alten Religion in der Form der neu-heidnischen Bewegung und erneuten Interesses an den einheimischen Traditionen vieler Länder ist die Resonanz auf diese Bemühungen: durch sie wird das Beste der altererbten Weisheit zurückgeholt und die unverbesserlichen Formen als unangemessen abgelegt. Wir werden dieses Phänomen in Kapitel 5 näher betrachten und die Entwicklung der eingeborenen Tradition seit der Vorzeit einschätzen. Bevor wir dem Weg der Erde und der Götter folgen können, bevor wir uns zur Anderwelt einschiffen, müssen wir die Welt der Vorzeit betreten – das «es war einmal» unserer Vorfahren.

> Es gibt ein Ewiglebendes, in welchem Vergangenheit, Gegenwart und Zukunft eins sind, und wenn wir über die Vergangenheit nachdenken, mag es sein, daß wir durch unsere Intensität des Nachdenkens eben in dieser Vergangenheit leben. Es ist nicht nur in der Vision, daß wir unsere Vergangenheit wiedererleben; unsere Herzen mögen in sie hineinsinken und wissen, was andere gewußt haben,

schrieb der Dichter und Mystiker des neunzehnten Jahrhunderts «A. E.»[218]. Zu «wissen, was andere wußten» ist niemals leicht, und wenn wir Exkursionen in die Vorgeschichte der Vorzeit ma-

* Der westliche Weg, Band 2: Ein praktischer Führer zu Magie, Mystik und Alchemie (Nr. 8510), März 89

chen, brauchen wir eine atavistische Sensibilität, um mit den Augen unserer Vorfahren zu sehen und mit ihrem Bewußtsein wahrzunehmen. Stellen Sie sich eine Zeit vor, als Gefühl und Empfindung ein Mittel der Wahrnehmung waren, als die Menschen ein gemeinsames Bewußtsein teilten, auf unterbewußte Weise kommunizierten, sensibel für Wetterveränderungen – wie Tiere es sind –, des jahreszeitlichen Reigens bewußt und so tief mit dem Land verbunden, daß keine Entfernung davon möglich war. Dies waren die Erstgeborenen – wir sprechen nicht vom Neandertaler, mesolithischem oder Homo erectus, denn dieses sind nur zweckdienliche Bezeichnungen für ein paar alte Knochen. Alle Kulturen hatten ihre Vorzeit – tatsächlich durchleben einige primitive Völker die ihre immer noch –, und was hier geschrieben steht, mag für viele von ihnen gelten, zu Zeiten als die Landmassen, die wir heute als Kontinente kennen, noch miteinander verbunden und nationale Trennungen noch undifferenziert waren.

Die ersten Andeutungen von Gottheit waren ein feines Ineinanderübergehen vieler Auffassungen: von den Erdenergien, deren Strömungen zu natürlichen Erscheinungen von Hügeln, Flüssen und Bäumen kristallisierten; und von der stets anwesenden Macht der Vor-Vorfahren. Zu Beginn war es eine namenlose sensible Evolution, wenig mehr als eine Wahrnehmung der Merkmale, die Steine von Holz unterschieden und diese beiden wiederum von Fleisch oder Knochen. Die langsame Unbeweglichkeit des Steines, das schnelle flüssige Strömen des Wassers nahmen individuelle Charakteristika und Eigenschaften an. Feuer, Luft, Erde und Wasser waren die älteren Brüder der Menschheit, Energien, die man mit Respekt anerkannte und begrüßte, die Grundelemente des Lebens, die die Erde mit Macht oder *wakanda* ausstatteten, wie die Sioux-Indianer das große Mysterium der Erdgeister nannten.

Die Vorzeit war die Zeit der Namensgebung und Anerkennung. Wahre Namensgebung kommt erst nach der wahren Erkenntnis einer Sache. Während die englische Sprache Substantive nicht mehr nach Geschlecht unterscheidet, differenzieren viele Sprachen zwischen der Männlichkeit oder der Weiblichkeit der Dinge. Bevor Konzepte von Gottheit entwickelt waren, verstand man die Erde schon als weiblich – die Mutter, die Hervorbringende, die Ernährende: der Himmel dagegen wurde als männlich erkannt – der Vater, der Regnende, der Donnernde, der Scheinende. Der wörtliche Name und das geistige Bild verbanden sich, um die Saatkörner zu formulieren, aus denen die Götter wachsen würden. Die Fähigkeit, Namen zu verleihen, zusammen mit der Kunst der Visualisierung, unterschieden den Schamanen vom Stamm. Die ersten Regungen der Einbildungskraft sind in der Fähigkeit, im Kopf «ein Bild zu haben», wahrnehmbar. William Goldings *The Inheritors*[89] gibt einen Einblick in das Bewußtsein der Vorzeit und die Art, in der man Wahrnehmungen versuchsweise miteinander teilte.

Orte waren von größter Wichtigkeit. Das Gefühl, zum Land zu gehören, kann man klar der Aussage einer modernen australischen Aboriginal-Frau des Pitjantjara-Stammes entnehmen, die sagte, daß die Leberflecke, Warzen oder Hautverfärbungen auf ihrem Körper die gleichen seien wie die Zeichen, die ihre Vorfahren auf einem bestimmten Felsen an ihrem Geburtsort hinterließen.[169] Obwohl wir unseren Geburtsort immer noch als wichtig anerkennen, an heiligen Stätten immer noch einen Schauer von Macht verspüren oder uns sogar nach einem entlegenen Ort sehnen, den wir als unsere spirituelle Heimat empfinden, können wir selten mit dem Netzwerk von Einflüssen vertraut werden, die sich aufbauen, wenn eine Stätte immer wieder über viele Generationen hinweg besetzt wird. Die natürlichen Merkmale dieses Ortes nehmen für seine Bewohner freundliche Charakteristika an, die zu spirituellen Kräften verschmelzen – der *genius loci* oder Geist des Ortes. Das uralte Numen des Ortes kann man heute noch bei alten Brunnen, Hügeln und Wäldern antreffen; obwohl wenige sich noch etwas wünschen oder eine Gebetsfahne an einen Zweig hängen, der *genius loci* bleibt.

Der Stamm war eine Einheit, eine erweiterte Familie: sein gemeinsames Ziel war Selbsterhaltung und Überleben. Teil des Stammes zu sein, hieß, einer der Familie zu sein: daraus ausgestoßen zu werden war fast der sichere Tod. Teil der Gebräuche, Gesetze und Privilegien des Stammes zu sein, hieß, an der Gruppenseele des Stammesbewußtseins teilzuhaben. Dieses Stammesbewußtsein hatte sich über viele Generationen hin aufgebaut, bis eine Gruppenseele zu wirken begann, die eine gemeinsame Symbolik und Auffassung enthielt, welche durch heimische Bräuche aufrechterhalten und durch Traditionen rituellen Verhaltens überliefert wurde. Das Ritual ist eine Methode, Dingen Form zu geben und sich deshalb an sie zu erinnern, ein Weg, die Funktionen der Menschheit innerhalb einer spirituellen Bezugssphäre zu kodifizieren, so daß die Taten und Verantwortlichkeiten der Stammesvorfahren dem Stamm überliefert werden können. Stammesbewußtsein ist in der Regel im Hier und Jetzt konzentriert, es befaßt sich mit den magnetischen Beziehungen zwischen Körper und Erde; Stammesriten reflektierten diese Besessenheit in dem Kult, bei dem der abgeschlagene Kopf, die Knochen der Vorfahren und das Opferblut über die Steine ausgeschüttet wurden.[33] Die wiederkehrenden Rhythmen von Leben und Tod waren Stammesrealität, und diese sind die Basis, von der diejenigen uralten historischen und religiösen Eingebungen stammen, welche heute noch unsere Meinung beeinflussen. Die frühen Verschlüsselungen der Stammesrituale sind immer noch in uns, manchmal schließen sie irrationale und irrige Glaubenshaltungen ein, bei anderen Gelegenheiten geben sie uns Zugang zur Gruppenseele unseres Volkes und seiner kraftvollen Weisheit. Weil diese Rituale in der Erde begründet sind, mag es leicht sein, ihre Wirksamkeit für unsere heutige Zeit zu verspotten, aber wir müssen uns erinnern, daß «die schwere Materie, durch die wir uns bewegen, nicht die Anti-These kosmischen Bewußtseins ist, sondern ihr dichtester und schwerfälligster Ausdruck [ist]»[216]. Die ersten Regungen des Bewußtseins erscheinen häufig roh und barbarisch, aber *im Kontext ihrer Zeit* sind sie gültige Zeichen für den Versuch eines Volkes, Beziehungen zu den verborgenen Realitäten hinter den Erscheinungen herzustellen; sie sind die Grundlagen der Religion.

Für die Zeit, von der wir sprechen, ist das Wort «Religion» eine falsche Bezeichnung; dennoch ist eine Erklärung des Begriffes «Alte Religion» notwendig. Es ist ein Begriff, der normalerweise in völlig verschiedenen Kontexten benutzt wird und den die Mitglieder gegensätzlicher Lager für ihre eigene Vorgeschichte verwenden: die katholische Kirche (für sich selbst) nach der Reformation in den Ländern, wo Katholizismus verboten war, um ihn von Protestantismus zu unterscheiden; und auch die heutigen Hexen für ihren eigenen angestammten Glauben. Wir werden diese beiden Faktoren zu gegebener Zeit diskutieren, aber im Kontext dieses Buches bedeutet «Alte Religion» die frühesten Formen einheimischen Glaubens. Sie umfaßt den riesigen Zeitraum von der Vorzeit bis zu den und einschließlich der Glaubensanschauungen der Kelten, die ihre eigenen Praktiken mit den älteren einheimischen Mustern verschmolzen.

Das Durcheinander und die Vielfalt, die der Alten Religion innewohnen, sind so groß, daß wir nicht jeden einzelnen Faktor in ihrer Struktur verfolgen können. In ihrer frühesten Form war es überhaupt keine Religion, wie wir sie verstehen; eher eine Weise, dem Leben Sinn zu geben, als ein formaler Ausdruck der Anbetung. Man kann davon eine Ahnung erhaschen, indem man sich die traditionellen Sprichwörter und Gebete von den Inseln und dem Hochland in Schottland ansieht, die von Alexander Carmichael in den *Carmina Gadelica*[42] gesammelt sind. Kein Aspekt des Lebens ist zu gering, um von einem eigenen besonderen Spruch und Segen ausgeschlossen zu werden: vom Bedecken des Feuers mit Asche für die Nacht und dem Segnen des Samenkorns für die Aussaat bis zur Anrufung gegen den bösen Blick und dem Zauber für Reisende.

> Möge der Mann in dieser Kleidung nie verwundet werden,
> Möge er keinen Schaden nehmen,

singt die Frau, die den Stoff auf ihrem Webstuhl webt, stets der lebensnotwendigen gegenseitigen Abhängigkeit von Belebtem und Unbelebtem gewahr. Die *Carmina Gadelica* wurden im späten neunzehnten Jahrhundert gesammelt, aber sie geben einen klaren Eindruck davon, wie auch Hausrat und Waffen am Leben ihrer Benutzer teilhaben. Jede alltägliche Aktivität hat ihren besonderen Segen, der ohne Gefahr nicht weggelassen werden kann; mit Reimen und Liedern wird laufende Arbeit ermuntert, um ihre Beständigkeit zu unterstützen; und der Schutz von Heiligen, Engeln und Elfen wird noch immer gesucht. Orte des Todes durch Unfall oder Gewalt haben ihre Mahnmale, doch nicht aus Stein, sondern in Klageliedern und trauriger Erinnerung. Die Toten selbst finden wenig Erwähnung, weil die Reiche der Lebenden und der Toten einander überlagern: das Tor zur Welt der Vorfahren ist immer offen.

Wir haben gezeigt, wie die erste Formgebung von Gottheit aus der Anerkennung des *genius loci* entstanden: dies war der erste Keim der Gott-Idee. Der zweite Keim stammte aus dem Ahnenkult. In der Vorzeit wurden die Toten sowohl beerdigt als auch eingeäschert. Die Vorbereitung für das Begräbnis führte man mit der gleichen Sorgfalt und Genauigkeit aus, als solle die tote Person in einer neuen Wohnung untergebracht werden. Nahrung und persönliche Gegenstände stellte man in das Grab, als sei der Tod nur eine andere Form des Lebens: genauso wurde er verstanden. Die Vorfahren waren die Mittelsmänner in der Anderwelt, die selbst eine Fortsetzung dieser Welt war. Die Vorfahren waren diejenigen, die vorher gegangen waren. Im Leben hatten sie geholfen, die grundsätzliche Form der Stammesexistenz zu etablieren, indem sie Verbindungsglieder in der Kette der Tradition waren und Stammesweisheit vermittelten. Ehrerbietung für die Vorfahren ist heute keineswegs erloschen. Die großen Totenfeste werden noch zelebriert, so in Südamerika, wo man Kerzen auf die Gräber der Vorfahren stellt, so auch in anderen Teilen der Welt, wo es üblich ist, den Verstorbenen Familienneuigkeiten zu erzählen.[34] Von den Taten der Ahnen berichtete man in der Vorzeit und vermittelte sie der nächsten Generation, wobei sie oft so an Bedeutsamkeit gewannen, bis der ferne Ahnherr einem Gott ähnlich wurde. Manchmal zeigen diese Wiedererzählungen, wie das Verhalten der Ahnen half, Stammesgesetze und Präzedenzfälle zu kodieren. Das irische *Book of Invasions*, in dem die Geschichte aufeinanderfolgender Invasionen verzeichnet ist, gibt viele solcher Präzendenzfälle an: der *erste* Ehebruch, das *erste* entzündete Feuer, der *erste* Jahrmarkt, den man zusammenrief – all dies sind Aktivitäten, an denen die Ahnen in der fernen Vergangenheit des Stammes teilnahmen, Erinnerungen, die eingekapselt und besungen wurden.[136] In diesen frühen Berichten erscheinen die Ahnen selten in Geschichten von glücklichem Familienleben, sondern in gewalttätigen Abhandlungen über chaotische Beziehungen und blutige Metzeleien. Ähnlich können wir in den walisischen *Triads*, bardischen Erinnerungen, in denen die Vorfahren und ihre Taten in Dreiheiten gefeiert werden, von den drei berühmten Schuhmachern, den drei Amazonen von Britannien und den drei unglücklichen Meuchelmorden lesen.[268] Hier sind die Maßstäbe und Vergleiche des Stammes, durch die sie an den mythischen Heldentaten der Toten-die-nicht-gestorben-sind teilhatten. Während jedermann Ahnen hatte, mit denen er in Kontakt treten konnte und die ihm halfen, bedurfte es eines spezialisierten Stammesmitglieds, um die Wirklichkeiten der Anderwelt zu interpretieren. In der Person des Schamanen, des Priesters, des Wanderers-zwischen-den-Welten finden wir die dritte Keimzelle der Gott-Idee und einen Anfang formalreligiösen Brauchs.

Wanderer-zwischen-den-Welten

Während jeder von uns ein «Erdwanderer» ist, können nur bestimmte Menschen die schamanische Funktion ausüben: dies sind die Medialen, die Sensitiven, die Mystiker und Träumer. In unserer Gesellschaft schließen wir solche Menschen aus Furcht und Unwissenheit vom Kreis des gemeinschaftlichen Lebens aus: für uns haben sie keinen nützlichen Sinn. Aber ein Stamm ohne einen Schamanen war ein Stamm ohne einen spirituellen Repräsentanten.

Die Schamanen waren die ersten Wächter des westlichen Weges, die ersten Hüter der Tradition. Obwohl das Wort «Schamane» eigentlich nach Sibirien gehört, ist es innerhalb der Alten Religion eher anwendbar als Hexe, Magier oder Priester, denn der Schamane oder die Schamanka erfüllten viele Rollen: Bewahrer des Wissens, Heiler, Prophet, Wahrsager, Zeremonienleiter sowohl als auch Botschafter und Dolmetscher für die Götter. Ein Schamane wurde geboren, nicht gemacht. Aber nur ein Schamane konnte einen anderen anlernen oder führen. Der Schamanen-Kandidat traf seine Ahnen oder das Stammestotem zum erstenmal auf der Initiationsreise, einer inneren Reise, auf der er einem anderweltlichen Beschützer oder Lehrer begegnen würde. Diese Initiation fand an einem isolierten Ort statt, an dem sich der Kandidat aufhielt, um die erste Begegnung mit Anderwelt-Realitäten zu haben, dabei oft dem Tode nahe durch die Prüfungen des Fastens oder der Selbstverstümmelung beim Aderlaß. Wenn erfolgreich, kehrte der Eingeweihte zum Stamm zurück und wurde von den Alten in die schamanische Funktion eingesetzt.[134]

Der Schamane war buchstäblich ein Wanderer-zwischen-den-Welten, einer, dessen Einstimmung auf beides, Stammesbewußtsein und die Götter, so fein war, daß er oder sie zwischen die verborgenen Parallelen von Leben und Tod schlüpfen konnte, zwischen diese Welt und die Anderwelt; der Schamane beeinflußte die Qualität der Gruppenseele auf Ebenen, die nicht direkt für das Normalbewußtsein wahrnehmbar sind. Wir können solche Mystiker vieler Religionen als Beispiel anführen – den christlichen St. Johannes vom Kreuz, den jüdischen Nahman von Bratislava und den islamischen Rumi –, die durch ihr schweigendes Zeugnis und innigen Kontakt mit den inneren Kräften ihres Glaubens die religiöse Gruppenseele durch intensive Meditation über die ihren

Religionen innewohnenden Bilder und Symbole gefördert haben, indem sie diese für andere außerordentlich eindringlich machten. Die Rolle des Schamanen war um so bedeutender, als seine oder ihre persönliche Offenbarung das Stammesbewußtsein formte, die Götter darstellte und benannte.

> Diese besondere und heilige Erkenntnis vom Universum wird in Lied und Gesang, Poesie und Erzählung, Bildhauerkunst und Malerei kodiert... Sie gibt dem Unergründlichen und Unfaßbaren Struktur und Kohärenz. Indem er das Unbekannte «macht», erhält der Schamane einen gewissen Grad an Kontrolle über die ehrfurchtgebietenden Kräfte des *Mysteriums*.[100]

Auf der Offenbarung und Visualisierung des Schamanen baute man die Alte Religion auf, und von ihnen leiten sich spätere Gott-Formen und spirituelle Praktiken her.

Während die Stammesmitglieder nur eine vage Vorstellung von der Schwelle, die die Welten trennt, hatten, konnte der Schamane nicht nur mittels Beobachtung von Holz, Stein und elementaren Kräften wahrsagen, er war auch äußerst sensibel für den Willen der Ahnen, der ersten Götter. Die ersten Geschichten von den Göttern erwuchsen aus dem Gewebe der Beziehung von einer innerweltlichen Energie zur anderen.

Der Schamane war auch der Wächter des Glücks- oder totemistischen Symbols des Stammes, das ähnlich mit den Vorfahren verbunden ist. Bestimmte heutige Hochland-Klan-Häuptlinge bewahren das Glückssymbol ihres Klans: die MacLeods besitzen die Feen-Flagge – ein anderweltliches Banner mit der Macht, den Klan vor Gefahr zu schützen.[171] Die Form des Stammestotems variierte: wenn der Stamm seine Abkunft von einem Tier herleitete, trug der Schamane ein Tierfell oder -horn bei großen Zeremonien. Oder es nahm die Form eines Steins oder Werkzeugs an, das entweder vom Schamanen oder Stammesherrscher als Amtsabzeichen gehandhabt wurde. Die mit dem Glückssymbol des Stammes verknüpften Geschichten waren mit den ersten Anfängen des Stammes selbst verbunden, und man kann sie in den Stammbäumen bestimmter Familien verfolgen. In der Vorzeit war der Schamane für die esoterische Ordnung des Stammes verantwortlich, er war der Stammesherrscher mit seiner esoterischen Regierung. Manchmal waren die Funktionen von Schamane und Herrscher in einer Person oder Familie vereint, was zu einer engen Identifikation dieser Familie mit anderweltlichen Wesenheiten oder mit den Göttern führte.

In der Legende stammen Könige von Göttern ab: die Friedens-Könige in Schweden von Freya, die Sachsen von Wotan[136] und die Kaiser von Japan von der Sonnengöttin Amaterasu; während andere von Tieren abstammen können, wie die Macfies, die von einer Seehundfrau abstammen, oder die französische Lusignan-Linie, deren spätere Abkommen während der Kreuzzüge Könige von Jerusalem wurden, von Melusine, einer Wassergöttin oder Meerjungfrau.[70] In einiger Hinsicht war der Schamane auch eine frühe Form des Herolds, der die Waffen oder Symbole seines Stammes in dessen Namen trug. «Waffen repräsentieren Menschen oder Gruppen von Menschen, als seien diese selbst anwesend. Die Gegenwart eines Wappenschilds fungiert als Ersatz für die Person, *sogar nach ihrem Tod*»[171] (unsere Hervorhebung). Da wir alle eng durch eine Handvoll gemeinsamer Vorfahren miteinander verbunden sind, hat jeder von uns kraft unserer Blutsbande einen Anteil am Stammessymbol. Obwohl es für uns nicht passend sein mag, Waffen zu tragen, tauchen gewisse Symbole oder Maskottchen überall auf und sind uns eigen. Das «Vertrauens»-Tier der Hexe gehört in diese Kategorie, wie auch der Teddy-Bär. Eine Technik, ein solches Schamanen- oder Stammessymbol herzustellen, ist in Übung 1 angegeben. Solche Klan-Totems sind immer noch machtvolle Schlüssel auf dem westlichen Weg, da sie Erinnerungen auslösen.

Der Schamane war nicht nur der spirituelle Repräsentant oder Herold des Stammes, sondern auch sein Gedächtnis. Das Herumreisen des Schamanen zwischen den Welten gab ihm oder ihr Vertrautheit mit zwei Realitäten. Wir haben den Kontakt mit dieser inneren Realität verloren. Den meisten von uns ist die Fähigkeit, in die Anderwelt einzutreten, verlorengegangen, aber sie ist immer noch das Fachgebiet von Dichtern, Priestern und Eingeweihten sowohl des westlichen Weges als auch anderer Bereiche. Der Prozeß der *Analepsis* oder die Erinnerung und Wiederentdeckung «vergessenen» Wissens wird von Robert Graves in Kapitel 19 in *Die weiße Göttin*[92] kenntnisreich diskutiert. Analepsie ist eine Technik, die allerorts von Dichtern, Historikern und Medien wie auch anderen verwendet wird: es überrascht nicht, daß darüber wenig geschrieben wird. Es ist ein Erbe, das allen, die in der Nachfolge unserer schamanischen Vorfahren stehen, verfügbar ist, wie wir zu zeigen hoffen. Zwei Beispiele sollen dazu dienen, ihre

Funktion zu zeigen. In diesem Jahrhundert berichtete ein gewisser James Fraser, ein Stellmacher aus Beauly, von einem sich wiederholenden Traum, in dem er die Schlacht von Blar-na-Leine so detailliert beobachtete, daß der Zuhörer keinen Zweifel an der Genauigkeit seines Berichts hatte. Die fragliche Schlacht hatte 1544 stattgefunden, als nahezu alle Frasers im Kampf gegen die Clanranald getötet wurden: James Fraser erzählte von diesem Traum kurz nach dem Zweiten Weltkrieg. Seine Beschreibung der zeitgenössischen Kleidung, Ausrüstung und Kampfmethoden konnte nur durch Rückgriff auf kaum bekannte Quellen überprüft werden, die dem Träumer nicht zugänglich waren.[171] Falls einer von James Frasers Vorfahren diese Schlacht überlebt hatte, könnte dies dann eine Form des Erbgedächtnisses sein?

Viele Theorien sind aufgestellt worden, um dieses Phänomen zu erklären, wie Jungs Theorie vom kollektiven Unbewußten[123], Reinkarnationsgedächtnis[107] oder Zugang zu den Ahnen[238]. Jede dieser Theorien verwendet eine idiosynkratische Metapher für eine einfache Annahme. Wenn wir die Anderwelt als eine Realität verstehen, die immer verfügbar ist, weil sie ständig stattfindet und nicht linearer Zeit unterworfen ist, dann beginnen wir zu sehen, wie Analepsie einer der Schlüssel für die westliche Traumzeit sein könnte. Eine Technik, um Langzeiterinnerung zu entwickeln, ist in Übung 2 beschrieben. Ein zweites Beispiel für Analepsie betrifft Alfred Watkins, den Schöpfer der *Ley-line*-Theorie, der von einer Erfahrung sprach, bei der er von einem «Strom von Urerinnerungen» bestürmt wurde, als er zum erstenmal die Landschaft mit ihren gleichsam eingegrabenen Ley-Linien «sah».[281] Solch ein plötzlicher Rückruf der Erinnerung ist sehr erfreulich, weil eine uralte Facette unserer Tradition auf diese Art zurückgeholt werden kann, um unser eigenes Zeitalter zu erleuchten. Welche Metapher für Analepsie wir auch verwenden – sei es «Mitteilungen von jenseits des Grabes» oder «aus dem All» eher denn Vorfahren oder Anderwelt –, jeder von uns besitzt die Mittel, sie für sich zu nutzen.

Nichts ist jemals wirklich verloren, und dieses ist das Erfreuliche auf dem westlichen Weg: wiederkehrende Themen tauchen in scheinbar isolierter Weise bei einzelnen Menschen auf und bilden, wenn integriert, eine Gesamtheit an Wissen, das jahrhundertelang vergessen war. Der Schamane stellte sicher, daß dieses Wissen nicht dem Schicksal überlassen wurde: die Einweihung jedes

Stammesmitglieds ins Erwachsensein war eine ‹kleinere› Version der Initationsreise des Schamanen – eine Einführung in die Symbole und Totems des Stammes –, bei der der Kandidat alleingelassen wurde und fastete, um eine Vision oder, wie wir sagen würden, eine Visualisierung, mittels einer uneingeschränkten Reaktion hervorzubringen. Einweihung in geheimes Wissen steht heute unter der Obhut der Prüfungsgremien von Universitäten, die ihre Kandidaten immer noch für eine gewisse Zeitspanne einkerkern, in der die erforderliche Antwort gesucht wird, obwohl diese Methode selbst ein Schatten einer älteren Form von ausgedehnter Übung und Gedächtnisprüfung ist. Denn diese Methode, dem Initianden zu ermöglichen, verlorenes Wissen zu erinnern, war das Spezialgebiet der Nachfolger des Schamanen – der Druiden.

Zuallererst verabschieden Sie bitte das Bild von bärtigen, weißgekleideten Druiden, die mit Sicheln in der Hand in Scharen zu einer Druidenkonferenz strömen, aus Ihrem Geist. Darauf ist die allgemeine Vorstellung von den Druidenerweckern der letzten paar Jahrhunderte konditioniert worden. Daß das wahre Bild im Einklang mit den Vorzeit-Schamanen steht, können wir klar sehen, wenn wir das irische *Book of Invasions*[136] betrachten. Hier lesen wir, wie ein Oberdruide, Mide, das erste Feuer auf dem Hügel von Uisnech entzündete, worüber sich die «eingeborenen Druiden» bitter beklagten, weil er ihre Funktion an sich riß. Mide ließ sie daraufhin alle zusammenbringen und ihnen die Zunge herausschneiden, begrub die Zungen auf Uisnech und setzte sich dann darauf: eine angemessene Parabel, die den Machtkampf zwischen den alten und neuen Schamanen demonstriert und zeigt, wie sich die Neuen Macht und Wissen der Alten aneigneten.

Die Druiden kamen also nicht einfach als fertige Meister mit der keltischen Invasion, sondern teilten die Funktion und Position der alten Schamanen. Als Glieder in der Kette der Nachfolger waren die Druiden die stärksten Wächter des westlichen Weges. Doch selbst in den klassischen Zeugnissen des Druidentums stellen sie keine Priesterschaft dar, wie wir sie heute verstehen. Die Zeugnisse von Strabo, Cäsar und Tacitus[37, 255] geben uns ein schiefes Bild einer Gesellschaft, die uneinig mit Rom war, aber keiner dieser Zeugen befaßt sich so sehr mit dem religiösen Charakter einer Priesterschaft als eher mit der politischen Bedrohung durch druidische Ratsherrschaft. Man hat auf Parallelen mit der Klassenstruktur im klassischen Indien und der der Kelten hingewiesen.[20] Druiden und Könige waren Brahmanen, Aristokraten der keltischen Gesellschaft, folgt man der üblichen Verbindung zwischen den herrschenden und priesterlichen Klans. Ein Druide rangierte über einem König und war mit dem Hof als Schamane und auch als gelehrter Geistlicher verbunden, der Ratgeber, Lehrer und Prophet in einem war.

Die Römer versuchten, das Druidentum auszurotten, jedoch, rücksichtsvoll gegenüber dem *genius loci* eines Landes und dessen Göttern, bewahrten sie die einheimischen Gott-Formen für ihren eigenen Gebrauch und bestärkten die offensichtlichen Ähnlichkeiten zwischen eingeborenen und römischen Gottheiten – genauso wie fünf Jahrhunderte später Papst Gregor der Große Missionare anweisen sollte, alte Stätten in Übereinstimmung mit dem örtlich festgelegten *genius loci* und deren sich überschneidenden geodätischen Achsen für christliche Verehrung umzuwandeln[216] (und siehe Kapitel 2). Die Macht des aristokratischen Schamanen mag während der römischen Besetzung zerstört oder zeitweilig zerstreut worden sein, aber Rom gelang es nicht, die Gruppenseele des Volkes zu unterdrücken, noch bezwang es ihr System der Gesetzgebung – wie es die Druiden etabliert hatten. Es gelang Rom auch nie, in Irland einzudringen oder es zu besiegen: hier blieb das Druidentum intakt, wie uns die alte Literatur beweist.

In einer Geschichte kleidet sich Mog Ruith, ein Druide aus West Munster, in eine Stierhaut und das *enchennach*, oder Vogelkleid, und steigt über den Köpfen der gegnerischen Armee auf, um Einzelheiten über deren Truppenaufstellungen zurückzubringen – deutlich ein frühes Beispiel von einer astralen Flugreise. Seine Kleidung ist die für Schamanen übliche bei solchen Aktivitäten. Der Druide des Königs von Ulster, Fingen, besieht sich die Krankheiten und Verletzungen von Menschen und gibt ihnen Heilmittel.[160] Im *Táin bó Cuailnge*[256] fragt die königliche Frau Nes Cathbad einen vorbeikommenden Druiden, «welche Handlung steht in dieser Stunde unter einem guten Stern?» «Sie ist gut, um einen König auf eine Königin zu bekommen», prophezeit er. Da sie keinen anderen Mann greifbar hat, nimmt sie ihn unverzüglich mit ins Bett. Hier haben wir die Erwähnung von Schamane, Heiler und Prophet. Außer diesen übten die Druiden die Funktionen des Richters, Verwalters und Philosophen aus. Während sich das kontinentale Druidentum anders entwickelt haben mag, beginnen wir zu sehen, daß die Rolle des Schamanen innerhalb des Druidentums Spezialisierungen unterliegt. Es gibt keine Anzeichen für die Entstehung von «Akademien des Druidentums». Obwohl man Kinder zu den Druiden schickte, um sie von seiner Frau aufziehen und mit seinen Kindern aufwachsen zu lassen, damit sie sein Handwerk lernten, glich dessen Haushalt wohl eher einer späteren Culdee-Stiftung als einer machtvollen Druidenversammlung.

Es wird gesagt, daß Irland das Christentum so gut fand, daß es ruhig und ohne Aufsehen konvertierte. Umgekehrt paßte sich das Christentum so hervorragend an die druidischen Elemente an, daß diese ohne Frage akzeptiert wurden. Als die Missionare aus Irland auszogen, um Schottland, Wales und Nordengland zu bekehren, wurde das Druidentum im Zeichen des neuen Glaubens weiter bestärkt und gab dem keltischen Christentum seine eigene besondere Note: die des Christentums einheimischer Tradition. Mit der Ankunft des Christentums in Irland gingen viele der wesentlichen nicht-religiösen druidischen Funktionen auf die Dichter über. Dichter ist die richtige Bezeichnung – eine Barde war eine weitaus weniger edle Person, die nach dem Gesetz nur halb soviel wert war wie ein Dichter.

Anstatt eines Allzweck-Schamanen also gab es schließlich eine Anzahl sich spezialisierender Experten: den *brehon* oder Richter; den *seanchai* oder professionellen Geschichtenerzähler, Historiker und Genealogen; und den Dichter oder *file*, der das Äquivalent einer kleinen Bibliothek in seinem Kopf hatte. Die Grade des Wissens bezeichnete man entsprechend unseren Graden des Bakkalaureus, Magisters und Doktors an modernen Universitäten. Jeder dieser gelehrten Männer und Frauen teilte die schamanistische Funktion des Wanderers-zwischen-den-Welten und war mit der Weitergabe des traditionellen Wissens und gründlichen Lernens befaßt; doch von all ihnen bewahrte der Dichter sowohl die schamanistische als die druidische Fähigkeit am besten.[121]

Durch den gesamten Korpus keltischer Literatur hindurch treffen wir auf Gedichte, die mit Unmöglichem prahlen. Der irische Amairgen sagt:

Ich bin ein Sonnenstrahl
Ich bin ein geschickter Matrose
Ich bin ein grausamer Eber
Ich bin ein See im Tal.[160]

Desgleichen sagt Taliesin, der walisische Dichter-Priester:

> Ich habe das Banner vor Alexander getragen...
> Ich war am Ort der Kreuzigung des gnädigen Sohn Gottes...
> Ich war am Firmament mit Maria-Magdalena...
> Ich werde bis zum Tag des Jüngsten Gerichts auf der Erdoberfläche sein.[146]

In diesen «Prahlereien» sehen wir Zeichen des analeptischen Gedächtnisses, Erinnerungen an andere Leben, Zeiten und Orte ebenso wie eine innige Bekanntschaft mit der Natur der Anderwelt. Diese Verse weisen auf in Einweihungsriten erlangte Erkenntnis: Uridee und Wissen in esoterischen dichterischen Äußerungen verborgen. Diese Gedichte sind häufig eindringliche Verdichtungen symbolischer Konzepte, die das Verständnis des Hörers mit der Durchschlagskraft eines unsichtbaren Pfeils durchdringen.

Die dichterische Ausbildung war lang und mühsam, sie dauerte wenigstens zwölf Jahre. Während dieser Zeit erwartete man von dem Lernenden, daß er die Geschichte des Volkes, die Stammbäume von Königen, geheime Sprachen, die Komplexität von Vers- und Silbenmaß sowohl als auch die Gesetze und Gebräuche des Volkes auswendig lernte. Ein Gedicht wird nie konstruiert, es wird aus der Anderwelt durch die innere Reise dorthin gewonnen; ist das Resultat persönlicher Erfahrung – des Einsseins mit der Natur eines Vogels oder Fisches, der Teilhabe an der Erleuchtung eines Helden oder Gottes. Die Einweihung des Dichters ist wie die des Schamanen tatsächlich eine Reise durch das Labyrinth, wo die Mysterien, denen er auf dem Weg begegnet, vom Initianden kodifiziert und assimiliert werden. Wie Taliesin, dessen Worte wir oben zitieren, erfährt der Ire Tuan mac Cairell[160] aufeinanderfolgende Transformationen in einen Hirsch, Eber, Adler und dann in einen Lachs, als er von der Frau des Königs Cairell gegessen und wiedergeboren wird. Tuan ist der einzige Überlebende der Invasion von Partholon und in der Lage, die Ereignisse vorüberziehender Generationen zum Nutzen späterer Zeitalter aufzuzeichnen. Sowohl durch Reinkarnation als auch Erinnerung überlebt Tuan. Und obwohl wir nur «Erdwanderer» sind, mit Übung könnten wir dennoch die Nachfolge in der Erbschaft antreten, die uns die Wanderer-zwischen-den-Welten bewahrten.

Druiden und Dichter waren vielseitige Gelehrte, ebenso bedeutend wie jene, die in der Renaissance lebten. Tatsächlich war ihre Reputation größer, wenn man bedenkt, daß sie ihren Lernstoff ohne Hilfe von Büchern oder Schriften behielten. Unsere modernen Hilfsmittel – das Tonbandgerät, Video und Merkbuch – sind nützlich, aber sie haben unsere Gehirne faul werden lassen. Dennoch ist es möglich, unsere Sinne und geistigen Fähigkeiten wieder zu schärfen, wenn auch nicht auf den hohen Druidenstandard, so doch wenigstens für ein größeres Bewußtsein des westlichen Weges und seiner Schätze. Die Verwendung schöpferischer Imagination und das ständige Üben analphabetischer Erinnerung kann uns mit den Mysterien, die unser Erbe sind, in Berührung bringen. Da die Rollen des Schamanen, Druiden und Priesters in unserer Gesellschaft kaum wiederzuerkennen sind, ist das Bedürfnis nach Wächtern der Mysterien noch in uns. Wenn die Verbindungen schwach sind, müssen wir, nun mehr denn je, Wanderer-zwischen-den-Welten werden und selbst den Weg über die Schwelle finden und die Mysterien neu interpretieren, die wir dort finden. Wenn wir keine Schamanen oder Älteste mehr finden, um uns heute in diese Mysterien einzuweihen, so haben wir doch eine sehr alte Methode in Übung 8 angegeben, die Ihnen Zugang zur Anderwelt und Ihrer eigenen Initiationsreise geben wird.

Mysterien und Initiation

Mysterien sind Zugänge, Schwellen zwischen dieser Welt und der Anderen, dem Versammlungsort von Göttern und Menschen. Als symbolische Wirklichkeiten scheinen sie von der irdischen Welt entrückt, dem Nicht-Eingeweihten schwer zugänglich: vom Gesichtspunkt der Anderwelt aus sind Mysterien eine Sprache, in der spirituelle Konzepte vermittelt und bewahrt werden können. So wie der christliche Eucharist die irdischen Elemente von Brot und Wein benutzt, um die Gegenwart von Christus auszudrükken, so teilte und erfuhr die Vorzeit die Anderwelt-Realitäten mittels irdischer Zeichen und ritueller Darstellungen des unaussprechlichen Mysteriums. Ein Eichenbaum war ein Baum, aber zugleich auch der in ihm wohnende Gott des Waldes, ein Totem des grünen Mannes. Wenn sich der Stammesherrscher in Eichenblätter kleidete, wurde er zur lebendigen Verkörperung des Gottes selbst.[272]

Das Wort «Mysterium» kommt vom griechischen *myein*, schweigen. Die mit den Mysterien verbundenen Untertöne von Geheimhaltung und Auslesetum haben viele befremdet, die sich dem westlichen Weg zum erstenmal nähern, doch ebenso wie eine Familie Außenseiter vom innigsten Familienkreis ausschließt, wie gastfreundlich sie auch Fremden gegenüber sein mag, so braucht die Gruppenseele ihre eigenen Mysterien und deren Wächter. Der Eintritt in die Mysterien ist die Teilnahme an der Natur der Götter.

> Der altaische Schamane beschreibt seine oder ihre Abenteuer durch die ekstatische und theatralische Aktion der Trance. Er oder sie führt körperlich die Reise auf, während er sie auf der spirituellen Ebene unternimmt. Der innere Zustand wird enthüllt, bekannt gemacht und schließlich durch die Vorführung gebannt. Die verehrten Bilder der erwachten Psyche werden als lebendige Symbole im Verlauf innerer spiritueller Transformation übertragen.[100]

Diese Mysterien können nicht unumschränkt für alle offen sein, und sei es nur im Interesse individueller Sicherheit: sie müssen geschützt und mit Vorsicht weitergegeben werden. Sogar für die in den Stamm Hineingeborenen war die Initiation in die Mysterien ein zu verdienendes Privileg, kein automatisches Recht: man gewann es durch Leiden, Opfer und Prüfung. Doch das wahre Geheimnis der Mysterien ist, daß *sie nicht von einem Wesen zum anderen weitergegeben werden können*: der Mysterienwächter kann nur Leitlinien und Schlüssel zum Wissen vergeben, nicht das eigentliche Wissen selbst, welches sich dem Initianden *durch persönliche Erfahrung und enthüllende Wahrnehmung* offenbart. Das tiefgreifende Erlebnis einer Teilnahme an den Mysterien ist von denen, die diese nun intellektuell schätzen und im Grunde genommen symbolische Analphabeten sind, weitgehend in Mißkredit gebracht worden. Doch einem Menschen, der den personifizierten Energien der Götter unverhüllt und der Gruppenseele der Vorfahren nackt gegenüberstand, war diese Erfahrung furchterregend und unvergeßlich und zugleich eine Quelle der Kraft.

Als die Mysterien eine feste Form erhielten, entstand eine Priesterkaste, um die Schlüssel zu ihren Lehren zu hüten und zu verteilen. In Band 2 werden wir mehr über die Entwicklung und Arbeit der Mysterienschulen ausführen. Mit dem Überleben des einheimischen Schamanen und der Schamanka befassen wir uns in Kapitel 5 dieses Bandes. Die rituellen Mittel der Mysterien folgten meist einem dreifachen Muster: persönlich, jahreszeitlich und dem Stamm entsprechend.

Die persönlichen Rituale befaßten sich mit Übergangsriten: mit Geburt, Leben und Tod. Die drei Stadien des Lebens waren eng mit der Anderwelt verbunden, und jedes war durch ein Initiationsritual gekennzeichnet, um den Übergang von einem Zustand zum nächsten anzuzeigen, wenn der Betroffene für das Alte starb und dem Neuen geboren wurde. So wie das Neugeborene seinen Weg in den Windungen des weltlichen Labyrinths finden muß, so muß der gerade Gestorbene seinen Weg durch die vergessenen Irrgärten der Anderwelt finden. In unserer eigenen Gesellschaft haben wir keine formalisierten Übergangsriten, um die Jungen bequemer ins Leben und die Alten aus ihm heraus in die weitere Welt der inneren Räume gelangen zu lassen.

Initiation verleiht nicht notwendigerweise große Kräfte oder zeigt, wie das Wissen benutzt wird: sie ist bloß die Einpflanzung eines Samenkorns, dem die Lebenserfahrungen, abhängig von den Hilfsquellen des Initianden, zum Keimen verhelfen werden. Sie stimuliert das verborgene Potential des Kandidaten und befähigt ihn oder sie, an den Lebensmustern auf tieferen Ebenen als der der oberflächlichen Wahrnehmung teilzuhaben. Da ein neugeborenes Kind gerade erst aus der Anderwelt gekommen war, war sein Zugriff zur Realität dieser Welt schwach: es wurde möglicherweise gestohlen oder kehrte dorthin zurück. Also wurde es mit Salz und Eisen geschützt – zwei Substanzen, die der Anderwelt schädlich sind (siehe Kapitel 4). Zum Nutzen des Babys übte man Rituale aus: vielleicht pflanzte man einen Baum, um das Leben des Kindes mit dem der Erde zu verbinden.[164] Man sagte Zaubersprüche über dem Kind auf und band ihm Talismane um den Hals. Der Schamane mochte das Lebensmuster des Kindes prophezeien und einige *geasa* oder Verbote daraufbinden, die ihm untersagten, bestimmte totemistische Tiere zu töten oder essen.

Die Bekräftigung dieses Musters erfolgte durch die Initiation in die Pubertät – einer Zeit, wenn jeder auf der Schwelle der Welten steht und für Anderweltenergien sensibel ist –,wenn die Kindheitspersönlichkeit aufgegeben wurde, um Platz für das neue verantwortliche Stammesmitglied zu machen. In vielen Teilen der heutigen Welt, wo Stammesbewußtsein dem der Vorzeit entspricht, weinen die Frauen immer noch rituell zum Andenken an den «Tod» ihrer Kinder, während die jungen Kandidaten weggeführt werden, um die Prüfung zu erleiden, die sie erwachsen macht: sie bleiben in Abgeschiedenheit, vielen Verboten ausgesetzt, ihnen wird die Stammesgeschichte erzählt, und sie erleiden die Beschneidung oder die schmerzhafte Kennzeichnung des Fleisches mit rituellen Tätowierungen und Narben, die ihrem Erscheinen bei der Zeremonie, in der sie Mysterien der Götter wiederaufführen[34], vorangeht. In einer Zeremonie ähnlich der Initiationsreise des Schamanen, wenn auch nicht so herausfordernd wie dieser, ließ man den Initianden oft zwischen den Gräbern der Vorfahren in Höhlen oder Grabgewölben zurück, was den Abstieg in die Unterwelt andeutet. Es war ein wagemutiger Schritt über die Schwelle der Welten: eine gefährliche Reise, von der die Rückkehr mit Freude begrüßt wurde, stellte sie doch den Auftritt eines neuen erwachsenen Stammesmitglieds dar.

Obwohl dem Eingeweihten des westlichen Weges die Schlüssel zu den Mysterien gegeben werden, muß jeder noch den Weg in der Dunkelheit durch das Licht persönlicher Intuition finden. Heutzutage die Höhlengänge und Gewölbe uralter Initiationsszenen zu betreten, kann immer noch eine Offenbarung sein: sich in der labyrinthischen Dunkelheit vorzutasten und die Fingerhalte und Vorsprünge zu finden, nach denen einst die früheren Initianden des westlichen Weges be-griffen haben. Doch Leid und Schmerz sind nur ein Merkmal: in der Herzkammer des Irrgarten-Mysteriums herrscht Freiheit und Meisterschaft über die Elemente des Lebens.

Das Muster wird mit dem Tod zerstört: man ließ den Körper vor dem Begräbnis an der Luft, damit er sich zersetzte, oder er wurde verbrannt und die Asche in eine Urne getan. Manchmal wurde das Gerät des Verstorbenen zerstört, um anzuzeigen, daß es von nun an dem Gebrauch der Anderwelt überlassen war.[33] Gesänge wurden intoniert, um den Übergang des Geistes in das Reich der Ahnen zu erleichtern. Der Tod war nur eine

Schwelle zwischen den Welten und nicht so gefürchtet wie heute.

Die jahreszeitlichen Rituale betrafen die Bebauung des Landes und die gegenseitige Abhängigkeit von Tieren und Menschen und den Elementen. Moderne landwirtschaftliche Methoden, die Einfuhr fremdländischer Nahrungsmittel und die Tiefkühltruhe haben unsere Abhängigkeit vom jahreszeitlichen Wechsel für unser tägliches Brot gelöst – obgleich dieser immer noch bestimmender Faktor für Fülle oder Hunger in der Dritten Welt ist. Die Bodendüngung, Winteraussaat, Lammzeit, Frühlingsaussaat, Ackerbau und Ernte folgten aufeinander in einem beständigen Reigen von Aktivität, an dem der ganze Stamm teilhatte. Den lunaren und landwirtschaftlichen Kalender kann man immer noch in den späteren keltischen Feuerfesten von Samhain, Imbolc, Bealtaine und Lunasadh erkennen, die am Vorabend des jeweils 1. November, 1. Februar, 1. Mai und 1. August zelebriert wurden. In diesen Zeiten fühlte man die Anderwelt besonders nahe. In Übung 3 haben wir Anregungen gegeben, die diese Feste als verborgene Zugänge offenbaren, die wir immer noch passieren können. Sie sind für die meisten von uns immer noch als Allerseelen, Mariä Reinigung, Maifeiertag und Lammas erkennbar – Tage, an denen traditionell entweder der Priester oder das Volk immer noch die Mysterien zelebrieren. Die Sonnenkalendertage werden von Universitäten und Gerichten als Zeiten für Sitzungen und Rundreisen bewahrt – ein Erbe druidischer Praxis: die Tag-und-Nacht-Gleichen, 21. März (Mariä Verkündigung) und der 21. Dezember (Michaelis) ebenso wie die Sonnwenden, 21. Juni (Mittsommer) und 21. Dezember (Mittwinter) waren in der Vorzeit bedeutend, wie die Erforschung der aufrechten Steine, Kreise und Erd-Arbeiten uns zeigt.[29]

Von allen Ritualen aus der Vorzeit sind die mit den Jahreszeiten verbundenen am zugänglichsten, da sie sowohl hohes Mysterium als auch Stammesvergnügen miteinander verbinden[94]. Wie ein modernes Volkslied es ausdrückt, sind sie immer noch eine gute Ausrede, herumzutaumeln

> vom alten Halbmond zur aufgehenden Sonne,
> mit unseren Schoppenkrügen in den Händen.[298]

Etwas von dieser gemeinschaftlichen Festlichkeit und Lebensfreude können wir einfangen, wenn wir an den überlebenden jahreszeitlichen Ritualen, die heutzutage ausgeübt werden, teilnehmen; obwohl diese häufig von späteren Unverständlichkeiten überlagert sind, regen sie tiefsitzende Erinnerungen an, die uns Zugang zur Vorzeit ermöglichen.

Die Stammesrituale schlossen den gesamten Klan in große zeremonielle Versammlungen ein; der weltliche Aspekt dieser Zusammenkünfte wurde mit Spielen, Musik und Tanz zelebriert, doch wann immer sie abgehalten wurden, um Gottesgeschichten vorzuführen oder einen neuen Führer einzusetzen, dienten sie zur Stärkung der Gruppenseele. Etwas von diesem Gefühl gemeinschaftlichen Verbundenseins kann man bei modernen Hochland-Klanversammlungen in Schottland erfahren. Dame Flora MacLeod von MacLeod sprach von dem Band der Zuneigung und Verpflichtung, das sie und ihr Klan einander schulden, welches «in allen Teilen der Welt tatsächlich eine lebendige Bindung ist, die weder Gebirge noch Meereswüsten durchtrennen können... das spirituelle Bindeglied der Klanschaft umfaßt sie alle» [171]. Und wie blasiert wir auch über unseren eigenen nationalen Zusammenhalt hinwegsehen mögen, die Krönung eines Monarchen ist immer noch ein Ereignis, das von numinoser Ehrfurcht umgeben ist. Es überbrückt die Zeitalter mit seinem Punkt, der Ausstellung heraldischer Totems, dem Austausch von Versprechungen und den Ritualen, die den Souverän mit dem Land vermählen – im Falle des englischen Monarchen mit dem Hochzeitsring von England –, ein potentes und uraltes Ritual.[16] Die Amtseinsetzung eines Präsidenten teilt, obwohl sie eine verminderte Form des königlichen Rituals ist, den Status eines großen Stammesereignisses: in einigen Teilen der Welt ist die Rivalität und die Konkurrenz um diese Ehre analog zu der in der Vorzeit, als rivalisierende Häuptlinge einander mit Waffengewalt um das Privileg, Stammesführer zu werden, bekämpften.

Im modernen Krönungsritus sind viele frühe rituelle Praktiken eingeschlossen, doch diese Vermählung mit dem Land ist die grundlegend wichtigste. Der Stamm bezog sein Dasein aus der Erde, die ihn geboren hatte; der König als Hauptrepräsentant des Stammes mußte deshalb eine engere Verbindung mit den Erdenergien haben. Wir sprachen davon, wie die ersten Formgebungen von Gottheit begannen; in vielen Teilen des Westens wurde der *genius loci* als Landessouverän personifiziert und als prächtige

Königin von großer Güte gesehen, die entweder symbolisch oder in der Person der Schamanka mit dem König vermählt wurde. Sie war die Mutter des Volkes, und der König war ihr Gemahl/Hofmeister. Er verwaltete das Land unter ihrem Patronat und nach ihrem Recht.[149]

Doch während der König alterte, tat die Landesherrscherin dies nicht; wenn seine Kraft ihrer nicht gleichkam, wurde der König ersetzt, oft indem er freiwillig den Tod erduldete, um ein Stammeswächter zu werden.[248] Hier überschnitt sich die Rolle des Königs und des Priesters. Die Vereinigung mit dem Land war unterbrochen, wenn der König verletzt oder verunstaltet war – eine Tatsache, die in den Gralslegenden von Wichtigkeit ist, wie in Artikel 6 von *At the Table of the Grail*[162] bemerkt wird. Ein verwundeter König bedeutete ein verwüstetes Land: die Verpflichtung des Königs, geopfert zu werden, war sehr groß. Was den westlichen Weg angeht, ist dieses spirituelle Konzept heute wichtig: nur durch die enge Vernetzung von Volk, Schamane und Herrscher mit der Erde kann es seine Erfüllung und die Menschen selbst ihre Ganzheit erlangen (siehe Übung 5).

Der Ort für das Königmachen war oft ein angestammter Platz. Die Könige von Argyll wurden eingesetzt, indem sie in den königlichen Fußabdruck traten, der in den Felsen am Hügel von Dunadd gegraben war: sie traten buchstäblich in die Fußstapfen ihrer Vorfahren. Der Diebstahl des Steines von Scone – dem altererbten Amtseinsetzungsstein der Könige von Schottland, und wie einige behaupten, der uralte irische Lia Fail – durch Edward I. im Jahre 1296 war ein Versuch, Schottland die Souveränität zu stehlen. Seine unerlaubte Rückkehr aus dem Krönungsstuhl von Westminster Abbey, 1951, nach Schottland wurde mit Wutgeschrei von südlich der Grenze und Freudenjubel im Norden begrüßt: ein Volk gibt sein einheimisches Erbe nicht sehr schnell auf, doch der heilige Stein wurde rechtzeitig zur Amtseinsetzung von Königin Elizabeth II., der linearen Nachfolgerin der schottischen Könige, zurückgegeben.[16]

Loyalität den Volksarchetypen und Stammesmustern gegenüber ist noch immer sehr tief in uns eingebettet. Die häuslichen Sühneopfer, die jahreszeitlichen Rituale, die Vorfahren und ihre Macht bleiben. Dies sind die Wurzeln der Alten Religion, von der man einige Blätter des traditionellen Familienbaums heute immer noch sehen kann. In sich selbst sind sie machtvoll, doch ohne die Inspiration durch ihre Geschichte sind sie nichts.

Es sind die Volkssymbole unserer einheimischen Tradition, ihre Archetypen und Mythen, auf die wir achtgeben müssen als lebendige Schößlinge dieses Baumes und darüber hinaus auf die Gottformen. Der sicherste Weg, sich ihnen zu nähern, führt über die heiligen Stätten und Tempel der alten Erdmagie.

Übung 1 Wie Sie Ihr Klan-Totem finden

Auf dem westlichen Weg ist es für den Praktizierenden üblich, ein Motto, einen Wahlspruch oder Geheimnamen anzunehmen. Genauso wie Kandidaten für die Konfirmation oder das Klosterleben immer noch einen anderen Namen annehmen – sei es den eines Heiligen oder Vorfahren –, so nehmen Initianden einen neuen Namen für ihre Wanderschaft an. Namen sind leicht zu finden. Symbole kann man erwerben. Aber das Klan-Totem ist ein Symbol Ihrer Zugehörigkeit zur Familie: zu denen, die dem westlichen Weg vor Ihnen gefolgt sind. Da die Anzahl der Menschen, die vor dreißig Generationen in der Welt lebten, theoretisch von der Anzahl jedes unserer Vorfahren überschritten wird, wenn wir unsere beiden Elternteile, vier Großeltern, acht Ur-Großeltern, usw. zu einer Summe von 1 073 741 904 aufaddieren, sind wir daher jeder eng mit dem anderen verwandt und teilen eine gemeinsame Gruppe von Vorfahren.[62] Diese Urfamilien hatten ihr einzigartiges Klan-Totem oder Symbol, das wir durch das Blutsrecht teilen. Ihre Familie mag bereits privilegiert sein, eigene Waffen zu tragen, in dem Falle haben Sie ein fertiges heraldisches Totem. Aber die meisten von uns können ihre Stammbäume nicht mit Sicherheit verfolgen; wir wissen nicht, welcher Art dieses Totem sein mag.

Diese Methode umgeht rationale Erkenntnis und benutzt den Schlaf als ein Mittel, Dinge zu lernen, die nicht bewußt erkennbar sind. Die Vorfahren benutzten Inkubation oder Tempelschlaf als Hilfe bei der Heilung von Krankheiten der Seele und des Körpers, ebenso wie sie dem Klienten halfen, ein tiefsitzendes Problem zu lösen.[197] Schlaf transportiert uns sehr schnell in die Anderwelt, und dort finden wir, was wir suchen.

Legen Sie sich mit einem Kissen unter dem Kopf auf den Boden, wenn Sie diese Übung während des Tages versuchen oder nicht zu lange einschlafen wollen. Anderenfalls können Sie ins Bett gehen, wie abends üblich. Rollen Sie sich auf die rechte Seite, und wiederholen Sie den Eingangsgesang (siehe Bemerkungen zu den Techniken, S. 30ff.) wieder und wieder in Ihrem Kopf. Fühlen Sie sich selbst immer schwerer und schwerer werden, bis Sie die angenehme Empfindung haben, langsam durch den Fußboden unter das Bett zu sinken. Visualisieren Sie sich selbst, sanft durch die Schichten sinkend, bis Sie die Erde erreichen, und fahren Sie weiter nach unten fort. Sie sinken hinunter in Ihren Familienbaum, innerhalb des Stammes, wie Alice in den Kaninchenbau. Sinken Sie so weit wie es Ihnen möglich ist, bis Sie den Boden des Stammes erreichen. Haben Sie keine Angst, zu weit zu gehen; Sie landen sanft auf dem Boden, stehen auf und gehen durch den Stamm, in dem deutlich eine Tür sichtbar ist.

An dieser Stelle sind Sie vielleicht schon eingeschlafen, aber keine Sorge; Übung macht den Meister. Auf dem Stamm befindet sich in Augenhöhe das Totem oder Symbol, nach dem Sie suchen. (Bei Ihrem Fall in den Baumtunnel haben Sie vielleicht andere Symbole bemerkt, aber dieses sind nicht diejenigen, nach denen Sie suchen.) Ihr Familienbaum ragt über Ihnen auf, seine Zweige verschwinden in der weiten Ferne des Himmels: seine Blätter sind grün, und der Stamm ist etwas Lebendiges, voll mit dem Lebenssaft, den er aus der grünen Erde um sich herum zieht. Unternehmen Sie jedoch keinen Forschungsspaziergang. Sehen Sie sich sorgfältig das Symbol auf dem Baum an, und schaffen Sie die feste Absicht, es in Ihrer Erinnerung zurückzubringen.

Wenn Sie dies am Tage tun, ist es nun Zeit, auf dem Weg, auf dem Sie gekommen sind, zurückzukehren. Wenige erreichen jedoch diese Art leichten Schlafbewußtseins. Die meisten von uns werden sich am nächsten Morgen im Bett erwachend finden und sich an wenig oder gar nichts erinnern. Lassen Sie sich nicht abschrecken, üben Sie weiter. Wie bei einem Traum, werden Sie vielleicht feststellen, daß die Tagesaktivitäten die Fesseln Ihrer Erinnerung «aufbrechen». Das Symbol kann lange in der Psyche bleiben, bis man es erkennt, aber Sie werden beginnen, das wiederholte Auftauchen eines Themas oder Bildes zu bemerken, das sich in Ihre Aufmerksamkeit drängt. Gehen Sie nicht über das Triviale oder Bizarre hinweg – vielleicht haben Sie die feineren Punkte noch nicht ausgesondert –, denn das Gehirn behält Dinge oft in einer Art symbolischer Kurzschrift. Sagen wir, Sie bekommen immer wieder einen Kessel, dann ist es wahrscheinlich auch ein Kessel: vielleicht ein Kessel in moderne Bildsprache übersetzt. Der Kessel gäbe ein gutes Klan-Symbol ab, da in ihm die Stammesnahrung kochte, und er wird immer noch in einigen Teilen Englands als Kessel bezeichnet – wie in «ein Kessel voll Fisch» (engl. Umschreibung für «eine schöne Bescherung!» d. Übersetzer) – ein Topf, der über dem Feuer hängt. Er ist der Vorfahre des Gralssymbols – eine Unmenge Bilder liegt hier verborgen. Gleichermaßen mögen Sie plötzlich bemerken, daß die Hunde der Nachbarschaft begonnen haben, freundliches Interesse an Ihnen zu zeigen und sich versammeln, wenn Sie auf der Straße erscheinen – könnte es sein, daß Ihr Klan-Symbol ein Hund ist?

Vielleicht haben Sie Angst, sich in dieser ersten Übung selbst zu betrügen und Dinge zu erfinden. Am Anfang ist es schwierig, zu sagen, wann Sie ein Bild «sehen» und wann Sie es bewußt «drängen», dazusein. Nur Erfahrung wird Sie den Unterschied lehren und wenn Sie beginnen, mit den Symbolen zu arbeiten, die Ihnen erschienen sind, werden Sie wissen, ob dies so ist, denn das Symbol sollte die gleiche pulsierende Vitalität haben wie der Baumstamm: wenn es sich in Ihren Händen leblos anfühlt, dann versuchen Sie diese Technik noch einmal mit mehr Urteilskraft. Prüfen Sie auf dem Baum selbst nach, um zu sehen, ob dies stimmt.

Wie werden Sie das Symbol benutzen, wenn Sie es haben? Auf Ihren Reisen in die Anderwelt ist es Ihr Rufzeichen, Ihr Passierschein und Erkennungssymbol, welches aus der tiefsten Wurzel des westlichen Baums der Tradition hervorgebracht wurde. Es kann Sie zurückführen, wenn Sie verwirrt sind, und hat die Macht, Ihnen gewisse «Freigabescheine» zu garantieren, wenn Sie in Schwierigkeiten sind. Sie können es visuell als Meditationsobjekt an sich benutzen, indem Sie es malen, zeichnen oder sticken und es sich so, indem Sie es in dieser Welt wiedererschaffen, zu eigen machen. Das Klan-Totem ist Ihr Zugehörigkeitssymbol, und wenn Sie unter seinem Schutz arbeiten, sind Sie direkt in Berührung mit Ihren Vorfahren, die den westlichen Weg vor Ihnen gegangen sind.

Halten Sie es geheim und unter Verschluß: andere haben wieder ihr eigenes Motto. Falls jemand das gleiche Zeichen wie Sie hat, mag dies auf eine tiefe Verbindung zwischen Ihnen hinweisen. Wir gehören zur menschlichen Rasse genauso wie zu unserem Klan, also erlauben Sie dem Symbol nicht, Sie von Ihrer menschlichen Brüderschaft mit denen zu trennen, zu deren Nutzen Sie diese Pfade betreten: denn wenn Sie das, was Sie auf diesen Seiten lernen, nicht auf Ihre eigene Lage anwenden können, ist der Pfad, den Sie gehen, eine Sackgasse.

Übung 2 Analeptische Erinnerung

Wenn Sie diese Übung das erste Mal machen, begeben Sie sich in Ihren Familienbaum wie in Übung 1, aber anstatt dort, wo der Stamm den Boden berührt, herauszutreten, gehen Sie weiter hinunter in den Baum durch seine mächtigen Wurzeln und kommen unterirdisch zwischen den Wurzeln des Baumes heraus. Ein deutlicher Pfad liegt vor Ihnen: folgen Sie ihm, bis er in eine unterirdische Höhle mündet, in der sich ein großer See befindet. Auf der linken Seite ist eine Quelle und daneben ein weißlicher vermoderter Baumstumpf. Sie wollen nicht von diesem Wasser trinken, das vom See hinweg in den Boden fließt, denn dies ist das Wasser des Vergessens. Auf der rechten Seite des Sees ist eine andere Quelle, die den See speist. Hinter dieser Quelle, welches der Brunnen der Erinnerung ist, stehen die Wächter. Während Sie meditieren, werden diese Wächter in Ihrer Vorstellung Gestalt annehmen; sie sind für jeden anders. Sie sind hierhergekommen, um die Erinnerung an etwas wiederzuerlangen, das Sie entweder verloren haben oder das Ihnen in diesem Leben nicht zugänglich war; vielleicht war dieses Wissen viele Jahrhunderte lang nicht verfügbar. Was immer Sie zu wissen und zu erinnern suchen, gehen Sie sicher, es im voraus wohl formuliert zu haben, denn wenn Sie den Wächtern gegenüberstehen, erwarten diese ein klares Gesuch oder geistiges Bild von Ihnen. Wenn Sie Ihr Gesuch aus purer Neugier stellen, mag es Ihnen verweigert werden: doch schlimmer noch, Sie mögen Erlaubnis haben, sich zu erinnern oder zu wissen. Danach werden Sie für immer die Verantwortung für dieses Wissen haben.

Nähern Sie sich dem Brunnen der Erinnerung. Sie werden nichts zu trinken bekommen, wenn Sie nicht die folgende Losung sprechen:

Ich bin ein Kind der Erde und der Anderwelt,
Doch ich stamme vom Himmel allein.
Mich dürstet nach den lebendigen Wassern.
Im Namen der drei Welten,
Gebt mir zu trinken vom Brunnen der Erinnerung.

Die Wächter werden einen Kristallbecher in die Wasser des Brunnens, wo diese aus dem Felsen entspringen, eintauchen und Ihnen zu trinken geben. Obwohl das, was Sie trinken, nur Quellwasser ist, funkelt seine Kälte und Klarheit in Ihren Adern wie geeister Wein…

An dieser Stelle haben Sie die Wahl. Sie können meditierend sitzenbleiben und ruhig die Strömung durch Ihr Wesen absorbieren und die Gedanken und Bilder überprüfen, die in Verbindung mit Ihrer Frage auftauchen. Oder Sie können einschlafen wie in der ersten Übung und den Bildern erlauben, in Ihren Träumen zu erscheinen. Beide Wege sind wirkungsvoll. Anfangs mögen Sie keine klaren Resultate mit einer der Methoden erhalten, doch wie wir bereits sagten, diese Übungen funktionieren oft auf Umwegen. Es mag weniger eine blitzartig erleuchtende Erkenntnis geben als vielmehr eine ruhig aufkommende Intuition, die sich in den Hintergrund Ihrer Gedanken drängt und darauf wartet, wahrgenommen zu werden.

Was geschieht, wenn Sie Resultate erlangen? Theoretisches Wissen nützt niemandem. Analeptische Erinnerung an geheime und verborgene Dinge ist vergleichsweise wertlos, wenn sie nicht über den bloßen Besitz von Fakten hinausgeht. Trinken Sie nicht ständig vom Brunnen der Erinnerung, um weitere Informationen zurückzugewinnen, die ungenutzt herumliegen, dann hätten Sie genausogut vom Brunnen des Vergessens trinken können. Was immer man Ihnen gegeben hat, man hat Sie zu dessen Wächter gemacht, und deshalb sind Sie für seine Bewahrung und Verbreitung verantwortlich. Einige Erinnerungen sind persönlich, während andere Lehren auf viele anwendbar sein mögen. Fahren Sie fort, über die Verwendung dieser Erinnerungen und deren eigentliche Nützlichkeit im täglichen Leben zu meditieren. Anstatt Experten mit Ihren erstaunlichen Erkenntnissen darüber, wie Ihre Vorfahren lebten oder welche Reinkarnationen Sie gehabt haben mögen, zu behelligen, stellen Sie selbst Nachforschungen an, indem Sie den vielleicht wenigen Spuren, die es nur gibt, folgen. Wenn Sie diese Übung als Mittel einsetzen, um vergangene Leben zurückzubringen, seien Sie auf die Resultate gefaßt, die manchmal eine schockierende Wirkung haben, wenn die ganze Flut der Erinnerung alle Arten von Schmerzen und emotionalen Traumata auslöst. Erinnerung kann übermäßig schmerzhaft sein, aber sie kann auch als positives Mittel zur Identifizierung aktueller Lebensprobleme genutzt werden. Vermeidung bestimmter Lebenslektionen, die sich wiederholen, ist eine Weigerung zu wachsen. Wir dürfen nicht von den Wassern des Vergessens trinken, während wir uns manifestieren: diese Wasser sind für die Toten, die für die Mittelerde starben und in die Anderwelt wiedergeboren werden – sie müssen die Welt der physischen Realität vergessen, um in ihrer neuen Welt voranzukommen. Wir sollten nicht vergessen, daß wir, wenn wir von unserer physischen Mutter geboren werden, für die Anderwelt auch «sterben»: wenn wir physisch sterben, werden wir in die Anderwelt geboren.

Dies ist keine Übung, die oft wiederholt werden sollte. Wenn Sie nach ungefähr zwei Wochen keine Resultate haben, lassen Sie sie ein paar Monate lang ruhen, bevor Sie es wieder versuchen. Analeptisches Erinnern ist nicht einfach für einige Menschen. Noch wichtiger, benutzen Sie die Zeitspanne, die Ihr Körper für Erholung und Schlaf braucht, nicht jede Nacht als Sprungbrett für übersinnliche Erfahrungen oder Experimente. Ihr Schlafmuster würde in Unordnung gebracht, wenn Sie es ständig durch solche Übungen unterbrechen. Wenn Sie bereits am westlichen Weg interessiert sind, ist es wahrscheinlich, daß Ihre Ausbildung im Schutz des Schlafes schon begonnen hat: Sie werden Orte erkennen, die Sie oft in Träumen besuchen, oder bestimmte Arten von Instruktionen, die erteilt werden. Die Tatsache, daß wenig oder keine Erinnerung an diese Lehren an die Oberfläche des Bewußtseins gelangt, ist nicht von Bedeutung. Die Übungen in diesem Buch sind in keiner Weise abgestuft, aber einige mögen das Erinnerungsvermögen stimulieren, und andere geben vagen Sehnsüchten Form und Sinn, die selten verfolgt werden, weil sie unerkannt auf der unterbewußten Ebene verbleiben.

Es ist nicht notwendig, diese Reise ganz von Beginn zu unternehmen, wenn Sie sich auf dem Weg einmal auskennen. Visualisieren Sie einfach den See und die beiden Brunnen vor Ihnen, und machen Sie von da aus weiter. Diejenigen, die mit ihren Klassikern vertraut sind, erkennen wahrscheinlich diese Landschaft als Teil der Mysterienanweisung, die orphischen Initianden gegeben wurde, wieder: Wir haben diese fast gar nicht übernommen, denn sie ist Teil der einheimischen Unterwelt-Tradition in anderer Verkleidung. Der Brunnen des Wissens erscheint wieder in der keltischen Anderwelt-Tradition, manchmal als Brunnen, manchmal als ein Tiegel oder Gral. Aber die unterirdischen Wasser in der Übung sind dieselben Wasser, die unsere Vorfahren tranken, als sie aus den Wurzeln der Erde hervorquollen.

Übung 3 Die Feste als verborgene Eingänge

Die einheimischen jahreszeitlich bedingten Feste werden allgemein nur als Ausrede für das Schwelgen in altmodischen Volksgebräuchen und ländlichem Lustigsein betrachtet, doch die exoterischen Feiern verbergen die Tatsache, daß man sich ihnen auf einer tieferen Ebene nähern kann. Es ist dem Umfang dieses Buches nicht angemessen, vollständige Listen solcher Feste anzuführen, doch die folgenden Vorschläge gelten für alle Feste, wo immer in der Welt Sie auch leben.

Zuallererst wählen Sie Ihr Fest und meditieren über seine innere Bedeutung: ist es vor allem religiös (Weihnachten oder Passahfest zum Beispiel); landwirtschaftlich (Petri Kettenfeier); solar (die Tag-und-Nacht-Gleichen und Sonnwenden); aus ursprünglicher Volkstradition (Eierlaufen) oder historischem Andenken (Eichapfeltag – zum Andenken an Charles' II Versteck in einem Eichbaum – oder Erntedank)? Offensichtlich haben die historischen und Gedenkfeste nicht die starke spirituelle Kraft der anderen aufgeführten, doch man kann sie benutzen, um hilfreiche Erkenntnisse über das nationale Bewußtsein zu erlangen. Einigen Feiern hat man Schutzheilige zugeordnet, die die alten Gott-Formen ersetzen, wie zum Beispiel die Schutzherrschaft von St. Brigit am Lichtmeß; doch obwohl sich die Formen verändern, die innere schützende Energie bleibt die gleiche.[94]

Falls Sie keine religiösen oder volkstümlichen Feste haben, weil Sie keiner bestimmten Tradition folgen oder weil Sie in einem anderen Land leben, dann ist es nicht das Schlechteste, die Jahresrunde des keltischen Kalenders anzunehmen, die bereits in der ganzen Welt von englischsprechenden Gruppen gefeiert wird. Obwohl ein Fest auf ein bestimmtes Datum fallen mag, sollten kalendarische Verschiebungen und saisonbedingte Unbill berücksichtigt werden, wenn man sich für die richtige Zeit zum Feiern entscheidet. Mit *inneren* Worten, die richtige Zeit ist wichtiger als das richtige Datum. Diejenigen, die in der südlichen Hemisphäre leben, sind sich dessen wohl bewußt.

Wählen Sie Ihr Fest nun und finden Sie alles, was Ihnen möglich ist, über seine Ursprünge heraus. Feiern Sie es exoterisch mit der angemessenen Freudenbezeigung – mit den Erntefrüchten oder indem Sie früh aufstehen, um die Mittsommersonne zu begrüßen –, treffen Sie Freunde, immer dessen bewußt, daß Sie fähig sind, die spirituelle Energie dieses Festes sowohl den Anwesenden als auch anderen in Ihrer Gemeinschaft zu vermitteln. Dies geschieht nicht durch verbale Unterweisung, sondern durch tiefe Meditation über die beteiligten Kräfte, durch Beispiel und innere Aufmerksamkeit. Wenn Sie sich dem Fest nähern, beginnen Sie zu planen und zu forschen. Meditieren Sie gleichzeitig jeden Tag, und seien Sie sich des nahekommenden Festes bewußt, indem Sie es als einen inneren Impuls visualisieren, der danach strebt, geboren zu werden. Betrachten Sie die Qualität des Festes – fröhlich, nachdenklich, lebenspendend oder ein Fest der Versammlung. Betrachten Sie Ihr eigenes Leben in Verbindung mit diesen Qualitäten, indem Sie freimütig die Gaben jedes Festes für Ihre Selbstentwicklung nutzen.

Auf diese Art und Weise können die Feste tatsächlich zu verborgenen Eingängen in Ihrem Leben werden – die den Zufluß innerer Vitalität gewähren, die die Sensibilität für die wichtigen psychischen Strömungen, die die Welt mit Energie versorgen, fördern. Dies war immer die beabsichtigte Funktion der Feste, doch exoterische Praxis neigte dazu, diesen Vorsatz zu vernebeln. Sie können aus dieser Übung machen, was Sie wollen – auf dem Papier sieht sie ganz unbedeutend aus, abe sie ist für jede Tradition anwendbar. Ihre volle Auswirkung werden die erfahren, die am intensivsten daran arbeiten. Feste sind Zeiten der Freude, doch ursprünglich nannte man sie Feiertage (engl. holidays), wörtlich heilige Tage (holy days); keine Ausreden für Genußsucht, sondern Zeiten, die man für körperliche Erholung und spirituelle Erbauung aufhob.

Diese Übung kann man auch in Verbindung mit anderen in diesem Buch beschriebenen Techniken verwenden. Die Feste sind Zeiten, wenn der Weg in die Anderwelt offensteht. Es sind Feiern außerhalb der Zeit, feine Grenzlinien, die Eingänge in die lineare Zeit schlagen. Sie sind zu lang verborgen geblieben. Sie werden lernen, welche Zeiten die besten sind, um Kontakt zu bestimmten Kräften herzustellen, die Anderwelt zu besuchen, sich zurückzuziehen. Jeder schafft sich seine eigenen Zugänge, doch während einige Eingänge sich verschieben, bleiben die Feste selbst in unser nationales, religiöses und volkstümliches Jahr eingebettet, bereit, von denen geöffnet zu werden, die den Schlüssel dazu gefunden haben.

Kapitel 2

Die magische Erde

Tretet hin an die Wege und schauet
und fragt nach den Wegen der Vorzeit,
welches der gute Weg sei,
und wandelt darin.

Jeremias 6,16

Menschliches Leben wurde mittels einer Kraft bereichert, die durch die richtige geographische Beziehung zwischen heiligen Zentren aktiviert wurde.

John Michell: *New View Over Atlantis*

Heilige Stätten

Die Erde ist lebendig, und weil dies so ist, gibt es keinen Ort, der nicht ein heiliger Platz für einen Menschen oder ein Volk war. Unsere richtige Beziehung zur Umwelt ist die einer vollständigen Harmonie, obwohl wir diese selten, wenn überhaupt erreichen. Dafür gibt es eine Anzahl von Gründen: wir wissen nicht immer, *wie* wir zu unserer Umgebung in Beziehung treten sollen; wir sind oft zu selbstsüchtig: wir vernachlässigen die Qualitäten des Lebens für eine quantitative Bewertung. Doch nichts davon muß so sein. Unsere Vorfahren, die Erstgeborenen, wußten es besser, sie waren geschickt darin, mit der Macht und Lebenskraft der Erde hauszuhalten. Sie erkannten sich selbst als Kinder einer großen Mutter, einer Mutter, deren Körper sie täglich unter ihren Füßen spürten, die sie erhielt und ernährte und beschützte, wie eine Mutter es sollte. Zu diesem Verständnis kam ein Gefühl für den Fluß der Erdenergien in ihrem eigenen Blutstrom; und dies gab ihnen eine Empfindung von Einheit mit der übrigen Schöpfung, die die gesamte Materie in einem großen Rhythmus der Entstehung verband.

In diesem Buch haben wir bis jetzt die ersten Quellen des religiösen Impulses betrachtet, die Reaktionen der Erstgeborenen auf die Welt, in der sie sich selbst wiederfanden. In diesem Kapitel werden wir uns mit der Erde als etwas befassen, auf das wir auf einer persönlichen Ebene reagieren können. Doch es ist wesentlich, zuerst die Natur der Beziehung zu verstehen, die unsere Vorfahren mit dem großen Energiereservoir unter unseren Füßen besaßen und warum wir, als Anhänger des westlichen Weges, aufgefordert sind, diese Beziehung für uns selbst wieder herzustellen.

Das Land, auf dem wir gehen, ist eigentlich ein großes Buch, in dem die Geschichte der Menschheit Schicht für Schicht, Zeitalter für Zeitalter aufgezeichnet ist. Archäologie, die wissenschaftliche Untersuchung dieses Buches, kann uns eine Menge über die Vergangenheit und die Art von Menschen, die hier lebten, sagen; doch es gibt andere Wege, das Buch des Landes zu lesen, die uns die Geheimnisse unserer Vorfahren eröffnen können – wie und wo sie ihre Andacht verrichteten und, vielleicht noch wichtiger, für wen.

Um dies zu tun, müssen wir mit unserem eigenen Verstand und unserer eigenen Phantasie die Landschaft der Vorzeit rekonstruieren: sie ist mit fremdartigen und furchterregenden Dingen erfüllt, von einer Macht, die ebenso leicht erschaffen wie zerstören kann – doch jeder Teil von ihr ist einzigartig heilig.

> Das Bild der Erde als Mutter, die aus ihrem Schoß nicht nur Ernten, Vieh, Männer und Frauen, Steine, Mineralien und Wälder hervorbringt, sondern auch das Wissen, all dieses fruchtbar und nützlich zu machen, kann man als beherrschendes Symbol an den heiligen Orten ansehen.[3]

Hieraus erwuchs die Idee des *temenos*, des heiligen Ortes, worin sich die Lebenskraft der Erdenergien konzentrierte und wo die in den Mysterien richtig Ausgebildeten eine Zeitlang eins mit dieser vitalen Essenz werden konnten.

Dieses Verständnis war für alle durch die Vermittlung der schamanischen Priester offen, deren Aufgabe es wurde, das kollektive innere Erbe des Stammes zu hüten. Und um sicherzugehen, daß die heiligen Orte niemals entweiht, vergessen oder aus den Augen verloren würden, verfügten sie, daß die Stätten so gekennzeichnet sein sollten, daß sie immer klar bestimmbar sein würden, auch wenn das Wissen über ihre Verwendung ausstarb – was häufig der Fall war.

Einige Orte, wo die Energieströme des Planeten näher an der Oberfläche flossen als anderswo, waren bereits gekennzeichnet – zuerst nur durch in die Erde gegrabene Linien oder einige herumliegende Steine, deren Plazierung die heiligen Grenzen anzeigte. Doch irgendwann in der megalithischen Periode der Geschichte begann man, sie mit dauerhaften Zeichen zu markieren: Steinmonolithen, mit Mustern behauen und verziert, die dem Eingeweihten ihre heilige Funktion verrieten.

Da der Kreis von Anfang an eine natürliche Form war – die sich aus der Tenne oder dem rituellen Tanzplatz entwickelte –, wurden die Steine in einer kreisförmigen Anlage in den Grenzen, innerhalb derer der Boden heilig war, aufgestellt, abseits vom Rest der Erde. Hier konnte das Volk die elementaren Kräfte der lebendigen Erde, die zu ihren Göttern werden sollte, anbeten.

Irgendwann während dieser Periode – vor mehr als dreitausend Jahren –, als die ersten Steinkreise errichtet wurden, entdeckten ihre Erbauer, daß man durch eine exakte Orientierung verschiedener Arten von Steinen, die nach einem bestimmten Entwurf geformt und geschnitten waren und in Größe und Umfang variierten, die Urströmungen der Energie innerhalb der Erde mit der gleichen Wirkung wie durch Trance oder Initiationsreise anzapfen, verstärken und ausrichten konnte und daß man sowohl individuell wie auch kollektiv aus der entstandenen Energie schöpfen konnte. Wie sie zu dieser Erkenntnis kamen, werden wir wahrscheinlich nie erfahren, doch von diesem Moment an waren die Steinkreise nicht länger bloß Anbetungsorte; sie waren Schatzkammern unermeßlicher und einzigartiger Energien, die die religiösen und magischen Aktivitäten der Menschheit für Tausende von Jahren speisen sollten und es möglicherweise tatsächlich heute noch tun.

Natürlich kam es dazu nicht über Nacht. Eine lange Periode des Experimentierens folgte der ursprünglichen Entdeckung. Verschiedene Formen wurden ausprobiert, obwohl man immer zum Kreis zurückkehrte, Baumkreise sowohl als Steinkreise stellten sich als wirkungsvoll bei der Konzentration der Erdmagie heraus. «Aufgeklärte Baumeister errichteten Avebury, die drei Stonehenges, die zwanzigtausend Hünengräber und kleineren Steinkreise, einem Himmel voller Götter Zeichen gebend. Salisbury Plain war... geschmückt mit Tempeln, Palästen, übersät mit Alleen und Straßen.»[273] Wir können sehen, wie lange man brauchte, um eine Art festes Muster aus den Beispielen der größeren Stätten wie Stonehenge zu entwickeln, wo archäologische Untersuchungen Beweise für ein beinah ununterbrochenes Wachstum fanden, das sich über eine enorme Zeitspanne ausdehnte, während sich das Wissen von den Erdmysterien vergrößerte.

Die Hinzufügung eines Erdwalls und Grabens in der Umgebung des Kreises half, die Energien darin zu versiegeln, und die Beobachtung und Messung der Himmelsveränderungen wurde Teil der Disziplinen der Priesterschaft, die mit den Mysterien der Erde arbeitete.

Sternen-Sagen gab man große Bedeutung als einem sichtbaren und meßbaren Korrelativ zum täglichen Leben. Man erkannte die Verbindung des Mondes mit den Fluten und dem menschlichen Fruchtbarkeitszyklus und maß dem Gang der lebenspendenden Sonne über den Himmel mit dem Geheimnis ihrer nächtlichen Reise, während der man vermutete, daß sie die Unterwelt besucht, große Bedeutung zu. Die anspruchsvollen Techniken zur Messung und Aufzeichnung der Himmelsmysterien und die Art, in der diese zu denen der Erde in Beziehung gesetzt wurden, entwickelten sich allmählich zu einer exakten Wissenschaft.[29]

Das Wissen der Gesetze, die die Anlage und den Platz solcher heiligen Orte bestimmten, und die Formung der Landschaft um sie herum wird eigentlich Geomantie genannt und war einmal eine weltweite Disziplin. In den letzten Jahren wurde auf diesem Gebiet von Autoren wie John Michell, Nigel Pennick, Paul Devereux und Paul Screeton viel Forschung betrieben. Sie haben untereinander und mit Hilfe unzähliger bekannter und unbekannter Helfer begonnen, die heilige Geometrie dieser Inseln genau aufzuzeichnen.[66, 168, 195, 227] Viele erkennen eine inspirative Qualität in ihrer Arbeit und haben die Gefühle, die sie erfahren, wenn sie irgendeinen alten Pfad zwischen einer heiligen Stätte und einer anderen begehen, als erleuchtet beschrieben. Ihnen sind die Verbindungen zwischen den heiligen Plätzen unterschwellig bewußt geworden, und sie waren in der Lage, diese mit Landkarte und Kompaß so abzustecken, daß es anderen ermöglichte, ihrer Führung zu folgen. So erweitern sie unser Wissen von den Stätten auf ein immer genaueres Muster.

Erst kürzlich wurde es durch die Arbeiten von Wissenschaftlern wie Alexander Thom[261] und Iuen Mackie[153] möglich zu sehen, wie genau diese alten Abmessungssysteme tatsächlich sind. In der Tat haben es viele abgelehnt, solche Funde überhaupt zu akzeptieren. Doch jetzt kann man genau aufzeigen, daß es einmal im ganzen Land verteilt Orte gab, die durch ein System von Energiepfaden verbunden waren. Von hier ist es nur ein kleiner Schritt zum Glauben an ein globales Netzwerk, das die Welt mit einem enormen Energiegitter umspannt, welches Landstriche miteinander verbindet, die so weit auseinanderliegen wie Schottland und Australien. Vielleicht ist daran am ungewöhnlichsten, daß dieses mehr oder weniger unabhängig geschehen zu sein scheint – und doch findet man die gleichen Stätten, die gleichen gemeißelten Muster und Symbole an Stellen in Amerika, China, Ägypten, Norwegen und auf den britischen Inseln.[216] Es ist, als habe man auf weltweiter Ebene einen gemeinsamen Traum gehabt, einen einzelnen Impuls, der simultan im Bewußtsein von Tempelerbauern in den entferntesten Ecken des Erdballs aufgestiegen ist.

Alfred Watkins, der Altertumsforscher des neunzehnten Jahrhunderts, der das System, durch das die heiligen Zentren in diesem Land verbunden waren «wiederentdeckte» – und sie «Ley-Lines» nannte –, sprach von einer beinah visionären Erfahrung, in der er die Landschaft in einem neuen Licht enthüllt sah: die Anhöhen und Grabhügel, Steinkreise und Megalithen durch leuchtende Pfade verbunden, Goldadern, die aus dem Grün und Braun der Landschaft hervortraten.[281] Solche visionären Einblicke, die dem analeptischen Denken der Vorzeit stark gleichen, sind alle ein Teil der Erdmysterien und treten häufig unvermutet auf, um die Welt um uns herum zu transformieren. Indem wir den leuchtenden Pfaden, die unser Land durchkreuzen, folgen, entdecken wir alte, unseren Blicken lange verborgene Stätten wieder, und wir beginnen endlich, den übergreifenden Plan wahrzunehmen, mit dem unsere Vorfahren die Mysterien der Welt, die sie umgab, zu interpretieren und später zu verschlüsseln versuchten.

Ebenso wichtig sind die großen Hünengräber, die kreisförmigen und länglichen Erdhügel, die die Knochen der heiligen Ahnen bedeckten oder die später Höhlen für Initiation und Erleuchtung wurden, zu denen der Sucher nur nach langen und harten Prüfungen Zugang fand.[238] In die zur Unterstützung der Erdmasse benutzten Steine sind spiralförmige Muster, Labyrinthfiguren und ähnliche Formen eingemeißelt – dazu gedacht, von denen, die in die Mysterien eindrangen, gelesen und verstanden zu werden – oder vielleicht von den Toten, die dort lagen. Mehr als zweitausend dieser Plätze hat man allein in England ausgegraben, und man weiß von der Existenz vieler weiterer. Auch sie sind Teil des allumfassenden Musters, des magischen Diagramms der Lebenskraft, des Energiestroms der Erde.

> Kein Wanderer im verzauberten Hünengräberland kann zwischen diesen verlassenen Heiligtümern verstorbener Helden, mächtiger in ihrem Tod als im Frühling ihres Lebens, bezweifeln, daß solche Anhäufungen heiliger Erde mit dem stolzen und festgesetzten Ziel errichtet wurden, die Szenerie so zu beherrschen wie sie es tun. Unsere Hünengräber wurden erbaut, wo die Menschen die Welt *ohne sie und unter ihnen* betrachten konnten und gleich den gottgewordenen Herren, die in ihnen ruhten, lebten sie in einer Mittelwelt zwischen Erde und Himmel. Gegen den Himmel gesehen, sind sie tatsächlich die Stufenleiter der Götter[161] (eigene Hervorhebung).

Weder diese Totenhäuser noch die in Ausrichtung zu Sonne, Mond und Sternen gebauten Steinalleen sind die einzigen Stufenleitern. Man glaubt, daß noch größere Anordnungen irdischer Diagramme existieren.

In Glastonbury in Somerset haben kürzlich Ausgrabungen die Existenz eines enormen irdischen Labyrinths entdeckt, das sich um den *Tor*, den Grabhügel, windet, der zusammen mit dem Land um ihn herum «die geheiligte Erde» genannt wurde.[7, 211] Andere, insbesondere der elisabethanische Magus John Dee[65] und zuletzt Katherine Maltwood[159] in den Dreißigern dieses Jahrhunderts haben die Umrisse eines riesigen Tierkreises entdeckt, der in der Landschaft um Glastonbury herum ausgelegt ist. Ob dieser sich tatsächlich dort befindet oder eine Erinnerung älterer Mysterien ist, bleibt eine umstrittene Frage. Etwa ein halbes Dutzend dieser magischen Tierkreise wird derzeit untersucht, und in der Zukunft werden zweifelsohne noch weitere entdeckt werden.[290] Die zweite Übung am Ende dieses Kapitels ist dazu gedacht, eine Forschungsreise anzubieten, die auch auf andere Stätten ähnlichen Charakters angewendet werden kann; sie bestätigt auch die Bedeutung des Arthurianischen Impulses, den man als das neuste Beispiel für die aufsteigende Erdenergie kombiniert mit den Volksmythen des Landes sehen kann.

In den letzten Jahren wurden die Techniken des Rutengehens erweitert und verfeinert, um die Messungen von Energiefeldern, die sowohl von einzelnen Steinen an den heiligen Stätten als auch von größeren Gruppierungen aufsteigen, einzuschließen. Man hat unterschiedliche Grade meßbarer magnetischer Kraft entdeckt – zeitweilig so stark, daß sie sich außerhalb der Skala üblicher Instrumente befand. Die genaue Natur und Ursache dieser Energie muß noch festgestellt werden, aber man hat bemerkt, daß viele der Steine einen kreisförmigen Strom besitzen und daß dessen Polarität in der Zeit zwischen einem Neumond und dem nächsten von männlich nach weiblich und zurück wechselt.[110]

In diesem Zusammenhang erhält die ithyphallische Natur einiger Steine Bedeutung; denn obwohl die Erde im allgemeinen als weiblich und der Himmel als männlich angesehen wurde, verkehrten sich diese Eigenschaften zeitweilig unterschwellig, so daß ein Austausch von Lebenskraft stattfinden konnte.

In diesen Verbindungen zwischen Himmel und Erde scheint eine mysteriöse Erweiterung menschlicher Geburtsmuster zu liegen. So wie man überzeugt war vom Einfluß der Sterne auf diejenigen, die unter ihrer Ägide geboren wurden, so war vielleicht der *Ort* der Geburt und die Mondphase von gleicher – vielleicht größerer – Wichtigkeit. Angenommen, daß die Frauen, wie in vielen primitiven Kulturen, bestimmte alte Stätten aufsuchten, wenn die Zeit der Geburt kam?[182] Sie würden sich im Grunde genommen auf eben jene Energie in der Schöpfung einstimmen. Kinder mit solchen geistigen Anlagen wären als Nachkommen der Mutter gesegnet und mögen wohl als zukünftige Schamanen verehrt worden sein. Hierauf angewendet, ist das Bild des Labyrinths sicherlich wieder passend. Was ist die Gebärmutter anderes als ein Labyrinth, für das die Nabelschnur den Ariadnefaden darstellt, der hinaus ins neue Leben führt?

Vielleicht liegt hierin der Ursprung der Volkserzählungen, die einige der heiligen Stätten mit Fruchtbarkeitsriten in Verbindung bringen. Nicht, daß die Riten nicht aller Wahrscheinlichkeit nach dort stattfanden; doch sie standen vielleicht symbolisch für einen weit größeren Austausch als den zwischen Männern und Frauen – nämlich für den zwischen den Elementen selbst. So kann der Maibaum, eine vergleichsweise neuere Manifestation in der Geschichte der Mysterienfeiern, als ein symbolisches Bindeglied zwischen Erde und Himmel gesehen werden, das diejenigen, die um ihn herumtanzten – und rote und grüne Bänder für die Erde, blaue und gelbe für den Himmel hielten –, in das Muster von Geburt, Leben und Tod einbindet, das im Herzen des Labyrinths der Erdmysterien liegt.

Theorien wie das Ley-Line-System oder auf die Erde übertragene Tierkreise werden häufig von Skeptikern als pure Phantasie abgetan, und viele basieren tatsächlich auf «empfangenem» Material, das man einer normalen, methodischen Beweisführung nicht unterziehen kann. Aber es ist nicht notwendig, solche Ideen zu akzeptieren, um das Mysterium und die Kraft solcher alten Stätten zu empfinden. Ob man sie als zufällige Formationen der Landschaft oder sonderliche Erinnerungsstücke vergessener Religionen betrachtet oder als Teil eines universellen Musters von Glauben, Anbetung und westlicher magischer Praxis, kann man, vorausgesetzt, man ist nicht vorsätzlich unsensibel, die oft tiefgründige Wirkung, die sie auf die Psyche des einzelnen haben können, nicht ignorieren.

Allein die Größe des übergreifenden Plans zeigt uns etwas von der Fähigkeit unserer Vorfahren, die natürlichen Kräfte zu interpretieren, und von der Bedeutung, die sie mit ihnen verbanden. Alles, worum wir die möglichen Anhänger des westlichen Weges bitten möchten, ist, zu versuchen, Geist und Herz offenzuhalten und beim Besuch der Stätten den Energiefluß selbst zu spüren. Diese magische Kraft, die tief aus der Erde entspringt, kann uns, wenn wir es zulassen, sehr tief beeinflussen. Sie kann Türen zur Vergangenheit öffnen und auch demonstrieren, daß diese Energien noch präsent sind und allen Dingen Leben und Vitalität und eine Weisheit geben, um das Mysterium des Landes und seine Beziehung zu uns zu interpretieren.

Die Pfade des Drachen

Ein ganz bestimmtes Symbol wurde mit den Erdmysterien in Verbindung gebracht: der Drache oder die gefiederte Schlange. Die Gründe sind nicht schwer zu erkennen. In der Vorzeit repräsentierte die Schlange Leben, Tod und Erneuerung. Sie lebte unter der Erde, was sie für die Mutter heilig machte, und sie häutete sich und tauchte erneuert wieder auf. Schöpfungsmythen, in denen die Weltschlange das Ei der Generationen gebar, es wärmte und ausbrütete, wie man es bei richtigen Reptilien gesehen hatte, waren weit verbreitet, und wir werden diesem Symbol wiederbegegnen – nicht zuletzt in den gnostischen und orphischen Mysterien, mit denen wir uns in Band 2 der vorliegenden Arbeit beschäftigen werden.

Im Herzen des Mythos vom sterbenden und wiederauferstehenden Gott lag derselbe Glaube an die magische Kraft der Schlange. Wie sie ging der Gott in die Erde (oder unter den Horizont) und kam daraus erneuert hervor. Dies ist die Basis der meisten, wenn nicht aller Initiationsriten, die den «Tod» des unwissenden Geistes und seine Wiedergeburt in neuer, weiserer Form darstellen. So wurde in den Mysterien von Osiris der Gott von einem mit Nilwasser gefüllten Gefäß dargestellt, auf dem oft eine zusammengerollte Schlange eingemeißelt war. Die Jungianerin Marie-Luise von Franz bemerkt dazu: «Diese Schlange ist das Numen, das die Grabkammer hütet und die Transformation des Gottes beschützt. Psychologisch symbolisiert sie die tiefsten Schichten des kollektiven Unbewußten, wo sich die Transformation des Gott-Bildes abspielt.»[277] Dies ist grundlegend für alle Initiationsvorstellungen, in denen wir die tiefsten Tiefen der menschlichen Psyche erreichen. So tief in den Stoff unserer universellen Erkenntnis einzutauchen, heißt die Sinne in einem Grad zu schärfen, der beinah jenseits des Beschreibbaren liegt. Hier finden Veränderungen statt, die den eigentlichen Bauplan der Seele verändern. Die Welt wird dünn und erlaubt dem Reisenden Einblick jenseits der Muster normalen Verständnisses. In diesem Zustand sind Visionen real, und die Erde schickt ihre Träume aus wie Pfeile, um sie in unserem Geist festzusetzen. Unser Blut singt mit der Energie des Drachen, und wir verändern uns wahrhaftig.

Das Numen, das die Transformation des Gottes beschützt, hat seine Parallelen in der äußeren Welt: es war üblich, die Tempel der klassischen Periode und davor von Hausschlangen bewacht zu finden, die von den Priestern und Priesterinnen mit Milch gefüttert und darin unterstützt wurden, ihren Aufenthaltsort in oder nahe der heiligen Umgebung zu wählen.

Der Schlangendom in Rouffignac, Frankreich, repräsentiert möglicherweise die früheste Illustration der magischen Schlangenkraft, die man irgendwo finden kann. Hier bedeckt eine Vielzahl zusammengerollter Formen das Dach einer tief in den Fels geschlagenen Höhle, die viele tausend Jahre vor den berühmten Lascaux-Wandmalereien datieren (wahrscheinlich 7000 v. Chr.). Einer der neueren Forscher deutete an, daß sie als eine Art Schutz vor dem Unbekannten dorthin gesetzt wurden; eine weitaus wahrscheinlichere Hypothese ist jedoch, daß sie einfach das sichtbare Bildzeichen der Energie sind, die den Körper der Erde durchläuft wie eine Schlange ihr Nest.[282] Sogar Archäologen, die sich im allgemeinen nicht gerne festlegen, schlugen vor, daß einige dieser frühen Höhlenmalereien Wasserkulte repräsentieren könnten – die die Erdenergie andeuteten, die so oft mit tatsächlichen unterirdischen Quellen und Flüssen verbunden wird.

Bei den Männern des Warramunga-Stammes in Australien ist die Schlange ein Zeichen der Männlichkeit, das sie sich auf Rükken und Brust malen. Ein Teil ihrer heiligen Zeremonien besteht daraus, zum hinteren Teil einer Erdaushöhlung unter einem riesigen Felsen zu kriechen, von wo aus es allein möglich ist, das gemalte Bild der heiligen Schlange Yarapi auf der Unterseite des Steines zu erblicken.[174] Dies erinnert deutlich an die gemeißelten Spiral- und Labyrinthformen, die man in den Grabkammern und auf den Hügeln der keltischen Welt fand, wo nur die Toten (oder die durch einen Einweihungstrank kurzfristig Bewußtlosen) ihre Bedeutung erkennen und verstehen konnten.

Es ist wohlbekannt, daß die Schlange auch der Mondgöttin heilig war und bis heute in astronomischer Terminologie für die Punkte erhalten blieb, an denen die irdischen und lunaren Umlaufbahnen zusammentreffen. Der aufsteigende Knoten, wo die Umlaufbahn des Mondes zuerst die der Erde kreuzt, wird Drachenkopf genannt und der absteigende Knoten, wo die beiden wieder zusammentreffen, Drachenschwanz. Die Linie, die zwischen beiden gezogen wird, heißt Drachenlinie, und die Zeit zwischen den Übergängen des Mondes über denselben Mondknoten bezeichnet man als Drachenmonat. Als wäre das nicht schon in sich

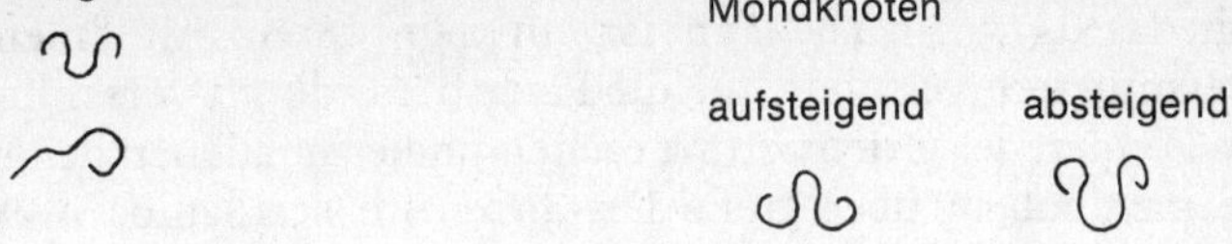

Abb. 3

selbst bemerkenswert genug, gleichen die Symbole für diese Übergänge den Ziermustern, die die Warramungas tragen, außerordentlich (Abb. 3).

Wie Joseph Henderson in *The Wisdom of the Serpent* über die Universalität der Schlange als Erneuerungssymbol bemerkt:

> Diese liegt grundlegend darin, daß die Menschheit ihren eigenen geheimen Wunsch, von der Erde ein Wissen zu erhalten, das sie im Tages-Wachbewußtsein allein nicht finden konnte, auf diese Kreatur projizierte. Dies ist das Wissen um Tod und Wiedergeburt, das ewig verborgen bleibt, außer zu den Zeiten, wenn ein aus den Tiefen emporsteigendes transzendentales Prinzip es dem Bewußtsein zugänglich macht.[108]

Ebensolch ein transzendentales Prinzip war die Drachenenergie, die aus der Tiefe emporstieg, um das Verhältnis der Menschheit zur Erde zu erleuchten und zu transformieren.

Bis jetzt haben wir hauptsächlich die irdische Macht des Drachen betrachtet, wie sie die Energie der Erde widerspiegelt. Doch ebenso wie ihre schimmernden Windungen die heiligen Stätten in einem Netzwerk vitalisierender Kraft verbanden, so sah man sie eine ähnliche Funktion im Himmel ausüben. Der Drache wurde mit der Draco-Konstellation identifiziert, deren Hauptstern Draconis einmal der Polarstern des alten Westens war. Um diesen drehten sich die Himmel, von den Windungen des Drachen beschützt, und veranlaßten den italienischen Astronomen Sabbathai Donolo (c. AD 940) zu schreiben: «Als Gott die beiden Lichter (Sonne und Mond) erschuf, die fünf Sterne (die Planeten) und die zwölf Zeichen (den Tierkreis), erschuf er auch den feurigen Drachen, auf daß dieser sie miteinander verbinden möge, umherziehend wie ein Weber mit dem Weberschiff.»[18]

In Australien, wo die Aboriginal-Kultur noch viel enthält, das der Vorzeit gleicht, wird die vitale Kraft, die das Land belebt, noch anerkannt; sie führt Straßen entlang, die die Götter selbst in der Traumzeit festgelegt haben. Diese Wege sind spiegelbildlich zu den Sternenpfaden angelegt und in einem Bildzeichen niedergelegt, das als *tjuringa* bekannt ist, ein kleiner Stein mit Linien- und Kreismustern versehen, die die Pfade der Erdkraft verschlüsseln. Sie können der Orientierung dienen und ermöglichen denen, die sie handhaben, über große Distanzen im straßenlosen australischen Buschland zu reisen.[168]

Mehr als nur ein Forscher hat die Ähnlichkeit zwischen den Zeichen auf diesen *tjuringas* und denen, die an megalithischen Stätten gefunden wurden, bemerkt: im besonderen die wunderlichen Becher-und-Ring Markierungen, die man in großer Zahl an heiligen Stätten entdeckte, aber nie zufriedenstellend erklären konnte.[99] Es wird jedenfalls deutlich, daß solche Markierungen weit mehr sind als gewöhnliche Landkarten. Sie stehen nicht nur für geographische Formationen, sondern sind auch Führer in die Anderwelt; ein Schamane, der Kontakt mit der verborgenen Lebenskraft des Landes herstellen will, betrachtet den *tjuringa* und verwendet ihn als Eingang in das innere Reich.

Überall um sie herum sahen unsere Vorfahren Zeichen der Kräfte, die sie führten und inspirierten. Hier war ein Hügel, der Zugang zur Anderwelt verschaffte, dort ein Strom, wo die Götter von Sommer und Winter um die Hand der Frühlingsmaid kämpften. Aber es gab noch andere weitaus machtvollere Zeichen.

Es kommt immer noch vor, daß man auf sonderbar geformte Hügel trifft, etwa grob konisch geformt, doch mit abgeflachter Kuppe, zu denen ein begleitendes Volksmärchen gehört, das von dem Großen Wurm erzählt, der, als ihm sein Schicksal durch die Hand eines örtlichen Helden oder Heiligen zuteil wurde, den Hügel mit seinen Windungen umschlang und im Land den Eindruck eines Todeskampfes hinterließ.

Hierin ist die Geschichte einer großen Veränderung verkörpert, die die Drachenmacht und ihre Beziehung zur Menschheit übernahm. Es mag ein weiter Weg von den Drachenpriestern zu den Helden, die hauptsächlich als Drachen*töter* in Erinnerung sind, scheinen; doch sie stehen in enger Beziehung zum Muster des Wechsels und Verfalls, die die einheimischen Mysterien überkamen. Vom Drachenpriester zum Drachentöter ist es nur ein kleiner Schritt, im Lichte der christlichen Übernahme alter Stätten für den Bau ihrer Kirchen gesehen.

Wo die alten Priester als Deuter und Lieferanten der Erdenergie standen, brachte die neue Religion Verdammnis der alten Wege.

Drachenenergie und der damit verbundene Symbolismus wurde verfemt und später mit der Schlange im Garten Eden gleichgesetzt, einer Kreatur, die von ihren Totschlägern – meist St. Michael oder St. Georg – nur mit Füßen getreten wurde. Deren Rolle ist in den Widmungen der Kirche an sie verzeichnet, an Orten, die einst mit Drachenmacht assoziiert wurden.

Doch die Bedeutung der alten Schlangen-Erdhügel bleibt. Einerseits zeigen sie die Gegenwart der Drachenenergie an, die durch den Akt ihrer Besteigung angerufen werden kann – obwohl dies besser nicht ohne vorherige Zielabsicht unternommen wird. Doch ihre Hauptbedeutung ist ihre Beziehung zum Labyrinth.

Wir sind nun bereits mehrere Male auf dieses Bild gestoßen. Das wird immer wieder geschehen. Wir sollten auch nicht überrascht sein, herauszufinden, daß es im Zusammenhang mit den Erdmysterien von ansehnlicher Bedeutung ist. Die Schlange ist, wie wir gesehen haben, ein Symbol der magischen Kraft der Erde; ihre gewundene Form ist ein sich unmerklich veränderndes *lebendiges* Labyrinth, eng mit der initiatorischen Erfahrung verbunden. In der Mythologie der Hopi-Indianer in Arizona kommen diese Elemente noch näher zusammen.

Für die Hopi ist das Symbol des Labyrinths das der Mutter und steht für eine Reise durch verschiedene Ebenen des Verstehens.[280] Es zeigt den Weg – durch die symbolische Wahrheit – zur eigentlichen Erfahrung – der Weg der Schlange ist dabei synonym mit dem Weg der Erde, und beide werden durch die Initiation des Labyrinths repräsentiert.

Hügel mit Serpentinen wie Glastonbury Tor oder der Herefordshire-Leuchtturm oder auch der große Erdhügel von Silbury Hill, der sich an einen der wichtigsten Tempel der Schlangenmacht in England – Avebury – angliedert, werden alle mit Erdmysterien in Verbindung gebracht. Geoffrey Ashe deutete kürzlich an, daß der Felsen von Glastonbury als rituelle Stätte gedacht war, die, in Prozession begangen, Zugang zu einer inneren Welt erlaubte.[7] Silbury bleibt, trotz aller Erklärungsversuche, ein Rätsel, wenn man es nicht als spiralförmigen Drachenhügel ansieht.

Die Bedeutung der Schlange in der Vorzeit kann man an den von ihren Tempelbaumeistern übernommenen Formen erkennen, die viele der großen Steingebäude so anlegten, daß sie mit dem Muster der Erdkraft konform waren. So in Avebury, dessen Serpentinenform zuerst im 18. Jahrhundert erkannt wurde – der Kreis wird von einer schlangengleichen Allee gekreuzt –, während in Carnac in der Bretagne, dessen Name aus «Cairn-Hac», Hügel der Schlange, entstand, die gewundene Form der vielen hundert Steinalleen sowohl ein Abbild der Schlange als auch des Labyrinths ist.

Doch vielleicht hat man das sensationellste Bild dieser Art in den Vereinigten Staaten, in Adams County, Ohio, gefunden. Es hat die Form eines riesigen, serpentinenförmigen Erdwalls von mehr als 1254 Fuß Länge (ca. 400 m), ist in sieben Windungen angelegt und endet in einem dreifach geschwungenen Schwanz. Diese Schlange hält zwischen den Zähnen ein Ei, das Symbol der Schöpfung, und sie kombiniert den Ausdruck von Labyrinth und Spirale in einer Form. Von den frühesten Einwohnern des amerikanischen Kontinents erbaut, ist es eine der deutlichsten Repräsentationen der einheimischen Tradition in den USA. Zusammen mit dem bereits erwähnten Hopi-Symbol ist dies eine klare Darlegung der Universalität des Schlangen-Kults.[232]

Die älteste Art, die Macht der Schlange hervorzubringen, war der Labyrinth-Tanz – aufgeführt als Pfad zur Erleuchtung und zur Verbindung mit den Göttern. Spuren dieser rituellen Tanzflächen fand man entfernt voneinander: in Deutschland, Griechenland, Australien und England, wo Relikte einiger hundert Labyrinthe noch ausgemacht werden können.[230] In das Labyrinth einzutreten heißt, den Übergang zum Tode zu versuchen; daraus hervorzukommen heißt, wiedergeboren zu werden – Muster, die für uns heute immer noch bedeutungsvoll sind. Hierin, wie auch in den gemeißelten Spiralen der Grabmalerbauer, stehen die Serpentinenwindungen, durch die sich der Initiand seiner Geburt entgegenbewegte oder tanzte, für die Gebärmutter wie auch den Samen, der durch sie hindurchging – aus beiden entstand neues Leben, die Schöpfungsenergie wurde mit Hilfe der Drachen/Schlangenkraft durch die Erde getragen.

Dies war auch die Funktion der früher in diesem Kapitel erwähnten Hünengräber. Maes Howe auf den Orkney-Inseln, La Hogue Bie auf den Kanalinseln, Brugh na Boyne in Irland, West Kennet in Wiltshire – alle waren bis zu einem gewissen Ausmaß Bilder des Erdenschoßes. Genau wie der Initiand hier in einem Drogenschlaf lag, um die Initiationsreise zu machen und mit dem Wissen der Ahnen zurückzukehren, so legte man die Knochen der Toten in Fötuslage aus, in Erwartung ihrer Wiedergeburt. Rot bemalt zum Zeichen der Lebenskraft, des Stammesblutes, waren sie ein Erinnerungszeichen an den Weg zurück zur Erde, den alle eines Tages gehen müssen.

Die letzte Periode, in der man aktiv mit Drachenmacht arbeitete und sie anerkannte, war von einem stetigen Niedergang gekennzeichnet, der vor allem das Wissen um die Kraftlinien verdunkelte wie auch den wahren Gebrauch der Stätten, die sie belebt hatte. Nach der Vorzeit, in der die schamanischen Priester die von allen gefühlte Energie konzentrierten, fand eine Veränderung statt. Allmählich stellte sich die Priesterschaft zwischen die Menschen und ihre Götter und war zunehmend Hüter eines geheimen Wissens, das nur für einige wenige gedacht war. Zu Beginn des Christentums gab es nur wenige, die sich an die alten Wege gut genug erinnerten, um Widerstand zu leisten. Die es doch taten, wurden entweder getötet oder von Anhängern des neuen Weges der Lächerlichkeit preisgegeben. Es war ein Muster, das sich durch die Zeitalter oft wiederholen sollte und auch in unserer Zeit noch weit verbreitet ist.

Obgleich jahrhundertelang verdunkelt, blieb das Mysterium der Drachenmacht und der dazugehörenden Stätten weitgehend vom Lauf der Zeit unberührt. Sie warteten auf ihre Wiederentdekkung, und die kam rechtzeitig durch Leute wie Alfred Watkins und die Ley-Lines-Enthusiasten, von denen viele in Unkenntnis der wahren Bedeutung dessen, worüber sie gestolpert waren, arbeiteten – und durch die in der Hermetik ausgebildete Magier unserer Zeit, die in der Drachenenergie eine zu lange vernachlässigte Quelle zu sehen begannen.

Obwohl es nicht mehr möglich ist, das Muster voll und ganz zu sehen wie es einmal war, gibt es immer noch genügend Fragmente des Wissens, die uns, mit den Beweisstücken der Stätten selbst, befähigen, das Bild zu «restaurieren». Berichte von Altertumsforschern des 18. Jahrhunderts wie John Aubrey[11] und William Stukeley[251], die viele der Stätten praktisch noch intakt sahen (und übrigens ihren «klassischen» Entwurf lobten), geben Zeugnis von deren ursprünglicher Form. Andere Belege sind in der Folklore verborgen[185], wo der Drache regelmäßig als furchterregende Kreatur mit feurigem Atem auftaucht – und als Hüter eines immensen Schatzes: ein halbbewußter Rückgriff auf den Schatz des Lebens und der Energie, der einst unter diesem Zeichen gefunden wurde.

Nichts davon kann den persönlichen Besuch einer der alten Stätten ersetzen. Sie werden immer noch weitgehend vernachlässigt, Spekulationen über ihren Sinn haben die Tatsache verschleiert, daß sie da sind, um benutzt zu werden, und daß in ihnen eine Quelle für den Kontakt mit der einheimischen Weisheitstradition liegt, die die Basis des westlichen Weges bildet.

Die Weisheit der Erde

Wir haben von den ersten Zauberriten gesprochen, der leidenschaftlichen Bewußtheit von dem lebendigen Wesen, auf dem wir wandeln, und von der Art und Weise, wie die gläubigen Verehrer dies und die Energien, die alles durchströmen, entdeckten. Das Symbol des Drachen repräsentierte diese Energien, bis es in Verruf geriet. Doch gleichgültig wie wir die Energien der Erde ansehen, wir müssen lernen, Verantwortung für das zu tragen, was über Tausende von Jahren für uns verwahrt wurde. Die Weisheit der Erde gehört für die Suche uns; doch wir müssen diese Suche vorsichtig angehen. Heute haben wir uns von der Erde fortentwickelt und sind aus ihrem Rhythmus geraten. Wo wir einst ihren Einfluß auf unser Leben anerkannten, ihre Reichtümer schätzten und speicherten, vergewaltigen und zerstören wir nun, indem wir gierig alles an uns reißen, was sie uns an Nahrungs- und Mineralquellen anbietet. Wir hinterlassen sie öde und zerstört, ihr einst schönes Angesicht ist von unseren Straßen zerfurcht und von unseren Häusern und Fabriken zernarbt. Die Erde wird heute von vielen als totes Objekt angesehen, deren Ressourcen wir nach Belieben plündern können.

Dies ist die Geschichte seit Beginn der Zivilisation. Wir haben genommen, was wir wollten, und zunehmend weniger zurückgegeben; wir haben den Bezug zu einem jahrtausendealten Verständnis verloren, einem Verhältnis zur Umwelt, das aus Teilhabe bestand, und wo die Einteilung der Ausbeute niemals das notwendige Maß überschritt; wo wir der Erde im vollständigen und vollkommenen Bewußtsein der Handlung unser wertvollstes Gut – den Körper – zurückgaben, um sie zu ernähren und zu erhalten.

Sogar der neuere ökologische Trend hat dies erkannt. Als die Wissenschaftler Lovelock und Epton ihre Theorie vom Globus als einer lebendigen Wesenheit entwickelten[216], nannten sie diese Gaia, nach einer Idee des Romanautors William Golding, und schufen somit eine Wiederaufnahme des klassischen und vorklassischen Motivs; eine Reaktion auf einen Instinkt, der Jahrtausende vor der ökologischen Wissenschaft existierte. Theodore Roszak kommentierte dies folgendermaßen: «An dem Bild haftet einiges von einer älteren und einst universellen natürlichen Philosophie, die die Erde ganz spontan als ein göttliches Wesen erfuhr, das von seinen eigenen Stimmungen und Absichten belebt war – die ursprüngliche Mutter Erde».[216] Es ist diese «universelle Philosophie», die hinter den Steinkreisen und Drachenpfaden, der Schlangenmacht und den Initiationsträumen der Hügelbauer steht. In der Erde lagen alle Geheimnisse: der Weg in die Anderwelt und zu den Urahnen. Doch mehr als das war die Erde ein Lebensraum für personifizierte Energien, den ersten Modellbauern der Welt, die lange an ihrer Vervollkommnung arbeiteten und später dann tief im Erdinnern gefesselt wurden.

Die klassischen Mythen von den Titanen sind die deutlichste Darstellung davon, und wenn wir uns mit ihnen befassen, vermitteln sie uns eine tiefgründige Botschaft über die Art und Weise, wie wir die Erde behandeln und was geschehen kann, wenn es uns nicht gelingt, den ursprünglichen Gleichgewichtszustand, der einst zwischen uns und unserer Umwelt existierte, wiederherzustellen. Der Schlüssel liegt in der Verwendung des Wortes «titanisch» – das ursprünglich «Herr» bedeutete, doch jetzt häufiger für die ehrfurchtgebietendsten Erdenergien angewandt wird: die Gewalt des Vulkans, des Wirbelwindes, des verschlingenden Ozeans.

Die Titanen waren die Kinder von Gaia und Uranus, Erd-Mutter und Himmels-Vater, und sie taten sich mit ihrer Mutter gegen den grausamen Uranus zusammen, der ihre älteren Geschwister in die Unterwelt des Tartarus verbannt hatte. Mit Chronos als Führer bezwangen sie ihren Vater, und Chronos kastrierte ihn mit einer Steinsichel. Das Blut seiner Wunden zeugte die Erinnyen, die Furien, die verpflichtet sind, Gewaltverbrechen an Familien zu rächen. Bei Uranus' Tod übernahm Chronos die Macht seines Vaters.[91, 129]

Dies sind die Ersten, Ursprünglichen, deren Taten unermeßlich roh sind, deren Gestalt riesig ist. Die nächste Generation von Göttern war es nicht weniger. Chronos heiratete seine Schwester Rhea – eine weitere Erd-Mutter. Doch Uranos und Gaia hatten prophezeit, daß Chronos von einem seiner Kinder entthront würde, und so verschlang er jedes Kind, das Rhea ihm gebar. Doch Rhea gebar heimlich ein weiteres Kind, Zeus, und sie versteckte ihn und ersetzte ihr Kind in der Wiege durch einen Stein, den Chronos ebenfalls verschluckte. Als Zeus erwachsen war, kehrte er als Kelchträger zu seinem Vater zurück und gab Chronos einen vergifteten Trank, der die Wirkung eines Brechmittels hatte. Rheas Kinder wurden hervorgewürgt und ihr unversehrt zurückgegeben. Chronos dagegen wurde verbannt – einige sagen auf die Britischen Inseln, wo er immer noch schläft. Zeus und seine Verwandten gründeten das olympische Pantheon, und die Titanen wurden im Innern der Erde angekettet.

Während diese Legenden uns viel über den Machtkampf, der zwischen aufeinanderfolgenden griechischen Stämmen stattfand, erzählen, haben die Archetypen ihren Widerhall in unserer eigenen Zeit. In gewissem Sinn hat sich nichts verändert: wir sind immer noch die Kinder von Gaia, und ihre Energien stehen immer noch unter unserem Befehl – um unseren Bedürfnissen entsprechend befreit, losgelassen oder eingespannt zu werden. Es ist nur zu offensichtlich, daß wir keine Kontrolle über sie haben, und die titanischen Energien, die im Mythos in Gewalt überbordeten, drohen dies heute wieder zu tun.

Die Kräfte der Natur wurden stets zu Recht gefürchtet, und das Verhältnis der Menschheit zu ihnen hat sich immer wieder verändert. Auf eine Weise war es immer ein Ringen darum, sie zu bekämpfen und uns selbst vor ihnen zu schützen. Die Furcht vor Riesen und Monstern, durch diese frühen griechischen Vorbilder verewigt, taucht wieder und wieder in den Mythologien anderer Länder auf. Es war diese Furcht, aus der der Wandel des Drachen in die Schlange des jüdisch-christlichen Sündenfalls resultierte: das Tier der Apokalypse, das von der sonnengekleideten Frau in der Offenbarung, 12, überwältigt wird.[21] Doch der titanische Charakter des Drachen ist wohl bezeugt. In dem babylonischen Mythos von Tiamat und Marduk ist Tiamat eine gigantische Seeschlange, und ihre Kinder sind auch Titanen. Sie wird besiegt und ihr Körper zerrissen, um den Stoff des Kosmos zu bilden – ihre Säfte werden zu Flüssen, ihr Atem die Luft, ihre Knochen die Felsen. Wieder einmal geht es in der Geschichte um titanische Kräfte, die durch die Schöpfung des Lebens gefangengenommen werden, und die Tiamat-Erzählung erklärt zum Teil die Furcht vor dem symbolischen Weiblichen in seiner ursprünglichen, titanischen Nähe zu den Elementen.[71]

Heute finden die titanischen Kräfte ihre neueste Manifestation in Form der nuklearen Bedrohung. Gaias Kinder steigen wieder auf, und einer vor allen beherrscht die Szene – Uranus. Die Erstgeborenen personifizierten die Erdenergien als Götter und schlossen die Titanen in der Erde ein, während die olympischen Götter die Konstellationen am Himmel übernahmen. Die Titanen gaben ihren Namen den Mineralien und Elementen, von denen eins derzeit im Vordergrund das Bewußtseins steht: Uran, der Hauptbestandteil der zerstörerischsten Waffen in dieser Welt.

Uran ist natürlich nicht immer für Nuklear-Technologie benutzt worden; noch ist es an sich böse. In der Erde belassen, ist es eine positive Energiequelle wie die Titanen selbst. Sie sind Gaias Kinder, die Personifizierungen ihrer Energie, ohne die alles öde wäre. Doch dieses verkehrt sich ins Gegenteil, wenn man sie herausholt oder wenn Uran dem Licht der olympischen Himmel ausgesetzt wird. Wieder scheinen wir ein Echo des uralten Mythos zu hören, der die Götter des Himmels denen der Erde entgegenstellt.

Wir haben nicht viel Respekt für das Mineralienleben in diesem Jahrhundert gehabt. Wenn wir die Mineralien, die wir aus der Erde hervorholen, als lebendige Wesenheiten behandelten, würden wir wenigstens Verantwortung den Kräften gegenüber, die wir zu meistern suchen, zeigen. Als Anhänger des westlichen Weges haben wir eine einzigartige Gelegenheit, mit den titanischen Energien zu arbeiten und ihre Macht durch die Erde zu kanalisieren, indem wir die alten Stätten aktivieren.

Wir sind das Volk der Erde, die Hüter ihrer Energien, die Verwalter ihrer Weisheit. Während die nukleare Frage ein Hauptproblem für alle Arten von Menschen wird, beginnen wir zu verstehen, daß alle Energie – titanisch oder menschlich – ihren eigenen Fluß besitzt, der mißbraucht oder angemessen verwendet werden kann – und daß wir ihre Beherrscher sind.

Geschichten über die titanischen Kräfte der Erde sind nicht statisch geblieben. Sie wuchsen und veränderten sich mit der Zeit. Zuletzt rühren alle Geschichten über Giganten von Erinnerungen an ein imaginäres Goldenes Zeitalter her, in dem titanische Energie eher wohltuend als zerstörerisch gesehen wurde. Doch wie bei allen vollkommenen Zuständen verwischten sich mit der Zeit die Grenzen. Erinnerungen an die Titanen wurden durch solche an streitsüchtige und allzu-menschliche Götter und Göttinnen ersetzt. Schließlich wurden auch diese auf das Feen-Volk reduziert, die die-unter-dem-Hügel-leben. Das Paradies, das Reich der Leuchtenden, wurde zur Anderwelt, und die Völker des Goldenen Zeitalters wurden seine Einwohner.

Wie auch immer, die titanischen Archetypen haben ihre Bilder auf der Landschaft selbst hinterlassen. Die großen Formen, die auf den Ebenen von Nazca eingeschnitten sind, oder die großen Kalkhügelfiguren in Südengland sind Zeugen für die Art, in der die Erstgeborenen die Gründer unserer Rasse sahen: die Götter vor den Göttern.[45] Echos von Atlantis, einer Zeit, als Böses, Krankheit und Tod so gut wie gebannt waren, bleiben in den tiefsten Schichten unseres Bewußtseins. Von Plato bis Tolkien fährt der Archetyp des Goldenen Zeitalters fort, uns zu faszinieren, und dahinter liegt ein Bewußtsein von der alten Erdmagie in ihrer frühesten Form.

Doch die natürlichen Kräfte, die die Erde vitalisierten, wurden eher zu etwas, das man ausbeutete, als daß man damit arbeitete, und als Resultat versanken die uralten Erfahrungsebenen tiefer im Gedächtnis und wurden schwerer zugänglich, es sei denn über lange und oft gefährliche Pfade. Doch im Innern blieben die alten chthonischen Kräfte unverändert und stiegen allmählich aus unermeßlichen Tiefen wieder herauf, bis sie in unserer eigenen Zeit begonnen haben, an die Oberfläche zurückzukehren. Der derzeitige Mißbrauch von Uran ist der Grund für dessen immer monströser werdende Proportionen.

Richtig verstanden und erkannt, ist es noch nicht zu spät, den Mißbrauch, der mit titanischen Energien getrieben wurde, wiedergutzumachen; viele dieser Energien werden wieder angezapft und schöpferisch verarbeitet. Doch wir müssen uns gründlich mit ihnen bekannt machen, um sie aus den untersten Schichten der unbewußten Gedanken hervorzuholen, in die sie lange befördert waren.

Nun bedeutet dies nicht eine Zurück-zur-Natur-Mentalität: wir sind überall die unwissenden Besitzer einer verlorenen Landschaft aus Kreis und Stein, Pfad und Hügel. Wenn wir wieder einmal in Übereinstimmung mit den titanischen Energien kommen sollen, die diese – wenn auch in veränderter Form – immer noch beleben, dann müssen wir früh aufstehen und sie in der Morgendämmerung oder noch früher, wenn die Stille vollkommen ist und die titanischen Wesen nahe sind, finden. Es ist gleich, wo oder sogar wie wir uns der Erde nähern, wichtig ist nur dies, daß wir es in einem Geist von Liebe und Wertschätzung und mit angemessenem Respekt tun. Ehrfurchtgebietende Stärken liegen direkt unter unseren Füßen, die wir nicht aus eitler Wißbegierde benutzen sollten. Denken Sie daran, daß Sie heiligen Boden betreten, und daß Sie bereits den ersten Schritt in Richtung auf eine Beziehung mit dem Mysterium darunter gemacht haben, und daß Sie hier die alten Kräfte des westlichen Weges, die unter der Oberfläche der Erde nur leicht schlafen, anrufen können. Cernunnos, der gehörnte Gott oder Wieland, der Schmied der Götter oder sogar frühere, noch ursprünglichere Formen mögen auferstehen, um Sie von den grünen Hügeln zu begrüßen.

Die Aufgabe, die wir uns selbst stellen, ist die der spirituellen Ökologie, der Suche nach unserem eigenen persönlichen Kontakt mit dem Geist der Erde, ob wir diese nun im Bild des Drachen finden, indem wir durch das Labyrinth gehen, oder den Hauptlinien eines Steinkreises folgen. Es gibt viele hundert heilige Stätten in Europa; viele sind Ruinen oder völlig zerstört; andere sind noch intakt. Sie erwarten Ihren Besuch, denn in der richtigen Geisteshaltung können Sie deren schlummernde Energien wecken. Ein einziges Zentrum des Energie-Gitters zu vitalisieren heißt, kleine Wellen zu jedem Teil des Landes auszuschicken. Und dann mögen Sie tatsächlich feststellen, daß Sie «an einem Ort stehen, der heiliger Boden ist und … die berauschenden Dünste einatmen, wie es die Wahrsagerinnen der alten Zeit taten.»[218] Doch ob diese Dinge geschehen oder nicht, eines ist sicher: Sie werden nie wieder ganz dieselbe Person sein. Und das Land ebensowenig.

MAGISCHE ERDE: BEMERKUNGEN ZU DEN ÜBUNGEN

Wie wir bereits sagten, ist die beste Art, die Kraft der Erde aus erster Hand zu erleben, der Besuch einer der Stätten. Versuchen Sie, sich den alten Plätzen entlang einem der heiligen Wege zu nähern. Viele sind in den Schriften von Watkins, Michell, Devereux, Screeton oder Pepper beschrieben.[66, 168, 197, 227, 281] Andere warten auf Ihre eigene Entdeckung. Es mögen entweder Steinkreise, Grabkammern oder Schlangenhügel sein – doch die Frage bleibt, was zu tun ist, wenn Sie dort ankommen. Sind die richtigen Umstände gegeben, gibt es viele Möglichkeiten, die Sie selbst entdecken mögen; zwei davon bieten wir Ihnen hier an als einen Weg in die Welt der Erdmysterien.

Die erste Übung ist zum Gebrauch in Verbindung mit einer der alten Fährten bestimmt und kann auf jeden alten Pfad angewendet werden, der noch die Schlangenenergie enthält. Die Übung stammt aus der großen Sammlung von einheimischen Mythen und Sagen, die als das *Mabinogion* bekannt ist und betrifft die Gestalt von Sarn Elen oder Elen von den Straßen, die Sir John Rhys[213] zufolge eine Göttin des Sonnenuntergangs und der Morgendämmerung ist, die nachts über die alten Wege wacht. Sie anzurufen und einen dieser Wege von Abend- bis Morgendämmerung zu gehen, heißt die innere Landschaft ihres Landes ihrem wachenden Auge zu öffnen. Die folgende Pfadarbeit ist Teil ihrer Geschichte, und ihr Gebrauch heißt die ältesten Gesetze von Traum und Mysterien anzurufen. Also benutzen Sie sie mit Vorsicht und in der richtigen Geistesverfassung, immer daran denkend, daß dieses nicht nur Bilder oder Archetypen sind, mit denen sie willkürlich umgehen – sondern die kraftvollsten Energien, die unser aller Leben und Sein zugrunde liegen. Behandeln Sie sie mit Respekt, und sie werden antworten. Nähern Sie sich ihnen voller Respektlosigkeit oder Leichtfertigkeit, dann erwarten Sie nicht, überhaupt etwas zu erleben.

Die zweite Übung ist vor allem gedacht, Ihnen ein tieferes Verständnis von der Natur des irdischen Tierkreises zu geben. Obwohl sie auf dem in Glastonbury gefundenen Beispiel basiert, kann man sie mit geringer Modifizierung auf andere ähnliche

Stätten anwenden. Die Schlangenhügel Nord- und Südamerikas sind da ebenso passend wie Mont Saint Michel in der Bretagne. Es ist nicht notwendig, an einem dieser Orte gewesen zu sein – obwohl so ein Besuch natürlich nützlich wäre. Das sorgfältige Betrachten einer Fotografie oder eines Gemäldes von diesem Ort, bevor man die Meditation versucht, wäre ebenso befriedigend – die Essenz der Wahrnehmung liegt eher in dem, *was* geschieht, als darin, *wo* es geschieht.

Übung 4 Der leuchtende Weg

Während Sie sich mit geschlossenen Augen entspannen, lassen Sie Ihre Umgebung allmählich schwinden. Sie finden sich auf dem Gipfel eines Hügels stehend: kein hoher, doch einer, der Ihnen nichtsdestoweniger erlaubt, die Sie umgebende Landschaft einigermaßen weit zu überblicken. Im Westen sehen Sie einen schmalen, doch viel begangenen Pfad vor sich, der den Hügel hinunter und in das flache Land an seinem Fuße führt. Auf jeder Seite erstreckt sich ein gradliniges Muster von Feldern, und wie Sie darauf hinunterblicken, bewegen diese sich und flüstern, von einer warmen Brise aus Süden berührt, und sehen aus wie ein vielfarbiges Meer. Doch durch ihre Mitte führt der Pfad weiter und weiter in die Ferne und verschwindet schließlich in einem Nebelschleier, der möglicherweise höhere Ebenen verbirgt.

Den Hügel hinuntergehend, folgen Sie dem Pfad. Insekten summen um Sie herum, und entfernt hört man Vogelgesang, doch sonst scheint die Welt so ruhig und still, als sei sie erst vor kurzem aus einem langen Schlaf erwacht.

Lange Zeit gehen Sie weiter, immer dem schmalen Pfad folgend. Allmählich geht die Sonne in einem Feuerschein unter, und die Abenddämmerung rückt in die Dunkelheit vor. Im schwindenden Tageslicht bemerken Sie, daß der Pfad wieder ansteigt und daß er ein wenig leuchtet.

Sie folgen ihm weiter, seit geraumer Weile gleichmäßig kletternd, bis Sie sich am Beginn einer Hügelkette wiederfinden, die zu einer hoch aufragenden Gebirgslandschaft führt. Der Mond ist aufgegangen und überflutet die Szenerie mit silbernem Licht. Obwohl es Sie erstaunt, daß Sie nicht müde sind, eilen Sie weiter, immer höher durch die kühle Nachtluft aufsteigend, die nach Nachtblumen und einem Hauch wachsenden und keimenden Lebens duftet.

Endlich, nachdem Sie einige Zeit geklettert sind, umrunden Sie eine Bergkuppe und sehen den Eingang zu einem schmalen Tal vor sich, das von Mondlicht und Schatten erfüllt ist. Als Sie einen Moment pausieren, sehen Sie, daß am Eingang des Tals auf einer großen Felsenplatte am Fuß weiterer Berge ein großer Kreis alter, verwitterter Steine steht, die in weiße Nebelschwaden gehüllt sind. Der Pfad, dem Sie gefolgt sind, führt geradewegs zu dem Kreis. Schnell eilen Sie weiter, denn dies ist Ihr Ziel.

Bei dem Kreis angekommen, stellen Sie fest, daß die Steine weitaus größer sind, als Sie sich vorgestellt hatten. Sie türmen sich hoch über Ihnen auf, lange Schatten auf die Erde werfend. Aber es geht keine Bedrohung von ihnen aus. Sie sind willkommen hier und eilen furchtlos weiter.

Innen im Zentrum des Kreises befindet sich ein großer Monolith, der der Länge nach auf der Erde liegt. Darauf sitzt, wie in einem natürlichen Stuhl, eine schmale Frauengestalt. Ihr Haar ist lang und schimmernd, und ihr Gewand ist aus kostbarem roten Stoff mit Gold gesäumt. Darüber trägt sie einen kostbaren blauen Umhang, der an der linken Schulter von einer runden Brosche gehalten wird, die von feinster Kunstfertigkeit ist. Ihr Gesicht ist von solcher Schönheit, daß Sie erkennen, sie gehört nicht zu den Sterblichen, und Sie verbeugen sich tief in Ehrfurcht und Verwunderung vor ihr.

Einige Augenblicke knien Sie so vor der Goldenen Frau, bis Sie schließlich Worte hören, die sich von selbst in Ihrem Geist zu formen scheinen.

«Was suchst du hier?»

Sie müssen wahrheitsgemäß und ohne zu zögern antworten: «Ich suche Sarn Elen. Ich suche einen Schlüssel zum leuchtenden Weg.» «Sarn Elen hast du gefunden. Warum suchst du den leuchtenden Weg?»

«Um auf den Weg zu kommen, das Mysterium des Landes zu erlernen.»

«Dann bist du wohlgekommen.»

Die Frau, von der Sie nun wissen, daß sie Sarn Elen ist, erhebt sich ruhig von dem Stein und bittet Sie, ihr zu folgen. Als Sie dies tun, bemerken Sie, daß sowohl der mittlere Stein als auch die anderen in dem Kreis mit kunstvoll eingemeißelten Spiralen und Linien versehen sind wie riesige Landkarten. Versuchen Sie, einiges, was Sie sehen, zu behalten, Sie könnten es später gebrauchen.

Sie folgen der Frau zum westlichen Rand des Kreises und entdecken, daß Sie wie in einem Torweg stehen. Vor Ihnen fällt der Boden schnell ab auf eine große Ebene zu, die sich bis zum Horizont erstreckt. Kreuz und quer darüber laufen viele schwach leuchtende Linien, an bestimmten Punkten mit Lichtspiralen durchsetzt. Ihnen wird klar, daß die Zeichnungen auf den Steinen des Kreises direkt zu ihnen in Verbindung stehen, und daß, was Sie jetzt sehen, ein Netzwerk uralter Fährten ist, das andere Kreise und stehende Steine über das ganze Land und darüber hinaus miteinander verbindet.

Während Sie beobachten, erhebt die Frau ihren Arm, und auf ihren Befehl brennen die Lichtlinien immer heller, bis Sie es kaum noch ertragen können, sie anzusehen. Sie fühlen die Energie durch das Land zu Ihren Füßen strömen und dann durch Ihren eigenen Körper aufsteigen, bis sie das Kronenchabra erreicht und über Sie fließt. Sie fühlen sich selbst in Licht gebadet, und obwohl Sie es nicht wagen, die Frau direkt anzusehen, wissen Sie, daß sie wie ein großer Leitstern in der Nacht erstrahlt.

Langsam beginnt das Licht zu verblassen, bis es wieder nur ein schwacher Schimmer in dem mondgebadeten Land ist. Als Sie sich abwenden, sehen Sie, daß *Elen von den Straßen* nicht länger an Ihrer Seite ist, noch überhaupt irgendwo in dem Kreis, und daß der Himmel beginnt, im ersten rosigen Schein der Morgendämmerung zu erröten. Während Sie in der Mitte des großen Steinkreises stehen, verschwindet langsam die Szenerie, und Sie finden sich wieder dort sitzend, wo Sie die Reise begannen. Kehren Sie allmählich ins Normalbewußtsein zurück, doch denken Sie daran, daß die leuchtenden Wege nun immer für Ihren Besuch geöffnet sind, und daß Sie, wenn Sie das nächste Mal einen der alten Wege beschreiten, die Energie und das Leben wahrnehmen werden, die ein Teil der Wege sind und nun auch ein Teil von Ihnen.

Sie stehen auf einer Anhöhe und schauen auf einen großen Hügel hin. Es ist Nacht, aber der Vollmond scheint, und Sie haben keine Schwierigkeiten, zu sehen, was folgt. Der Hügel ist von Wasser umgeben, auf dem kleine leichte Schiffe im Mondlicht hin und her fahren. Nebel steigt auf allen Seiten von der Erde auf, so daß Sie wie auf einer Insel zu stehen scheinen. Auf der Seite des Hügels, der Ihnen am nächsten liegt, sehen Sie Menschen umhergehen. Sie sind in lange Gewänder gekleidet und tragen Fackeln, die in der feuchten Luft flackern und rauchen und zum geheimnisvollen Charakter der Szene beitragen. Auf dem Gipfel des Hügels befindet sich ein großes Trilithon uralter Steine, und als Sie hinsehen, beginnt eine strahlende Helle aus ihrer Mitte zu scheinen. Sie wird heller und heller, bis alles in Licht gebadet ist und ein großer Feuerball sich von dem Hügel erhebt und in den Himmel aufsteigt, wo er schweben bleibt und ein strahlendes Leuchten über alles gießt. Aus ihm schießen Lichtstrahlen hervor, die rundum auf die Gipfel der Hügel fallen, einige nahebei, manche weit entfernt. Wie zur Antwort blinken Lichter von diesen Hügeln, und Sie werden sich dessen bewußt, daß eine große Anzahl von Menschen sich auf allen Seiten versammelt hat, obwohl Sie sie nicht sehen können. Ihr Blick wird wieder zu dem Hügel gezogen, und dort sehen Sie eine große Gestalt, von der Sie wissen, daß es der König ist, der den letzten Abschnitt des Hügels erklimmt, über den ausgestreckten Armen ein großes Schwert in rotgoldener Scheide tragend.

Auf dem Gipfel, gerade am Rand des Trilithons, steht eine in schimmernde Gewänder gekleidete Gestalt. Dies ist die Herrscherin, und obwohl sie nicht größer als der König zu sein scheint, ist sie irgendwie überlebensgroß, von titanischer Statur und Majestät. Dicht neben ihr steht ein großes weißes Pferd, sein Fell schimmert im Licht, die Augen funkeln, als es seinen Kopf schüttelt. Der König tritt vor und tauscht einen symbolischen Gruß mit der Herrin des Hügels aus. Dann besteigt er das große Roß und erhebt das Schwert, immer noch in der Scheide, über seinen Kopf. Aus der scheinbar undurchdringlichen Dunkelheit um die Steine herum erscheinen zwölf Gestalten, jede mit einem Zeichen des Tierkreises auf ihrer Stirn. Jede von ihnen trägt ein Symbol, von denen Sie einige vielleicht sehen können, andere nicht. Dieses sind die zwölf Schätze des Jahres, die mit dem inneren Leben des Landes verbunden sind, und die Gestalten sind ihre Wächter. Sie bilden einen Kreis und erheben ihre Symbole in Richtung der Herrscherin und des Königs. Dann drehen sie sich, bis sie nach außen blicken, und beginnen, sich im Kreis zu bewegen. Schneller und schneller bewegen sie sich, bis sie einen hellen Lichtring formen. Der König und die Herrscherin bleiben immer noch im Zentrum, die Achse des sich drehenden Rades bildend. Bald wird das Licht zu hell, als daß Sie die Gestalten noch klar sehen könnten. Sie werden zu einem wirbelnden Lichtrad, das sich nun von dem Hügel zu dem glühenden Licht erhebt, das immer noch darüber schwebt. Beide treffen aufeinander und werden eins, einen Moment lang brennen sie noch heller, bevor sie allmählich verblassen und sich nach außen zu den Sternen verteilen. Langsam bekommt die Szenerie ihr normales Aussehen zurück. Der Gipfel ist verlassen, und nur das Licht des Mondes scheint hell über allem. Erwachen Sie nun langsam wieder an Ihrem Platz; versuchen Sie, sich an so viel wie möglich von dem, was Sie gesehen haben, zu erinnern.

Sie haben die Möglichkeit, jeden Monat mit einer Gestalt des Tierkreises zu arbeiten, so wie sich das Rad des Jahres dreht. Sehen Sie, wie das Rad Ihr Land und Ihr Volk umgibt, und vermitteln Sie die Energien des entsprechenden Zeichens nach außen. In Zeiten nationaler Krisen konzentrieren Sie sich auf den König und die Herrin des Hügels als die ausgleichende Achse des Rades, denn sie sind die symbolischen Wächter des Landes.

Kapitel 3

Begegnung mit den Göttern

> Zusammen mit unserer reinen Essenz existiert ein angeborenes Wissen um die Götter.
>
> Iamblichus: *De Mysterii*

> Alle Götter sind ein Gott; und alle Göttinnen sind eine Göttin, und es gibt einen Urheber.
>
> Dion Fortune: *Aspects of Occultism*

Einheimische Mythen und Gott-Formen

Jedes Land hat seine einheimischen Mythen-Zyklen: sie machen die innere Wirklichkeit des Landes aus. Es ist also sehr wichtig für uns, mit der Mythologie unseres eigenen Ortes vertraut zu sein und ein Verständnis davon zu haben, wo es in das übergreifende Mythenmuster des Westens hineinpaßt. Anthropologen wie Ken Wilber[287] oder John Layard[135] können uns dabei helfen; wie auch die Mythenforscher wie Joseph Campbell[39] und Robert Graves.[92] Doch wir müssen über jeden von diesen hinausgehen, wenn wir das notwendige genaue Wissen erlangen wollen. In einem Buch dieses Umfangs ist es offensichtlich nicht möglich, sich mit mehr als einer Auswahl der Archetypen und Szenarios, die den einheimischen Mythos ausmachen, zu beschäftigen. Wir haben entschieden, hauptsächlich keltische Mythen zu behandeln, da diese im allgemeinen zugänglicher sind als zum Beispiel nordische oder teutonische Mythen. Indem wir uns auf eine Mythologie beschränken, und zwar auf die, mit der wir vertraut sind und selbst gearbeitet haben, können wir leichter einen vollständigen in Gebrauch befindlichen Satz von Archetypen zeigen.

Dies heißt nicht, daß andere weniger gültig sind. Für einen Einheimischen der germanischen Welt wäre der in das *Nibelungenlied*[187] eingebettete Siegfried-Mythos angemessener als der Ulster-Zyklus oder der Arthurianische Mythos. Dasselbe gilt für das finnische Kalevala[125], den französischen Charlemagne-Zyklus[50] oder das spanische Epos vom Cid.[55] Auf den amerikanischen Kontinenten gibt es die Erdmagien der Hopi-Indianer[280] oder die finstere Mythologie der aztekischen und der tolketischen Kulturen[138]. Jede von diesen ist der einheimische Mythos des betreffenden Landes. Alle sind Teil der westlichen Mysterientradition, und viele haben unserem eigenen vertrauteren Territorium Aspekte ihrer selbst verliehen. Der Grund dafür ist, daß alle Mythen einst die gleichen Mythen waren: die Suche nach Feuer, die Namensgebung der Götter, die Übergangsriten und die Entdeckung von Landwirtschaft und Tierzucht wie auch der Prozeß, durch den die Metamorphose des *genius loci* in anthropomorphische Formen stattfand. Nur die enorme Zeitspanne hat die Linien des mythischen Universums verwirrt und verdunkelt, indem sie Gottheiten von Sonne und Mond, Erde und Sternen miteinander verband, die von Getreide und Wein, Blitz und Regen voneinander trennte; indem sie Formen immer wieder untereinander vermischte, bis es einer beträchtlichen Geistesanstrengung bedurfte, um sie in ihre ursprünglichen Formen und Beschreibungen zu zertrennen.

Es ist nicht einfach, die Umrisse der frühen keltischen Gottheiten zu erkennen. Schriftliche Aufzeichnungen sind rar. Cäsar, dessen Bericht wir das meiste unserer heutigen Information verdanken, ist weniger verläßlich, als er hätte sein können.[37] Doch wenn wir über die alten Götter nichts lesen können, ist es doch möglich, sich ihrer auf andere Weise bewußt zu sein. Dafür müssen wir lernen, mit den wichtigsten westlichen Archetypen zu arbeiten. Und das können wir nur tun, indem wir lernen, die individuellen Qualitäten unserer einheimischen Gott-Formen anzuerkennen und mit ihnen zu arbeiten.

Einst hatte jeder Baum, Stein und Quell einen Schutzgeist, den jeder, der sich ihm näherte, aufsuchen und mit dem er Kontakt aufnehmen konnte. In einem weiteren Sinne hatte das ganze Land eine nationale Identität, die im Geist des Ortes verkörpert war oder wie man es heute ausdrücken würde, im rassischen Archetyp. Die faltigen Gesichter alter Steine waren die Gesichter der Götter und die Stimmen von Bach und Strom die Stimmen ihrer Identität. Wir haben die Namen dieser Personifizierungen größtenteils vergessen – obwohl man sie in den alten Namen der Orte, wo unsere Urahnen einst ihre Andacht verrichteten, noch entdekken kann. Die größeren Kräfte, deren Charakteristika über den rein örtlichen Bereich hinausgingen, wurden oft vernachlässigt, doch nicht vergessen. Sie lebten in veränderter Form weiter in den Geschichten und Gedichten, die um sie herum wuchsen und etwas von ihrem Geheimnis und ihrer Andacht bewahrten, während ihre äußeren Formen sich mit der Zeit verwischten.

Dies waren die Götter, und ihre Kinder waren die Figuren der Märchen und Heldensagen: wie der Bären-Gott Artos, dessen Kult in England einst weit verbreitet war, der aber in den Geschichten-Zyklus, der sich um den Nationalhelden Arthur von England konzentrierte, einverleibt wurde. Oder wie Arianrhod, einst eine Mondgöttin, die aber im *Mabinogion*[146] eine halbmenschliche Gestalt wird, deren Name «Silberrad», die einzige Spur von ihrer ursprünglichen Rolle ist.

So veränderten sich die Formen, und die alten Namen wurden entweder vergessen oder bekamen neue Bedeutungen und Identitäten. Aber sie verschwanden nie gänzlich; ihre Anbetung setzte sich in isolierten Gebieten fort, lange nach der Ankunft der neuen Wege und Glaubenshaltungen. Manchmal starben sie schließlich auch hier aus oder wurden von neuen Gottheiten vereinnahmt, oder aber sie verschwanden, um zu den Bewohnern der Hollow-Hills zu werden, dem Feenvolk, von dem so viel geschrieben und so wenig verstanden wird. Das Volksgedächtnis verwahrte ihre Namen und Arten, aber selten ihre Funktionen. Sie wurden alt und müde und gingen vielleicht mit der Zeit fort. Doch andere paßten sich an, zogen sich in die tiefen Orte der Erde zurück oder verfielen in zeitlosen Schlaf, der sich keine Gedanken über die sonderbaren Possen menschlicher Wesen machte.

Schließlich begannen die Menschen, diese alten Bewohner der inneren Welt wieder aufzusuchen, um ihr einst stolzes Erbe als

Herrscher von Himmel und Erde anzuerkennen. Die mittelalterlichen Hexenkulte erkannten das Mysterium der natürlichen Elemente und begannen diese anzubeten, wie ihre Vorfahren es getan hatten. Sie folgten dem natürlichen Zyklus von Verfall und Wiedergeburt, von dem wir bereits sprachen: dem Gesetz, das besagt, daß nichts je verschwendet ist, das scheinbar vergessene Glaubenshaltungen und Mächte veranlaßt, mit erneuter Kraft wieder hervorzusprudeln und neue Anhänger unter den Unzufriedenen und Weisen zu finden.

Die auf dem westlichen Weg vorangehen, sind ebensolche Menschen: für sie sind die alten Götter und Göttinnen nicht tot, sie sind mächtige Kräfte in archetypischer Verkleidung. Wenn wir den einheimischen Mysterien folgen wollen, müssen wir in der Lage sein, die Gesichter der Götter wiederzuerkennen. Studieren Sie das folgende besonders ausgewählte Lexikon: diese Archetypen sollten Teil Ihrer täglichen Meditation und Übung werden. Dies ist der erste Schritt zu einer tieferen Wertschätzung der Götter hinter den Göttern, den archetypischen Energien, von denen wir in Kapitel 2 sprachen. Dennoch ist es wichtig, zu realisieren, daß, was in der äußeren Welt als Gottheit angebetet wird, im inneren Reich eine personalisierte Energie werden kann, mit der man direkt arbeitet.

Die ist eins der tiefgründigsten Mysterien des westlichen Weges. Es zeigt, wie wir die Harmonie mit der inneren Realität, die von den Kindern der Erde repräsentiert wird, wieder aufbauen können. Unsere Ahnen wußten dieses gut und verwahrten es in ihren religiösen Glaubenshaltungen und Übungen. Für unsere Ahnen waren die ersten Kinder der Erde die Götter und *ihre* Kinder die Helden, die danach kamen. In der durch die enorme Zeitspanne, die uns von ihnen trennt, entstandenen Unklarkeit ist es oft schwierig, zu sagen, wo Gott oder Göttin endet und Held oder Heldin beginnt. So ist die Figur des Bran im walisischen Pantheon eindeutig ein Gott und Gawain im Arthur-Zyklus ebenso klar ein Held, jedoch einer, der zufällig den Sonnenmantel der Mittsommer-Gottheit anlegt. Doch wer oder was ist Merlin? Kein Gott vielleicht, doch sicher ein großer schützender Wächter des inneren Reiches. Es gibt viele Antworten auf diese Fragen, und niemand kann sie alle wissen. Die Götter haben viele Gewänder, und jedes ist ein Name. Wir können hier nicht versuchen, sie in eine Ordnung von Sterblichen und Unsterblichen zu unterteilen. Die

Antworten auf solche Fragen werden ebenso wahrscheinlich von denen geliefert, die mit diesen Archetypen arbeiten als auch von Buchautoren. Gleich welches Ihr eigener Hintergrund sein mag, oder aus welchem Lande Sie stammen, Sie werden die Art der Götter wiedererkennen – der Donnernde, der Leuchtende, der Wächter über das Land. Der Herr oder die Herrin des Mondes ist in allen Ländern bekannt, wie auch die Götter von Fluß und Baum und Stein.

Es ist viel über die Götter, besonders die der nordischen und griechischen Welten, geschrieben worden – doch wenige Autoren gehen je über die Schilderung von Typ und Charakter hinaus: Bacchus als typischer Wein-Gott oder Poseidon ausschließlich der Gott des Meeres. Doch diese waren nicht nur Abstraktionen für die, die sie anbeteten. Wir scheinen zu vergessen, daß die Völker der alten Welt auch von Vertrauen beseelt waren, daß sie an die absolute Macht ihrer Götter glaubten. Man muß nur Iamblichus[115] oder Plutarch[203] oder Apulejus[5] lesen, um die Wahrheit dessen zu sehen. Sie hatten ein Glaubenssystem, eine Theologie, ebenso komplex und bedeutungsvoll wie jede heute ausgeübte. Die Götter durchdrangen alles. Wie der Neo-Platoniker Iamblichus (AD 250–325) sagt:

> Die Macht der Götter ist nicht teilweise in irgendeinem Ort enthalten oder teils menschlicher Körper... doch sie ist vollends überall gegenwärtig innerhalb der Naturen, die fähig sind, sie zu empfangen... Mehr noch, da sie selbst vor allen Dingen existierte und durch ihre eigene besondere Natur, genügt sie, um alle Dinge zu erfüllen, soweit diese in der Lage sind, daran teilzuhaben.[115]

Es ist doppelt wichtig, daß wir dieses heute realisieren, denn es fordert uns auf, vorsichtig auszuschreiten. Wir sind nicht gänzlich leere Gefäße, die darauf warten, von einem plötzlichen Strom von Gottes- oder Erd-Energie gefüllt zu werden. Iamblichus macht es klar: die Macht genügt, um alle Dinge zu erfüllen, *soweit diese in der Lage sind, daran teilzuhaben*. Dies sind nicht nur leere Abstraktionen, mit denen wir uns beschäftigen. Denken Sie auch daran, daß die Gott-Formen der einheimischen Tradition, wenn sie auch immer noch in ebenso gültiger Weise wie die messianischen Gestalten der Offenbahrungsreligion verwendet werden können, doch vorher wiederbelebt werden müssen. Eines der Probleme bei der Beschäftigung mit alten Archetypen in esoterischer

Arbeit, ist die Qualität des Materials, das durch analeptische Erinnerung übermittelt wird. Die Eigenart der heidnischen Kontakte spiegelt häufig frühere und ursprünglichere Belange wider. Das Material und die Kontakte sind an sich gültig, doch sie müssen durch die Vermittlung von Liebe, Weisheit und Macht für das moderne Bewußtsein wieder aufgebaut werden.

Wer den Gottesdienst der orthodoxen Religion schwierig findet, dem wird die Arbeit mit alten Gott-Formen wahrscheinlich kaum angemessener erscheinen. Die Wahrheit ist, daß *die Gott-Form der Repräsentant einer abstrakten Energie ist*, die der Esoteriker, statt sie anzubeten, eher an die Mittel-Erde übermittelt. Gott und Initiand sind Ko-Schöpfer, die jeder die Welten, in denen sie leben, reflektieren (siehe Kapitel 4). Durch Identifizierung und anschließende Verbindung an den Gott arbeitet der Initiand mit bestimmten Energien, die selbst transformierend sind. Durch gespannte Aufmerksamkeit und Sensibilität für die von der Gott-Form repräsentierten Energien wird der Initiand in engen Kontakt mit und zur Erkenntnis von dieser archetypischen Energie gebracht. Das ist gemeint, wenn wir davon sprechen, daß mit jemandem «Kontakt aufgenommen» wird. Es bildet die Basis der Religion, wenn es von kosmischem Verständnis statt naivem Aberglauben beseelt ist. Auf diese Weise ist es möglich, mit heidnischen Gott-Formen zu arbeiten (wenn man sie in ihrer eigentlichen Form auf Energien bezieht, die wir heute als Archetypen bezeichnen), solange ihre Energien voll in das moderne Bewußtsein integriert werden.

Wenn wir dies einmal akzeptieren, dann sind wir in der Lage, die volle Bedeutung und Wirksamkeit der Zeichen, die der Ausdruck der Götter sind, zu verstehen. Iamblichus nennt dies *synthamata*, unerklärliche Bilder, und er billigt ihnen eine individuelle Macht zu, um im Rahmen der Schöpfung zu arbeiten. *Wir*, sagt er,

> vollbringen diese Dinge nicht durch intellektuelle Wahrnehmung; denn wäre dies der Fall, dann würde die intellektuelle Energie... von uns eingesetzt... [statt dessen] wenn wir intellektuell nicht tätig werden, vollbringen die *synthamata* selbst ihre eigene Arbeit, und die unaussprechliche Macht der Götter kennt durch sich selbst ihre eigenen Bilder.[115]

Um es noch einmal zu wiederholen: die Realitäten, die wir *äußerlich* wahrnehmen, haben ihre eigenen *inneren* Korrelative, ob wir sie Götter oder Archetypen nennen, und mit ihnen zu arbeiten heißt, mit ihnen für die Partnerschaft der göttlichen Arbeit in Beziehung zu treten.

Die Gesichter der Götter

Arianrhod, Göttin des Mondes und der Sterne. Ihre Legende erscheint im *Mabinogion* in der Geschichte von Math, Sohn des Mathonwy. Wie Ceridwen (s. d.), mit der sie viel gemeinsam hat, ist Arianrhod eine Zauberin und Urheberin. Sie ist eine harte, ernste Gebieterin des Schicksals, die dem Lernenden schwere *geasa* (Verbote) auferlegt. Taliesin (s. d.) sagt, daß er drei Epochen im Gefängnis der Arianrhod verbrachte, wobei er sich auf das sich ewig-drehende Schloß der keltischen Anderwelt, dessen Herrin sie ist, bezieht und auf seine Initiation dortselbst. Caer Arianrhod ist sowohl das Schloß des Todes als auch der Wiedergeburt und steht im Walisischen für die Corona Borealis – die Krone des Nordens –, eine Verbindung zwischen Arianrhod und der griechischen Ariadne andeutend, die von Dionysos eine Krone erhielt, welche in darauffolgenden Mythen als die Corona bekannt wurde. Da sie so fest in der Anderwelt verwurzelt ist, werden mit Arianrhod keine Orte assoziiert, obwohl sie definitiv ein Sternen-Kontakt ist.

Literatur: *Mabinogion* [146], Gruffydd [96], Ross [215].

Arthur, Sohn von Uther Pendragon, König von England, und Igraine, einer atlantischen Prinzessin, die von Merlin (s. d.) hierher gebracht wurde. Arthur wurde von dem Zauberer bei seiner Geburt fortgenommen, um im verborgenen aufgezogen und in den Künsten der Königsherrschaft, des Krieges und der Magie ausgebildet zu werden; später gewann er das Mysterium des *Schwertes im Stein* und stellte damit seine Berechtigung zu herrschen unter Beweis. Er begründete die Tafelrunde der Ritter, die sich der Aufgabe weihten, Ordnung in die Welt zu bringen – ihre Arbeit spiegelte sich in inneren wie auch in äußeren Reichen wider. Er heiratete Guinevere, die die matriarchalischen Mysterienschulen Englands repräsentierte und deren Liebe zu Lancelot den Niedergang von Arthurs Königreich herbeiführte. Nach einer letzten Schlacht, in der er seinen Sohn Mordred tötete und von ihm verwundet wurde, ging er hinüber nach Avalon, einer der vielen Namen für die Anderwelt, wo Morgan le Fay (s. d.) ihn von seinen Wunden heilte. Er schläft unter hohlen Hügeln, die so weit auseinanderliegen wie Alderley Edge in Cheshire und der Ätna in Italien, wobei einige glauben, daß er auf die Zeit wartet, wenn er gebraucht wird. Man kann keinen bestimmten Kontaktort hervorheben, obwohl es zahlreiche Stätten gibt, die seinen Namen tragen. Man kann ihn, der in Wahrheit der Schutzgeist der Britischen Inseln ist, an beinahe jeder Stelle treffen, wenn Herz und Wille des Suchers wirklich darauf ausgerichtet sind, ihn zu entdecken.

Literatur: Malory[157], *Geoffrey of Monmouth*[85], *Mabinogion*[146], *The Welsh Triads*[268], Loomis[144], Morris[172], Ashe[8], Knight[132].

Bran der Gesegnete, Titanischer Gott der Kelten. Er war so riesig, daß er, als seine Anhänger den Ozean zu überqueren wünschten, hinüberwatete und deren Schiffe hinter sich herzog. Er ist ein Gott der Erde und der Berge, seine Geschichte ist lang und komplex und findet sich im *Mabinogion*; doch das tiefste mit ihm assoziierte Mysterium betrifft seinen «Tod», bei dem er seinen Anhängern befahl, seinen Kopf von seinem Körper zu trennen und ihn danach mit sich zu tragen. Er fuhr eine Zeitlang fort, mit ihnen zu kommunizieren und führte sie schließlich zu einer geheimnisvollen Insel (die manchmal als Bardsey vor der Küste von Süd-Wales identifiziert wird), wo die «Gesellschaft des Edlen Kopfes» Unterkunft fand und von Brans Kopf in einem Zustand zeitloser Freude ernährt und unterhalten wurde. Schließlich öffnete einer der Gesellschaft eine verbotene Tür, die nach Westen gerichtet war, und so wurden sie an ihre Sterblichkeit und die Vergänglichkeit der Zeit erinnert. Danach trugen einige von der Gesellschaft, von denen einer Taliesin (s. d.) war, den wundersamen Kopf zu dem Weißen Hügel (heute Tower Hill in London) und begruben ihn dort. Man glaubte, daß niemand das Land je besiegen könne, solange er ungestört bliebe, doch Arthur (s. d.) grub ihn in dem Glauben, daß niemand außer ihm England beschützen solle, aus, und danach ging er verloren. Es gibt viele Aspekte der Geschichte und des Charakters von Bran, die aus ihm einen Prototyp des Gralkontakts machen – seine Verbindungen mit dem Schicksal des Landes sind die offensichtlichsten. Er ist auch ein Typus der Chronos-Gestalt (s. d.), deren Einfluß man an bestimmten Stellen noch spürt. Dinas Bran in Wales hat starke Anklänge an ihn; doch wie auch Arthurs, ist seine Gegenwart diffus und mag an vielen Orten im ganzen Land gefühlt werden.

Literatur: *Mabinogion*[146], Ross[215], MacCana[148], Newstead[186].

Brigit/Brigantia. Die Irin Brigit, Tochter des Dagda von den Tuatha de Danaan (s. d.), ist die Göttin der Dichter, Heilung und Schmiedekunst. Sie wird manchmal eine dreifache Göttin genannt. Sie ist außergewöhnlich, da ihr Kult bis heute fast ohne Veränderung überliefert ist. St. Brigit von Kildare (AD 525) schloß in ihre Legende vieles aus der Sammlung der heidnischen Brigit ein. Der christliche Schrein in Kildare wurde von zwanzig Nonnen gepflegt und geschützt – die einundzwanzigste war Brigit selbst; in der Mitte des für Männer verbotenen Heiligtums ließ man ein heiliges Feuer brennen. In der Reformation wurde es ausgelöscht, doch der Kult von St. Brigit ist noch stark. Sie ist die zweitwichtigste Schutzheilige Irlands, doch ihr christlicher Einfluß ist in Schottland etwas abgemildert, wo sie sich mit Frauenkrankheiten und Viehpflege befaßt. Ihr Festtag ist der 1. Februar, und Anrufungen an ihren heidnischen sowohl als auch ihren christlichen Aspekt werden am besten zu dieser Zeit gemacht. In England wird sie mit der Figur der Brigantia assoziiert, der örtlichen Göttin der Briganten, einem keltischen Stamm Nordenglands. Eine Statue der Brigantia fand man in Birrens, wo sie die Embleme einer Siegergöttin und der Minerva in römisch-englischer Gestalt trägt. Ihre Orte sind (für St. Brigit) der Schrein in Kildare, County Kildare, und (für Brigantia) das gesamte Gebiet von Yorkshire, der starke natürliche Verbindungen zu ihr hat.

Literatur: Ross[215], Rees[210], Carmichael[42], *Oxford Dictionary of Saints*[191].

Cailleach Beare oder Bheur, Carlin. Cailleach bedeutet «häßliches altes Weib»; in höflichem Gälisch wird es noch als Bezeichnung für eine alte (Ehe-)Frau oder Großmutter verwendet. Die Cailleach ist eine der großen Titaninnen der Britischen Inseln: Hinweise auf sie sind in der Folklore vorhanden, seltener in Textquellen. Die Cailleach Beare oder das alte Weib von Beare ist die Urgöttin von Südwest-Irland und springt, wie ihr schottisches Äquivalent die Cailleach Bheur, über Gebirgsketten, die aus Steinen entstanden sind, die aus ihrer Schürze fielen. Wie Ceridwen (s. d.) verfolgt sie ihren Sohn – obwohl die Geschichte manchmal umgedreht wird, so daß sie die Jagdbeute ist und die beiden einer halbjährlichen Jagd nachgehen, bei der Sommer und Winter um die Herrschaft wetteifern. Wie die Göttin Tiamat aus dem Nahen Osten hat die Cailleach viele Verbindungen zu Wasserdrachengeschichten. Obwohl sie als verwelktes altes Weib erscheint, hat sie die Fähigkeit, sich als Jungfrau zu zeigen: die das Fest von St. Brigit (s. d.) begleitenden Volksrituale geben einen Hinweis darauf, daß diese Transformation beim Übergang von Winter zu Frühling stattfindet. In der schottischen Tiefland-Folklore wird die Cailleach zur Gyre Carlin, manchmal auch Nicnevin oder «Tochter der Knochen» genannt, in der Tat nicht unähnlich der indischen Kali, woraus man entnehmen kann, daß sie kaum zu den angenehmsten der Archetypen gehört, mit denen man arbeiten kann. Die mit der Cailleach verbundenen Orte sind zu zahlreich, um sie aufzuführen, doch man findet sie oft in Ortsnamen wie den zahlreichen Bergen mit Namen Sliabh na Cailleach in Irland und Schottland. Auch die alten Felsen der Beare-Halbinsel, County Cork, und die Gletscherhügel von Nordwestschottland erinnern an sie.

Literatur: MacKenzie[152], Ross[215].

Ceridwen, Göttin des Getreides und der Inspiration; sie wird in *The Welsh Triads* als eine der drei schönsten Frauen der Britischen Inseln beschrieben. Sie ist die oberste Urheberin, die Herrin der Mysterien. Sie besitzt den «Tiegel der Wiedergeburt», den frühesten Prototyp des Grals. Darin braute sie einen Initiationstrank, den Taliesin (s. d.) aus Versehen kostete und dadurch alles Wissen erlangte. Sie kann ihre Gestalt verändern, so daß sie dem Initianten in vielen Masken erscheint. Als ein Wächter der Weisheit kann sie viele erschreckende Gestalten annehmen, wie die der Sau-Göttin, aber ihr Ziel war, Verantwortung für das Wissen und seine Verwendung zu wecken. Aspekte ihrer Persönlichkeit findet man in Morgan le Fay (s. d.) und bei der keltischen Schlachtgöttin, die als Morrigan bekannt ist. Sie wurzelt tief in der Erde, deren Mutter sie ist, und man trifft sie daher am besten auf Erdhügeln oder den allgemein älteren heiligen Stätten. Sie ist besonders mit Llyn Tegid, Bala in Wales und mit Glastonbury in Somerset verbunden.

Literatur: *Mabinogion*[146], Spence[240], Graves[92], Ashe[7].

Cernunnos / Herne. Gott der grünen und wachsenden Dinge; Jägersmann, Geist von Erde und Geburt und Männlichkeit. Er wird meistens mit übergeschlagenen Beinen sitzend und mit Hörnern, die aus seiner Stirn wachsen, dargestellt, so auf dem Gundestrup-Kessel.[149] Manchmal als Gefährte von Ceridwen (s. d.) gesehen, mit der er eine Schutzgottheit vieler moderner Hexenversammlungen ist. Als Herne der Jäger wird er als Führer der wilden Jagd dargestellt, einem Rudel weißer Hunde mit roten Ohren, etwa in der Art von Gwynn-ap-Nudd (s. d.) oder Arawn (s. d.). Man kann ihn zu gewissen Zeiten im Jahr noch im Windsor-Park sehen, obwohl der Baum, der allgemein als «Hernes Eiche» bezeichnet wird, nicht der beste Platz ist, um ihn aufzusuchen. In der Tat ist es am besten, ihn überhaupt nicht zu suchen, da er sicher aus eigenem Antrieb kommt, hat er erst einmal Aktivität in seiner Nachbarschaft gerochen. Ein machtvoller und ursprünglicher Kontakt, der die Augen für die tiefsten Ebenen der Natur öffnet.

Literatur: Spence[237], Ross[215], Markale[160], Petry[198], Mottram[173].

Cronos. Ältester und erster der alten Götter. Gehört eigentlich dem klassischen Mythos an; die ihm nächst vergleichbare keltische Gestalt ist Bran (s. d.), doch Cronos ist besonders bedeutungsvoll aufgrund seiner Assoziation mit England. Diodorus Siculus[67] berichtete, daß er in ewiger und unveränderlicher Gefangenschaft tief in der Erde der Britischen Inseln gehalten wurde (siehe Kapitel 2). So wird er zum ältesten der vielen «schlafenden» Gott-Archetypen, zu denen Arthur (s. d.) und Bran gehören. Als Schutzgeist ist er außergewöhnlich machtvoll, und man sollte sich ihm nur mit Vorsicht nähern. Es ist sein Schicksal, in irgendeinem zukünftigen Zeitalter aufzuwachen, und da man von ihm sagt, er habe das letzte große Goldene Zeitalter in der Vergangenheit der Menschheit ausgeläutet, mag sein allmähliches Erwachen wohl das Signal für eine Rückkehr zu den Wegen und Glaubenshaltungen dieser Zeit sein. Er ist ein Gott von Erde und Zeit, und nur in der Zeitlosigkeit einer Höhle oder eines Erdhügels kann man seine Gegenwart fühlen.

Literatur: Ashe[8], Graves[91], Powys[205].

Gawain / Cuchulainn. Heroische Gestalten, die viele Aspekte der solaren Gottheiten teilen und dennoch ihre eigene Individualität bewahren. Beide sind für feuriges Temperament, rote Haare und die Abnahme und Zunahme ihrer Kraft im Tageslauf bekannt. Cuchulainn, auch der Hund von Ulster genannt, ist die primitivere Gestalt im irischen Mythos, obwohl man Teilaspekte eines früheren Gawain in den *Triads* erkennen kann, wo er Gwalchmai genannt wird: «Der Falke des Mai». Während sein Charakter sich entwickelt, wird er nach und nach christianisiert, bis er in dem großen mittelalterlichen Gedicht *Sir Gawain and the Green Knight* ein exemplarisches Beispiel an christlichen Tugenden geworden ist, das der bösen Magie von Morgan le Fay (s. d.) und dem Grünen Ritter, einer weit älteren und dunkleren Figur, die Cernunnos (s. d.) gleicht, entgegengestellt wird. In Gawain zeigt sich nur ein schwaches Abbild des «Schlachtenwahnsinns» von Cuchulainn, der während eines Kampfes eine körperliche Transformation durchmacht. Als solare Wesen haben beide eine Frische und Kraft, die sie zu exellenten Weggefährten macht und die man leicht im Freien unter einem heißen sommerlichen Himmel spüren kann. Für einige repräsentiert Gawain die alten Winter-Mysterien, die in piktische Zeiten zurückreichen, und seine Assoziation mit den Orkney-Inseln deutet eine Anderwelt-Verbindung an, da die Orkneys als Torweg in die «Leuchtenden Gebiete» betrachtet wurden. Man kann sagen, daß Cuchulainn besonders in Ulster präsent ist.

Literatur: *Sir Gawain & the Green Knight*[233], Malory[157], *The Welsh Triads*[268], O'Rahilly[190], *Tain*[256], Sutcliff[254], Steiner[247].

Gwynn ap Nudd / Arawn / Nuada / Nodens. Gwynn ist der Herr von Annwn, der Unterwelt und der Feenkönig. Er wird im

Mabinogion (s. d.) als Gefährte von Arthur (s. d.) erwähnt und ist für die Entführung von Creiddylad, der Tochter des Gottes Lyr, verantwortlich. Er muß darum kämpfen, sie jeden 1. Mai zu besitzen, indem er Gwythyr, den Sohn von Griedawl, zu einem Wettkampf herausfordert, der eine Prüfung von Sommer und Winter ist. Diese Erzählung ist eine Parallele zu der von Pwyll und Arawn im ersten Zweig der *Mabinogion*. Arawn ist auch der Herr von Annwn, der Jäger mit einem Rudel weißer, rotohriger Hunde – den Höllenhunden oder Gabrielhunden, von denen man auch sagt, sie jagten mit Herne (s. d.). Pwyll muß auch in einem alljährlichen Wettkampf um seine Braut Rhiannon (s. d.) kämpfen. In dem walisischen Gedicht *Preiddeu Annwn* – der Raum von Annwn – reist Arthur in Gwynns Königreich, um die magischen Schätze der Britischen Insel (s. d.) einschließlich des Kessels, über den neun Jungfrauen wachen – ein früher Prototyp des Grals –, zurückzubringen. In dem mittelalterlichen *Das Leben des St. Collen* gibt es eine Begegnung zwischen dem Heiligen und Gwynn: St. Collen betritt Gwynns Palast, indem er vom Glastonbury Tor herabsteigt, wohin, wie man annahm, Gwynns böser Einfluß durch die Verwendung heiligen Wassers verbannt worden war.

Geoffrey Ashe[8] setzt Gwynn ap Nudd mit dem römisch-britischen Gott Nodens gleich, der selbst eine Variante des irischen Nuada war. Nodens wurde als Jäger angesehen, ein Hüter des Waldlands und ein Seelenführer. Sein Tempel, der in Lydney ausgegraben wurde, bietet Möglichkeiten für Inkubation. – Pilger können in einen Schlaf fallen, so daß der Gott ihnen durch Träume Botschaften geben kann.

Nuada Airgetlam (Silberarm) war König der Tuatha de Danaan (s. d.) und wurde so genannt, weil er im Kampfe einen Arm verloren hatte. Da die irischen Könige – und tatsächlich alle alten Könige – nicht regieren konnten, wenn sie verstümmelt oder in irgendeiner Weise verunstaltet waren, legte er seine Königsherrschaft nieder, und der Gott der Heilung gab ihm einen silbernen, voll funktionsfähigen Arm. Als dieser später durch einen aus Fleisch ersetzt wurde, nahm er seine Königsherrschaft wieder auf.

Diese verwandten Götter haben alle besondere Kräfte der Wächterschaft und Verantwortung für das Land. Als Unterweltgötter stehen Gwynn ap Nudd und Arawn in ausdrücklichem Gegensatz zu den Göttern des Lichts, aber sie haben dennoch einen bestimmten Platz im großen Plan und können als Wächter der Winterhälfte des Jahres mit ihren Persephone-ähnlichen Begleitern gesehen werden. Sie sind die Beschützer der Unterseite der Dinge, der Seelenqualen und können den Reisenden in das tiefste der inneren Reiche leiten. Orte, die mit ihnen assoziiert werden, sind Lydney, Gloucestershire (für Nodens); Glastonbury, Somerset und Neath, Glamorgan (für Gwynn); Arbeth, Pembroke (für Arawn).

Literatur: Ross[215], Ashe[8], *Mabinogion*[146], Rees[210], Spence[239], Markale[160].

Helen von den Straßen. Göttin der Wege und alten Straßen. Manchmal als Elen bekannt, wirkt sie in dem «Traum von Maxcen Wledig» im *Mabinogion* mit, wo sie das Land der Träume regiert. Auch als Göttin von Abend und Morgen bekannt, spielt sie die Rolle des Führers und Lehrers für diejenigen, die die alten Schlangenpfade zu den Stätten des geheimen Wissens suchen (siehe Kapitel 2). Vielleicht eine der ältesten einheimischen Gottheiten, nahm sie römischen Einfluß an und wurde mit St. Helen von Colchester, der Mutter von Konstantin dem Großen, identifiziert. Einer der großen alten Landwege in Wales ist als Sarn Helen, Helens Straße, bekannt, und ihm zu Fuß zu folgen, ist eine großartige Möglichkeit, Kontakt mit diesem besonderen Archetyp herzustellen. Aus den Übungen am Ende des zweiten Kapitels ist ersichtlich, wie sie beim Öffnen der Pforten zu den alten Stätten helfen kann.

Literatur: *Mabinogion*[146], Chant[48], Spence[239], Ashe[8].

Mabon / Maponus. Über Mabon, der seinen Platz als *puer aeternus* im keltischen Pantheon einnehmen muß, ist sehr wenig Textmaterial erhalten. Er wird immer als Mabon, Sohn der Modron, bezeichnet – Jüngling, Sohn der Mutter –, und von seiner Einkerkerung wird im *Mabinogion* (s. d.) in der Geschichte von Kilhwch und Olwen erzählt. Er ist das Urkind, das zu Beginn aller Dinge existierte und nach dem durch die ganze Geschichte hindurch mit folgender Frage gesucht wird: «Sag, wissest du etwas von Mabon, Sohn der Modron, den man seiner Mutter fortnahm, als er drei Nächte alt war?» Vögel und Tiere geben Zeugnis von ihm und Hinweise darauf, wo man ihn finden könnte, doch diese Frage wird wieder und wieder mit trauriger Liturgie gestellt. Die Mysterien des verlorenen Kindes sind eng mit der Mutter verbunden, der Matrone oder Modron – der Göttin früherer Zeiten –, und obwohl uns keine persönlichen Namen überliefert sind, ist die Wirkung von Mabon und seiner Mutter noch stark. Maponus oder göttlicher Sohn ist eine nördliche römisch-britische Variante, die in Inschriften oft mit Apollo assoziiert wird. Glouchestershire ist der mit Mabon assoziierte Ort und Lochmaben und die Lochmaben-Steine und Dumfries mit Maponus. Entlang der schottischen Grenze kann man viele ihm gewidmete Inschriften finden.

Literatur: Ross[215], *Mabinogion*[146], Gruffydd[96], Ashe[7].

Manannan / Manawyddan. Er ist der Meister der Meere, der Lotse der Seelen, die den Weg zu den gesegneten Inseln suchen; doch sein Interesse ist nicht auf die Dinge des Meeres beschränkt. Obwohl er ursprünglich nicht als einer der Tuatha de Danaan (s. d.) erwähnt wird, ist er in späteren Texten darin eingeschlossen. Sein Titel ist Mac Lir – vom Meer –, und sein walisisches Äquivalent ist Manawyddan, der im *Mabinogion* hilft, einen über das Land gelegten Zauber aufzuheben und eines der Kinder von Don (s. d.) ist. Beide, die walisische und die gälische Gestalt, verändern ihr Aussehen und besuchen diese Welt in der Maske von Reisenden und Handwerkern. Manannans Pferd oder sein Glasboot tragen den Sucher in die Anderwelt. Er hat auch eine große Anzahl von Schätzen, die im Crane-Bag aufbewahrt werden, der selbst ein Behälter der Weisheit ist. Seine Orte sind die Isle of Man; Emain Abhlach oder Emain von den Apfelbäumen, die als Isle of Arran im Firth of Clyde identifiziert wird; und jeder Platz der Verzauberung, der seine Resonanz in der Anderwelt hat. Sein Symbol ist das Rad mit den drei Speichen oder Triskel, das man im Symbol der Isle of Man sieht.

Literatur: *Mabinogion*[146], Rees[200], Roos[215], Graves[92].

Math vab Mathonwy. Archetypischer Gott der Zauberei und Transformation. Obwohl er einige der Charakteristika von Merlin hat, ist er eine viel ältere Gestalt, deren Magie zeitweilig sowohl roh als auch unerbittlich ist. Er handelt weitgehend nach seinen eigenen Gesetzen und ist als solches eher eine Gott-Gestalt als ein Zauberer. Er zeichnet sich durch die Fähigkeit aus, sich selbst und andere in Tiere oder Vögel zu verwandeln. Im *Mabinogion* ist er für die Anfertigung einer aus Blumen gemachten Braut für den Gott Llew (s. d.) verantwortlich. Er ist Führer zu vielen Mysterien und scheint tatsächlich ein Stadium der Weisheit zu repräsentieren, das sowohl älter als auch tiefer als das der meisten seiner «Kollegen» ist.

Literatur: *Mabinogion*[146], Markale[160], Spence[240], Graves[92], Garner[84], Gruffydd[96].

Merlin. Kein Gott, aber eine der wichtigsten Gestalten in der westlichen Tradition. Er umspannt sowohl heidnische als auch christliche Mysterien, ist die wichtigste Triebkraft im Zeitalter von Arthur (s. d.) und befindet sich im Herzen der Gralsgeschichte. Mit ihm Kontakt aufzunehmen, bedeutet, sich selbst direkt in das Zentrum sowohl der alten «druidischen» Mysterien (siehe Kapitel 1) als auch der hohen christlichen Magie des hermetischen Weges (siehe Band 2) zu begeben. Wie Taliesin (s. d.) ist er ein Kontakt, der viele Türen öffnet: die nach Atlantis, in die Anderwelt, das Land des Grals und die druidischen Wege, von denen er ein Teil ist. Es gibt viele Orte, wo man seinen Einfluß spüren kann (Merlins Höhle in Tintagel in Cornwall oder das ganze Gebiet von Marlborough in Wiltshire), doch nirgendwo so stark wie an der auf einem Hügel gelegenen Stätte in Wales, die als Dinas Emrys bekannt ist. Emrys ist der Name, unter dem Merlin in einigen Teilen des Landes bekannt ist, und der Hügel ist die wahrscheinliche Stätte seines ersten großen Abenteuers, bei dem er die Bedeutung des rot-weißen Drachen, der unter der Erde lag, enthüllte, und von wo aus er seine erste große Folge von Prophezeiungen machte (Sie können die ganze Geschichte und den Text der Prophezeiungen in *Geoffrey of Monmouth's History of the Kings of Britain*,[85] nachlesen). Als Herr der Meeresküste und des Höhlendunkels ist Merlin ein Bindeglied zwischen vielen verschiedenen Kräften. Wenn er gesucht wird, kann er schwer faßbar sein, doch er neigt in den unerwartetsten Momenten dazu, den Sucher aufzusuchen.

Literatur: *Geoffrey of Monmouth*[85], Spence[240], Markale[160], Jarman[117].

Morgan le Fay/Nimuë/Herrin des Sees (Lady of the Lake). In vieler Hinsicht eine der wichtigsten Figuren der westlichen Tradition. Als «Morgan le Fay» erscheint sie im Arthurianischen Zyklus (s. d.) als Kraft des Chaos und des Bösen, obwohl sie, verwirrend genug, auch als besonders um Arthur (s. d.) besorgt beschrieben wird, als er in der letzten Schlacht von Camlan verwundet wird. Ebenso anwesend bei dieser Szene, in der ein dunkles Boot erscheint, um Arthur nach Avalon zu bringen, ist Nimuë, die sowohl ein anderer Aspekt von Morgan, als auch Merlins (s. d.) Betrügerin ist. Gemeinsam mit der mysteriösen Gestalt, die als Herrin vom See (Lady of the Lake) bekannt ist, bilden sie eine Dreiheit, die sich bis zur Figur der Morrigan in irischen und walisischen Mythen zurückdatieren läßt, in denen sie als Schlachtgöttin bekannt ist. Ihre Rollen im Arthur-Mythos sind die der Helfer, aber auch Behinderer. So pflegt die Herrin des Sees Lancelot und stattet Arthur mit dem magischen Schwert Excalibur aus; während Morgan le Fay häufig sowohl Merlin als auch Arthur mit ihrer dunklen Magie entgegenwirkt. Nimuë dient als Lockmittel und ist schließlich der Untergang Merlins, doch zuvor ist sie eine loyale Vertraute an Arthurs Hof. Hinter all diesen Gestalten steht eine weitaus dunklere, ältere und geheimnisvollere Gestalt – eine Muttergöttin mit sowohl furchterregendem als auch sanftmütigem Aspekt, eine Lehrerin und Führerin und eine erbarmungslos Tötende und Hoffnung-Erweckende in einem. Als Kontakt bringt sie diese beiden Aspekte mit und muß vorsichtig behandelt werden. Man kann sie auf offenen Hügeln, in Dornenbäumen und an Flußufern in einen dunklen Mantel mit Kapuze gekleidet finden, manchmal um die Seelen toter Helden wehklagend oder als Vogel, gewöhnlich ein Rabe, der auf hohen Bäumen oder vorstehenden Felsen Wache hält.

Literatur: Graves[92], Spence[240], Markale[160], Malory[157], Rhys[212], Ross[215], *Vita Merlini*[276], Knight[132].

Rhiannon. Ihre Geschichte findet man im *Mabinogion* (s. d.), in der Geschichte von *Pwyll, Prince of Dyfed.* Sie ist tief mit den Mysterien von Mabon und Modron (s. d.) verbunden, denn auch sie verliert ein Kind, erleidet schwere Strafen und gewinnt ihren früheren Ruhm zurück. Sie ist zweifellos die walisische Persephone. Ihr Name – so nimmt man an – bedeutet «Große Königin», und ihr Kult ist mit dem der gallischen Stuten-Göttin Epona verknüpft, der selbst aus der früheren Verehrung der griechischen Schwarzen Demeter herrühren mag. Rhiannon ist auch die Herrin anderweltlicher Vögel, deren Gesang dem Zuhörer Vergessen und vielleicht auch Visionen bringt. Ihre Orte sind Arberth, Pembroke, dessen Hügel ein Eingang zu Awnn war; und jeder unterirdische Ort sowie Stätten, die der Stute heilig sind, wie White Horse Hill, Uffington und Berkshire.

Literatur: *Mabinogion*[146], Ross[215], Gruffydd[96], Graves[92].

Taliesin. Hauptbarde der Britischen Inseln, einer der «Gesellschaft des Edlen Kopfes» (siehe Bran) und ein Magier, der nur von Merlin übertroffen wird. Das Mysterium seiner Geburt, im *Mabinogion* beschrieben (s. d.), ist eine Metamorphose durch Vogel- und Tiergestalten und verbirgt ein Initationsritual, das einst in vielen Teilen der Welt Gültigkeit hatte, bei dem der Initiand einen speziell zubereiteten Trank zu sich nahm, der ihn veranlaßte, Visionen zu haben und durch wechselnde Bewußtseinszustände hindurchzugehen. Hier haben viele der überlieferten Gedichte Taliesins ihren Ursprung, die sich in *The Black Book of Carmarthen*[81] finden, und die in Rätseln eine Reise durch die gesamte Geschichte beschreiben. Teilweise von Robert Graves in *Die weiße Göttin*[92] enträtselt, bleibt dennoch viel Arbeit an ihnen zu leisten. Taliesin hat die Macht, das Individuum, das Verbindung zu ihm aufnimmt, durch viele Dimensionen von Raum und Zeit und durch die Elemente selbst hindurchzuführen. Er ist der Begleiter all derer, die den schwierigen einsamen «schmalen Pfad» des Verstehens durch die höchsten elementaren Kontakte beschreiten.

Literatur: *Mabinogion*[146], Nash[178], Skene[81], Markale[160], Spence[239].

Tuatha de Danaan/Kinder von Donn. Dies sind Namen, die jeweils dem Pantheon der irischen bzw. walisischen Gottheiten der frühen keltischen Periode gegeben wurden. Einheimische Götter folgten normalerweise nicht dem klassischen Modell einer verbundenen Familie, sondern fielen im allgemeinen unter getrennte und individuelle Kulte lokaler Provenienz. Wir müssen annehmen, daß die Familie von Donn oder Dann die ererbten Götter eines anderen Volkes waren. Im irischen *Book of Invasions* sind die Tuath de Danaan die fünfte Gruppe von Invasoren und wurden selbst von den Milesiern unterworfen, was eine historische Chronologie in die Christianisierung Irlands brachte. Diese Form ist in den walisischen Erzählungen keineswegs so klar. Obwohl Spuren der Tuatha bei den Kindern von Donn erkennbar sind, sind sie keineswegs in Charakter oder Erzählungsinhalt identisch. Dies ist vielleicht erklärlich, wenn wir die bekannte Kolonisierung von West-Wales betrachten, besonders an der Pembroke-Küste des alten Dyfed; Erinnerungen an diese Zeit verbleiben in der Form von vierzig Ogham-Steinen, die heute noch in Wales stehen. Danu, Anu oder Donn ist eine schemenhafte Matriarchin, deren Ursprung uns unbekannt ist; sie wurde mit der indischen Göttin Dánu, der Mutter von Vrtra in der *Rig Veda*[214], gleichgesetzt. Als was wir sie auch ansehen, sie ist eine titanische Gestalt, der griechischen Rhea vergleichbar, die auch eine Götterlinie gründete.

Der Charakter von Danu oder Donns Kindern wird durch ihre Meisterschaft in den Künsten, Fertigkeiten vieler Art, in Magie und Kampf definiert. Sie haben kein landwirtschaftliches Geschick, und diese Funktion wird besiegten, niedrigeren Göttern zugeschrieben. Danu ist die Mutter der Götter; Dagda – der gute Gott –, auch Ruad Rofessa genannt, «Herr des großen Wissens» – ist der Gott der Magie. Seine Tochter Brigit (s. d.) ist die Schutzgöttin der Dichter, Schmiede und Frauen. Diancecht ist der Gott des Heilens. Nuadu (s. d.) ist König der Tuatha. Lugh, genannt *Sabd il Danach* oder «Prinz der vielen Fertigkeiten», ist der Held der Tuatha, der schließlich die älteren Götter besiegt. Manaanan (s. d.), obgleich älter als die Tuatha, wird zu einem der ihren und stattet sie mit vielen unsterblichen Gaben aus. Sowohl er als auch Lugh überlebten am stärksten im Volksgedächtnis, nachdem die Tuatha in die Hollow Hills vertrieben wurden, als die Milesianer sie besiegten: sie erscheinen Königen und Helden als anderweltliche Helfer, wobei Manannan besonderes Interesse an der Pflege und Sorge für schutzlose Kinder und Frauen hat. Goibnin (s. d.) ist der Gott der Schmiede. Ogma, dessen Beiname Grian-Ainech oder «der Sonnengesichtige» ist, ist Gott der Dichtkunst und der Schriftstellerei. Die Erfindung der als Ogham bekannten Sprache wird ihm zugeschrieben.

Die walisischen Kinder von Donn zeichnen sich besonders

durch ihre magischen Fähigkeiten aus. Sie erscheinen im *Mabinogion* in der Geschichte von *Math, Son of Mathonwy*, wo ihr Einfluß auf Ereignisse die Welt auf den Kopf stellt. Gwydion (s. d.), der als Sohn von Donn und Neffe von König Math beschrieben wird, ist der Bogenführer und Magier. Mit seinem Bruder Gilfaethwy zettelt er eine Intrige an, durch die Pryderi, Rhiannons Sohn (s. d.), getötet wird. Dies zeigt vielleicht die Unterdrückung einer alten Gottesfamilie an, da Rhiannons Ursprünge in der Unterwelt liegen und daher dem Anfang aller Dinge näher sind. Gwydions Schwester Arianrhod (s. d.) gebiert zwei Söhne, Dylan, den Sohn der Welle, dessen Wesen eins ist mit dem Meer, und Llew Llaw Gyffes, Lleu oder «die geschickte Hand», das Äquivalent von Lugh Lamhfada, Lugh «vom langen Arm», in der Tuatha. Arianrhod erlegt ihm ein unüberwindliches *geasa* oder Verbot auf, daß er kein sterbliches menschliches Wesen heiraten dürfe. Als Folge davon machen Gwydion und Math eine Frau aus Blumen, Blodenwedd – Blumengesicht – für Lleu. Doch sie betrügt ihn, und Lleu, der nicht völlig getötet werden kann, verwandelt sich in einen Adler. Zur Strafe für ihren Betrug wird Bloddenwedd in eine Eule verwandelt, während Lleu wieder in sterbliche Gestalt zurückkehrt. Bis heute werden Eulen in Teilen von Wales bei ihrem Namen genannt.

Einen Brauch im frühen christlichen Irland zufolge schienen Mitglieder der Tuatha den Mönchen oder Eremiten, um von ihren Taten zu berichten und getauft zu werden, so daß sie aus den Hollow Hills in den christlichen Himmel übergehen konnten, was zeigt, wie stark der Einfluß dieser Archetypen war, sogar nachdem ihre Herrschaft angeblich beendet war. Wer die inneren Reiche des westlichen Weges beschreitet, wird wahrscheinlich einige von ihnen oder alle treffen und mag sie hilfreich oder hinderlich finden, je nach ihrer Natur. Sie sind, soweit man dies esoterisch verstehen mag, unsere einheimischen Titanen.

Literatur: Rees[210], Ross[215], de Jubainville[64], MacCana[149], Garner[84], *Mabinogion*[146].

Wieland / Govannon / Goibnui. Drei Typen der einen Gestalt: dem Schmied der Götter. Ein ungeheuer starker, tief verwurzelter Kontakt, von dem gesagt wird, daß er anbietet, Ihr Pferd zu beschlagen, wenn Sie die richtige Bezahlung bieten können; und er mag auch die Tür zur Unterwelt öffnen, wo er von Geburt ein König ist. Wielands Schmiede in Berkshire hat die stärksten Assoziationen mit ihm. An ihm ist interessant, daß er beinahe die einzige aktiv gebliebene sächsische Gottheit ist, indem er die Rollen früherer walisischer wie auch irischer Götter annahm. Dies ist ein Hinweis auf die besondere Position der Schmiede, die die ersten Schöpfer waren und das Geheimnis des Eisens kannten – den Ursprung des Volksglaubens, daß Hexen und Feenvolk eine von «kaltem Eisen» beschützte Schwelle nicht überschreiten können. Wieland teilt viele Ähnlichkeiten mit dem alten Grünen König, dem Mann der Wälder, der immer zu den tieferen Ebenen der Überlieferung führt. Man sagt auch, daß er viele magische Waffen gefertigt hat, einschließlich aller Wahrscheinlichkeit nach Arthurs Schwert Excalibur.

Literatur: Branston[28], Hayles[106], Graves[92].

Die meisten der oben erörterten Gestalten haben einen Platz in den großen mythologischen Zyklen des Westens: den Zyklen von Arthur, von Fionn, dem Ulster-Zyklus und den vier Romanzen des *Mabinogion*. Jede von ihnen erfordert beträchtliches Studium und verdient eigentlich ein eigenes Buch. Alles, was wir hier tun können, ist, wenn auch unvollständig, auf ihren wesentlichen Gehalt hinzuweisen, der einige der tiefgründigsten Mysterien des westlichen Weges einschließt. Das Wissen von diesen Zyklen ist für jeden, der diesem Weg zu folgen wünscht, unentbehrlich: ihre Gestalten und Geschichten sind alle Zugänge zu anderen Reichen, in die der heutige Novize nach Belieben hinein- und herauswandern können sollte. Einige geprüfte und erprobte Methoden, mit denen dies erreicht werden kann, finden Sie später in diesem Kapitel, doch vorher fügen wir eine kurze Erörterung der individuellen Zyklen und ihrer inneren Bedeutung an.

Der Arthur-Zyklus. Von den vier zu erörternden Zyklen ist dieser der bekannteste, aufgrund seiner zeitlosen Faszination für Menschen jeder Art und Altersgruppe. Die Geschichten um König Arthur und seine Ritter der Tafelrunde sind eigentlich eine lose verknüpfte Sammlung von Mythen, Legenden und Heldensagen, die keltischen, französischen und germanischen Ursprungs sind und von zahllosen Autoren durch die Zeitalter hindurch ausgearbeitet und vervollkommnet wurden. Vom Höhepunkt der Popularität des Mythos im Mittelalter haben wir das Bild einer Gruppe gepanzerter Ritter, die, von einem mächtigen König geleitet und von dem weisen Seher Merlin beraten, auf der Suche sowohl nach Liebe und Kampf als auch nach dem heiligen Gral waren. Sie stehen für viele der edelsten Sehnsüchte menschlicher Bemühung, dem Bedürfnis, Harmonie aus dem Chaos zu erschaffen, das Wertvollste zu erhalten und die höchstmöglichen Ideale anzustreben. Daher enthält der Zyklus als Ganzes wahrscheinlich das weitestmögliche Spektrum menschlicher Liebe, Dummheit, Begierde und Errungenschaften. Arthur ist der edelste der Männer und steht für den Stoff, aus dem das Land ist – tatsächlich *ist* er das Land und wird daher als in Höhlen darunter schlafend dargestellt, bis man ihn ruft, um zurückzukehren und der menschlichen Rasse beizustehen. Guinevere, unbesonnen und menschlich in ihrer heftigen Liebe zu Lancelot, steht für ein älteres, weibliches Mysterium (siehe Knight[132]), wie viele der Gestalten des Zyklus, von denen einige bereits Erwähnung fanden: so Morgan, Nimuë, Lunet, Lionors, Dindrain und Isolde. Ihre männlichen Pendants, die großen Ritter Galahad, Gawain, Parzival, Lamorack, Gareth – deren Namen wie ihre Taten Legion sind –, stehen jeder zu einem gewissen Grad in Verbindung mit den westlichen Mysterien. Als Begleiter auf dem Weg können sie machtvolle Wächter, Führer und Vorbilder sein, unendlich fasziniert von der modernen Welt wie von ihrer eigenen. Durch das nie endende Interesse, mit dem man sie überhäuft, sind sie mit Zeitlosigkeit ausgestattet worden; und sie reagieren gut auf direkten Kontakt in der Meditation oder im Traum. Ist der Kontakt einmal hergestellt, mögen Sie erleben, daß ein einzelner Ritter oder eine Herrin sich an Sie anschließt und sich wie eine ständige Eskorte in Ihrem täglichen magischen und weltlichen Leben verhält.

Da die Basis des Mythos keltisch, germanisch und sogar atlantisch ist, kann die Arbeit mit dem Arthur-Zyklus besonders lohnend sein, weil sie zu einer oder mehreren der inneren Realitäten dieser Kulturen führen mag. Für den, der sich mit den Mysterien des Grals befaßt, ist die Kenntnis der Arthur-Geschichten unerläßlich. Die Abenteuer der Gralssucher und das innige Verständnis des esoterischen Gralsreiches, das viele der *Romances* besitzen, sind ohnegleichen als Führer zu diesen häufig verwirrenden Orten. Das Mysterium im Herzen des Grals ist Dienen, und jeder

der Ritter, der dieses Mysterium erlangt hat, besitzt die Fähigkeit, zu helfen und uns auf unserem Weg zu dem Ort, wo der verwundete König unser Kommen so ungeduldig wie seit unermeßlichen Zeiten erwartet, zu unterstützen.

Quellenbücher über Arthur sind im Überfluß vorhanden, und es gibt einige gute Geschichtsbücher und Bibliographien, die dem Sucher in das dichte Waldland des Englands Arthurs hineinhelfen. Eine ausgewählte Liste befindet sich am Ende dieses Buches. Doch auch romanhafte Wiedererzählungen sollte man nicht ignorieren: viele enthalten große Einsichten, von denen wir lernen können, und sind aus diesem Grunde mit aufgeführt. Eine detailliertere Betrachtung der Rolle moderner Geschichtenerzähler folgt später in diesem Kapitel.

Die vier Romanzen des Mabinogion und verwandte Geschichten, insgesamt als das *Mabinogion*[146] bekannt – «Mabinog» heißt übersetzt «Jugendromanzen» –, bestehen aus zwei getrennten, wenn auch verwandten Arten von Textmaterial. Die vier Romanzen selbst, *Pwyll Prince of Dyfed, Branwen Daughter of Lyr, Manawyddan Son of Lyr* und *Math Son of Mathonwy*, bilden einen lose geknüpften Zyklus von Balladen, die im neunten Jahrhundert niedergeschrieben wurden, jedoch Textmaterial viel früherer Zeiten einschließen. Sie sind die frühesten «vollständigen» Mythen Englands – obwohl sie von christlich-klösterlichen Schreibern entstellt und umgeschrieben wurden, wobei diese Veränderungen vornahmen, die schwer mit dem Originaltext in Einklang zu bringen sind. Nichtsdestoweniger sind sie eine lohnende Quelle, deren Ausbeute der Stoff der Mysterien ist; denn nirgendwo sonst werden Sie derart vollständige Schilderungen einheimischer Götter finden.

Die restlichen unter der Überschrift «Mabinogi» gesammelten Romanzen sind unzusammenhängender und bestehen aus mehreren Arthur-Geschichten, die von modernen Gelehrten – Loomis[144], Brown[31], Bromwich[268] – für Kopien des mittelalterlichen französischen Epos von Chrétien de Troyes gehalten werden (obwohl dies keinesfalls notwendigerweise stimmt), wie auch aus einer sehr alten Arthur-Romanze *Kilhwch and Olwen*, die einiges vom frühesten vorhandenen Text des ganzen Zyklus enthält; und aus zwei vor allem mythischen Geschichten: *The Dream of Maxcen Wledig* (siehe Kapitel 2) und *The Dream of Rhonawby*, die beide Text bedeutend früherer Art enthalten. Die Sammlung wird mit der Romanze von *Lludd and Llevellys* vervollständigt, die sich auf die Drachenmythen und Merlin bezieht, und der sehr wichtigen *Hanes Taliesin*, die aufgrund ihrer «schwierigen» und fragmentarischen Natur in neueren Ausgaben der Texte ausgelassen wird. Sie findet sich jedoch in der Originalausgabe von Lady Charlotte Guest[146] und sollte unbedingt wegen ihres magischen und initiatorischen Inhalts gelesen werden.

Unähnlich dem Arthur-Zyklus neigt die Gesamtrichtung des *Mabinogion* eher zum heldischen als zum ritterlichen. Trotz aller dünnen Überlagerung durch spätere Texthinzufügungen findet man hierin den frühesten und ursprünglichsten Stoff des einheimischen keltischen Mythos. In einer der drei Arthur-Romanzen *Peredur Son of Evrawc* findet sich die einfachste Form der Gralslegende; in einer anderen, *The Lady of the Fountain*, ist die Atmosphäre sehr viel magischer als in Chrétien de Troyes' eleganter französischer Version.[54] Für *Geraint Son of Erbin*, das dritte der Stücke, gilt dasselbe. Wie immer der Text auch überliefert wurde, er ist offenkundig älter als die mittelalterlichen Versionen, auf die es sich angeblich stützt.

Schließlich muß in diesem Zusammenhang die Sammlung von Sinnsprüchen und historischen Erzählungen, die als *Triads*[268] bekannt ist, Erwähnung finden. Diese ist eine Form der Gedächtnisstütze, die von alten Geschichtenerzählern und Barden benutzt wurde, um die Hauptthemen ihres umfassenden Repertoires zu bewahren. So erinnern die «Three Disastrous Revealings» oder die «Three Golden-Torqued Bards of Britain» folgerichtig an die mit ihnen assoziierten Geschichten – manchmal epigrammartig hinzugefügt, und da viele der Geschichten untergegangen sind, bieten diese Einblicke in eine Welt, von der wir nur quälend wenig wissen. Tatsächlich ist eine der besten Übungen, die wir kennen, um mit den einheimischen Gott-Gestalten vertraut zu werden, eine der Triads zu nehmen und sie als Meditationsthema zu benutzen. Sie mögen überrascht sein über die Menge, die auf diese Art und Weise «wiederentdeckt» werden kann und über die Einsichten, die dadurch in ihrem täglichem Leben plötzlich deutlich werden.

Der Fionn-Zyklus ist dem Ulster-Zyklus (s. d.) ähnlich, wenn auch leichter gestimmt. Fionn Mac Cumhal ist der Kapitän von König Cormac MacAirts *fiana*- oder Heldenschar. Sie durchstreifen die ländlichen Gebiete Südirlands, und ihre Abenteuer nehmen viel Raum in dem Zyklus ein. Die Zulassung zu der Schar ist auf die beschränkt, die alle Arten körperlicher Kunststücke ausüben können; so mußte der Kandidat zum Beispiel durch einen Wald laufen, ohne ein Haar auf seinem Kopf oder einen Baumzweig zu verrücken, oder er mußte in der Lage sein, im Laufen einen Dorn aus seinem Fuß zu ziehen, ohne seinen Schritt zu verlangsamen. Vom Kandidaten wurde erwartet, daß er in der Dichtkunst wie auch im Kampf ausgebildet war. Die Parallelen zu Robin Hood (s. d.) und seiner Schar sind unschwer zu ziehen. Wie im Ulster-Zyklus (s. d.) kommt die Geschichte wegen einer Frau zu einem tragischen Ende. Grainne, die versprochene Ehefrau Fionns, läuft mit seinem besten Freund Diarmuid nach Schottland fort, wo sie ein idyllisches, wenn auch kurzes Leben in der Wildnis verbringen. Die enge Verbindung zu den Arthur-Geschichten und der von Kilhwch und Olwen (*Mabinogion*, s. d.) ist ebenso deutlich wie auch die zu den Tristan-und-Isolde-Legenden. Fionn selbst ist ein Initiand nach der Art Taliesins (s. d.), da er den Lachs des Wissens berührte, während er ihn für seinen Dichter-Herrn kochte. Dies gibt ihm Immunität vor seinen Feinden (Dichter wurden von Kampfhandlungen verschont) wie auch Zugang zur Anderwelt, mit der er in der Volkstradition noch verbunden wird. Fionns Sohn Oisin läßt man bis zur christlichen Ära überleben, in der er St. Patrick trifft und ihm die Taten der Fiana berichtet. Wie alle die hier erörterten uralten Mythen geben die Helden des Fionn-Zyklus gute Begleiter bei einem Besuch und der Erkundung der einheimischen magischen Stätten und Gebiete des Landes ab.

Literatur: Rees[210], MacCana[149], Sutcliff[253].

Der Ulster-Zyklus. Was die Fiana für den Süden, sind die Helden dieses Zyklus für den Norden. Tatsächlich hat der noch heute offensichtlich kriegerische Charakter von Ulster seine Wurzeln innerhalb des Ulster-Zyklus verwandter Geschichten. Hier sind wir immer noch mit den Festtagen der Tuatha de Danaan (s. d.) verbunden; doch wenn die Tuatha das Goldene Zeitalter repräsentieren, dann repräsentiert die heroische Tradition von Ulster das Silberne Zeitalter. Großtaten, Ehre, heroische Verhaltenskodices erinnern uns stark an die Trojanischen Kriege, wie Homer sie beschrieb. Im Ulster-Zyklus werden den Menschen schwere *geasa* auferlegt, oder sie sind Objekte böser Verwünschungen, die ihre Handlungen in solchem Maß beschränken, daß nur ein tragischer Ausgang möglich ist. Ulaidh, das vormalige Ulster, wurde von Conchobar mac Nessa regiert, dessen Hof in Emain Mhacha war, nahe der heutigen Stadt Armagh. An seinem Hof finden sich die Kämpfer und Helden, die zusammen die «Rotzweig-Ritter» bilden: Conall Cernach, Fergus mac Roich und, der berühmteste von allen, Cuchulainn, dessen Heldentaten beinahe einen eigenen Zyklus bilden (s. d.). Ulsters Schicksal ist mit Stammesfehden, besonders mit dem rivalisierenden Hof von Königin Maebh von Connacht, verknüpft. Die berühmteste Romanze ist die der *Tain Bo Cuailnge*, dem Viehraub von Cooley, nach dem Cuchulainn durch die Magie der Morrighan getötet wird – der ursprünglichen Cailleach (s. d.), deren Bösartigkeit noch aus der Zeit vor der Herrschaft der Tuatha de Danaan (s. d.) herrührt. Verwandte Geschichten im Zyklus sind *Deirdre and the Sons of Uisnech*, die Parallelen zur *Pursuit of Diarmuid and Grainne* aus dem Fionn-Zyklus (s. d.) aufweist, in der die Schönheit Deirdres und die ehrenwerten und unmöglichen *geasa*, die denen um sie herum auferlegt waren, die Basis für die folgende Tragödie von Ulster bilden. *Bricriu's Feast* und *Mac Da Tho's Pig* sind humorvolle Zwischenspiele, in denen die Helden anderweltliche Abenteuer und sehr reale Erniedrigungen erleben. Die erstgenannte Geschichte enthält das erste Beispiel des Enthauptungsspiels, das später in dem mittelalterlichen *Sir Gawain and the Green Knight*[233] verbunden mit einem anderen Cuchulainn-ähnlichen Held erscheint. Der Ulster-Zyklus insgesamt ist von dunkler Rachsucht und stolzem Ehrgefühl erfüllt und vielleicht der schwierigste, mit dem man in heutiger Zeit arbeiten kann.

Literatur: MacCana[149], Rees[210], *Tain*[256], Sutcliff[254].

Robin Hood. Dem Kinopublikum wahrscheinlich besser bekannt als den Schülern der Esoterik, ist Robin Hood oder Wood nichtsdestoweniger eine wichtige Gestalt in den westlichen Mysterien. Ursprünglich ein Geist des englischen Waldlands, ist er ein höchst englischer Charaktertyp. Seine Anfänge verlieren sich im Nebel der Zeit und wurden mit einer zweifelhaften historischen Gestalt, die wechselweise als Robin of Huntingdon oder Robin of Locksley bekannt ist, überlagert. Eine Serie von Balladen aus dem zwölften und dreizehnten Jahrhundert beschreibt die Abenteuer des großen Gesetzlosen von Sherwood Forest: ein kleiner Zyklus von Erzählungen, der so pittoreske Charaktere wie Little John, Will Scarlet, Alan à Dale und Friar Tuck einschließt; viele mit älterem und dunklerem Selbst waren zu dem Zeitpunkt kaum mehr als schwache Erinnerungen. Robin ist vor allem ein Mann des Volkes, ein Ausgleichender, dessen Bild in zeitgenössischen Figuren, wie dem einsamen maskierten Rächer der Unterdrückten, noch wieder auftaucht. Als kontaktierter Archetyp öffnet er das Mysterium des Waldlandes und schattiger überwachsener Lichtungen. Er ist tiefgründig, schnell und beflissen, die, die ihm folgen, auf neue und überraschende Pfade zu führen. Mit der Maid Marian als Begleiterin herrscht er über das Waldland Englands wie ein Feenkönig.

Literatur: Holt[112], Child[53], Vansittart[272].

Moderne Mythographen und Geschichtenerzähler

Die einheimische Tradition besitzt kein autorisiertes Buch oder eine Heilige Schrift, aus der nachfolgende Generationen zitieren, auf die sie sich beziehen und die sie als Wegweiser zum Leben verwenden könnten. Statt dessen gibt es die Urmythen, archetypische Situationen und Themen, die in einem losen Rahmen zusammengebunden sind und von Charakteren in der Verkleidung von Göttern und Göttinnen, Engeln und Dämonen, Helden und Liebhabern illustriert werden. Texte wie die Bibel, der Koran, das Popol Vuh[204] oder die Veden bleiben, haben sie einmal feste Form erlangt, praktisch unverändert: es gibt sie, damit man sich zu jedem gegebenen Zeitpunkt auf sie beziehen kann. Mythen jedoch fahren fort, zu wachsen und sich zu verändern. Sie sind für endlose Neuinterpretationen offen. James Joyce kann uns eine neue Sichtweise von Odysseus geben, indem er ihn im modernen Dublin ansiedelt. Die anscheinend endlose Wiederholung griechischer

Mythen oder Arthur-Legenden vom Mittelalter an ist ein weiterer Beweis. Die darin enthaltenen Themen sind endlos und zeitlos und reichen bis in das tiefste Innerste menschlicher Erfahrung – dasselbe, das sie gebar. Dies sind die Wurzeln von Erzählung, die Bewahrung von Mythos und Archetyp, ob von der legendären Geburt eines Helden oder der individuellen Reaktion auf die Krise in Nordirland. Die Kunst des Geschichtenerzählers besteht darin, die tiefstmögliche Ebene zu erreichen, und alle echten Könner dieser Kunst kann man daran erkennen. Indem sie dies tun, erhalten und vermehren sie die Bedeutungsebenen, die jede nachfolgende Generation im Fundament der Originalerzählung findet.

Wie wir im ersten Kapitel sahen, war der Schamane/Priester der erste Mythen-Erschaffer – und der erste Geschichtenerzähler. Indem sie aus ihrer unmittelbaren Erfahrung der Anderwelt und ihrer Archetypen und ihrer eigenen inneren Wirklichkeit schöpften, erweckten sie die ersten Mythen zum Leben. Später wurden die auf diese Mythen bezogenen Erzählungen und Ereignisse zum Kern der Religion, Mysterien und dem Ort des Stammes im Zusammenhang der Dinge.

Doch wie mit jeder Geschichte, die mehr als einmal erzählt wird, wurde hinzugefügt und ausgeschmückt, bis es eine komplexe Geschichte war. Während der Mythos das Aufgabengebiet des Schamanen/Priesters blieb und daher als heilig angesehen wurde, war die Erzählung für jedermann offen. Dies änderte sich später, als das Thema zu Legenden, Märchen und schließlich Kinderunterhaltung degradiert wurde. Doch niemand bezweifelte die Macht des Wortes. Ray Bradburys berühmter Science-fiction-Roman *Fahrenheit 451*[26] erzählt von einer zukünftigen Zeit, in der Bücher als subversive Elemente der Gesellschaft verboten sind: sie stimulieren die Emotionen und geben eine vollkommen andere Sicht der Welt als die von der Regierung akzeptierte. In Bradburys Geschichte nehmen verschiedene Menschen die Aufgabe auf sich, ein ganzes Buch Wort für Wort auswendig zu lernen, damit die Geschichte nicht verlorengeht. Jeder wird ein «lebendes» Buch. Dieser Zustand scheint vielleicht weit hergeholt, doch dies ist genau, was die alten Geschichtenerzähler taten – sie lernten eine Geschichte auswendig, deren Erzählung oft mehrere Wochen dauern konnte, und danach gaben sie die Geschichte bei wichtigen Stammesereignissen zum besten. Diese Tradition war bis vor kurzem in Irland und dem Westen Schottlands noch vorhanden, bis das Bedürfnis nach solchen langen Geschichten mit der Ankunft von Radio und Fernsehen schwand. Ein besonders trauriges Schicksal für den Geschichtenerzähler wurde der Mangel an Publikum:

> Es kam eine Zeit, als es selten wurde, daß er eine Gelegenheit hatte, seine Kunst in der Öffentlichkeit auszuüben. Um also nicht die Kunst und Erinnerung an die Erzählungen, die er liebte, zu verlieren, pflegte er sie laut zu wiederholen… dabei die Gesten und die Betonung und alle anderen Erzähltricks verwendend, als sei er wieder der Mittelpunkt des Geschichtenerzählens am Feuer… Bei der Rückkehr vom Markt, wenn er langsam hinter seiner alten grauen Stute die Hügel hinaufging, konnte man ihn seine Erzählungen an die Rückseite seines alten Wagens deklamieren hören.[210]

Diese beinahe ausgestorbene Tradition stammte aus dem hochorganisierten Repertoire des professionellen Dichters, dessen Pflicht es war, bis zu einhundertfünfzig Geschichten im Verlauf der Ausbildung zu lernen. Diese Geschichten wurden in Kategorien klassifiziert, die als angemessen für die Rezitation bei bestimmten Ereignissen angesehen wurden. Klassifizierungen wie Zerstörung, Viehraubzüge, Entführungen, Empfängnisse, Visionen, Reisen, Invasionen usw. Da jede Geschichte ein bestimmtes Thema zum Inhalt hatte, wurde die Geschichte zu einem Anlaß oder bei einem Ereignis erzählt, zu dem die Geschichte paßte. So wurde die *Wooing of Emer by Cuchulainn* (Cuchulainns Werbung um Emer) bei einer Hochzeit oder Verlobung rezitiert. Der traditionelle Segen, Fluch oder die Abschwörung gingen oft mit der Erzählung einher, und dieses Element drang in die mittelalterliche Literatur ein, wo der Leser davor gewarnt wurde, ein Wort der Geschichte zu verändern oder sie zu kürzen und wo ein Segen für den eingeschlossen wird, «der diese Worte hört und sie behält».

Die Worte der Geschichte sind daher Worte der Macht, mit denen der Unkundige sich hüten muß, herumzupfuschen. Daher die Eröffnung vieler Geschichten mit der Formel «Diese Geschichte ist eine wahre Geschichte, und ich habe sie von X, der sie von Y hat. Wer immer mir nicht glaubt, sollte diese Gesellschaft besser verlassen, als die Geschichte ungläubig zu hören.» Die Macht des Wortes in diesem Ausmaß blieb in Schriften und heiligen Werken aller Menschen erhalten. Noch heute wird unter einfachen Moslems ein Papierstreifen mit einer Koran-Sure um eine Wunde gebunden und als wirkungsvolleres Heilmittel erachtet als ein Stück Heftpflaster. Das *Guru Granth Sahib*, das heilige Buch der Sikhs, wird als lebendes Wesen behandelt und entsprechend konsultiert; und auch Hindus gehen immer noch in Notzeiten zu einem Priester, um einige Verse der heiligen Schriften lesen und sich gleichsam damit segnen zu lassen.

Wir gewähren Geschichten wenig von diesem Respekt. Das Wort «Fiktion», auf Geschichten angewendet, ist zu einem Begriff der Geringschätzung geworden. Wenn es Fiktion ist, dann ist es faktisch nicht wahr, so lautet die Argumentation. Und doch wird das Leben vieler Menschen heute von der Macht der Dauerserie in Knechtschaft gehalten – selbst eine unendlich lange Geschichte, deren Erzählung viele Nächte andauert. Wenn eine Figur in einer Serie heiratet oder getötet wird, verspürt das Publikum Entzücken oder Schmerz, je nach Stärke der Identifikation mit dieser Figur.

Die Geschichte hat sicherlich immer noch Macht, wenn sie gehört, gelesen oder aufgeführt wird. Sie ist charakterbildend, da die Hörer ihren eigenen Lebensstil unmerklich verändern, um ihn mit dem des Helden oder der Heldin des Stücks in Übereinstimmung zu bringen. Die Geschichte ist nährend, sie versorgt unsere Freizeit heute, wie sie einst die Realität der langen kalten, dunklen Winternächte auslöschte, als der Geschichtenerzähler ein willkommener Gast war, der wie ein König behandelt wurde und dem man das Beste gab, was der Haushalt zu bieten hatte, oder als die Alten mit gutem Gedächtnis aufgerufen wurden, die Geschichten von uralten Zeiten wieder zu erzählen:

> Einer der alten Weisen des Stammes kommt, um seinen Platz einzunehmen. Um seinen Hals hängt eine Kette aus Bärenzähnen, deren Zahl sich auf die der Geschichten, die er kennt, beläuft. Er trägt vielleicht seine eigene Trommel oder ein Lehrling mag sie tragen, einer, der die Stammesgeschichten und den Akt ihrer Erzählung erlernt. Die Trommel gibt den Rhythmus für den Gesang; sie kennzeichnet die Pausen; sie schlägt glorreich zur Beendigung.[224]

Das literarische oder «hohe» Erzählen war immer ein Hauptbestandteil des Geschichtenerzählens: die poetischen Klagen von Deirdrui in Alba, die kunstvollen Beschreibungen Helenas von Troja bei Homer, die *entrelacement*-Techniken der mittelalterlichen Romanciers oder die facettenreiche Schilderung in Lawrence Durrells *Alexandria-Quartett*[72] teilen alle diesen Stil des Geschichtenerzählens. Gleichermaßen ist Raum für die Familien-Saga: vom *Nibelungenlied*[187] bis zur *Forsyte Saga* besitzen sie die gleiche Anziehungskraft. So auch die Abenteuer-Geschichte, ob über die Reise von Bran oder die letzte Reise Tim Severins.[229] Oder Kriegserzählungen von der *Tain Bo Cualigne*[256] bis zur Schlacht um die Falkland-Inseln, beides Geschichten von sich Bewähren auf die eine oder andere Art. Sie alle zeigen, daß die Themen unaufhörlich zur klassischen Definition der Geschichte zurückkehren.

In Wahrheit gibt es nur eine Handvoll Geschichten, und alle sind Variationen von DER GESCHICHTE. Die Volkserzählung, von «Steh auf und schließ die Tür» bis zur neuesten Fernseh-Komödie, hat bleibende Anziehungskraft, in dem sie sich mit den allgemeinen Lebenserfahrungen befaßt; peinliche Situationen sind für den Hörer immer lustiger als für den Betroffenen, und der Geschichtenerzähler muß sein Publikum sowohl zum Lachen als auch zum Weinen bringen.

Die Macht der Geschichte mag wohl in den Reihen der Mächtigen nicht zählen, doch ihre bleibende Macht wird deren Herrschaft überdauern. Sie mögen versuchen, sie Propagandazwecken zu unterwerfen, doch das Resultat ist nicht von langer Dauer. Regierungen, die sich wie in *Fahrenheit 451* verhalten und die Publikation und Verbreitung von Büchern bannen und zensieren, entdecken, daß die Geschichte auf ihre Art entkommt, wie wir in der Erfahrung mit der Samisdat-Untergrundliteratur sehen – die von Hand zu Hand als schlechte Fotokopie weitergegeben wurde, oder, noch suversiver, mündlich die Runde machte.

Geschichten sterben nie; sie verändern sich. Die neuen Volkslegenden wie die von *Phantom-Hitch-Hiker* oder der *Ufo-Entführung*, sind heute ein etabliertes Phänomen – spätere Versionen des geheimnisvollen Gastes. Gleichermaßen ist das Poltergeist-spukende Rathaus nur die jüngste Häuserspukgeschichte. Während wir also den Tod der Geschichte nicht zu sehr fürchten müssen, müssen wir uns davor in acht nehmen, daß diejenigen mündlich überlieferten Erzählungen, die unser Erbe sind, aus dem Gedächtnis schwinden. In einer Zeit, in der man alles niederschreibt oder auf Computerdisketten speichert und als Resultat an schlechtem Gedächtnis leidet, werden sie leicht übersehen oder unterbewertet. Doch sollte eine Zeit kommen, in der viele nicht mehr fähig sind, zu lesen, dann könnte Ray Bradburys Vision sehr wohl Realität werden und die klassischen Romane und Geschichten unserer Literatur Gegenstand einer neuen mündlichen Tradition.

Eine viel größere Sorge gilt dem Verlust der wunderbaren Dimension der zukünftigen Literatur. Hätten einige Kultur-Kommentatoren freie Bahn, wäre dies schon vor langer Zeit geschehen. Es ist ihnen bereits gelungen, vieles, das für den Sucher von großem Wert war, in das Reich der Kindererzählungen oder Gute-Nacht-Geschichten zu verbannen. Zur Zeit gibt es eine offensichtlich endlose Nachfrage nach Groschenromanen und den verschiedenen Genres der Science-fiction, doch diese werden vom Establishment angeprangert, und denjenigen, die sie schreiben oder lesen, wirft man «Eskapismus» vor – sie steckten ihre Köpfe in den Sand und lehnten es ab, die «reale» Welt anzuerkennen. Und doch, wie wir wiederholt gesehen haben, übertrifft die Art der Realität – vielleicht der Über-Realität – die die sich endlos entfaltende Dimension der Anderwelt bietet, bei weitem alles, was wir vom Ansehen eines Dutzend durchschnittlicher Seifenoper-Episoden gewinnen können. Die Anderwelt, von der die großen Traditionen – sowohl die einheimische als auch die hermetische – ein Hauptausdruck sind, besitzt eine zeit- und dimensionslose Realität, in der die Archetypen der von Jung[123], Rank[208] und ihresgleichen eingesetzten Art sich frei bewegen und ihre Existenz haben. Moderne Mythographen wie «A. E.»[219], W.B. Yates[291], George MacDonald[150], J. R. R. Tolkien[263] und C. S. Lewis[142] schrieben alle aus einem tiefen Verständnis dieser archetypischen Realität heraus – daher das Phänomen ihrer Popularität. Individuen reagieren heftig auf solche Literatur, lieben oder hassen sie, entsprechend ihrem Bewußtsein von der Realität, aus der sie schöpft.

Dahinter liegt ein sehr fundamentales Problem. «Die Menschheit kann nicht zuviel Realität ertragen», sagt Eliot[73], und sowohl Lewis[141] als auch Tolkien[264] warnen vor der Art und Weise, in der unsere Humanität von denen unterminiert wird, die darauf bestehen, daß der Glaube an irgend etwas, das man nicht sehen, fühlen oder hören kann, sowohl kindisch als auch unwürdig ist. Dies ist auch nicht die Stelle, um diesen Punkt vollständig zu erörtern, doch es sollte gesagt werden, daß diejenigen, die sich selbst in dem täglichen Kreislauf eindimensionaler Realität vergraben – ob in ihrem Leben oder ihrem künstlerischen Verständnis –, die die

Realität ihrer inneren Lebensebenen nicht ertragen können, am schlechtesten ausgerüstet sind, dem Weg der westlichen Mysterien zu folgen – obwohl sie es am nötigsten hätten. Als einer der besten Schriftsteller zeitgenössischer Fantasy-Literatur nahm Richard Monaco in einer Bemerkung zu einem neueren Buch Stellung[170]:

> Einige von uns verwechseln Fantasy mit Realitätsflucht. Flucht? Doch wohin? Am Ende in unseren eigenen Geist und unsere Bilder. Und sie werden sich mit den Tatsachen und Ängsten, Schmerzen, Frustrationen und Hoffnungen auseinandersetzen müssen... und der Suche, die zu innerer Freiheit führt und einer Intensität, die mehr Freude und wahre Leidenschaft bringt, als Sie jemals in irgendeiner Literatur der Tagträume finden werden.

Er hätte hinzufügen können, daß es diese Verwechslung zwischen Entkommen und Eskapismus ist, die an der Wurzel von vielem liegt, das in unserer derzeitigen Gesellschaft nicht in Ordnung ist. Indem wir die inneren Reiche betreten, fliehen oder verstecken wir uns nicht vor der äußeren Welt, sondern suchen vielmehr danach, unser Bewußtsein von einem multi-dimensionalen Universum zu vertiefen und zu bereichern. Fantasy öffnet unser Leben. Sie ist ein Laboratorium, in dem die alchemischen Möglichkeiten erst geprüft und erprobt werden. Sie ist das magische Erwachen unseres Lebens. Dies ist die Suche, von der Richard Monaco spricht: die Suche nach der Realität hinter den Göttern und inneren Archetypen der Anderwelt. Ob sie durch die griechischen Mythen oder die Abenteuer des amerikanischen Volkshelden Coyote zu Ihnen gelangen, durch die Arthur-Legenden oder die seltsamen wilden Mythen der Kelten; oder ob Sie sich durch die modernen, auf Mythen basierenden Techniken der Psychosynthese[10] oder der Traumworkshops von Progoff[206], Whitmont[285] oder Spiegleman[242] einstimmen, Sie werden sich unausweichlich in das Reich der Anderwelt geführt sehen, zu den Göttern, die es regieren, und deren Dienern. Es gibt ebenso viele Eingänge wie Sterne am Himmel – tatsächlich sind einige dieser Sterne selbst Eingänge –, von denen wir einige im nächsten Kapitel erörtern werden. Der Weg der Geschichte ist nur ein Eingang, aber ein unermeßlich wertvoller: denn durch ihn mögen Sie Ihre erste Begegnung mit der Landschaft und den Gestalten haben, die sie wieder und wieder auf Ihrer Suche treffen werden. Eines Tages mögen Ihnen sogar die

Herren der Geschichte selbst begegnen, denen die Tradition den Ursprung und die Bildung aller Geschichten, Mythen und Erzählungen zuschreibt, die im Licht des Feuers erzählt werden oder die sich zwischen den Seiten eines alten Buches finden oder einer neuen mythenorientierten Saga von Schwert und Hexerei. Sie sind es, die das Schicksal des kreativen Künstlers kontrollieren, indem sie ständig die äußeren Linien der archetypischen Welten verschieben und umdefinieren. Sie sind Wächter der Erfahrung und Gestalter von Anfängen und Enden. Sie zu treffen, heißt im gleichen Atemzug und gleichen Maße Furcht und Freude zu begegnen: nicht unähnlich dem Gefühl, wenn man den ersten Schritt jenseits der Grenzen der «realen» Welt in diesen endlosen und zeitlosen Raum macht, wo alle Abenteuer und Suchen beginnen und enden, doch wo es paradoxerweise überhaupt keinen endgültigen Anfang oder Ende gibt, nur einen zeitlosen Fluß, in dem alle Formen und Gestalten ihren Ursprung haben und wo die Mysterien der Schöpfung selbst bewahrt werden. Wie der irische Mystiker und Visionär «A. E.» von dem Augenblick, «wenn Inneres und Äußeres sich erstmals vermischt» als «Hochzeitsnacht von Seele und Körper» schrieb:

> Ein Keim ist gelegt, aus dem sich unausweichlich der Charakter und die Psyche entwickelt. Es ist ebenso wahrhaftig ein Same, als sei er in die Erde oder Gebärmutter gelegt. Doch was aus ihm geboren wird, ist ein geistig Ding, und es wächst und läßt sich im Körper bei seinen anderen erd- oder himmelsgeborenen Bewohnern nieder.[218]

Diese Dinge sind beim Beginn der Suche noch weit entfernt. Vielleicht haben Sie sie schon erlebt, ohne sie zu erkennen; vielleicht geschieht dies nie. Doch Sie können sichergehen, daß die Suche unendlich herausfordernd sein wird, und daß Sie sie, obwohl das Verfolgen dieses Zieles Sie ermüdet, niemals wirklich aufgeben wollen, wenn Sie einmal damit begonnen haben.

Übung 6 Begegnung mit den Göttern

In dieser Übung werden Sie versuchen, eine Verbindung mit einer Anderwelt-Gestalt herzustellen. Beginnen Sie mit einer Gestalt, für die Sie Sympathie empfinden. Es muß nicht eine der zuvor aufgeführten sein. Es kann zum Beispiel genausogut ein Heiliger als auch ein Gott oder Held sein; doch wen immer Sie auswählen, beginnen Sie damit, so viel wie möglich über ihn zu oder sie zu lesen. Werden Sie vertraut mit seiner Geschichte und, wenn Sie können, mit jeglichen Stätten, die besonders mit ihm/ihr assoziiert werden. (Wo es möglich war, finden sich Hinweise darauf in der o. a. Aufzählung.) Wenn es keine Stätten gibt, stellen Sie sich vor, an welchem Ort sie ihn/sie erwarten würden: an einem Fluß oder See, auf einem Berg oder Hügel, in Wäldern oder auf Klippen über dem Meer. Doch bedenken Sie immer, daß er oder sie überall sein können – sowohl in Ihrem eigenen Wohnzimmer als auch an einem wilden und einsamen Ort im Freien. (Ihre Anderwelt-Figur mag männlich oder weiblich sein; wenn wir das maskuline Pronomen benutzen, dient dies ausschließlich der Klarheit.)

Beginnen Sie, Ihre Einbildungskraft zu benutzen, um zu visualisieren, wie die von Ihnen gewählte Gestalt aussehen könnte: wie wäre er gekleidet, welche Augen- oder Haarfarbe hätte er und so weiter. Bauen Sie allmählich ein Bild in Ihrem Geist auf – zeichnen Sie es, wenn Ihnen das hilft – doch lassen Sie sich Zeit: diese Dinge gelingen nicht so leicht, und Sie haben alle Zeit, die Sie brauchen, zu Ihrer Verfügung.

Wenn Sie das Gefühl haben, ein gutes visuelles Bild zu haben, das Sie sich ohne Anstrengung in kürzester Zeit ins Gedächtnis rufen können, dann gehen Sie zu der vorher ausgewählten Stätte. Zu Beginn mag es notwendig sein, ziemlich oft dorthin zu gehen, bis Sie ein Gefühl für den Ort bekommen. Er sollte vorzugsweise verlassen sein, bis auf einen Freund, den Sie mitnehmen können; doch wenn das nicht möglich ist (wie zum Beispiel bei einer der größeren Stätten, die sogar früh oder spät am Tag selten verlassen sind), machen Sie sich keine Sorgen. Alles, was Sie tun müssen, ist, ganz locker zu sitzen oder zu stehen und sich die Figur, die Sie in den letzten Wochen aufgebaut haben, ins Gedächtnis zu rufen. Seien Sie nicht überrascht oder enttäuscht, wenn zuerst nichts passiert: diese Dinge brauchen Zeit. Wenn Sie wollen, können Sie sich einen Gesang ausdenken, der den Namen der gewählten Gestalt enthält, und ihn leise oder laut, wie die Umstände es erlauben, wiederholen. Sie können auch ein vertrautes Lesestück oder ein Gedicht lesen, das Sie geschrieben oder an dem Sie sich erfreut haben, welches mit der fraglichen Person zu tun hat.

Nach einiger Zeit sollten Sie «blitzartige» Einsichten über die fragliche Gestalt bekommen, die sogar beginnen mag, zu Ihnen zu «sprechen». Doch wenn Sie sich Zeit genommen haben, das Bild in Ihrem Geist aufzubauen, wird dies ganz natürlich erscheinen. Da immer ein Austausch zwischen inneren und äußeren Welten stattfindet, wird einiges, das Sie in Ihre Visualisierung gegeben haben, von der inneren Realität gespeist worden sein, und dies wird das Bild noch lebendiger machen. Sie sollten feststellen, daß Sie nach einiger Zeit einen ständigen Rapport mit Ihrer gewählten Gestalt aufbauen und daß sie beginnen wird, Sie tiefer in das Reich, von dem Sie ein Teil sind, zu führen. Dies kann eine der lohnendsten Erfahrungen sein, die uns heute offenstehen, und sie steht übrigens in genauer Wechselbeziehung zu der Art, in der unsere Vorfahren ihre Andacht verrichteten. Auf diese Weise bauen Sie eine Brücke oder einen Torweg zwischen den Welten, der danach immer für Sie offen sein wird.

Dennoch ein Wort der Warnung. Viele Energien werden auf diese Weise losgelassen, die jahrhundertelang nicht vertreten waren: Erdenergie, Verbindungsglieder einheimischer Weisheit und uralte Kräfte, die Erinnerungen mit sich bringen, die in unserer heutigen Zeit hilfreich sein können (siehe Kapitel 2). Während es völlig zulässig ist, Kontakt mit den vitalen Energien zu schaffen, besteht immer die Gefahr, daß auch verderbte Formen auftauchen. Diesen sollte man erlauben, sich zu entfernen, und nicht um der einheimischen traditionellen alten Zeit willen an ihnen festhalten. Viele dieser alten Zeiten waren keine guten Zeiten, trotz der Erinnerungen an das verlorene Goldene Zeitalter. Das Leben war zu nahe an der Grenze des Überlebens, als daß hochentwickelte Energien sich manifestieren konnten. Diese Energien und ihre entsprechenden Gott-Gestalten, die immer noch wirken können, sind in diesem Kapitel aufgelistet: kein Element heidnischer Anbetung muß notwendigerweise auf sie angewendet werden. Es ist jedoch von höchster Wichtigkeit, ihre Energien zu vermitteln. Wer die Stätten aus alter Zeit besucht, bemerkt häufig, daß die Steine einsam sind oder daß die Erde hungrig ist – man nimmt die Art der Riten subjektiv wahr, die dort einst vollzogen wurden. Es ist eine Sache, eine Stätte zu erwecken, und eine andere, sie wieder zu verschließen. Unsere Vorschläge befassen sich mit Erweckung, Läuterung, wenn nötig, und wirkungsvoller Handhabung dieser Zentren zum Wohl aller Kommenden.

Zuerst mag der Kontakt mit einer alten Stätte ängstigend oder wenigstens sehr machtvoll sein. Was immer Ihre Religion sein mag, was immer die Energie sein mag, die Sie gewohnt sind zu vermitteln, rufen Sie Ihren schützenden Einfluß an, wenn Sie sich bedroht fühlen oder etwas aus dem Gleichgewicht gerät. Es geschieht oft, daß nach anfänglichem Kontakt und Erwachen ein immenser Ansturm von Ur-Energie freigelassen wird. Sie sollten sich auf deren unschädliche Zerstreuung als Dampf in die Atmosphäre konzentrieren. Die uralte Traurigkeit einiger Stätten besteht infolge der Einsamkeit oder Isolation einer wichtigen Energie, und diese wird willens sein, mit den Initianden zu kooperieren, der in der Lage ist, sie objektiv zu vermitteln. Diese Vermittlung wird häufig auf geringe, unbedeutende Art in den Monaten, die Ihrem Besuch folgen, spürbar sein, und man sollte sorgfältig darüber meditieren, um sie für ihren wahren Nutzen nach dem Maßstab unserer Zeit zu untersuchen.

Schließlich denken Sie stets daran, Ihre Kontaktperson zu entlassen, nachdem sie so lange Sie es wünschen in Ihrer Gesellschaft verbracht haben. Dies können Sie ganz leicht mit einer selbsterdachten Formel tun. Lassen Sie nie den Eindruck Ihrer gewählten Gestalt zurück, dies könnte andere sensible Besucher stören und die Fortsetzung des Rapports, den Sie aufzubauen begonnen haben, erschweren.

Jeglichem Eindruck, einen zwanghaften oder quälenden Kontakt aufgebaut zu haben, sollten Sie sofort entgegenwirken. Wenn Sie erfahren sind, sollten Sie in der Lage sein, den Kontakt geduldig zu untersuchen und seine Ungeduld, wirksam zu werden, zu kontrollieren. Die weniger Erfahrenen sollten den Kontakt rituell unterbrechen und zur Erde zurückkehren – möglicherweise ist eine erfahrenere Person in der Lage, diese Energie ein anderes Mal zu integrieren.

Um solch einen quälenden Kontakt zu unterbrechen, nehmen Sie ein reinigendes Salzwasserbad, schaffen Sie Kontakt mit der Gott-Gestalt oder Energie, mit der Sie gewohnt sind zu arbeiten, und bitten Sie um Hilfe; fordern Sie den lästigen Kontakt bestimmt und verständnisvoll auf, Sie zu verlassen, während Sie emotional objektiv bleiben. Mit einem kleinen Glaskrug oder becherförmigen Stein vor sich, stellen Sie sich vor, Ihr Atem sei ein Lichtkreis, der Sie umgibt: wenn Sie einatmen, wird Ihr Sie umgebender Lichtkreis von Blau durchflutet; beim Ausatmen stellen Sie sich vor, daß der Kontakt und jegliche andere negative Energie über den Bereich ihres blauen Lichtkreises hinaus ihr System verläßt. Sehen Sie ihn in den Behälter vor sich hineingehen. Ein Umlauf von zehn Atemzügen sollte genügen. Tragen Sie den Behälter vorsichtig nach draußen und vergraben Sie ihn in der Erde, wo er neutralisiert wird.

Mit diesen Vorsichtsmaßnahmen im Sinn können Sie eine lohnende Beziehung fortsetzen, die Sie eine Menge lehren wird und Ihnen bei Ihrer Suche nach weiterem Wissen über die westlichen Mysterien hilft. Doch denken Sie daran, daß die Götter, wie wir zu zeigen versuchten, auch formalisierte «Bilder» archetypischer Energien sind. Kontakt mit ihnen aufzunehmen bedeutet auch, Kontakt mit der von ihnen repräsentierten Energie aufzunehmen; einer Realität jenseits der äußeren Gott-Gestalt. Diese muß auch erarbeitet und integriert werden, bevor ein volles Verständnis der Götter erreicht wird. Wenn Sie einmal einen direkten Kontakt mit einem der Herrscher der See, des Himmels oder der Erde gemacht haben, dann werden diese Elemente, die uns umgeben, jedoch oft von unserer alltäglichen Existenz getrennt gesehen werden, nie mehr anders als ein unentbehrlicher Erfahrungsbestandteil erscheinen. Sie zu kennen heißt, auf eine sowohl unbeschreiblich einfache als auch immens komplexe Weise in die Mysterien des Lebens initiiert zu sein.

Kapitel 4

Reisen in die Anderwelt

Facilis descensus Averno;
Noctes atque dies patet atri janua Ditis;
Sed revocare gradum, superasque evadere ad auras,
Hoc opus, hic labor est.

Aeneid VI, 126

Sanft ist der Abstieg und leicht ist der Weg;
Die Tore zur Hölle stehen offen Nacht und Tag;
Doch zurückzukehren und die heiteren Himmel zu sehen,
Darin liegt die Aufgabe und die mächtige Arbeit.

Wie schön sie sind,
Die Herrlichen,
Die in den Hügeln wohnen,
In den hohlen Hügeln.

Aus dem Libretto von «The Immortal Hour»
von Rutland Boughton,
Text von Fiona McLeod (William Sharp).

Wir haben in diesem Buch ständig von der Anderwelt gesprochen, aber was meinen wir wirklich damit? Unsere Wahrnehmungen informieren uns bereitwillig über die physische Realität unserer Welt, aber sie sind weniger fähig, uns viel über andere Realitäten, besonders die metaphysischen, zu sagen. Dies ist eine Fähigkeit, die wir seit der Vorzeit verloren oder vernachlässigt haben. Schamanen, Mystiker und Visionäre haben immer Zugang zur Anderwelt gehabt, ebenso wie einfache, «primitive» Völker sich des Traumreisens bewußt waren. Die Wahrheiten des westlichen Weges liegen nicht in der offensichtlichen Realität dieser Welt, obwohl diese Wahrheiten in Mittelerde, wie wir die physische Ebene der Existenz nennen können, geltend gemacht werden; die Weisheit des Westens liegt tiefer als die oberflächliche Realität, sie ruht im Inneren oder der Anderwelt, die ihre Entsprechung in inneren Bewußtseinszuständen hat. Die Anderwelt ist eine Realität, doch jede Generation hat ihre eigene Metapher gefunden, um ihre Existenz zu beschreiben: angestammter Ort der Toten, irdisches Paradies, Himmel, die ewigen Jagdgründe, Hölle, Feenland, Astralebene, höheres Bewußtsein und das kollektive Unbewußte – all diese Begriffe sind anwendbar, um die anderweltliche Realität zu beschreiben, die in vielen Kulturen als ein Ort, ein Zustand oder ein Aufenthalt nach dem Tode wahrgenommen wurde. Da das Ausgesetztsein gegenüber metaphysischen Konzepten zu einem Gefühl unausgesprochener Verwirrung führt, würden wir gern eine grobe Unterscheidung zwischen den Arten der Realität, wie wir sie sehen, machen.

Es gibt heute solch eine Vielzahl von Jargons im Zusammenhang mit psychologischen Zuständen und kosmologischen Begriffsfindungen, die mit verschiedenen spirituellen Denkschulen verbunden sind, daß wir die übliche Terminologie um der Einfachheit willen vermieden haben. Wir möchten gerne drei Ebenen oder Welten voneinander unterscheiden: die Welt des Hier und Jetzt oder die physische Realität, welche wir Mittelerde nennen; die metaphysische Welt oder psychische (astrale) Realität, die Anderwelt genannt; und das spirituelle Reich, welches der Wohnsitz der abbildungslosen Gottheit ist. Dieses sind grobe Unterscheidungen, die der sich überschneidenden und voneinander abhängigen Natur der Menschheit, der Vorfahren, der Engel und Götter nicht Rechnung tragen, sondern sie erst einmal als Repräsentanten eines vielschichtigen Verständnisses stehen läßt.

In der Vorzeit waren anderweltliche Konzepte durch das Reich der Vorfahren, die Anderwelt, begrenzt. Diesem Kapitel steht die berühmte Warnung der cumäischen Sibylle an Äneas vor, als er die Reise in den Hades versucht, um mit seinem toten Vater zu sprechen: der Abstieg ist leicht, doch nicht die Wiederkehr.[116] Schamanen übten viele Jahre, um gerade diese Reise zu den Vorfahren zu unternehmen, eine Reise voller Gefahren, von der sie mit Ratschlägen der Vorfahren zum Wohl des Stammes zurückkehren mußten. Die gefährlichen Begegnungen waren so real, daß die Trommel des Schamanen, wie die in Kapitel 2 erwähnten tjuringas der Aborigines, häufig eine Unterweltlandkarte darstellten, auf der die Grenzsteine eingezeichnet waren, die sowohl hilfreiche als auch weniger hilfreiche Geister anzeigten und, besonders wichtig, den Rückweg, der häufig durch ein persönliches Symbol gekennzeichnet war. Von der Unterwelt nahm man als sicher an, daß sie einen Eingang hatte, der an die Mittelerde angrenzte; oft war dies ein Höhleneingang oder ein halb-aktiver vulkanischer Spalt, wie der, in den Äneas am Avernus-See hinabsteigt, der vogellose Eingang zur klassischen Hölle. Wenn die Knochen der Toten in der Erde vergraben wurden, nahm man als selbstverständlich an, daß sie darunter, in der Unterwelt, ihren Wohnsitz nahmen. Die meisten einheimischen Kulturen haben eine eigene Unterwelt-Tradition: die nordische Mythologie, die der nördlichen schamanischen Praxis am nächsten steht, hat *Niffheim*; klassische kanaanische und sumerische Mythologien teilten die Ansicht von einem elenden trostlosen *Hades* voller bebender Geister; während die walisische Unterwelt *Annwn* ein chthonischer, machtvoller Ort voller gewaltiger Vorfahren war. Die Idee von der Unterwelt als einem Ort des Gerichts über ein böses Leben war der Vorzeit fremd. Es war lediglich der Ort, zu dem alle Toten gingen, wenn der Verstorbene nicht aufgrund der Übertretung eines Stammesgesetzes verdammt war, als einsamer Geist, der sogar nach seinem Tod vom Stamm ausgeschlossen war, umherzuwandern.

Die machtvolle und wirkungsvolle Interaktion der Unterwelt mit der Mittelerde ist von dem Autor und Musiker Bob Stewart in seinem Buch *The Initiation of the Underworld*[248] überzeugend erörtert worden. Er hat die britische Unterwelt-Tradition mittels schamanischer Eingangs-Meditation über viele Jahre hinweg erforscht, und seine Erfahrungen auf einem Tonband mit dem Titel *The Underworld Journey*[312] mitgeteilt. Die Unmittelbarkeit und Kraft dieser ursprünglichen Erfahrung bringt einen auf eine Weise mit den Vorfahren in Berührung, die seit der Vorzeit nicht ihresgleichen gehabt haben kann. Die Unterwelt ist die Basis und Grundlage der Anderwelt-Realität: es ist die tiefste Schicht einheimischen Bewußtseins, wo wir den unnachgiebigsten Einwohnern begegnen. Stewart zieht es vor, diese nicht «Archetypen» zu nennen, da diese eine Gruppe psychologischer Personae und somit Unwirklichkeit bedeuten. Wie die Götter (siehe Kapitel 3) ist die Anderwelt und ihre Bewohner real *in ihren eigenen Welten, in ihrem eigenen Recht,* sie sind nicht das Ergebnis imaginärer oder geistiger Zustände; denn obwohl ihre Formen, wie wir sehen werden, häufig in den Kulturen variieren, gibt es eine nahe Übereinstimmung in der Art, in der sie wahrgenommen werden.

Anderweltliche Kosmologie ist nicht leicht in den Griff zu bekommen. Sie hängt von der Art der Wahrnehmung ab. Wir verlassen uns auf die Erzählungen der Wanderer, die Berichte von den Reisen der Schamanen: wir erinnern uns, daß «Menschen den Dichtern zuhörten und die Versionen jener vernahmen, von denen man annahm, daß sie den Schleier durchdrungen hatten»[116]. Ein Faktor kommt durch das Anhören dieser Erzählungen zum Vorschein: anderweltliche Reisen befanden sich im Herzen vieler Mythologien.

Nehmen wir zum Beispiel den Abstieg in die Unterwelt: dieser bildete im klassischen Griechenland ein eigenes Genre, die *katabaseis*[116], doch Berichte über den Abstieg sind in jeder Tradition vorhanden. Wir sprachen bereits über Äneas' Abstieg, um Information zu gewinnen, doch der Besuch der Anderwelt hat einen tieferen Grund als bloße Neugier. Die babylonische Göttin Ishtar, ähnlich ihrem früheren Prototyp, der sumerischen Inanna, steigt in die Unterwelt hinab, um ihren Geliebten aus dem Reich der Toten zu befreien, wo sie eine rituelle Häutung und selbst den Tod erleidet. Ishtars Erfahrung gleicht der des nordischen Odin, der neun Tage und Nächte von der Esche Yggdrasil herabhängt als Gabe an sich selbst:

Ich mir selbst gegeben
An diesen Baum
Dessen Wurzeln
Niemand kennt...
In die Tiefen blickte ich,
Ich ergriff die Runen,
Schreiend begriff ich sie
Und fiel dann zurück

Dies ist die Erfahrung des Schamanen, und sie befindet sich im Herzen der Mysterien: eine kostbare Selbstentdeckung, die Wissen und Macht mittels der Initiation in die Anderwelt bringt. Die Weltesche Yggdrasil hat ihre Wurzeln in jeder der drei Ebenen, von denen wir sprachen: in der Mittelerde, in der Hölle und in Asgard, dem Ort der Götter.[60] Odin lernt insgesamt achtzehn Runen, die ihm Wissen von jeder der drei Ebenen geben, vor allem vom Reich der Toten. Der zentrale Baum ist die Achse, um die die Anderwelt in all ihren Erscheinungen angelegt ist. Der Baum erscheint – in verschiedenen Formen – in vielen der Übungen in diesem Buch und ist ein lebendiges Bild für sowohl einheimische als auch hermetische Traditionen.[59] Es ist der Baum des Lebens, des Todes und der Wiedergeburt; es ist der Pfahl oder die Leiter des Schamanen[100] und die Lichtleiter des Kabbalisten[93]; für Christen sind der Baum der Erkenntnis in Eden und der Baum des Kreuzes aus einem Holz.

Parallelen zwischen Odin, Ishtar und Christus sind leicht aufzuweisen: jeder erleidet Tod und Transformation an einem Baum und erlangt auf diese Weise Wissen über die Toten oder Befreiung von ihnen. Der Passierschein des Unterweltbesuchers ist der Wunsch, dem anderen Gutes zu tun: Liebe tötet den Tod. Gilgamesch und Orpheus reisen beide in die Unterwelt, um ihre Geliebte bzw. Gattin zu befreien. Quetzacoatl kehrt aus der Unterwelt mit den Knochen vorheriger Generationen zurück, um auf erhebliche eigene Kosten eine neue Rasse zu erschaffen.[40, 138] Christus martert die Hölle in apokrypher Tradition[4], was mit einheimischen Unterwelt-Traditionen in der gesamten westlichen Welt übereinstimmt. Der Preis für den Besucher der Unterwelt ist hoch, wie der alte finnische Held Vainamoinen herausfand. Er besuchte die Toten, um Zauberkünste zu lernen, die magisch das Boot fertigstellen würden, das er gerade baute. Er sagt nichts über seinen Besuch, doch warnt:

Geht nicht, zukünftige Menschen,
Geht nicht, frühere Menschen, aus, um Zauberkünste aus dem Reich
der Toten zu erlangen
... viele sind dorthin gegangen,
nicht viele kommen zurück...
aus der ewigen Hütte, dem Wohnsitz der Toten.[126]

Was man in Mittelerde erreichen kann, muß zuerst mit gewöhnlichen Mitteln erreicht werden: Neugier ist kein Passierschein in die Unterwelt.

Die Götter und Helden, die die Unterwelt besuchen, um die Toten zu erlösen, werden häufig als Vorläufer der späteren Retter-Offenbarungs-Religion abgeschrieben, doch es ist wichtig, sich daran zu erinnern, daß jede dieser Gestalten Stammesverantwortung auf jeder Ebene der Geschichte und des Bewußtseins verkörpert und außerhalb der Zeit eine Aufgabe erfüllt, die lebenswichtig für jedes Volk in jedem Zeitalter ist. Der Ort der Vorfahren wird nicht mit Angst und Furcht gesehen. Für die Juden bedeutete Sterben, in Abrahams Schoß versammelt zu werden: dieser Ausdruck fand seine eingeborene Ebene in der christlichen Ära, als Sterben hieß, in Arthurs Schoß zu gehen. Schlaf und Tod sind nur die ersten Auswirkungen anderweltlichen Reisens; doch es sind Reisen ins Unbekannte, und sie werden ungleich denen des ausgebildeten Schamanen ohne Kontrolle unternommen. Der angestammte Sitz der Unterwelt dient als Basis weiterer Entdeckungsreisen, doch er sollte nicht als Ausrede benutzt werden, um wie bei Séancen, Kontakt zu kürzlich Verstorbenen herzustellen; er sollte dagegen als Gelegenheit dienen, mit dem enormen Reservoir kollektiver Urweisheit in Kontakt zu treten. Die Unterwelt ist machtvoll und potentiell für jeden auf dem westlichen Weg hilfreich, wenn man sich ihr in diesem Geist nähert.

Man denkt bei Unterwelt leicht an «unten», doch wir dürfen nie vergessen, daß richtungweisende Partizipien auf Anderwelt-Realitäten nicht anwendbar sind: wir benutzen sie lediglich im Hinblick auf metaphysische Ebenen, um irgendein Verhältnis zur Anderwelt zu erhalten. Diese Verwirrung über die Ortsbestimmung der Anderwelt erscheint in vielen Kulturen. Hy Brasil, Avalon, die Hollow Hills, die Gesegneten Inseln, Sommerland, Feenland werden alle in diesen relativen Begriffen verstanden – sie sind fern, doch nicht so fern, daß es unmöglich ist, dorthin zu reisen.[8, 175] In der Vorzeit stellte man sich himmlische und paradiesische Orte nicht irgendwo im Himmel vor; sie waren fest in der irdischen Sphäre, an dem Ort jenseits des Sonnenuntergangs, immer westwärts, wo das Licht immer ein Dämmlicht ist, angesiedelt. Die keltische Anderwelt-Tradition ist besonders reich an eigenständigen Zeugnissen mythologischer Texte und Volkserzählungen, doch es ist bedeutsam, daß die Griechen die Britischen Inseln als *Hyperborea* bezeichneten – das Land jenseits des Nordwindes –, wo die Titanen noch lebten, der Ort, an den sie verbannt worden waren. Der griechische Dichter Pindar sprach von diesen Inseln in Verbindung mit den Reisen des Initianden:

> Alle, die dreimal ausgehalten haben
> Bei einem Aufenthalt in einer der Welten,
> Um ihre Seelen rein von Falschheit zu halten,
> Gehen auf Gottes Straße zum Turm von Kronos,
> Wo die Lüfte, Töchter des Ozeans,
> Um die Insel der Gesegneten wehen.[200]

Plutarchs Beschreibung von den Glücklichen Inseln:

> Regen fällt dort selten... sie haben allgemein sanfte Brisen
> ... die Luft ist stets angenehm und bekömmlich[165]

wurde für immer von Tennyson in seinen *Idylls of the King* bewahrt, wo er Arthur diese Worte in den Mund legt:

> Ich gehe einen weiten Weg...
> Zum Insel-Tal von Avilion;
> Wo weder Hagel fällt, noch Regen oder Schnee,
> Noch jemals Wind laut bläst.[259]

Es ist ein Ort, zu dem nicht nur die Toten gehen, sondern wo heroische Sterbliche noch im Vollbesitz ihrer Kräfte leben; es ist der Ort traditioneller Lehre und Weisheit, wo der Brunnen der Inspiration entspringt. Keine der keltischen Anderwelten hat einen genauen geographischen Ort, man glaubt sie irgendwo im Atlantik. Doch weder dies noch die starke atlantische Tradition, die seit Platos Zeiten ihre Faszination ausübt, müssen auf eine real existierende Insel hinweisen, die in irgendeine historische Ära fiel, sondern können eher auf anderweltliche Erinnerungen deuten, die aus dem psychischen ins irdische Reich schlüpften.[77, 132] Wie

Eden war Atlantis ein Ort inspirierenden Wissens, das *in potentia* gehalten wurde. Der Sündenfall des Menschen befaßt sich weitaus mehr mit der Verbannung von oder dem Stillstand der Kommunion mit der Anderwelt als mit den Konsequenzen von Sündhaftigkeit. Diese Erkenntnis war die Triebfeder für innere Erforschung zu jeder Zeit und an jedem Ort, bei jedem Volk; eine Erkenntnis von einem grundsätzlichen Geburtsrecht, mit dem es möglich ist, Kontakt aufzunehmen. Denn parallel zu offiziellen Stellungnahmen über Himmel und Hölle blühten immer die ewig-lebenden Reiche, die innerhalb der einheimischen Tradition erhalten blieben. Der offizielle Weg in den Himmel ist oft kalt und amtsmäßig, doch die einheimische Tradition hat immer ihre eigenen vertrauten, angestammten Wege und Orte vorgezogen.

Das Paradies ist jedoch nicht mit dem Himmel identisch. Es hat seine Wurzeln im persischen *paerodaeza*, was Park oder geschlossener Garten bedeutet. Doch Paradies ist ein treffendes Synonym für die Anderwelt – ein Zustand in der Mitte von Inkarnation und Seligkeit. Der eingeschlossene Garten und das Inselparadies sind deshalb ursprüngliche Zustände, innere Realitäten, wo jeder notwendige Bestandteil des Lebens Möglichkeit ist. Dieser Ort hat noch seine erste Wildheit, jedoch auch seinen eigenen Reiz und Regeln der Herrschaft. Hier gibt es keine menschliche Betrügerei oder Täuschung – noch wird solche falsche Münze unseren Transaktionen mit der Anderwelt dienen. Es ist ein Warteplatz, ein Platz des Lernens und der geistigen Nahrung. Die glückliche Anderwelt ist in vielen Legenden ein irdisches Paradies, ein Ort, wo Feiern und Liebe harmonisch fortbestehen. Die keltische Anderwelt-Tradition unterscheidet sich durch die Tatsache, daß sie keine Hölle hat, keine Parallele zum klassischen Hades mit seiner grauen Leere. Obwohl die Unterwelt in reichlichem Maße präsent ist – die Hollow Hills, die Feenreiche –, behält die keltische Anderwelt ihre Atmosphäre der Freude. Sie wird zutreffend als glückliche Insel, honigsüße Ebene der Seligkeit, Apfelinsel und Sommerland beschrieben: alle westlich des Sonnenuntergangs irgendwo im gewaltigen Ozean gelegen.

Anderwelt-Reisen zu diesen Inseln waren solch ein bemerkenswertes Kennzeichen keltischen Lebens, daß die Dichter ein besonderes Genre von Geschichten schufen, das *imrama* oder Reisen genannt wurde. Die berühmteste davon war die *Voyage of Bran, Son of Febal, to the Land of the Living*[165], die die Reisen von

Bran und seinen Gefährten schildert, ihre Ankunft auf einer anderweltlichen Insel und ihren Aufenthalt im Land der Frauen. Sie berichtet, wie nach einer kurzen Zeit einer aus der Gruppe Heimweh bekommt und sie sich darauf vorbereiten, nach Haus zu fahren. Als sie die Küste erreichen, werden sie begrüßt und gebeten, sich zu erkennen zu geben:

> «Ich bin Bran, der Sohn von Febal», sagt er. Jedoch der andere sagt: «Wir kennen solch einen nicht, obwohl die Reise von Bran in unseren alten Geschichten steht.»[165]

Der Mann, der an die Küste springt, wird zu Staub und läßt Bran und seine Gefährten fortsegeln. Wie in Keats *La Belle Dame Sans Merci* erwacht der Reisende, der von den Feen zurückkehren möchte, aus einem zu langen Schlaf «auf des kalten Hügels Seite». Wir werden mehr über anderweltliche Reisende und diese Zeitdiskrepanz sprechen.

Warum endeten die Reisen? Die Anderwelt ging nicht fort, obwohl Vorstellungen davon sich verengten oder sich dem christlich-kosmologischen Muster anpaßten; wir können sagen, daß die Anderwelt buchstäblich in den Untergrund ging, manchmal mit der alten Unterwelt verschmolz, sich manchmal, wie in Schottland und Irland, in die Hollow Hills zurückzog, wo die Anderwelt und ihre Bewohner einander weiterhin auf der Ebene der Volksseele ihren Einfluß behielt, und nie ganz aus dem Bewußtsein verschwand. Die Reisen, das Wandern-zwischen-den-Welten, dauerten an, jedoch heimlich und in Furcht vor Verfolgung oder Lächerlichkeit. Die Energien, die man einst in der Vorzeit verehrt hatte, die die Götter von Flüssen und Hügeln wurden, legten Lumpen an, während sie in der Anderwelt als das, was sie wirklich waren, enthüllt wurden – *die Leuchtenden*, deren Macht immer noch respektiert wurde, deren Hilfe diejenigen, die sie kannten, immer noch suchten. Die Anderwelt mag auf die Erscheinung eines grasbewachsenen Hügels zusammenschrumpfen und ihre Einwohner zu ländlichen Elementarwesen, doch die Realität des Feenlandes war lebendiger und kraftvoller als alles, was diejenigen, die hoffnungsvoll nach winzigen Feen am Ende ihres Gartens Ausschau hielten, sich vorgestellt hatten.[130]

Wenn die Götter von sich selbst sprechen, taucht ein anderes Bild auf:

Wir sind vom Anfang der Schöpfung
Ohne Alter, ohne Vollendung der Erde,

sagt Menannan mac Lir, der anderweltliche König in der *Voyage of Bran*[165]. Er spricht über die Einwohner des Landes der Lebenden: es sind diese *Leuchtenden*, denen wir uns als nächstes zuwenden.

Die Leuchtenden

> Ich habe immer einen Unterschied zwischen Bildern, die in der Erinnerung der Natur gesehen wurden, und Visionen tatsächlicher Wesen, die jetzt in der inneren Welt existieren, gemacht. Wir können den gleichen Unterschied in unserer Welt machen: Ich mag meine Augen schließen und Sie als lebendiges Bild im Gedächtnis sehen, oder ich mag Sie mit meinen physischen Augen anschauen und Ihr tatsächliches Bild sehen. Beim Sehen dieser Wesen, von denen ich spreche, können die physischen Augen geöffnet oder geschlossen sein: mystische Wesen in ihrer eigenen Welt und Natur sieht man nie mit den physischen Augen.[283]

So spricht ein anonymer irischer Seher, den Evans-Wentz für sein Buch *Fairy-Faith in Celtic Countries* zu Beginn dieses Jahrhunderts interviewte. In vollkommener Weise beschreibt er die Methode, mit der man Anderwelt-Wesen wahrnimmt. Obwohl es eine deutliche Wechselwirkung und Verbindung zwischen Mittelerde, der Anderwelt und den sprituellen Reichen gibt, werden die fünf physischen Sinne nicht eingesetzt: es ist eher ein Zustand innerer Vision erforderlich. Dies soll jedoch nicht beinhalten, daß anderweltliche Wesen, *die Leuchtenden*, unwirklich sind. Wie der Seher sagt, gehören sie «in ihre eigene Welt und Natur». Doch was sind sie? Es gab viele Theorien; sie werden abwechselnd als Volksgedächtnis eines kleinen einheimischen Volkes betrachtet, eine Erinnerung an mächtige Priesterschaft, Überbleibsel vergessener Götter, unsterbliche Helden oder die Vorfahren. Wie wir bereits gesehen haben, spielen die Vorfahren eine große Rolle in der Unterwelttheologie, und wie die Götter sind sie eine Kraft, mit der man rechnen muß. Neuere psychologische Theorien, besonders Jungs Theorie vom kollektiven Unbewußten, haben angedeutet, daß *die Leuchtenden* nicht mehr als Archetypen seien – kollektive, formalisierte Energien, die unsere Psychen bewohnen. In all diesen Theorien liegt ein bißchen Wahrheit, denn es ist normal und natürlich für jedes Volk, seine eigene Metapher für einen Zustand zu finden, der mit menschlichen Begriffen verständlicherweise schwer auszudrücken ist. Wir überlassen es dem Leser, die annehmbarste Methode mit Rücksicht auf das Verständnis zu finden, solange jeder der Tatsache eingedenk bleibt, daß Archetypen sowohl die Anderwelt als auch die Psyche bewohnen können, daß *die Leuchtenden* in ihrer eigenen Welt real sind und nicht die Erfindungen eines gestörten Geistes. Während es derzeit akzeptabel ist, über die Möglichkeit von Leben auf anderen Planeten zu sprechen, wird Leben auf anderen Ebenen als Unsinn abgetan.

Wir haben in Kapitel 1 angedeutet, wie eine Gottheit Form gewinnt: ein allmählicher Bild-Aufbau, dessen Macht und Wirkung im Verhältnis zur Visualisierung der Gruppenseele wächst. Ähnlich sahen wir bei unserer Diskussion über die Gott-Gestalten der einheimischen Tradition die Bedeutung der latenten Macht der Elemente, die sich in den *synthemata* der Götter kristallisierte. Gottheit oder reiner Geist hat keine Form, und damit sie überhaupt mit der Menschheit kommunizieren kann, muß sie eine akzeptable Form oder Symbolik annehmen. Auf keine Weise kann irgendeiner von uns der Sprache des Symbolismus entfliehen, die manchmal tief verborgen in unserem kulturellen und genetischen Gedächtnis liegt. In der Vorzeit wurde die Welt von anheimelnden und vertrauten Geistern besucht und bewacht, deren Manifestationen eine Vielzahl von Gestalten und variierender Abstufungen der Intensität annahmen. Die Anderweltwesen reichen von dem psychischen Äquivalent der Tiere – den Elementarwesen – bis hinauf zu hochentwickelten Geistwesen, die wir als Götter kennen, mit vielen Variationen dazwischen, die wir als Engel oder Schutzgeister bezeichnen. Einige einheimische Anderwelt-Traditionen haben den Zugang zum vollen Spektrum der *Leuchtenden* durch eine Verschiebung des religiösen Brennpunktes verloren: Elementarwesen sind meist die ersten, die darunter leiden. Die Vorstellung, daß die Götter einer abtretenden Religion die Teufel der nachfolgenden werden, ist eine Binsenweisheit, doch sollte man diese nicht vergessen. Der mächtige Gott der Jagd oder der Unterwelt wurde schließlich mit Gottes Gegenspieler, dem Teufel, assoziiert, obwohl das großartige Geweih von Cernunnos von einer völlig anderen symbolischen Grundlage herrührte als die Hörner des Teufels. Hörner, einst gleichbedeutend mit Macht, wurden mit dem Bösen assoziiert.[58] Die weiblichen Geister von Brunnen und Quellen, ursprünglich als schöne Frauen angesehen, wurden zu Drachen, Wasserschlangen und Sirenen. Die Wächter des Waldes wurden zu bösartigen Menschenfressern, genauso wie die von Drachen personifizierten mächtigen Erdkräfte entwürdigt wurden. Wann immer die Menschen ihre Abhängigkeit von der Natur vernachlässigen, tritt diese Inversion des Symbolismus auf. Die Elementarwesen werden wütend, und man kann sie nicht überreden, Hilfe zu leisten.

Mechanisierte Schlacht- und Erntewerkzeuge vervollständigen heute das Bild und sind beispielhaft für die Degradierung des Schafhirten und des Landmanns: es ist kein Wunder, daß Feld und Wald von vernachlässigten Elementarwesen heimgesucht werden und daß Wanderer die Beute von Geistern werden, die ihren angestammten Wohnsitz nicht finden können. Aber es gibt höher entwickelte Wesen in der Anderwelt. Wir haben ausführlich über die Götter und die vielen Gestalten, die sie annehmen, gesprochen. Einige haben sich erfolgreicher in die moderne Welt übertragen lassen als andere, weil ihre Aspekte und Symbolismen für unsere Welt lebenswichtig geblieben sind. Sowohl die Götter als auch die Elementarwesen sind von der Menschheit abhängig, jedoch auf verschiedene Weise. Wo die Elementarwesen sich schlecht benehmen und wütend werden, ziehen sich die Energien, die unter der Benennung von Göttern formalisiert wurden, für eine Zeitlang zurück. Es ist unmöglich zu sagen, ob diese Energien zur Quelle der Gottheit zurückkehren, bereit, in verschiedenen Verkleidungen wiederzukehren, oder wie lange sie in der Schwebe bleiben und auf die erneute Stimulation menschlicher Aufmerksamkeit warten. Wir glauben, daß sie verfügbar sind, sozusagen auf Lager, für die, die sich mit ihrem «Rufzeichen», ihrem Symbol, vertraut machen. Die wahren Götter sind jene Herr-lichen auf einem höheren Bogen der Evolution innerhalb der Anderwelt; die Gelegenheit, sie zu treffen, ist heute selten und die Begegnung oft furchterregend. Wie platonische Gestalten sind dieses die personifizierten Urkräfte: riesige Speicher einer bestimmten Art von Energie.

Viele, die den Göttern ausgesetzt waren, blieben verrückt oder verstört zurück, weshalb man die Kontaktaufnahme mit den Urkräften am besten dem Priester oder Schamanen überläßt oder dem Medium des Erdkontaktes und der sorgfältig vorbereiteten Meditation, wie wir es in Kapitel 3 vorgeschlagen haben. Auch ist es wichtig, nur mit den dem modernen Bewußtsein angemessenen regenerierten Gestalten Kontakt aufzunehmen anstatt mit den degenerierten, in der Vorzeit verwendeten Gestalten. Hier kann uns die Anderweltreise helfen: hier ist die *grundlegende Energie* der Gott-Gestalten verfügbar und anzutreffen.

Die Götter wollen sich vielleicht nicht selbst manifestieren und sollten nicht auf die gleiche Art befehligt werden wie Elementarwesen, die unsere jüngeren Artgenossen sind. Ebenso sollte ihren Energien nicht erlaubt werden, Sie zu überwältigen. Bei Reisen in der Anderwelt wird man bemerken, daß die Wirklichkeit dort keine verwischten Grenzen aufweist. Die Einwohner sind, wenn überhaupt, realer als in Mittelerde. Einer schwachen Persönlichkeit mögen die Götter als ein Extrakt von allem Bekannten und Erfahrenen erscheinen, ein Urmuster, dem sie sich unterwerfen müssen. Oder es mag eine Überlagerung von einer Wirklichkeit auf die andere geben, so daß der Reisende ebenso verwirrt ist wie Petrus bei dem Ereignis der Transfiguration (Matthäus 17, 1–13). Er, ein menschliches Wesen, war von Christus, einem inkarnierten Gott, auf den Berg Tabor gebracht worden, und beide wurden von Elia und Moses besucht, zwei anderweltlichen Wesenheiten: kein Wunder, daß er für alle vier ein Lager aufschlagen wollte! Andere Bewußtseinsebenen oder verschiedene Wirklichkeiten können verwirrend sein. Wie wir bereits sagten, erfordern die nicht verzeichneten Reiche der Anderwelt einen guten Führer oder inneren Kontakt als Voraussetzung für Anderwelt-Reisen.

Es gibt ebenso viele Mittel, die Anderwelt wahrzunehmen, wie Verkleidungen ihrer Einwohner: diese sind von der einheimischen Tradition eines Volkes abhängig. Wir können ebensowenig hoffen, die volle Bandbreite abzudecken, wie wir eine vollständige Landkarte für Anderwelt-Reisen präsentieren können, obwohl wir Ihnen helfen wollen, Kontakt zu Ihrer eigenen Tradition zu finden. Jeder potentielle Reisende braucht einen Führer, und diese sind verfügbar, und Kontakt ist möglich. Nennen wir sie Engel, Geister, Wächter oder Dämon, jeder von uns hat Zugang zu einem persönlichen Wächter. Vorschläge, wie Sie mit Ihrem Kontakt aufnehmen können, erscheinen in Übung 7: Kontaktaufnahme mit dem Wächter.

Wir trachten nicht alle danach, Schamanen, Magiere oder Mystiker zu werden – für die meisten von uns liegt die Pflicht darin, unsere Berufung innerhalb der Grenzen einer Arbeit, des Heims und der Familie zu erfüllen. Doch wird von immer mehr Menschen so etwas wie eine kollektive Verantwortung gefühlt – nennen Sie es einen Druck von der Anderwelt, sich innerlich zu entwickeln. Der Weg zu innerem, spirituellem Wachstum ist sehr begehrt, und obwohl viele Methoden zur Verfügung stehen, sind nicht alle passend oder praktisch. Eine persönliche Erdung in ander- oder innenweltlicher Lebensweise ist die wertvollste Erfahrung, die spirituelles Wachstum innerhalb seiner eigenen Grenzen fördern kann oder als Grundlage für eine kollektivere religiöse Teilnahme oder spirituelle Evolution dienen kann. Der innere Wächter ist der Initiator für jeden von uns. Es muß nicht Mother Bunches in ihren Lumpen sein oder Black Elk in seinem Regenwolken-Anzug, doch jemand Vertrautes, dem wir nie ein Gesicht gaben; eine innere Stimme oder ein heimlicher Begleiter mag für Sie das Verbindungsglied sein. Die alten Lehrer sind vielleicht zu Staub geworden, doch unsere Reisen brauchen nicht führerlos zu sein. Der innere Wächter ist unser wahrer Norden, der Bewahrer der Karten und der Wegzeiger. Er oder sie ist jemand, der die Pfade bereits beschritten hat, auf denen wir zum erstenmal gehen. Ebenso wie der Schamane in der Vorzeit Anderwelt-Besuche bei seinem Totem-Geist oder Vorfahr machte, um zu lernen und Führung zu erhalten, können wir aus der Weisheit des Wächters schöpfen. Die scheinbar moderne Ansicht, daß sich die Menschheit nach dem Tod und einer angemessenen Anzahl von Inkarnationen in den engelhaften Zustand weiterentwickelt, um Lehrer in der psychischen Welt zu werden, kann man in vielen alten Traditionen finden.

«Dichter sagen wahrhaftig, daß, wenn ein guter Mann stirbt, er Ehre und eine mächtige Mitgift unter den Toten hat und zu einem Daemon wird, welches ein Name ist, der ihm gegeben wurde, um Weisheit anzuzeigen»[201] («Cratylus»). Das Wort *daemon* bedeutet «er, der richtig verteilt[116]: der Wächter, der jedem von uns Erfahrung zumißt. Doch soll dies besagen, daß anderweltliche Einwohner unseren Lauf bereits vorbestimmt haben – daß wir keine frei Handelnden sind? Jedes Individuum hat ein Schicksal zu erfüllen, eine Aufgabe, einen spirituellen Sinn, was nichts mit einer Anhäufung frommer Andachtsübungen zu tun hat, sondern damit, daß diese Schöpfungsarbeit, die noch vollbracht werden muß, durch individuelle Anstrengung wiederhergestellt wird. Die Anderwelt grenzt an das spirituelle Reich, von woher der Schöpfungsplan ausgeht: die Wächter, gleich den Engelshierarchien, die wir in Band 2 des westlichen Weges treffen werden, sind diejenigen, die unser kreatives Potential fördern, in dem sie uns mit der Lebenserfahrung nähren, die jeder von uns braucht, um ein effektives menschliches Wesen zu sein. Dies läßt uns noch die Freiheit, mit unserem Potential zu kooperieren oder es zu meiden. Es gibt kein festgelegtes Schicksal, wir sind frei, unseren eigenen Weg zu schaffen.

Der Wächter fungiert als Botschafter der Anderwelt; seine oder ihre Aufgabe ist das anderweltliche Äquivalent zum Schamanen – die Mittelerde zu erforschen und sich mit den Individuen in dieser Welt zu beratschlagen. In Band 2 werden wir dieser gegenseitigen Durchdringung von Welten wiederbegegnen.

Kontakt mit der Anderwelt verändert das Leben für immer. Ist erst mal ein Kommunikationsmuster festgelegt, wird das innere Leben unerhört bereichert, und dies hat, dementsprechend, Rückwirkungen auf Mittelerde und das äußere Leben. Doch bevor wir weiter erörtern, wie wir reisen können, lassen Sie uns einige anderweltliche Besucher ansehen und die Methoden, die andere benutzt haben, um dorthin zu reisen.

Viele haben ein besonderes Symbol oder Andenken als Passierschein verwendet: Äneas pflückt den Goldenen Zweig, welchen er Proserpina in der Unterwelt präsentieren muß; ähnlich hat Bran, Febals Sohn, einen Silberzweig von einem Apfelbaum. Dies sind offensichtlich beides Ableger des Achsenbaums des Lebens, um den herum die Anderwelt ausstrahlt. In irischer Dichtertradition war der Goldene oder Silberne Zweig eigentlich ein Gegenstand schamanischer Insignien, der einem Dichter von hohem Status vorangetragen wurde, was dessen Verbindung mit Weisheit und Lehre der Anderwelt anzeigte. Der Silberne Zweig von Rhiannon brachte Schlaf und Erholung von der Mittelerde und ließ Sterbliche vergessen, wie lange sie in der Anderwelt gewesen waren. Sehr oft ist Musik ein Faktor bei Anderwelt-Erlebnissen. Das Feenvolk lehrt häufig jene Musiker Feenmusik, die geduldig nahe seinen Behausungen in den hohlen Hügeln sitzen. Dieser Aspekt ist besonders stark in englischer Feenkunde, wo anderweltliche Melodien die Ankunft der Feenschar vorhersagen: geheimnisvolle Musik kann man häufig bei den Schlupfwinkeln dieser mächtigen Anderwelt-Wesen hören, die keine Verbindung mit viktorianischen Feen haben.

Musik und Tanz sind häufig verbunden. In der Algonquin-Geschichte von Algon dem Jäger findet der Held einen kreisförmigen Pfad in der Prärie, der von vielen Füßen abgetreten scheint, obwohl außerhalb dieses Bereichs keine Fußspuren zu finden sind. Im hohen Gras versteckt, hört er lauter werdende Musik und sieht aus dem Himmel eine Schar von Sternenjungfrauen in einem Korbwagen herabsteigen. Sie landen und tanzen, und er fängt eine ein, damit sie seine Braut werde.[241] Die Anderwelt-Parallelen zwischen Amerika und England sind schnell offenbar, wie wir auch aus der Geschichte eines anderen tapferen Algonquin ersehen, dessen Frau stirbt. Wie Orpheus entschließt er sich, sie zu finden. Ein alter Mann sagt ihm, «*um die Inseln der Gesegneten zu erreichen, mußt du jenen Golf, den du in der Entfernung siehst, überqueren*»[241]. Er findet sich selbst in einem Glasboot und seine Frau in einem anderen: sie rudern auf eine bewaldete Insel zu, die in der Mitte des Wassers liegt wie ein Smaragd in Silber gefaßt. Dieses Glasboot tritt auch bei keltischen Anderwelt-Reisen auf.

True Thomas, or Thomas of Erceldoune ist eine Grenzballade, die uns berichtet, wie Tom der Reimer die Königin des Elfenlandes trifft, die ihn ebendorthin führt, dabei die Sehenswürdigkeiten aufzeigend. Er ist ein überaus fähiger Lehrling:

> Er hat einen Mantel aus Elfenstoff bekommen,
> Und ein Paar Schuhe aus grünem Samt,
> Und als sieben Jahre vergangen und vorbei waren,
> Wurde der wahre Tom auf der Erde nie mehr gesehen.[53]

Er ist nicht der einzige Schotte, der verschwand. Michael Scot, der Gelehrte des zwölften Jahrhunderts, verschwand ebenfalls nach einem anscheinend phantastisch langen und erfüllten Leben. Sein posthumer Ruf als Magier war so weit verbreitet, daß er in die Volksvorstellung als eine Art Merlin einging. Ein Kirchenmann im siebzehnten Jahrhundert, Robert Kirk, der die Erfahrung von Sehern und Feenkunde der schottisch-gälisch sprechenden Menschen dokumentierte, kehrte von einer Expedition ins Feenland nie zurück; obwohl sein Grabstein in Aberfoyle aufgestellt ist, befindet sich nichts darunter.[130] Dieses waren natürlich Meister – solche, die Kontakte mit anderweltlichen Wesen hatten und die erfahrene Reisende in andere Wirklichkeiten waren. Sie waren die Erben der schamanischen Tradition, lange nachdem die Vorzeit vergangen war. Heutzutage werden Menschen jahrelang mit lebensverlängernden Systemen am Leben erhalten oder auf die Ankunft höher entwickelter Technologien hin eingefroren, wer sind wir also, zu behaupten, daß diese Männer verschwunden sind? Jahre in Mittelerde sind nur Tage in der Anderwelt – vielleicht sind ihre Besuche noch nicht vorbei, oder wie Elia und Enoch, haben sie nicht den Tod gekostet, sondern sind in die Rolle anderweltlicher Helfer übergegangen.

Von Besuchern aus der Anderwelt ist auch in Mittelerde berichtet worden. Die Legende von den Grünen Kindern erzählt, wie in der Regierungszeit von König Stephen zwei Kinder mit grüner Haut in der Umgebung einer Höhle herumwandernd gefunden wurden: sie aßen nichts außer grünem Gemüse. Der Junge starb, doch das Mädchen lernte, normale Nahrung zu sich zu nehmen, und überlebte. Sie sagte, daß das Land ihrer Herkunft ein Ort sei, wo niemals die Sonne schien, sondern ein Licht herrschte wie das Zwielicht oder wie in der Abenddämmerung.[30]

Noch häufiger wird der anderweltliche Besucher zum Geliebten genommen. Der geisterhafte und dämonische Liebhaber ist ein Thema, das die Welt-Folklore durchzieht. Der Dybbuk der jüdischen Legende, der mittelalterliche Inkubus und Sukkubus, die Robbenfrau in schottischen und skandinavischen Geschichten, bezeugen alle eine enge Verbindung zwischen den Welten. Der anderweltliche Geliebte und der irdische Partner müssen einige Verbote beachten, wenn die Beziehung funktionieren soll: die wahre Erscheinung des anderweltlichen Wesens darf nie enthüllt werden, der irdische Geliebte darf niemals unfreundlich sprechen oder fordern, daß der andere vom heiligen Totemtier ißt oder sich darin kleidet. Die Sexualität der physischen Ebene mit der Polarität der Astralebene zu vermischen, die Welten miteinander zu verwechseln oder sich in einen Schatten zu verlieben, ist verheerend (siehe Kapitel 5). Die unangebrachte Phantasie anderweltlichen Ursprungs verursacht Kummer und Ärger im menschlichen Leben, weswegen ein klares Verständnis der Ebenen nötig ist. Wir werden später in Band 2 sehen, wie die Partnerschaft zwischen Anderwelt- und Mittelerde-Wesen als ein positives Visualisierungs- und Machtmittel wirkt. Lassen Sie uns nun die Wege, auf denen wir reisen können, prüfen. Die Anderwelt-Ebene steigt wieder einmal ins Bewußtsein: sie wird sich als lebenswichtiges Verbindungsglied zwischen Stammes- und kosmischem Bewußtsein erweisen, indem sie die notwendige Evolution ermöglicht und die schnelle Erlösung verderbter Formen aus dem einheimischen Bewußtsein erleichtert. Zu lernen, ein Wanderer in diesen Reichen zu werden, wird unsere spirituellen und ererbten Sehnsüchte verbinden und uns auch helfen, wirkungsvoller mit den Erfahrungen von Mittelerde umzugehen.

Passierscheine in innere Reiche

Die Wirklichkeit der Anderwelt steht im Zentrum des westlichen Weges. Ihre Erscheinungen verändern sich vielleicht, die Traditionen vermischen sich, doch der Weg steht Ihnen offen, sich jenen anzuschließen, die mit den Toten gesprochen haben, die das Wissen von und den Umgang mit ihrem heiligen Schutzengel hatten oder die Mittel und Wege zu spiritueller Weisheit kannten. Dies können Sie durch Meditation erreichen, und wir legen Ihnen nahe, Ihre eigene Metapher für die Anderwelt zu finden und Ihren eigenen Eingang zu erforschen. Wegen des besonderen Hintergrundes und Erbes jeder Person wird es ebenso viele Annäherungen und Zugänge zur Anderwelt geben wie Individuen: Ihren Schlüssel oder Ihr Symbol besitzen Sie bereits (siehe Übung 1), die Zwei-Bäume-Eingangs-Meditation (Übung 8) wird Sie weiter in eine Landschaft führen, die Ihre eigene ist, in der Sie weiterarbeiten können, um Ihren Führer kennenzulernen (siehe Übung 7). Ihre Reise wird einzigartig sein und gleichzeitig der von anderen ähneln. Es ist wahrscheinlich nicht hilfreich, Notizen zu vergleichen, da jede Person auf ihrem eigenen Niveau eintritt. Es gibt keinen «richtigen Weg» zu reisen. Einsame Individuen gehen ihre eigenen Risiken ein und haben ihre eigenen Abenteuer, während andere vielleicht eine Pauschalreise unter dem Schutz einer Mysterienschule vorziehen, die Landkarten und vorgefertigte Führer für die Vorsichtigen bereitstellt.

Warum überhaupt reisen? Für den Pragmatiker und den selbstbestimmenden Realisten, der keine Welt jenseits Mittelerde und keinen anderen Beweis als den seiner fünf Sinne anerkennt, ist dies schwer zu rechtfertigen. Das Gefühl der Selbsttäuschung kann sehr stark sein. Führer und Götter können in verwirrend modernen Verkleidungen auftauchen. Das richtige Maß an Kontrolle ist zuerst mitunter schwer zu etablieren. Doch trachten Sie nach einem wachen Bewußtseinszustand mit kontrollierter Atmung. Mit Übung werden Sie die Anderwelt betreten und Ihrem Führer und anderen begegnen. Sie werden Ihr Schicksal entdecken, Ihr Leitthema, Ihren inneren Impuls, kreativ zu handeln, den Sie dann in Ihrem täglichen Leben in Mittelerde erfahren und erfüllen können. Die Bilder und Begegnungen werden zuerst ebenso schwer faßbar wie Träume sein, doch Sie werden lernen, sie aufzuzeichnen und sich an sie zu erinnern. Die erforderliche Konzentration, um Kontakte herzustellen und zu erhalten, kann zuerst ermüden, vielleicht schlafen Sie sogar ein. Doch wenn Ihre Erfahrung von der Anderwelt zwischen den Sitzungen verblaßt, heißt dies ebensowenig, daß die Anderwelt ein Schatten ist, wie vertraute aber lange abwesende Freunde Schatten ohne Realität sind.

Es wird Tage geben, an denen das Reisen in die Anderwelt leicht ist, zu anderen Zeiten wird es scheinen, daß die Zwei-Wege-Schwingtür blockiert ist und sich nur nach außen, auf diese Seite der Dinge, öffnet. Die Türen verschieben sich, darüber besteht kein Zweifel, doch Sie werden sie immer finden. Wie man den Kindern in C.S. Lewis' *The Lion, the Witch and the Wardrobe* erzählt:

> Ich glaube nicht, daß es Sinn hat, zu versuchen, durch die Schranktür zurückzugehen... auf diesem Weg werdet ihr nicht wieder nach Narnia gelangen... versucht nicht, zweimal den gleichen Weg zu nehmen. In der Tat, versucht überhaupt nicht, dorthin zu kommen. Es wird geschehen, wenn ihr es nicht erwartet... und erwähnt es gegenüber niemand anders, es sei denn, ihr findet heraus, daß sie selbst Abenteuer von der gleichen Art hatten.[142]

Einige Zeiten sind passender als andere, doch wenn Sie Ihren Zutritt ausgearbeitet haben, brauchen Sie die ganze «Zollprozedur» nicht wieder zu durchlaufen. Während wir Anderwelt-Reisen in

Begriffen von Meditation beschrieben haben, können sie ebensogut während des Schlafs, im Tagtraum, in der Einweihung, in Visionen, auf Astralreisen, während Bewußtlosigkeit und todesähnlichen Zuständen vonstatten gehen. Zwei berühmte Beispiele der letztgenannten Erfahrung erscheinen in *The Vision of Aridaeus*[163] und der «Vision of Er»[201] (*The Republic*), wo Erfahrungen mit der klassischen Anderwelt, sowohl im Hades als auch dem Elysium, von einem Totgeglaubten beschrieben werden, der danach wieder zu Leben erwacht, um uns davon zu erzählen. Moderne Beispiele dieser Art der Erinnerung sind vielfältig.[107] Der vielfältige Bewußtseinsschleier kann sowohl wasserdicht als auch alltäglich sein oder ein unsichtbarer Mantel werden, je nach unseren Bedürfnissen.

Kontakte zu unserer einheimischen Anderwelt aufzunehmen bedeutet nicht, unsere eigene Welt zu vernachlässigen, sondern das ganze Wesen für ihre Anforderungen zu sensibilisieren, indem wir die Erde als eine lebendige Einheit sehen, die sich ebenso in gegenseitiger Abhängigkeit zur Anderwelt befindet, wie wir zu den Anderwelt-Wesen, den *Leuchtenden*. Die neue Wissenschaft beginnt festzustellen, daß die Bandbreite der Evolution größer ist, als wir je realisiert haben: Mystiker, Schamanen und Philosophen haben es uns seit Jahrhunderten verkündet.

Um vollkommen mit der Anderwelt zu kooperieren, müssen wir erst uns selbst betrachten. Die Maxime «Erkenne dich selbst» steht direkt vor jedem Individuum, das entschlossen ist, den westlichen Weg zu gehen. Dieses Gebot ist wesentlich: es ist eine Aufgabe, die nie beendet sein wird. Wenn unsere Selbst-Klärung mißlingt und wir eine tiefe Erforschung der Anderwelt versuchen, werden wir unausweichlich den Personifizierungen unserer schlimmsten Eigenschaften begegnen. Wenn wir fähig sind, unsere eigenen schlimmsten Charakterzüge zu erkennen und mit ihnen zu arbeiten, können wir vielleicht das tiefere Hinterland der inneren Welten erforschen. Wir werden nicht geblendet, wenn wir uns selbst kennen, doch wir beginnen anzuerkennen, wie wir in das Gesamtmuster der Dinge hineinpassen und wie die Anderwelt uns helfen kann, unser Schicksal zu erfüllen. Doch so, wie die menschliche Natur gebaut ist, beginnen wir, kaum daß wir unsere psychischen Dachböden von dem dort aufbewahrten Gerümpel gesäubert haben, neues anzusammeln. Der Augiasstall wird vielleicht nie ganz gereinigt sein, doch wir können wenigstens versuchen, ihn verhältnismäßig überschaubar zu halten. Einige Vorschläge zur Selbst-Klärung finden Sie in Übung 9.

Das wichtigste bei Anderwelt-Reisen ist, hinzugehen und zurückzukehren. Es gibt viele, die in den Labyrinthen der Anderwelt verlorengegangen sind, die verzaubert umherwandern und nicht mehr in Berührung mit sich selbst sind, sondern von einem Irrlicht geleitet werden. Der Zauberglanz spiritueller und medialer Arbeit führt viele in die Irre.[15] Wenn wir nicht gut auf der physischen Ebene geerdet sind, wenn wir uns nicht zuerst dem Pfad des heimischen Herdes verpflichten und unsere Leben in einem befriedigenden Normalmaß einrichten, bevor wir uns esoterischen Pfaden nähern, neigen wir dazu, wegzudriften. Deswegen bestehen so viele esoterische Schulen auf dem Erreichen eines reifen Alters, bevor sie Kandidaten akzeptieren. Wenn sich der individuelle Charakter nicht erst in Mittelerde zu einem effektiven menschlichen Kommunikationskanal entwickelt hat, ist der Anderwelt-Reisende wahrscheinlich schwach und leicht von allen, denen er oder sie begegnet, zu beeinflussen. In der Anderwelt ist es ebenso wichtig wie in Mittelerde, gegen alles, was im Widerspruch zur eigenen Integrität zu stehen scheint, anzugehen. Die Anderwelt ist von Archetypen bevölkert, deren Energie zu großer Stärke komprimiert ist. Die Hilfe des inneren Führers und die Verwendung des eigenen gesunden Menschenverstandes bietet einen Schutz dagegen, völlig unter die Kontrolle eines der Leuchtenden zu gelangen, denn während wir niemals vergessen sollten, daß wir helfen können, die anderweltlichen Ziele der spirituellen Entwicklung zu erfüllen, dürfen wir ebensowenig unsere irdischen Verantwortlichkeiten aus den Augen verlieren. Die Berührung der Leuchtenden ist manchmal unmenschlich, weil ihr Ziel das Individuum nicht berücksichtigt: ihre kollektive Energie ist auf ein gemeinsames Ziel, einen kosmischen Sinn gerichtet. Jedem anderweltlichen Versuch, Ihre Lebensrichtung mitreißend und leichthin zu beeinflussen, sollten Sie mit Standhaftigkeit und Integrität begegnen. Wenden Sie sich an Ihren persönlichen Wächter und Ihre höchsten spirituellen Quellen.

Wenn wir Beispiele anderweltlicher Reisen betrachten, werden wir sehen, daß dem Reisenden kein Leid geschieht, wenn er bestimmte Regeln beachtet. Jene, die aus Versehen ins Feenland fallen, rettet der Besitz von Salz oder Eisen – den Elementen irdischen Lebens, die nicht zur üblichen Währung der Anderwelt gehören. Unvorsichtige Frauen, die mit den Talenten oder der Schönheit – Geschenken der Anderwelt – ihrer Nachkommenschaft prahlen, verlieren ihre Kinder an die Feen, die an deren Stelle einen häßlichen Wechselbalg als Lektion zurücklassen. Dem Versuch, harte Arbeit zu vermeiden, wird auf der anderweltlichen Seite der Dinge von den älteren Schwestern, die das Glück ihrer jüngeren Schwester, als sie goldbedeckt von Frau Holles Haus zurückkehrt, teilen möchten, mit noch mehr harter Arbeit begegnet.[95] Stolz, Neugicr, Leichtsinn, Undankbarkeit und Unehrlichkeit disqualifizieren den Reisenden, während das Befolgen der Regeln, das Beachten vernünftiger Vorsichtsmaßnahmen, bescheidenes Verhalten und aufrichtige Höflichkeit den Reisenden befähigen, weit zu wandern. Meist liegen die Hindernisse für sichere Wanderschaft beim Reisenden selbst. Aragorns Ratschlag für Boromir, der dem Gedanken, in das paradiesische Reich von Lothlorien in *Herr der Ringe* zu gehen, mißtraut, ist vernünftig. Als Boromir sich beklagt, daß «wenige herauskommen, die einmal hineingehen; und von diesen wenigen ist keiner unversehrt entkommen», antwortet Aragorn, «sag nicht unversehrt, aber wenn du sagst unverändert, dann sprichst du vielleicht die Wahrheit. Nur die Bösen brauchen es zu fürchten oder die, die Böses mit sich bringen»[263].

Menschliche Fehler werden bei innerer Arbeit verstärkt und können Hindernisse schaffen. Wie der Held einer Volkserzählung müssen wir einer Reihe öder Aufgaben ins Gesicht sehen, die unsere unvorbereitete und unausgebildete Natur reflektieren, Aufgaben, die gemeistert werden müssen, bevor wir die Hand der Prinzessin gewinnen können. Doch die Leistungen, die wir erbringen, sind nicht für unseren eigenen Gebrauch reserviert. Dies wird schön deutlich, wenn wir das Beispiel von Galahad, dem späteren Gralshelden, der, nachdem er den Gral erreicht hat, in der Stadt von Sarras einen spirituellen Zustand annimmt und für die Welt für immer stirbt, dem Beispiel von Peredur oder Parzifal gegenüberstellen, dem früheren Gralshelden, der nach seiner Errungenschaft zur Welt zurückkehrt und ein Meister der Graltradition wird, einer, der andere lehrt. Zu reisen und mit den Geschenken der Anderwelt *zurückzukehren*, ist unsere Bestimmung.[162]

Der Gedanke, daß die Anderwelt Sterbliche mit Geschenken ausstattet, die Feen-Patin, die dem Neugeborenen Segen und kreative Fähigkeiten verleiht – dies sind gültige Konzepte, die uns weitere Hinweise auf die Möglichkeit der Anderwelt geben, die Mittelerde mit lebenswichtiger und erlösender Energie wieder aufzuladen. Jeder von uns hat die Gabe oder Fähigkeit, bestimmte Dinge zu tun. Einige von uns perfektionieren diese Fähigkeiten und werden kreative Künstler, die die Volksseele der Menschen befruchten, andere arbeiten nie mit ihren Gaben, so daß sie schal und nutzlos werden. Unser Leben ist nur soweit wirkungsvoll, wie wir die Energien aus der Anderwelt herüberbringen und sie durch kreative Anstrengung in dieser Welt erden. In jeder Generation machen Künstler diese mystische Reise in sich selbst hinein und kehren mit neuer Lebensenergie und Sinn beladen zurück: auf diese Weise werden Lehren der Anderwelt ausgesät – nicht durch offene Lehrmethoden, sondern mittels Lied und Geschichte, Spiel und Film. Die harmlosen Übermittlungsmethoden haben einen mitreißenden Einfluß auf alle Ebenen des Bewußtseins. Es ist daher dringend notwendig, daß diese Übermittlung in den Händen derer liegt, die wissen, was sie tun.

Diese Anderwelt-Reisenden innerhalb jeder Generation erhalten den Impuls und übertragen ihre Kunst durch jede ihnen bekannte Art der Kreativität: so geht die Fackel von Hand zu Hand. Die Berufung des Künstlers ist wahrlich eine heilige: jene, die diese Berufung mit bescheidener Bewußtheit von der Verpflichtung, die sie der Anderwelt schulden, erfüllen, sind die wahren Künstler unserer Generation, nicht die sich selbst rühmenden, eigennützigen Egoisten, deren Kunst nur sie selbst reflektiert. Doch für uns alle bleibt der Ruf der Anderwelt zu erfüllen. Die plötzlichen Einsichten, die ohne unsere Bitte auftauchen, der überwältigende Drang, mit unseren Fähigkeiten etwas Neues zu kreieren, das Gefühl von erfülltem Schicksal, das aus diesem Drang resultiert – dies sind klare Zeichen unserer Verpflichtung an die gemeinsame Arbeit.

> Denn die Götter haben verborgen und halten verborgen,
> Was der Menschen Lebensunterhalt sein könnte[109]

und es ist unsere Pflicht, für uns selbst herauszufinden, was wir am besten in Mittelerde tun können.

Das verlorene und wiedergewonnene Paradies

Ohne Zugang zur Anderwelt wird Mittelerde ein trauriger, toter Ort. Im Westen ist heutzutage unsere allgemeine Wahrnehmung von ihr auf ein von klassischen und christlichen fundamentalen Konzepten diktiertes Niveau verdrängt – Dämonen, Gespenster, böse Geister und Hexen sind die einzigen Bewohner der modernen Anderwelt – eine Welt, deren freudloses, seelenloses Gesicht man fast jeden Abend auf Videos mit satanischen Manifestationen und fremdartigen Eingriffen sehen kann. Dies ist nicht die wahre Anderwelt, sondern das Schattenland, eine bloße Fata Morgana einer inneren Realität, deren sanfte heilende Kraft abgelenkt und von Bildern der Gewalt und übelkeiterregenden Horrors repräsentiert wird. Der Weg zwischen den Welten ist nie ganz verschlossen worden, doch vor ihm wurden Hindernisse errichtet, und viele glauben nicht mehr, daß der Weg existiert. Jene, für die der Himmel ein viktorianischer Mythos und die Hölle eine omnipräsente Realität ist, sind von der führenden Mythologie der Anderwelt abgeschnitten. Ohne Vertrauen in die spirituellen Reiche, die Anderwelt und die Unterwelt, werden wir zur Beute fadenscheiniger Doktrinen und Verzweiflung: und ihr wachsender Einfluß auf die Welt breitet sich immer noch aus, zu Zweifel und Zerstörung mahnend. Wenn wir aufhören, für die Toten zu beten, für jene im Fegefeuer und für jene an den angestammten Orten, dann beginnen wir, Gespenster und heimatlose Geister zu fürchten.[32] Wenn wir der Stimme unseres inneren Führers nicht mehr zuhören, dann hören wir die Versuchungen unserer schlimmsten Seite. Wenn wir unsere spirituellen Sehnsüchte nicht mehr erfüllen, wird Gott zum Teufel.

In dieses Vakuum von Zweifel und Unsicherheit sind viele neue Anderwelt-Szenarios gesprungen, nach denen verzweiflungsvoll, hoffnungsvoll und sehnsuchtsvoll gegriffen wurde. Gott als Astronaut und interstellare überwachende Besucher scheinen die neuen Metaphern der Anderwelt im modernen Zeitalter zu sein. Andere greifen nach psychologischen Entdeckungen, die der schamanischen Erfahrung zu gleichen scheinen, jedoch häufig in ihrer Anwendung auf das Leben Theorie bleiben. Andere, die der von Kirche, Synagoge und Moschee proklamierten milden Anderwelt müde sind, sehen nach Osten, um befriedigendere Paradigmen zu finden. Doch obwohl die einheimische Anderwelt-Tradition tot erscheint, ist sie weit davon entfernt, verstorben zu sein. Sie beseelt jedes der neuen Anderwelt-Konzepte immer noch aus der gleichen Quelle.

Jene, die damit rechnen, daß fremde Intelligenzen unserer Welt helfen, ihre Fehler zu überwinden und sie vor der technologischen Katastrophe retten, entdecken vielleicht, daß die alten Leuchtenden zurückkehren. Wenn Reisen in die Anderwelt heute in der allgemeinen Phantasie auf Reisen ins All beschränkt sind – den neuen *imrama* –, könnte man die paradiesischen Inseln nicht in den Sternen wieder ausfindig machen, da wir eher außen als innen nach Hilfe suchen? Wir könnten die Konstellationen als Sternentore der Anderwelt betrachten, die ihre archetypischen Kräfte vermitteln und die auch ihre weltlichen Korrelative auf der Erde selbst haben (siehe Übung 5). Es ist möglich, daß die läuternde Erfahrung der Psychoanalyse beschädigte Psychen in Kontakt mit ihren eigenen inneren Räumen bringt, wo sie sich mit anderweltlichen Archetypen austauschen können. Ohne Zweifel können östliche Techniken, die selbst von gültigen spirituellen Disziplinen herstammen, unsere eigenen einheimischen Anderwelt-Traditionen stimulieren, obwohl sie in die angemessene westliche Metapher umgeformt werden müssen.

Anderweltliche Reiche und ihre Einwohner können durch spirituelles Erbe und Blutsbande auf andere Länder und Kulturen übertragen werden. Keltische Immigranten brachten ihr Feenvolk, das Volk des Friedens, mit sich nach Amerika und Australien, obwohl jedes dieser Länder seine eigenen einheimischen Anderwelten in der Kultur der Indianer und Aborigines hat. Die Anderwelt braucht viel Zeit, um sich zu etablieren, wie John Crowley in seinem Roman über die Anderwelt, *Little, Big*, über Amerika bemerkt:

> Wir als Volk sind zu jung, um Geschichten, wie die von Arthur erzählten, kultiviert zu haben, und vielleicht zu selbstgefällig, um das Bedürfnis danach verspürt zu haben. Mit Sicherheit werden auch keine über die sogenannten Väter unseres Landes erzählt; die Vorstellung, daß einer dieser Herren nicht gestorben ist, sondern, sagen wir, in den Ozark oder den Rockies schläft, ist komisch, wird aber nirgendwo geglaubt. Nur der verachtete, geistertanzende Rote Mann hat eine lang genug zurückreichende Geschichte und Erinnerung, um einen solchen Helden zu liefern.[61]

Doch die im letzten Jahrhundert begonnene Wiederentdeckung unseres Volkserbes und seiner Anderwelt-Tradition dauert an. Die als *Keltisches Zwielicht* bekannte Bewegung brachte auf der einen Seite ein Niemandsland hervor, das aus unrealistischen Sehnsüchten gewoben war und auf der anderen Seite ein breites und erfülltes Bild von der Anderwelt bot, zu dessen Verfechtern der große Dichter W. B. Yeats und der Mystiker «A. E.» (George Russell) gehörten. Deren Genie und Vision entflammten die gesamte keltische Welt und sind immer noch die Basis für viele Fantasy-Romane, deren Autoren dadurch einen Blick auf die Strahlen des Paradieses erhaschen. In anderen Ländern sammelten Folkloristen die letzten Überbleibsel einheimischer Traditionen, bevor der letzte Geschichtenerzähler seine Kunst vergaß. Antiquare und Dichter begannen die Bedeutung ihres Erbes wahrzunehmen: in nur zu kurzer Zeit würden die Bindeglieder zur Vergangenheit gestorben sein. Wir dürfen nicht glauben, daß Fachleute und Folklore-Experten all dies für uns aufzeichnen. Die Anderwelt-Traditionen vieler lebendiger Kulturen sind in Gefahr. Im letzten Jahrhundert und bis in dieses hinein haben viele Indianerstämme ihre eigenen Bindeglieder verloren, sind bis zur Ausrottung gehetzt oder zu Bürgern zweiter Klasse gemacht worden. Der lebendige Impuls dieser Traditionen wurde glücklicherweise bewahrt oder wiederbelebt, jedoch im Angesicht noch nie dagewesenen Widerstands und systematischer Ausrottung kultureller Identität. In Australien ist die Bewegung, von den Aborigines selbst initiiert und motiviert, im Gange, um ihren Lebensstil und ihren Zugang zum *Träumen* an jene Mitglieder ihres Volkes weiterzugeben, die keinen Platz in der Ökologie des weißen Mannes haben. Und überall wird die Wächterschaft einheimischer Erd-Stätten und Orte zusammen mit der Überlieferung der Anderwelt-Traditionen gelehrt. Dies ist ermutigend, doch wir können es uns nicht leisten, selbstzufrieden über unsere eigenen Traditionen zu sein.

Ein Verständnis von der Anderwelt ist innerhalb des Kontexts des westlichen Weges oder tatsächlich jeder spirituellen Tradition unerläßlich. Es ist die Grundlage, aus der alle mystischen Schriften erwachsen. Die Anderwelt konzentriert die spirituelle Erfahrung von Sehern, Propheten, Schamanen und Visionären, die wiederum Nachfolger inspirieren. Ohne eine Vision vergehen die Menschen, jedoch gibt es nie einen Mangel an spiritueller Vision. Die Wiederentdeckung der Anderwelt-Wirklichkeit innerhalb jeder Generation war der Impetus spirituellen Lebens. Spirituelle Weisheit hat eine gemeinsame Quelle, auch wenn ihr anderweltliches System auf so viele verschiedene Weisen, den kulturellen Anforderungen entsprechend, wahrgenommen und interpretiert wird.

Unser Anteil an dieser Übermittlung der Tradition ist lebenswichtig. Wir reisen in unsere innere Heimat, unser ‹Heim›, in das wir still grufen werden und aus der wir wieder in unser gewöhnliches Leben hinausfahren und das mitbringen, was wir erfahren haben. Darüber kann man nicht mit Worten sprechen, aber man kann es durch Gesten und Einstellungen vermitteln, die für andere auf tieferen Ebenen, als jeder von uns wahrnimmt, offenbar sind. Ohne den Einfluß der Anderwelt wäre der westliche Weg eine Sackgasse, die Reisenden auf diesem Weg bloß Lehnstuhlesoteriker. Den Ruf der Anderwelt hören viele, die keine Mittel haben, bewußt dorthin zu kommen, obwohl sie sie in Träumen, Tagträumen und Visionen besuchen. Sie lesen darüber und sehnen sich nach ihr: «Jerusalem, mein glückliches Heim, wann werde ich zu dir kommen?» Es ist die Sehnsucht des Herzens, ein dauerhaftes Heim zu haben, einen inneren Ort, der hell und von unvergänglicher Freude ist. Die Sehnsucht nach einem irdischen Paradies hat bei vielen zur Erforschung der unbekannten Mittelerde geführt, um einen Anspruch auf heilige Orte zu erheben, so wie Moslems, Juden und Christen alle Jerusalem als ihr Eigentum beanspruchen. Aber das irdische Paradies kann nicht von Armeen sichergestellt werden; es ist eine Erforschung, die in eine völlig andere Richtung führt,[162] und seiner Entdeckung wird auf andere Art gehuldigt. Wir sind bei der Anderwelt in der Lehre, so wie die Leuchtenden nur Reisende in die spirituellen Reiche, die dahinter liegen, sind.

Die einheimische Anderwelt-Tradition wird allgemein als Mittel spiritueller Wahrnehmung übersehen, doch wir stellen sie Seite an Seite mit den Wegen der Offenbarungsreligion und der hermetischen Esoterik vor, die wir in Band 2 erörtern werden. Ebenso wie Dante seine drei Welten des Fegefeuers, der Hölle und des Himmels mit seinem Führer Virgil erforschte, so können wir mit unserem Führer durch die scheinbar komplexen Zeitskalen der Anderwelt passieren und Vorfahren, Archetypen, Göttern, Engeln, Feen, Verstorbenen und denen, die noch inkarniert werden, begegnen. Mit dem englischen Mystiker des siebzehnten Jahrhunderts, Traherne, können wir ausrufen:

Ein Fremder hier
Trifft auf seltsame Dinge, sieht seltsame Herrlichkeiten;
Seltsame Schätze in dieser schönen Welt verborgen, erscheinen,
Alle seltsam und neu für mich,
Doch, daß sie mein sein sollten, der ich nichts war,
Das ist am seltsamsten an allem, doch genau das geschah.[265]

Der Pfad zur inneren Erleuchtung und die Reise nach Außen, um die Erkenntnis zu aktualisieren, sind lang, schmerzhaft und mit Fehlschlägen beladen. Doch die Reise ist es wert. Es ist die einzige Reise.

Schiffen Sie sich zu Ihren gesegneten Inseln ein, fahren Sie dorthin, lernen Sie Wunder und Mysterien kennen. Reisen Sie, aber *kommen Sie zurück*.

Übung 7 Kontaktaufnahme mit dem Wächter

Die Wesen, die Sie in der *Zwei-Bäume-Meditation* treffen (Übung 8), sind Wächter, aber sie sind auch allgemeine Führer, die Sie zur nächsten Erfahrung voranleiten; sie übernehmen keine Verantwortung für Sie. Der persönliche innere Wächter ist vielleicht näher als Sie denken, obwohl viele mit ihm nicht in Berührung sind. Wir alle haben einen, ob wir ihn nun Daimon, inneren Begleiter, Schutzengel oder Führer nennen: die Rolle des Wächters ist nicht, Sie vor Erfahrungen zu bewahren, sondern Sie in Erfahrungen einzuweihen, die Sie weiterbringen. Jeder Wächter handelt im Namen seines oder ihres eigenen Führers – einem inneren Lehrer von großer spiritueller Weisheit, der oder die in den spirituellen Reichen existiert, aber manchmal in der Anderwelt angetroffen werden kann. Mit der kollektiven Weisheit dieser Lehrer kann man sowohl innerhalb der Zwei-Bäume-Meditation als auch innerhalb anderer spiritueller Disziplinen Kontakt aufnehmen. Diese ineinandergreifende Kette von Verantwortung wird selten im Westen gelehrt: Engel wie auch Feen sind innerhalb der spirituellen Ökologie fakultativ geworden. Und obwohl es noch üblich ist, für ein Neugeborenes Paten zu benennen und damit eine spirituelle Verwandtschaft und gegenseitige Verpflichtung zu schaffen, hat man die Funktion eines inneren Wächters heute fast gänzlich aus den Augen verloren.

Im Goldenen Zeitalter der Kindheit machen wir zum erstenmal Bekanntschaft mit dem Wächter, wenn wir uns einen heimlichen Begleiter ausdenken, den wir aktiv bei stillen Spielen visualisieren. Dieses Bild tritt im jugendlichen Alter zurück, um von dem ersetzt zu werden, was die Jungsche Schule den Animus oder die Anima nennt: das männliche oder weibliche psychische Gegenstück von Frau bzw. Mann. Nicht jeder ist sich dieser inneren Einflüsse bewußt, die sich innerhalb der Vorstellung entsprechend ihrer kulturellen und experimentellen Färbung ausdrücken. Jeder findet seine oder ihre besondere Metapher, Symbolismus und phantasievolle Kleidung für den Wächter, obwohl sie ihn nicht als solchen bezeichnen würden. Andere sind sich einer unausgesprochenen inneren Stimme oder eines Gewissens bewußt oder eines Beobachters. Wenn Sie irgend etwas davon in Ihrem Leben erfahren haben, sind Sie bereits mit Ihrem Wächter in Verbindung. Und wenn nicht?

Setzen Sie sich und meditieren Sie. Sehen Sie einen hohen gerahmten Spiegel vor sich. Nähern Sie sich ihm. Seine Oberfläche reflektiert Sie nicht, weil Sie undurchsichtig wie ein milchiger Opal ist. Innerhalb des Spiegels ist jemand vor Ihrem Blick verschlossen. Atmen Sie auf die Oberfläche; sehen Sie Ihren Atem als einen Fluß von regenbogenfarbenen Lichtfunken. Dies ist lebenspendender Atem. Sehen Sie die vereiste Oberfläche langsam unter Ihrem Atem dahinschmelzen. Jemandes Gestalt wird in dem Spiegel deutlich. Sie mag männlich oder weiblich sein, alt oder jung, doch es ist niemals ein Tier oder eine nicht-menschliche Einheit, noch ist es jemand, den Sie im Leben kennen. Wenn die Gestalt noch undeutlich ist, konzentrieren Sie sich auf Ihren Atem und die regenbogenfarbenen Lichtfunken. Sie geben nicht so sehr Ihrem Wächter Leben als vielmehr sich selbst. Ihr Führer hat immer an dieser Tür auf Sie gewartet, um Sie zu begrüßen, und nun schaffen Sie aus Ihrem eigenen Willen heraus die Gelegenheit. Die Oberfläche des Spiegels ist nun klar wie der Tag; der Rahmen ist wie ein Torweg.

Begrüßen Sie Ihren Wächter, und fragen Sie nach seinem oder ihrem Namen. In ihrem Umgang mit dem Wächter müssen Sie immer zuerst sprechen: Ihr Wächter wird nicht mit Ihnen sprechen, wenn Sie nicht erst den Kontakt herstellen. Es ist wichtig, sich daran zu erinnern, so daß Sie von den Erscheinungen der medialen Welt nicht abhängig oder irregeführt werden. Wenn Sie den Namen des Wächters nicht verstehen, schaffen Sie ein gegenseitiges Erkennungszeichen, das Sie bei zukünftigen Treffen austauschen können – eine kleine Handbewegung genügt. Dies wird das Wesen in zukünftiger Meditation sofort als Ihren eigenen Führer bestätigen und nicht als einen zufälligen Kontakt.

Nun, da die Tür zwischen den Welten geöffnet ist, können Sie Ihren Begleiter/Wächter treffen und sprechen, wann immer Sie wollen. Sie möchten dies wahrscheinlich allein in Ihrem Zimmer tun, indem Sie laut sprechen oder sich auf dem Papier unterhalten. Außerdem können Sie den Kontakt durch Visualisierung und inneres Zuhören herstellen. Finden Sie Ihre eigene Ebene, und seien Sie geduldig. Wie in allen Beziehungen werden Freundschaft und Verständnis mit der Zeit gemeinsam wachsen.

Ihr Wächter kann ein Resonanzboden sein, Berater und Führer, nicht nur hilfreich in der Anderwelt, sondern auch in Mittelerde. Ein guter Rapport mit dem Daimon oder der Muse wird von kreativen Menschen immer noch für wertvoll gehalten, deren Lebensunterhalt von Inspiration, Technik und konzentrierter Anstrengung abhängt: die Freundschaft des Wächters befähigt sie, ihr Schicksal zu erfüllen, indem sie Anderwelt-Konzepte in das Handwerk, die Künste, Darstellung und Musik übersetzen. Man muß kein kreativer Künstler sein, um auf allen Ebenen kreativ zu leben.

Wenn Sie dazu neigen, sich an Wunder zu halten oder von stärkeren Persönlichkeiten in Ihrem täglichen Leben abhängig zu sein, geben Sie acht. Tun Sie nicht alles, was Ihr Wächter Ihnen sagt, sondern denken Sie darüber nach, ob sein Rat zu dieser Zeit richtig für Sie ist. Überprüfen Sie den Rat des Wächters anhand Ihrer höchsten Prinzipien, indem Sie ihn, wenn notwendig, der Quelle Ihrer spirituellen Einstellung übergeben. Unterwerfen Sie sich nicht völlig dem Wächter, sondern versuchen Sie, für Ihre eigenen Taten und Gedanken verantwortlich zu sein. Beten Sie Ihren Wächter nicht wie einen Gott an; er oder sie kann wie ein älterer Bruder oder eine ältere Schwester betrachtet werden, ein Begleiter mit ein wenig mehr Erfahrung, als Sie selbst haben.

Dieser Kontakt ist intim, persönlich und kann viele Formen annehmen. Wir können hier nur grob auf die Vielfalt der Beziehungen hinweisen, die man haben kann, aber es wird sich zeigen, daß weitere Kontakte dazukommen als Resultat der Übung. Sowohl inneres als auch äußeres Leben werden durch den Kontakt mit dem inneren Wächter bereichert und befruchtet. Daraus resultiert eine Flexibilität der Persönlichkeit zusammen mit einer neuen Selbstbewußtheit, die Vertrauen und Bescheidenheit in großem Maße fördern.

Übung 8 Die Zwei-Bäume-Meditation

Diese Meditation ist nicht irgendeine geführte Phantasiereise, sondern ein initiatorischer Eintritt in die Anderwelt, die innere Welt, deren Wirklichkeit zu unserer parallel verläuft, die jedoch jederzeit betreten werden kann, da sie zeitlos ist. Dieser rituelle Eintritt ist vom Lehrer an den Schüler über viele Generationen in der einheimischen Tradition Englands weitergegeben worden: er wurde als verborgener Schatz gehütet und niemals zuvor niedergeschrieben. Aufgrund seiner Bedeutung und weil die einheimische Tradition einmal wieder in den Vordergrund des Bewußtseins rückt, meinten die Autoren, daß die Zeit gekommen sei, sie herauszugben. Darin werden Sie bestimmte Bilder und Gestalten treffen; diese werden Sie lehren und Ihnen bestimmte Aspekte Ihrer selbst zeigen. Die, die daran nicht arbeiten, werden nichts davon haben: als Einweihungsmethode ist sie geschützt. Sie sind für die gedacht, die damit arbeiten und von ihrer Ausübung profitieren: denn in der Arbeit mündlicher Überlieferung muß der lebendige Funke im Herzen des Hörers keimen.

Wie eine unvollendete Geschichte stellt diese Meditation eine Herausforderung für alle dar, die den vitalen Impuls der inneren Ebenen in sich gefühlt haben. Für diese innere Erforschung gibt es keinen Abschluß, keinen einzig richtigen Weg, keine richtige Reihenfolge von Ereignissen: jeder findet die Reise auf seine oder ihre Bedürfnisse zugeschnitten. Die Landschaften, die Ereignisse und Gestalten erscheinen verschieden, entsprechend den Wahrnehmungen des Individuums, doch übereinstimmende Bilder tauchen in ausgewählten Erfahrungen auf, die die Autoren kritisch verglichen haben. Es ist nicht leicht, diese Reise zu unternehmen, denn hier gehen Sie allein. Da diese mündliche Technik zum Gebrauch innerhalb einer Lehrer/Schüler-Beziehung gedacht war, mit wenigstens einem Minimum an Supervision, sollte man gewisse Dinge im Auge behalten: wenn Sie über den Anfang nicht hinauskommen oder steckenbleiben oder Bilder Ihnen wiederholt begegnen, dann hören Sie auf. Die Zeit ist nicht reif für Sie, Ihr inneres Vorrücken zu beginnen oder fortzuführen. Sie kommt vielleicht später. Einige finden möglicherweise, daß sie nicht die Meditation machen – die Meditation macht sie. Dies kann beunruhigend sein, ist aber zu bewältigen, wenn Sie ein vernünftiges Gleichgewicht in Ihrem Leben halten. Wenn es nicht möglich ist, sich solch einem Rückzug, wie in Übung 10 beschrieben, zu unterziehen, um die Reise zu vollenden, dann blockieren Sie energisch jegliche Bilder, welche versuchen, in Ihr tägliches Leben einzudringen, indem Sie den Leitlinien folgen, die in den Grundinstruktionen zu den Übungen angegeben sind. Diese Übung, wie vieles in esoterischer Forschung, kann quälend werden, doch Sie werden herausfinden, daß, hat sich der anfängliche «Blockbuster»-Effekt einmal manifestiert, die Meditation in einer gleichmäßigeren Geschwindigkeit fortfährt.

Auf viele Weisen ist die Zwei-Bäume-Meditation ein Kompendium der anderen Übungen in diesem Buch. Einige Sucher sind aus dieser Erfahrung abwechselnd erschüttert und erleuchtet hervorgegangen. Ihre Wirkung ist tief, also gehen Sie nicht scherzhaft an sie heran. Diejenigen, die Sie hinter den beiden Bäumen antreffen, nehmen viele Formen an: wiedererkennbare religiöse Führer, Tiere, innere Begleiter und Führer, wie auch solche, die irreführende Charaktere zu sein scheinen, die Hindernisse in Ihren Weg legen. Diesen sollten Sie fest engegentreten und sie herausfordern, falls sie Ihre Integrität bedrohen. Gleichwohl können sie einen heilsamen Effekt auf diejenigen haben, die persönliche Probleme bisher vermieden haben und versuchen, an liebgewordenen und fehlerhaften Regeln festzuhalten.

Nach einigr Zeit werden sich Bilder und Lehren in Ihr Leben einfügen und Teil Ihrer «inneren Ausstattung» werden. Es ist gut, schriftliche Aufzeichnungen von Ihren Reisen für die Zukunft zu machen. Wenn Sie Ihre Notizen mit denen eines Freundes oder einer Gruppe, die mit dieser Meditation arbeitet, vergleichen möchten, denken Sie daran, daß die Resultate vielfältig sind und daß keine qualitativen Urteile über jemandes Fortschritt gefällt werden können. Nicht einmal der Lehrer befindet sich in der Position, zu urteilen oder zu kommentieren, außer er hilft und rät im Fall von Schwierigkeiten. Die Autoren sind bereit, in dieser Hinsicht zu helfen, falls solche Schwierigkeiten auftauchen: jegliche Korrespondenz sollte an uns adressiert sein, c/o. Routledge, 11 New Fetter Lane, London EC4P4EE.

Die zwei Bäume

Sie stehen auf dem Gipfel eines niedrigen Hügels. Unter Ihnen befindet sich ein flaches Tal, in dessen Mitte ein See liegt. Neben diesem stehen zwei Bäume – Silberbirken –, die umgekehrt im Wasser reflektiert werden. Gehen Sie den Hügel hinunter und um das Ufer des Sees herum, bis Sie zwischen den beiden Bäumen hindurchkommen. Während Sie dies tun, konzentrieren Sie Ihre Aufmerksamkeit auf den Himmel hoch über dem Horizont. Dort werden Sie entweder die Sonne oder den Mond sehen: ist es Tag oder Nacht? Wenn Sie dies festgestellt haben, senken Sie Ihren Blick und sehen eine sich nähernde Gestalt. Sie kann männlich oder weiblich, verschleiert oder unverschleiert sein. Dies ist Ihr Führer. Folgen Sie den Anweisungen, die er oder sie Ihnen gibt. Ihr Führer begleitet Sie vielleicht oder benennt einen Begleiter, oder Sie werden allein ausgesandt. Denken Sie daran, daß Ihnen kein wirklicher Schaden zugefügt werden kann. Folgen Sie dem für Sie vorgegebenen Weg, und suchen Sie das Ziel, zu dem Sie geführt werden.

Sie können von Ihrer Reise wann immer Sie wollen zurückkehren. Sie werden wahrscheinlich feststellen, daß Sie in unerwarteten Momenten in die Landschaft der Reise hinein- und hinausgleiten und daß Sie die Reise nach einem Zeitraum von einigen Wochen oder Monaten wieder aufnehmen. Manchmal scheint sie weiterzugehen, obwohl Sie sich dessen nicht bewußt sind, so daß Sie an einem anderen Ort in die Landschaft wieder hineingehen, jedoch in vollem Bewußtsein dessen, was geschehen ist, wie in der Erinnerung an einen Traum. Es sollte klar sein, daß diese innere Reise Jahre brauchen kann, möglicherweise ein Leben, und daß sie, einmal begonnen, in Ihrem Leben immer wieder auftauchen wird. Sie brauchen die Reise nicht jedesmal von Anfang an zu beginnen, folgen Sie einfach ihrem Verlauf.

Kapitel 5

Der geheime Staatenbund

Denn du nahmst, was vor mir und was hinter mir liegt;
Du nahmst Ost und West als du mich nicht beachtetest.
Sonne und Mond nahmst du von meinem Himmel,
Und auch Gott, oder ich täusche mich sehr.

«Donal Og», traditionelles irisches Volkslied

Es gibt sechzig und neun Wege, ein Heldenepos zu erschaffen,
Und – jeder – einzelne – von – ihnen – ist – richtig!

Rudyard Kipling: «In the Neolithic Age»

Einheimische Weisheit

Die Vorzeit gibt es nicht mehr. Während diese historische Ära vergangen ist, überlebt ihre einheimische Weisheit unzerstört innerhalb der Anderwelt, jedoch fragmentarisch innerhalb der Volkstradition und esoterischer Wiedererweckung. Diese Erweckung bringt ihre eigenen Probleme mit sich, indem sie häufig die Werte der Vorzeit im rosigen Schimmer eines goldenen Zeitalters repräsentiert, statt im Licht des *Geheimen Staatenbundes*, den sie repräsentiert. Robert Kirk[130] (und siehe Kapitel 4) benutzte diesen Ausdruck, um Land und Lebensart des Feenvolks zu beschreiben. Die Weisheit der einheimischen Tradition, von der Vorzeit an bis heute, ist buchstäblich unser Gemein-Gut (engl.: common wealth; Staatenbund = Commonwealth, d. Übers.), der Schatz, aus dem wir unsere spirituelle Nahrung beziehen. In seine Schatzkammern gehört jeder Aspekt der Tradition, sowohl heidnisch wie christlich, alt und neu: seine Münze wird jedesmal frisch geprägt, wenn einer dieser Aspekte in Mittelerde gültig ausgetauscht wird. Nur wenn man den Schatz als eine Art Museum ansieht, werden seine Münzen zu Blättern wie Feen-Gold. Erwekker, die Traditionen «authentisch» anwenden wollen, müssen sich mit Bedacht zusammentun, wenn diese Traditionen unter ihrer Berührung nicht versteinern sollen.

Tradition ist niemals statisch, sie reproduziert sich selbst unaufhörlich bis ins letzte Detail; sie muß sich verändern, um sich unterschiedlichen Verhältnissen anzupassen. Die Überlieferung der einheimischen Weisheit ist ein Wunder, obwohl die Symbiose ihrer Werte oft von Erweckern übersehen wird, die entweder sorgfältig «alte» Traditionen erfinden oder Fragmente davon überbetonen, indem sie ihre dürftigen Funde um ihren schwach flackernden Leuchtturm herumgruppieren. Wir haben gezeigt, wie die Traditionen der Vorzeit zurückgekehrt sind: wie die Gott-Gestalten wieder auftauchen, wie wieder Kontakt zu den Energien der Erde aufgenommen wurde und inwiefern die Anderwelt ein Schlüssel zur einheimischen Weisheit ist. Weniger einfach ist es, den Verlauf der Alten Religion zu verfolgen. Ihr Pfad wurde überkreuzt und mit Verwirrung überlagert; ohne die bestätigende Resonanz der Anderwelt ersticken Überlieferungstheorien einander wie Unkraut. Jegliche Betrachtung traditioneller Überlieferung muß notwendigerweise kurz sein. Wir werden also in diesem Kapitel versuchen zu zeigen, wie diese durch die vom Schamanen, Herrscher und Volk repräsentierte Stammeseinheit bewirkt wurde.

Die moderne heidnische Erweckungsbewegung, in eigenen Kreisen als *the Craft* («die Zunft») bekannt, ist insofern interessant, als sie für sich beansprucht, von der Alten Religion der Vorzeit abzustammen. Sie leugnet jegliche Übereinstimmung mit dem, was allgemein als Hexenkunst bekannt ist, welche als Derivat von im Mittelalter und im frühen siebzehnten Jahrhundert unter Folter erpreßten Informationen und Ausschweifungen öffentlicher Phantasie angesehen wird. Der Erweckungsbewegung angehörende Hexen, die ihre ununterbrochene Abstammung aus der Vorzeit proklamieren, haben häufig Schwierigkeiten, zu erklären, wie ihre Tradition unbefleckt die Vorwürfe der Verfluchung, des Kindopfers, der Orgien und Teufelsanbetung überlebt hat. Wenn es eine unerklärliche Kluft zwischen der Alten Religion der Vorzeit und der modernen Zunft zu geben scheint, ist der Grund dafür, daß die Verbindungen entweder unsichtbar sind oder schlicht niemals bestanden haben. Doch falls es irgendeinen Nachfolger des Schamanen gibt, dann ist der wahrscheinlichste Kandidat der Hexer/die Hexe, der Erwecker.

Während die Legende von den «alten Familien», die eine sterbende Tradition am Leben erhalten, reichlich von den Kommentatoren ausgeschmückt wurde, die nach Rationalisierung für ihre Behauptungen suchten, gab und gibt es immer noch gewisse Familien, in denen die Alte Religion in irgendeiner Form überliefert wurde. Ein berühmter ostenglischer Hexer, George Pickingill (1816–1909), den Freimaurer und Rosenkreuzer aus Amerika konsultierten, leitete seine Abstammung von Julia von Brandon her, einer Hexe, die 1071 starb.[271] Seine ererbte Tradition setzt sich in den neuen Hexenversammlungen fort, die er im Laufe von sechzig Jahren gründete, und kann daher als heute noch wirksam bezeichnet werden. Die Beispiele von ererbter Nachfolge sind jedoch zu bruchstückhaft, um irgend etwas zu beweisen. Wie, zum Beispiel, wurde aus dem einheimischen Schamanen ein Hexer?

Wie der Druide auf den Schamanen folgte, so folgte der Priester auf den Druiden. Spirituelle Führung wird immer von den mit mystischer Wahrnehmung Begabten übernommen, die sich zur priesterlichen Rolle hingezogen fühlen; doch die Priesterschaft wurde zunehmend in kirchliche Verwaltung und theologischen Intellektualismus verwickelt. So wurden die spirituellen Bedürfnisse jener, die in Stammesbewußtsein verstrickt waren, vernachlässigt. Trotz der ausgesetzten Hinterhalte der Kirche hielten sich Heiden- und Christentum nebeneinander über Wasser: Priester, Volk und Herrscher übten häufig ihre doppelte Mitgliedschaft in alten und neuen Religionen in weitgehend gleicher Weise aus wie moderne Japaner, die sich zum Shintoismus *und* Buddhismus bekennen. Inzwischen war der Schamane entweder ein Priester der neuen Religion geworden oder fuhr fort, in der alten zu wirken, wenn auch im geheimen.

In der Renaissance begann ein neuer Wind zu wehen. Die Reformation der protestantischen Kirchen war ein Versuch, die einheimische Tradition in christlichen und auch nationalen Begriffen neu zu formulieren. An diesem Punkt begannen die großen Verfolgungen der, nun Hexen genannten, Anhänger der Alten Religion. Mittelalterlicher Katholizismus hatte starke Bindungen zur einheimischen Tradition. Papst Gregor der Große hatte die Ansiedlung von Kirchen in heidnischen Verehrungszentren ebenso ermutigt wie auch die Fortführung heidnischer Feste in christlichem Gewand. Die Mutter und der Vater aus der Vorzeit, der Herr und die Herrin der Alten Religion, deren Aspekte und Avatare die Götter und Göttinnen des Heidentums waren, waren in der Form von Unserem Herrn und Unser Lieben Frau – Jesus und Maria – gegenwärtig. Unter dem Protestantismus und dessen Nachfahren, dem Puritanismus, wurde die Verehrung der Jungfrau verbannt und das Feiern einheimischer Feste verboten. Jene, die gedankenlos zwei Lehnsherren dienten, sahen sich gezwungen, Partei zu ergreifen. Die protestantische Neuformulierung der einheimischen Tradition schloß heidnische Erweckung nicht ein; sie strebte danach, den einheimischen Charakter von der Verschmutzung durch heidnischen und katholischen Einfluß zu läutern.

Die Alte Religion als Überbleibsel der Vorzeit wurde zum Aussterben bestimmt: doch bevor sie starb, zeigte sie ihre häßliche Seite. Erwecker sehen diese «brennenden Zeiten», wie sie in Zunftkreisen bekannt sind, gerne als Parallele zur Verfolgung der frühen Christen: kleine, eifrige Gruppen hingebungsvoller Heiden, die danach strebten, die alten Weisen lebendig zu erhalten, die sich nachts aus Furcht vor Spionen heimlich trafen und die rechtschaffen und niemandem etwas Böses wünschend ihrer täglichen Arbeit nachgingen. Die Realität war häufig weitaus menschlicher. Die eigene Spiritualität verhöhnt zu sehen, den Lebensunterhalt zu verlieren und die eigene Familie leiden zu sehen, inspirierte keine Gefühle des guten Willens: jene, die die Macht hatten, zu heilen und zu verletzen, entschieden sich oft aus Rache und Vergeltung für das Verletzen. Auf jeder Seite der Umzäunung gab es wenige, sei es christlich oder heidnisch, die die höchsten Prinzipien ihres Glaubens in der Praxis aufrechterhielten. Die Vorstellung vom Teufel als Gottes Gegenspieler war von katholischen und protestantischen Kanzeln herunter gepredigt worden. Von der Verfolgung durch ihre Unterdrücker bedroht, wendeten sich einige um aktive Unterstützung an den

Teufel: wenn Gott sich mit den Verfolgern verbündete, wollten sie sich Gottes Gegenspieler anschließen.

Die grundsätzliche Vereinbarkeit von Heidentum und Christentum wurde durch eine hysterische Säuberung umgeworfen. Von seinen heidnischen Anfängen und seinen Antrieben aus dem Stammesbewußtsein beschämt, rottete das Christentum zuwiderhandelnde Mitglieder aus. Doch die Faszination von den früheren Ebenen der Religion blieb voyeuristisch in die Herzen der christlichen Verfolger eingebettet. Es wurde beobachtet, daß zu dieser Zeit die «Abhandlungen über Hexerei nahe daran waren, ein pornographisches Genre zu sein»[278]. Der Anblick zweier Gruppen von Schamanen, die einander bekämpfen, ist nicht angenehm. Die Tragödie zweier Religionen, die immer schwächer wurden, hätte vielleicht vermieden werden können, aber jene Zeit war nicht für ihre Toleranz bekannt. Doch nicht alles war dunkel.

In seiner Einführung zu Carlo Ginzburgs *The Night Battles*, einer Studie heidnischer Überreste im Kontext landwirtschaftlicher Kulte, bemerkt E. J. Hobsbawm über dieses Phänomen im Italien des sechzehnten Jahrhunderts:

> hier haben wir nicht Margaret Murrays unterirdische, dem Christentum feindliche, alte Religion, sondern rituelle Praktiken, die seit langem eine Symbiose mit der herrschenden Religion eingegangen waren – die *benandanti* (wörtlich «die, die gut gehen») betrachteten sich selbst ursprünglich als Kämpfer Christi gegen den Teufel – die jedoch... durch die Kirchenpolitik in die Opposition gedrängt werden.[87]

Diese *benandanti*, gewöhnliches Landvolk, gingen des Nachts aus, um mit denen zu kämpfen, die die Ernten bedrohten. Zweifellos bewahrten einige Familien dieses alte Wächtertum, während einzelne Individuen mit wacherem Geist als dem ihrer Zeitgenossen Zeugnis von den alten Weisen ablegten. Doch der Impetus der Alten Relgion war gebrochen, und ihre Schamanen waren tot. Einige weise Frauen und schlaue Männer, wie George Pickingill, überlebten auf der Stammesebene des Glaubens, deren Rolle der schamanischen am nächsten kam; außer ihnen bewahrten die Geschichtenerzähler, Dichter, Musiker und Kunsthandwerker die alten Themen und Fertigkeiten, wenn auch meist auf eine mit der Religion oberflächlich unverbundene Art.

Aber ebenso wie alte Stätten von gebildeten Archäologen entdeckt und die alten Mythologien von gelangweilten Theologen an die Öffentlichkeit gebracht wurden, so wurde die Alte Religion untersucht. Wir schulden den Kommentatoren, Sammlern und Hilfswilligen Dank, die aufzeichneten, was sonst verlorengegangen wäre; so wie Pausanius alte griechische Bräuche und religiöse Stätten vor der Ankunft des Christentums aufzeichnete[192], so taten Stukely und Aubrey dieses für die britische Landschaft vor der Industrialisierung.[11, 251] Cecil Sharp und Sabine Baring-Gould[193] sammelten Volkslieder, Erzählungen und Tänze, bevor diese von Radio und Fernsehen ersetzt wurden. Doch wir sollten uns stets darüber bewußt sein, daß ein Besuch vom Anthropologen häufig dem Besuch des Beerdigungsunternehmers gleicht, da traditionelle Bräuche sich ihrer selbst bewußt werden.

Eine Anzahl von Theorien über das Überleben der Alten Religion als Hexenkunst begann das einheimische Bewußtsein vom Anfang dieses Jahrhunderts an zu befruchten und zu stimulieren. Charles G. Leland, ein amerikanischer Volkskundler und selbst ein Abkömmling von John Leland, dem königlichen Antiquar von 1553, entdeckte Beweise italienischer Hexenkunst und publizierte seine Funde in *Aradia: the Gospel of the Witches*[137]. Die Anthropologin Margaret Murray schrieb zwei Bücher: *The Witch Cult in Western Europe* (1921) und *The God of the Witches* (1933). Während Lelands Funde ein isolierter Überlebensbeweis aus erster Hand waren – seine Informantin war eine Hexe namens Maddalena – und sich nur mit italienischen Praktiken befaßten, versuchten Murrays Bücher, die Hexenkunst als Überbleibsel der Alten Religion ernst zu nehmen. Es gab keine Hexen, die vortreten und ihren Funden widersprechen konnten. Durch die Verfolgungen war eine verständliche Geheimnistuerei der schlimmsten Art entstanden, und die Gesetze gegen Hexerei waren noch immer in den Statuten von England aufgeführt. Erst 1951, als das Hexerei-Gesetz von 1736, nach dem jene, die «vorgaben, Hexen zu sein», mit einer Gefängnisstrafe rechnen mußten, aufgehoben wurde, kamen andere Beweise ans Licht.[270] An der Spitze der Sucher nach neuem Beweismaterial befand sich Gerald B. Gardner, ein Amateur-Archäologe und Anthropologe, der Verbindungen zu einer Hexenversammlung im New Forest in Südengland hergestellt hatte; er wurde später in die Gruppe eingeweiht und begann, nach der Aufhebung des Hexerei-Gesetzes, Bücher über die Alte Religion aus dieser Sicht heraus zu publizieren. *Witchcraft Today* und

The Meaning of Witchcraft sprengten die alten Mißverständnisse, die Hexen umgaben, und propagierten einen Kult um schamanenähnliche Praktizierende der Alten Religion, die die alten Feste bewahrten, die alten Götter verehrten und nur heilsame Magie ausübten.

Gardners Behauptungen haben sowohl diejenigen innerhalb als auch außerhalb des Neu-Heidentums verwirrt. Doreen Valiente, die ihn kannte und mit ihm gearbeitet hat, hat folgendes zu sagen: «Die Rituale, die er erlebte, waren eigentlich fragmentarisch... und um sie zu einem kohärenten Ganzen zusammenzufügen... hatte er Wörter ausgewählt, die in seinen Augen... die richtigen Saiten im Geist zum Klingen brachten.»[270] Es wäre in der Tat erstaunlich, wenn so etwas wie ein kohärenter Text durch mündliche Überlieferung alter Rituale überlebt hätte. Die Alte Religion, sogar in der Vorzeit nie ein kodifiziertes Ganzes, war bruchstückhaft und undeutlich. Die Tradition, zu der Gardner im New Forest Kontakt bekam, unterschied sich von den heidnischen Überresten in anderen Teilen der Britischen Inseln oder in Europa. Was immer die Führer anderer Hexenversammlungen sagen mögen, Gardners Ideen waren Funken im trockenen Reisig einer scheinbar toten Tradition und entzündeten ein großes Feuer. Individuen, die aus der orthodoxen Kirche ausgetreten waren, wurden davon angezogen, Gardners Hexenversammlungen beizutreten, und bald wuchsen Neu-Heiden wie Pilze aus dem Boden. Die *Kunst der Weisen*, so genannt aufgrund der Etymologie, die «Hexenkunst» aus dem sächsischen Wort «wicce» oder weise (> witch = Hexe) herleitet, wuchs mit phänomenaler Geschwindigkeit. Wachsende Hexenversammlungen überschritten bald ihre autonome Einheit von dreizehn und schickten Tochterversammlungen aus. «Die Zunft» überquerte bald den Atlantik, wo der Boom sich noch steigerte.

Mit seinem Versuch, die Alte Religion zu verbreiten, stand Gardner nicht allein; andere Individuen, manche mit aufgeblasenen Egos darunter, beanspruchten bald Hexengroßmütter und besondere Kräfte für sich. Neu-Heidentum war zum Kult geworden. Margot Adler erörtert dieses Phänomen in den Vereinigten Staaten in ihrem Buch *Drawing Down the Moon*. Alle Bestandteile der Alten Religion der Vorzeit sind innerhalb «der Zunft» gegenwärtig: die Verehrung der alten Götter, das Feiern landwirtschaftlicher und kalendarischer Feste, die gemeinsame Priesterschaft von

Männern und Frauen, doch warum war diese Erweckung notwendig?

Die allgemeine Reaktion auf das Neu-Heidentum war überwältigend stark, selbst in einer Zeit, die sich neuen religiösen Kulten zuwendet, um die Lücken orthodoxer Glaubensrichtungen zu füllen. Es ist wahrscheinlich, daß wir den Schub in Richtung einer Reintegration der einheimischen Tradition erfahren. In den dreißig Jahren, seit Gardner in gutem Glauben seine Erweckung begann, tauchte ein bedeutendes Muster auf. Während es immer noch jene Anhänger gibt, die mit bemitleidenswert unerwachsenem Enthusiasmus, mit Plastikblumen im Haar, in ihrer etablierten Behäbigkeit erschüttert und die Füße fest in ein Niemandsland heidnischen Friedens gepflanzt, Hexe spielen, gibt es andere, die sich mit analeptischen Mitteln an die alten Wege erinnern und sie ernsthaft als Neuzeit-Schamanen praktizieren. Sie mögen schamlose Erwecker sein, doch ihre Wirkung beeinflußt das New Age direkt dahingehend, etwas einheimische Weisheit zu würdigen.

Während die «Erweckungszunft» immer den kindischen Erwachsenen, den eifrigen (meist männlichen) Diener der Göttin und die machthungrige Hohepriesterin wie auch die sexuell Unreifen und die in religiösen Dingen Unentschiedenen anziehen wird, ist es eine Macht, mit der man rechnen muß, wenn sie wahrhaftig in Berührung mit ihrer natürlichen Stärke ist. Doch hier liegt auch die Gefahr der Erweckung. Was in der Vorzeit allgemeiner Brauch war – Blutopfer, rituelle Vereinigung, usw. –, hat heute keine Geltung. Und während sich «die Zunft» als Ganzes diesen Praktiken nicht verschrieben hat, können jene, bei denen diese Erinnerungen starken Anklang finden, leicht von ihrer spirituellen Entwicklung zu unangemessenem Atavismus verführt werden. Das esoterische Diktum, das Böse sei fehlgeleitete Energie, trifft hier zu. Was in der Vorzeit richtig war, ist heute nicht richtig. Kontakt mit verderbten Kräften erfordert große persönliche Integrität. Wer Geschmack am Schmutzigen oder Verbotenen findet, braucht sich nicht der «Zunft» anzuschließen, um seinen Spaß zu haben, doch jene, die «ihr Böses mit sich bringen», tun ihr keinen guten Dienst. Wenn man zur einheimischen Weisheit über die Anderwelt Kontakt aufnimmt, dann sind die Gefahren minimal, doch bleibt die Frage noch zu beantworten, «funktioniert diese Erweckungstradition heute, im zwanzigsten Jahrhundert?» Sollte die Antwort nein lauten, dann ist es eine Form von Schauspielerei und keine Straße zu spiritueller Entwicklung.

Was hier über «die Zunft» geschrieben wurde, gilt ebenso für andere neu-heidnische Gruppen. Sofern sie echte Versuche sind, Kontakte zur einheimischen Tradition aufzunehmen und diese in das New Age herüberzubringen, leisten sie die Jahrhundert-Arbeit. Sofern sie in einer Idealvergangenheit leben, sind sie reine Kraftvergeudung. Diese harten Worte treffen auf jeden zu, der auf der inneren Spirale des westlichen Weges zurückgeht, um, ohne die Absicht zurückzukehren, Ferien in der Vergangenheit zu machen. Wenn es der «Zunft» scheinbar an der Integrität der, sagen wir, christlichen Kirche mangelt, wo sind dann die modernen mystischen Interpreten der christlichen Tradition? Obwohl das Neu-Heidentum mit seiner Arbeit an den Wurzeln beginnt, schickt es wenigstens einige Pfadfinder aus, um die Möglichkeiten seiner eigenen Tradition zu erforschen.

Doch während «moderne Neo-Mystiker... angezogen wurden von... einem neuerwachten Interesse an Mythologie und insbesondere englischer Mythologie und von dem falsch definierten Glauben an ein New Age... von einer Ablehnung des Christentums, die nicht dem alten Atheismus oder Humanismus gleicht, sondern der Suche nach einer alternativen Spiritualität, häufig mit magischen und okkulten Aspekten»[7], können sie die mystische Verbindung des Christentums nicht völlig ignorieren, die Aspekte der einheimischen Weisheit ebenso erfolgreich bewahrt hat wie «die Zunft», und auch ihre eigene Weisheit als einen spirituellen Pfad weitergab. Geoffrey Ashe schrieb, daß «die starke Magie sowohl kreativ als auch demoralisierend ist»[7]. Wenn die «starke Magie» fähig ist, statt dessen als «Wunder» zu wirken, dann brauchen die alten und neuen Religionen nie mehr, wie in der Vergangenheit, ein Stolperstein füreinander zu sein. Die Erneuerung des Geheimen Staatenbundes geschieht auf viele Arten, und ihre Übermittler sind nicht mehr notwendigerweise die, die die schamanische oder priesterliche Rolle innehaben. Letztendlich ist es nicht wichtig, wer diese Erneuerung übermittelt, solange Zwietracht vermieden werden kann. Die Vergangenheit ist «weder heidnisch noch christlich, sie gehört keiner Nation und keiner Klasse, sie ist universell»[202].

Sie haben uns in die Hand der neuen unglücklichen Herren gegeben,
Herren ohne Zorn und Ehre, die nicht wagen, ihre Schwerter zu tragen.
Sie kämpfen, indem sie Papier hin und her schieben; sie haben helle, tote, fremde Augen;
Sie betrachten unsere Mühen und unser Lachen, wie ein ermüdeter Mann Fliegen betrachtet.
Und die Last ihres lieblosen Mitleids ist schlimmer als die alten Fehler,
Ihre Türen sind abends geschlossen; und sie kennen keine Lieder.[52]

Dieses Zitat aus G. K. Chestertons Gedicht «The Secret People» (Die verborgenen Menschen) paßt gut zu dem aus dem irischen Volkslied «Donal Og», das als Anklageerhebung von den Menschen der einheimischen Tradition, wo immer sie sein mögen, diesem Kapitel voransteht. Wer uns bis hierher gefolgt ist, hat vielleicht einen flüchtigen Einblick in die Gründe gewonnen, warum wir die einheimische Tradition als ebenso wichtig wie die hermetische Tradition bei der Entstehung des westlichen Weges erachten. Jene, die in ihren religiösen Festungen sicher sind, die festgelegte und beruhigende Ansichten über alle Aspekte des Lebens haben, können es sich leisten, den verborgenen Menschen gegenüber selbstgefällig zu sein, denen Sonne und Mond, Osten und Westen und alle zugänglichen Konzepte von Gott entrissen wurden.

In dieser Beziehung von den verborgenen Menschen zu sprechen, bedeutet nicht, gönnerhaft gegenüber der «unteren Klasse» oder dem Bauerngeschlecht zu sein, weil jeder von uns einer der verborgenen Menschen ist, die von ihrem Stamm vertrieben wurden. Die einheimische Tradition des westlichen Weges hat sich nie mit autokratischer priesterlicher Führerschaft befaßt: das spirituelle Wohlbefinden des Stammes wurde kollektiv von Priester, Volk und Herrscher ausgeübt – wobei der Priester/Schamane der Experte in spirituellen Dingen war. Wir haben gesehen, wie der Schamane entweder als Priester oder Hexer überlebt hat, ebenso wie die Schamanka die doppelte Option, Nonne oder Weise Frau zu werden, hatte. Die Stammesherrscher überlebten als Feudalbarone oder gingen in den mörderischen Streitereien um die Stammesherrschaft unter. «Familien von Priestern und Edelmännern, die mit Stammbäumen so alt wie die Schöpfung gesegnet waren, wurden ausgelöscht»[202], und zwar mit solcher Wirksamkeit, daß man versucht ist, Margaret Murrays Theorie vom rituellen Opfer, das alle sieben Jahre für das Wohl des Landes gefordert wurde, in Betracht zu ziehen.[176] Theorien von «Göttlicher Königswürde» wurden am stärksten von Stuart-Königen aufrechterhalten – bemerkenswerterweise bestand eben jener James I. darauf, der eine öffentliche Anklage der Hexenkunst, die *Daemonologie* (Edinburgh 1597) verfaßt hatte. Nach dem Ende der Stuarts und der Einsetzung der konstitutionellen Monarchie verringerte sich das Gefühl für Stammesherrschaft. Der Zusammenhalt des Stammes war gebrochen, und die verborgenen Menschen waren führerlos oder in den Händen derer, denen nur ihr physisches Wohlergehen am Herzen lag – jene «neuen unglücklichen Herren», die so von der Inbrunst der einheimischen Tradition abgeschnitten waren, daß «sie keine Lieder kannten».

Die verborgenen Menschen mögen wie verlorene Schafe gewesen sein, doch sie waren keine Narren. Sie wußten, daß die hochtönenden Namen Gottes, die fremden Rituale und die politischen Theorien nichts für sie waren – daß es einen heimischeren und leichteren Weg als diese gab. Dennoch ließen sie sich häufig von der trägen Abhängigkeit vom Stammesbewußtsein täuschen und dazu manipulieren, in fremden Kriegen zu kämpfen, hungrig und heimatlos zu werden – alles, ausgenommen ihre eigene erlösende Geschichte zu finden, ihr rechtmäßiges, wesentliches spirituelles Schicksal. Anstatt nach dem Geheimen Staatenbund zu suchen, sanken sie in die Fleischtöpfe und den Aberglauben der exoterischen Religion zurück, dabei in unkritischer Zuversicht an den fadenscheinigen und untauglichen Bräuchen ihrer Vorfahren festhaltend.

Nachdem die Vorzeit zu einer blassen Erinnerung verkommen war, lebten die verborgenen Menschen, auch unter aufeinanderfolgenden Invasoren, weiter, indem sie sich so wenig wie möglich an die neuen Wege anpaßten. Doch aus ihren Reihen erhoben sich einige Individuen – nicht Esoteriker oder jene, deren Namen in bezug auf die hermetische Tradition in den Sinn kommen –, sondern den Fortbestand sichernde Verbindungsmänner und -frauen, einfache Schamanen, deren Namen wir niemals erfahren werden. Diese verborgenen Hirten agierten als Ideenträger an den Grenzschwellen der Erfahrung: sie nahmen nicht an den politischen Ermahnungen teil, noch setzten sie ihr Charisma ein, um populäre Galionsfiguren zu werden. Sie waren die Dichter, Geschichtenerzähler, Volkssänger, Visionäre, Handwerker und Integrierer der inneren Vision, deren verborgene Pflicht es war, die einheimische Weisheit in etwas unmittelbar Brauchbares umzuwandeln. Wenn wir die Namen einiger jener, die die Tradition fortsetzten, nur kurz erwähnen, geschieht dies nicht aus Mangel an Respekt vor ihrer Weisheit und Einsicht.

Die einheimischen Mystiker werden von Mutter Julian von Norwich (c. 1342–1420) repräsentiert, deren Einsicht in die Natur der Gottheit sie in maskuliner und femininer Bildsprache ausdrückte und deren Interesse ihren «gleichgestellten Christen» und der unmittelbaren Wirkung der Liebe innerhalb der Menschheit galt.[122] Auf der anderen Seite des Atlantiks gründete Mutter Ann Lee (1736–84) durch ihre non-konformistische Vision die Sekte der Shakers, die eine ekstatische Tradition von Tanz und Lied als Mittel der Anbetung anwendeten.[286]

Die einheimischen Visionäre und Dichter William Blake (1757–1827) und George Russell oder «A. E.» (1867–1935) befinden sich beide in der Tradition von Kirks Meister-Menschen, Wanderern-zwischen-den-Welten, deren Heimsuchungen in ihrer Dichtung und anderen Schriften aufgezeichnet wurden.[22, 218] Während die einheimischen Natur-Mystiker und Dichter Coleridge, Wordsworth und Shelley besser bekannt sind, erforschten Walt Whitman (1819–92) und Richard Jefferies (1848–87) beide die pantheistische Resonanz mit kosmischer Einsicht.[118, 284]

Als Verkörperungen einer toten Kultur haben wir die Zeugnisse von Black Elk (1863–?), der von seinem Stamm, den Lakota-Indianern, und deren Aussterben unter der weißen Kultur sprach[180], und Peig Sayers (1873–1958), einer des Lesens und Schreibens unkundigen Irin, die kein Englisch konnte, jedoch ein Fundus an traditionellen Geschichten war.[180]

Wir haben an früherer Stelle über die Fertigkeiten des Dichters und Barden gesprochen: der Niedergang und Wiederbelebung der einheimischen dichterischen Tradition wird in Robert Graves' *Die weiße Göttin* ausführlich behandelt. Lange, nachdem die großen keltischen Dichter auf das Niveau von verhärmten Vagabunden abgesunken waren, die ihre Lieder und Geschichten durch das verarmte Land hindurch emsig wiederholten, wurden die alten traditionellen Erzählungen und rituellen Szenarios von namenlosen Volkssängern beiderseits des Atlantiks ins Gedächtnis zurückgerufen und besungen.[175, 193]

Die schamanischen Heilkünste gingen auf die Dorfhexe über, deren Ausübung von Volksmedizin heute, in einer Welt, die orthodoxe Heilmethoden nicht mehr dulden will, wieder auflebt. Der alten Heilungsgesänge beraubt, werden Techniken, den feinstofflichen Körper und seine Energiefelder auszugleichen, als Zauberei abgelehnt – was sie auch sind, doch gerade darum immer noch wirkungsvoll.

Die Handwerkstradition, einen Gegenstand zu erschaffen und ihm in Mittelerde mittels Holz, Lehm und Eisen feste Form zu geben, ist ein Paradigma der Kunst des Esoterikers. Eric Gill (1882–1940), der Bildhauer, erinnert uns daran, daß «Kunst» ursprünglich «Fertigkeit» (Geschick) bedeutete, und daß der Künstler «die Person ist, die eigentlich das Geschick hat, Dinge zu machen... die Dinge ins physische Leben zu rufen, die im Geiste wohnen»[86]. Durch den Kunst-Handwerker werden viele religiöse und mystische Wahrheiten von einer Generation zur nächsten überliefert, ohne daß sie verborgen werden müßten, denn sie sind «augenscheinliche Wahrheiten» und offene Mysterien. Die Analogie von Handwerk/Arbeit wurde sowohl von der «Zunft» (als einer neu-heidnischen Bewegung) als auch von den Freimaurern (als einer hermetischen Erweckungsbewegung) angenommen. Die Stärke der Handwerkslogen machte es möglich, daß die Traditionen auf eine vereinte Weise überliefert wurden, die für alle auf vielen Ebenen annehmbar war. Doch noch häufiger waren die, die die Tradition fortführten, inspirierte Individuen, die Hefe jener Generation, die mit der zyklischen Neuformulierung und Neuentdeckung der Wahrheit der einheimischen Tradition beschäftigt waren. Ihre Namenlosigkeit ist unbedeutend – wir haben nur eine kleine Gruppe dieser Schamanen erwähnt, deren Arbeit unser eigenes Jahrhundert beseelte – denn es heißt:

> Jede Epoche hat ihre Propheten – als Leitsterne, und sie sind die brennenden Kerzen des Herrn, die den spirituellen Tempel auf Erden für das erste erleuchten. Wenn sie ihre Arbeit getan haben, werden sie sterben; doch die Kerzen bleiben, und andere Lichter werden auf sie gesetzt werden.[286]

Doch in einigen Zeiten brannte das Licht weniger hell, wenn die «Kunsthandwerker» weniger geschickt waren oder keinen Einfluß hatten. Obwohl die verborgenen Menschen niemals aufhörten, sensibel und sensitiv zu sein, war das Ergebnis ihrer Anstrengungen ohne Übung oder irgendeine Art schamanischer Supervision oft kaum mehr als eine Befragung des Mediums, um Zeichen und Wunder zu sehen, anstatt sich mit dem spirituellen Wohlergehen der Welt zu befassen. Die Anderwelt vermittelte ihre Botschaften immer noch, doch diese wurden in die unmittelbare Sprache und Symbolik des täglichen Lebens gegossen. Es gab keinen Mangel an Kommunikation zwischen den Welten, nur einen Mangel an erfahrenen Dechiffrierexperten. Das vorherrschende allgemeine Interesse daran, was man «niedrigen» Okkultismus nennen könnte – ein oberflächliches Fasziniertsein von Astrologie und Wahrsagerei –, mag die Spekulation nahelegen, ob Okkultismus nicht tatsächlich die Pornographie der Religion war. Doch, wie H. P. Blavatsky kommentierte:

> Okkultismus ist keine Magie, obwohl Magie eines seiner Werkzeuge ist. Okkultismus ist nicht der Erwerb von Kräften, ob medial oder intellektuell, obwohl beide seine Diener sind. Noch ist Okkultismus die Suche nach Glück, so wie die Menschen das Wort verstehen; denn der erste Schritt ist Opfer, der zweite Verzicht.[24]

Wir werden den Bruch zwischen Religion und Magie in Band 2 erörtern, doch das «Herumpfuschen mit dem Okkulten» wird von konventionellen Gläubigen als gefährlich angesehen, die recht fröhlich Wunder, Sühnegebete an Heilige, die Existenz von Schutzengeln und die Heiligkeit der Umgebung von Kirchen verdauen. Es lohnt sich, diese Liste den unter Esoterikern vieler Arten verbreiteten Glaubenshaltungen gegenüberzustellen: der Verwendung von Magie, Meditation über Gott-Energien, dem Schutz der Kreiswächter und der Heiligkeit alter Tempel aus Stein und Erde. Spirituelle Bigotterie resultiert aus Angst vor dem Unbekannten und der Bedrohung der eigenen bequemen Fahrt in den Himmel. Jedoch, spiritueller Fortschritt ist voll solcher Herausforderungen und Bedrohungen – ohne diese gibt es keinen Fortschritt.

Doch die negativen Beispiele des Okkultismus werden immer

von denen betont, die nie die Mängel ihrer eigenen Tradition überprüfen. Zwei Bilder tauchen auf. Für die einheimische Tradition dient als Beispiel die Hexe, die in ihrem Kessel rührt und alles und jeden verflucht: eine Frau mit bösen Absichten, deren Sexualität beunruhigend ist, es sei denn, sie wird als häßliches altes Weib dargestellt. Bezeichnenderweise ist sie eine *Frau*. Der hermetischen Tradition ergeht es nicht besser, für die der Schwarze Magier herhalten muß, der, sicher innerhalb seines Kreises, in seinen symbolverzierten Hut und Mantel gehüllt, Dämonen anruft und elementare Macht befehligt: wieder bezeichnenderweise ist er ein *Mann* von böswilliger Absicht, dessen abartiges Gehirn das Wohlergehen der Welt bedroht. Diese ängstlichen Projektionen werden häufig von denen aus dem esoterischen Schrank geholt, denen die komplementären Gegensätze dieser Bilder unbekannt sind. Während es eine grobe Vereinfachung wäre, die einheimische Tradition mit dem Weiblichen und die hermetische Tradition mit dem Männlichen zu identifizieren, gibt es hier eine symbolische Wahrheit aufzudecken. Die Hexe ist häufiger die Weise Frau oder Wahrsagerin, die die integrierte Weisheit der Erde personifiziert, natürliche Magie und prophetische Einsicht vermittelnd; ebenso ist der Schwarzmagier häufiger der Alchemist, der die ewige Weisheit zu einem Weg spiritueller Evolution umwandelt. Diese Identifizierung darf man jedoch nicht zu weit treiben, da sie die subtileren Ebenen, auf denen Geschlecht keine Bedeutung mehr hat, nicht mit einbezieht. Doch die Tatsache, daß die negativen Bilder des westlichen Weges sich in dieser Weise um das Weibliche und Männliche herum konstellieren, sollte uns an die Tatsache erinnern, daß die älteren «weiblichen» Mysterien der einheimischen Tradition ebenso unter Vernachlässigung gelitten haben, wie die «männlich-orientierten» Mysterien der hermetischen Tradition überbetont wurden und erstarrten.

Wir sprachen in der Einführung davon, daß wir uns unseres patrilinearen Erbes – unserer exoterischen Seite – bewußt sind, aber daß wir die matrilineare Seite – die esoterische Seite unserer selbst – vernachlässigt haben. Die einheimische Tradition ist vor allem die Mutter-Tradition, in die wir hineingeboren sind, die wir aber nicht beerben. Die verborgene Weiblichkeit unseres Mutterlandes wurde uns vorenthalten und um es zu entdecken, müssen wir auf eine lange Selbstentdeckungsreise gehen.

Wie jeder von uns zu seinem verborgenen Mutterland, seinem

esoterischen Selbst in Wechselbeziehung steht, ist eine angemessene Reflexion dessen, wie wir auf die Mutter selbst reagieren – die Göttin, deren Neubewertung im zwanzigsten Jahrhundert ein Versuch ist, die erste, nach innen gerichtete Spirale unserer spirituellen Reise zu verfolgen. Die Neubewertung früherer Arten der Anbetung hat zugleich einige der tiefgründigsten und einige der dümmsten Konzepte im allgemeinen Bewußtsein hervorgerufen. Die ursprünglichen Annahmen der Vorzeit waren unkompliziert, verglichen mit denen, die heute der Wiederbelebung der Göttinnenanbetung gegenüberstehen. Die gleichen Probleme der Rückkehr zu primitiven Verhaltensweisen treffen wieder zu, da eine Vielfalt von Gruppen entsteht, die sich mit der Wiedereinführung des Goldenen Zeitalters des Matriarchats befassen, in dem die Mutter regierte und Frauen richtig behandelt wurden. «Die Zunft» hatte ihre feministische Variante in Form der «Dianischen Zunft» – Hexenversammlungen nur für Frauen.[1] Der radikale Keil des Feminismus hat alte Übereinkünfte über Sexualität, Geschlecht und deren Anwendung auf die Archetypen der Gottheit mit mehr oder weniger Geschick gespalten.[63, 244]

Auf dem Gebiet der Esoterik und Spiritualität – und in der Tat in diesem gesamten Buch – kann es keine Differenzierung der Absicht zwischen den Männern und Frauen, die den inneren Pfad gehen, geben. Auf den inneren Ebenen gibt es keine politischen Probleme wie die, die uns heute auf den äußeren Ebenen des Lebens gegenüberstehen. Sicherlich wird die Arbeit auf den inneren Ebenen von Männern und Frauen verschieden erlebt, wie Dion Fortune in ihrem erleuchtenden Essay «The Worship of Isis» andeutet[78]:

> Isis ist die All-Frau, und alle Frauen sind Isis. Osiris ist der All-Mann, und alle Männer sind Osiris. Isis ist alles, das negativ, rezeptiv und latent ist. Osiris ist alles, das dynamisch und potent ist. Was im Äußeren latent ist, ist im Inneren potent; und was im Äußeren potent ist, ist latent im Inneren... Dies ist das Gesetz der wechselnden Polarität, das den Weisen bekannt ist.

Frauen sind auf den inneren Ebenen potent und sind als Seherinnen und Überbringerinnen spiritueller Fruchtbarkeit tätig – doch Künstler beider Geschlechter arbeiten auch nach diesem Prinzip. Männer sind auf den äußeren Ebenen potent und als Richtungsweiser und Verbinder tätig, wobei sie die innere Inspiration reflektieren und erden – doch Forscher beider Geschlechter aktualisieren innere Bestätigungen ihrer Theorien auf diese Art und Weise. Es gibt keine starren Regeln, doch dieser Kreislauf der Polarität ist eine Tatsache innerer Arbeit. Während wir generell sagen können, daß Frauen auf dem spiralförmigen Pfad nach innen und Männer nach außen tendieren, kann man diese Richtungen umgekehrt anpassen, wenn man das Prinzip der Polarität einmal verstanden hat: so können Frauen bei innerer Arbeit als Richtungsweiser fungieren, während Männer als Medien für die inneren Ebenen tätig sein mögen.

Verwirrung herrscht auf den Bedeutungsebenen, die Sexualität, Polarität und das der Gottheit zugeordnete Geschlecht umgeben. Männlichkeit und Weiblichkeit sind symbolische Masken, die die Gottheit zu unserer Bequemlichkeit und zu unserem Verständnis trägt. Obwohl sich die weibliche Maske im Westen viele Jahrhunderte lang nicht sehen ließ, bleibt sie eine gültige Arbeitsform für die, die willens und fähig sind, die Energien der Mutter zu übermitteln. Obwohl es Kulte nur für Frauen und nur für Männer gab – zum Beispiel die von Bona Dea[13] und Mithras[274] – und obwohl es immer männlich und weiblich orientierte Mysterien geben wird, liegt das gegenwärtige Interesse nicht in der Ausschließlichkeit. Die Archetypen von Gott und Göttin sind allgemein und kraft- und wirkungsvolle Energien, die aus den spirituellen Reichen fließen, die für alle Menschen da sind – und in ihrer Anwendung nicht auf Mann oder Frau beschränkt. Wir sollten uns davor hüten, unsere Unterdrückungen und Sehnsüchte auf die göttlichen Archetypen zu projizieren, noch sollten wir ihre Wirksamkeit in den Grenzen von Historizität einschließen.

Sexualität legt nur unsere Geschlechtsfunktion als menschliche Wesen fest, das die Möglichkeit hat, sich körperlich zu reproduzieren. Sie wird häufig falsch angewendet und mit Polarität verwechselt. Der sexuelle Kreislauf findet zwischen einem Mann und einer Frau statt. Der Polaritätskreislauf findet zwischen äußeren und inneren Ebenen statt – oder zwischen der Anderwelt und Mittelerde. Wenn sich «horizontale» und «vertikale» Kreisläufe überkreuzeugen, hat dies Verwechslung der Absicht zum Resultat, und deren Auswirkung kann man durch die gesamte Geschichte der esoterischen Welt zurückverfolgen, wo gemeine kleine Episoden die Klarheit innerer Arbeit vernebeln. Sollte es je eine Form des westlichen Tantra gegeben haben, hat man seine Prinzipien weitgehend aus den Augen verloren.

Diese Definitionen sollte man im Kopf haben, wenn man diese abgedroschenen Bezeichnungen erörtert: patriarchale und matriarchale Religion. Wo der Feminismus erfolgreich die Erhebung der Frauen aus einem untergeordneten oder Sklaven-Status auf die Ebene eines menschlichen Wesens mit gleichen Rechten propagiert hat, hat er Erziehungsarbeit geleistet. Wenn sein gelegentliches Geschrei in den Ohren weh tut, sollte man bedenken, daß sexuelle Gleichheit in vielen Gebieten der Welt, in West und Ost, weit davon entfernt ist, etabliert zu sein. Wo der Feminismus exklusive Rechte auf spirituelle Gebiete beansprucht, macht er sich ebenso spiritueller Anmaßung schuldig wie die sogenannten patriarchalen Religionen.

Doch es sollte keinen Grund zur Besorgnis geben: Frauen haben die Wächterschaft des Mutterlandes behalten und während dunkler Zeiten als «Speicher» der Religion fungiert. Doch es ist wichtig, daß ihr instinktives Wissen jetzt frei ausgesät und nicht blokkiert wird, da es sonst Gefahr läuft, ungenutzt zu verrotten. Wenn patriarchalische Trends die Weisheit des Mutterlandes der einheimischen Tradition zurückgehalten haben, dann sollte das Mitgefühl des göttlichen Weiblichen als Gegenmittel und nicht als Augenbinde verwendet werden. Die automatische Zurückweisung alles Männlichen von Frauen – sei es symbolisch oder tatsächlich, Gott oder Mann – ist über alle Maßen kindisch.

Beide Geschlechter haben einander viel zu lehren. Während beide ihre eigenen Mysterien bewahren sollten, ist es lebenswichtig, daß bald erfahrene, sowohl männliche als auch weibliche, Initiatoren auftauchen, bevor sich der westliche Weg in einem Wirrwarr von Fehlinformationen über seine eigenen einheimischen und hermetischen Traditionen verliert. Die neu-heidnische Bewegung hat für beide Geschlechter den Weg geöffnet, DIE MUTTER in einem praktischen Sinn wiederzuerfahren. Aber vielleicht ist noch wichtiger, daß die wesentlichen symbolischen Wahrheiten des göttlichen Weiblichen zum erstenmal in diesem Jahrhundert – hauptsächlich von weiblichen Psychologen – intelligent vorgestellt wurden. Mit den Arbeiten von Esther Harding[102], Sylvia Perera[196] und Helen Luke[145] sind die Autorinnen einen weiten Weg gegangen, um das Bewußtsein des zwanzigsten Jahrhunderts zu erziehen. Bevor das Jahrhundert zu Ende geht, wird die Reaktion auf eine Diskussion über die Göttin nicht lauten «welche Göttin?» – eine Frage, deren Anwendung auf Gott undenkbar ist –, sondern Akzeptanz und Verständnis, wie es sie seit der Vorzeit nicht gab, als die Erde selbst Mutter genannt wurde.

Die Erlösung der Zeit

Neu-Heidentum und schamanistische Techniken erfahren derzeit eine große Renaissance. Das moderne Bewußtsein hat sich in etwas Altes und Ursprüngliches eingeklinkt. Für viele ist es eine Flucht vor der Gegenwart; für andere ist es eine willkommene Alternative zu den verwässerten Versionen orthodox religiöser Praxis, an die sie sich aus ihrer Jugendzeit erinnern. Dieser Aufstieg des Neu-Heidentums brachte ein Verständnis unserer Zugehörigkeit zur Erde mit sich, eine Entdeckung des Mutter-Landes und der einheimischen Weisheit des Geheimen Staatenbundes. Aber er hat auch eine andere, gefährliche Seite – die Anwendung uralter Prinzipien auf modernes Bewußtsein, ohne die Vergänglichkeit von Zeit und Umständen zu beachten. Daher sollten jene, die den westlichen Weg durch seine einheimische Tradition hindurch gehen, im Auge behalten, daß

> der Geist des Schülers klar auf objektives Bewußtsein gerichtet sein muß. *Entwicklung auf der Grundlage eines Atavismus* ist die Ursache der meisten Schwierigkeiten, die in (esoterischer) Ausbildung auftauchen[236] (unsere Hervorhebung).

Wie wir in diesem Buch immer wieder hervorzuheben versuchten, ist der Boden der einheimischen Tradition für gegenwärtige Forschung und zukünftiges Wachstum fruchtbar, doch er muß erst gut «umgegraben» werden. Wer seine Bilder und uralte Weisheit nutzen will und läßt dabei den gesunden Menschenverstand außer acht, wird Schaden erleiden.

Die Regeneration alter Formen durch modernes Bewußtsein ist von höchster Wichtigkeit. Das Zusammentreffen uralter Resonanzen mit gegenwärtigem Verständnis sollte unsere Wachsamkeit auf die Tatsache lenken, daß der nach innen gerichtete Pfad des Labyrinths so weit mit dem Faden verfolgt wurde wie möglich. Die Arbeit von Manifestation und Rückkehr, wie sie von dem kosmischen Rhythmus, dem Glauben und Akzeptieren von Reinkarnation und dem wachsenden Interesse am Überleben des Planeten angeregt wird, ist ein klares Zeichen für das Bewußtsein im Wassermannzeitalter – oder für die Verrücktheiten, je nachdem, auf welchem Standpunkt Sie stehen. Sicherlich ereignet sich direkt vor unseren Augen ein Paradigmawechsel[74], wobei ein Satz von Konzepten gegen einen anderen ausgetauscht wird, der sich über Zeiträume bewährt hat, die im Zusammenhang eines Lebens nicht erfaßt werden können. Der gegenwärtige Austausch von Ideen mag von einem subjektiven Standpunkt aus chaotisch erscheinen; tatsächlich wird der Übergang, bei dem alte Formen zusammenbrechen und von anderen ersetzt werden, ungeordnet anmuten. Es ist sicherer, sich an die bekannten Formen zu halten, leichter, innerhalb eines vorhersehbaren Rahmens zu bestehen. Doch die Aufstellung eines neuen Wertesystems ist wahrlich mehr als ein Umzug – wir entscheiden, was wir einpacken und was wir wegwerfen wollen. Es ist dann eine Frage der Sichtweise, wo unsre alten Besitztümer, unser Ur-Wissen am harmonischsten mit dem neu Angeschafften in unserem Haus stehen wird.

Das Bild der Bewegung, des Wechsels und des Exils ist im westlichen Weg einbegriffen und drückt sich häufig in *tatsächlicher* Bewegung aus. Das Bild und die aktuelle Situation überlagern einander wie der innere Impuls, die Anderwelt-Wirklichkeiten zu suchen, durch körperliche Reisen ausgedrückt wird. Das himmlische Jerusalem kann nirgendwo außer im Herzen ausgedrückt werden: auf der Erde einen Ort dafür zu suchen und es da mit nur-allzu-menschlichen Leuten zu bevölkern, heißt, das profane Jerusalem zu bauen. Doch der westliche Weg ist unter Völkern entstanden, die während der großen Völkerwanderungen der Vorzeit nach neuem Land suchten. Diese Eindringlinge, die westwärts durch Europa zogen und die wir die Kelten nennen, erreichten den äußersten Westen auf den Britischen Inseln. Und sie wurden ihrerseits vertrieben. Ihr dreistes Eindringen auf diese Inseln steht ihrem traurigen Abschied gegenüber. Während der irischen Kartoffelhungersnot und den «Räumungen» in Schottland während des achtzehnten und neunzehnten Jahrhunderts klagten auf den Schiffen verzweifelte, untröstliche Menschen, deren Geist gebrochen war und die ihrer Heimaterde beraubt waren, als sie ihres neuen Heimatlandes an der Ostküste von Amerika ansichtig wurden:

> Thig iad ugainn, carach, seolta,
> Gus ar mealladh far ar n-eolas;
> Molaidh iad dhuinn Manitoba,
> Durthaich fhuar gun ghual, gun mhoine.
> Sie kommen zu uns, betrügerisch und arglistig,
> Um uns von unsren Heimen fortzulocken;
> Sie preisen uns Manitoba an,
> Ein kaltes Land ohne Kohle, ohne Torf.[231]

Allmählich bauten sie neues Leben auf, ihre einheimische Tradition bewahrend, deren Fäden sie in das neue Gewebe von Amerika verwoben. Ebenso bildeten jene, die nach Australien transportiert wurden, den Kern einer neuen Zivilisation in der südlichen Hemisphäre. Beide Gruppen von Emigranten waren teilweise für die Zersetzung der damals existierenden einheimischen Traditionen in Amerika und Australien verantwortlich. Dies ist nur ein Beispiel für das Muster von Auswanderung und Invasion, das der Entwicklung der westlichen Welt zugrunde liegt. Es wiederholt sich gerade in unserer heutigen Zeit, da Wellen ausländischer Arbeitnehmer und Flüchtlingen aus Afrika und Asien auf der Suche nach Arbeit oder einer neuen Heimat eintreffen. Jene, die heftig gegen diese Bewegung protestieren, vergessen ganz einfach die karmische Schuld des westlichen Kolonialismus. Rassische Bigotterie ist die letzte Bastion des tief verwurzelten Stammes-Bewußtseins, das danach strebt, in seiner territorialen Vergangenheit zu verharren.

Seite an Seite mit dem Rassismus steht der extreme Nationalismus, der den ethnischen Zusammenhalt auf Kosten des Weltfriedens betont: manchmal von politischen Führern herbeigeführt und inszeniert, die die charismatische Macht von Stammesführern haben; der Nationalismus des Terroristen ist der letzte Versuch der einheimischen Volksseele, sich unwiderruflich zu den eigenen Bedingungen zu etablieren. Diese doppelten Irrtümer können nur durch eine Beschäftigung mit Weltbürgerschaft und universeller Gemeinschaft korrigiert und ausgeglichen werden. Die Gruppenseele wird nicht sterben, noch werden unterschiedliche nationale Eigenschaften ausradiert: sie können durch den Kontakt mit anderen Traditionen regeneriert und dazu gebracht werden, neue Töne zu finden, als anderenfalls möglich gewesen wäre. Man ist auf der nach innen gerichteten Spirale des Labyrinths zum Zentrum gegangen, und nur, wenn wir dem Faden nach draußen folgen, wir die wahre Ur-Weisheit der einheimischen Tradition befreit.

Die einheimische Tradition kann als Werkzeug für Fortschritt und Integration benutzt werden: die Einsichten aus der Anderwelt können helfen, den evolutionären Impuls zu manifestieren, was den Prozeß der Regeneration erleichtern wird. Denn von den beiden Methoden, neue Ideen ins Bewußtsein einzuführen – die der politischen Überredung oder die der inneren Wahrnehmung –, hat die letztere die unmittelbarere Wirkung.

Alvin Toffler postuliert in seinem «Future Shock»:

> Wenn man die letzten 50000 Jahre menschlicher Existenz in Lebenszeiten von ungefähr jeweils 62 Jahren unterteilen wollte, dann gab es ungefähr 800 solcher Lebenszeiten. Von diesen 800 wurden volle 650 in Höhlen verbracht. Erst während der letzten 70 Lebenszeiten war es möglich, wirkungsvoll von einem Leben zum anderen zu kommunizieren – da die Schrift dies ermöglichte. Erst seit den letzten sechs Lebenszeiten sahen große Menschenmengen überhaupt ein gedrucktes Wort.[262]

Die Verbreitung von Bildung hat unserer Generation die ganze Welt eröffnet: *Das Erbe jeglicher Rasse steht der anderen offen; die besten Gedanken der Jahrhunderte sind allen zugänglich; und alte Techniken und moderne Methoden müssen sich begegnen und austauschen.*[14] Während viele zum Individual-Bewußtsein fortgeschritten sind und danach streben, den nächsten Schritt zum kosmischen Bewußtsein zu tun, gibt es immer noch jene, die trotz des Zugangs zur Bildung im Stammes-Bewußtsein existieren; doch bloßes Buchwissen ist wertlos, wenn es nicht auf das Leben angewendet werden kann. Der Fortschritt vom Stammes- zum Individual-Bewußtsein ist zum größten Teil vollzogen. Die Menschen sind sich jetzt ihrer selbst als Individuen mit eigenen Rechten bewußt, doch sie sind noch nicht willens oder fähig, darüber hinaus einen Schritt zu tun. Diese Selbstgefälligkeit wird auf globaler Ebene bedroht.

Während wir uns dem Jahr 2000 nähern, tauchen oder leben viele Untergangspropheten wieder auf, um zu beweisen, daß es mit der Welt 1999 – wie von Nostradamus prophezeit – zu Ende gehen wird; daß ein Atomkrieg die Menschheit auslöschen oder daß die Bevölkerungsexplosion die Energiequellen der Welt aufbrauchen wird. Eine große Düsternis und Mutlosigkeit hat viele aufgrund dieser Vorhersagen befallen. Jene, die dieses Leben als einziges ansehen, fürchten sehr um sich selbst und ihre Familien, während jene, die an Reinkarnation glauben, sich fragen, ob es noch einmal eine Gelegenheit geben wird, sich zu reinkarnieren. Diese Ängste sind nur die neueste Ausformung einer stets wiederkehrenden Tendenz, angesichts von Veränderung zu verzweifeln.[57]

> Wir haben sicherlich eine große Anzahl von Untergangsprojektionen, die die Möglichkeiten der Apokalypse im Detail erforschen. Doch ein anderes mögliches Szenario wird enthüllt – daß die Krise ein evolutionärer Katalysator für den Vorstoß auf eine höhere Ebene sein könnte.[221]

Ist die tausendjährige Panik nur eine Angst vor Veränderung? Das chinesische Wort für Krise, «wei-chi», bedeutet sowohl «Vorsicht, Gefahr» als auch «Gelegenheit zur Veränderung» (ibid.): ein Gedanke, der denen neue Hoffnung geben könnte, die das Ende der Dinge befürchten.

Die Voraussagen eines «neuen» Mittelalters, der westlichen Entsprechung des hinduistischen *Kali Yuga* – dem letzten Zeitalter, in dem moralischer Niedergang, Mangel an Hingabe und apokalyptische Zerstörung stattfindet – können als Projektionen des zur Zeit stattfindenden inneren und äußeren Aufruhrs angesehen werden.[97] *Diese Voraussagen sind nicht unausweichlich*, obwohl ihre Botschaft auch nicht ignoriert, sondern eher als heilsame Warnung angesehen werden sollte. Wie ein Wasserlauf in ein stehendes Wasser geleitet und so ein Komplex zuwiderlaufender Spiralen mit kleinen Wellen und gegeneinander laufenden Wirbeln geschaffen wird, so finden wir uns im gegenwärtigen Zeitalter entweder auf dem Rückzug in die angestammte Vergangenheit, oder wir schreiten in eine unbekannte Zukunft voran. Die Jahrhundertwende steht bevor, und wir werden die Werkzeuge der hermetischen Tradition brauchen, um uns aus dem Labyrinth wieder herauszuhelfen und uns zu befähigen, unsere gegenwärtige Situation einzuschätzen.

Wenn man den Bogen der einheimischen Tradition von der Vorzeit bis kurz nach der Renaissance verfolgen kann, so ist es möglich, die hermetische Tradition in einem Bogen zu verfolgen, der in der klassischen Periode beginnt und bis in die heutige Zeit führt. Natürlich reichen beide Traditionen in Raum und Wirkung über diese ungefähren historischen Zeitalter hinaus und sind durch die Vermittlung der Anderwelt erreichbar. Beide Traditionen sind Harmonien voneinander, als auch Echos einer größeren kosmischen Tonleiter. Die hermetische Tradition harmoniert über dem Grundakkord der einheimischen Tradition.

Wir haben die wiederauflebenden schamanischen Traditionen der amerikanischen Indianer und australischen Aborigines bereits erwähnt: die Erneuerung des westlichen Schamanismus wird von denen weniger wohlwollend betrachtet, die die grundlegenden Ursachen für diese Erneuerung nicht verstehen.

> Die Wiederbelebung moderner westlicher Magie und das erneute Interesse an «eingeborenen» Kosmologien und Schamanismus, wie sie zum Beispiel in den amerikanisch-indianischen Kulturen gefunden wurden, zeigen, daß ein «mythischer Rückschritt» stattgefunden hat. Es hat sich als unbefriedigend und tatsächlich möglicherweise pathologisch erwiesen, zu versuchen, die Spuren mythologischen Gedankenguts im Menschen in der vergeblichen Hoffnung, «Aberglauben» mit der Ankunft der Wissenschaft auszurotten, zu unterdrücken. Es ist deutlich, daß wir Menschen Bereiche des Geheimnisvollen brauchen; wir müssen wissen, wo wir die heiligen Aspekte des Lebens finden können und wie wir die intuitiven, unendlichen und tief bedeutungsvollen visionären Momente, die in uns allen zu verschiedenen Zeiten auftauchen, verstehen.[69]

Das gegenwärtige Echo auf die Tradition der Vorzeit ist aus guten Gründen heute hörbar. Ähnlich wie das Unwetter, das 1850 das Steinzeit-Dorf Skara Brae auf den Orkney-Inseln ganz und gar vollständig, wie an dem Tag, an dem es viele Jahrhunderte zuvor evakuiert worden war, freilegte, so wird uns ein seltener und unvergleichlicher Blick in das innere Leben unserer Vorfahren gewährt. Das Gefühl wächst, daß unser kulturelles Wissen und Zivilisation vielleicht unvollständig sind, daß unsere Computer-Technologie nicht die beste Vorbereitung für das kommende Jahrtausend ist und daß wir etwas Wertvolles und lebenswichtig Nützliches für das Überleben irgendwo auf der Straße zum Fortschritt verloren haben: diese Ahnung plagt uns.

Und doch, wie Dion Fortune in ihrem *Avalon of the Heart*

schreibt, sind diese Echos der einheimischen Tradition Trittsteine auf dem Pfad des westlichen Weges:

> Dinge kommen heim in unsere Herzen, und wir fühlen die ungebrochene Linie unseres nationalen Lebens sich in die ferne Vergangenheit ausstrecken und wissen, daß sie in die weite Zukunft reichen wird und daß wir selbst ein Teil davon sind.[79]

Übung 9 Selbst-Klärung

Über der Tür zum Apollo-Tempel in Delphi stand die Inschrift *«Gnothi seauton» – erkenne dich selbst.* Dieser Ausspruch befand sich im Herzen der Mysterien aller Völker und ist ein Spruch, den der Anhänger des westlichen Weges ernst nehmen sollte. Die Arbeit der Mysterien besteht darin, Licht in dunkle Orte zu bringen; jeder Teilnehmer an dieser Arbeit steht in Beziehung zu diesem Licht wie eine Laterne zur Sonne, das heißt, wenn die Laterne verdunkelt wird, kann das Licht nicht leuchten. Doch «sich selbst zu erkennen» und diese Verdunklungen aufzuklären ist keine leichte Aufgabe: Es ist die Arbeit eines Lebens. Der Zugang zu einer Form, in der wir die Arbeit der Selbst-Klärung beginnen können, ist sogar noch schwieriger, besonders für diejenigen, die außerhalb eines organisierten Glaubens- und Übungssystems stehen. Diese Übung ist ein Versuch, diese Kluft auf eine Art und Weise zu überbrücken, die persönlichen Umständen angepaßt werden kann.

Man mag einwenden, daß soviel Grübelei über das Selbst ungesund sei und die beste Antwort ein Gang zum Psychoanalytiker ist. Doch Selbst-Klärung unternimmt man nicht mit einem selbstsüchtigen Motiv. Wie jeder Initiant der Mysterien weiß, muß jeder sich, um von Nutzen zu sein, seiner individuellen Möglichkeiten und Begrenzungen bewußt sein. Es gibt auch noch eine andere Gefahr, wenn man diese Arbeit meidet. Es gibt ein berühmtes Gemälde von dem prä-raffaelitischen Maler Dante Gabriel Rossetti mit dem Titel *How They Met Themselves.* Es stellt ein mittelalterliches Paar dar, das durch einen Wald geht und seine Doppelgänger trifft, «die übernatürlich leuchten und ein stärkeres Recht auf Existenz geltend zu machen scheinen». Es wurde wahrscheinlich gemalt, um das Konzept in Elizabeth Barretts Gedicht «Willowwood» zu illustrieren:

> Und ich wurde mir eines stummen Gedränges bewußt
> Das sich fernhielt, eine Gestalt bei jedem Baum.
> Alle traurige Gestalten, denn jede war ich oder sie.
> Die Schatten dieser unserer Tage, die keine Zunge hatten.[257]

Es ist eine klare Illustration dessen, was dem Reisenden in der Anderwelt widerfahren kann, wenn er oder sie die Arbeit der Selbst-Klärung vernachlässigt hat: sich selbst zu begegnen, wenn man auf die inneren Ebenen kommt, kann ein beträchtlicher Schock sein, jedoch einer, der aufgehoben wird, wenn die nichtassimilierten und vergessenen Aspekte der Persönlichkeit bereits erkannt und akzeptiert wurden. Tatsächlich würde eine solche Begegnung in der Anderwelt nur im Falle von jemandem eintreten, der versucht hat, zu rennen, bevor er gehen konnte.

Die Fähigkeit, äußere Umstände zu meistern, bevor man sich an innerer Arbeit versucht, ist häufig eine Voraussetzung für die heutigen Mysterienschulen, da Ungleichgewicht, sich in magischer Arbeit schnell zeigt und die Wirkung nutzlos macht. Tatsächlich haben es viele Menschen so eilig, zum nächsten Leben zu gelangen, daß sie dieses völlig ignorieren und sich selbst so heftig auf den Astralbereich stürzen, bloß um wie Ikarus zu enden. Es ist wichtig, zu erkennen, daß diese Übung nur unsere gegenwärtige Inkarnation betrifft, nicht vergangene Leben. Es mag sein, daß bestimmte Probleme aus vergangenen Leben dadurch gelöst werden, doch es ist nicht wichtig, irgend etwas darüber zu wissen. Alles, was sie über sich selbst wissen müssen, ist nah zur Hand.

Durch eine nähere Betrachtung unseres Selbst, unserer Motive, Begrenzungen und Möglichkeiten wird der klare Faden unseres Schicksals enthüllt und erlaubt uns, wie Theseus, unseren Weg durch das selbstgemachte Labyrinth zu finden. Einige wickeln ihre Fäden schneller ab als andere. Einige haben ihren Faden so gründlich verwirrt, daß es einige Zeit dauern wird, bevor sie den Wendepunkt erreichen. Während wir dem Muster unserer gegenwärtigen Inkarnation entsprechen müssen, ist unser Schicksal nicht festgelegt oder vorbestimmt. Zu einem gewissen Grad erschaffen wir jeder unsere eigenen Umstände, und während Selbst-Klärung diese beleuchten und teilweise erklären kann, so rechtfertigt sie sie nicht. Was immer wir an Verantwortlichkeiten übernommen haben, kann nicht abgeladen werden, weil wir plötzlich ein «spirituelles» Schicksal entdeckt haben. Es mag sein, daß der Pfad des Herdfeuers, der eine Parallele zum Hindu-Konzept vom Weg des Haushälters ist, erst begangen werden muß.

Selbst-Klärung erfordert, daß wir uns selbst einige Fragen stellen: die unten aufgeführten sind bloß Leitlinien und können leicht Ihren Bedürfnissen entsprechend angepaßt oder erweitert werden. Ebenso wie der Schamane zur Seite geht, um mit sich selbst zu ringen, müssen wir dies tun. Bei einigen der Fragen wird es außerordentlich schmerzhaft sein, sie ehrlich zu beantworten, und da der Verstand Schmerz vermeidet, indem er um ihn herumgleitet wie Wasser um einen Felsen, wird es notwendig sein, Notizbuch und Schreiber zur Hand zu haben, um Ihre Erkenntnisse niederzuschreiben, so daß es keine Flucht vor dem «Stolperstein» gibt. Sie brauchen dies niemandem zu zeigen; Sie können es auch wegwerfen. Wichtig ist, daß sie über die schmerzhaften Bereiche nachgedacht haben, ohne sich vor sich selbst zu verstecken. Auf diese Weise wird Selbst-Klärung zu einer Feuerinitiation.

Sitzen Sie in Meditation, und visualisieren Sie eine Tür vor sich. Gehen Sie hindurch und den Korridor dahinter entlang, an dessen Ende sich eine weitere Tür befindet. Diese führt in eine Bibliothek. Niemand anders ist hier, nur Sie. Obwohl es zahllose Bücher auf den Regalen um Sie herum gibt, suchen Sie nur eines. Es befindet sich vor Ihnen auf einem Lesepult. Auf dem Buchdeckel steht die Inschrift *Das Buch von (Ihr Name)*. Dies ist das Buch Ihres gegenwärtigen Lebens, von Ihrer Geburt bis heute. Gehen Sie es so objektiv wie möglich durch, und sehen Sie, was dort geschrieben steht. Bestimmte Episoden werden Ihnen ins Auge springen, doch blättern Sie weiter, um einen Gesamteindruck seiner Formen und Muster zu gewinnen.

Welche Erfahrungen haben Sie gehabt? Was haben diese Sie gelehrt? Inwieweit haben Sie die Umstände erschaffen, die jetzt Ihr Leben regieren? Was für Beziehungen hatten Sie zu Familie, Freunden, Kollegen und Geliebten? Wie haben Sie sich in diesen Beziehungen verhalten? In welchem Maße waren diejenigen, die Sie nicht leiden konnten, verantwortlich für die Enthüllung jener Aspekte Ihrer selbst, die im dunkeln lagen? Wie war die Qualität Ihres Lebens in physischer, emotionaler, mentaler und spiritueller Hinsicht? Welches sind Ihre Möglichkeiten und Talente? Wo liegen Ihre Begrenzungen? Wieweit haben Sie die vorgenannten Fähigkeiten sinnvoll angewandt? Wie können Ihre negativen Aspekte zu positiven werden? Sind Ihre gegenwärtigen Umstände ausgeglichen? Auf welche Weise könnten Sie mehr Selbst-Disziplin üben?

Überprüfen Sie Ihr spirituelles oder inneres Leben von der Geburt bis zur Gegenwart. Welche Einflüsse haben Sie erfahren? Sind Ihre inneren Eingebungen in ein erkennbares Muster gefallen? Welche religiösen Verbindungen hatten Sie, und welches war die Qualität ihrer Verpflichtungen für Sie? Wenn Sie nie irgendeiner religiösen oder spirituellen Gruppe oder Bewegung angehörten, wo liegt die Verpflichtung Ihrer spirituellen Fähigkeiten? Wenn Sie sich eines Schicksals bewußt sind, auf welche Weise steht es in Verbindung zu Ihrem spirituellen Pfad? Sind die beiden dasselbe?

Sie brauchen diese Fragen nicht alle auf einmal zu beantworten, doch nehmen Sie jedesmal ein paar und arbeiten Sie sie durch oder irgendwelche anderen Fragen, die Ihnen in den Sinn kommen. Sobald Sie sich über eine Antwort klar geworden sind oder das Fehlen einer Antwort, kehren Sie auf dem Weg, den Sie gekommen sind, zurück und schreiben Sie Ihre Funde nieder.

Dies ist sehr harte Arbeit, und die ersten Sitzungen können emotional erschöpfend sein. Wenn Sie einmal durch das Buch Ihres Lebens bis zur Gegenwart hindurch sind, brauchen Sie sich nicht weiter in die Vergangenheit zu vertiefen – es sei denn, ein spezielles Problem macht dies nötig –, sondern widmen Sie statt dessen Ihrem täglichen Leben Aufmerksamkeit. Lebenslange Gewohnheiten kann man nicht über Nacht aufgeben, doch die bloße Tatsache der Selbsterkenntnis wird die Arbeit, das Licht in Ihrer Laterne durchzulassen, in Gang setzen. Die Kontrolle oder Transformation Ihrer Begrenzungen hat weniger mit Säuberung als mit «Kompostierung» zu tun. Alle Lebenserfahrungen lehren uns etwas: nichts ist vergeudet. Erfahrungen, gute und schlechte, sind der Kompost, den wir auf die Erde der Seele streuen. Sogar große Probleme können auf diese Weise in Stärken verwandelt werden, so daß sie mit Ihren Neigungen eher kooperieren, als gegen Sie zu arbeiten.

Diese Übung bedeutet jedoch keineswegs Angst und Schrecken. Machen Sie eine Liste Ihrer Ziele und setzen Sie diese zu Ihrem Potential in Beziehung. Wir nutzen selten unsere Möglichkeiten in ihrem vollen Ausmaß: indem wir sie maximieren und mit ihnen arbeiten, leisten wir Schöpfungsarbeit. Kreativer Ausdruck bedeutet nicht, ständig etwas zu *tun*, sondern ist vom *Sein* beseelt – indem wir dem Pulsschlag der Schöpfung durch kontemplative Reflexion zuhören.

Die abendliche Rückschau wird von vielen Initianden der Mysterien durchgeführt, und während es nicht wirklich eine Erweiterung der Selbst-Klärung ist, ist sie damit verwandt. Es ist dies eine objektive Beobachtung der Tagesaktivitäten, die rückwärts das Gedächtnis durchlaufen wie ein umgekehrter Film. Sie können dies im Bett tun, und falls Sie einschlafen, bevor Sie am Tagesbeginn ankommen, macht das nichts. Der Sinn der abendlichen Rückschau ist, das Bewußtsein von den Tagesaktivitäten zu reinigen und es für den erfrischenden Schlaf bereit zu machen. Träume werden entsprechend klarer von täglichen Ansammlungen sein. Es soll kein moralisches Urteil gefällt werden. Streben Sie einfach nach einem exakten Durchlauf der Ereignisse vom Ende zum Anfang.

Übung 10 Die Einkehr

Eine Einkehr wird in vielen Köpfen mit einem christlichen Rückzug in die Abgeschiedenheit assoziiert, bei dem Gebet, Meditation und eine besondere Abendmahlsfeier ausgeübt wird, durchsetzt mit frommen, von einem Exerzitien-Leiter geführten Sitzungen, aber es gibt keinen Grund, warum nicht jeder seine eigene Einkehr als zeitweiligen Abstand von der Welt und auf die eigenen Bedürfnisse zugeschnitten unternehmen sollte. Die meisten von uns leben so eng aufeinander, daß sie die Erfahrung des Alleinseins selten haben; Augenblicke der Introspektion sind selten, und längere Meditation über unsere Beziehung zur Anderwelt, den spirituellen Reichen und Mittelerde ist unmöglich. Eine Einkehr ist kein Rückzug oder Flucht vor den Problemen des Lebens, sondern ein wichtiger Raum zum Atmen, in dem diese Probleme geklärt werden können, eine Zeit, in der wir unser wahres Potential wahrnehmen können. Dieser «heilige Hiatus» im ungestümen Lauf des Lebens kann bleibende Wirkungen zeitigen: unsere Fähigkeit, mit dem Leben fertig zu werden, verbessert sich, die Psyche wird ruhig, und die tiefen Impulse in uns sind frei, unbehindert aufzusteigen. Wer keiner Tradition angehört, wird keine Erfahrung mit oder Gelegenheit zu einer Einkehr gehabt haben, die einheimische Tradition gibt uns jedoch viele Beispiele: das Schwitzhaus oder *kiva* der nordamerikanischen Indianer, die Initiationsreise des Schamanen, der Abstieg des Stammes zum Begräbnisplatz der Vorfahren sind versiegelte *temenos*, in denen solch eine Einkehr von der Vorzeit an unternommen wurde. In späteren Zeiten erfordert die Einkehr des Abra Melin eine sechsmonatige Vorbereitung und Einsamkeit, um mit dem heiligen Schutzengel in Kontakt zu treten; die Zelle des mittelalterlichen Einsiedlers stellte einen dauerhafteren Rückzugsort dar, ebenso die Höhle des Eremiten.

Offensichtlich gehören Überlegungen über Zeit, Ort und Kosten zu den Vorbereitungen für eine Einkehr: je länger die Zeit der Einkehr, desto länger die Vorbereitungen. Mehr als drei Tage sollten Sie zuerst nicht versuchen, anderenfalls werden Sie ein beträchtliches Unterstützungsteam brauchen, um Ihnen bei Ihren Anstrengungen Hilfe zu leisten: eine längere Zeit ist eine Belastung für jene, die nicht daran gewöhnt sind, über einen längeren Zeitraum in der Einsamkeit zu überleben. Wo ist der beste Ort? Im Idealfall eine einsame Stelle, die als heilige Stätte bekannt ist, vorzugsweise eine wenig genutzte. (Wohlbekannte Stätten ziehen dennoch einige unerschrockene Eremiten an, wie vor kurzem einem Bericht über einen zeltenden Einsiedler zu entnehmen war, das auf dem Silbury Hill, einem kleinen Hügel im bevölkerten Wiltshire entdeckt wurde!) Das ist in Ordnung, wenn Sie ein erfahrener Camper sind und Ihr eigenes Transportmittel haben: Sie können losfahren, wann es Ihnen beliebt. Doch seien Sie gewarnt, gehen Sie niemals allein irgendwohin, wo Sie möglicherweise in Gefahr kommen – Gebirge, Nebel, Sümpfe, stillgelegte Bergschächte oder einfallende Höhlen müssen hier berücksichtigt werden. Wenn Ihre Einkehr möglicherweise mit Erfrierungen, Krankheit, Verletzung oder dem Rettungseinsatz der Bergwacht endet, sollten Sie lieber zu Hause bleiben. Wenn Sie sich für einen Platz entschieden haben, informieren Sie wenigstens eine Person über Ihren Aufenthaltsort, so daß man Sie im Notfall finden kann. Beschränken Sie Ihre Ausrüstung auf ein Minimum, und bewahren Sie Ihren Körper vor extremer Hitze und Kälte. Dies könnte der Beginn einer interessanten Einkehr sein.

Doch was ist mit denen, die für solche Großtaten im Freien nicht genügend abgehärtet sind? Obwohl dies für viele überraschend sein mag, sind sowohl christliche als auch buddhistische Klöster und Meditations-Zentren sehr aufgeschlossen gegenüber Menschen, die fern von der Welt eine Zeit der Ruhe erleben möchten: Sie sollten sich eine Zeit aussuchen, während der keine allgemeine Versammlung zur Einkehr stattfindet, und solange Sie die allgemeinen Höflichkeitsregeln beachten und nichts tun, was im Gegensatz zur Lehre des Zentrums steht, können sie eine gute Einkehrmöglichkeit haben. Einige Zentren haben eine Hütte, die von selbstversorgenden Pilgern benutzt werden kann. Die Vorzüge eines Meditationszentrums oder Klosters gegenüber jedem Ferienhotel oder Campingdorf sind offensichtlich aufgrund der ruhigen und heiligen Atmosphäre (obwohl unglücklicherweise immer mehr Menschen klösterliche Ferien für sich entdecken und einige Orte ebenso lärmerfüllt wie ein Badeort sein können) und der Gegenwart erfahrener Erforscher spiritueller Reiche, deren Einstellung Gästen gegenüber von ihrer Wahrnehmung gefärbt ist, daß jeder Gast, von Gott gesandt, ein Vorteil ist. Sie sind oft bereit, mit ernsthaften Suchern des Geistes zu sprechen und werden sich Ihnen nicht aufdrängen.

Obwohl es besser ist, für eine Einkehr völlig vom täglichen Leben wegzukommen, können manche entweder aufgrund von Verpflichtungen, Alter oder Behinderung ihr Zuhause nicht so leicht verlassen. Die häusliche Einkehr ist wahrscheinlich die schwierigste: die Probleme des Lebens sind nur zu gegenwärtig, und die ablenkenden Stimulantien wie Fernsehen, Radio, Bücher und Kassettenrecorder sind in verführerischer Reichweite. Die häusliche Einkehr wird am besten an einem Tag durchgeführt oder, wenn Sie sich die Zeit nehmen können, an einem langen Wochenende. Telefone sind wahrscheinlich das größte Problem, wenn Sie ungestört bleiben wollen.

Sie haben sich also für den Ort der Einkehr entschieden und haben Vorbereitungen getroffen: was werden Sie bei diesem Rückzug aus dem Alltag tun? Wir sind so versiert darin, unseren Tag mit Aktivität auszufüllen, daß die Einkehr anfangs, wenn wir versuchen, jede Minute mit seelenerforschender Meditation und anstrengender innerer Übung zu füllen, zu einer Falle werden kann. Der Zustand der Kontemplation ist nicht geschäftig, sondern sehr ruhig. Zu Beginn könnten Sie die Selbst-Klärungsübung versuchen, die Ihnen ermöglicht, Ihre Ziele zu revidieren und zu sehen, wie die Einkehr als Ausgangspunkt für neue Ziele benutzt werden kann. Doch vor allem, versuchen Sie, mit sich selbst in Berührung zu kommen. Gewöhnen Sie sich an das Gefühl, allein zu sein; sitzen und atmen Sie ruhig und gleichmäßig, und lassen Sie dabei alle Spannungen aus dem Körper heraus. Schieben Sie geistige Ablenkungen und quälende Sorgen beiseite. Diese besondere Zeit steht Ihnen zu: es ist weder selbstsüchtig noch Zeitverschwendung.

Falls Sie Angst davor haben, an die Grenze Ihrer Möglichkeiten zu kommen, nehmen Sie ein hilfreiches und gedankenanregendes Buch, das Ihnen helfen kann, Meditationsthemen zu finden. Nehmen Sie ein Notizbuch und ein paar Stifte oder Kugelschreiber, um Ihre Gedanken und Erkenntnisse darin aufzuzeichnen: Dies kann der Beginn eines spirituellen Tagebuches sein, das Sie weiterführen können, wenn die Einkehr vorüber ist. Vielleicht ziehen Sie es vor, eine Bastelarbeit oder Hobby aufzunehmen, das die Hände beschäftigt, doch lassen Sie es etwas sein, das Sie nur manuell in Anspruch nimmt und nicht eine zeitvertreibende Zerstreuung ist. Russisch-orthodoxe Mönche fertigen Gebetsperlen, während sie meditieren,und Zisterzienser jäten Gemüse, ebenso wie Schamanen ihre Trommeln schlagen und Schamankas die Spindeln drehen. All dies sind rhythmische Handlungen, die dem Körper Bewegung erlauben, ohne sich auf ihn konzentrieren zu müssen, so daß die psychischen Fähigkeiten frei sind, sich mit anderen Dingen zu beschäftigen. Es gibt keinen Grund, warum Sie, wenn Sie völlig allein sind, still und stumm sein sollten. Beim Zelten können Sie singen, gehen oder tanzen, rituelle Muster in ein auf die Erde gemaltes Labyrinth ritzen oder aus Steinen oder Holz einen kleinen natürlichen Schrein fertigen als Konzentrationsmöglichkeit für Ihre Einkehr. Es bleibt vollkommen Ihnen überlassen. Vielleicht möchten Sie die Anderwelt-Reise in Form der Zwei-Bäume-Meditation unternehmen oder andere Übungen aus diesem Buch versuchen. Lassen Sie diese Zeit für sich arbeiten.

Sollten Sie fasten? Nur wenn Sie vorher schon einmal versucht haben zu fasten und wissen, wie Ihr Körper wahrscheinlich reagiert. Fasten ist schon an einem geschäftigen Arbeitstag schlimm genug, aber wenn Sie unendlich viel leere Zeit vor sich haben, beginnt der Körper mehr Nahrung in kürzeren Intervallen zu fordern. Auf jeden Fall reduzieren Sie das, was Sie zu sich nehmen, damit die Einkehr nicht zu einem Feinschmecker-Urlaub wird. Halten Sie sich an einfache Nahrungsmittel: Eier, Käse, Brot, Suppe, Früchte und frisches Gemüse mit Mineralwasser oder Fruchtsäften zum Trinken. Camper brauchen vielleicht etwas Heißes zu essen, aber der Haus-Eremit sollte eine einfache Rohkost-Diät zu sich nehmen. Meditationszentren servieren ohne Ausnahme ziemlich spartanische Mahlzeiten.

Falls Sie unterbrochen werden, erklären Sie höflich aber bestimmt, daß sie a) ein Experiment in Überlebenstechnik durchführen, oder b) sich in Ihrer stillen Einkehr befinden: zu Hause werden Sie Ihre Erfindungsgabe nutzen müssen oder arrangieren, daß jemand für Sie das Telefon beantwortet. Sie können die Hilfe eines wohlwollenden Partners oder Freundes in Anspruch nehmen, um Ihnen Zeit und Raum und die notwendige Unterstützung zu gewähren, sollten Sie sie brauchen. Während einige Freunde Ihre Aktivitäten vielleicht schlicht als unsozial betrachten, werden Sie sehen, daß die Neugier anderer genügend erregt wird, um selbst eine Einkehr zu versuchen. Eine Gruppeneinkehr durchzuführen, bedarf der Organisation eines guten Leiters und viel Selbstdisziplin. Eine Einkehr als Gruppe kann denjenigen die notwendige Unterstützung geben, die sich ihrer selbst unter einsamen Bedingungen nicht sicher sind: der Gruppenleiter sollte Erfahrung haben und fähig sein, den richtigen Impuls für selbst-motivierende Entdeckungen zu geben.

Es ist notwendig, die Einkehr häufig zu wiederholen – einmal im Jahr oder einmal alle fünf Jahre für ein organisiertes Um-von-allem-mal-Wegzukommen. Wenigstens einmal im Vierteljahr brauchen wir einen kleinen Raum für Kontemplation, und das kann zu Hause unternommen werden. Die einzige erforderliche Ausrüstung ist eine Wolldecke oder ein langer Mantel mit Kapuze, den Sie um sich herumwickeln können, um alle Ablenkungen auszuschalten. Ebenso wie der Schamane, in seine Tierhaut gewickelt, völlig in die inneren Vorgänge seines Wesens versunken war, können wir die Verbindung mit der Anderwelt erfahren und in Berührung mit uns selbst bleiben. Jene, die nach innen gehen und in Kontakt mit ihren inneren Hilfsquellen kommen, sind fähiger, die äußere Reise in der Welt der Mittelerde zu machen. Denken Sie daran, der Schamane macht seine oder ihre Initiationsreise nicht um der Selbstverherrlichung willen, sondern um eine Quelle der Hilfe für andere zu sein.

Wie immer Ihre Einkehr aussehen mag, Sie werden erfrischt und mit erweitertem Bewußtsein daraus hervorgehen. Sie werden von den Problemen Ihres Lebens Abstand gewonnen haben, so daß diese Ihnen weniger bedrohlich und leichter zu handhaben erscheinen. Wenn die Einkehr weniger erfolgreich war, verzweifeln Sie nicht: er wird Sie viele nützliche Dinge gelehrt und Ihnen gezeigt haben, welche Bereiche Ihres Lebens berichtigt oder überdacht werden müssen. Nehmen Sie die häusliche Umgebung, Ihre liebsten Gerichte und Fernsehprogramme, Ihre Zigaretten oder den Whisky und die Gesellschaft anderer menschlicher Wesen fort, und Sie sind auf sich selbst reduziert. Wenn Sie ohne diese Stimuli unvollständig sind, dann sind Sie nicht mit Ihrem wahren Selbst in Berührung. Die Einkehr ist ein Augen-Öffner, dessen Herausforderung sogar scheinbar starke Persönlichkeiten plötzlich zum Innehalten bringt. Erwarten Sie nicht, daß die Wirkung der Einkehr für immer anhält: keiner von uns ist in der Übung der inneren Achtsamkeit und Bewußtheit schon ein Meister. Ohne tägliche Meditation lassen Ergebnisse auf sich warten, und selbst dann können sie es sich nie leisten, sich auf Ihren Lorbeeren auszuruhen.

Bibliographie und Diskographie

Die Anmerkungen sind in numerischer Reihenfolge, entsprechend der Nummern im Text.

1 Adler, M., *Drawing Down the Moon*, Boston, Beacon Press, 1979.
2 Ainsworth, W. H., *Windsor Castle*, London, Collins, 1973.
3 Anderson, W., *Holy Places in the British Isles*, London, Ebury Press, 1983
4 *The Apocryphal New Testament*, trans. M. R. James, Oxford, Oxford University Press, 1924
5 Apuleius, *Der goldene Esel*, München o. J., Winkler.
6 Ashe, G., *The Ancient Wisdom*, London, Macmillan, 1977.
7 Ashe, G., *Avalonian Quest*, London, Methuen, 1982.
8 Ashe, G., *Camelot and the Vision of Albion*, London, Heinemann, 1971.
9 Ashe, G., *Finger and the Moon*, London, Heinemann, 1973.
10 Assagioli, R., *Handbuch der Psychosynthesis*, Freiburg 1978, Aurum
11 Aubrey, J., *Monumenta Britannica*, Boston, Little Brown & Co., 1980.
12 *Avalon to Camelot*, 2126 W. Wilson Ave., Chicago, Il.
13 Bachofen, J. J., *Mutterrecht und Urreligion*. Stuttgart 1984, Kröher.
14 Bailey, A. A., *Vom Intellekt zur Intuition*, Bietigheim 1969, K. Rohm
15 Bailey, A. A., *Verblendung: ein Weltproblem*. Bietigheim 1964, K. Rohm
16 Barker, B., *Symbols of Sovereignty*, Newton Abbot, Westbridge Books, 1979.
17 Barber, R., *The Arthurian Legends*, Woodbridge, Boydell Press, 1979.
18 Bellamy, H. S., *Moons, Myths and Man*, London, Faber & Faber, 1949.
19 Bentov, I., *Auf der Spur des wilden Pendels*, Reinbek 1986, Rowohlt
20 Berlin, S., *Amergin, an enigma of the Forest*, Devon, David & Charles, 1978.
21 Die Bibel.
22 Blake, William, *Poetry and Prose*, ed. Geoffrey Keynes, London, Nonesuch Press, 1975.
23 Blavatsky, H. P., *Die Geheimlehre*, Graz 1984², Adyar.
24 Blavatsky, H. P., *Praktischer Okkultismus und andere Abhandlungen*, Graz 1977, Adyar.
25 Bord, J. and C., *Earth Rites*, London, Granada, 1982.
26 Bradbury, R., *Fahrenheit 451*, München 1984, Heyne.
27 Branston, B., *Götter und Helden der Wikinger*, Hamburg 1979, Tegloff
28 Branston, B., *Lost Gods of England*, London, Thames & Hudson, 1957.
29 Brennan, M., *The Stars and the Stones*, London, Thames & Hudson, 1983.
30 Briggs, K., *A Dictionary of Fairies*, London, Allan Lane, 1976.
31 Brown, A. C. L., *Origin of the Grail Legend*, Cambridge, Mass., Harvard University Press, 1943.
32 Brown, T., *The Fate of the Dead*, Woodbridge, Brewer, 1979.
33 Burl, A., *Rites of the Gods*, London, J. M. Dent, 1981.
34 Burland, C. A., *Myths of Life and Death*, London, Macmillan, 1974.
35 Cade, C. M. and Coxhead, N., *The Awakened Mind*, London, Wildwood House, 1979.

36 *Caerdroia*, the magazine of the Caerdroia Project, 53 Thundersley Grove, Benfleet, Essex SS7 3EB.
37 Caesar, *Der Gallische Krieg*. Lat.-Deutsch, München 1981, Artemis.
38 Campbell, J., *Flight of the Wild Gander*, Indiana, Gateway Editions, n. d..
39 Campbell, J., *The Masks of God*, London, Souvenir Press, 1968–9.
40 Campbell, J., *The Mystic Image*, Princetown University Press, 1974.
41 Campbell, J., *Myths to Live By*, London, Souvenir Press, 1973.
42 Carmichael, A., *Carmina Gadelica*, Edinburgh, Scottish Academic Press, 1928–1971.
43 Carter, F., *The Dragon of the Alchemists*, London, Elkin Matthews, 1926.
44 Carylon, R., *Guide to the Gods*, London, Heinemann/Quixote Press, 1981.
45 Castledown, R., *The Wilmington Giant*, Wellingborough, Turnstone Press, 1983.
46 Cavendish, R., *King Arthur and the Grail*, London, Weidenfeld & Nicolson, 1978.
47 Cavendish, R., *Legends of the World*, London, Orbis, 1982.
48 Chant, J., *The High Kings*, London, Allen & Unwin, 1983.
49 Chapman, V., *The Three Damosels*, Methuen, 1978.
50 *Charlemagne Cycle*: (1) *Huon of Bordeaux*, (2) *Chanson de Roland*, trans. D. L. Sayers, Harmondsworth, Penguin Books, 1957.
51 Charon, J., *Der Geist der Materie*, Berlin 1982, Ullstein Tb.
52 Chesterton, G. K., *Collected Poems*, Methuen, 1936.
53 Child, F. J., *English and Scottish Popular Ballads*, New York, Dover Publications, 1965.
54 Chretien de Troyes, *Sämtliche erhaltene Werke*, Amsterdam 1965.
55 Der Cid. *Das altspanische Heldenlied*, Stuttgart o. J. Reclam.
56 Claremont de Castillejo, I., *Die Töchter der Penelope*, Elemente des Weiblichen, Olten/Freiburg 1979, Walter.
57 Cohn, N., *The Pursuit of the Millennium*, London, Paladin, 1970.
58 Cooper, J. C., *An Illustrated Encyclopaedia of Traditional Symbols*, London, Thames & Hudson, 1978.
59 Craighead, Meinrad, *The Sign of the Tree*, London, Mitchell Beazley, 1979.
60 Crossley-Holland, *The Norse Myths*, Andre Deutsch, London, 1980.
61 Crowley, J., *Little Big*, London, Gollancz, 1982.
62 Currer-Briggs, N. and Gambier, R., *Debrett's Family Historian*, 1981.
63 Daly, M., *Beyond God the Father*, Boston, Beacon Press, 1973.
64 de Jubainville, H., *Irish Mythological Cycle and Celtic Mythology*, Dublin, O'Donoghue & Co., 1903.
65 Deacon, R., *John Dee*, London, Frederick Muller, 1968.
66 Devereux, P. and Thompson, I., *The Ley Hunter's Companion*, London, Thames & Hudson, 1979.
67 *Diodorus Siculus*, trans. C. H. Oldfather, William Heinemann/Harvard University Press, 1939.
68 Drury, N., *Don Juan, Mescalito and Modern Magic*, London, Routledge & Kegan Paul, 1978.
69 Drury, N., *The Shaman and the Magician*, London, Routledge & Kegan Paul, 1982.

70 Duggan, A., *The Devil's Brood*, London, Faber, 1937.
71 Durdin-Robertson, L., *Goddesses of Chaldea, Syria and Egypt*, Enniscothy, Eire, Cesara Publication, 1973.
72 Durell, L., *Das Alexandria-Quartett*, Reinbek 1977, Rowohlt
73 Eliot, T. S., *Collected Poems*, London, Faber & Faber, 1969.
74 Ferguson, M., *Die sanfte Verschwörung*, München 1984, Knaur Tb.
75 Ferrucci, P., *Werde, was du bist*, Selbstverwirklichung durch Psychosynthese, Reinbek 1986, rororo transformation.
76 Fontenrose, J., *Python*, Berkeley, University of California Press, 1959.
77 Fortune, D., *Applied Magic*, Wellingborough, Aquarian Press, 1962.
78 Fortune, D., *Gesunder Okkultismus*, Düsseldorf 1985, Hermes.
79 Fortune, D., *Avalon of the Heart*, Wellingborough, Aquarian Press, 1971.
80 Fortune, D., *Die mystische Kabbalah*, Freiburg 1987, H. Bauer.
81 *Four Ancient Books of Wales*, trans. W. F. Skene, Edinburgh, Edmonston and Douglas, 1968.
82 Gardner, G., *The Meaning of Witchcraft*, Wellingborough, Aquarian Press, 1959.
83 Gardner, G., *Witchcraft Today*, London, Rider & Co., 1954.
84 Garner, A., *The Owl Service*, Collins, London, 1967.
85 *Geoffrey of Monmouth: Historia Regum Brittania*, trans. L. Thorp, Harmondsworth, Penguin Books, 1966.
86 Gill, E., *Holy Tradition of Working*, ed. Brian Keeble, Ipswich, Brian Keeble, 1983.
87 Ginzburg, C., *The Night Battles*, London, Routledge & Kegan Paul, 1983.
88 *The Gododdin*, trans. D. O'Grady, Dublin, Dolmen Press, 1977.
89 Golding, W., *Die Erben*, Frankfurt 1983, Fischer Tb.
90 Gordon, S., *Suibne and the Crow God*, London, New English Library, 1975.
91 Graves, R., *Griechische Mythologie*, Reinbek 1984, Rowohlt.
92 Graves, R., *Die weiße Göttin. Sprache des Mythos*, Reinbek 1985, Rowohlt.
93 Gray, W. G., *The Ladder of Lights*, Toddington, Helios Books, 1975.
94 Green, M., *A Harvest of Festivals*, London, Longmans, 1980.
95 Grimm, J. and W., *Kinder- und Hausmärchen*. Vollständige Ausgabe, München 1985, Winkler.
96 Gruffydd, W. J., *Math vab Mathonwy*, Cardiff, University of Wales Press, 1928.
97 Guenon, R., *La Crise du Monde moderne*, Paris 1927, Neuauflage 1969.
98 Guyot, C., *The Legend of City of Ys*, Amhurst, University of Massachusetts Press, 1979.
99 Hadingham, E., *Ancient Carvings in Britain: A Mystery*, London, Garnstone Press, 1974.
100 Halifax, J., *Schamanen. Zauberer, Medizinmänner, Heiler*, Frankfurt 1983, Insel.
101 Halifax, J., *Die andere Wirklichkeit der Schamanen*. München 1985, Goldmann Tb.
102 Harding, M. E., *Women's Mysteries: Ancient and Modern*, London, Rider & Co., 1935.

103 Harris, R., *The Lotus and the Grail: Legends from East to West*, London, Faber and Faber, 1974.
104 Harrison, M., *The Roots of Witchcraft*, London, Frederick Muller, 1973.
105 Hartley, C., *Western Mystery Tradition*, London, Aquarian Press, 1968.
106 Hayles, B., *The Moon Stallion*, London, Mirror Books, 1978.
107 Head, J., and Cranston, S. L., *Reincarnation: the Phoenix-Fire Mystery*, New York, Julian Press / Crown Publishing, 1977.
108 Henderson, J., *The Wisdom of the Serpent*, New York, 1963.
109 *Hesiod: Theogonie*. St. Augustin 1985, H. Richarz.
110 Hitchins, F., *Earth Magic*, London, Cassell, 1976.
111 Hoban, R., *Ridley Walker*, London, Cape, 1980.
112 Holt, J. C., *Robin Hood*, London, Thames & Hudson, 1972.
113 *Homerische Hymnen*. Griech.-deutsch, München 1979, Artemis.
114 Howey, M. O., *The Encircled Serpent*, London, Rider, n. d..
115 Iamblichus: *De mysteriis aegyptiorum*. Sammelband neuplatonischer Schriften. Frankfurt 1974, Minerva.
116 Jackson Knight, W. F., *Elysion*, London, Rider, 1970.
117 Jarman, A., *Legend of Merlin*, University of Wales Press, 1976.
118 Jefferies, R., *Story of My Heart*, Longmans, Green & Co., 1883.
119 Jones, D., *The Anathemata*, London, Faber & Faber, 1952.
120 Jones, D., *The Sleeping Lord*, London, Faber & Faber, 1974.
121 Joyce, P. W., *A Social History of Ancient Ireland*, Longmans, Green & Co., 1903.
122 Julian of Norwich, *Revelations of Divine Love*, trans. J. Walsh, Wheathamstead, Hert., Anthony Clarke Books, 1973.
123 Jung, C. G., *Gesammelte Werke Bd. 9 / I: Die Archetypen und das kollektive Unbewußte*, Olten / Freiburg 1983, Walter.
124 Jung, C. G. and Kerenyi, C., *Introduction to a Science of Mythology*, London, Routledge & Kegan Paul, 1951.
125 *Kalevala*, compiled and translated by E. Lonnrot, Cambridge, Mass., Harvard University Press, 1963.
126 *The Old Kalevala and certain anecdotes*, compiled and translated by E. Lonnrot, Cambridge, Mass., Harvard University Press, 1969.
127 Kerenyi, K., *Dionysos. Urbild des unzerstörten Lebens*, München, Wien 1976.
128 Kerenyi, K., *Eleusis*, London, Routledge & Kegan Paul, 1967.
129 Kerenyi, K., *Die Mythologie der Griechen. Die Götter- und Menschheitsgeschichte*, Zürich 1951.
130 Kirk, R., *The Secret Commonwealth*, Cambridge, D. S. Brewer, 1976.
131 Knight, G., *The Rose and the Goddess*, Northants, Aquarian Press, 1985.
132 Knight, G., *Secret Tradition in Arthurian Romance*, Northants, Aquarian Press, 1983.
133 Laing, L., *Orkney and Shetland: An Archaeological Guide*, Newton Abbot, Devon, David & Charles, 1974.
134 Larsen, S., *The Shaman's Doorway*, New York, Harper & Row, 1976.
135 Layard, J., *The Celtic Quest*, Zürich, Spring Publications, 1975.
136 *Lebor Gabala Erenn* (book of Invasions), ed. R. A. S. Macalister, Dublin, Irish Texts Society, 1938–56.

137 Leland, C., *Aradia, The Gospel of the Witches*, London, C.W. Daniel, 1974.
138 Léon-Portilla, M., *Native Mesoamerican Spirituality*, London, 1980.
139 Lethbridge, T. C., *Gogmagog*, London, Routledge & Kegan Paul, 1957.
140 Levy, G. R., *Gate of Horn*, London, Faber & Faber, 1943.
141 Lewis, C. S., *Die Abschaffung des Menschen*, Johannesverlag Einsiedeln, Basel 1983.
142 Lewis, C. S., *Der Kampf um Narnia*, Wien 1982, A. Betz.
143 *The Ley-Hunter*, P. O. Box 13, Welshpool, Powys, Wales.
144 Loomis, R. S., ed., *Arthurian Literature in the Middle Ages*, Oxford University Press, 1959.
145 Luke, H. M., *Woman, Earth and Spirit*, New York, Crossroad, 1981.
146 *Mabinogion*, ed., Lady C. Guest, Cardiff, John Jones Ltd., 1977
147 *Mabinogion* (2), trans. J. Gantz, Harmondsworth, Penguin Books, 1976.
148 MacCana, P., *Branwen, Daughter of Llyr*, Cardiff, University of Wales Press, 1958.
149 MacCana, P., *Celtic Mythology*, London, Hamlyn, 1970.
150 Macdonald, G., *Princess and the Goblin*, Harmondsworth, Puffin Books, Penguin Books, 1964.
151 MacGregor, G., *Reincarnation as a Christian Hope*, London, Macmillan, 1982.
152 Mackenzie, D. A., *Scottish Folk-Lore and Folk-Life*, Edinburgh, Blackie, 1935.
153 Mackie, I., *Megalith Builders*, Oxford, Phaidon, 1977.
154 MacMann, J., *Riddles of the Stone Age*, London, Thames & Hudson, 1980.
155 Magnusson, M., *Hammer of the North*, London, Orbis Books, 1976.
156 Malinowski, B. *Magie, Wissenschaft und Religion*. Und andere Schriften, Frankfurt 1983, Fischer Tb.
157 Malory, Sir T., *Die Geschichten von König Artus und den Rittern seiner Tafelrunde*, 3 Bde., Frankfurt 1977, Insel.
158 Maltwood, K., *Enchantments of Britain*, Cambridge, James Clarke, 1982.
159 Maltwood, K., *Glastonbury's Temple of the Stars*, Cambridge, James Clarke, 1964.
160 Markale, J., *Celtic Civilization*, London, Gordon & Cremonesi, 1978.
161 Massingham, H., *Downland Man*, London, Jonathan Cape, 1926.
162 Matthews, J., ed., *At the Table of The Grail*, London, Routledge & Kegan Paul, 1984.
163 Mead, G. R. S., *The Vision of Aridaeus*, London, Theosophical Publishing Society, 1907.
164 Meltzer, D., ed., *Birth: an anthology of ancient texts*, San Francisco, North Point Press, 1981.
165 Meyer, K. and Nutt, A., *The Voyage of Bran, Son of Febal*, London, David Nutt, 1895.
166 Meyer, T., *The Umbrella of Aesculapius*, North Carolina, The Jargon Society, 1975.
167 Michell, J., *Megalithomania*, London, Thames & Hudson, 1982.
168 Michell, J., *Die Geomantie von Atlantis. Wissenschaft und Mythos der Erdenergien*. München 1986, Goldmann Tb.

169 Mol, H., *The Firm and the Formless*, London, Wilfried Press, 1982.
170 Monaco, R., *Runes*, New York, Ace Fantasy Books, 1984.
171 Moncreiffe of That Ilk, and Hicks, D., *The Highland Clans*, London, Barrie & Rockliff, 1967.
172 Morris, J., *The Age of Arthur*, London, Weidenfeld and Nicolson, 1973.
173 Mottram, E., *The Book of Herne*, Colne, Lancashire, Arrowspire Press, 1982.
174 Mountford, C. P., *Winbaraku and the Myth of Jarapiri*, Adelaide, Rigby, 1968.
175 Muir, W., *Living With Ballads*, London, Hogarth Press, 1965.
176 Murray, M., *The Divine King in England*, London, Faber & Faber, 1954.
177 Murray, M., *The God of the Witches*, London, Sampson Low, 1931.
178 Nash, D. W., *Taliesin, or the Bards and Druids of Britain*, London, John Russel Smith, 1858.
179 Needleman, J., *Sense of the Cosmos*, New York, Dutton & Co., 1965.
180 Neihardt, J. G., *Black Elk Speaks*, New York, Pocket Books, 1972.
181 Neubecker, O., *Guide to Heraldry*, London, Cassell, 1979.
182 Neumann, E., *Die Große Mutter*. Freiburg–Olten 1984, Walter.
183 Neumann, E., *Ursprungsgeschichte des Bewußtseins*, Frankfurt o. J., Fischer Tb.
184 *New Celtic Review*, B. M. Oakgrove, London WCI N3XX.
185 Newman, P., *Hill of the Dragon*, London, Kingsmead Press, 1979.
186 Newstead, H., *Bran the Blessed in Arthurian Romance*, New York, Columbia University Press, 1939.
187 *Nibelungenlied*, Mittelhochdeutscher Text mit Übertragung, 2 Bde., Frankfurt 1984, 1985, Fischer Tb.
188 North, F. J., *Sunken Cities*, Cardiff, University of Wales Press, 1957.
189 O'Brien, C., *The Megalithic Odyssey*, Wellingborough, Turnstone, 1973.
190 O'Rahilly, T. F., *Early Irish History and Mythology*, Dublin, Dublin Institute of Advanced Studies, 1946.
191 *Oxford Dictionary of Saints*, ed. D. H. Farmer, Oxford, Oxford University Press, 1978.
192 Pausanias, *Beschreibung Griechenlands*, München (vergriffen. NA in Vorb.) Artemis.
193 Pegg, B., *Folk: A portrait of English Traditional Music, Musicians and Customs*, London, Wildwood House, 1976.
194 *Pendragon*, 27 Roslyn Rd, Redland, Bristol BS66 6NJ.
195 Pennick, N., *Die alte Wissenschaft der Geomantie*, München 1982, dianus-trikont.
196 Perera, S. B., *Der Weg zur Göttin der Tiefe*. Interlaken 1986, Ansata.
197 Pepper, E. and Willock, J., *Magical and Mystical Sites: Europe and the British Isles*, London, Weidenfeld, 1976.
198 Petry, M. J., *Herne the Hunter: A Berkshire Legend*, Reading, William Smith, 1972.
199 Phillips, G. R., *Brigantia*, London, Routledge & Kegan Paul, 1976.
200 Pindar, *Oden*. Frankfurt 1984, Insel Tb.
201 Platon, *Sämtliche Werke*, Reinbek o. J. Rowohlt.
202 Plumb, J. H., *The Death of the Past*, London, Macmillan, 1969.

203 Plutarch, *Moralia VI*, trans. F. R. Babbitt, London, Heinemann, 1952.
204 *Popol Vuh*, Das Buch des Rates, Köln, Düsseldorf 1984, Diederichs.
205 Powys, J. C., *Morwen*, London, Village Press, 1974.
206 Progoff, I., *The Practice of Process Meditation*, New York, Dialogue House Library, 1980.
207 Rainwater, J., *You're in Charge*, Wellingborough, Turnstone, 1979.
208 Rank, O., *The Myth of the Birth of the Hero*, New York, Knopf, 1959.
209 Readers' Digest, *Folklore, Myths, and Legends of Britain*, London, Readers' Digest, 1973.
210 Rees, A. and Rees, B., *Celtic Heritage*, London, Thames and Hudson, 1961.
211 Reyner, K. *This Holiest Erthe*, London, Perennial Books, 1974.
212 Rhys, Sir J., *Arthurian Legend*, Oxford, Oxford University Press, 1891.
213 Rhys, Sir J., *The Hibbert Lectures*, London, Williams and Norgate, 1888.
214 *Rig Veda*, übersetzt und erläutert von Karl F. Geldner. 3 Teile u. Register. Göttingen 1951–1957. Vandenhoek & Ruprecht.
215 Ross, A., *Pagan Celtic Britain*, London, Routledge & Kegan Paul, 1967.
216 Roszak, R., *Mensch und Erde*, Reinbek 1987, Rowohlt.
217 Russell, G., ‹The Glastonbury Tor Maze› in *Glastonbury: a Study in Patterns*, ed. M. Williams, R. I. L. K. O., 1969.
218 Russell, G. W. (‹A. E.›), *A Candle of Vision*, New York, Theosophical Publishing House, 1974.
219 Russell, G. W. (‹A. E.›), *The Song of its Fountains*, London, Macmillan, 1932.
220 Russell, J. B., *A History of Witchcraft*, London, Thames & Hudson, 1980.
221 Russell, P., *Die erwachende Erde*, München 1984, Heyne.
222 Salinger, J. D., *Franny und Zooey*, Reinbek 1967, Rowohlt Tb.
223 Saurat, D., *Literature and Occult Tradition*, London, Bell and Sons Ltd., 1930.
224 Sawyer, R., *The Way of the Storyteller*, London, Harrap, 1944.
225 Schnapper, E., *The Inward Odyssey*, London, Allen & Unwin, 1965.
226 Scott, M., *Kundalini in the Physical World*, London, Routledge & Kegan Paul, 1983.
227 Screeton, P., *Quicksilver Heritage*, Wellingborough, Turnstone, 1974.
228 Senior, M., *Myths of Britain*, London, Orbis, 1979.
229 Severin, T., *Brendan Voyage*, London, Hutchinson, 1978.
230 Seward, J., *Book of British Troy Towns*, Thundersley, Caerdroi Project, 1982.
231 Shaw, M. F., *Folksongs and Folklore of South Uist*, London, Routledge & Kegan Paul, 1955.
232 Silverberg, R., *The Mound Builders*, New York, New York Graphic Society, 1970.
233 *Sir Gawain and the Green Knight*, trans. J. R. R. Tolkien, London, Allen and Unwin, 1975.
234 Sjoestedt, M.-L., *Gods and Heroes of the Celts*, Berkeley, Turtle Island Foundation, 1982.
235 Skelton, R., *Spellcraft: a Manual of Verbal Magic*, London, Routledge & Kegan Paul, 1978.
236 *Society of the Inner Light*, Study Course, 38 Steele's Road, London NW 3.

237 Spence, L., *Fairy Tradition in Britain*, London, Rider, 1948.
238 Spence, L., *The History of Atlantis*, London, Rider, 1930.
239 Spence, L., *The Magical Arts in Celtic Britain*, Wellingborough, Aquarian Press, 1970.
240 Spence, L., *The Mysteries of Britain*, Wellingborough, Aquarian Press, 1970.
241 Spence, L., *Myths of the American Indians*, London, Harrap, 1918.
242 Spiegleman, J., *The Tree*, Phoenix, Arizona, Falcon Press, 1982.
243 Starhawk, *Dreaming the Dark*, Boston, Beacon Press, 1982.
244 Starhawk, *Der Hexenkult als Ur-Religion der großen Göttin*. Freiburg 1985, H. Bauer.
245 Steinbeck, J., *Acts of King Arthur and his Noble Knights*, London, Heinemann, 1976.
246 Steinbrecher, E., *The Inner Guide Meditation*, Santa Fe, Blue Feather Press, 1978.
247 Steiner, R., *Mystery Knowledge and Mystery Centres*, London, Rudolf Steiner Press, 1973.
248 Stewart, B., *The Initiation of the Underworld*, Wellingborough, Aquarian Press, 1985.
249 Stewart, B., *Where ist St. George?*, Bradford on Avon, Moonraker Press, 1977.
250 Storms, G., *Anglo-Saxon Magic*, The Hague, Martinus Nyhoff, 1948.
251 Stukeley, W., *Itinerarium Curiosum*, Hampshire, Greg International, 1969.
252 Summerfield, H., *That Myriad-Minded Man: a biography of G. W. Russell – ‹A. E.›*, Gerrard's Cross, Colin Smythe, 1975.
253 Sutcliff, R., *High Deeds of Finn MacCool*, London, Bodley Head, 1967.
254 Sutcliff, R., *The Hound of Ulster*, London, Bodley Head, 1963.
255 Tacitus, *Germania*, zweisprachig, Frankfurt 1980, Insel.
256 *Tain Bo Cuailnge (The Cattle Raid of Cooley)* trans. T. Kinsella, Dublin/Oxford, Dolmen Press/Oxford University Press, 1970.
257 Tate Gallery, *The Pre-Raphaelites*, London, Tate Gallery/Penguin, 1984.
258 Taylor, A., *Drustan the Wanderer*, London, Longmans, 1971.
259 Tennyson, A., *Idylls of the King*, Harmondsworth, Penguin Books, 1983.
260 Thom, A., *Megalithic and Luna Observatories*, Oxford, Oxford University Press, 1971.
261 Thom, A., *Megalithic Sites in Britain*, Oxford, Oxford University Press, 1967.
262 Toffler, A., *Der Zukunftsschock. Strategien für die Welt von morgen*, München 1983, Goldmann Tb.
263 Tolkien, J. R. R., *Der Herr der Ringe*, Stuttgart 1985, Klett-Cotta.
264 Tolkien, J. R. R., *The Monsters and the Critics & Other Essays*, London, George Allen & Unwin, 1983.
265 Traherne, T., *Poetical Works*, London, P. J. & A. E. Dobell, 1932.
266 Treece, H., *The Golden Strangers*, London, Bodley Head, 1956.
267 Treece, H., *The Green Man*, Bodley Head, 1966.
268 *Trioeddynys Prydein* (The Welsh Triads), ed. R. Bromwich, Cardiff, University of Wales Press, 1961.

269 Underwood, G., *The Patterns of the Past*, London, Abacus, 1972.
270 Valiente, D., *ABC of Witchcraft*, London, Hale, 1984.
271 Valiente, D., *Witchcraft for Tomorrow*, London, Hale, 1978.
272 Vansittart, P., *The Death of Robin Hood*, London, Peter Owen, 1982.
273 Vansittart, P., *Worlds and Underworlds*, London, Peter Owen, 1974.
274 Vermaseren, M. J., *Mithras, the Secret God*, London, Chatto & Windus, 1963.
275 Vigars, D., *Atlantis Rising*, London, Andrew Dakers, 1944.
276 *Vita Merlini*, ed. J. J. Parry, Illinois, University of Urbana, 1925.
277 Von Franz, M. L., *C. G. Jung, his myth in our time*, London, Hodder & Stoughton, 1975.
278 Walker, D. P., *Spiritual and Demonic Magic*, London, University of Notre Dame Press, 1969.
279 Walton, E., *The Mabinog Quartet*, New York, Ballantine Books, 1970–4.
280 Waters, F., *Das Buch der Hopi*, Köln, Düsseldorf 1984, Diederichs.
281 Watkins, A., *The Old Straight Track*, London, Garnstone Press, 1970.
282 Weaver, H., *Dowsing the Primary Sense*, London, Routledge & Kegan Paul, 1978.
283 Wentz, W. Y. Evans., *The Fairy Faith in Celtic Countries*, New York, Lemma Pub. Co., 1973.
284 Whitman, W., *Complete Poetry, Selected Prose & Letters*, London, Nonesuch Library, 1938.
285 Whitmont, E., *Return of the Goddes*, London, Routledge & Kegan Paul, 1983.
286 Whitson, R. E., *The Shakers*, London, SPCK, 1983.
287 Wilber, K., *Halbzeit der Evolution*, München, Bonn 1984, Scherz.
288 Wilkins, E., *The Rose Garden Game*, London, Gollancz, 1969.
289 Williams, C. and Lewis, C. S., *Arthurian Torso*, Oxford, OUP, 1948.
290 Williamson, T., and Bellamy, L., *Ley Lines in Question*, London, Worlds Work, 1983.
291 Yeats, W. B., *Werke*, 6 Bde, Darmstadt 1977, Luchterhand.

Diskographie

292 Albion Country Band, *Battle of the Fields*, Island HELP 25 (R).
293 Archer, Robert, *Nature's Dream Harp – Aeolian Harp Music*, R. Archer, RA 01, 17 Sanfield Road, Headington, Oxford OX3 7RN.
294 Ashley, Steve, *Stroll On*, Gull GULP 1003.
295 Bedford, David, *Star Clusters Nebulae and Places in Devon / Song of the White Horse*, Oldfield Music OM1.
296 Bellamy, Peter, *Keep on Kipling*, Fellside FE032.
297 Bothy Band, *Out of the Wind into the Sun*, Polydor SUPER 2383 456.
298 *The Child Ballads, vols 1–10*, Topic Records.
299 Clannad, *Magical Ring*, RCA RCA LP 6072.
300 Colins, Shirley, *Amaranth*, Harvest SHSM 2008.
301 Davey, Shaun, *The Brendan Voyage*, Tara 3006.
302 Davey, Shaun, *The Pilgrim*, Tara 3001.

303 Gray, W. G., *The Rollright Ritual*, Sulis Music, B. C. M. 3721, London WC1N 3XX.
304 Horslips, *The Book of Invasions – a Celtic Symphony*, DJM DJF 20498.
305 Horslips, *The Tain*, RCA OATS M00 5.
306 Kinnaird, Alison, *The Harp Key: Crann nan Teud*, Temple Records SH001.
307 Lyonesse, *Tristan de Lyonesse*, PDU PLD A6062.
308 *Maypoles to Mistletoe*, Trailer LER 2092.
309 *Ossian*, Springtime Records, SPR 1004.
310 Pegg, Bob, *Ancient Maps*, Transatlantic TRA 299.
311 *Plain Capers – Morris Tunes from the Cotswolds*, Free Reed FRR010.
312 Stewart, Bob, *The Underworld Journey*, Sulis Music, BCM 3721, London WC1N 3XX.
313 Stewart, Bob, *Unique Sound of the Psaltery*, ARGO ZDA 207.
314 Stewart, Bob, and Furey, Finbar, *Tomorrow We Part*, Cresent Records AR 5110.
315 Stivell, Alan, *Légende*, DISC AZ AZ 475.
316 Stivell, Alan, *Symphonie Celtique – Tir Nan Og*, CBS 88487.
317 Strawhead, *Songs from the Book of England*, Tradition TRS 0356.
318 Watersons, *Frost and Fire – a calendar of Ritual and Magical Songs*, Topic 12T 136.
319 Williamson, Robin, and his Merry Band, *A Glint at the Kindling*, Criminal Records STEAL 6.
320 Yates, Tom, *Song of the Shimmering Way*, Satril SATL 4007.

BAND II

Ein praktischer Führer zu Magie, Mystik und Alchemie

Inhalt

BAND II

Das Emblem des Großen Werkes – Der Stein der Weisen:
«Suche das Innere der Erde auf – und bringe den verborgenen Stein ans Licht.»

Danksagungen

Dank für Ratschläge, Unterstützung und viele Tassen Tee geht an: Dolores und Michael Ashcroft-Nowicki, den gesamten Caldecott-Klan, Joscely Godwin, Marian Green, Deirdre Green, Helene Hess, Adam McLean, Kathleen Raine, Anthony Rooley, Wolf und Johann van Brussel, Roma Wilby, den St. Mary Cray Green Circle und, wieder, an die Gesellschaft von Hawkwood.

Der Abdruck der Abbildung auf S. 95 erfolgt mit freundlicher Genehmigung von T.&T. Clark Ltd., Edinburgh.

Für Gareth Knight
und alle, die versuchen,
den Stein ans Licht zu bringen.

Einführung
Die nach außen gerichtete Spirale

Höre mit dem Verständnis des Herzens.
Thomas Vaughan: *Anima Magica Absondita*

Die Seele jedes einzelnen von uns ist geschickt worden, damit das Universum vollkommen sei.
Plotinos: *Die Enneaden, IV, 8,1*

Mit dem römischen Mithraskult wird die Figur des Aion assoziiert: ein löwenköpfiger Gott, um den sich eine Schlange windet. Er repräsentierte grenzenlose Zeit, die über die Zeitalter und die zyklischen Unterteilungen des Jahres herrschte. In seinen Händen trug er die Schlüssel der Sonnenwenden: einen silbernen, der das Tor des Krebses, den Weg der Vorfahren, öffnete und einen goldenen, der das Tor des Steinbocks, den Weg der Götter, öffnete, der jenseits der Geburts- und Todesprozesse führte und auf dem die Götter zur Erde herabsteigen konnten.[104]

Diese beiden Wege repräsentieren ewige Gesetze, ebenso unveränderbar wie das Universum selbst, und sie können auch als den beiden Traditionen verwandt angesehen werden, die das Thema der vorliegenden Arbeit sind. Einerseits die einheimische Tradition, die sich den Vorfahren zuwendet, die nun zwecks Führung in den Status von Göttern erhoben sind. Andererseits die hermetische Tradition, die sich nach außen, zu den Sternen wendet und jenen engelhaften Wesen, die diese als Mittler zwischen den Menschen und Gott bewohnen.

Dies sind unterschiedliche, aber einander ergänzende Annäherungen an dasselbe Ziel: Ein umfassenderes Verständnis von unserem Platz im Plan der Dinge. Beide haben dabei geholfen, eine uralte Weisheit zu bewahren, die anderenfalls für die Welt verlorengegangen wäre. In Hermann Hesses Roman *Das Glasperlenspiel* wird von einer Gruppe esoterischer Philosophen, die als Die Liga der Reisenden in den Osten bekannt sind, gesagt, sie ha-

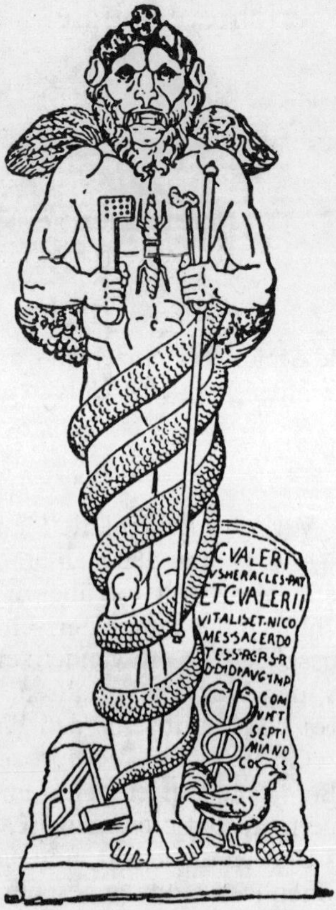

Das Äon

ben «zu neuen Einsichten in den Charakter unserer Kultur und die Möglichkeit ihrer Fortführung beigetragen; nicht so sehr durch analytische und gelehrte Arbeit, als durch ihre Fähigkeit zur mystischen Identifikation mit entfernten Zeitaltern und kulturellen Bedingungen, die auf alten spirituellen Übungen basierte.»[142] Dasselbe kann man von den Erforschern der westlichen esoterischen Tradition sagen, die wir Hermetiker nennen und die fast als einzige dabei halfen, die alten Mysterien zu bewahren und in unsere Zeit zu übermitteln. Es ist der Hermetiker,

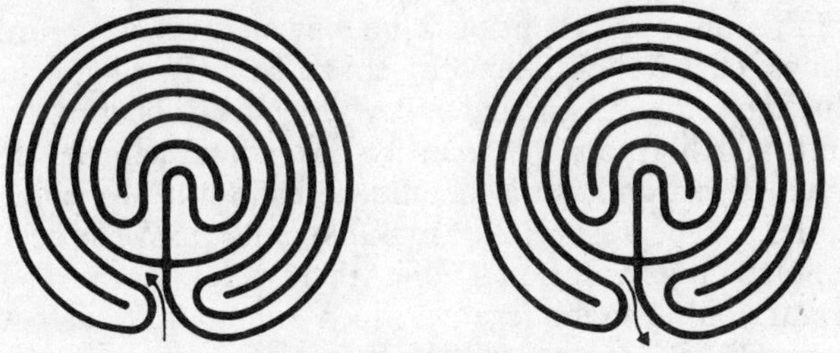

(Die innere Spirale / Die äußere Spirale)

Das spiralförmige Labyrinth

der die Arbeit des einheimischen Schamanen fortsetzt und der unser Wissen vom Universum durch seinen Gebrauch eben solcher «alten spirituellen Übungen» erweitert wie die Philosophen in Hesses Roman.

Der Pfad der esoterischen Tradition hat sich in scharfen Windungen durch viele Jahrhunderte gezogen, um seine Lehren zu bewahren: Manchmal war er gepflastert, zu anderen Zeiten schien er nicht mehr als ein Sandweg, der durch den Tritt einiger einsamer Wanderer offengehalten wurde. Nie war er eine allgemeine Verkehrsstraße; dennoch hat er seine Route immer wieder neu bestimmt, um Reisenden aller Art Raum zu bieten. Er hat neue und verschiedene Traditionen erforscht, so daß «er, wie sehr seine Kontinuität von widerstreitenden Systemen auch unterbrochen worden sein mag, zu verschiedenen Zeitperioden in Erscheinung tritt, solange die Sonne selbst die Welt erleuchten wird»[325].

Wir sprachen vom Pfad der einheimischen Tradition als der inwendigen, nach innen gerichteten Spirale eines Labyrinths, die in das Herz der ererbten Erdweisheit führt. Die hermetische Tradition ist die nach außen gerichtete Spirale desselben Labyrinths: ein Pfad sich entwickelnden Bewußtseins, der von den inneren Quellen unserer ererbten Wurzeln beseelt ist. Zusammen bilden die beiden Traditionen eine Hieroglyphe des westlichen Weges, auf dem keine Tradition «besser» ist als die andere, doch auf dem jede die andere durchdringen und lehren kann. Sie sind komplementäre Gegensätze, an denen die esoterische Erfahrung des Individuums gemessen und ausgeglichen werden kann. So wie in der einheimischen Tradition eine Bewegung vom primitiven Stammes- oder Kollektivbewußtsein zu einer Würdigung des individuellen selbst-erkennenden Bewußtseins zu beobachten war, so nimmt die hermetische Tradition das individuelle Bewußtsein auf eine Reise zum kosmischen Bewußtsein mit, wobei diese erste kollektive Bewußtheit auf makrokosmische Weise gesteigert wird. Solch eine Evolution ist die Arbeit vieler Jahrtausende und kann nur von unserem gegenwärtigen Standpunkt aus beurteilt werden. Die Bewegung verlief keinesfalls immer progressiv. Beide Traditionen neigen zu Winkelzügen: Die einheimische Tradition hat, wie wir in Band 1 bemerkten, eine Tendenz zur atavistischen Reversion; die hermetische Tradition neigt dazu, in die Richtung spekulativer Projektion und mystifizierenden Obskurantismus zu gehen.

Die Einheit der einheimischen Tradition war der Stamm – geschmiedet aus den Stammesangehörigen, Herrscher und Schamane –, und er wurde durch genetische Blutsbande zusammengehalten, in denen gemeinsame Ideen und Konzepte die Stelle der Religion einnahmen. Doch «als sich das Blut durch Exogamie (Heirat außerhalb des Stammes) vermischte, ... wurden die engen Verbindungen zu seinen Vorfahren [sic] abgeschnitten, und der Mensch begann, sein eigenes persönliches Leben zu leben»[321]. Diese Trennung der direkten Verbindung mit den Reichen der Vorfahren und die Einführung neuen Blutes ermöglichte die Übermittlung neuer Botschaften in unser Bewußtsein und erlaubte diesem, sich vom reinen Stammeserbe fortzuentwickeln. Das kollektive Bewußtsein des Stammes stand neuen Einflüssen offen. An Stelle einer Nachfolge von Schamanen und Schamankas «bewegte sich ein philosophischer Klan... unter Namen wie ‹die Illuminaten› über das Gebiet von Europa»[23]. Statt einer Blutsabstammung wurde eine neue Beziehung etabliert – nicht mit den Vorfahren, sondern mit Lehrern auf den Inneren Ebenen. Die Verwandtschaft war nun eine zwischen Bruder- und Schwester-Initiand – eine subtile Anhebung der Stammesverwandtschaft.

Manche Leute denken, diese Vorstellung habe düstere Implikationen, obwohl das von seiner politischen Anwendung abhängt. Es sind keineswegs Banden kapuzentragender Hermetiker darauf aus, die Welt zu regieren. Die Wahrheit ist viel einfacher. Die

Gemeinschaft der Esoteriker ist eine mystische, keine Blutsverwandtschaft. (Obwohl die letztere – auf einer tieferen Ebene – auch besteht.) Um das zu klären, müssen wir uns eher dem jüdischen Konzept der Erleuchteten zuwenden, die die Welt mit ihrem verborgenen Leben unterhalten oder der Gemeinschaft der Grals-Eremiten, die während der gesamten Gralssuche die suchenden Ritter beraten und verborgen in Wüsten und Wäldern leben. Dies ist die Rolle des Esoterikers in diesem Zeitalter (siehe Kapitel 1 und 3).

Die Furcht und das Mißtrauen gegenüber dem Schamanen und Magier durch die Zeitalter hindurch wurde durch die beinahe aggressive Geheimniskrämerei, die den westlichen Weg umgibt, nicht verringert. Perioden der Verfolgung waren, gezwungenermaßen, für diese Zurückhaltung verantwortlich, aber wir wurden esoterischem Verständnis auch entfremdet: «Was in der Psyche natürlich ist, ist in unserer Kultur einzigartig, okkult und mysteriös geworden.»[273] Es herrscht auch die Furcht vor, daß sich der Esoteriker mit verbotenen Dingen befaßt, schrecklichen Mächten, die sich als zerstörerisch erweisen könnten.

Der Fall von Atlantis ist dem Esoteriker, was der Sündenfall dem Juden oder Christen – ein frühreifes Streben nach Wissen, das die natürliche Ordnung stört. Der Tradition nach fiel Atlantis auf Grund eines Mißbrauchs priesterlicher Macht, der das heikle Gleichgewicht der Umwelt so sehr störte, daß der Kontinent von einer mächtigen Sintflut überschwemmt wurde. In Eden wurde der Fall durch den Ungehorsam gegenüber dem Gebot Gottes, nicht vom Baum der Erkenntnis von Gut und Böse zu essen, herbeigeführt. Es ist nicht wichtig, ob wir Atlantis oder Eden als geographisch und zeitlich lokalisierbare Orte oder als mythische Paradigmen verlorenen Wissens ansehen; es bleiben Zustände, die uns entzogen wurden – goldene Zeitalter, die nicht wiederkehren können. Wir stehen jetzt auf dem höheren Bogen des Atlantis/Eden-Experiments, der Gnade unserer Technologie ausgeliefert – das Wissen um ihre Verwendung kann heilen oder verletzen, je nachdem, wie es eingesetzt wird. Wir sehen uns wieder einmal der Gefahr des Hochmuts – spirituellem oder anderem – gegenüber.

Während diese Paradigmen jedoch hauptsächlich wegen ihrer plötzlichen Zerstörung bekannt sind, bleiben Eden und Atlantis geisterhaft als Zustände ursprünglicher Vollkommenheit im Bewußtsein. Das innere Atlantis erinnert uns an verlorengegangene oder in uns schlummernde Potentiale. Bevor der Apfel von dem

Baum im Garten gepflückt wurde, war Eden ein Ort der Freude und Unschuld.

> Hätte Atlantis nie existiert, hätte der Schüler der Tradition es für notwendig befunden, solch eine Region zu erfinden, da wir in keinem der Länder Westeuropas einen Kern finden, aus dem die angrenzenden Länder ihre frühesten Ideen von Religion, Mythos und Magie erhielten.[316]

Von Platons Zeiten an haben die Mysterienschulen immer auf Atlantis als Quelle ihres Wissens geblickt. Die verstreuten Samen von Atlantis scheinen von Winden und Fluten in die ganze Welt getragen worden zu sein. Rationalisten versuchten, den verlorenen Kontinent selbst zu finden, und Forscher von mehr oder weniger gelehrtem Ruf haben sich bemüht, Fragmente von Sprachen, Scherben und ethnographischen Hinweisen zu sammeln, um den großen Untergang zu erklären. Während diese Schatzsuchereien einen zweifellos in Trab halten können, haben sie wenig Bezug zu unserer Geschichte. Wir handeln hier mit metaphysischer Währung (siehe Abb. S. 33).

Die Hoffnung läßt uns stets nach einem neuen Goldenen Zeitalter Ausschau halten – tatsächlich zeigt die New Age-Bewegung bereits eine helle, mit solchen Hoffnungen vermischte Zukunft. Auf der Seite der Verzweiflung stehen die Tausende von Pessimisten, die die Zerstörung der Welt mit allem, was darin ist, vorhersehen. Keines dieser Verhaltensmuster ist besonders ausgeglichen. Wie wir in dieser Studie betont haben, müssen wir davor auf der Hut sein, in einem neuen Goldenen Zeitalter leben zu wollen: diejenigen, die versuchen, Gemeinschaften der Vollkommenheit aufzubauen, haben dies zu ihrem Schaden erfahren. Genausowenig möchten wir jedoch mit der Nichtigkeit letztendlicher Verzweiflung leben. Wir sind weder die Erretter der Welt, noch Opfer der Götter, sondern Übermittler, die die Weisheit der Erde und der Sterne integrieren und weitergeben können. Diese Fähigkeit wird wieder in dem Bild des Aion dargestellt, der die Schlüssel dazu hält, um uns zu befähigen, die Überbetonung, die in tausendfacher Verzweiflung und Hoffnung auf ein Goldenes Zeitalter steckt, zu korrigieren.

Wir können dieses Konzept vielleicht besser verstehen, wenn wir die Durchdringung von Mikrokosmos und Makrokosmos realisieren. Die Wechselbeziehung dieser beiden mächtigen Realitäten ist der Schlüssel zur hermetischen Tradition. Der Makrokosmos repräsentiert die ewige Realität des Lichts, das Reich

Gottes. Der Mikrokosmos ist seine Reflexion, eine Zersplitterung des Lichts, das Reich der Menschheit im Werden. Dieses Thema liegt den Mysterienlehren aller Traditionen zugrunde, dargestellt als über das ganze Universum verteilter Lichtkörper. Jedes erschaffene Ding trägt einen Funken göttlichen Lichts. Einige vergessen ihren ursprünglichen Zustand, während andere sich seiner erinnern und Wanderer-zwischen-den-Welten werden und die Zusammenfügung des Lichtkörpers zu ihrem übergreifenden Ziel machen. Diese letzteren leben von einer Geschichte – dem Zerreißen eines Gottes, der Zerteilung einer Göttin –, deren Opferung Schöpfung herbeiführt und deren erlösende Tugend, die im individuellen Funken des göttlichen Lichts wohnt, die Schöpfung wieder in den Lichtkörper zurückbringt. Doch der Lichtkörper ist gleich dem von Humpty Dumpty so zersplittert, daß es unmöglich scheint, die Stücke wieder zu vereinen. Zwischen Untätigkeit und der Vielfalt der Wege, um dieses Ziel zu erreichen, scheint die Aufgabe unlösbar zu sein. Für einige bringt die Erkenntnis, daß ihr individueller Funke im Fleisch gefangen ist, die Ablehnung des Körpers mit sich.

Doch es verbleiben jene, die versuchen, den Lichtkörper mit religiösen oder esoterischen Mitteln wieder zusammenzufügen. In jeder Generation gibt es eine Anzahl hingebungsvoller Menschen, die eine genügend große Gruppe Gleichgesinnter darstellen, um eine Basis für ein solches Unternehmen zu bilden. Diese Erleuchteten sind, wie wir bereits sagten, nicht notwendigerweise in Kontakt miteinander, aber ihre Arbeit hat eine kumulative Wirkung. Die Aufgabe der hermetischen Tradition spiegelt dieses Ziel wider: Das mikrokosmische Licht mit dem makrokosmischen Licht zu vereinen, den verborgenen Stein, den heiligen Gral, zu entdecken, um die Lichtsamen zu einem Würfel wahren Goldes zu schmieden. Dies ist das Große Werk und das Ziel esoterischer Philosophie.

Das Vorangegangene mag die Meinung einiger Leser bestätigen, daß Esoterik eine Weltflucht sei – ein Vorwurf, der ebenso gegen die gerichtet ist, die sich kontemplativen religiösen Orden anschließen. Wie der Philosoph Frithjof Schuon beobachtete:

> Alle Esoterik scheint vom Standpunkt der entsprechenden Exoterik von Häresie gefärbt zu sein, doch das disqualifiziert sie offensichtlich nicht, wenn sie im wesentlichen orthodox ist und also mit der Wahrheit als solcher konform, wie mit dem traditionellen Symbolismus, dem sie angehört; es ist wahr, daß die authentischste Esoterik

sich gelegentlich aus diesem Rahmen entfernen und sich auf fremde Symbolismen beziehen kann, doch sie kann in ihrer eigentlichen Substanz nicht synkretistisch sein.[294]

Hermetische Esoterik befaßt sich mit ebensolcher traditionellen Symbolik und der Wahrheit ihrer Weisheit. Die Hermetik ist in der besonderen Lage, die mystischen Traditionen jener Religionen und Systeme zu hüten, die zu bloßen exoterischen Rückenpanzern wurden oder die selbst als lebendige Systeme aus der Geschichte herausgefallen sind. Exoterik und Esoterik brauchen einander. Ohne seine mystische Tradition ist ein exoterisches System wie eine Rose ohne Duft. Ohne die Strukturen der Exoterik ist die Esoterik ein Bildnis ohne Tempel. Hohes mystisches Wissen muß das tägliche Leben durchdringen oder für immer getrennt von ihm sein – eine Versuchung zu spirituellem Stolz und Auslesetum.

Das Problem, mit dem sich jeder Neuling der Esoterik konfrontiert sieht, ist die Motivation. Nur wenige Menschen werden in einer von mystischer Tradition geprägten Umgebung groß, noch weniger Menschen haben überhaupt irgendeine Erfahrung mit lebendiger spiritueller Tradition: Ihre ethischen Werte und Einstellungen sind von den sozialen und grundlegenden moralischen Konventionen ihrer individuellen Kultur geformt. Die exoterische Welt sieht die esoterische als böse an, dem Teufel zugehörig, moralisch korrupt und sexuell verdorben. Für den erfahrenen Esoteriker mag es leicht sein, diese Projektionen – um nichts anderes handelt es sich nämlich – nicht anzuerkennen, doch für jene, die sich zum erstenmal auf diesen Pfad wagen, besteht der heimliche Verdacht, daß sie sich mit etwas befassen, das «nicht ganz richtig» sein könnte. Außer für tapfere Forscher ist das esoterische Hinterland so lange fest verschlossen gewesen, wie jegliche Expedition dorthin für tollkühn gehalten wird. Ohne den erfahrenen Führer zur Seite ist dies sicherlich zutreffend. Die Mittel, um einen Lehrer oder einen inneren Führer zu finden, werden in den Kapiteln 3 und 4 dieses Bandes erörtert. Was einst vertrautes Gebiet war, ist heute im wesentlichen unbekannt; einst weit verbreitete Einstellungen und Gewißheiten sind dem modernen Forscher nicht vertraut, der vor jedem Felsen und Fremdling auf dem Weg zurückschreckt.

Wie also soll der Anfänger auf dem hermetischen Pfad des westlichen Weges einen Kurs steuern? In erster Linie mit gesundem Menschenverstand und sensibler Intuition; in zweiter Linie, indem er mit der Weisheit der Tradition mitschwingt. Jene, die danach streben, den Pfad allein zu gehen, ohne die Führung ihrer Tradition, ohne die Versorgung mit spiritueller Nahrung, neigen eher dazu, von ihrem Weg abzukommen und ihr Ziel nie zu erreichen.

Wir alle sind erstaunliche Mikrokosmen, worin Materie und Geist sich vermischen, um einen völlig individuellen Ausdruck der Menschheit zu bilden. Während einer Inkarnation trifft jeder von uns auf gewisse, sehr notwendige Initationen irdischer Art: Wir mühen uns von Etappe zu Etappe unseres Lebens, lernen die Lektionen der Kindheit, Jugend und des Erwachsenseins. Abhängig von unserer Erfahrung innerhalb jeder dieser Initiationen, formulieren wir eine persönliche Philosophie, nach der wir zu leben trachten. Wir kommen zu einem bestmöglichen Erfahrungs- und Reifepunkt, an dem wir vielleicht entscheiden, den esoterischen Weg zu versuchen. Wie wissen wir, daß dieses «weiße» und nicht «schwarze» Magie ist? Werden wir wahrlich den rechten oder den linken Pfad beschreiten, wie es häufig genannt wird?

«Der linke Pfad... der Pfad des Fortschritts in Stoff oder Materie», liest man in Alice Baileys *Eine Abhandlung über die Weiße Magie.*[21] Wenn unser Pfad uns nicht zu einer Evolution des Bewußtseins, zu einem Entflammen des Geistes innerhalb der Materie führt, dann wandern wir tatsächlich auf dem linken Pfad, der in seiner Absicht von dem westlichen Weg abweicht.

Grundsätzlich spricht der Hermetiker nicht über «gut» und «böse», da diese Begriffe wertend und irreführend sind. Was für den einen «gut», ist dem anderen «böse». Wir müssen die Dinge in Begriffen ausgeglichener Polaritäten betrachten. Wir sagen nicht, daß es *keinen* Ausdruck von Gut und Böse im Leben gibt – wir wissen sehr wohl, daß er existiert –, doch wir dürfen von diesem nicht in Begriffen absoluter Wirklichkeiten denken. Wir werden noch sehen, wie die Ahnen zwei ewig entgegengesetzte Ursachen von Gut und Böse polarisierten – ein Dualismus, dem wir im allgemeinen Sprachgebrauch immer noch schwer entfliehen können. Gott und Teufel, Engel und Dämon sind immer noch gegensätzliche Bildpaare in unserem Bewußtsein. Uns allen ist klar, wie destruktiv diese Anwendung der Bilder sein kann, wenn weibliche Bilder der Materie und maskuline spirituellen Zuständen zugeschrieben werden. Solchen vorgefertigten Definitionen von Gut und Böse sollte man widersprechen.

Das heißt nicht, den sehr realen Horror des Bösen, wie wir alle ihn erfahren, zu ignorieren: Das Böse bleibt ein Ausdruck für etwas Unausgeglichenes, dessen Ursprünge im Dunkeln liegen, wie die des göttlichen Funkens in uns. In unseren Seelen können wir die bösen oder unausgeglichenen Mächte um uns herum wahrnehmen wie einen schlechten Geruch. Die Erscheinungen des Bösen sind trügerisch schmeichelnd und bezaubernd: sie erscheinen in den Formen dessen, was wir uns am meisten wünschen, doch wir müssen für sie in der Währung unserer eigenen Integrität bezahlen. Sie führen uns fort von der Arbeit, die mikrokosmischen und makrokosmischen Welten zu verbinden, fort in die «Vertiefung der Ebene»[107] – wobei wir unsere kostbare Perle für schnelles Bares verkaufen.

Wer mehr über diese Dinge lesen möchte – und es ist nicht einfach, darüber zu sprechen oder sie zu verstehen –, sollte *The Cosmic Doctrine* von Dion Fortune[90] lesen, in dem folgendes steht: «Das Böse ist einfach das, was sich in die gegensätzliche Richtung zur Evolution bewegt. (Es) ist das, was… dahin tendiert, in das Nicht-Manifeste zurückzufallen.» Das Böse kann, wenn dieses hilfreich ist, als das Trägheitsmoment angesehen werden, das «das Gute» fesselt. Das Gute kann als Prinzip der kreativen Bewegung angesehen werden, «das der Trägheit widersteht». Wir kommen zu den Begriffen «negativ» und «positiv», die uns vielleicht in die Lage versetzen, diese Prinzipien auf hilfreichere und weniger relative Weise zu begreifen. Der Weg des Chaos als Ausdruck des negativen Pols kann reinigend und wirkungsvoll sein, ebenso wie der Weg der Kreativität als Ausdruck des positiven Pols eine unausgeglichene Fruchtbarkeit repräsentieren kann. Welchen der beiden kann man als gut oder böse bezeichnen?

Was also bietet der hermetische Weg als seinen Beitrag zum ausgeglichenen Weg der Evolution an? Wir alle müssen Situationen ins Auge sehen und entscheiden, ob wir die Nessel ergreifen wollen oder fliehen, wie der Narr im Tarot oder der junge Mann im Evangelium, der seine Kleider liegen ließ – alles verlassend, um, wenn nötig, einen weiteren Tag zu leben und zu kämpfen. Alle Disziplinen haben ihre Märtyrer und ihre Überlebenden. Jene, die dem westlichen Weg folgen, sind nicht die Auserwählten, sie bieten kein dogmatisches Erlösungspaket an: sie sind Mit-Arbeiter, Mittler zwischen Mikro- und Makrokosmos, die an ihre Tradition als Mittel spirituellen Fortschritts glauben. Diese wesentliche Arbeit ist nicht nur das Gebiet der Esoteriker, sondern aller religiösen Traditionen, Künste und Fertigkeiten. Der

Mystiker, Dichter, Künstler und jedes Mitglied dieses geheimen Staatenbundes, von dem wir in Band 1 sprachen – tatsächlich jeder, der einen Einfluß von inneren Reichen auf die äußere Welt hat –, trägt zu dieser Arbeit bei.

Die sicherste Weise, den hermetischen Pfad zu bereisen, ist mittels einer spirituellen Tradition – sei es eine der orthodoxen Religionen oder auch nicht.

> Denn es ist der Gipfel des Bösen, Gott nicht zu kennen: Doch die Fähigkeit, Gott zu kennen und zu wünschen und hoffen, ihn zu kennen, ist die Straße, die gerade zum Guten führt; und es ist leicht, diese Straße zu bereisen. Überallhin wird Gott kommen, um Sie zu treffen, überall wird er Ihnen erscheinen, an Orten und zu Zeiten, da Sie nicht danach Ausschau halten, wenn Sie wachen und in Ihrem Schlaf, wenn Sie zu Wasser und zu Lande reisen, in der Nacht und am Tag, wenn Sie sprechen und wenn Sie still sind: denn es gibt nichts, das nicht Gott ist. Sagen Sie «Gott ist unsichtbar»? Sprechen Sie nicht so. Wer ist wirklicher als Gott?[302]

Dies stammt nicht aus einem christlichen, sondern aus einem hermetischen Text: seine Wahrheit ist für den Pfadwanderer universell anwendbar.

In Band 1 sprachen wir von drei verschiedenen, der einheimischen Tradition bekannten Wirklichkeitsebenen: der Anderwelt, Mittelerde und dem spirituellen Reich. Diese Begriffe sind unangemessen, um die innerhalb der hermetischen Tradition wirksamen Ebenen zu beschreiben, daher haben wir die Worte *Inneres* und *Äußeres* benutzt, um die innere Ebene und das äußere oder weltliche Reich allgemeiner Existenz zu bezeichnen. Je nachdem, mit welchem System man gewohnt ist zu arbeiten, kann die innere Ebene in immer komplexere Aspekte aufgeteilt und unterteilt werden: wir haben entschieden, nur ein Wort zu verwenden, um «innere» Dinge zu definieren. Die spirituellen Reiche können hermetisch als makrokosmische Ebene ausgelegt werden. Es gibt jedoch einen wachsenden Trend, inneren Einflüssen eine psychologische Quelle im Unbewußten zuzuschreiben. In esoterischen Begriffen ist dies irreführend: schaffen Sie unbedingt Ihre eigenen Metaphern für diese Reiche, doch verkennen Sie nicht deren Ursprünge oder verwechseln sie mit den Vorgängen in Ihrer eigenen Psyche.

Wo im Text das Wort «Gott» erscheint, bezeichnet dies die eigentliche Quelle der Realität, die weder männlich noch weiblich ist, sondern reiner Geist – wenn nicht anders angegeben.

Wir haben die Begriffe *der Gott* und *die Göttin* verwendet, um die göttlichen männlichen und weiblichen Prinzipien zu bezeichnen, die innerhalb mythologischer oder anderer Systeme wirksam sind. Innerhalb der hermetischen Tradition ist die Smaragdtafel von Hermes Trismegistos der Rosetta-Stein, der viele Mysterien erklärt: als Symbol steht ihm die Rose der Aphrodite gegenüber, die die esoterische Weisheit des göttlichen Weiblichen bezeichnet – ein Zeichen, durch das der Mit-Pfadwanderer identifiziert wird.

Wir beginnen unsere Reise im Temenos * der Mysterienschulen, wo wir sehen, wie die einheimische Tradition in die hermetische einfließt und wie diese Traditionen von alters her bis in unsere Zeit erhalten und gepflegt wurden. Wir befassen uns mit den spirituellen Traditionen und ihrer scheinbaren Abweichung von den Mysterienschulen in Kapitel 2, während wir in Kapitel 3 sehen, inwiefern die Rolle des Magiers eine Weiterführung sowohl des Schamanen als auch des Mysterienpriesters ist. In Kapitel 4 betrachten wir die Kosmologien und Symbolsysteme, die die unterschiedlichen hermetischen Traditionen beseelt haben, und geben eine Liste innerer Führer oder Kontakte, mit denen der Leser in einer praktischen Weise arbeiten kann. Kapitel 5 sieht das Ziel des Großen Werks mit den Augen des Alchemisten, während wir im Nachwort – *die Tradition von morgen* – versuchen, den nächsten Schritt auf dem westlichen Weg zu gehen.

Wie in Band 1 folgen den Kapiteln praktische Übungen und Meditationen, so daß der Leser, der kein Eingeweihter dieser Tradition ist, die hier dargestellten Wirklichkeiten für sich selbst aus erster Hand erfahren kann. Diese Übungen basieren auf hermetischen Quellen, obwohl sie für dieses Buch in eine neue Form gebracht wurden. Wenn viele New Age-Bewegungen und Techniken ausgelassen wurden, so nur, weil wir uns noch nicht an einem Punkt befinden, von dem aus wir sie im Zusammenhang sehen können. Sicherlich wird der westliche Weg mittels vieler solcher Kanäle weiterbestehen, doch können wir nicht vorhersehen, welche die größte Kraft haben, Veränderungen zu bewirken und dennoch Tradition fortzuführen.

Wir haben versucht, den westlichen Weg im Kontext der Tradition zu betrachten, doch in einem Buch dieses Umfangs ist viel im Interesse des Zusammenhalts ausgelassen worden. Es gibt viele Aspekte, mit denen wir uns nicht befaßt haben und die der

* temenos = der heilige Bezirk im Tempel

Leser an Hand des von uns gelieferten losen Bezugsrahmens weiter untersuchen kann.

Neuen Lesern empfehlen wir, mit Band 1 von *Der westliche Weg* (rororo 8483) zu beginnen, bevor sie etwas über die hermetische Tradition lesen, damit sie die beiden Hälften in der Gesamtheit voll erfassen können. Die westliche esoterische Tradition ist hauptsächlich durch den hermetischen Pfad bekannt, der viele Aspekte des einheimischen Pfades bewahrt hat. Doch die einheimische Tradition sollte aus diesem Grund nicht ignoriert und vernachlässigt werden.

Denjenigen, die den ersten Band gelesen haben und fühlen, daß die einheimische Tradition tatsächlich ihr Weg ist, möchten wir dieses sagen: Es gibt viele Schätze auf dem hermetischen Weg, nach denen zu suchen sich lohnt. Keiner der Wege führt allein zum Ziel. Wir lassen nichts zurück, indem wir auf dem evolutionären Weg zum kosmischen Bewußtsein voranschreiten: die geliebten, vertrauten Landschaften der Heimat, die irdische Weisheit der Ahnen begleiten uns stets. Dion Fortune, diese aufrechte Wanderin-zwischen-den-Welten hatte recht, als sie schrieb:

> Laßt uns nicht vergessen, daß unsere eigene einheimische esoterische Tradition in dem überbewußten Geist des Volkes verborgen ist und daß wir unsere eigenen heiligen Orte, die seit Urzeiten für Initiationen verwendet wurden, direkt vor der Tür haben. Gleichermaßen wirksam für die einheimischen Kontakte der Kelten, die Arbeit des Hermetikers und die mystische Erfahrung der Kirche des Heiligen Grals.[91]

Bemerkungen zu den Übungen in diesem Buch

Bevor Sie eine der Übungen in diesem Buch versuchen, lesen Sie bitte diese Anweisungen und jene, die in Band 1 von *Der westliche Weg* gegeben wurden.

Der hermetische Pfad ist nicht leicht zu befolgen, obwohl er auf der einheimischen Tradition basiert und von dort seine ursprüngliche Kraft bezieht. Historisch gesehen war er synkretistisch, voll schillernder Bedeutungen und einem Kaleidoskop von Bildern, das komplexe Beziehungssysteme beinhaltete. Wir hoffen, einige dieser Dinge etwas zu vereinfachen, ohne die Mysterien in alle vier Winde zu zerstreuen. Es spricht viel für Einfachheit auf diesem Pfad und für die innere Ausgeglichenheit des Pfadwanderers, der ihm folgt. Die Komplexität des hermetischen Pfades kann einige überwältigen, während andere den Eindruck gewinnen mögen, daß sie immer mehr erhöht werden, während sie eigentlich im Kreis gehen. Die Hauptgefahr der spirituellen Überheblichkeit muß vermieden werden. Es ist kein schlechter Gedanke, die Selbstklärungsübung (Übung 9, Band 1) auszuführen, bevor man praktische Arbeit auf diesem Pfad versucht.

Das Material in diesem Band ist intellektuell anspruchsvoller als in Band 1, wo die einheimische Tradition aus dem Bauch heraus oder als Sehnsucht im Herzen gefühlt werden kann. Aus diesem Grund ist es besonders wichtig, daß die den hermetischen Pfad betreffenden Übungen praktisch angewandt werden. Dieser Weg hat seinen Anteil an theoretischen Fachgelehrten und Lehnstuhlesoterikern gehabt, die die Vitalität der westlichen Tradition angezapft und nichts dafür zurückgegeben haben.

Dieser Band unterscheidet sich von dem ersten darin, daß wir uns auf mehr als eine Tradition beziehen, obwohl alle angeführten in die große Bandbreite des hermetischen Weges fallen. Wenn Sie sich selbst ein Studien- und Übungsschema ausarbeiten, prüfen Sie bitte, ob Sie keine Traditionen vermischen. Gewisse Systeme – wie das kabbalistische – mögen gut mit anderen korrelieren, doch sollte diese Praxis nur vorsichtig angewendet werden. Wenn Sie einige Erfahrung sowohl mit einheimischen als auch hermetischen Traditionen haben, werden Sie des subtilen Zwischenspiels von Resonanzen unter ihnen gewahr und in der Lage sein, dieses Wissen mit guter Wirkung anzuwenden.

Alle Meditationen sollten, wenn nicht anders angegeben, auf einem Stuhl mit gerader Lehne sitzend ausgeübt werden. Ihre Visualisierungen sind keine Phantasiereisen, wie sie oft genannt werden, also bemühen Sie sich, in jeder Meditation wahrhaftig anwesend zu sein. Sehen Sie mit Ihren eigenen Augen und nicht, als ob Sie sich selbst auf einer Leinwand beobachten. Allein Arbeitende, die zum erstenmal zu meditieren versuchen, kommen nicht weit, weil sie die Grundregeln nicht beachtet haben: Ruhe von Körper und Verstand, kontrollierte Ausrichtung der Psyche und ein aktiver, aufmerksamer Geist. Wie bei allen Dingen, hilft ein regelmäßiger Zeitpunkt für die tägliche Meditation. Schaffen Sie sich selbst ein angemessenes Verfahren, zum Beispiel: Betreten Sie Ihre innere Landschaft und zeichnen Sie sie über einen Zeitraum von mehreren Wochen auf; treten Sie in Kontakt mit Ihrem Wächter und hören Sie auf die Instruktionen oder Lehren, die das Innere Ihnen übermittelt; meditieren Sie über eine bestimmte Mythologie oder Symbolik. Ein kabbalistischer Text gibt folgenden Ratschlag für die Meditation:

> Setze dich gerade hin. Meditiere an einem besonderen Ort, wo deine Stimme von anderen nicht gehört werden kann. Reinige dein Herz und Seele von allen anderen Gedanken in der Welt. Stelle dir vor, daß in diesem Moment deine Seele sich von deinem Körper trennt und du die physische Welt hinter dir läßt, so daß du die zukünftige Welt betrittst, die die Quelle allen Lebenden gespendeten Lebens ist.[168]

Meditation ist keine exotische Technik, die aus einer weit hergeholten östlichen Quelle stammt, sondern Ihr Kontakt mit *Ihrem eigenen inneren Leben.*

Die Leser werden enttäuscht sein, falls sie auf diesen Seiten ein vollständiges magisches System suchen. Es gibt so viele Bücher, die sich mit den klassischen Methoden ritueller Magie befassen. Wenn Sie solche Methoden benötigen, sollten Sie die Arbeiten von Gareth Knight, William Gray, Melitta Denning und Osborn Phillips lesen, die in der Bibliographie aufgelistet sind. Da wir in das Wassermannzeitalter eintreten, bewegt sich der Trend fort von rigiden Systemen zu freieren Arbeitsmethoden. Bis jetzt gibt es noch wenige Systeme, die sich für den allein

Übenden eignen, obwohl Marian Greenes *Magic for the Aquarian Age*[118] ein praktisches Schema anbietet. Wir liefern eine Einweihungsübung, *Die viereckige Zitadelle* (Übung 5), die dem Leser sowohl einen magischen Kreis, ein hermetisches Zimmer oder einen Turm der Kunst, um darin zu arbeiten, liefert, als auch eine Initiation aus erster Hand in die Macht der Elemente. Viele der Übungen können innerhalb der angegebenen Grenzen übernommen werden, um die Basis für weitere Arbeit zu schaffen. Dem Leser steht es frei, seinen eigenen Pfad entsprechend individuellen Vorlieben und Anforderungen zu folgen. Die Stärke des westlichen Weges liegt in der Vielfalt seiner Praxis und der Einheit seiner Ziele.

Die Voraussetzung für jegliche Meditation und innere Arbeit ist Absicht, Vorbereitung, gewissenhafte Praxis und Ausübung, Disziplin und Andacht. Diese Praktiken sollten selbstverständlich sein, doch die übermittelnde Meditation bedarf einiger weniger Worte der Klärung. Innere Arbeit wird niemals allein zum Nutzen des Praktizierenden verrichtet. Einsichten, Gaben, Wahrnehmungen, die in der Meditation oder rituellen Arbeit empfangen wurden, müssen jenen, die sie in der äußeren Welt benötigen, vermittelt werden. Dies sollte immer typisch sein für die Bereitschaft des Initianden zu dienen und kann viele Formen annehmen – eine kurze Formel oder rituelle Geste, während derer die Geschenke der Wahrnehmung mit Verständnis und Absicht an die Welt übermittelt werden. Diese formale Handlung ist das Gebet des Hermetikers. Sogar wenn Sie nicht begonnen haben, zu meditieren oder rituell zu arbeiten, können Sie an dieser Meditation teilnehmen. Um die Mittagszeit, jeden Tag – wenn die Sonne im Zenith steht, gleich was die Uhren als mittags bezeichnen – richten Menschen zahlreicher Traditionen überall in der Welt ihre Gedanken auf die innere spirituelle Sonne. Sie stimmen sich auf ihre spirituelle Quelle ein und teilen eine kurze Kommunion mit allen anderen, die das Ziel des Großen Werkes teilen, die Wiedervereinigung des Lichtkörpers, die Erlösung der Welt – was immer ihre Metapher für das Große Werk ist. Sie können täglich an diesem Augenblick teilhaben. Sie brauchen nur Ihre Augen zu schließen und still mit Ihren eigenen Worten Ihre Hingabe an das Werk und Ihre Bereitschaft zu dienen zu affirmieren. Ihre Gedanken und Sehnsüchte verbinden sich mit denen anderer. Wenn Sie eine innere Gabe oder Wahrnehmung empfangen haben, bieten Sie diese in der mittäglichen Übermittlung an, damit andere daran teilhaben und sich darauf einstimmen können. So kann die Heilung der Welt vielleicht erreicht werden.

Dies ist Teil einer Verpflichtung, die Hermetiker «die vorbehaltlose Hingabe» nennen, die nicht in einem blutigen Altaropfer besteht, sondern ein unblutiges Angebot von sich selbst und allen seinen Hilfsquellen an den Dienst Gottes ist – wie immer dieser Begriff auch verstanden wird. Die vorbehaltlose Hingabe wird nicht angeboten und ist tatsächlich nicht akzeptabel, bevor der Initiand etwas anzubieten hat: Er oder sie muß erst eine Lehre in geduldigem Lernen und ausdauernder Übung absolvieren. Unsere inneren und äußeren Lehrer können uns dabei helfen, viel zu erreichen, doch sie können den willigen Kandidaten nur trainieren.

Die Schöpfungsarbeit ist die ständige Übermittlung des Lebens selbst. Unsere Kontakte im Inneren sind die Diener der Mysterien, Torhüter, die Initianden erlauben, hindurchzugehen und innere Welten zu erfahren. Wenn diese Initianden ordentlich ausgebildet sind, stehen sie ihrerseits als potentielle Helfer und Torhüter am Nexus der Welten, die jene, die nach ihnen kommen, die Übermittlung innerer Energie lehren.

Jene, die von der hermetischen Tradition nur angezogen werden, um prunkhafte Kleider zu tragen und rituelle Werkzeuge zu handhaben, werden feststellen, daß deren Besitz nur das Ego aufbläst und nicht die Tapferkeit bei zeremonieller Magie. Werkzeuge und Gewänder sind Requisiten, die den Praktizierenden konditionieren: Sie schaffen die Stimmung und können die innere Entsprechung, mit der gearbeitet werden soll, repräsentieren. Wenn auch hilfreich und weitaus passender als Overall oder Netzhemd, so sind Gewänder dennoch nicht wesentlich. Saubere Kleidung ist alles, was der Anfänger braucht. Teure Schwerter und beißende Räucherwaren sind für den Vorstadtmagier nicht praktisch, da heutzutage ein Tempel oder Arbeitsraum ein Luxus ist, den wenige sich leisten können. Viel häufiger muß ein Schlafzimmer, Gartenschuppen, Dachboden oder ein hastig umfunktioniertes Wohnzimmer genügen. Die Einbeziehung der freien Natur ist etwas, das die hermetische Tradition von ihren Vorfahren lernen könnte. Während Hermetiker sich traditionell drinnen, in geheimen Räumen und verborgenen Tempeln trafen, kann ein einsamer Arbeitsplatz draußen ebenso wirkungsvoll sein. In einer dichtbevölkerten Welt scheint nur der Raum in unserem Kopf ausschließlich privat.

Denken Sie bei all Ihrer Arbeit daran, schriftliche Aufzeichnungen zu machen – auch wenn Ihre Eindrücke trivial erscheinen –, es können wirkliche Erkenntnisse sein. Sie werden diese Aufzeichnungen über die Jahre als sehr nützlich empfinden; sie ermöglichen Ihnen, ein inneres Muster in Ihrer Arbeit zu sehen. Wie Träume verblassen Erkenntnisse aus der Meditation sehr schnell.

Bringen Sie Ihre körperliche oder geistige Gesundheit durch ein Übermaß an innerer Arbeit nicht in Gefahr. Wenn Sie fühlen, daß irgendein Bild, System oder ein Kontakt quälend für Sie wird, dann arbeiten Sie nicht weiter damit. Unsere Bemerkungen über quälende Kontakte auf Seite 134 von Band 1 treffen hier zu. Auf Seite 292 in Band 2 (Übung 9) haben wir eine Revitalisierungsübung angegeben, doch diese sollte kein Ersatz für medizinische Hilfe oder gesunde Pausen sein.

Viele Meditationsvorschläge sind im Text verteilt, die der Leser, falls notwendig, in Übungen verarbeiten kann. Eine Liste von Ausbildungszentren und etablierten Mysterienschulen ist am Ende des Buches angefügt.

Kapitel 1

Mysterienschulen

Es gibt allen Grund zu glauben, daß die sogenannten Geheimgesellschaften der Alten Welt Zweige des einen philosophischen Baumes waren, der, mit den Wurzeln im Himmel und den Zweigen auf der Erde, wie der Geist des Menschen ist – eine unsichtbare, doch allgegenwärtige Ursache des objektivierten Trägers, der ihr Ausdruck verlieh.

Manly P. Hall: *Secret Teachings of all Ages*

Glücklich ist der, der durch die Mysterien gegangen ist; er kennt den Ursprung und das Ende des Lebens.

Pindar

Feuerblitze

Die Mysterienschulen, alt und modern, sind Wegzeiger; sie besitzen die Karten und Kompasse, mit denen man die inneren Reiche der Schöpfung erforschen kann. Durch sie wird denen, die die Einweihung in die Tempel und Logen der westlichen Mysterientradition suchen, der Gebrauch und die Meisterung dieser Werkzeuge angeboten: niemand muß, Wind und Wellen preisgegeben, in einem offenen Boot auf unbekannten Meeren segeln oder wird auf Wege geschickt, die vor ihm nicht schon andere beschritten haben. Die Mysterien *sind* das innere Leben der Menschen, und sie zu entdecken heißt, die Geschichte eines göttlichen Funkens zu lesen, dessen Glut im Tempel des menschlichen Geistes am Leben erhalten wird.

Einst gab es keine rein «einheimische» oder «hermetische» Tradition, nur eine universelle Reaktion der Erstgeborenen auf das Erdwissen und die Sternen-Magie ihrer schamanischen Priester. Später, als der eine religiöse Impuls der Vorzeit in einzelne Kulte gespalten wurde, entwickelten sich diese beiden Herangehensweisen, die wir als chthonisch und stellar ansehen mögen, weiter auseinander, bis die Anfänge der hermetischen Traditionen in Ägypten und der hellenistischen Welt keimten, während in Europa die einheimischen Traditionen mehr oder weniger in der magischen Erde verwurzelt blieben.

Wir sollten uns jedoch hüten, anzunehmen, daß, weil vieles der späteren hermetischen Philosophie seinen Ursprung in Griechenland und Ägypten hatte, diese Gebiete keine eigene einheimische Tradition hatten, oder daß die Entwicklung von Religion und Magie im keltischen Westen so primitiv und langsam war, daß sie der Befruchtung durch andere Quellen bedurfte, um in subtilere Reiche der Erfahrung hineingezogen zu werden. In der Menschheitsentwicklung sind Stammesbewußtsein und hermetische Philosophie untrennbar miteinander verbunden; es wäre ein Fehler zu denken, daß sich die eine reibungslos entwickelte und die andere nicht.

Sicherlich, als Alexander von Mazedonien 323 v. Chr. starb, gab es bereits einen hohen Grad an Wechselbeziehung innerhalb der Mysterien. Alexanders riesiges Reich erstreckte sich vom Mittelmeer bis zum Indus. In diesem immensen Gebiet, das Persien, Ägypten und Mesopotamien einschloß, waren die griechischen kultischen Religionen verbreitet, einige auf bereits existierenden Grundlagen, andere entsprangen einer Kombination mehrerer kultureller Quellen. Wie F. C. Grant in seinem hervorragenden Überblick dieser Periode bemerkt:

«Es ist wichtig zu erkennen, daß nur sehr selten, wenn überhaupt, ein alter Kult zu Ende ging, indem er durch den dominierenden Kult der Eroberer ersetzt wurde. Statt dessen lebten die alten Kulte weiter, einige von ihnen extrem primitiv, andere in fortgeschrittener Weise»[109].

Einige, so fügt er hinzu, wurden zum Vor- oder Nachteil durch die Auswirkung der philosophischen Neigung des griechischen Geistes verändert, andere als «Ergebnis dieser mysteriösen inneren Quelle von Veränderung und Entwicklung, die auf all unsere Zivilisationen einwirkt...» Professor Grant ist eher Historiker als Esoteriker, aber er trifft hier eine Feststellung, die man in Beziehung zu der inneren Führung verstehen kann, die die Mysterien zu formulieren half. Es ist tatsächlich eher diese geheimnisvolle innere Kraft, auf die wir unser Augenmerk richten müssen, statt auf irgendeinen besonderen geographischen oder historischen Ausgangspunkt.

Dies macht jedoch den Glauben an eine Art «Abstammungstafel» innerhalb der Mysterien nicht überflüssig. Sie waren, wie Manly Hall andeutet, «Zweige eines philosophischen Baumes»[133] und wie die folgende Abbildung zeigt, existiert ein komplexes Interaktionsnetz, das in Raum und Zeit weit voneinander entfernte Schulen verbindet. Dies soll nicht bedeuten, daß es je eine buchstäbliche historische Nachfolge gegeben hat, sondern eher, daß alle aus einer gemeinsamen inneren Quelle von Lehren schöpften. Wir sollten auch nicht irgendeine der Schulen als einer anderen überlegen erachten: es sollte keine Hierarchien dieser Art auf dem westlichen Weg geben, was immer verschiedene Orden unserer Zeit auch an Überlegenheit beanspruchen.

Es ist häufig gesagt worden, daß die ägyptischen Mysterien die wahre Grundlage seien, auf der westliche hermetische Systeme errichtet sind. Dies ist zum Teil auf eine frühe Identifikation des ägyptischen Gottes Thoth, dem Schreiber und Hüter der Mysterien, mit Hermes Trismegistos, dem vermutlichen Gründer

Mysterienschulen

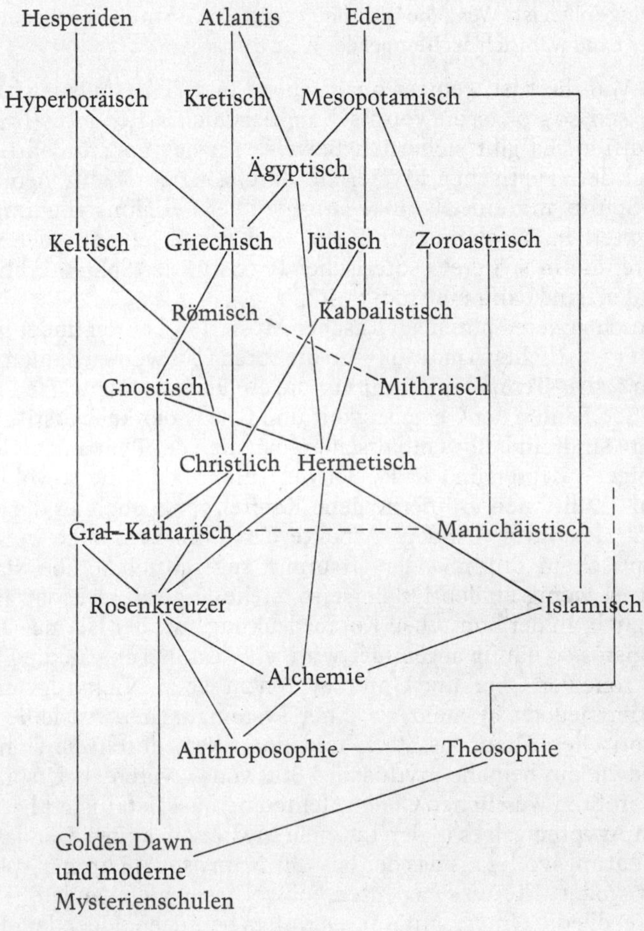

Der Baum der Mysterien

westlicher okkulter Praktiken, zurückzuführen. So finden wir in dem als *Kore Kosmu* bekannten hermetischen Text, wie Hermes seinen «Sohn» Asklepios mit den folgenden Worten anspricht:

> Ist dir, o Asklepios, nicht bewußt, daß Ägypten das Abbild des Himmels ist, oder genauer, daß es unten die Projektion der Ordnung der Dinge oben ist? Wenn die Wahrheit gesagt werden muß, dann ist dieses Land wahrlich der Tempel der Welt.[186]

Die Wahrheit ist weniger hochtrabend und keinesfalls leicht zu erfassen, so groß ist die Vermischung der Quellen in der westlichen Tradition. Es gibt sicherlich Beweise für das außerordentliche Alter der ägyptischen Mysterien: durchgängige Traditionen, die die Sphinx mit einer Periode lange vor der Religionsgründung in Ägypten in Verbindung bringen, und das Erscheinen der vier Tiere, die in späterer esoterischer Praxis in der Sphinx erblickt werden, sind dafür eine Indikation.[147]

Auch andere Spuren ägyptischer Mysterien-Lehren findet man in der westlichen Tradition – so die roten und weißen Säulen vor dem Osiris-Tempel in Memphis, die ein Echo der schwarzen und weißen Säulen der Gerechtigkeit und Gnade der kabbalistischen Lehre sind; und die symbolischen Insignien der Pharaonen-Gottkönige – Zepter und Lade, Schwert und Stab – die sowohl an Gral-Traditionen erinnern (siehe Kapitel 5) als auch an die vier Sätze des Tarot. (Andere Aspekte der Tarot-Symbolik wurden ägyptischem Einfluß oder Ursprung zugeschrieben, aber dafür gibt es wenig eindeutige Beweise, siehe Kapitel 4.) Es ist auch möglich, in der konischen Kopfbedeckung, mit der Hermes Trismegistos so häufig abgebildet wird, eine Erinnerung an die Doppelkrone von Ober- und Unterägypten zu sehen. Nichts davon resultiert jedoch in mehr als einer systematischen Ausleihe bei ägyptischen Glaubenssätzen und Praktiken, durch die sich irgendwie ein beinahe mythisches Bild von Ägypten als Ursprung der größten westlichen Geheimlehren herauskristallisiert hat.

In Ägypten gab es in der Tat viele Mysterien, keines war davon bedeutungsvoller als das der Isis. Ihr Name soll «Thron», «Weisheit» oder «Retter» bedeuten, obwohl sie viele andere Titel hatte, die die Universalität ihres Kultes bezeugen. Über dem Eingang zu ihrem Tempel in Sais erschienen die Worte:

Ich, Isis, bin alles das, was war, was ist und was sein wird: Kein Sterblicher sah mich je unverschleiert.

Der römische Autor Apuleius beschreibt sie in einer berühmten Passage seines Romans *Der goldene Esel*[11] als vom Mond gekrönt und in eine Robe von Sternen gekleidet (siehe Abbildung S. 35). In der hermetischen Überlieferung wurde sie als Tochter des Hermes identifiziert, die für das innerste Geheimnis der Mysterien steht. Viele haben versucht, einen Blick durch ihren Schleier zu werfen, doch nur sie kann entscheiden, sich zu zeigen: wie die Mysterien verbirgt sie sich vor allen, außer dem standfesten Sucher.

Die tieferen Mysterien der Isis und ihres Gemahls Osiris, dem Gott der Sonne, kreisen um seinen Tod von der Hand seines Bruders Seth, der Osiris' Körper in vierzehn Teile zerschneidet und sie über die Welt verstreut. Isis unternimmt eine schreckliche Reise, auf der sie große Not erleidet, um den zerstörten Körper ihres Herrn zu suchen und wieder zusammenzusetzen. Sie schafft es bis auf einen Teil, den Phallus, der in den Nil geworfen und von einem Fisch gefressen wurde. Trotzdem war die kreative Macht der Isis so groß, daß sie durch einen künstlichen Phallus empfangen und das Kind Horus austragen konnte, das seinen Vater rächt, indem es Seth tötet.

Dies ist eine archetypische Geheimerzählung, die Themen vorstellt, die sich später in den Lehren der hellenischen Schulen und in der Arbeit moderner esoterischer Orden fanden. Sie stellt den Tod und die Auferstehung vieler Götter im vorhinein dar und zeigt die Macht des schöpferischen Prinzips auf. Sie etablierte auch Isis als Königin des Himmels, in den Augen vieler ihrer Anhänger noch mächtiger als der große Gott Ra selbst, dessen Repräsentant-auf-Erden der Pharao war.

Einer Theorie zufolge entspricht die Periode, über die die ägyptische Götterwelt regierte, der gesamten Geschichte der Welt, so daß die Klagen der Isis, mit denen sie Osiris' Tod in gleicher Weise wie Maria den Tod Christi betrauert, zu den Ängsten unserer eigenen Zeit in Beziehung stehen. Das Heraufdämmern des Wassermannzeitalters verkündet also die Geburt des Horus, der als Retter kommen und eine Herrschaft von Frieden und Fülle einführen wird.

Der große Schüler ägyptischer Esoterik, R. A. Schwaller de Lubicz, beschrieb das *magnum opus* der ägyptischen Mysterien als «die Versöhnung von Seth und Horus», die, da sie in der Zeit noch stattfinden muß, als Bekräftigung des Gedankens von der Zeitspanne der Götter betrachtet werden kann.[298] Die Versöhnung gegensätzlicher Kräfte und das Auftauchen eines göttlichen Prinzips, um die Erlösung der Menschheit herbeizuführen, sind vertraute Themen, die regelmäßig in den großen Geheimkulten des Westens erscheinen. Von ihnen rührt der Glaube an einen göttlichen Funken im Menschen, an ein Fragment von Gottheit, das in jedem von uns vergraben ist.

In Ägypten war dies in der Gestalt des Pharao personifiziert, dem Sohn Gottes auf Erden, dessen Aufgabe darin bestand, die Riten auszuüben, die eines Tages der Welt die Vollkommenheit der Ersten Zeit (*Tep Zepi*) zurückbringen würde, einem verlorenen Goldenen Zeitalter, das existierte, «bevor Wut oder Lärm oder Streit oder Unordnung in Erscheinung traten».[73] Es gab in Ägypten keinen Unterschied zwischen König und Priester, zwischen religiösen und weltlichen Ämtern. Es war der «König im Menschen», der Funke des inneren Feuers, an den sich die Menschen mit ihrer Verehrung des Pharao wandten. Er, der König, war eine Manifestation höhergradiger Schöpfung – was de Lubicz *anthropocosmos* nennt, den kosmischen Menschen. In der komplexen Struktur der ägyptischen Mysterien wies sowohl jeder Teil des Tempels, als auch die Insignien des Gott-Königs auf Erfüllung, auf das Erreichen eines gottähnlichen Zustandes durch die Ausübung der Mysterien hin. Farben, Statuen, Reliefs, Obeliske waren alles Anzeichen für die Stadien eines fortschreitenden Prozesses der Vervollkommnung. Wie die Schritte im alchimistischen Großen Werk oder die Architektur der mittelalterlichen Kathedralen oder, in der Tat, die aufrechten Steine und Kreise, von denen in Band 1 die Rede war, waren diese Dinge konkrete Verkörperungen der höchsten Mysterien.

In den vielen Chroniken der Alten Welt wird nur eine Figur von größerer Bedeutung als Hermes beschrieben. Dies ist der persische Weise Zoroaster, der vielleicht wirklich ca. 1000 Jahre v. Chr. oder sogar früher gelebt hat, der aber deutlich nicht vor der Gründung der ägyptischen Mysterien datiert, aus denen er nicht unerheblich für sein eigenes Werk schöpfte.

Aus den persischen Mysterien, deren hauptsächlicher Verfasser Zoroaster ist, stammt das dualistische Phänomen, das in esoterischer Philosophie und Lehren seitdem zu finden ist. In der zoroastrischen Götterwelt sind diese gegensätzlichen Kräfte Ormuzd und Ahriman, die schließlich das göttliche Prinzip von Ahura Masda beziehen. Als die heiligen Unsterblichen oder Amesha Spentas (*Spenta* = freigebig, der Glanz von Gottes Güte), korrespondieren sie mit den Ebenen der Schöpfung und lassen die Lehren späterer Mysterienschulen wie die von Orpheus und Mithras vorausahnen. Den Spentas sind die Devas gegenübergestellt, die Begleiter des Bösen, die als Herrscher der Erde erachtet werden. Sie sind den kabbalistischen Qliphoth vergleichbar.

Die Position des persischen Dualismus wird von einer zoroastrischen Irrlehre, Zoroanismus genannt, durcheinandergebracht, die oft fälschlich für den üblichen Zoroasterglauben gehalten wird. Im eigentlichen Zoroasterglauben oder auch Zoroastrismus ist Ahura Masda erhabener Gott: Seine Spentas stehen ihm nicht gleich; der Zoroanismus jedoch machte Ahura Masda zu einem minderen Schöpfer oder Demiurg, daher der kosmische Kampf von Gut gegen Böse, der in der Welt der Materie stattfindet. Zoroastrischer Lehre zufolge sollte ein Retter oder Sao Shyant geboren werden, der das Böse bekämpfen und den Streit ein für allemal zu einem Ende bringen würde, den *Frasokereti*, die Vervollkommnung am Ende der Zeit verkündend (siehe Kapitel 2 und 4).

Hierin sehen wir bereits sowohl ein Echo der ägyptischen Mysterien und eine vorzeitige Darstellung der späteren gnostischen Position, als auch vieles, das neuerer esoterischer Praxis auf dem Fuße folgt, wo die letztere in dualistisches Denken verfallen ist. Gelegentlich gab es jedoch Momente, in denen der scheinbar endlose Kampf durch die Erscheinung einer dritten Figur ausgeglichen wurde – dem Messias, der, wie ein Kommentator bereits sagte, früher oder später zur Notwendigkeit allen dualistischen Denkens wird.[109]

Im Mithraismus, der von den persischen Mysterien abstammt, steht Mithras als Mittler zwischen Hell und Dunkel, eine Position, die von seinen Anhängern übernommen wurde – wie, im allgemeinen, von dem modernen Magier (siehe Kapitel 3) als auch dem Anhänger von Christus (siehe Kapitel 2). Im Menschengeschlecht wird die Schlacht um die Seele im fleischlichen Bereich ausgefochten. Mithras, der hier auf den Plan tritt, hält alles im Gleichgewicht.

Darin stellt er in der Tat einen Vorläufer Christi dar, mit dem er eine Anzahl anderer Ähnlichkeiten gemein hat – stellenweise in einem erstaunlichen Ausmaß. Mithras wird von Schafhirten bewacht am 25. Dezember in einer Höhle geboren, und am Ende seines irdischen Lebens hielt er ein letztes Abendmahl mit seinen auserwählten Anhängern, bevor er geheimnisvoll in den Himmel entschwand. Einigen Quellen zufolge soll er auch eine Kreuzigung erlitten haben und drei Tage später auferstanden sein: Er wird am Zeitenende als Richter wiederkehren und seine Anhänger in den Himmel leiten.[340]

Joscelyn Godwin regt in seiner maßgeblichen Arbeit über die Mysterienreligionen an, daß Mithraismus eine hellsichtige Vorwegnahme des Christentums sei, ein Gedanke, der sich gut mit der inneren Verbundenheit der Mysterien verträgt. Sicherlich, wenn man den folgenden Auszug aus einem persischen mithräischen Text liest, hält man verwundert inne. Mithras stellt fest: «Derjenige, welcher nicht von meinem Leib essen und von meinem Blut trinken wird, auf daß er eins mit mir werde und ich mit ihm, der wird die Erlösung nicht kennenlernen.»[104] Darüber hinaus sind die Ähnlichkeiten nur oberflächlich. Das Christentum war anderen Glaubenshaltungen gegenüber sicherlich nie so tolerant wie der Mithraismus, noch hat es sein Geheimnis nur halb so gut gehütet. Andererseits hat es im Gegensatz zum Mithraismus überlebt, und bis heute weiß man wenig über die mithräischen Mysterien.

Dennoch, das Thema ist vorhanden: die Durchdringung der physischen Welt durch das Göttliche: der in den Mikrokosmos eintretende Makrokosmos, Gott, der einen Abgesandten in die Welt schickt. Der Mithraismus, den römische Armeen übernahmen und in weiten Teilen der Welt verbreiteten, drückte sicherlich den einheimischen Traditionen, wo immer er hinkam, seinen Stempel auf.

Während die mithräischen Mysterien auf die von Zoroaster folgten, schlossen sie sich jenen des Dionysos an, durch die der Kern hellenistischer Mysterienlehren seinen Weg in die westliche Mysterientradition fand. Tatsächlich kann man zwei Bewußtseinsströme innerhalb der klassischen Mysterien erkennen, die wir jeweils als dionysisch und apollonisch bezeichnen mögen. Die Mysterien von Dionysos waren die des geopferten Königs: sie gehörten dem Unterwelt-Aspekt der Dinge an, dem chthonischen und ekstatischen Kult der Mänaden und Bacchanten. Die apollonischen Mysterien andererseits bezogen sich auf den Verstand, den Himmel und die Ordnung, im Gegensatz zu den chaotischen Mysterien des Dionysos. Orpheus, dessen Mysterien aus den vorhergegangenen Kulten erwuchsen, verbindet beide Aspekte in einem. Er hat die Lyra und die Gabe der Musik von Apollo und endet dennoch wie Dionysos, von thrakischen Bacchanten in Stücke gerissen: die schamanischen Praktiken der einheimischen Tradition überlagern sich mit der priesterlichen Funktion der Mysterienschule.

In den Mysterien des Dionysos begegnen wir wieder dem Thema des in Materie gefangenen göttlichen Funkens. In diesem Fall wird die Gottheit von den Titanen buchstäblich zerrissen und verzehrt, nachdem sie gekocht wurde. Als Zeus, der Demiurg, dies sieht, zerstört er die Titanen und erschafft aus ihrer zerstückelten Substanz die Menschheit. Daher sind Elemente sowohl der titanischen als auch der dionysischen Kraft im Menschen gegenwärtig; das titanische Element herrscht und erschafft die kriegerische Natur der Menschheit. Erst wenn völlige Harmonie und Ausgeglichenheit existieren, wird Dionysos wiedergeboren und die Vollkommenheit aller Dinge bewirkt. In kosmologischen Begriffen werden die Titanen von den zwölf Tierkreiszeichen repräsentiert, die unser Leben beherrschen: Dionysos ist die Sonne, die uns wärmt und uns in den Vollgenuß der Materie bringt.

Dionysos gehört zu den Göttern, die in die Unterwelt hinabsteigen, entweder auf Suche nach Erleuchtung oder nach einem verlorenen Aspekt ihrer selbst. Psyches Suche nach Cupido, die Suche Ishtars nach Tammuz, die von Isis nach den verstreuten Teilen des Osiris oder die von Orpheus nach Eurydike, sie sind alle Synonyme für die Suche des Initianden nach dem Absoluten. In den Mysterien wird dies als das Fragment der Göttlichkeit im Sucher interpretiert – mittels des Rituals folgt er oder sie auf der Reise dem Gott oder der Göttin und kehrt je nach der individuellen Leistung entweder erfolgreich oder auch nicht zurück.

In Eleusis, wo alle fünf Jahre die Mysterien der Demeter gefeiert wurden, durchlief der Kandidat der geringeren Mysterien eine symbolische Reise, in der Demeters Suche im Hades nach ihrem verlorenen Kind Persephone mit dem zukünftigen Eingeweihten in der Rolle der Demeter wieder aufgeführt wurde. Die Reise nach innen war die der dunklen Seele: Der Kandidat ging durch eine Tür in völlige Dunkelheit. Wenn er die Erfahrungen, die ihm innen begegneten, überlebte, ging er durch eine zweite Tür in gleißendes Licht – dies symbolisierte die Wiedergeburt in die himmlische Sphäre. Hier traf er dann die Götter und erfuhr Demeters Reise als seine eigene Entdeckung der verlorenen Erleuchtung.

In der inneren Wahrheit der eleusinischen Mysterien wird die Geburt der Seele in die Materie als Tod angesehen; nur durch die Teilnahme an den Mysterien kann der Initiand in einer zeitlosen Wirklichkeit auferstehen, wo er völlig frei und lebendig ist. Die Seele schläft die meiste Zeit im Körper und erwacht nur, wenn sie durch das Ritual und die Verwendung eines Einweihungstrankes transformiert worden ist. Zu sterben ohne diese Erfahrung bedeutet, für immer zu schlafen oder heimatlos in den Höhlen des Hades herumzuwandern.

Im weitesten Sinne repräsentieren all diese Reisen in das Dunkel das Thema des in Materie gefangenen Geistes: je tiefer Ishtar oder Demeter bei ihrer Suche hinabsteigen, desto größer ist ihr Leiden; je tiefer der Mensch in die Materie hinabsteigt, desto mehr leidet er an seiner Verbannung aus den gesegneten Reichen. Die Tatsache, daß Psyche, Ishtar, Persephone und Orpheus in der Lage sind, aus der Unterwelt zurückzukehren, ist ein Symbol der Hoffnung, welches impliziert, daß auch die Menschheit eines Tages aus dem Gefängnis des Fleisches entfliehen und in der Herrlichkeit des Himmlischen aufgenommen wird.

Es sind vor allem die orphischen Mysterien, durch die wir uns zum erstenmal mit diesem gefahrvollen Abstieg in die Dunkelheit und dem Wiederauftauchen in das Urlicht abfinden. Das Leiden von Orpheus, der Eurydike verliert (aus Angst, der ersten Fallgrube allen Geheimwissens) und dann von den Mänaden verstümmelt wird, ist ein Beispiel vom Leiden und der Wiedergeburt der schlafenden Seele. Als Abkömmling von Dionysos ist Orpheus das intellektuelle Bild eines Halbgottes, der durch seine Leiden in der Unterwelt zur Gottheit erhoben wird: ein vollkommenes Symbol für alle die, die dem Pfad der Mysterien folgen.

Die Bewegung vom Kult des Dionysos zur Orphik bezeichnete einen Wechsel von einer eher primitiven Haltung zu einer Philosophie und Mystik auf ethischer Grundlage, die den Glauben an die Seelenwanderung, Reinkarnation und schließlich die Gottwerdung einschlossen. In den orphischen Mysterien wird der erste wahre Augenblick der Stille geboren: der dionysische Wahnsinn wird ruhiggestellt; Frieden regiert. Durch die Klänge von Orpheus' Lyra werden mehr als nur die Tiere gezähmt: das Tier im Menschen, das titanische Element, begibt sich für eine Zeitlang zur Ruhe.

In einiger Hinsicht waren die Orphiker «die ersten wahren Christen»[104] – in einiger Hinsicht christlicher als Jesu eigene Anhänger. Vielleicht ist dies der Grund, daß das Christentum viel aus der Orphik entlehnte – durch die Vermittlung der neupythagoräischen Schulen des ersten Jahrhunderts –, unter deren Urhebern sich Plutarch und Paulus von Tarsus befanden: es gibt in den paulinischen Episteln erhebliche Entlehnungen orphischen Materials.

Die orphischen Mysterien (oder besser, die auf ihnen aufbauende Theologie) sind außergewöhnlich komplex. Wer einen ausführlichen Bericht darüber wünscht, dem wird empfohlen, G. R. S. Meads *Orpheus* zu lesen.[226] An dieser Stelle muß genügen zu sagen, daß jede der Energien, die die Schöpfung, die Bewegung und den Entwurf des Kosmos beherrschen, in Serien von «Triaden», «Dodekanen» und «Monaden» geordnet sind. Von diesem unaussprechlichen einen, der Gottheit, stammen eine Anzahl geringerer Mächte, Halbgötter und göttlicher Wesen ab, die alle zueinander in Beziehung stehen, sowohl innerhalb ihrer einzelnen Triaden als auch in Querverbindung außerhalb dieser Dreiheiten. Die Gesamtrate der Bewegung und Kommunikation innerhalb dieser Verbindungen ist so schnell und so total, daß sie das Begriffsvermögen übersteigt. Erst durch das Erlangen einer außergewöhnlich sensiblen Bewußtheit – durch Initiation – kann man das richtige Verständnis erreichen.

Die orphische Kosmologie deutete auch an, daß alle Sterne oder planetarischen Sphären Aspekte *aller* Götter enthielten. Es gab also zum Beispiel eine lunare Ceres, einen saturnischen Apollo, eine merkurische Hera und so weiter. Und natürlich waren planetarische Aspekte in jeder Gottheit gegenwärtig, so daß ein Aspekt von Dionysos auch lunare, solare, saturnische Neigungen in sich enthielt. Die Götter selbst bildeten so ein sich ständig veränderndes Muster planetarischer Einflüsse, was bedeutete, daß ein Initiand, der eine Mondgottheit anrief, gleichzeitig mit allen anderen Göttern und somit allen planetarischen Einflüssen der Himmel in Berührung war.

Diese komplexe Anordnung hielt den Kosmos in Schwung und stellte sicher, daß man, wie schwierig orphische Theologie und Kosmologie auch wurde, den wichtigsten Aspekt durch direkte Erfahrung begreifen konnte. Dieser bestand in der Verwandtschaft zwischen der Menschheit und den Göttern; auf einer besonders subtilen und sensiblen Ebene verwischen sich die Grenzen, überschneiden sich menschliches Bewußtsein und göttliche Bewußtheit. «Alles, das lebt, ist heilig» wird zur Wirklichkeit im Zusammenspiel des Göttlichen und des Weltlichen. Die Hierarchie spiritueller Schöpfung ist höchst komplex, doch die Götter sind wie eine Leiter, ein System verwandter Möglichkeiten, deren Potential in der Gesamtheit der Schöpfung ausgesät ist. Wir sind tatsächlich alle miteinander verwandt – nicht nur in einem familiären Sinn (siehe Band 1), sondern auch mit allem: Erde und Wasser, Himmel und Stein; nicht nur weil die ganze Schöpfung aus verschiedenen Kombinationen von Molekülen besteht, sondern weil wir alle ein Teil der göttlichen Ordnung sind.

Dies ist die wahre Bedeutung der Geheimlehre den göttlichen Funken betreffend; das gottähnliche Potential der Menschheit wird auf diese Weise weitaus besser ausgedrückt, als durch jede Erörterung des Menschen als Supermann. Das göttliche Fragment ist jener Teil von uns, der stets nach Wiedervereinigung strebt, einer Wiederzusammensetzung getrennter Teile zu einem Ganzen, aus dem wir erschaffen wurden; eine Rückkehr in den paradiesischen Zustand vor dem Sündenfall. Der zerrissene Körper des Gottes, durch die Schöpfung zerstreut, muß wiederhergestellt werden.

Der Mensch ist denn von zweifaltiger Natur: der titanischen und der dionysischen, der irdischen und der göttlichen. Das Ziel des orphischen Lebens besteht darin, durch Reinigung, Askese und Ritual den titanischen Teil von uns hinwegzuläutern und uns darauf vorzubereiten, völlig göttlich zu werden. Der Körper... ist eine Grabstätte, aus der die Seele des orphischen Initianden schließlich erlöst wird, um das wahre Leben zu finden.[353]

Und machmal braucht es soviel wie einen Tausendjahres-Zyklus, bevor der Orphiker endlich das mühsame Rad der Inkarnation verläßt.

Die orphische Schule war vor allem synkretistisch. Orpheus wird die Verbreitung der Mysterien zugeschrieben, wobei die Betonung auf Weitergabe und weniger auf der Erfindung dessen liegt, von dem vieles die Grundlage der nachfolgenden gräkoromanischen Theosophie wurde. Pythagoras folgte zahlreichen orphischen Lehren und machte Orpheus zur zentralen Gottheit seines eigenen esoterischen Systems und führte einen Kanon orphischer Gedichte ein, die soweit in Zeit und Überzeugung auseinanderliegende Esoteriker wie Pico della Mirandola[351], Athanasius Kirchner[102] und den Platoniker Thomas Taylor[325] beeinflussen sollten.

Dies überrascht nicht, wenn man bedenkt, daß «die orphische Methode darauf abzielte, die göttlichen Dinge mittels Symbolen zu enthüllen... eine Methode, die allen Verfassern göttlicher Überlieferung gemeinsam ist»[270]. In späterer Zeit wurde Orpheus weithin anerkannt, besonders für die Symbolik der siebensaitigen Lyra und die vollkommenen Harmonien, die er, wie man glaubte, damit hervorbrachte. Zusammen mit dem pythagoräischen Wissen wurden die orphischen Mysterien zum Mittelpunkt der Renaissance-Künste von Musik und Maske und der Doktrin von den Harmonien und Signaturen, die Autoren wie Jakob Böhme (1575-1624) und Marcilio Vivino (1453-99) darlegten. Orpheus gilt als Sohn von Apollo und Kalliope, der Muse der

Harmonie und des Rhythmus; Eurydike ist der Mensch, von der Schlange des Wissens ermordet (vielleicht ein Beispiel späterer Entlehnung aus christlichen Quellen), der in der Unterwelt der Unwissenheit gefangen ist, aus der nur Orpheus sie befreien kann. Die Zerrissenheit von Orpheus wird zum Bild der sich bekriegenden Parteien des Wissens, die namentlich durch seine Musik befriedet werden. Die sieben Saiten seiner Lyra sind die sieben Tonarten des Spektrums oder des universellen Wissens.[116]

Wir können sehen, wie dieser Symbolreichtum die Gemüter der Philosophen/Magier der Renaissance entzückt haben muß, die danach strebten, die Mysterien wieder in die Welt einzuführen und sie, wie Orpheus, unter ein einziges System zusammenzufassen. Daß ihnen dies nicht gelang, ist nicht Mangel an Einsatz zuzuschreiben, wie wir in Kapitel 3 sehen werden. Sie sind der Synthese von Geheimschulenlehren, Magie und Philosophie so nahe wie möglich gekommen – ein Ziel, das viele heutzutage noch verfolgen, wenngleich mit viel weniger Verständnis für die gemeinsamen Aspekte zwischen den Disziplinen.

Zwischen den orphischen Mysterien und deren teilweiser Erneuerung in der Renaissance klafft eine große, nicht nur zeitliche, sondern auch verständnisbedingte Lücke. Teils wurde diese durch die Gestalt des Magiers überbrückt, dessen Rolle ausführlicher in Kapitel 3 erörtert wird, teils durch den Alchemisten, dessen Arbeit wir in Kapitel 5 untersuchen. Insbesondere der Magier steht zu den früheren Mysterienschulen in Verbindung, während der Alchemist noch aus weiteren Quellen schöpft, einschließlich arabischer Metaphysik und christlichem Mystizismus. Die eine Kraft, die all diese Elemente vereint, sind die Lehren, die Hermes Trismegistos zugeschrieben werden, dem «dreimal größten» Hermes, dessen Lehren das Kernstück des westlichen Weges bilden.

Die hermetische Wirklichkeit

Hermes erkannte die Ganzheit der Dinge. Nachdem er gesehen hatte, wurde ihm klar, daß er die Kraft hatte, zu enthüllen und zu zeigen. Und tatsächlich schrieb er nieder, was er wußte. Seine Schriften verbarg er meistens, wahrte Schweigen, statt es auszusprechen, so daß jede Generation diese Dinge selbst von neuem herausfinden mußte.[302]

Dies ist der Hauptgedanke der Hermetik: die Ankunft der menschlichen Seele in der Materie ohne Wissen und die Suche nach den verborgenen, über die Welt verstreuten Wahrheiten, durch die die Freiheit erlangt wird. Insbesondere weisen wir darauf hin, daß «jede Generation diese Dinge selbst herausfinden muß». Die Mysterien sind nicht versteinert, nicht in die Zeit eingefroren; sie verändern sich und wachsen mit der Wandlung der Menschheit. Es ist ein weiterer Aspekt des Gedankens, daß der Mensch von einem göttlichen Funken beseelt ist, der stets danach strebt, zu seinem Ursprung zurückzukehren. Obwohl es hier mehr um eine Suche nach abstraktem Wissen geht, entdekken wir dahinter ein weiteres Ziel: «Ein Wunsch nach der Wahrheit, besonders über die Götter, ist in Wirklichkeit eine Sehnsucht nach dem göttlichen Wesen. Nach dem Studium und der Suche gleichsam ein Empfang heiliger Dinge...»[270] Dies ist die hermetische Suche: Sie wird überall in dem riesigen Spektrum von Weisheit, Mysterientexten und nach innen gerichtetem Lernen wiederholt, welches der wahre *Corpus Hermeticum* ist, die Wirklichkeit, die hinter den uns überlieferten Texten steht. Diese sind eigentlich nur eine Sammlung von Fragmenten, die Thoth Tahuti (später Hermes genannt) zugeschrieben werden, von denen aber nur wenige echten ägyptischen Ursprungs sind. Sie wurden von einer Reihe hermetischer «Gelehrter» und Exegeten über die Jahrhunderte hinweg kopiert, nochmals abgeschrieben, gekürzt, verändert und teilweise zerstört. Wie Iamblichus bemerkte, neigten die frühen Philosophen und Mystiker dazu, ihre eigenen Schriften Hermes als dem Gott der Weisheit und des Lernens in einer Weise zuzuschreiben, daß man annehmen mußte, er habe sie persönlich verfaßt![152] Dadurch ist sehr viel Verwirrung über den Ursprung des *Corpus* gestiftet worden – wobei noch hinzukommt, daß Hermes häufig als Gestalt in den Texten erscheint und es dadurch noch schwieriger wird, tatsächliche Quellen des Materials ausfindig zu machen. Hermes, wir erinnern uns, verbarg viel von dem, was er schrieb: Es bleibt immer noch genug zu entdecken, so daß es schwierig ist, zuverlässig über den existierenden *Corpus* zu schreiben.

Man kann jedoch mit Sicherheit feststellen, daß sich die ursprünglichen ägyptischen hermetischen Schriften im Schmelztiegel alexandrinischer Mystik und Philosophie während der ersten drei Jahrhunderte nach Christus mit jüdischen und griechischen Lehren der Gnostiker gegenseitig befruchteten. Der Einfluß des *Corpus* auf den Gnostizismus war erheblich, und wahrscheinlich half er mehr als alles andere dabei, die hermetische Tradition zu bewahren, obwohl er diese in eine bleibende pseudo-christliche Form brachte. (Und dies in solchem Ausmaß, daß der humanistische Philosoph Francesco Patrizi im sechzehnten Jahrhundert mit einer Eingabe Papst Gregor XIV. bat zu erlauben, daß Hermes Aristoteles als Leitfigur des Lernens an den Universitäten verdrängen dürfe, da er in harmonischerem Einklang mit der christlichen Doktrin stünde.[107]

In gnostischer Literatur wurde Thoth zu Hermes Trismegistos, und Maat, seine Frau, wurde mit der Gestalt der Sophia oder der göttlichen Weisheit identifiziert. Die drei Grade der Einweihung, die die frühen Hermetiker anerkannten – Sterbliche (Probeanwärter), Intelligenzen (Sucher nach Einsicht) und Söhne des Lichts (Vollkommene) – wurden in Hyle, Psyche und Pneuma umbenannt (siehe Kapitel 2). Hermes wurde zum Tutor für Isis und Osiris und war als einer der heiligen Ogdoaden der gnostischen Kosmologie bekannt, vier Paare männlicher und weiblicher Syzygien, deren Aufgabe es war, das Gleichgewicht im Kosmos aufrechtzuerhalten. Mead zufolge ist dies die älteste Form der gnostischen Struktur von Gottheit, und innerhalb dieser hat Hermes die höchste Aufgabe, Ordnung unter den übrigen zu halten.

Der Titel Trismegistos oder Dreimal Größter hatte mehrere verschiedene Bedeutungen. Eine der interessantesten findet sich in den Schriften des Mönchs Syncellus, der behauptete, daß er aus den Schriften von Menetho zitiere, dessen Werke, wenn auch verlorengegangen, wahrscheinlich die früheste Sammlung her-

Hermes Trismegistos

metischer Überlieferung waren.[147] Syncellus zufolge bezieht er sich auf bestimmte Monumente des *seriadischen* Landes, das die ursprünglichen Lehren des *ersten* Hermes enthielt. Diese wurden später von dem *zweiten* Hermes übersetzt und niedergeschrieben (‹irgendwann nach der Sintflut›). Hieraus ist es möglich, die Existenz einer *dritten* Gestalt festzustellen, die auch den Namen Hermes trägt, die wiederum die Texte bearbeitete und sie vielleicht in eine systematische Form brachte. Das alles weist auf drei Stadien der Überlieferung. Also bezieht sich «Dreimal Größter» auf einen *dritten* Avatar, der den Titel des Gottes trägt, dem die gesamten Lehren und Schriften der ursprünglichen Hermetiker zugeschrieben wurden.

Woraus besteht dann das *Corpus Hermeticum*? Im Grunde genommen ist es eine Folge von Gesprächen, vorgeblich zwischen

Schüler und Meister oder zwischen Hermes Trismegistos und seinen «Söhnen» (d. h. Jüngern) mit verschiedenen Namen. Sie wiederholen sich oft und behandeln meist dasselbe Thema mit verschiedenen Graden der Komplexität. Das erste und wahrscheinlich bekannteste ist das *Poimandres*, eine Beschreibung der Schöpfung in Form eines Traumes. Der (hier ungenannte) Adept schläft ein und wird von Poimandres (Geist der Überlegenheit) besucht, der ihm alles erklärt, was er über «die Dinge, die da sind, (wie man) deren Natur verstehen lernt und Kenntnis von Gott erlangt» wissen wollte[302]:

> Als er dies gesprochen hatte, veränderten sich alle Dinge, denen ich angesichtig wurde und waren in einem Augenblick offenbart. Und ich hatte einen grenzenlosen Ausblick: Alles war in Licht verwandelt, ein sanftes, freudiges Licht; und ich staunte, als ich es sah…

Es folgt eine Beschreibung der Schöpfung, eine Vermischung von Hell und Dunkel, aus der «ein heiliges Wort (hervortritt)… und ich dachte, dieses Wort war die Stimme des Lichts». Wenn der Sucher zu verstehen wünscht, was er gesehen hat, sagt Poimandres zu ihm: «Dies Licht… bin ich, ausgeglichener Geist, der erste Gott… und das Wort, das aus dem Licht hervorkam, ist der Sohn Gottes.»

Als der Träumer fragt, wie dieses angehen kann, wird ihm gesagt:

> Lerne meine Bedeutung… indem du ansiehst, was in dir selbst ist, denn auch in dir ist das Wort der Sohn und der Geist der Vater des Wortes. Sie sind nicht voneinander getrennt, denn Leben ist die Vereinigung von Wort und Geist. (ebda.)

Immer wieder wird diese Botschaft bestätigt: Es gibt einen Gott im Inneren, der dem Körper Leben gibt und alles, was wir tun, inspiriert: Ereignisse in der Sphäre der Inkarnation reflektieren die der himmlischen Sphäre. Es ist eher diese Betonung der Einheit als der Disharmonie, die die hermetischen Mysterien kennzeichnet: die Einheit aller Dinge, Gottes und der Menschen, des Höheren und des Niedrigen, des Göttlichen und des Weltlichen. Sie findet ihren deutlichsten Ausdruck in der *Smaragdenen Tafel des Hermes* mit ihrem berühmten Ausspruch «wie oben so unten», die so häufig von Okkultisten durch die Jahrhunderte hindurch zitiert und so selten verstanden wird.

Über den Ursprung der *Smaragdenen Tafel* existieren verschiedene Legenden. Einer Quelle zufolge wurde sie von Apollonius von Tyana (siehe Kapitel 3) gefunden, der eine verborgene Höhle betrat und die Tafel aus den Händen von Hermes' Leichnam selbst herausnahm. Eine andere Version berichtet, daß es Alexander der Große war, der die Grabstätte fand und die Tafel nach Alexandria mitnahm – eine interessante Erinnerung an die Überlieferung der hermetischen Mysterien von ihrem möglichen Ursprungsort zu der Stadt, in der ihre Wahrheiten verbreitet wurden.[197]

In Wirklichkeit war der Text der *Smaragdenen Tafel* lange Zeit nur in lateinischen Versionen bekannt, die aus der Zeit des Philosophen Albertus Magnus (1193-1280) datierten, von dem man annahm, er habe das Material selbst geschrieben.

Anschließend wurden arabische Texte entdeckt, die die *Tafel* in die Zeit des Alchemisten Gebir (722-815) datierten oder sogar früher, so daß die traditionelle Zurückführung ihrer Komposition auf Apollonius der Wahrheit tatsächlich näherkommen könnte als jede andere dieser Theorien.

Was immer man glauben will, man kommt an der Tatsache nicht vorbei, daß die *Smaragdene Tafel* eines der tiefgründigsten und wichtigsten Dokumente ist, die uns überliefert wurden. Es wurde mehrfach gesagt, daß sie die Summe allen Wissens enthält – für diejenigen, die in der Lage sind, sie zu verstehen.

Die *Tafel* umreißt eine Lehre von Signaturen und Entsprechungen, die den Schöpfergeist reflektieren. Das griechische Wort, aus dem wir den Begriff Kosmos ableiten, bedeutet «Ordnung», und wir leben in einer geordneten Schöpfung, durch die wir uns nach unserem Willen bewegen können und dennoch stets einen Punkt des Wiedererkennens erreichen. Dies ist so, weil der Kosmos das Produkt eines einzelnen Zeugungsaktes ist, der allem seinen Stempel aufgedrückt hat. In der endlichen Welt, in der wir uns versuchen zu binden, wird dieses kaum von jemandem erkannt; dennoch wußte auch der jüngste Initiand der Mysterienschulen es einst, gleich, wievielen verschiedenen Göttern er huldigte.

Die *Smaragdene Tafel* beschreibt genau so ein geordnetes Weltall. Sie erzählt die Schöpfungsgeschichte, deren Geschichte und Ziel in Begriffen von solch blendender Einfachheit, daß sie gemeinsam mit anderen, ebenso einfachen Feststellungen («Liebe deinen Nächsten wie dich selbst» zum Beispiel) Opfer häufiger Fehlinterpretationen wurde. Unsere Vorschläge, ihre Bedeutung betreffend, finden sich in Kapitel 5, während der Text selbst an das Ende desjenigen Kapitels gestellt wurde, wo er eine Übung in kontrollierter Meditation darstellt und bar jeden Kommentares studiert werden kann.

Initiation, so heißt es, ist immer eine Einzelerfahrung: der Sucher steht allein (wie sehr er auch von seinen Brüdern und Schwestern unterstützt wird) vor dem Prinzip, das er kennenlernen möchte. Wie wir zu zeigen versucht haben, ist auf dem westlichen Weg alles so gewonnene Wissen und jede Erfahrung Teil einer einzigen Einweihung, die wir alle durchlaufen müssen. Aus diesem Grund wurde der Tempel Thoths das Haus des Netzes genannt, womit die Fangschlinge der Materie gemeint war. Um dieser zu entgehen, mußte der Gefangene (der Initiand) alle Teile des Netzes kennenlernen – seine Pfähle, Seile, Gewichte und so weiter –, um es sich selbst als Mittel zum Einfangen der Geistesnahrung zunutze zu machen. In einem alten Gebet steht: «Heil, Euch Netz-Umkehrern, Fischern und Fängern des Geistes, der allein ernährt! Indem Ihr Euer höheres Selbst verfeinert, habt Ihr das geschaffen, was Euch geschaffen hat.»[227] Wieder das vertraute Thema: Entdeckt euch selbst, und ihr entdeckt Gott. Es ist nicht merkwürdig, daß die Bildersprache an dieser Stelle Christi «Ich werde Euch zu Menschenfischern machen» (Markus, Kapitel 1,17) wiederaufnimmt, was man so verstehen kann, daß diejenigen, die dem Weg folgen, sich selbst finden werden und in sich Gott.

Aus diesem Grund legt die hermetische Lehre soviel Wert auf den Platz des Menschen im Kosmos. Er wird als Zentrum angesehen, da er die Grenzen der Schöpfung auf jeder Ebene berührt und weil er in sich die verschlüsselten Mysterien der Materie, der Seele und des Geistes besitzt. Platon erkannte dies in dem *Timaeus*[267], von dem man annimmt, er habe es aus ägyptischen Quellen bezogen. An dieser Stelle definiert er den Kosmos als eine lebendige Kreatur, die nach dem Muster der vollkommensten Synthese der Schöpfung gebildet wurde – das menschliche kosmische Wesen, Anthropokosmos, Adam Kadmon. Proclus' Kommentaren zum *Timaeus*[54] zufolge ist dies mit dem orphischen Menschen des Lichts gleichzusetzen, der dreifaltig ist und die Essenz aller Schöpfung enthält. Diese dreifaltige Einteilung der Materie in *Phanes* (Glanz), *Erikepaois* (Macht, männlich) und *Metis* (Weisheit, weiblich) repräsentiert ein tiefes Verständnis für die Unterteilung der Materie in ihre Einzelkomponenten, die, wieder zusammengesetzt, die Vollkommenheit darstellen, die unserem Verständnis der Natur Gottes am nächsten kommt.

Auf dieser Lehre von der Einheit ruhen die Grundlagen der Hermetik. Wir haben uns seit Zoroaster an eine dualistische Tendenz in der westlichen Philosophie gewöhnt, doch in den orphischen und hermetischen Schulen lag die Betonung auf Ausgleich, Polarität, dem Zusammenkommen der Elemente in einem einzigartigen Ganzen. Deshalb wird der gnostische Hermes als das vereinigende Prinzip im System der Ogdoaden dargestellt. Wie ein alter Text sagt: «Einer ist das Alles... und wenn das Alles nicht das Alles enthielte, dann wäre das Alles nichts.»[22] Einmal mehr hören wir das Echo der göttlichen Interaktion zwischen Gott (dem Einen) und der Schöpfung (Materie, das Alles). Nicht zufällig ist Hermes' Symbol ein Stab mit den zweifach darum herumgewundenen Schlangen von Weisheit und Verständnis. Es ist dasselbe Prinzip wie in der Kabbala, wo die mittlere Säule die rechte und die linke in Balance hält.

Die Mysterien waren immer dazu gedacht, auf dreifaltige Weise verstanden zu werden: mit der Seele, dem Geist und den Sinnen. Solch eine dreifaltige Unterteilung wurde in westlicher esoterischer Praxis weiterhin anerkannt. Heilige Worte, in Tempel oder Loge ausgesprochen, hallen durch drei Welten wider: die göttliche, die intellektuelle und die physische und bringen alle drei in ein *rapprochement* (Annäherung), die sie veranlaßt, harmonisch miteinander zu schwingen.

Das Universum (oder Gott) ist immer bereit, auf eine harmonische Note zu reagieren, die von denen ausgeht, die in Übereinstimmung mit dem grenzenlosen Wort der Schöpfung sind. Diese Note im Selbst zu finden, war immer die wichtigste Handlung des Mysterien-Suchers. Initiation führt genau zu diesem Punkt; Studium und Selbstbeobachtung, Disziplin und Gehorsam, Selbstverzicht: Alle Handlungen des Adepten zielen darauf ab, die göttliche Harmonie erst in sich selbst zu erkennen und diese dann darauf einzustimmen, die Gesamtheit der Schöpfung, in der er steht, einzuschließen.

Die Schöpfungselemente mögen wohl zerteilt und verstreut sein, wie die Mythen der Titanen und das Zerreißen von Göttern wie Dionysos und Osiris andeuten, doch was getrennt war, kann wieder zusammengefügt werden – in der Geschichte von Isis und Osiris verhindert sogar das Fehlen des Phallus nicht die Schöpfung des göttlichen Kindes Horus, dem einigenden Prinzip, das ein neues Zeitalter von Frieden und Harmonie einleitete.

In diesem Sinne kann man die Leidensgeschichten von Christus, Baldur, Tammuz und allen Erlösergöttern als völlig natürliche Vorgänge ansehen, in denen die Materie ihre Komponenten sucht und wiedervereint, um das Ganze zu bilden, das dem ursprünglichen Plan des Kosmos entspricht. Gott ist einsam für die Kinder, die für ihn verloren sind, die Fragmente seiner selbst wurden geschaffen, damit er sich selbst erkennen konnte. Wir sollten deshalb nicht überrascht sein, daß er seinen geliebten Sohn – den Aspekt seiner selbst, der ihm am nächsten ist – in die Materie schickt, um die Verlorenen zu suchen.

Christus und Hermes sind mit allen anderen Hirten-Göttern gekommen, um ihre Herden zu sammeln. Doch sie können dies nicht ohne Hilfe tun. Wir müssen willens sein, zu kooperieren, mit ihnen zu schwingen, wie wir es tun, wann immer wir die Mysterien zelebrieren. So zielt die herrliche Anamnese des Eucharisten, das Liebesfest des Agathadaimon darauf hin, uns einen Ausblick aus den Mauern unseres chaotischen, zerbrochenen Universums auf den Frieden und die Ruhe zu gönnen, die unser sein könnten – wenn wir dieses wünschen.

Dieses ist also die hermetische Wirklichkeit: die Aufrechterhaltung einer göttlichen Einheit innerhalb der weltlichen Sphäre, die wiederum diese Sphäre in göttliche Höhen erhebt. Wie oben so unten, immer. Gott drückt allem im Augenblick der Schöpfung einen göttlichen Stempel auf, die DNS des Kosmos, die jede Rose zu einer Rose macht, jeden Menschen zu einem Menschen, jedes Tier zu einem Tier. Und dieser Stempel enthält die Essenz des Schöpfers, seine Botschaft an alles, das er zu leben verursacht hat: Gleiches zu Gleichem, sehr Gleiches zu sehr Gleichem, das Eine und das Alles ineinander enthalten. Ein Hermetiker des siebzehnten Jahrhunderts formulierte es so:

«Die Sonne und der Mond, die ich über mir sehe, beeinflussen mich weder gut noch schlecht, aber die Sonne und der Mond und die Planeten, (mit) denen Gottes Vorsehung den Himmel *in mir* geschmückt hat, welcher auch der Sitz des Allmächtigen ist, diese haben die Macht, mich entsprechend ihrem Lauf, den Gott bestimmt hat, zu regieren und zu verbessern.» ([84]; unsere Hervorhebung)

Die Methoden, mit denen ein solches Stadium der Erkenntnis erlangt werden kann, die Praxis hinter der Theologie, ist das, was wir uns als nächstes ansehen müssen.

Die Sprache der Sehnsucht

Die Mysterienschulen sind eigentlich Bewahrer für bestimmte Begriffe und Bilder, die dazu dienen sollen, innere Welten aufzubauen, in denen die Vervollkommnung der Menschheit und schließlich aller materiellen Dinge stattfinden kann. Eine voll funktionierende und aktive Mysterienschule ist ein Kraftwerk, das Energien erzeugt, aus denen sowohl der individuelle Sucher als auch die großen Lehrer des Zeitalters Kraft und Stärke beziehen können. Wir müssen uns über folgendes klar sein:

> Die höchste unserer Einweihungen hier unten ist nur der Traum von dieser wahren Vision und Initiation; und die Gespräche (über die Mysterien) wurden sorgfältig ersonnen, um die Erinnerung an die erhabenen Dinge dort oben zu wecken, sonst haben sie keinen Sinn.[228]

Mit anderen Worten: Die «erhabenen Dinge» müssen von denen widergespiegelt werden, die versuchen, sie zu erkennen. Der Initiand muß sich an sie erinnern, damit er die göttliche Wahrheit in sich selbst verkörpern kann.[96] Doch der Zutritt zu den Mysterien hängt zuerst vom Reifegrad ab. In Ägypten hieß es, bevor man den spirituellen Aspekt der Isis erkennen kann, muß man erst ihren irdischen Aspekt erkennen. Dies bedeutet, daß eine gründliche Erdung im Wissen über die irdische und sterbliche Existenz notwendig war, bevor sich dem Initianden die inneren Mysterien öffneten. Dasselbe gilt heute nicht weniger, und ernsthafte Schüler sollten nichts versuchen, bis sie nicht «ihr Haus in Ordnung gebracht haben», indem sie lernen, mit den Anspannungen und Belastungen der gewöhnlichen Welt fertigzuwerden. Wenn Sie die tägliche Schinderei des Lebens nicht aushalten können, dann werden Sie es sicher schwierig finden, die Härte magischer Arbeit zu überstehen. Wenn Sie andererseits beide Aspekte des Daseins meistern, dann werden sie sich allmählich überschneiden – Ihr normales Leben wird von magischem Verständnis durchdrungen, und Ihr magisches Leben mit den Früchten menschlicher Weisheit bereichert. Am Ende wird beides transformiert.

> Der Beginn der Weisheit ist der wahrhaft echte Wunsch nach Unterweisung, und Interesse an der Unterweisung ist Liebe zur Weisheit... Denn sie ist eine Reflexion ewigen Lichts, ein fleckenloser Spiegel der Werke Gottes und ein Abbild seiner Güte. (Weisheit des Salomo 6,17)

Sehnsucht ist ein Anfang, doch wenn einmal der Kontakt mit der unsichtbaren Ordnung hergestellt ist, liegt es allein an dem Initianden, die Flamme seiner oder ihrer Absicht am Leben zu erhalten und zu lernen, eine Reflexion der «Werke Gottes und ein Abbild seiner Güte...» zu sein.

Ohne diesen anfänglichen Funken der Sehnsucht kann es keinen Fortschritt geben, und selbst dann wird die Reise selten leicht oder schnell verlaufen. Jahre des Studiums, der Disziplin und der Konzentration liegen vor dem, der gerne ein Sucher sein möchte. Er muß sich mit seinen innersten Wünschen, Ängsten und Hoffnungen abfinden, bevor er auch nur anfangen kann, den Bewußtseinszustand zu erreichen, in dem er damit rechnen darf, mit den Göttern zu wandeln und mit Engeln zu sprechen.

Eine Einweihung ist ihrer Natur gemäß eine Form inneren Drucks, dazu gedacht, dem Initianden mittels «Schock» ein Gefühl seiner inneren Fähigkeiten zu geben. In beinahe allen Fällen finden wir, daß die Mysterien die dramatische Rekonstruktion einer der Urmythen enthalten, in der der potentielle Initiand seinen Part übernimmt und entweder die Hauptrolle spielt oder einen Zuschauer, doch immer direkt oder in irgendeiner Form an den Ereignissen teilnimmt. In Eleusis wurden menschliche Zeugung und Geburt als erste Schritte auf einer Initiationsreise dargestellt: eine Vorbereitung für den Durchgang der Seele durch das Leben und die Reise in die Unterwelt. Der kleine Tod der Initiation bereitete den Weg für das größere Leben und den größeren Tod vor. Persephone kehrt aus dem Hades zurück, muß sich aber danach Pluto unterwerfen; der Initiand überlebt seine Feuerproben, wird aber nie mehr derselbe sein. Schließlich ist die Seele frei, zu ihrem Ursprung zurückzukehren. Diese Welt ist nur eine Widerspiegelung der eleusinischen Felder wie Platon sie sah. In ihrem Spiegel sehen wir uns selbst – jedoch transformiert.

Nichtsdestotrotz ist die Initiation keine Zeremonie oder Ritualsammlung, die automatisch die Erleuchtung garantiert. Sie bezeichnet nur das Hineingehen des Kandidaten, ist eine Übergangsperiode. Das danach gewonnene Wissen ist von innerer und instinktiver Art, ganz persönlich in der Weise und Form, wie es sich manifestiert. Obwohl der Pfad keinesfalls bequem ist, sind gewisse allgemeine Praktiken ebenso Teil der zeitgenössischen Ausbildung wie in den großen klassischen Schulen.

Abgesehen von vorbereitender Eignung, guter Gesundheit, einem Gefühl der Integrität, Hingabe und so weiter, muß sich der oder die Lernende geduldigen Anstrengungen während der scheinbar langweiligen Periode der «handwerklichen» Ausbildung unterziehen. Was immer der Lehrer verlangt, muß im gleichen Maße vom Schüler ausgeführt werden. Wichtig ist nicht der Erfolg, sondern der ernsthafte Versuch, es zu schaffen. Wofür der eine Schüler sechs Monate braucht, benötigt ein anderer vielleicht zwei oder drei Jahre, abhängig von Fähigkeit und Umständen. Schnelligkeit ist nicht wichtig: scheinbar brillante Schüler schießen in den frühen Stadien oft weit voran und verlieren dann das Interesse, weil sie nicht reif genug sind, sich mit sinnlos erscheinender Arbeit abzuplagen, während ein scheinbar langweiliger und gewissenhafter Schüler vielleicht länger benötigt, um sich den Ausbildungsstoff anzueignen aber einen höheren Verständnisgrad erlangt.

Grundlegend für die frühe Ausbildung ist eine gründliche Kenntnis und Beherrschung der elementaren Eigenschaften des Schülers. Feuer, Wasser, Erde und Luft sind die unerschütterliche Grundlage magischer Kompetenz, und ohne ein vollkommenes Verständnis der Elemente innerhalb des Selbst wird der Schüler dem Zauberlehrling gleichen (der, nebenbei bemerkt, das Element Wasser weder mit einer inneren noch einer äußeren Fähigkeit unter Kontrolle bringen konnte). W. G. Gray gibt in seinen *Magical Ritual Methods*[115] viel ausgezeichnete Übungen an, um sich mit den eigenen elementaren Stärken und Schwächen vertraut zu machen. Die Arbeit mit Elementar-Königen und -Königreichen wird häufig als zu grundlegend für den hermetischen Schüler verschmäht und vernachlässigt. Doch wie die Atmung und die Entspannung ist sie eine wesentliche Fähigkeit für den Esoteriker (siehe Übung 5).

Ist die anfängliche Ausbildung vorüber, besteht eine der ersten Forderungen einer magischen Schule an den Lernenden darin, daß er einen Satz ritueller Geräte herstellt. Diese sind die Hauptstütze des Okkultisten – eine Erweiterung seiner Persönlichkeit und die elementaren Symbole seiner Kunst. Stab, Schwert, Kelch und Pentakel oder Münze stehen jeweils für die Elemente Feuer, Luft, Wasser und Erde. Man erwartet vom Initianden, wenn er schon nicht selbst mit dem Metall arbeitet, daß er die blanke Klinge bearbeitet, bis sie dem Schwert seines Willens gleicht. Gleichermaßen wird er oder sie das Holz schneiden und den Stab formen, das Pentakel gravieren oder schneiden, die Siegel auf den Becher oder Kelch malen oder schreiben. Die praktische Beherrschung der Elemente ist zu diesem Zeitpunkt grundlegend.

Wie wir sehen werden, ließen die Gnostiker und Mandäer Anweisungen für ihre Initianden zurück, wie sie die irdische Sphäre verlassen und durch die Sphären oder Ebenen der Archonten – den Planetenherrschern – voranschreiten sollten. Auch in den Mysterien besteht der nächste Schritt häufig darin, sich mit den Planetenkräften und -einflüssen vertraut zu machen. Der Initiand kann dies mit vielen Mitteln erreichen, indem er, wie wir gesehen haben, mit den Entsprechungen vertraut wird, die von den orphischen Schulen erdacht wurden. Doch die Methode, die in unserer Zeit am wahrscheinlichsten angewandt wird, ist die Untersuchung der planetarischen Zuordnungen auf dem kabbalistischen Baum des Lebens. Jede Sphäre oder Sephira auf dem Baum hat ihren Herrscherplaneten, ihr Laster und ihre Tugend, mittels der diese Kraft nutzbringend oder zerstörerisch angewandt werden kann. Die Wohltätigkeit von Tiphereth kann leicht in Selbstsucht umschlagen, die dynamische Stärke von Geburah in zerstörerische Gewalt. Von dem Anwärter auf höhere Weihen wird erwartet, daß er durch eine nach der anderen dieser Sephiroth als Stadien auf dem Weg voranschreitet und die positiven und negativen Eigenschaften in sich selbst ausgleicht. (Siehe Abbildung S. 243)

Nach und nach verfeinert der Initiand viele Ebenen des Selbst und stimmt sie auf das Innere ein. Diese Aufgabe wird in einem Leben des Initianden nie wirklich erfüllt, genausowenig wie ein Mensch Vollkommenheit erwarten sollte. Alles geht weiter und wiederholt sich. Die Grundtriebe unserer niedrigeren Natur werden nie ganz ausgerottet, obgleich sie kontrolliert und sogar positiv als Stoßdämpfer für unsere Errungenschaften dienen können. Prüfungsphasen treffen auch den Adepten, der keinesfalls von den trivialen oder weltbewegenden Problemen des menschlichen Lebens ausgenommen ist. Von denen, die empfangen, wird mehr verlangt, sagt das alte okkulte Sprichwort. Die Mißerfolge der Bescheidenen bleiben unbemerkt; die der Berühmten oder Unrühmlichen sind Thema der Zeitungsüberschriften.

Der Eingeweihte, der wahre Wanderer-zwischen-den-Welten, hat nicht bloß gegenüber den Schülern und Mitarbeitern im Äußeren eine Verantwortung, sondern auch für die Kräfte des Inneren, die sowohl von deren Meisterung des Äußeren abhängen, als auch ihrer Eignung, die Arbeit des Inneren weiterzuvermitteln. Wir werden diesen wichtigen Aspekt der Ausbildung noch weiter in dem Kapitel erörtern, das sich mit dem Magier und seiner Arbeit befaßt.

Die Mysterienschulen verlangen zuerst «erkenne dich selbst». Die einfacheren, niedrigeren Mysterien werden dazu benutzt, die Grundlage für die Dämmerung dieses Ereignisses zu schaffen. Die höheren Mysterien kommen erst, wenn diese Basis etabliert ist, wenn der Initiand alleine stehen kann und seine innere Festung beherrscht; wenn die Schwelle gefegt und für den Abstieg des heiligen Schutzengels oder des inneren Meisters bereit ist. Wenn die Vorbereitungen abgeschlossen sind und er die Ebenen des Selbst klar wahrnimmt, dann ist der Initiand für die Identifizierung mit den Gott-Formen oder den Archetypen seiner Schule bereit.

Die Identifizierung mit einem Archetyp erfordert große Objektivität und kann in frühen Ausbildungsstadien noch nicht versucht werden. Wie ein Tänzer oder ein Schauspieler, der Jahre damit zugebracht hat, seinen Körper, seine Stimme und die vielfältigen Ausdrucksformen seiner Kunst zu vervollkommnen und nun endlich vor einem Publikum auf die Bühne tritt, so ergeht es dem Initianden. Man darf Theorie und Praxis nicht verwechseln, es ist nicht möglich, in die Kulisse zurückzulaufen, um ein Buch oder einen Lehrer über eine bestimmte Technik oder ein persönliches Problem zu konsultieren. Der Initiand ist allein mit dem Archetyp, und die Identifizierung des einen mit dem anderen muß in völliger Kommunikation erfolgen, damit die Übermittlung des Archetyps erfolgreich sein kann. Es ist leicht, einen Schauspieler zu erkennen, der nicht wirklich spielt: Seinen Augen fehlt die Überzeugung, wie jemandem, der lügt, seine Bewegungen werden nicht durchgehalten, seine Stimme schweift vom Sinn der Vorlage ab, er interagiert nicht wirklich mit den anderen Schauspielern auf der Bühne und behindert oft deren Darstellung. Er überzeugt auch nicht das Publikum, das unruhig in den Sitzen hin und her rutscht. Die Übermittlung durch einen Initianden kann in der gleichen Weise fehlgehen, aber er behindert nicht nur seine Mit-Initianden. In diesem Beispiel ist das Publikum das Äußere – für dessen Wohl das Ritual ausgeführt wird. Die Produzenten sind das Innere, die voll berechtigt sind, ihre Arbeit woanders anzubieten und sich eine neue Besetzung zu suchen.

Die erste vom Initianden geforderte Art der Identifizierung erscheint auf annehmbar einfache Weise – er oder sie wird gebeten, als Offizier eines Viertels zu amtieren und der Loge oder dem Kreis eine bestimmte Eigenschaft zu übermitteln. Wir sagen einfach, doch es ist häufig harte Arbeit: Die Eigenschaften der Elementar-Könige müssen in dem Offizier des Viertels vorhanden und wirksam sein. Man wird zu einem Eingang oder Kanal, durch den die Wächter des Viertels (die entweder Gott-Formen oder Engel sind) kommen können. Dies erfordert Konzentration und Aufmerksamkeit, keine passive Überwältigung durch den inneren Kontakt. Es ist eine privilegierte Arbeit, die dem Initianden die seiner Kunst innewohnenden priesterlichen Qualitäten offenbart. Der Kreis oder das Arbeitsgebiet ist eine Unterteilung der Materie in Elemente, und wer sich am meisten in einem Viertel zu Hause fühlt, wird sich dorthin gezogen fühlen. Nichtsdestotrotz ist es wichtig, aus *jedem* Viertel heraus arbeiten zu können, und diese Fähigkeit sollte kultiviert werden; sie wird sich ohnehin natürlich entwickeln, wenn die inneren Elemente wohl ausgeglichen worden sind. Einen sehr guten Abriß über diese Art von Arbeit findet man in Gareth Knights *The Rose Cross and the Goddess*,[184] und in W. G. Grays *Inner Traditions of Magic*[114].

Später wird der Initiand vielleicht aufgefordert, an rituellen Dramen teilzunehmen, mit denen man die Geschichten derjenigen Götter aufführt, die von seiner oder ihrer Schule verwendet werden. Genau wie in den alten Schulen wird der Initiand hier die Mächtigen selbst repräsentieren. Dies ist eine ehrfurchtsgebietende Aufgabe, die dem Unvorbereiteten nicht übertragen wird; es besteht die Gefahr der Über-Identifikation oder der egozentrischen Aneignung, die jedoch durch eine einfache, dem in Frage kommenden Ritus vorhergehende Prozedur vermieden werden kann.

Dafür gibt es zwei Verfahrensweisen. Als erstes wird der zu übernehmende Archetyp als Maske visualisiert, die der Initiand aufsetzt. Wie in den griechischen Mysteriendramen wird der Initiand vor dem Ritual ruhig zur Seite gehen und die Maske betrachten, möglicherweise einen vorgestellten Dialog mit ihr halten und sie somit als von sich getrennte Einheit etablieren. Die den Archetyp umgebende Symbolik kann objektiv gesprobt werden, die Geschichten und Entsprechungen dieser Gestalt mit denen anderer Pantheons und Traditionen verglichen werden. Dann wird die Maske sozusagen hinter der Bühne des Arbeitsplatzes aufgesetzt. Die zweite Methode führt noch einen Schritt weiter: sie mag nicht in allen Fällen angemessen, noch für bestimmte Individuen passend sein. Die Maske wird vor sich visualisiert und wie ein Heiligtum verwahrt: man stellt Blumen und Weihrauch vor sie hin, spricht Gebete, ruft die in diesem Ritus erforderlichen Eigenschaften an – so wird der fragliche Archetyp eine Zeitlang eine der «Masken Gottes». Das Aufsetzen der Maske ist für den Initianden eine entsprechend ehrfurchtgebietendere Sache, doch die Gefahr der Überidentifikation besteht nicht.

Wenn der Initiand am Ende des Rituals die Maske wieder hergibt, durchläuft er die gleiche Prozedur, nur umgekehrt, indem er die Maske in das Heiligtum zurücklegt oder sie, von sich abgewandt, zum Inneren zurückkehrend, visualisiert. Solch eine Identifizierung wird nie zur Befriedigung des Individuums durchgeführt – eine Tatsache, die wenige anerkennen, die nie in dem Kreis gestanden haben und vor Erschöpfung und dem inneren Druck, die aus der Technik entstehen, zu Boden gesunken sind. Dion Fortune sprach wahre Worte, als sie die Arbeit des Schmiedes für leichter befand als die desjenigen, der am Ritual teilnimmt. Der Druck und die Anstrengung sind ungemein hoch, nicht nur für den physischen, sondern auch für den Astral- und Ätherleib. Eine Erschöpfung der Energie am Ende des Rituals ist üblich: Die Energie wird aufgebaut und übermittelt und nicht in einem Vakuum kreisend gelassen. Daran ist nichts Anormales oder Düsteres, besonders wichtige Teile der Arbeit erfordern mehr Energie als andere und die Re-Energetisierung des Individuums dauert entsprechend länger. Dies trifft weniger zu, wenn man in einer größeren Gruppe arbeitet, in der die Energien ausgeteilt werden und die Anforderungen an das Individuum geringer sind. In den Fällen, wo jemand unter großer Erschöpfung leidet, sollte eine gut durchschlafene Nacht und Nahrungsaufnahme normalerweise genügen, um den ausgelaugten Ritualteilnehmer wieder aufzurichten, anderenfalls empfehlen wir die Durchführung von Übung 9.

Die modernen Mysterienschulen legen wenig genug Wert darauf, den Körper ebenso wie die Psyche zu trainieren. Ein guter Ritualteilnehmer sollte gewandte Handbewegungen haben, einen geschmeidigen Rumpf, gute Haltung und Gang und in der Lage sein zu arbeiten, ohne über seine oder ihre Füße zu fallen. Körperliche Unbeholfenheit ist oft das Resultat geistigen Unvorbereitetseins oder Konzentrationsmangels. Die körperlichen Anforderungen sind ungeheuer, und wenn die Übungen, die das körperliche Werkzeug in guter Arbeitskondition halten, ungenügend sind, dann wird die magische Arbeit auch darunter leiden. Sport und Tanz sind hier offensichtlich hilfreich, doch sie können die besonderen Bedürfnisse des Esoterikers nicht erfüllen, der *alle* seine Körper berücksichtigen muß! Die Schulen täten gut daran zu überlegen, ob sie nicht Kurse in ritueller Bewegung anbieten sollten und ihre erfahreneren Mitglieder bitten, offener über die körperlichen Nebenwirkungen ritueller Arbeit zu sprechen. Der reifere Körper ist, merkwürdigerweise, besser für die Anstrengungen des Rituals ausgerüstet als der junge. Der alternde Körper ist schneller entleert als beide, hat aber oft größere Durchhaltekraft.[263]

Andererseits kann der Lohn groß sein – vorausgesetzt, Sie erwarten nicht, daß er materieller Art ist. Die Bestrebungen sind wirklich hoch – doch die Parole der meisten zeitgenössischen Mysterienschulen ist «Verantwortung» – das heißt Sorge für das Selbst und die Gottheit im Innern – und zwar nicht in selbstsüchtiger Weise, sondern in dem Bemühen, die Menschheit in Einklang mit ihrem unendlichen Potential zu bringen. Dies ist das Ziel, zu dem die Plagen und Prüfungen, Rituale und Einweihungen führen müssen.

In jedem Individuum liegt die Möglichkeit, mikrokosmisch Adam Kadmon zu werden. Das endgültige Ergebnis dessen wird die Vereinigung der gesamten Menschheit in einem Wesen sein – dem Lichtkörper, von dem Poimandres als der Quelle des Wortes spricht. Aus diesem Grund bezeichnen viele moderne Schulen sich selbst abwechselnd als «Diener» oder «Gesellschaften» des Lichts – und das Thema ist zu einem der herausragenden in den New Age-Bewegungen der neueren Zeit geworden. Ein Diener des Lichts zu sein, wie es die Initianden der ursprünglichen Schulen waren, heißt, sich der Befreiung des göttlichen Funkens zu widmen.

Dies hat mitunter zu einer ekstatischen Reaktion geführt und die letztendliche Erfahrung des Göttlichen wurde sowohl mittels Askese als auch ekstatischer Sexualität gesucht. Doch sollten wir, wie es die dionysischen Mysterien andeuten, zum Teil aus dem Stoff der Titanen gemacht sein, dann wundert es nicht, wenn unsere Reaktion auf das Unendliche ebensosehr aus sexueller als auch religiöser Grundlage entsteht.

Nur zu oft werden die in den Mysterien angerufenen archetypischen Erscheinungen in die Grundelemente des Lebens selbst – Sperma und Eizelle – umgesetzt, und wir sehen ein sexuelles Polaritätsproblem der Sorte, von der wir in Band 1 sprachen (siehe

Kapitel 5 in diesem Band). Man kann Sexualität als ekstatische Methode benutzen, in der die Vereinigung mit einem anderen Menschen zum Ausdruck der göttlichen Vereinigung des Erlösergottes mit seiner oder ihrem Geliebten wird. Dies wurde oft rituell verwendet, wenn ein Priester oder eine Priesterin die Gottheit durch sich selbst repräsentierten. Über den Mißbrauch der Tempel-Prostitution sprachen verschiedene klassische Autoren mit Abscheu, die im Nahen Osten umherreisten und ihre eigenen Mysterien in späteren – von den früheren und irdischeren Zelebrierungen freien – asketischen Formen sahen, die einen Bestandteil der einheimischen Traditionen bildeten.

In früheren Zeiten ermöglichte die Identifizierung des Priesters oder der Priesterin mit der Gottheit dem Volk oder seinem Herrscher die Zusammenkunft mit dem göttlichen Wächter des Stammes. Die klassischen Mysterien trugen diese Auffassung unterschwellig in ihren Zelebrierungen weiter, doch trank zum Beispiel in den Mysterien von Eleusis der Priester einen Trank, der gezielt seine sexuellen Funktionen unterdrückte. Er wurde stets aus einer eleusinischen Familie ausgewählt und selbst auf normale Weise verheiratet: nicht wie in vielen der östlichen Kulte im Dienst der Göttin kastriert.[356, 339]

Sexualität im Ritual ist also eine ständige Erinnerung an frühere Resonanzen: sie sollte sich niemals in den Energiefluß irgendeiner Handlung einmischen, wodurch die Arbeit erdgebunden würde. Die esoterische jüdische und kabbalistische Praxis der Vereinigung mit der Ehefrau als Spiegelung der Vereinigung Gottes mit der Shekhina kommt dem Verständnis davon, wie Sexualität den tiefsten religiösen Impuls auf Erden ausdrücken kann, näher. In der Magie tritt der Mißbrauch dessen ein, wenn die Ebenen vertauscht werden. Auf der ekstatischen oder Stammesebene des Bewußtseins ist die Sexualität ein reiner Ausdruck in menschliche Begriffe umgesetzter religiöser Inbrunst.

All dies mag zu der Frage führen: Was hat diese erhabene Arbeit mit mir zu tun – sie ist sicher etwas für die höchsten Adepten, die sich einem größeren Dienst widmen, als dem gewöhnlichen Anhänger des westlichen Weges möglich ist. Keineswegs: Wir sind alle, wenn wir dies wünschen, Diener des Lichts, und Hingabe ist allen möglich – in einem höheren oder niedrigeren Maß, entsprechend unserer persönlichen Fähigkeit.

Alle Mysterienschulen und Orden, gleich welcher Art, sind dazu da, Geist und Herz, Intellekt und Seele auszubilden, bis sie auf der höchsten Ebene der Vollkommenheit zusammenarbeiten.

Solche Dinge brauchen vielleicht mehr als eine Inkarnation, abhängig von dem Entwicklungsstadium, welches der Schüler bereits erreicht hat. Wenn alle ausgebildet sind und sich völlig selbstverwirklicht haben, dann ist die Arbeit der Schulen, Brüderschaften und Orden abgeschlossen – sie werden nicht länger gebraucht, da die Menschheit den Entwicklungsstand erreicht hat, der für sie vorgesehen war und zu deren Hilfe jene, die wir Meister nennen, geschickt wurden.[91]

Der westliche Weg ist ein Mittel zu diesem Zweck, eines unter vielen, doch er ist nur ein Mittel und kein Selbstzweck. Diejenigen, die ihn als solchen betrachten, werden nicht über die ersten paar Schritte hinauskommen – sie werden sich immer wieder dasselbe Stück Straße überqueren sehen, ohne Unterlaß auf der Reise, doch ohne jemals anzukommen.

Obwohl die Betonung in diesem Buch auf dem Praktischen liegt, sollte es in keiner Weise als Ersatz für eine richtige Ausbildung oder die Zugehörigheit zu einem Orden oder einer Loge angesehen werden. Es gibt eine wachsende Tendenz zu Einzelarbeit, die stark von den Gewohnheiten der Renaissance unterstützt wird, wo sich eine Gruppe sehr oft *nicht* treffen *konnte*, um die Mysterien zu zelebrieren. Falls Sie also entweder aus freier Wahl oder umständehalber ein allein Arbeitender sind, dann gibt Ihnen dieses Buch eine Ahnung von den wesentlichen Anforderungen an den potentiellen Initianden. Sollte sich jedoch für Sie die Gelegenheit ergeben, mit einer Gruppe zu arbeiten, lassen Sie sie nicht vorbeigehen – vorausgesetzt natürlich, daß sie richtig organisiert und geleitet wird.

Die Auswahl einer Schule kann voller Schwierigkeiten sein: Es gibt soviele und ihre Methoden sind oft verwirrend unterschiedlich. Instinkt und innere Bewußtheit allein können Ihnen sagen, ob sie eine gefunden haben, die sich richtig anfühlt – obwohl das nicht heißen muß, daß Sie sich für diese richtig anfühlen. Wenn alles gut geht und Sie als Kandidat angenommen werden, dann sollte dies der Anfang einer befriedigenden und lohnenden Verbindung sein. Sie sollten aus den vorhergehenden Seiten wenigstens eine vage Vorstellung davon bekommen haben, was Sie erwartet; wir müssen jedoch das Bild noch auf den neuesten Stand bringen, um den Faden der Mysterien in der Zeit vorwärts bis in die Gegenwart zu verfolgen.

Hüter der Tradition

Genau wie die Mysterien des Mittelalters und der Renaissance zu einem hermetischen Impuls zurückverfolgt werden können, so haben die heutigen Schulen und Brüderschaften ihren Ursprung hauptsächlich in dem, was man als rosenkreuzerischen Impuls bezeichnen könnte. Doch gemäß einem der Paradoxa, die die Übermittlung des westlichen Weges beherrschen zu scheinen, gibt es keinen Beweis, daß die Bruderschaft der Rosenkreuzer oder sogar ihr Begründer Christian Rosenkreutz überhaupt tatsächlich je existierten.

Erst 1614 erfuhr die Außenwelt von den Rosenkreuzern, als ein merkwürdiges Dokument mit dem Titel *Fama Fraternitatis*[6] in Deutschland erschien und weit verbreitet wurde. Es gab vor, die Lebensbeschreibung eines gewissen Christian Rosenkreutz zu sein, seines Zeichens Philosoph, Mystiker und Magier, der 106 Jahre alt geworden war und dessen Leichnam damals in einer geheimen Grabstätte verborgen wurde, die man 120 Jahre lang nicht entdeckte.

Dieses Dokument legt die Lebenszeit von Rosenkreutz an das Ende des vierzehnten oder den Anfang des fünfzehnten Jahrhunderts, obwohl es keine Aufzeichnungen aus dieser – oder überhaupt einer – Zeit gibt, die von seiner tatsächlichen Existenz berichten. Die Beschreibung des Fundes der Gruft, die seine unversehrten Überreste enthielt, ist in höchst symbolischer Sprache abgefaßt, die sich wie ein Einweihungstext liest. (Sicher kann es eine reichlich lohnende Erfahrung sein, die Schritte nachzuvollziehen, die zur Entdeckung des Leichnams führten, gefolgt von der Beschreibung der Gruft und darüber zu meditieren.)

Das Öffnen der Gruft wird in der *Fama* einem Ereignis mit weitreichender Wirkung gleichgesetzt: «...denn wie unsere Tür nach so vielen Jahren wunderbarerweise entdeckt wurde, so soll sich auch eine Tür für Europa öffnen... die bereits zu erscheinen beginnt und mit großer Sehnsucht von vielen erwartet wird.»[6] Der Reaktion nach zu urteilen, die die *Fama* und die darauffolgenden Manifeste in ganz Europa auslösten, müssen die Sehnsucht und die Erwartung erheblich gewesen sein. Dadurch wurde eine neue Hoffnung geweckt, die nichts mit den Auswirkungen der Renaissance zu tun hatte – mittelalterliche Einstellungen waren immer noch verbreitet und die Erleuchtung kämpfte unsicher mit einem Mystizismus, der die Scheuklappen von Dogma und Aberglauben beibehielt.

Die Autorenschaft des ersten Rosenkreuzer-Manifests wurde spekulativ bis zur Universität von Tübingen zurückverfolgt und genauer bis zu einem Johann Valentin von Andrae, doch hinter den menschlichen Autoren können wir den Anfang eines kraftvollen neuen Stroms innerer Lehren ausmachen, der auf diese Weise ein Ventil fand.[195] Niemand kannte den Aufenthaltsort der Bruderschaft der Rosenkreuzer, doch dies hielt viele, die den wahren Wert der Manifeste gelesen und verstanden hatten, nicht davon ab, den direkten Kontakt mit ihnen zu suchen. Die Tatsache, daß es Schriften gab, die von einer Bruderschaft der Adepten sprachen, die man «durch die richtigen Kanäle» treffen konnte, genügte, viele zu veranlassen, in Nachrichtenblättern Anzeigen für mehr Informationen aufzugeben. Sogar der Philosoph René Descartes reiste nach Deutschland, um die Bruderschaft zu suchen und fand, vielleicht kaum überraschend, nichts. Doch bei seiner Rückkehr nach Paris im Jahre 1623 wurde er gezwungen, sich öffentlich zu zeigen, um zu beweisen, daß er nicht unsichtbar geworden war – d. h. daß er kein Rosenkreuzer war – denn derartige Gerüchte waren aufgekommen.

Als auf die vielen Anfragen, die an nicht-existente Adressen oder Leute geschickt worden waren, keine Antwort kam, fühlten sich die Enthusiasten bemüßigt, ihre eigenen Bücher und Pamphlete zu publizieren, um festzustellen, ob ihre Ideen in Übereinstimmung mit denen anderer, sich in der gleichen Lage befindlichen Möchtegern-Rosenkreuzer waren. So brachte das Original eine Folge von Imitationen und Kommentaren hervor, deren Autoren zusammenfanden, um eine Mysterienschule zu gründen, deren Lehrsätze für alle zu lesen waren, die sie verstehen konnten – eine eigenartige Umkehrung der klassischen Schulen, die ihre Lehren vor allen außer ihren Initianden verbargen.

Die ist sicherlich ein hervorragendes Beispiel für die Art und Weise, wie es zur Gründung einer Mysterienschule kommt. Es ist sicher eine oft wiederholte Methode seit der Zeit der Rosenkreuzer. Nicht daß man ihre eigenen Schriften in irgendeiner Weise als klare Feststellungen einer Absicht oder eines Glaubens beschreiben könnte. Die verwendete Sprache ist voller Andeutungen und Symbolik, was allen, außer denen, die im Bilde waren, ein Verständnis unmöglich machen mußte. So hüten sich die Mysterien immer vor bloßer Neugier.

Anfänglich mögen wir in der Person des von Andrae und seinen Philosophen-Kollegen in Tübingen eine Reaktion auf das Klima der damaligen Zeiten sehen, so daß der Autor der *Fama*, der schon seit langem ihre Abfassung zugegeben hatte, aber gleichzeitig ihre Bedeutung als Dokument verneinte, in seinem letzten Willen diese Worte einschloß: «Obwohl ich nun die Bruderschaft selbst verlasse, werde ich nie die wahre christliche Bruderschaft verlassen, welche, unter dem Kreuz, nach der Rose duftet und weit entfernt vom Schmutz dieses Jahrhunderts ist.»[207]

In ihrem Kern war die Schule der Rosenkreuzer eine Kombination esoterischen Christentums mit hundertprozentiger Mysterienschulen-Lehre, wie sie in der Arbeit des Magiers und des Alchimisten lebendig erhalten wurde. Daß beide Ursprünge transzendiert wurden, ist ein Zeichen für die Macht des inneren Impulses, der ihn entstehen ließ: Die Symbole der Rose und des Kreuzes verbanden sich zur ersten wahren Synthese magischer und mystischer Lehren seit dem ursprünglichen hermetischen Impuls.

Der Gedanke an ein unsichtbares Adeptenkollegium ist nicht so selten wie man denkt, wie wir in Kapitel 4 sehen werden. Das Rosenkreuzertum überlebte, weil es keine sichtbare Grundlage hatte, keinen Hauptsitz, keine Offiziere, keine Dogmen und keine Aufnahmebedingungen.

Der Einfluß der Rosenkreuzer auf das Europa des siebzehnten Jahrhunderts war tief und andauernd. Es bahnte im folgenden Jahrhundert den Weg für die französische esoterische Erneuerung, die daher in der Lage war, auf einer tiefen Ebene aus den einheimischen und hermetischen Traditionen zu schöpfen. Dabei wurde sie von der Tätigkeit einer anderen Gruppe Eingeweihter unterstützt – den Freimaurern; denn obwohl man eine Verbindung von Rosenkreuzertum und Freimaurerei nicht mit Sicherheit bestätigen kann, wurde die Freimaurerei ein wichtiges Vehikel für das Überleben des Rosenkreuzertums.

Die Freimaurerei selbst erwuchs aus den Handwerksgilden und befreundeten Bestattungsgesellschaften vor der Reformation. Ein Meister seines «Mysteriums» oder seines Handwerksberufs war ein mächtiger Mann, und zusammen übten die Handwerksgilden beträchtlichen Druck auf die Gesellschaft aus. Dies kann man heute noch beobachten, wo eine angeblich esoterische Bewegung einen hohen Grad an politischem Einfluß ausübt. Die Ursprünge der Freimaurerei sind, wie die des Rosenkreuzertums, retrospektiv in ihrem Aufbau. Das angebliche «Leben» von Christian Rosenkreutz ist thematisch ebenso bedeutend wie der Bau des Tempels von Jerusalem und der Mord an Hiram – diese Anklänge jedoch als historisch beweisbar zu erklären, bedeutet, die inneren mit den äußeren Wirklichkeiten zu verwechseln.

Wenn das Rosenkreuzertum germanisch protestantischen Ursprungs ist, als den viele es angesehen haben, dann ist die Freimaurerei englisch esoterischer Herkunft: Der Zusammenschluß beider kam nicht von ungefähr. Die protestantische Ethik hatte traurige Lücken im Leben mittelalterlicher Bruderschaften hinterlassen, deren esoterische Beschäftigungen wahrscheinlich in wenig mehr bestanden als einer gelegentlich vom Gilde-Priester zelebrierten Messe oder der üblichen Art ausgelassener Einführung, die man mit Erstsemestern an der Universität oder Handwerkslehrlingen heutzutage betreibt. Die Gilden blieben bestehen, doch ihr rituelles Leben wurde stark beschnitten. Die Freimaurerei mag sich wohl als ein «innerer Kreis» von Meistern ihrer Zunft aus den Prinzipien der Handwerksgilden entwickelt haben, und drang dann zu gelehrten privatisierenden Herren durch, deren antiker und klassischer Hintergrund ihnen einen genügend weiten geistigen Gesichtskreis sicherten, um rationalisierende Legenden zu erschaffen, die diese neuen «Mysterienschulen» begleiteten. Gott war der Architekt des Makrokosmos und Christus, sein Lehrling, war ein Zimmermann in dem Mikrokosmos, den wir bewohnen. Der Gedanke der gemeinsamen Inherenz wurde so in eine neue Ära esoterischen Glaubens weitergetragen.

Es gibt etwas grundsätzlich Protestantisches in der Vorstellung vom göttlichen Architekten, das den puritanischeren Linien einiger jüdischer Traditionen ähnelt wie auch denen des Mithraismus, von dem einiges in der Freimaurerei nachklingt. So wie der Mithraismus aus einer Vielzahl synkretistischer Sekten entstand, um eine vereinigende Kraft innerhalb des römischen Reiches zu werden, so neigt die Freimaurerei heute dazu, einen ähnlichen Kurs einzuschlagen. Militärische und ritterliche Orden fanden sicherlich Beständigkeit in der Freimaurerei, wie auch der Gedanke an Wiedereinsetzung der Monarchie oder rituelles Rittertum; und die zunehmende Übersetzung kabbalistischer Texte ermöglichte es, vieles aus der jüdischen Esoterik mit aufzunehmen. Der Theologe und Apologet Philo von Alexandria fragte einmal die heidnischen Mysterienschulen:

> Warum, o Eingeweihte, schließt ihr euch in tiefster Dunkelheit ein, wenn diese Dinge gut und nutzbringend sind und leistet nur an drei oder vier Individuen euren Dienst, wenn ihr ihn doch an allen leisten könnt, indem ihr diese Vorteile auf dem öffentlichen Markt darbietet?[261]

In unserer Zeit wird diese Frage vielleicht beantwortet. Vertrauen in eine Autorität oder Tradition ist ein Charakterzug des Sternzeichens Fische. Die allmähliche Demontage des ehrfurchtgebietenden Tempelgerüstes, die Verschwiegenheit, die auf die Eingeweihten in Zeiten der Unwissenheit und Verfolgung abgewälzt wurde, die Einsamkeit des Suchers liegen nun hinter uns. An Stelle von Tempeln steht die Konzert- oder Vortragshalle, die spontane Zusammenkunft von Suchern; an Stelle der Okkultisten in geschmückten Roben steht die freie Verbreitung verborgener Weisheit, die nichtsdestoweniger intakt bleibt; an Stelle von Isolation steht das wachsende Netzwerk jener, die für das kosmische Ziel empfänglich sind.

Es gab immer Hüter der Mysterientraditionen, wie wenig greifbar sie auch erschienen; Lehrer standen immer zur Verfügung, um die ewigen Wahrheiten weiterzugeben. Mit der allmählichen Entspannung der inneren Gesetze, die die offene Verbreitung esoterischer Glaubenssätze in den letzten zwei Jahrhunderten beherrschten, sind viele Schulen entstanden, die alle das Recht für sich in Anspruch nehmen, ihre Anhänger zu unterrichten und in die göttlichen Mysterien der Schöpfung einzuweihen. Einige, die nichts Wertvolles zu lehren hatten, erwiesen sich als unecht; andere wuchsen und gediehen und verschwanden mit dem Tod ihrer Gründer. Wieder andere haben ihr Wissen an jene weitergegeben, die nach ihnen kamen.

Als im späten neunzehnten Jahrhundert einige Mitglieder der Theosophischen Gesellschaft – der damals angesehensten okkulten Organisation – der Betonung, die man auf östliche Mysterien legte, überdrüssig wurden, suchten sie woanders und fanden in den gerade übersetzten ägyptischen Papyrusrollen und dem Reichtum klassischer Manuskripte einen Fundus westlicher Weisheit, der auf praktische Weise erkundet werden konnte. Eher enthusiastische Forscher als Wissenschaftler, tauchten sie tief in das vernachlässigte Erbe der Vergangenheit und fanden ein ganzes System magischer und theurgischer Mysterien.

So entstand der «Hermetische Orden der Goldenen Dämmerung» (Golden Dawn), der Freimaurer, Dichter, Kirchenmänner und Denker in seine Reihen aufnahm. Er sollte viele seiner ersten Mitglieder überdauern und wurde in den nächsten Generationen die angesehenste Organisation ihrer Art seit der Renaissance. Die meisten modernen esoterischen Schulen verfolgen ihre Herkunft zum Golden Dawn zurück und stellen dadurch – bewußt oder unbewußt – den Kontakt zum Rosenkreuzertum und den großen klassischen und vorklassischen Gründungen her.

Hinter dem häufig überkomplizierten Charakter der Golden Dawn-Rituale liegt eine Vielfalt von Sinneserfahrungen, die für jene unerreichbar sind, die eher der Bedeutung als dem Verständnis folgen. Die beschwörende Macht dieser Rituale reicht viel weiter als die Summe ihrer Elemente. Es ist nicht von Bedeutung, daß wir chaldäische, ägyptische, gräko-romanische und gnostische Elemente in ihnen wiedererkennen; man braucht nur einen Blick auf die «Erkenntnis-Papiere» des Ordens zu werfen, die in einem Band von Israel Regardie herausgegeben wurden[283, 285], um zu verstehen, daß es sich hier um ein gültiges System esoterischer Arbeit handelt, daß von keiner anderen modernen Schule übertroffen wird.

Die Theosophie, die dem Golden Dawn indirekt zur Geburt verhalf, hatte im frühen neunzehnten Jahrhundert bereits begonnen, die Vorstellungen westlicher Esoterik zu wecken, die lange geruht hatten. Ihre Kontakte mit dem Osten brachte eine Sprache und Begriffsfindung, die halfen, Bereiche zu definieren, die seit der Renaissance ungenau geblieben oder in die Gruft christlichen Mystizimus verbannt waren. Ihr Oberhaupt, Madame Blavatsky, erwarb mit ihren Reisen in den Osten und Begegnungen mit verborgenen Meistern den Ruf einer typischen Schamanin. Sie bluffte sich durch die Bereiche der Unwissenheit und nahm Kontakt zum Licht der Philosophia pereunis mit Methoden auf, die heute wahllos erscheinen. Sie glaubte vor allem anderen, daß, was immer wahr sei, von außerhalb ihres eigenen Bewußtseins kommen müsse. Dies führte dazu, daß sie viel Unwahres über ihre Quellen für *The Secret Doctrine* und *The Veil of Isis*, ihren zwei monumentalen Studien esoterischer Tradition, erdichtete.[29] Ihre Quellen waren und sind immer noch häufig zurückzuverfolgen, doch ihre geflissentliche Ablehnung, zuzugeben, daß sie woanders herkamen und von ihr niedergeschrieben, aber nicht verfaßt wurden, ließen am Ende viele an ihr zweifeln. Schade vielleicht, da sie vieles zu sagen hatte, dem es sich zuzuhören lohnte, und hätte sie nur ihren eigenen Anteil beim Abfassen ihrer Schriften zugegeben, dann hätte sie wahrscheinlich ein größeres Publikum erreicht, das ihre Pionierarbeit ernster genommen hätte. Dennoch und trotz der manchmal grotesken Organisation und dem kleinbürgerlichen Gezänk innerhalb der Theosophie, erschien Frau Blavatsky zur rechten Zeit, um einen erneuernden Einfluß auf den westlichen Weg auszuüben.

Die Schulen, die später als die Theosophie entstanden und deren Gründer in derselben ausgebildet waren, setzen die von Frau Blavatsky begonnene Arbeit fort. Die Anthroposophie, eine immer noch gedeihende Bewegung, entstand aus Rudolf Steiners Bruch mit der Theosophie, die für seinen Geschmack zu offensichtlich östlich war. In einem neueren Kommentar wird Anthroposophie als eine «entmythologisierte Theosophie» bezeichnet[75], da sie das Magische zugunsten von Erziehung und Künsten wie auch einer ganzheitlichen Lebensführung zurückweist.

Steiner betonte die westlichen Elemente und beschreibt Anthroposophie in seiner Autobiographie als «einen Pfad des Wissens, der von der Spiritualität des Menschen zur Spiritualität des Universums führt»[318]. Er sieht das Universum als lebendig und hierarchisch an und befindet sich daher sehr in Übereinstimmung mit den Lehren der klassischen Schulen. Er war auch überzeugt, daß das alte Mysterienwissen in Bilderträumen weitergegeben wurde, «Bildern, die die Geistwelt enthüllen» (ebda.). Er sah die Vorstellungskraft als ein Tor zur Kommunikation zwischen den Welten und ermutigte bewußt den Eintritt in die alten Mysterien, indem er der Person erlaubte, ihren spirituellen Kontakt mittels der durch Kunst stimulierten Sinne zu erfahren. Sein Konzept von der «Erkraftung des Denkens», dem Einsatz von Kraft und Leben im Denker durch Denken im Denken und andere Übungen, die dazu gedacht waren, die Gedanken vom körperlichen Werkzeug zu befreien, erinnerte auch an traditionelle Techniken – obwohl die ursprüngliche Mysterienlehre darin bestand, die Zentren des feinstofflichen Körpers von unten nach oben zu stimulieren, während die Steiner-Methode, übereinstimmend mit anderen neueren Schulen, sie von oben aus befreien will.

Steiner entwickelte interessanterweise auch drei Formen höheren Wissens: *Imagination* – ein höheres Sehen der spirituellen Welt, indem Bilder enthüllt werden; *Inspiration* – ein höheres Hören der spirituellen Welt, durch das sie ihre schöpferischen Kräfte und ihre schöpferische Ordnung enthüllt; und *Intuition* – das Stadium, in dem ein intuitives Eindringen in die Sphäre spiritueller Wesen möglich wird.

Diese Art der Struktur, die an die Abstufungen einiger Golden Dawn-Ableger erinnert, ist für jede in der Arbeit mit den Mysterien genügend erfahrene Gruppe sehr gut anwendbar. Gleichzeitig ist sie ziemlich künstlich in ihrer Bildung der Ebenen, die sich nicht immer mit den Absichten der inneren Impulse hinter irgendeiner kontaktierten Schule verbinden. Man ist leicht entmutigt, wenn man in einer Schule einer Überfülle komplizierter Hierarchien gegenübersteht – obwohl es offensichtlich Beispiele gibt, wo solche Strukturen ihre Gültigkeit haben.[91]

Der Golden Dawn arbeitete mit einem Abstufungssystem, das auf dem kabbalistischen Lebensbaum basierte, beginnend mit Zelator (Malkuth) und zu Ipsissimus (Kether) aufsteigend.[183] Dies wird von vielen magischen Schulen heute noch verwendet, und es gibt bestimmte Einweihungszeremonien, die mit jedem Grad verbunden sind. Viele sind enttäuscht, wenn sie herausfinden, daß ihr Lehrer kein Ipsissimus ist – eine solche Behauptung sollte in jedem Fall vorsichtig hinterfragt werden. Doch die Grade stehen symbolisch für die Anstrengungen des Initianden, Fertigkeit zu erlangen, genau wie Bakkalaureus, Magister und Doktor Individuen in der akademischen Welt verliehen werden. Doch ebensowenig wie Doktoren der Philosophie alles wissen, so wenig gilt dies für diejenigen, denen von ihren Schulen hohe Grade verliehen wurden. Erkenntnis hat nie ein Ende, genausowenig wie die Anzahl der Einweihungen, die wir alle im Inneren durchlaufen.

Die Einteilung der Mysterien in «höhere» und «niedrigere» ist eine weitere Form der Strukturierung, die zeitgenössische Mysterienschulen durchführen. In jeder davon gibt es eine Probezeit, auf die die niedrigeren und höheren Mysterien folgen. Diese kann man als drei grundlegende Arbeitsebenen ansehen, obwohl man letzteres nicht ohne weiteres verallgemeinern kann. Die niedrigeren Mysterien bestehen gewöhnlich in der anfänglichen «Außenhof»-Arbeit der Gruppe, worin die Bilder und Symbole in einem mythischen Rahmen dargestellt sind. In den höheren Mysterien wird diese frühe Arbeit in der Persönlichkeit des Initianden zusammengefaßt – sie wird zur lebendigen Wirklichkeit, die man nicht in Frage stellt. Der Initiand betritt den «Innenhof» des Tempels und findet sich selbst in einem leeren Raum. Hier befindet sich kein Heiligtum einer Gottheit, keine großen Lehren sind aufgeschrieben; hier gibt es kein Symbol, das ablenken oder ins Bewußtsein treten könnte – nur die Leere des Kosmos: Diese ist natürlich weit davon entfernt, leer zu sein. Die Einweihung in die höheren Mysterien ist eigentlich eine Konfrontation mit dem Selbst und mit der Summe der göttlichen Gegenwart in jedem Ding (siehe Nachwort). Hier vereinigen sich Makrokosmos und Mikrokosmos und werden reflektiert. Trotz allem gibt es noch keine erhabene Verschmelzung mit dem göttlichen Prinzip: Der Initiand muß wieder in die äußere Welt zurückkehren und fortfahren, ein Spiegel des Makrokosmos zu sein.

Viele solcher Psychotechnologien, um einen Begriff von Marilyn Ferguson auszuleihen[82], werden heute von den Hunderten moderner Mysterienschulen angewandt, die in der westlichen Welt existieren. Alle versuchen, die inneren Mysterien des Lebens auf irgendeine Art zu vermitteln. Wir haben auf dem Gebiet der Methodologien vieles verloren, doch versuchsweise New Age-Experimente lassen sie in einem wirkungsvollen Maß wieder aufleben. Es ist offensichtlich unmöglich, auch nur ein Zehntel der Schulen zu besprechen, die heute eine Ausbildung anbieten, und selbst dann würden wir uns auf die beschränken wollen, die wir persönlich kennengelernt haben. Es gibt keine ausnahmslos gültige Regel für den Beitritt zu einer solchen Gruppe. Gesunder Menschenverstand mit Durchblick gepaart werden Sie bei Ihren ersten Schritten leiten, und danach sollten die inneren Führer in der Lage sein, dies zu übernehmen. Die Rudolf-Steiner-Schule vereinigt Elemente christlicher Esoterik mit Rosenkreuzertum, hermetischen und einheimischen Mysterien. Wenn Sie vorzugsweise eine kabbalistische Ausbildung suchen, bietet die Servants-of-the-Light-Organisation einen gründlichen und wirksamen Weg in die Mysterien des Lebensbaums und der Gralssymbolik.[12] Die Alice-Bailey-Schule ist im Ursprung streng theosophisch und dem Glauben an Meister und hierarchische Kosmologie verschrieben. Sie propagiert eine evolutionäre Entwicklung, sowohl durch weltliche als auch esoterische Mittel. Die ausgedehnte, dies untermauernde Literatur, wurde Alice Bailey von Meister D. K. diktiert und wird von vielen außerhalb der Schule gelesen, wo sie weithin zur Verbreitung des Wassermann-Bewußtseins und kosmischen Bewußtseins beigetragen hat. Die Rosenkreuzer-Gemeinschaft und AMORC (*Antiquus Mysticus Ordo Rosae Crucis*) sind rivalisierende Schulen, die den Lehren von Christian Rosenkreutz folgen. Die erstgenannte wurde 1906 von Max Heindahl gegründet. Ein Meister der Rosenkreuzer nahm mit ihm – einem aktiven Theosophen – Kontakt auf, und er nahm Unterricht. Der Lehrstoff der Schule beinhaltet Welt-Evolution, Reinkarnation, innere Helfer und Meister. AMORC wurde 1915 von H. Spencer Lewis gegründet und basiert auf Freimaurer-Richtlinien mit einer entwickelten Philosophie und Praxis: er lehnt die Bezeichnung Religion oder Kult ab. Seine glänzende Literatur und der riesige öffentliche Hauptsitz in San José, Kalifornien, lassen nicht vermuten, daß es sich hier um eine Mysterienschule handelt. Die «Erbauer des Adytum», die Paul Foster Case gründete, nachdem er aus dem Golden Dawn ausgeschlossen wurde, weil er dessen Geheimnisse in seinem Tarot-Buch veröffentlicht hatte, ist wahrscheinlich die hermetischste aller obengenannten. BOTA (Builders of the Adytum) wurde 1920 in einem inneren Kontakt gegründet und verwendet immer noch Tarot und Kabbala als seine Hauptwerkzeuge.

Eine weitere interessante Schule, die ihre Lehrschriften herausgegeben hat, ist der Aurum Solis oder Orden des geheiligten Wortes. Seit seiner Neubildung 1971 arbeitet er als private magische Gruppe und nicht als Schule. Er wurde 1897 von Charles Kingold und George Stanton gegründet, zwei Okkultisten, die sowohl in Berührung mit der Kabbala waren, als auch mit griechischen und frühen magischen Systemen. *The Magical Philosophy*[68], das diese Lehren zusammenfaßt, ist wie die Golden Dawn-Sammlung ein vollständiges magisches System, das der keiner Gruppe angehörige Esoteriker studieren und durcharbeiten kann.

Schulen und magische Gruppen werden immer noch organisiert. Dies geschieht normalerweise, wenn das Innere mit einem Adepten Kontakt aufnimmt und er oder sie grünes Licht bekommt, um eine vorbereitende Versammlung mit denen, die ihm nahestehen, zu organisieren. Ein Vorgehensplan wird aufgestellt, und es wird über die Zeichen und Siegel der Gesellschaft meditiert. In diesen Frühstadien schlägt das ganze Vorhaben vielleicht aus verschiedenen Gründen fehl: Der Adept oder seine Gemeinschaft erweisen sich möglicherweise als instabil. Doch wenn die Gruppe die nötige Hingabe aufbringt, kann der Impetus, sich zu organisieren, ungeheuer sein und tägliche Ereignisse oder Probleme als unbedeutende Ablenkung beiseite fegen. Nachdem er seine Funktion erfüllt hat – welche vielleicht nur in einem Kurzzeitprojekt besteht – wird die ganze Einrichtung aufgelöst. Daher bestehen Gruppen und Schulen nur so lange, wie das Innere beabsichtigt, und dann beginnt der Auflösungsprozeß, der sich häufig in Form persönlicher Auseinandersetzungen, veränderter Umstände, dem Tod der Führungsmitglieder und der Zerstreuung derjenigen zeigt, die sich vielleicht bewegt fühlen, ihre eigenen Organisationen zu gründen und andere zu lehren.

Der Uneingeweihte mag von solchen Vorgängen verblüfft sein und schwört möglicherweise – da er nur die halbe Wahrheit kennt –, nichts mit solchen Aktivitäten zu tun haben zu wollen. Die oben getroffenen Feststellungen beziehen sich mehr auf magische Gruppen als auf Ausbildungsschulen, die das Innere als Grundlage für wichtigere Arbeit benutzen und die man nicht auf die flüchtige Weise wieder verläßt, wie die Ad-hoc-Gruppe. Die Arbeit von Gareth Knight und William G. Gray ist von ähnlicher Art und doch geht jeder verschieden an die magische Ausbildung heran. Hier kann der Anfänger mit dem Wissen eintreten, daß er oder sie sich in den Händen erfahrener und gebildeter Eingeweihter befindet, die in der Lage sind, praktisch viel von dem zu vermitteln, was eine Ausbildungsschule weitergibt.

Ohne einen Lehrer oder eine Ausbildungsschule im Rücken ist die Arbeit mühsam und kann nicht zur Entwicklung des Schülers in Beziehung gesetzt werden. Es ist klar, daß mittelalterliche magische Systeme, die sich auf lange und barbarische Methoden und unverständliche Beschwörungen verlegen, nicht praktizierbar sind. Mit Vorsatz, klaren und einfachen, logisch aufeinander folgenden Schritten, sorgfältiger Vorbereitung und Selbstdisziplin kommt man weit. Die Basisarbeit der Selbstausbildung lernt sich nicht aus Büchern, obwohl sie zu Anfang häufig davon inspiriert wird.

Mit den Streitfragen eines inneren Lehrers befassen wir uns in Kapitel 4. Doch ist ein äußerer magischer Lehrer notwendig? Nichts kann die Führung eines erfahrenen Weggefährten ersetzen, doch einen zu finden, der bereit ist, Schüler anzunehmen, ist ein anderes Problem. Die meisten Menschen gehen in den frühesten Stadien ohne einen solchen voran, halten ihre Augen offen, lesen, studieren und setzen ihre Lebenserfahrungen in Beziehung zu dem starken inneren Impuls, der sie tiefer in die Mysterien führt. Einige Schüler schließen sich unbedacht Gruppen an, bereuen dies und verlassen die Gruppe mit zerstörten Illusionen. Andere arbeiten offensichtlich ein Leben lang allein und dann plötzlich öffnen sich ihnen alle Türen. Es gibt keine Regel oder festgesetzte Zeit, um einen Lehrer zu finden, aber haben Sie einmal einen gefunden, erwarten Sie nicht, daß von da an alles leichter wird. Ein Lehrer wird regelmäßige Arbeit und bestimmte Ergebnisse von Ihnen fordern: Wenn Sie, der Schüler, den Erwartungen Ihres Lehrers nicht entsprechen, dann werden Sie als Zeitverschwender betrachtet, jemand, der es nicht wert ist, die Traditionen zu vermitteln, die ihm eingeschärft wurden.

Es herrscht sicherlich kein Mangel an Schulen, einige sind besser als andere, einige schlechter. Doch der Theologe Don Cupitt sagte kürzlich in einer TV-Serie: «Die Wahrheit liegt nicht mehr in festgelegten Positionen – sie liegt in der Suche.» Die moderne Suche nach Wissen, ob in den Mysterienschulen oder anderswo, nimmt viele Formen an. Für viele ist es am besten, wenn die Mysterien an öffentlichen Stellen gelehrt werden, in kleinen Gruppen oder Seminaren, wo eine Versammlung Interessierter die Mysterien diskutiert und praktisch anwendet. Beide Autoren können die bemerkenswerte Kraft und Wirksamkeit dieser Art von Arbeit bezeugen, zu der scheinbar zufällige Vereinigungen von Menschen vom Inneren zusammengeführt werden, um eine bestimmte Arbeit auszuführen und sich dann wieder zu trennen und sich manchmal für lange Zeit nicht wiederzusehen.

Die Beliebtheit dieser Arbeitsweise wächst, und es existieren viele weitere Möglichkeiten, bei denen Vorträge mit der praktischen Anwendung der magischen Techniken verbunden werden. Es wurde gesagt, daß die Zeit der Mysterienschulen vorbei ist, und wenn dies auch nicht unbedingt richtig ist, so verringert sich doch die Zahl der alten geschlossenen Adeptenorden. Wie wir in diesen Büchern zu zeigen versuchten, kann jedoch der einzelne Arbeitende oder die kleine, hingebungsvolle Gruppe von Arbeitenden ebenso wirkungsvoll sein wie eine ausgewachsene Schule – besonders, wenn der innere Kontakt einmal hergestellt ist. Es gibt einen großen Bedarf für die, die willens sind, gelegentliche Unbequemlichkeiten im Austausch für die Befriedigung der Arbeit auf sich zu nehmen. Mythen, Legende und Dichtkunst stammen alle in gewisser Weise aus den Mysterien: sie sind die möglichen Funken, die ein Gefühl für die Wunder der Schöpfung und den Sinn des Lebens entzünden. Beinahe alle der zahllosen Themen, Gestalten, Erzählungsfragmente – ob aus dem alten Griechenland, Ägypten oder den walisischen Triaden (siehe Band 1), können zwecks Erforschung vom einzelnen oder mit einer Gruppe durchstöbert und verwendet werden. Wenn Sie einmal mit der Materie der Mysterien zu arbeiten beginnen, werden Sie sehen, daß es der Beherrschung einiger heftiger, hochtrabender Pferde gleicht. Fühlen Sie die Zügel in Ihrer Hand und den Zug ihrer Köpfe am Zaumzeug. Ihr Wagen wird Sie weit bringen über Land und Meer, in innere und äußere Reiche. Die Mysterien sind nicht in staubigen Wälzern auf einem Bücherbord verschlossen – sie sind hier und jetzt, lebendige Kontaktleitungen, mit denen wir eine völlig andere Dimension betreten können.

Der Gegenstand der hermetischen Suche ist das Leben, das die Fähigkeit hat, einem bestimmten Wesen übermittelt zu werden, um dieses Wesen *zu seiner eigenen Vollkommenheit* zu führen... diese verfügbare «Lebensessenz» wird König genannt, kosmischer Mensch; doch muß erkannt werden, daß die Erreichung des hermetischen Ziels kein Zweck ist. Es ist der Beginn des Lichts, das die Wirklichkeit erleuchtet... der wahre König ist das lebendige Wesen, das das Stadium der unsterblichen und bewußten Rückkehr zur Quelle der ihn belebenden Seele erreicht hat...[298]

Diese Rückkehr zur Quelle ist das Ziel, das alle magische Arbeit belebt, den Orphiker und Hermetiker, den Gnostiker und Katharer, alle gleichermaßen mit Energie versehend. Wie wir im nächsten Kapitel sehen werden, existiert diese Rückkehr sowohl im esoterischen Christentum wie auch in den hermetischen Schulen. Göttliches Wissen ist überaus wichtig, wenn wir unseren Weg, den wir gewählt haben, über die ersten Schritte hinaus finden wollen.

Übungen

Übung 1: Das Labyrinth der Götter

Der römische Historiker Ammianus Marcellinus gibt uns in seiner Erörterung der Mysterien einen interessanten Bericht über «gewisse, vielfach gewundene, unterirdische Gallerien und Passagen, die, wie es heißt, die Adepten der alten Riten gebaut hatten (im Wissen um die kommende Sintflut und aus Furcht vor der Auslöschung der Erinnerung an die heiligen Zeremonien)...» Diese, so sagt er, enthielten Gebäude, «die mit großer Sorgfalt ausgegraben waren. Beim Glätten der Mauern gravierten sie viele Arten von Vögeln und Tieren hinein... die sie als hieroglyphische Schrift bezeichneten.»[147]

Dies kann sehr gut eine entfernte Erinnerung an den Besuch einer der großen ägyptischen Pyramiden sein, an deren Wänden Bilderornamente die Geschichte ihrer ehemaligen Bewohner erzählten – oder es mag ferner eine flüchtige Bezugnahme auf das große Labyrinth in Mareotis sein, das Herodot und andere alte Historiker erwähnten. Was immer die Wahrheit ist, es beschwört ein faszinierendes Bild eines riesigen und geheimen Irrgartens, der an seinen Mauern das Wissen und die Geschichte der ägyptischen Mysterien enthält – vielleicht sogar von einem früheren atlantischen Mysterienzentrum. Der Sinn der folgenden Übung ist, einen solchen Ort zu betreten und dort den lebendigen Gestalten der Götter zu begegnen, die unsere Führer und Lehrer in diesem besonderen Bereich der westlichen Mysterien sein werden. Wie wir in Band 1 gesehen haben, sind die Götter sehr vielseitig. Sie warten auf den Moment, da wir genügend auf uns selbst eingestimmt sind, um zu erkennen, daß wir lebendige Gefäße für die alte Wahrheit sind – darauf wartend, entsprechend unserem Fassungsvermögen gefüllt zu werden. In dieser Übung werden wir unseren ersten Kontakt mit einer der Kräfte herstellen, mit denen wir in Zukunft weiter arbeiten werden. In diesem Beispiel werden wir uns unter die Führung von Hermes begeben,

Ein Ankh

der uns zu den ersten Stufen des hermetischen Weges geleiten wird.

Vieles dieser Bildsprache stammt aus ägyptischen Quellen, doch dies sollte nicht als der einzige Weg in die hermetische Tradition angesehen werden – es gibt viele andere ebenso richtige Eingänge, durch die wir Zutritt gewinnen können. Wie bei den anderen Übungen in diesem und dem vorangegangenen Band sollten Sie nicht versuchen, sich auf eine innere Reise zu begeben, bevor Sie sich über den richtigen Zeitpunkt ganz sicher sind. Wenn Sie sich bereit fühlen, dann sollten Sie damit beginnen, sich bequem in einem aufrechten Stuhl sitzend zu entspannen und in einem regelmäßigen Rhythmus zu atmen. So getan, sind Sie bereit, fortzufahren.

Sie stehen nachts auf weichem, nachgiebigem Boden. Zuerst ist es ziemlich dunkel, doch während Sie sich an den Ort gewöhnen, kommt der Mond hinter einer Wolke hervor, und in seinem Schein werden Sie gewahr, daß Sie auf feinem weißen Wüstensand stehen, der sich in weich geformten Wellen in alle Richtungen bis zum Horizont erstreckt. Vor sich sehen Sie einige riesige Figuren, die aus der Wüste in einen sternenübersäten Himmel wachsen… Sie sind eigenartig vertraut, und als Ihre Augen sich an das schwache Licht gewöhnen, erkennen Sie ihre Form wieder. Sie sind in Ägypten, und vor Ihnen liegen die Pyramiden von Gizeh…

Voll Ehrfurcht gehen Sie auf diese riesigen und hochaufragenden Monumente zu, die sanft silbern im Mondlicht schimmern. Als Sie näherkommen, sehen Sie, daß sie nicht genauso aussehen, wie Sie sie von Bildern her vielleicht kennen, zerbröckelnd und gealtert durch Zeit und Wetter, sondern glatt und scharfkantig und mit weißem Marmor verkleidet, auf dem Sie schwach scheinbar endlose Reihen von Hieroglyphen wahrnehmen. Die gesamte Pyramide, vor der Sie stehen, ist mit Schriften bedeckt, doch obwohl Sie gerne innehalten und das Geschriebene untersuchen würden, zieht es Sie weiter zu einem dunklen Eingang, der sich vor Ihnen öffnet. Erst zögern Sie, denn der Weg vor Ihnen ist sehr dunkel, und es gibt kein Licht, das zeigt, was darinnen liegt. Urängste vor der Dunkelheit und der Möglichkeit, sich unter dem großen Gewicht der Steine zu verirren, steigen in Ihnen auf, und Sie zögern, weiter voranzugehen. Da, als Sie unsicher vor dem dunklen Eingang stehen, löst sich eine Gestalt aus dem Schatten und kommt auf Sie zu. An dem rasierten Kopf und dem weißen Rock erkennen Sie ihn als einen ägyptischen Priester. Er streckt die linke Hand aus, in der er das Symbol seines Amtes hält, ein Ankh, das alte ägyptische Symbol des Lebens. Sie sehen, daß er Sie lächelnd willkommen heißt und strecken die Hand aus, um das angebotene Zeichen zu ergreifen. Es fühlt sich warm und glatt an, und sobald Sie es halten, beginnt es, hell zu leuchten.

Der Priester tritt nun zur Seite und bedeutet Ihnen hineinzugehen. Sie stellen fest, daß Ihre vorherigen Ängste mit der Berührung des Ankh verschwunden sind und Sie voll Spannung das Innere erkunden möchten. Sie treten durch eine schmale Steintür ein, und je weiter Sie in das Innerste der Pyramide vorangehen, desto leuchtender glüht das Ankh und erhellt Ihren Pfad.

Mit dem Symbol des Lebens in der Hand gehen Sie ohne Angst weiter. Der Durchgang ist schmal und windet sich oft rechts oder links herum, manchmal einen Haken auf sich selbst zurückschlagend, bis Sie jeglichen Ortssinn verloren haben. Auch Zeit scheint hier keine Bedeutung zu haben. Ist es erst einige Augenblicke her, daß Sie eingetreten sind oder sind Stunden vergangen? Ihr glühendes Ankh vor sich haltend, gehen Sie weiter, bis Sie schließlich einen kühlen Luftzug auf dem Gesicht spüren und in einen größeren offenen Raum hervortreten.

Sie stehen nun in einer langen schmalen Halle, deren Dach auf Säulen ruht, deren linke Reihe rot und deren rechte Reihe schwarz angemalt ist. Als Sie zwischen den Säulen weitergehen, sehen Sie, daß die Mauern der Halle mit lebhaft farbigen Figuren bemalt sind. Einige tragen ägyptische Kleidung, doch andere scheinen in Gewänder anderer Länder oder Zeiten gekleidet. Obwohl es nur gemalte Szenen sind, scheinen sie ein Eigenleben zu haben und sich fast zu bewegen. Sie fühlen keinen Drang stehenzubleiben und sie zu betrachten, doch vieles, das Sie hier erblikken, kommt vielleicht später im Schlaf oder in der Meditation zu Ihnen zurück.

Es zieht Sie weiter zum Ende der Halle, wo Sie eine Tür sehen, die von zwei großen roten und schwarzen Säulen flankiert ist, auf denen Symbole und Hieroglyphen eingraviert sind. Als Sie näherkommen, öffnet sich die Tür, eine Gestalt kommt heraus und bleibt, die Arme vor der Brust verschränkt, auf Sie wartend, stehen. Die Gestalt ist menschlich, groß und machtvoll, doch auf ihren Schultern ruht der Kopf eines Schakals mit aufgerichteten Ohren und Augen, die im Licht schimmern.

Sie erkennen die Gestalt des Anubis, dem Wächter der ägyptischen Mysterien und dem Aufseher über die Schwelle der Götter. Sie stehen vor ihm und warten darauf, was er sagen wird. Vielleicht fragt er Sie nach Ihrem Namen oder möchte den Grund für Ihr Kommen an diesen Ort erfahren. Denken Sie gut nach und nehmen Sie sich Zeit für Ihre Antwort. Sie dürfen Anubis nicht anlügen oder etwas Falsches sagen, denn er kann das Herz lesen so wie Sie ein Buch. (Pause)

Wenn er zufrieden ist, tritt Anubis zur Seite und heißt Sie am Ort der Mysterien willkommen; dann geht er beiseite und bedeutet Ihnen, durch die Tür, durch die er gekommen ist, einzutreten.

Bevor Sie dies tun, spricht Anubis leise das heilige Losungswort, das Ihnen Eintritt zum Jenseitigen verschafft. So vorbereitet, aber dennoch nicht ohne Schaudern vor dem großen Schritt, den Sie nun wagen, gehen Sie weiter und finden sich in einem kurzen Korridor, der die Tür, durch die Sie gerade kamen, mit einer anderen, ein kleines Stück weiter, verbindet. Hier halten Sie einen Moment inne, um Ihre Gedanken zu sammeln und Ihre Intention abzuwägen, denn hinter dieser Tür liegt die Kammer der inneren Mysterien, und Sie müssen sich der Gründe für Ihr Kommen sicher sein, bevor Sie eintreten. Sie dürfen sich Zeit dafür nehmen, und wenn Sie sich noch nicht bereit fühlen, können Sie an diesem Punkt wieder umkehren und den Weg ohne Angst oder Scham wieder zurückgehen. Viele haben diesen Punkt vor Ihnen erreicht und sind umgekehrt. Wenn Sie sich dazu entscheiden, können Sie ein andermal zurückkommen. (Pause)

Angenommen, Sie entscheiden sich weiterzugehen... Sie treten vor und öffnen die Tür, Sie schreiten hindurch und befinden sich in einem kleinen Raum mit vielen Wänden. Als Sie das Ankh vor sich hochhalten, sehen Sie in seinem Licht, daß die Wände mit Bronzespiegeln verkleidet sind, die tausend Abbilder von Ihnen zurückwerfen, als Sie sich langsam in die Mitte begeben. Doch nicht alle Bilder sind gleich. Als Ihr Sehvermögen sich an die Fremdartigkeit des Ortes gewöhnt hat, sehen Sie, daß viele verschiedene Aspekte Ihrer selbst von den Wänden reflektiert werden. Vielleicht sehen Sie sich selbst in verschiedenen Stadien Ihres Lebens bis zu diesem Zeitpunkt (doch niemals darüber hinaus: Es steht Ihnen nicht zu, in der Zukunft zu lesen) und vielleicht auch in anderen Leben. Doch bei der Interpretation der Bilder müssen Sie Vorsicht walten lassen; es ist leicht, von einer besonderen Gestalt oder einem Bild geblendet zu sein. Sollten Sie sich zu dem einen oder anderen hingezogen fühlen, dürfen Sie es näher betrachten, doch halten Sie das Ankh-Symbol stets vor sich als Ihr Zeichen des Lebens und Ihrer Intention.

Sehen Sie nun zur Mitte des Raumes. Dort erblicken Sie eine runde Plattform, zu der Stufen hinaufführen. Darauf steht eine mächtige Gestalt, ein Buch und Schreibutensilien haltend. Sie erkennen Thoth, den Schreiber der Götter, Bewahrer der heiligen Mysterien, Lehrer der Weisheit, einigen als Hermes Trismegistos bekannt, den Gründer der hermetischen Mysterien.

Während Sie sich nähern, fragt er Sie, aus welchem Grund Sie gekommen sind, und Sie antworten mit dem Wort oder Spruch, den Anubis Ihnen gab. Dann fragt Thoth Sie nach Ihren Absichten bei der Suche nach den Mysterien und ob irgendein bestimmter Aspekt Sie besonders anzieht. Sie sollten dies so wahrheitsgemäß wie möglich beantworten, doch haben Sie keine Angst zu sagen, daß Sie es nicht wissen. Thoth notiert Ihren Namen und Ihre Antwort in seinem großen Buch und fordert Sie auf, an seine Seite auf die Plattform heraufzukommen.

Während Sie dies tun, beginnen sich die Wände der Kammer langsam zu drehen, allmählich immer schneller werdend, bis sie verschwimmen. Nur die Plattform und der weise Kopf von Thoth, der wie der heilige Ibis geformt ist, bleiben unverändert. Während Sie dort an seiner Seite stehen, wird Ihnen klar, daß dies ein Zentrum ist, von dem aus alle Mysterienlehren hervorwirbeln. Sie sind alle in dem großen Buch enthalten, das Thoth in Händen hält.

Nun formen sich Bilder in der Verschwommenheit der sich drehenden Wände, die dort einen Augenblick aufflackern und dann wieder verschwinden. Sie sehen die Gesichter derer, mit denen Sie vorher auf den inneren Ebenen gearbeitet haben und andere, die Ihnen fremd sind. Sie sollten versuchen, soviel wie Ihnen möglich ist wahrzunehmen und zu behalten, da diese Dinge und Menschen später wichtig für Sie werden können. (Pause)

Schließlich verlangsamt sich die Kreisbewegung und hält an. Sie sehen sich selbst wieder in den Spiegeln und stellen fest, daß Sie allein sind. Vielleicht ergeben sich subtile Veränderungen in der Art, wie Sie sie wahrnehmen, denn Thoth hat Ihren Namen in das Buch der Mysterien eingetragen und Sie sind von nun an ein Teil derselben.

Langsam steigen Sie von der Plattform herunter und verlassen die Kammer auf dem Weg, auf dem Sie gekommen sind. In der äußeren Kammer wartet Anubis auf Sie und als Sie vor ihm stehen, legt er Ihnen einen schlichten Reif aus Silber oder Gold um die Stirn. Sie begreifen, daß dies ein Zeichen der Mysterien ist, in die Sie nun eingetreten sind. Er ist noch schlicht, da Ihre Reise gerade begonnen hat, doch mit der Zeit trägt er vielleicht Symbole oder Buchstaben, die Sie auf Ihrem Weg erwerben.

Den schakalköpfigen Gott verlassend, kehren Sie ins Freie zurück und finden ohne Schwierigkeiten Ihren Pfad durch das Labyrinth wieder. Am Eingang geben Sie dem priesterlichen Wächter das Ankh-Symbol zurück und gehen auf dem Weg, den Sie gekommen sind, fort. Dabei lassen Sie die Szenerie langsam aus Ihrem Bewußtsein verschwinden und ersetzen sie durch die Umgebung, in der Sie Ihre Reise begannen. Wo immer Sie auf einer inneren Reise hingehen oder an welcher magischen Handlung Sie auch teilnehmen, Sie sollten sich immer den Reif vorstellen, den Anubis Ihnen gab. Dies wird Ihr Zeichen für andere sein, daß Sie durch das Labyrinth der Götter hindurchgegangen und zurückgekehrt sind.

Übung 2: Der Aufbau des Lichtkörpers

Dies ist ein Ritual von großer potentieller Macht, das dafür gedacht ist, einen Sinn für die kosmische Dimension des hermetischen Pfades zu wecken. Wir zögern nicht, hier etwas einzubeziehen, das eigentlich zu den fortgeschrittenen Arbeitstechniken gehört. Diejenigen, die bereit sind, Arbeit auf dieser Ebene anzugehen, werden sich dazu hingezogen fühlen; diejenigen, die es nicht sind, sollten dennoch in der Lage sein, die Arbeit durchzuführen und dadurch ein Gefühl des Wohlbefindens und innerer Erfüllung zu bekommen. Sie sollte dennoch nicht öfter als einmal durchgeführt werden, wenn sie sich als wirkungsvoll erwiesen hat, und es ist ratsam, danach etwas zu essen und sich auszuruhen.

Beginnen Sie ruhig, im Sitzen oder Stehen an einem vorbereiteten Ort. Bauen Sie einen Kraftkreis um sich herum und weihen Sie ihn mit dem Licht der Liebe. Zentrieren Sie sich und beginnen Sie dann, sich von Ihren psychischen Zentren aus nach oben zu strecken – weiter und weiter, bis Ihr physischer Körper weit unter Ihnen ist und ein neues Selbst, noch neblig und ohne Substanz, mit Kopf und Schultern in den Himmeln steht. Strecken Sie sich langsam mit Ihren Sinnen aus und empfinden Sie sie als frisch gereinigt wie Fenster, von denen der Schmutz der Jahrhunderte gewischt worden ist. Blicken Sie um sich und seien Sie sich der Weite der Himmel bewußt, der mächtigen Wesen, die den Kosmos hüten, derer, die die Verantwortung für unser eigenes Sonnensystem und jenen Planeten haben, der um den Stern kreist, der unsere eigene Sonne ist. Nehmen Sie sich Zeit, diese neue Wirklichkeit zu erfassen und fürchten Sie nichts. Sie sind wie jeder von uns eine unsterbliche Seele, deren Recht es ist, im Schutz der Heiligen zu den äußersten Grenzen des Universums zu reisen, das diese mitgeformt haben. Hören Sie gut hin und vielleicht hören Sie ihre Stimmen, die sich in der Sphärenmusik erheben.

Nun strecken Sie Ihre Hände aus und finden Sie vor sich in der tiefsten Schwärze und summenden Dunkelheit des Alls eine Form, von der Ihre Sinne Ihnen sagen, daß es eine riesige Schale oder ein Krater ist. Sie können dies nicht mit Ihren Augen wahrnehmen, nur seine Umrisse mit Ihren Händen fühlen. Die Oberfläche scheint wundervoll gearbeitet und Sie fragen sich einen Moment lang, welche Szenen darauf abgebildet sind. Aber noch ist es für Sie nicht soweit, diese Dinge zu sehen; sie haben jetzt ein anderes Ziel.

Sehen Sie nun in die Tiefe der Schale, die vollkommen schwarz und undurchdringlich dunkel ist. Weit darunter, als blickten Sie in die äußersten Tiefen des Kosmos, beginnt sich ein winziger Lichtschein zu bilden, unglaublich weit entfernt und hell. Er glänzt wie ein Juwel und wird allmählich größer, während Sie ihn betrachten. Strecken Sie Ihre Hand in die Schale hinunter und nehmen Sie das glühende Ding heraus, das sich dort befindet. Vielleicht sieht es wie eine lebendige Flamme aus (an der Sie sich nicht verbrennen können) oder wie ein Juwel von außerordentlichem Glanz. Während Sie es in der Hand halten, beginnt sein Licht sich durch Ihre substanzlose (körperlose) Gestalt hindurch auszubreiten und Sie mit einem Gefühl von Frieden und Freude zu erfüllen.

Sehen Sie sich nun um und sehen Sie, daß auf allen Seiten in der Weite des Alls andere Gestalten sind, die vorher unsichtbar für Sie waren, aber nun in einem Glorienschein von Licht offenbart werden. Sie grüßen Sie in vielen verschiedenen Sprachen, die Sie ohne Schwierigkeiten verstehen, und Sie begreifen, daß Sie nun wie diese sind, daß Sie an einem gemeinsamen Strahlen teilhaben, das sowohl in Ihnen ist als auch alle Winkel des Universums ausfüllt.

Allmählich beginnen Sie nun, sich in sich zurückzuziehen und sich weit nach unten in Richtung Ihres Körpers zusammenzuziehen. Behalten Sie das Licht in sich, denn es ist ein Funke jenes göttlichen Feuers, aus dem der Kosmos entstand und das immer ein Teil von Ihnen war. Sie sind nun ein Teil des Lichtkörpers, der alle Schöpfung umgibt und ihr innewohnt. Wo immer Sie hingehen, werden Sie ihn mitnehmen, und Sie werden immer in der Lage sein, ihn in anderen zu erkennen. So werden Sie auch fähig sein, Gespräche mit den Myriaden von Seelen zu halten, die die Weite des Alls bewohnen und die Sie in ihrer Mitte als Bruder oder Schwester willkommen hießen.

Werden Sie sich Ihrer Umgebung noch einmal bewußt, fühlen Sie den Boden unter Ihren Füßen und den Stuhl, auf dem Sie sitzen. Schließen Sie den Kraftring und führen Sie ein angemessenes Abschlußritual aus, das Sie sich ausgedacht haben. Bestätigen Sie das Licht in Ihnen, indem Sie wenigstens einmal am Tag ein kurzes Einstimmungsritual ausüben.

Kapitel 2

Das göttliche Wissen

In ihrer Religion sind sie so ungleich, daß jedermann seinen eigenen Nebenweg zum Himmel geht, in solchem Maß hartnäckig an Fehlern festhaltend, daß jedermann ihn allein verfolgt und wähnt, niemand außer ihm könne den Weg finden. So argwöhnisch einander gegenüber sind sie geworden, als ob sie danach strebten, allein in den Himmel zu gelangen.

Daniel Defoe *Der waschechte Engländer*

Die Weisheit erstreckt sich mächtig von einem Ende der Welt zum anderen, und sie ordnet alle Dinge wohl…
Denn sie ist in das Wissen Gottes eingeweiht und eine Verbündete bei seinen Werken.

Weisheit 8, 1 und 4

Die Gaben der Weisheit

Gnostiker, Illuminatus, Hermetiker, Magus, Mystiker – als welch ein prächtiges Durcheinander muß dem Außenseiter der westliche Weg erscheinen! Die mannigfaltige Natur der westlichen Tradition hat denen, die ihre Konzepte lieber in ordentlichen Schubladen ablegen, reichlich Akzeptanz-Schwierigkeiten verursacht. Und doch werden wir von Dr. Dees Medium Edward Kelly daran erinnert, daß, was uns als bruchstückhafte und oft scharfzüngige Sammlung von Disziplinen erscheint, tatsächlich aus jenen großen Mysterienschulen abgeleitet ist, die wir betrachtet haben:

> Diese Kunst hat ihren Weg nach Persien, Ägypten und Chaldäa gefunden. Die Juden nannten sie Kabbala, die Perser Magia und die Ägypter Sophia, und sie wurde in den Schulen zusammen mit Theologie gelehrt: Sie war Moses, Salomo und den Weisen bekannt, die aus dem Osten zu Christus kamen.[121]

Er beruft sich auf eine gemeinsame Tradition über eine Bandbreite von Disziplinen hinweg und bezieht sein Argument besonders auf die Alchemie und die Vollendung des Großen Werks.

Doch das Große Werk kann in vielen Disziplinen ausgeführt werden; durch die Wissenschaft der Alchemie, durch die Kunst der Magie oder die Philosophie des Mystikers. Es gab viel Uneinigkeit darüber, welches die richtigen Mittel um voranzukommen seien, da die Disziplinen des westlichen Weges bruchstückhaft und voneinander getrennt sind. Wissenschaft, Magie und Religion scheinen auf ewig voneinander entfremdet zu sein, und doch entspricht jede dieser Disziplinen einem kosmischen Gesetz, dem jeder gehorchen muß: Wissenschaft be(ob)achtet das Gesetz der Natur, Magie das Gesetz der Entsprechungen und Religion das Gesetz Gottes. Keines dieser Gesetze ist mit den anderen unvereinbar. Wissenschaft und Religion scheinen über die Zeit hinaus zu sein, in der jede von ihnen die andere ergänzte, während der Esoteriker heute vom einen als gottlose Kreatur angesehen wird und als komischer Kauz von anderen.

Damit wir alle Seiten diese Problems richtig würdigen, werden wir die Wissenschaft der Alchemie und die Kunst der Magie an den entsprechenden Stellen untersuchen, während wir an dieser Stelle die Philosophie der Religion, die spirituelle Wissenschaft, näher erforschen wollen. Doch bevor wir dies tun, lassen Sie uns erst den westlichen Weg vom Standpunkt der immerwährenden Weisheit untersuchen.

Der Begriff *Philosophia Perennis* oder Weisheit wurde von dem deutschen Philosophen Gottfried Leibnitz (1646-1716) verbreitet (übernommen aus *De perenni philosophia* von A. Steuchus, 1540), der der Auffassung war, daß verschiedene religiöse Traditionen nicht nur in sich selbst Gültigkeit besaßen, sondern sich auch gegenseitig befruchten konnten. Der Synkretismus der klassischen Mysterienschulen enthielt einiges von dieser Auffassung wie die moderne ökumenische Bewegung heute auch, doch der westliche Weg wird aus diesen Überlegungen ausgelassen, weil nur wenige ihn überhaupt als gültige Tradition einordnen.

Wir sehen uns heute dem Problem gegenüber, daß die meisten religiösen Traditionen leere Strukturen geworden sind: mit exoterischen Mauern und leeren esoterischen Räumen darinnen. Doch der westliche Weg leidet auf umgekehrte Weise: er besteht aus einem reichen Vorrat an esoterischer Weisheit, die von religiösen Traditionen abgelegt wurde, besitzt jedoch keine Struktur, in der er diesen Schatz aufbewahren könnte. Während dies in gewisser Weise eine Verallgemeinerung ist und der Zustand weder der Religion noch des westlichen Weges so kritisch ist, müssen wir die Mittel und Wege in Betracht ziehen, durch die die alte Weisheit erhalten und übermittelt werden kann.

Eine Tradition beginnt zu sterben, wenn sie zu Theorie wird: diese Gefahr besteht nicht nur für den westlichen Weg, sondern für religiöse Traditionen überall in der Welt. Studiert man sie erst einmal um ihrer selbst willen, anstatt sie direkt im täglichen Leben anzuwenden, verlieren sie ihren Impetus, Weisheit zu übermitteln. Wir brauchen mehr denn je geschickte Vermittler, die wissen, wie man traditionelle Weisheit unserer eigenen Zeit anpaßt. Die professionellen Verteidiger der Tradition – einst der Dichter und der Schamane, nun der Akademiker und der Priester – versagen oft darin, die essentielle Eigenschaft der Tradition zu bewahren; sie haben ihre Fähigkeit, Staunen und Weisheit weiterzugeben, verloren. Wo sind dann die Visionäre von Bedeutung, die uns die göttlichen Wahrheiten zeigen können? Wir scheinen uns auf eine Periode eingependelt zu haben, in der die alten Metaphern überholt und als mangelhaft befunden, neue Metaphern jedoch noch schwieriger zu finden sind. Alles verändert und entwickelt sich, und das ist gut so, doch wenn eine Tradition in engen, starren Formen gefangen ist, kann sie die, für die sie beabsichtigt war, nur schwer erreichen. Nun, da die Religion in das Fundamentale und Allgemeine eintaucht, entstehen viele selbstgestrickte Kulte und Sekten auf Verlangen derjenigen, die ihre eigenen Visionen sehen und ihre eigenen Träume träumen wollen.

Manche mögen (sich) fragen, ob wir auf diesen Seiten nicht eine Art neuer Religion fördern. Wir schlagen nichts dergleichen vor: Der westliche Weg schließt das ganze Spektrum der Pfade – vom offensichtlich esoterischen bis zum naturgemäß mystischen – ein. Wir ermutigen Sie, eine Tradition zu finden und sie sich zu eigen zu machen.[40] Die Tradition allein hat die Fähigkeit, mystische und symbolische Lehren auf sichere Weise zu bewahren, indem sie eine umformende Erkenntnis des inneren Königreichs liefert. Jene, die sich außerhalb traditioneller Systeme befinden, sind insofern verwundbar, als sie das innere Königreich mit ihren eigenen Landkarten suchen und auf der Grundlage ihrer eigenen Anstrengungen: Sie versuchen, den Weg alleine zu gehen. Doch das Bedürfnis, innere Welten zu erforschen, nimmt mit den Nachfolge-Generationen nicht ab: Es wird eher größer, da traditionelle Systeme sich billig verkaufen und den hungrigen Fragestellern schnelle und unbefriedigende Antworten anbieten.

Der Impuls des hermetischen Pfades auf dem westlichen Weg schöpft aus dieser mißlichen Lage: Das Bedürfnis, sich zu entwickeln und das Bedürfnis, zu bewahren. Er hat den geborenen Philosophen hervorgebracht, den Amateur-Theologen und den Ritualanhänger, um ein Gegengewicht zur Stockung vieler religiöser Traditionen zu bilden. Er hat den geschickten Anpasser ermutigt, den listigen Bewahrer und den ruhigen Versöhner. Wenige dieser Männer und Frauen haben die Tradition verlassen, in die sie hineingeboren wurden; in der Tat haben die erfolgreichsten unter ihnen ihren Weg innerhalb dieser und sogar trotz dieser verfolgt. Mystiker und Heilige wie Clemens von Alexandria, Vladimir Soloviev, Nahman von Bratislava, Hildegard von Bingen und der Gesegnete John Ruysbrock waren keine Abtrünnigen, entschlossen, ihre Traditionen bloßzustellen, sondern Forscher und Offenbarer des Weges für andere. Sie fürchteten sich nicht davor, die esoterischen Reichtümer ihrer Tradition zu bewahren, oftmals angesichts exoterischer Mißbilligung. Es ist jedoch auch richtig zu sagen, daß nur sehr wenige die Fähigkeit besitzen, auf die esoterischen Tiefen der Religion zu reagieren und gleichzeitig die Notwendigkeit einer exoterischen Struktur anzuerkennen. Diese Spaltung zwischen Mystischem und Weltlichem, Esoterischem und Exoterischem ist in unserer Zeit deutlich ausgeprägt. Viele Anhänger des westlichen Weges würden eindeutig der Ankunft und Verbreitung des Christentums im Westen die Schuld daran geben, welches sie als Störenfried und Zerstörer der einheimischen Tradition ansehen. Diese Ansicht hat viele für eine wahre Anerkennung der Schätze westlicher Weisheit blind gemacht, welche innerhalb des Christentums ausgesät wurden und dort zur Reife kamen. Sie liegen im Überfluß zu unseren Füßen, und wir können sie nicht sehen. Wir müssen bedenken, daß die Hermetik in der christlichen Ära heranwuchs und daß die meisten ihrer Verfechter nicht aus Furcht vor Verfolgung Christen waren, sondern weil dies ihre Art des religiösen Ausdrucks war. Wir werden die Gründe, warum die Kirche ihrer eigenen mystischen Tradition gegenüber mißtrauisch wurde, im nächsten Abschnitt noch näher untersuchen. Grundsätzlich jedoch rührte dies von einer Teilung zwischen den Methoden des Glaubens und des Wissens oder der *gnosis* her.

Weder Glaube noch Wissen allein kann uns den Eintritt in das innere Königreich verschaffen: Wir brauchen zu unserer Führung hauptsächlich die Gabe der Weisheit und müssen Glaube und Wissen zu harmonischen Reisegefährten zusammenbringen.

> Der Herr selbst schuf die Weisheit:
> er sah sie und verteilte sie,
> er goß sie aus über alle seine Werke.
> Sie wohnt allem Fleisch inne, seinem Geschenk gemäß,
> und er gab sie jenen, die ihn lieben. (*Sirach* I, 9–10)

Diejenigen, die sich nach den ewigen Dingen sehnen und das innere Königreich für sich selbst kennenlernen wollen, sprechen die Sprache der Weisheit, die die Begrenzungen der menschlichen Sprache transzendiert. Es ist die gemeinsame Sprache der Mystiker und Esoteriker überall, die man oberhalb der Schneegrenze spricht, wo der Gipfel des mehrseitigen Berges der Gottheit enthüllt wird. Anhänger des westlichen Weges, gleich, ob der einheimischen oder der hermetischen Tradition angehörig, wissen, daß sie zu dieser Gruppe gehören, das gilt ebenso für die Gesellschaft der *Philosophia Perennis*. Darin eingeschlossen sind auch die Anhänger des östlichen Weges, wie ein eingehendes Studium östlicher und westlicher Texte bestätigen wird.

Einige Leser werden sich Sorgen darüber machen, daß die esoterische Seite der Tradition exklusiv und cliquenhaft erscheint. Die Wahrheit ist viel einfacher. Jedes *praktizierende* Mitglied einer religiösen Disziplin ist frei, jederzeit tiefer in die Mysterien seiner oder ihrer Tradition einzutreten. Es ist eine Frage des Engagements, der Identifizierung mit und Hingabe an ihre innere Weisheit. Es ist häufig eine Frage, den richtigen Schlüssel zu finden. Man trifft oft ernsthafte religiöse Menschen, die alles, was die Konvention vorschreibt, befolgen und doch nie zum innersten Herzen vordringen: Sie reisen in blinder Hoffnung, nur ihrem Glauben folgend. Doch wenn sie je durch Gebete oder meditative Achtsamkeit in Kontakt mit diesem inneren Herzen kommen, dann werden sie Wissende und Gläubige zugleich. Sie entfernen sich nicht von ihrer Zugehörigkeit, sondern finden sich in ihr bestätigt.

Andererseits ist es auch möglich, solche zu treffen, die nur durch Wissen gelenkt sind, die den Weg des Glaubens verschmähen. Einige Esoteriker sehen sich selbst als Kinder des Lichts, als Volk des neuen Zeitalters: Dies sind nicht die Erben des inneren Königreichs. Sie sind der Sünde spiritueller Überheblichkeit erlegen, die sie vom allgemeinen Lauf der Menschheit absondert und sie in die gleiche Kategorie einreiht, wie jene Fundamentalisten, die sich selbst als die Auserwählten Gottes ansehen. Die wahren Eingeweihten der Gnosis sind jene, die durch die Prüfungen des Glaubens gelernt haben, die Lehrer und Förderer der Weisheit geworden sind, wo immer sie darum kämpft, offenbart zu werden. Es sind jene, die das Wachstum des inneren Potentials in anderen fördern, nicht jene, die mit ihren eigenen spirituellen Errungenschaften prahlen.

Der Gefährte auf dem Weg zum inneren Königreich ist die Weisheit, die das Gesetz des Wissens und die Mutter des Glaubens ist. Sie hält das erstere in sicheren Grenzen und teilt es an alle Gnostiker aus; sie leitet und ermutigt ihn, die wahre Natur der ewigen Dinge zu erfassen und zu verwirklichen. Ein fester Weisheits-Kontakt ist wesentlich bei esoterischer Arbeit, besonders für jene außerhalb einer lebendigen Tradition. Zu diesem Zweck haben wir Übung 3 angegeben, die dem Leser helfen kann, sich auf seine oder ihre traditionelle Zugehörigkeit zu konzentrieren.

Der Kindheitsglaube ist heute bedroht, traditionelle Arbeitsmetaphern werden über Bord geworfen, Macht wird in vielen fundamentalistischen Sekten von spirituellen für politische Ziele entzogen, und die tiefe Magie der inneren Geschichte wird geplündert. Als Reaktion auf diese Zerstückelung erhebt sich eine Art berufenes Bewußtsein aus den Völkern dieser Welt. Der geheime Staatenbund (siehe Band 1) ersteht wieder auf, nicht mehr als nationalistische sondern als globale Reaktion. Welche Strömungen auch vorhanden sind, was immer ihre traditionelle oder nicht-traditionelle Herkunft auch sei, viele, ganz «gewöhnliche» Menschen nehmen die Gefahr, in der unsere Welt sich befindet, wahr. Oft ist ihre Reaktion eher humanistisch oder ökologisch als spirituell, doch sie wird von der irdischen Ur-Weisheit motiviert, die das Geburtsrecht und die Gabe jedes menschlichen Wesens ist, das die Schöpfung liebt. Zusammen mit ihnen streben die Mystiker und Esoteriker danach, die Heilung der inneren Welt an unsere Welt zu übermitteln. Ein Bewußtsein der Gefahr und Verantwortung dafür, einen Weg aus der Gefahr heraus zu finden, bringt den Kindern der Weisheit genügend Demut, ob sie nun von Glauben oder von Wissen gelenkt werden.

Die *Philosophia Perennis* ist keine Religion, noch ein Selbstzweck, sondern ein Band zwischen gespaltenen Traditionen. Sie kann leicht in einer intellektuellen Würdigung vergleichender Religion oder einer Sammlung waschechter New Age-Aphorismen versinken, wo eine Tradition leicht durch eine andere ersetzt werden kann. Jede Tradition hat ihren ganz eigentümlichen Charakter: Der westliche Weg besteht aus vielen Traditionen. Weisheit ist ewig wahr, dennoch, Traditionen verändern sich: Wenn wir die Wahrheit lieben, wird sie uns, ihre Philo-Sophias (wörtlich «Liebhaber der Weisheit») immer begleiten. Wer die westliche Mysterientradition nie im Licht der Religion betrachtet hat, mag es als hilfreich empfinden, sie in diesem Sinne als esoterische Philosophie anzusehen.

Vielleicht können wir beginnen, indem wir zugeben, daß wir verwundet wurden: «Der Metaphysiker (ist ein) verwundeter Mensch. Ein verwundeter Mensch ist kein Agnostiker – aus seiner Wunde steigen bloß andere Fragen auf.»[232] Wie der Schamane ist der verwundete Heiler jemand, der weiß, daß die wahre Ursache des Schmerzes der Verlust der inneren Wirklichkeit – des inneren Königreichs ist. Diese Erkenntnis spornte die Gnostiker an, auf ihre eigene Entdeckungsreise zu gehen, ebenso wie es später jene Menschen inspirierte, die auf die Suche nach dem Gral und der Heilung des wüsten Landes gingen. Es gibt wahrlich viele Wege, das Große Werk zu verrichten.

Die Früchte der Gnosis

«Das Leben der Gnostiker ist in meinen Augen nichts anderes als Werke und Worte, die mit der Tradition des Herrn übereinstimmen», schrieb Clemens von Alexandria.[291] Dieser frühchristliche Theologe war eine einsame Stimme, die sich aus einem Ozean von Unzufriedenheit und Mißbilligung für das gnostische Experiment erhob. Seit der Epoche des Gnostizismus war die westliche Welt nie wieder dieselbe. Seine Unterdrückung hinterließ eine ärmere christliche Tradition, obwohl man noch immer Bruchstücke seiner Lehren in der hermetischen Tradition findet. Der Gnostizismus erhebt sich immer noch regelmäßig, um die orthodoxe Religion heimzusuchen, doch seine bunten Fetzen wecken schmerzhafte Erinnerungen und rufen bigotte Reaktionen hervor. Was war der Gnostizismus, daß er immer noch die Macht hat, Hoffnungen und Ängste späterer Generationen zu erwecken? Die Früchte des gnostischen Experiments schmecken häufig bitter: Einige sind nie gereift, andere sind überreif, es ist also notwendig, Unterschiede zu machen.

Zuerst lassen Sie uns Gnosis (was «Wissen», «Erkenntnis» bedeutet) nicht mit Gnostizismus verwechseln. Man kann von der heiligen Teresa von Avila sagen, sie sei gnostisch gewesen aber zum Beispiel nicht, daß sie eine Gnostikerin war. Gnosis als göttliches Wissen ist das Geburtsrecht aller spirituellen Traditionen und schließt deren Verbindung mit historischem Gnostizismus in keiner Weise ein.

Man kann Gnostizismus als Synthese der Mysterienschulen ansehen, die ihm vorausgingen. Er ist «vielleicht die erste Religion, zumindest im Westen, die vollkommen Stammes-ungemäß ist und sich auf die Entdeckung der Unendlichkeit in der (individuellen) Psyche konzentriert»,[75] und das macht ihn zu einem lebenswichtigen Verbindungsglied des westlichen Weges. Nicht ohne Grund sind die Gnostiker von vielen Wiedererweckungs-Mysterienschulen der Neuzeit zu geistigen Vorläufern erkoren worden, ähnlich wie die klassischen Mysterienschulen ihre Inspiration weit zurück in Atlantis suchten. Vielleicht haben sich moderne Mysterienschulen für den Gnostizismus erwärmt, weil er nicht versuchte, «die sakramentalen Rituale… als bloße Magie [zu erklären], die in Erinnerung an (historische) Ereignisse durchgeführt wurden, sondern als die Veräußerlichung innerer psychischer Alchemie», und weil er «die Bibel nicht als Geschichte [betrachtete], sondern als Mythologie der erhabensten und wertvollsten Art» (ebda.). Der gnostische Faden läuft exotischerweise durch die ganze hermetische Tradition, wie wir noch sehen werden.

Was wir heute vom Gnostizismus wissen, taucht aus einem unglaublich komplexen Durcheinander von Traditionen auf: Im Schmelztiegel der Gnosis findet man möglicherweise persische, ägyptische, hellenistische, platonische, christliche und jüdische Elemente. Diese verschmelzen am Nexus mediterraner Kultur, in Alexandria, miteinander, in deren Umfeld die große Ausbreitung von Traditionen und Lehren zu finden war. Obwohl die große alexandrinische Bibliothek 391 n. Chr. abbrannte und die verbliebene Weisheit anschließend im frühen siebten Jahrhundert unter muslimischer Besatzung für immer zerstört wurde, hatten sich die in ihren Schriftrollen angesammelten Lehren bereits in die lebendigen Traditionen gerettet, die ihre Heimat in Ägypten gefunden hatten.

Die Hauptmerkmale des Gnostizismus wurden sowohl aus zoroastrischen Quellen ererbt, als auch aus den vielen Täufersekten, wie der der Essener, die beide vor dem Anfang des Christentums existierten. Die Saat des Gnostizismus ging im Garten des Christentums auf, wo seine Pflanzen, im Gegensatz zu den unauffälligeren Setzlingen, die herangezogen wurden, in einer Farborgie und eindrucksvollen Überfülle aufblühten. Gnostizismus hatte bereits den begrifflichen Apparat der Mysterien hinter sich, während das Christentum noch mühsam die ersten Sätze sprach. Christlicher Gnostizismus breitete sich ab Mitte des ersten Jahrhunderts n. Chr. aus und erlebte seinen Niedergang während des sechsten Jahrhunderts, obwohl sein Einfluß bis weit über diese Periode hinaus datiert. Der einzige heute noch praktizierende geradlinige Abkömmling des klassischen Gnostizismus, ist die mandäische Sekte im Irak, die die rituelle Reinheit der frühen Täufersekten bewahrt: Sie ist jedoch nichtchristlich und ähnelt in ihrer Art eher den zoroastrischen als den neujüdischen Sekten. Es ist zu bezweifeln, ob ihre primitiven Traditionen dieses Jahrhundert überleben werden.[291]

Je weiter sich der Gnostizismus entwickelte, desto mehr lehnte er die jüdische Basis des Christentums ab, behielt aber Gestalten aus den jüdischen Schriften als Vorläufer seiner Traditionen bei – Seth, Melchizedek, Adam und Eva. Das Überarbeiten empfangener Texte ist natürlich nicht nur ein gnostisches Phänomen; es kommt heute in vielen New Age-Gruppen und auf dem Christentum basierenden Sekten vor, die danach streben, das typische Christentum zu läutern und gleichzeitig einige Elemente daraus zurückzubehalten, besonders die Gestalt Christus selbst, über den neue Geschichten erfunden werden, von dem neue Sprüche und Gebote kommen, die in Wirklichkeit oft eher von dem Führer jener Sekte ausgehen als von göttlichen Quellen. Es ist nur natürlich, daß alle Religionen danach trachten, ihre antiken Vorläufer zu unterstützen und herauszuheben, und der Gnostizismus bildete darin keine Ausnahme.

Wenn der Gnostizismus eine schlechte Presse hatte, dann weil er hauptsächlich durch seine Verleumder bekannt wurde. Die Texte, die überdauerten, waren so bruchstückhaft, daß ein vollständiges Bild des gnostischen Glaubens unmöglich wurde. Die Entdeckung der *Nag Hammadi* im Jahre 1945 und der Texte von Qumran 1947 haben jedoch Gelehrte in die Lage versetzt, die Bruchstücke in einen erstaunlichen Zusammenhang zueinanderzubringen. Die gnostischen Handschriftensammlungen haben wie der Inhalt einer Zeitmaschine wunderbarerweise überlebt, um in unserem eigenen Jahrhundert zu landen. Die außerordentliche Geschichte ihrer Entdeckung kann man in John Darts *The Laughing Saviour*[62] nachlesen. Vor ihrer Entdeckung konnte man die mageren Beweise für den Gnostizismus hauptsächlich aus den von Kirchenvätern abgefaßten Schmähschriften zusammensammeln. Unnötig festzustellen, daß solche Beweise nicht aus erster Hand waren. Die beinahe universelle Verachtung der Texte durch den orthodoxen Flügel der Kirche, stellte die Schändlichkeit der Gnostiker für alle Zeiten sicher. Ihre Meisterschaft durch Clemens von Alexandria brachte ihm wenig Lohn ein: Diesem ausgewogenen Theologen, der mit Voraussicht die Wahrheit in anderen Traditionen, besonders im Platonismus sah, wurde von Papst Clemens VIII. im sechzehnten Jahrhundert die Heiligsprechung aberkannt, weil an seiner Rechtgläubigkeit gezweifelt wurde.

Der ägyptische Alchemist Zosimus schrieb über ein Volk von Weisheitliebenden, die für immer an der Inneren Tür leben.[227] Dieses Bild paßte genau auf die Gnostiker, deren Dasein von

Kommunikationen geordnet wurde, die von jenseits der Inneren Tür herkamen. Die Gnostiker waren Wissende – Inhaber einer inneren Wahrheit, Hüter einer Tradition, Erben der Mysterienschulen. Sie sahen die Menschheit als eine Gruppe in Materie gefangener göttlicher Funken. Der wahre Gott war unbekannt und verborgen – er allein war der Ursprung des Lichts. Die Schöpfung war das Werk eines falschen Gottes – des Demiurgs. Jeder Gnostiker lebte in der Hoffnung, den wahren Gott in der Fülle der Pleroma (dem Himmel) zu treffen. Sie glaubten, daß eine solche Reise möglich sei, doch daß der Rückweg voller Schwierigkeiten sei, weil der göttliche Funke in jedem Individuum in der Vergeßlichkeit des Fleisches lebe. Es war notwendig, den König der Welt (den Demiurg) mit allen möglichen Mitteln zu bekämpfen. Man konnte sich ihm mittels der Askese verweigern, welche die Währung der Schöpfung verneint oder durch Unzucht, die die erschaffene Ordnung erzürnt. Einige gnostische Sekten waren so extrem in ihren Praktiken, daß sie zweifellos die ablehnende Kritik verdienten, mit der man sie überhäufte. Jedoch nicht alle Sekten benutzten diese Mittel. Ähnliche Anschuldigungen wurden gegen moderne Praktizierende des westlichen Weges erhoben, doch gibt es wenig Beweise, um diese Behauptungen zu unterstützen: Damals wie heute verwenden skrupellose Individuen den Deckmantel der esoterischen Rituale, um ihre sexuellen Praktiken zu verbergen, die nichts mit den Praktiken ergebener Initianden gemein haben.

Obwohl es gemeinsame Elemente in gnostischen Sekten gab, sind die Variationen so vielfältig, daß man nichts verallgemeinern kann. An dieser Stelle kann nur ein knapper Abriß gnostischer Glaubenssätze und Praktiken vorgestellt werden, insoweit als ein Verständnis des Gnostizismus die Elemente innerhalb des westlichen Weges erhellen kann.

Der komplexe Apparat gnostischer Übungen war dazu bestimmt, den göttlichen Funken im Inneren zu stimulieren und ihn für die Befreiung vom Fleisch und die gefährliche Reise der Seele durch die Königreiche der Archonten, den Dienern des Demiurg, vorzubereiten, die jede Sphäre zwischen Erde und Pleroma selbst regierten. Mit dieser Reise durch die Sphären beschäftigen wir uns genauer in Kapitel 4, wo wir auch einiges aus der gnostischen Kosmologie enthüllen. (Siehe Abbildung S. 95)

Der Abstieg der Seele in das Fleisch und ihre mögliche Rückkehr wird in dem *Song of the Pearl* aus den apokryphen *Acts of Thomas*[10] zusammengefaßt, in denen ein Prinz (der Messias) aus seiner Heimat im Osten (der Pleroma) nach Ägypten (der Erde)

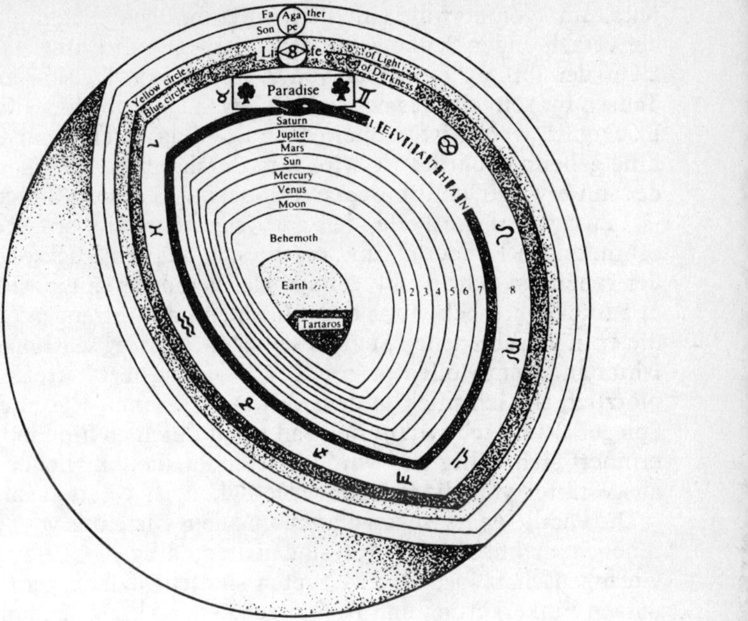

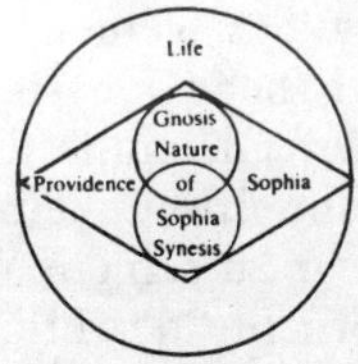

Die gnostische Kosmologie

reist, um «von dort die eine Perle mitzubringen, die dort... von der verzehrenden Schlange umgeben ist.» Um dies zu erreichen, zieht der Prinz die Kleider von Ägypten (das Fleisch) an, im Tausch für sein eigenes herrliches Gewand (die göttliche Natur). Er vergißt, wer er ist, woher er kam und das Ziel seiner Reise. Eine geheime Schriftrolle wird ihm durch einen Adler gesandt, der ihn erweckt und ihn daran erinnert, daß er ein Königssohn ist. Er gewinnt die Perle (den göttlichen Funken), streift seine schmutzigen Kleider ab und macht sich auf den Rückweg, von der geheimen Schriftrolle geführt (der verborgenen Gnosis). Als er zurückkehrt, bekommt er die Juwelen und Gewänder zurück, die er in verschiedenen Stadien seiner Reise ablegte. (Genau wie Ishtar an jedem Höllentor ihre Gewänder abgelegt hatte). «Doch plötzlich sah ich mich in dem Gewande, ähnlich wie in einem Spiegel... und ich wußte und sah mich durch es hindurch.» Er erinnert sich völlig und wird, vollständig als königlicher Prinz ausgestattet, vor «die strahlende Helligkeit des Vaters» gebracht.

Die Parallelen zwischen diesem und dem Gleichnis vom verlorenen Sohn (Lukas 15,11–32) sind nicht zufällig. Anklänge an die Gefangenschaft Josephs in Ägypten sind ebenfalls gegenwärtig, dessen Einkerkerung und nachfolgende Schicksalswendung um seiner Brüder willen erduldet werden müssen, die ihren göttlichen Funken vergessen haben (Genesis 37–45). Christus selbst ist in diesem gnostischen Gleichnis dargestellt; seine eigene Flucht nach Ägypten, seine im dunkeln liegende Kindheit und die nachfolgende Rückkehr zu seinem Vater, wobei er die Perle des großen Lohns, die Früchte der Erlösung mitbringt. Robert Southwell, der jesuitische Dichter des sechzehnten Jahrhunderts, ruft dieses Thema in seinem Gedicht *The Nativity of Christ* in Erinnerung:

Verachte ihn nicht dafür, daß er dort liegt:
Frage erst, was er ist.
Eine orientalische Perle findet man oft
in der Tiefe des schmutzigen Sumpfes.[315]

Wir werden auf dieses Thema zurückkommen, wenn wir die inneren Resonanzen untersuchen, die sich auf Alchemie und die Suche nach dem Gral beziehen (Kapitel 5). Wir haben diese Geheimerzählung etwas genauer vorgestellt, um einen Geschmack sowohl des gnostischen Geistes zu geben als auch des zeitlosen Charakters dieses Themas durch die Jahrhunderte hindurch.

Der Gnostiker war von dem Bedürfnis besessen, zu erfahren,

«Warum bin ich geboren? Was ist meine Aufgabe? Wie entsteht das Böse?» Diese philosophischen Fragen sind die Vorläufer der Sorte wissenschaftlicher Fragestellungen, die die Form der Renaissance bestimmten und die einen weiteren Zusammenstoß zwischen Gläubigen und Möchtegern-Gnostikern bewirkten. Der Gnostiker ist in seiner Fähigkeit, an die Möglichkeit der Transformation zu glauben und die zur Verfügung stehenden Bilder und Archetypen zu verwenden, um diesen Zustand zu erreichen, ein Vorläufer des Alchemisten. Die schöpferischen Hilfsquellen der gnostischen Schöpfungsdramen sind umwerfend in ihrem begrifflichen Umfang.

Am bedeutendsten für die Rückkehr des göttlichen Funkens der Seele waren die dualen Themen von Anthropos und Sophia, die beide die fortgesetzte Besessenheit des westlichen Weges repräsentierten – die gegenseitige Durchdringung von Mikrokosmos und Makrokosmos. Der Anthropos ist der Adam des Lichts, in der Kabbala auch als Adam Kadmon bekannt. Er ist der erste Mensch, der Spiegel des Makrokosmos, doch er läßt sich vom Demiurg und seinen Archonten dahingehend täuschen, daß er seine Herkunft vergißt. Gemeinsam mit dem Geist der Sophia (Weisheit), mit deren Tochter er sich zusammentut – der Eva des Paradieses – verliert er sich in der Materie. Adams Körper ist der Körper der Welt: Seine Seele die Gesamtheit der Seelen. Gleichermaßen waren die Leiden der Sophia, der ausgestoßenen Weisheit des wahren Gottes – analog den Leiden der erschaffenen Welt. Ihre letztendliche Vereinigung mit Christus – ihrem Retter und dem der Welt – war die erwartete Mitgift der valentinischen Gnostiker, die diese Vereinigung als Zeichen für die *Apokatastasis* oder die Wiederherstellung aller Dinge betrachteten. Adam und Eva, Christus und Sophia wurden als Sinnbilder der *Syzygie* (Partner oder Begleiter) angesehen, deren Versöhnung für den Ausgleich der Schöpfung wichtig war. Dieses Thema ist auch auf dem westlichen Weg von entscheidender Bedeutung: Wir werden es in den Kapiteln 4 und 5 weiter erörtern.

Es ist offensichtlich, daß der Gnostizismus viele Ebenen des Dualismus begünstigte, der einerseits bloß die zeitgenössische Sorge um die gefallene Natur der Menschheit widerspiegelte und andererseits das sich ewig bekriegende Gute und Böse einander gegenüberstellte. Dies waren nicht die einzigen Sorgen des frühen Christentums, doch muß man sie als tief in der klassischen Welt verwurzelt ansehen. Retter, Erlöser und Messiasgestalten beiderlei Geschlechts fanden sich in beinahe jeder Mysterienschule und Religion zu jener Zeit: Diese bewahrten einen gewissen Grad an Ordnung unter dem sich damals häufig niederschlagenden Aberglauben. Sie waren Symbole der Hoffnung und Befreiung von den Launen des unerbittlichen Schicksals – der fixen Idee und Geißel der klassischen Welt. Die Verschmelzung so verschiedener Elemente wie den platonischen, orphischen, zoroastrischen und christlichen Modellen machte den gnostischen Dualismus besonders verwirrend, vor allem von unserem modernen Standpunkt aus, der in seiner Begriffsfindung von Gut und Böse vergleichsweise naiv ist. Die stoische Reinheit der Orphik, die endlosen Schlachten der zervanischen Götter und Dämonen, die semitischen Dualitäten von männlich und weiblich erscheinen alle in verschiedenen Gestalten im Gnostizismus. Die Gnostiker hatten vielleicht nicht alle Teile des kosmischen Puzzlespiels beisammen, aber sie hatten sicher Spaß daran, diese Teile einzupassen.

Nachdem sie ihre eigenen idiosynkratischen Evangelien und reichhaltigen Kosmologien eingerichtet hatten, hatten sie die Freiheit, sich auf sie zu beziehen. Sie sahen sich selbst als «das königslose Geschlecht» oder andersherum als «die Kinder des Königs», die Abkömmlinge des wahren verborgenen Gottes – eine Beziehung, die man höher schätzte als die zum bösen Demiurg und Schöpfer. Der Neuplatoniker Plotin (3. Jh. n. Chr.) war entsetzt, daß sie sich selbst als göttlich klassifizierten: «Brüder und Schwestern von denen da oben!»[268] Die Gnostiker hatten die Bestätigung aus dem Munde keines Geringeren als Christus, der im Gespräch mit dem Apostel Andreas feststellt:

> Weißt du nicht… daß du und alle Engel, Erzengel und die Götter… aus ein und demselben Stoff und derselben Masse und derselben Substanz sind und daß ihr alle aus derselben Mischung besteht.[264]

Dieses spirituelle Auslesetum entstand aus der Art und Weise, in der der Gnostizismus die Menschheit unterteilte. Es gab den *hylischen* oder fleischlichen Menschen, den *psychischen* oder teilweise erleuchteten Menschen (meistens wurde darunter ein nomineller Christ verstanden) und den *pneumatischen* oder spirituellen Menschen, der völlig gnostisch war (einer, der die geheimen Offenbarungen von Christus und seinen Jüngern gehört hatte). Dieses Konzept wird in *The Origin of the World*[239] als die drei Adams beschrieben. Die Erleuchtung der Gnostiker war von vorherbestimmter Art – ein Element, das in späteren Jahrhunderten in der Gestalt des Calvinismus auftauchen sollte. Die Pneumatischen wurden abwechselnd «die Auserwählten» oder «die Vollkommenen» genannt. Als Vertreter des damals neuen Zeitalters, strebten die Gnostiker danach, die vom Christentum zur Verfügung gestellten Werkzeuge dazu zu benutzen, um mit einem System zu arbeiten, dessen Universalität und Durchschlagskraft gewaltig war. Doch die Förderung des Wissens vor dem Glauben war zu unausgeglichen. Da sie einer gefallenen Sophia (Weisheit) ins Auge sahen, war ihre Gnosis entsprechend weniger auf das tägliche Leben anwendbar. «Der Beginn der Vervollkommnung ist die Gnosis des Menschen, die Gnosis Gottes ist die vollkommene Vervollkommnung»[227] mag für das Ideal stehen, dem die Gnostiker nachzufolgen strebten.

Abgesehen von Marcion und möglicherweise Valentinus machte niemand den Versuch, die Komplexität und Verschiedenheit des Ausdrucks im Gnostizismus selbst zu verschlüsseln. Marcion (? – 160 n. Chr.) war der einzige, der anstatt der eher lose begründeten Sekten, in denen der Gnostizismus organisiert war, eine Kirche nach christlichem Vorbild einzurichten versuchte. Gnostizismus fand bei dem intellektuellen und kultivierten Teil der Gesellschaft Anklang – demselben Teil, der die Hauptstütze der Mysterienschulen gewesen war. Das Christentum sprach ein universelles Bedürfnis an und ließ sogar Sklaven zu, was in den Mysterien selten gewesen war. Die gnostische Priesterschaft war nach uralter Art und Weise männlich und weiblich, während das Christentum eine männliche Priesterschaft beibehielt. Der Gnostizismus wurde aus verschiedenen Gründen unterdrückt: Sein Mangel an weit verbreiteter Literatur, sein Elitedenken, sein Widerstreben zu bekehren und sein unverschlüsselter Charakter sind einige der Faktoren, die dazu beitrugen. Entscheidend war, daß er nicht die Art Reichszusammenhang bot, die das orthodoxe Christentum den römischen und byzantinischen Imperien geben konnte. Seine Unterdrückung wirkte schnell, wenn auch nicht dauerhaft: Gnostische Spuren konnten wie die Wicken in dem Gleichnis nicht vom Weizen des orthodoxen Christentums getrennt werden.

Viele von Paulus' Briefen an die Kirche in Kleinasien und Griechenland spiegeln einen mannhaften Kampf mit den ungebärdigen Auswirkungen des Gnostizismus auf seine Proselyten (Bekehrten): «Bewahre, was dir anvertraut ist. Halte dich fern von dem gottlosen Geschwätz und den falschen Lehren der sogenannten Erkenntnis. Nicht wenige, die sich darauf eingelassen haben, sind vom Weg des Glaubens abgekommen.» (1. Tim. 6,20) Dies ist der Kern der Dichotomie zwischen Gnosis und Christentum.

Das Christentum hat danach immer eine Haßliebe gegenüber seiner eigenen esoterischen Tradition verspürt, wie wir weiterhin erörtern werden. Die Wirkung des gnostischen Experiments vergrößerte die Kluft zwischen Wissen und Glauben soweit, daß Ignatius von Antioch schreiben konnte:

> Es ist besser, wenn ein Mensch nichts weiß und nicht die geringste Ursache der erschaffenen Dinge wahrnimmt, sondern am Glauben an Gott und die Liebe festhält, statt daß er, von solchem Wissen aufgebläht, von der Liebe abfällt, die den Menschen leben läßt... und statt daß er durch die Spitzfindigkeiten seiner Fragen und Haarspaltereien in Gottlosigkeit verfällt.[291]

Der Weg der Gnosis ist tatsächlich voll solcher Gefahren, doch ihre Ablehnung war ein Vorspiel zum fortgesetzten Mißtrauen der Kirche ihren eigenen Heiligen und Mystikern gegenüber. Das gnostische Experiment mag unausgeglichen gewesen sein, aber die Reaktion darauf war es ebenso.

Christi Worte: «So soll euer Licht leuchten vor den Leuten, daß sie eure guten Werke sehen» und «Ich komme nicht, um (das Gesetz und die Propheten) aufzulösen, sondern um sie zu erfüllen» (Matthäus 5,16–17) sollten das verlorene christliche Vermächtnis werden. Die Herausforderung des Gnostizismus erschien in Form vieler Häresien wieder, um die Rechtgläubigen stets aufs Neue heimzusuchen und die Worte des gnostischen Christus hallten immer noch in den Kreisen der Archonten wider: «Ich bin der eigentliche Ruf, der in jedem den Widerhall eines Rufes bewirkt und so erkennen sie [mich] durch [Wissen], seit ein Samenkorn [aus Licht] in [ihnen] ist»[291] (Lacunae im Text).

Was ist Häresie? Es leitet sich aus einem griechischen Wort ab, das «Wahl» bedeutet. Wir sollten Esoterik in unserem Verständnis des westlichen Weges sorgfältig von Häresie unterscheiden, da beide nicht synonym sind. Tradition ist nie eine Sache der Wahl. Der Esoteriker ist jemand, der die Ebenen einer Tradition erforscht, indem er sie immer tiefer auslotet und bereichert wieder auftaucht. Der Häretiker bleibt nicht lange genug, um zu forschen, sondern geht und verlangt sein Eintrittsgeld zurück. Dualismus kann für die esoterische Tradition verderblich sein, indem er falsche Dichotomien aufstellt und den Sucher einer ganzheitlichen Perspektive entfremdet. Die Früchte der Gnosis bringen wie die paradiesische Frucht Erkenntnis von Gut und Böse. Das Wiedererinnern (auch: Wiederzusammenfügen – remembering, d. Übers.) des Lichtkörpers, die Wiederversammlung des göttlichen Funkens sind paradiesische Sehnsüchte nach einer Einheit, die nicht verwirklicht werden kann, solange wir inkarniert sind. Wir haben wahrlich «von der Frucht [unserer Erfahrung] gegessen» – dies ist keine Ur-Sünde, sondern ein Öffnen der inneren Augen. Gott und Böse, Licht und Dunkel, Mann und Frau, Materie und Geist – dies sind die *Dualitäten*, die die Hüter der Tradition allerorts auszugleichen versuchen, indem sie sich bemühen dem *Dualismus* zu widerstehen, in den diese Konzepte fallen können. Die Ablehnung des einen zugunsten des anderen führt zu Unausgeglichenheit und Häresie.

Der Gnostizismus war nur einer von vielen Strömungen, die um den orthodoxen Titel des Christentums in den frühen Tagen der Kirche rangen, als doktrinäre Inhalte noch verschlüsselt waren. Er verlor den Kampf etwa um dieselbe Zeit, als die barbarischen Horden über Europa hereinbrachen und das reiche klassische Erbe verdunkelten. Das byzantinische Imperium hielt gewisse alte Traditionen aufrecht, die Kirche und der Staat vereinten sich, um einander gegen die Anschläge bewaffneter Aufstände und spirituelle Dunkelheit zu stärken. Es war nicht die Zeit für persönliche Erleuchtung. Während das Christentum darum kämpfte, seinen Einfluß auf Europa geltend zu machen, indem es die Ausdrucksmittel traditioneller einheimischer Praktiken und Gebräuche als Lernhilfe benutzte, wurde die gnostische Vision vom Manichäismus und Katharismus nach Osten beziehungsweise Westen getragen.

Der Manichäismus ist weniger ein direkter Abkömmling des Gnostizismus als eine parallele Entwicklung. Sein Gründer Mani (216–277 n. Chr.) wurde in Seleucia geboren, war persischer Abstammung und stand unter gnostisch-baptistischen Einflüssen. Im Alter von zwölf Jahren hatte er eine Vision, in der ihm sein himmlischer Begleiter Hilfe und Schutz zusagte. Weitere Offenbarungen führten dazu, daß er sich als Fürsprecher der Christen, der messianische Sohn Zarathustras und als Maitreya Buddha ansah[291] – kein bescheidener Anspruch! Er teilte den gnostischen Glauben an die gefangenen Lichtfünkchen, die mit spirituellen Mitteln befreit werden mußten. Der Mensch war der Lichtbringer, einer der aktiv am Kampf mit der Dunkelheit teilnehmen muß – ebenso eine mithräische wie auch christliche Vorstellung. Alle Lichtapostel sahen, so glaubte man, ihre vollkommmenen Vorbilder in Mani – Noah, Seth, Henoch, Buddha, Zoroaster und Christus. Extreme Askese kennzeichnete seine Anhänger: Abstinenz von Fleisch, Wein und sexuellem Verkehr, ein generelles Vermeiden, allen potentiellen Lichtgefäßen Schaden zuzufügen, seien sie menschlich, tierisch oder pflanzlich, war typisch für ihre Praktiken.

Der Erfolg des Manichäismus war auf Manis Entschlossenheit zurückzuführen, daß seine Lehren niedergeschrieben und weit verbreitet werden sollten. Seine Kirche breitete sich trotz Verfolgung besonders im Osten schnell aus. Mani wurde, indem man ihm bei lebendigem Leibe die Haut abzog, zu Tode gefoltert und seine Schüler aus Persien verbannt. Während einige nach Westen kamen, entwickelte sich der Manichäismus hauptsächlich im Osten, wo er sich gegen die Nestorianische Kirche und den Buddhismus behauptete. Besonders stark wurde er in Zentralasien in Turfan, im chinesischen Turkestan, wo er viele zu Proselyten machte und eine tolerante Aufnahme fand, bis er im Gefolge der mongolischen Invasion unterdrückt wurde. Manichäische Schriften, die man zu Beginn dieses Jahrhunderts in Turfan fand, werden immer noch erforscht.[291]

Das Vermächtnis des Manichäismus im Westen scheint gering, wahrscheinlich auf Grund der Einmischung des Islam, der sehr wirkungsvoll einen Keil zwischen Westen und Osten trieb. Doch Manis Prophezeiung, «meine Hoffnung wird in den Westen gehen und wird auch in den Osten gehen», war richtig. Elemente manichäischen Dualismus kann man immer noch auf Grund der Theologie von Augustinus im Christentum entdecken, der trotz seiner Widerlegung seiner frühen Anhängerschaft des Manichäismus nichtsdestoweniger einen Beigeschmack von Dualismus in seine Schriften einführte.

Während der Manichäismus sich nach Osten ausbreitete, dehnte sich der gewisse Einfluß des Gnostizismus westwärts durch Bulgarien und Italien nach Frankreich und Spanien, wo die Anhänger als Katharer bekannt wurden.[188] Es ist vielleicht bedeutungsvoll, daß die beiden Strömungen während des dreizehnten Jahrhunderts zu einem abrupten und blutigen Ende kamen, beinahe als habe dieser Einfluß seine Lebensbahn für dieses Zeitalter durchlaufen. Doch wohingegen sich der Manichäismus fern von anderen christlichen «Konkurrenten» entwickelte und gedieh, standen die Katharer sowohl unter dem Einfluß christlicher Rückschrittlichkeit als auch gnostischer Prinzipien.

Die Wurzeln des Dualismus sind sehr tief und schwer auszureißen: überall sind Reste davon im westlichen Weg zu finden.

> Dualismus brachte... das Bedürfnis nach Offenbarung und das Bedürfnis nach Erlösung [mit sich]. Wenn der Mensch, solange er in seinem Körper lebt, Gott nicht wahrlich finden kann, muß der Gott sich zu erkennen geben. Und wenn das Leben des Körpers die aufstrebende Seele auf seine Ebene hinunterzieht und ihre Flugkraft schwächt, dann können der Körper und seine Aktivitäten niemals das ihnen bestimmte Ziel ohne irgendeine Einflößung göttlicher Kraft von außen, von oben, erreichen.[109]

In den historischen Perspektiven der westlichen Mysterientradition werden die Katharer oft zu Märtyrern für ein gemeinsames esoterisches Prinzip hochstilisiert. Doch wenngleich ihre Zerstörung und Verfolgung durch die Hand der Inquisition viel Sympathie für sie erweckte, würde die Härte der katharischen Lebensart und ihrer spirituellen Haltung heute kaum irgendwo viel Gefallen finden. Der Weg der Katharer ist nicht der Weg des Hermetikers, obwohl seine Anziehungskraft zweifellos nicht weit von der Art «Wassermann-Bewußtsein» entfernt ist, das unter denen vorherrscht, die erwarten, daß sich dieses Jahrtausend durch die Atomkatastrophe vollendet: Ein wahrhaft endgültiger Dualismus der Hoffnungslosigkeit, in dem die Materie gänzlich aufgelöst wird. Wir werden im letzten Kapitel auf diesen Punkt zurückkommen.

Sowohl für die Manichäer als auch die Katharer waren Fleisch und Materie im allgemeinen Schöpfungen des bösen Demiurg. Hier wurde ein endgültiger Dualismus als gegeben vorausgesetzt, in dem Gut und Böse auf ewig polarisiert waren. Die wirkenden Kräfte des Lichts waren irgendwie eingefangen und in den Farben der Dunkelheit vereinheitlicht worden. Es ist vielleicht schwierig für uns, diese Lehre richtig einzuschätzen, da wir am Ende des zwanzigsten Jahrhunderts leben und somit überwiegend unkundig in den spirituellen Perspektiven sind, die unserer Kultur zugrundeliegen, doch es ist heute ebenso wesentlich wie damals, die Fallgruben des Dualismus zu vermeiden.

Der Dualismus war ein wiederkehrendes Problem im Christentum. Die Fleischwerdung und die Erlösung waren Begriffe, die häufig mißverstanden wurden und ohne deren Ausgleich die Extreme der Häresie stets gediehen. Die Erde und ihre Schöpfungen waren für einen Bauern, der seines Feudalherren Felder pflügte, kein Grund zur Freude, noch für seine mit «Gefälligkeitsdiensten» und vielen Kindern belastete Frau: Für diese Menschen kamen Ruhepausen nur an Festtagen und mit dem Tod.

Für die Katharer war die Schöpfung ein Grund zur Trauer, da die Seele im Fleisch gefangen war, das sie als Gefängnis des göttlichen Funken ansahen. Nahrung, Sexualität und den Genuß weltlicher Güter wiesen sie als wertlosen Müll zurück oder unterwarfen sie einem tiefen Anti-Monismus, der Körper und Geist in zwei verschiedene Abteilungen stellte, die sich gegenseitig nicht beeinflußten. Elemente dieser Einstellung sind immer noch bei denen vorhanden, die eine starke Abneigung für die Tätigkeiten und Funktionen des Körpers hegen: sie ist in einer tiefen Furcht vor unserem Menschsein verwurzelt. Die Katharer wollten aus diesem Zustand erlöst werden: sie sehnten sich mit dem Eifer des Orphikers nach einem spirituellen Zustand. Spirituelle Reinheit konnte mit dem Körper nichts zu tun haben, und aus diesem Grund sagten die Katharer, daß Christus nur von einer Frau geboren «schien» und am Kreuz zu sterben «schien». In ähnlicher Weise lehnten sie die Sakramente völlig ab, die die Materie als Tor zu spiritueller Gnade verherrlichen.

Die Kirche wurde als wirkende Kraft des Demiurg angesehen, weil sie mit der Währung der Materie handelte. Es ist interessant, Vermutungen darüber anzustellen, wodurch die Entwicklung der Katharer in der Provence (die Albigenser) gefördert wurde, wo die Höfe der Liebe gediehen, wo Troubadoure Balladen unverhüllter Liebe sangen und wo das kulturelle Klima des freigebigen Südens herrschte. Vielleicht «war der katharische Begriff von der Körper-Seele-Teilung und dem Bedürfnis, durch einen Kreislauf der Läuterung zu einer Dimension immateriellen Lichts aufzusteigen, irgendwie mit der idealistischeren Seite höfischer Liebe verwandt.»[198]

Wie die Gnostiker und Manichäer hatten die Katharer drei Klassen von Anhängern: Zuhörer, Gläubige und die Vollkommenen. «Es gab also tatsächlich dieselbe Unterteilung wie bei den Katholiken zwischen den Religiösen oder Mönchen und anderen Gläubigen.» (ebda.) Die Vollkommenen erreichten ihre erhabene Stellung, indem sie dem Bösen entsagten, enthaltsam und abstinent von allem Fleischlichen. Nur sie allein konnten Sündern durch ein Ritual, *consolamentum* genannt, vergeben, einem sakrament-ähnlichen Mittel der Läuterung. Seine Wirkung sahen sie als endgültig an, und es war wahrscheinlich nicht wiederholbar: Wenn ein Vollkommener, nachdem er das *consolamentum* empfangen hatte, wieder der Sünde verfiel – sei es durch den Genuß von Fleisch oder indem er einen Mord beging (beides gleichermaßen tadelnswerte Handlungen) – dann wurden alle, die durch seine Hand die Läuterung erfahren hatten, genauso sündig: eine Kette des Bösen war gelöst worden. Wachsamkeit und ein hoher Grad an Integrität waren damals die Schlüsselmerkmale des Katharismus. Häufig empfing man das *consolamentum* erst mit dem Tod, durch den alle Sünden vergeben waren. Frauen wurden in den Reihen der Vollkommenen zugelassen; Witwen unterhielten katharische Gemeinden, indem sie Kinder aufzogen und die katharische Lebensweise praktizierten. Es war eine Form idealen, doch im Kern dualistischen Christentums.

Ihr schlichtes Leben, einfache Nahrung, Auflegen der Hände, ihre Ehelosigkeit und ihr festhalten am Evangelium des Johannes läßt sie als Vorbilder des Glaubens erscheinen: eben diese Punkte machten die Kirche auf die Gefahren der Häresie aufmerksam – solche Fälle waren in Europa bereits vorgekommen. Der sogenannte Kreuzzug gegen die Albigenser (1208–1218) wurde in Gang gesetzt: seine Ursachen und sein Erfolg haben ebenso dynastische und geographische als auch religiöse Auswirkungen.[188] Um 1242 hatte sich der Katharismus auf die Festung Montségur zurückgezogen, von wo seine Bewohner weggeführt wurden, um verbrannt und von ihren Ländereien enteignet zu werden. Am Ende des vierzehnten Jahrhunderts waren die Katharer so gut wie ausgestorben.

Wir haben uns nicht so ausführlich mit dualistischer Häresie befaßt, um ihre attraktiven Eigenschaften zu rühmen, noch um die Unmenschlichkeit der Kirche zu preisen. («Tötet sie alle – Gott wird die Seinen erkennen», schrie der Abbé von Citeaux bei der Belagerung von Béziers im Jahre 1209, als er gefragt wurde, wie das Heer die Häretiker von den Katholiken unterscheiden sollte.)[125] Die Tatsachen sprechen, soweit man sie nachweisen kann, für sich selbst. Die Werke des englischen Arztes Arthur Guirdham, der katharische Inkarnationen für sich in Anspruch nimmt, haben viel dazu beigetragen, die Bewegung populär zu machen. Es gibt sowohl verschiedene gnostische Kirchen in Amerika, als auch eine neukatharische Bewegung in den Niederlanden, die als *Lectorium Rosicrucianum* bekannt ist.

Wir sind dem Faden der Gnosis bis zur Häresie gefolgt, doch die Spur verliert sich hier nicht. Gnosis – esoterisches Wissen, das behutsam von Weisheit geleitet wird – offenbart sich selbst in der mystischen Essenz des Christentums. Daß die Triebfeder des westlichen Weges von der exoterischen Kirche als häretisch eingestuft wurde, bedeutet nicht, daß er nicht stark mit dem esoterischen Christentum im Einklang ist.

Aslan ist kein ungefährlicher Löwe

C. S. Lewis beschreibt in seiner Geschichte *The Lion, the Witch and the Wardrobe* Aslan – einen Löwen, den König der Tiere und Sohn des Herrschers über die Meere – als ein Sinnbild für Christus. Einige der Gestalten in der Geschichte erwarten von ihm, daß er ein friedlicher, domestizierter Löwe ist, ein anthropomorphisches Tier aus dem Märchenbuch, doch ihnen wird gesagt: «Aslan ist kein ungefährlicher Löwe.» Einige erwarten Christus in der gleichen Gestalt zu sehen – ein ungefährlicher, domestizierter Gott, vertraut und berechenbar – die Wirklichkeit ist anders. Tatsächlich befinden wir uns so weit von der Wirklichkeit entfernt, daß viele Erwachsene, die diese Geschichte als Kind gelesen haben und später den Sinn von Lewis' Allegorie erkennen, gesagt haben: «Jesus war in der Bibel ein bärtiger Mann, jemand, zu dem ich keine Beziehung hatte – aber für Aslan wäre ich gestorben.»

Dies zeigt, wie sehr wir die Verbindung zur Geschichte des Christentums verloren haben. Der dynamische Christus der Auferstehung, der die Geldwechsler vor dem Tempel verprügelte, derjenige, der den Feigenbaum wegen seiner Unfruchtbarkeit verfluchte, der Eine, der kommen wird, uns Feuer und Schwert zu bringen, stimmt nicht mit dem unterdrückten Leidensmann nach der Art von Attis und Adonis überein, dem Erlösergott, der tot in seiner Mutter Schoß liegt: der Eine, der neuerdings zu dem frommen Jesus wurde, demütig und sanft. Christus ist *nicht* ungefährlich. Er ist der Gesalbte, dessen Zunge ein Schwert ist (Offenb. 1,16): der Logos oder das Wort Gottes. Wir müssen in ihm eher einen Maßstab für Kreativität als eine tröstliche Ikone sehen.

In einem Kommentar über den unausgesprochenen Dualismus der westlichen Religion sagt Dion Fortune: «Die große Schwäche des Christentums liegt in der Tatsache, daß es den rhythmischen Wechsel leugnet. Es gleicht Gott mit dem Teufel aus an Stelle von Vishnu mit Shiva», welches die bewahrenden und zerstörerischen Aspekte Brahmas sind. Noch herausfordernder formuliert Jim Garrison: «So wie Gott erfahren wurde, zeigte es sich, daß Er helle und dunkle Dimensionen besitzt und ebenso wild und schrecklich ist wie gnädig und vergebend.»[100] Wie sollen Hermetiker das verstehen? Besonders einer, für den das Christentum die Sackgasse aller Sackgassen darzustellen scheint?

Über den Gründer des Christentums und seine Absichten wurden mehr Worte geschrieben und mehr Blut vergossen, als manche zu denken ertragen vermögen. Christus ist zur Galionsfigur und Marionette sowohl von Heiligen als auch Sündern geworden und der Ausdruck seiner Lehren eine billige Verspottung des Evangeliums. Mit diesem feigen und schlaffen Bild können wir hier wenig anfangen. Nach beinahe 2000 Jahren mit Stellvertretern ist es an der Zeit, der Realität ins Auge zu sehen.

In diesem Teil des Buches werden wir die esoterische *nicht* die exoterische Seite des Christentums betrachten, und wir müssen dies von der Basis der Tradition aus tun. Wir sprachen in Band 1 davon, wie die einheimische Tradition mittels des Christentums überliefert wurde. Ebenso wie die Kirche die Bräuche von angestammter Bedeutung und nationalem Zusammenhalt aufrechterhielt, so wurde auch die hermetische Tradition vor der Vergessenheit gerettet. Während die Kirche

> plante, die Erinnerung an heidnisches Altertum und seine Autoren zu tilgen und auszulöschen... war es gerade auch die christliche Kirche, die... in ihrem heiligen Schoß und an ihrem heiligen Busen die wertvollen Überreste sogar heidnischer Lehren bewahrte, die anderenfalls ausgelöscht worden wären, als hätten sie nie existiert.[16]

Dies ist kein Buch christlicher Apologeten. Uns interessiert nicht der historische Bericht von der Kirche als menschlicher Institution, sondern als Bewahrerin der Tradition und als lebendige Mysterienschule. Wir sind in diesem Jahrhundert in der ungewöhnlich einzigartigen Lage, daß diejenigen, die heute einer spirituellen Tradition folgen wollen, selten irgendwelches spirituelle Gepäck mitbringen, im Gegensatz zu den

> Griechen und Syrern und Ägyptern... [die] mit ihren eigenen Paketen beladen zur Kirche kamen, die bis obenhin voll von Metaphysik und mystischer Erfahrung, kosmischer Kunde und Traditionen waren... und die nicht im Traum daran dachten, all dies an der Schwelle der Kirche fallenzulassen und es zu vergessen... Im Gegenteil, sie schätzten diese Dinge als Erbstücke, als ihre Mitgift.[108]

Die Gültigkeit spirituellen Lebens bezieht sich nicht aus einem hingeworfenen Kanon von Dogmen, sondern aus einer inneren Erfahrung, die in einer Tradition mitschwingt. In unserer Zeit kommen die Außenseiter nun herbei, um die äußere Architektur der Tradition zu bestaunen, und nur wenige sehen die Vision im Heiligtum.

Die Kirche hat immer ein Mysterium gelehrt: daß Christus sowohl völlig menschlich als auch völlig göttlich ist. Nach menschlichem Ermessen wird dies üblicherweise in Christus, den Menschen *oder* Christus, den Gott übersetzt – selten beide zusammen. Doch die Implikationen der Inkarnation (Fleischwerdung) und der Erlösung sind von überwältigender Bedeutung für den Hermetiker, wenn er sich mit dem Großen Werk befaßt.

Keiner dieser Begriffe scheint allgemeinen Respekt zu fordern, nicht einmal unter den angeblichen Christen, obwohl die Inkarnation und die Erlösung die zwei Pfeiler sind, zwischen denen die Welt im Gleichgewicht gehalten wird. Kontrapunktisch stehen dem die Kreuzigung und die Höllenqual gegenüber – «dieses zentrale Ereignis ist der Treffpunkt vieler Kraftlinien: wo immer sie vor diesem Ereignis in der Zeit herkamen, wie immer sie danach auseinandergehen – alle Linien (der Tradition) führen durch das Mysterium der Auferstehung.»[217] Der mystische Gehalt dieser Begriffe kann seine volle Wirkung nicht entfalten, bevor der nichtchristliche Leser in der Lage ist, die verschiedenen ideologischen Nebelwände zu vertreiben, die in diesem Gebiet vorherrschen.

Auf Grund eines allgemeinen theosophischen Einverständnisses wird Christus nun als einer von vielen solcher Erlöser in Ost und West erachtet. Andererseits wird er häufig als ein weiterer der sterbenden und wieder auferstehenden Vegetationsgötter der Mysterienschulen angesehen. Die Antwort ist nicht leicht. Die hellenistische Vorstellung vom Logos zusammen mit dem jüdischen Gedanken des Messias wie auch die Erlöser der Mysterienschulen werden alle in der Gestalt des Christus zusammengenommen.[81] Die östliche orthodoxe Lehre von der *theosis* mag ein Schlüssel sein: «Gott wurde Mensch, damit der Mensch Gott werde», sagte St. Athanasius in seinem *De Incarnatione*. Unter den Mysterien des Christentums ist dies allein schon einzigartig in seiner Art, obgleich es keins ist, das die Kirche veröffentlicht. Theosis (wörtlich: Vergöttlichung) ist nichtsdestoweniger der Schlüssel nicht nur zu den Handlungen Christi, sondern zum christlichen Glauben.[208] Ob man gläubig ist oder nicht, irgend etwas hat die Richtung vom Augenblick der Inkarnation an verändert: Nicht nur die Geburt einer Tradition, sondern die Gelegenheit für die Entwicklung des Bewußtseins, eine notwendige Brücke zwischen den aufeinanderprallenden Dualismen der klassischen Welt und der kosmischen Hoffnung der Mysterien. Nicht-christliche Leser sind eingeladen, der mythologischen Überlegung zu folgen, wenn sie möchten.

Erlöser waren schon früher in vielen Verkleidungen gekommen, doch keiner zuvor hatte die Durchschlagskraft von Christus. «Welches ist dies Mysterium, das mich berührt? Ich erhielt das göttliche Bild und behielt es nicht. Er erhielt mein Fleisch, um das Bild zu retten und dem Fleisch Unsterblichkeit zu verleihen.»[200] Dies war das einzigartige Versprechen, welches unverständlich gemacht wurde und innerhalb des Christentums noch wiederentdeckt werden muß, das ungeachtet allen äußeren Scheins eine sichtbar gegenwärtige, wenn auch häufig unsichtbar wirkende Mysterienschule ist. Die hermetische Tradition nimmt die archetypischen Mythen der klassischen, christlichen und einheimischen Mysterien stark in Anspruch: Jedes ist zum Teil des anderen geworden, so daß man sie selten auseinanderhalten kann.

Die okkulte Verschleierung der Hermetik war sowohl eine Selbstschutzmaßnahme wie auch ein Mittel, die Mysterien vor dem Profanen zu bewahren. Die christlichen Mysterien sind inzwischen offene Mysterien geworden, wenn sie auch ursprünglich verborgene waren. Ihre traditionelle Weisheit und liturgische Symbolik sind fast völlig durch übermäßige Vereinfachung verlorengegangen. Die *disciplina arcani*, die christlichen Mysterienhüter, schlossen einst Nichteingeweihte von der Beobachtung der höheren Mysterien der Einsegnung aus, wie auch der mittelalterliche Lettner (Schranke zwischen Chor und Langhaus i. d. Kirche) die normalen Gläubigen davon abhielt, allzu vertraut mit der heiligen Handlung zu werden: Heute kann jeder den Akt des Großen Werks sehen, der ziemlich öffentlich stattfindet.

Das Große Werk wird täglich auf Altären in nahezu jedem Land der Welt aufgeführt, wenn die *prima materia* der heiligen Elemente von Brot und Wein auf wunderbare Weise in den Leib und das Blut Christi umgewandelt werden. Wie viele Alchemisten erreichen dasselbe und zeigen es öffentlich? (siehe Kapitel 5). Die Transsubstantiation von Brot und Wein in Leib und Blut Christi ist etwas, das in späteren Zeiten seinen Eindruck auf Alchemisten nicht verfehlte, die die eucharistische Symbolik als Sinnbild für ihre eigene Arbeit verwendeten. Dieses zentrale Sa-

Die Auferstehung –
alchemistisches Sinnbild für das Große Werk

krament, in dem die Fleischwerdung und die Erlösung dargestellt werden, war archetypisch repräsentativ für das Große Werk. Jene, die das Sakrament erhielten, waren auf geheimnisvolle Weise in der Lage, Teil des mystischen Körpers Christi zu werden.

Der Hermetiker, der sich des inneren göttlichen Funkens bewußt ist und des Versuchs, diesen am Leben zu erhalten und die evolutionäre Reise in das Herz des Makrokosmos zu unternehmen, braucht nur den tieferen Sinn der Inkarnation Christi in Betracht zu ziehen – eine Rückreise in das Herz des Mikrokosmos, um das göttliche Feuer zu dem inneren Funken zu bringen. Die erstaunlich universelle Anwendung dieser Handlung hängt nicht von der Vorlage eines Taufscheins ab, sondern ist für alle anwendbar. Die Geschichte des göttlichen Funkens ist auch unsere Geschichte, wie wir bereits gesehen haben. Es ist die geschickte Verwendung dieser Geschichte – ob man nun das christliche Modell oder ein anderes verwendet – das uns aus dem «Tal der Tränen» in das innere Königreich bringt:

> Nicht, daß man [sein] inneres Leben für einen Moment aufgeben, vernachlässigen oder vergessen sollte, doch [man] muß lernen, darin, damit und daraus zu arbeiten, so daß die Einheit der Seele in Handlungen ausbrechen kann und die Handlungen werden [einen] zu dieser Einheit zurückführen.[241]

Die Auferstehung bricht durch den Strom der Zeit und wälzt ihn herum. Wie alle Mysterien, geschieht auch das christliche außerhalb der Zeit: Alles, was *innerhalb* der Zeit geschieht, muß sich den Gesetzen und der Eigenart der Zeit unterwerfen, weshalb das unvollkommene Gesicht der Kirche nicht die Ruhe des inneren Königreichs enthüllt, sondern den arg mitgenommenen Notbehelf innerhalb der Welt.[189] Die Erlösung versöhnt die beiden Bäume von Eden: den Baum des Lebens und den Baum der Erkenntnis von Gut und Böse. Der Dualismus von Materie und Geist wird zu der Erkenntnis versöhnt, daß alle erschaffenen Dinge in sich das Potential der Erlösung tragen, der Transsubstantiation, der Vollendung des Großen Werkes selbst.

So sehen die Möglichkeiten des esoterischen Christentums aus, doch, so werden viele fragen, wo wird es ausgeübt? Während es viele, insbesondere okkulte christliche Nebenzweige von der Zeit der Gnostiker bis hin zur liberalen katholischen Kirche mit ihren theosophischen Grundsätzen gegeben hat, werden wir den mystischen Stamm, von dem wir gesprochen haben, nirgend woanders finden als in den traditionellen Gemeinden der katholischen und östlichen orthodoxen Kirchen, die ihre spirituellen Traditionen mit strenger Sorgfalt gehütet und bewahrt haben.

Es erforderte harte Arbeit, daß der traditionelle mystische Weg, die seit dem Gnostizismus zwischen Glaube und Wissen ausgetragene Schlacht überlebte. Wir brauchen nur den Beginn des Christentums zu betrachten, um zu sehen, wie armselig und unnötig diese Schlacht gewesen ist. Zwei Gruppen von Besuchern kommen zu dem Stall in Bethlehem: Die Schafhirten und die Könige. Die Hirten, von engelgleichen Boten angetrieben, akzeptieren die Ankündigung des neugeborenen Messias mit unkritischem Enthusiasmus – mit Glauben. Die Könige folgen mittels ihrer Gnosis einem Stern, welcher die Sicherheit ihres Glaubens darstellt, bis sie ebenfalls ihr Ziel erreichen. Es ist vielleicht erwähnenswert, daß die Hirten direkt zu dem Stall gehen, während die Könige Zeit damit verlieren, Herodes zu besuchen, um ungewollte Beglückwünschungen zu ertragen (siehe Kapitel 3).

«Der Glaube ungebildeter Menschen ist philosophisch nicht weniger korrekt oder weniger annehmbar für Gott, weil er zufällig nicht in... genauen Erklärungen... ausgedrückt wird. Die Ohren der einfachen Leute sind heiliger als die Herzen der Priester», schrieb Kardinal Newman.[244] Während Glaube und Wissen einander nicht ausschließen, hat die Kirche nicht den geistigen Apparat, um mit dem Mystiker fertigzuwerden, der über den blinden Glauben hinaus zum sicheren Glauben vorangeschritten ist, welches die Gnosis der spirituellen Erleuchtung ist.

Wir haben gesehen, wie die gnostische und die manichäische Bewegung die verschiedenen Bedürfnisse ihrer Anhänger befriedigt haben. Das moderne Christentum scheint mit einem System belastet zu sein, in dem nur der «mindeste Glaube» des Gläubigen und der höchst abgewandelte Weg von Mönch und Nonne untergebracht werden kann. Wir brauchen, was Jacob Needleman «intermediäres Christentum» nennt.[241] Die mystischen Traditionen sind von Experten zu abgeschottet, um für alle völlig und leicht zugänglich zu sein; sie werden nicht selbstverständlich umfassend gelehrt, und die, die über die esoterische Seite des Christentums stolpern (meistens zufällig), bleiben ohne die Führung oder Sicherheit eines Experten auf dem Gebiet oder sie sind so verängstigt, daß sie ihre Funde irrtümlicherweise als Häresie ansehen.

Die medial Begabten oder esoterisch engagierten Gläubigen finden sich dagegen in einer gefährlichen Lage.

> Jahrhundertelang war es Tradition, den medial empfänglichen Menschen als Vertreter der heidnischen Religionen zu mißtrauen, von denen der christliche Glaube die Länder befreit hat, in die er gedrungen ist... Doch in Europa, hat die Kirche das Mediale in den Untergrund getrieben. Es ist nie verschwunden; aber es war stets bedroht, so daß es sich eher mit dem heidnischen verbündete als mit christlichen Gedanken.[259]

Die Kindheit der Kirche ist vorbei, doch sie scheint nicht willens, in neues Wachstum und das Erwachsensein vorzustoßen; wer spirituelle Reife sucht, findet sich in spiritueller Jugend festgehalten. Es nimmt wenig Wunder, daß eine Massenauswanderung von Christen in die Richtung anderer Religionen oder spiritueller Systeme stattfindet, die sich die Mühe machen, Gebets- und

Meditationstechniken zu lehren, und die die Traditionen, die sie geerbt haben, nicht nur schätzen, sondern auch willens sind, diese an andere weiterzugeben.

Diese Vernachlässigung des inneren Lebens in der Kirche hat viele zu der Spekulation verleitet, ob es nicht an der Zeit für eine spirituelle Renaissance sei. Heutzutage sind viele spirituelle Pilger unterwegs und weniger Hüter der Tradition. Wenn solch eine Renaissance im Entstehen ist, dann wird sie wahrscheinlich eher von den Laien als vom Klerus ausgehen, der unweigerlich zu einem Programm stetiger Entmythologisierung, liturgischer Verarmung und theologischer Trägheit entschlossen scheint: die neue Keuschheit, Armut und Gehorsamkeit des modernen Zeitalters. Wenige Hermetiker und Nicht-Christen sehen für das Christentum als kirchlich verwaltete Religion bleibende Hoffnung voraus. Die ständige Entwertung «des Preises dafür, ein Christ zu sein» war zu Zeiten des Philosophen Kierkegaard so fortgeschritten, daß er schrieb, «schließlich wurde der Preis so absurd niedrig, daß sich bald die entgegengesetzte Wirkung einstellte, daß die Menschen kaum noch etwas mit dem Christentum zu tun haben wollten».[176] Einige sahen den Niedergang des Christentums als ein Beispiel poetischer Gerechtigkeit in dem Sinne an, daß es direkt oder indirekt der Beerdigungsunternehmer und Henker so manch anderer Tradition gewesen ist.

Wenn die esoterischen christlichen Mysterien überhaupt irgendwo gehütet werden, dann von dem ungerühmten Mystiker, der wie ein verborgener Eremit in seiner Tradition lebt. Kehren wir zu unserer Vorstellung der «marginalen Schamanen» zurück, die die traditionellen Werte des Geheimen Staatenbundes beseelen (siehe Band 1). Für jeden Mystiker, dessen Erkenntnisse niedergeschrieben werden, gibt es wahrscheinlich Hunderte, deren stille Ausübung unbekannt ist. Mystik weist immer noch die nämlichen Makel der Belastung durch Gnostik und Offenbarung auf. Aus vergangenen Berichten könnte es scheinen, daß der Mystiker, gleich dem sträflich vernachlässigten Dichter, unmittelbar nach seinem Tod gepriesen wird, nachdem er ein Leben lang von Pontius zu Pilatus gejagt wurde. Die Einkerkerung von St. Johannes vom Kreuz und die Inquisition der Heiligen Teresa von Avila sind extreme Beispiele dieser Praxis. Stigmatiker und Wunder-Wirkende, die weit davon entfernt waren, sich in dem Ruf zu sonnen, dessen sich vor-revolutionäre orthodoxe Eremiten oder *startsi* erfreuten, wurden in obskure Klöster abgeschoben. Man hat das Gefühl, daß ein wirklich lebender heiliger Franziskus die Kirche heute noch genauso in Unruhe versetzen würde, wie er es im 13. Jahrhundert in Umbrien tat.

Der mystische Weg ist ein spurenloser Pfad, auf dem der Pilger danach strebt, Gott von Angesicht zu Angesicht zu treffen, indem er bedingungslos an das Versprechen glaubt:

«Ich werde dir die Schätze der Dunkelheit und der geheimen Orte geben.» (Jesaja 45,7) Den eigenen inneren Weg zu finden, ist keineswegs davon abhängig, wie andere ihn bereist haben, doch die Länge der Reise wird erheblich verkürzt, wenn man sie in der Gesellschaft von jemandem verbringt, der sich auch auf dieser Reise befindet. Auf diese Weise haben die großen Mystiker der Kirche Pilger wie die mittelalterlichen Mystiker Julian of Norwich[160], den Autor von *Cloud of Unknowing*[50], Thomas von Kempis[179] und die Heilige Katherina von Siena[44] bis zu den Mystikern unserer Tage: Thomas Merton[233], Caryll Houselander[149] und Ida Gorres[108] begleitet. Die Wiederherstellung und Bewahrung der christlichen Tradition war das Anliegen vieler Mystiker und spiritueller Autoren in diesem Jahrhundert. Zwei bemerkenswerte Frauen verschiedener Herkunft haben viel zu unserem Verständnis beigetragen: Rosemary Haughton[136] und Lois Lang-Sims[189]. Beide sind sich der christlichen Mysterien und der «verlorenen» esoterischen Seite ihres Glaubens bewußt. Ihre Bücher ragen einsam aus einem Babel theologischer Auseinandersetzungen und fundamentalistischer Scheinheiligkeit heraus. Es ist vielleicht bezeichnend, daß beide Frauen innerhalb einer Tradition sind, die zwar geprahlt hatte «es gibt weder Jude noch Grieche, weder Sklaverei noch Freiheit, es gibt weder männlich noch weiblich» (Galater 3,28), aber dennoch eisern an eben den geschlechtlichen Benachteiligungen festgehalten hat, die mit dieser Prahlerei abgeschafft werden sollten.

Als Teilhard de Chardin Mitte dieses Jahrhunderts schrieb: «Es gibt das allgemeine Problem des weiblichen Geschlechts, und bis jetzt ist es von der christlichen Theorie der Heiligkeit ungelöst oder unvollkommen ausgedrückt geblieben»,[327] unterschätzte er kaum das Versagen seiner eigenen Tradition in dieser Hinsicht. Obwohl Christi geistliches Amt durch die weiblichen Pole einerseits der Jungfrau Maria, seiner Mutter, die seine Fleischwerdung durch ihre Bereitschaft, Gott zu dienen, vollbrachte und andererseits der Maria Magdalena, die die leere Grabstätte am Morgen der Auferstehung entdeckte, verstanden werden kann, ließ die Kirche sich Zeit, darüber nachzudenken. Femini-

Die (Liebe) Frau Maria und ihr Sohn
von Weisheit gelotst im Schiff des Glaubens

stische Theologie hat vielfach versucht, diesen Sachverhalt zu berichtigen, doch hat häufig nur erreicht, die Dinge auf den Kopf zu stellen, indem sie männliche Symbolik durch weibliche ersetzt hat und vor anderen, entscheidenderen Streitfragen die Ordination von Frauen förderte. Diese esoterischen Angelegenheiten stören notwendigerweise unser esoterisches Verständnis, wenn wir die bereitwillige Annahme eines Symbols für liturgische Zwecke sehen: zum Beispiel die Darstellung von und Hymnen an die gebenedeite Jungfrau Maria, und einen Ausschluß ihrer Töchter. Mystiker wurden besonders von Maria angezogen: «Maria ist eine Dimension von Jesus, eine Dimension, die er ausdrückte, als er sagte, ‹Mein Joch ist bequem und meine Last ist leicht›, es ist vorteilhaft, sich an diese Dimension zu wenden, um Ganzheit zu erlangen.»[294] (s. Abb.)

Der Logos und seine Mutter als die manifesten Inkarnationen von Gottes Liebe, die am Schicksal der Menschheit teilhaben, sind der Ausgleich der spirituellen Ganzheit. C. G. Jung hatte recht, die Lehre von Mariä Himmelfahrt als von äußerster Wichtigkeit für unsere Zeit zu begrüßen, denn so gibt es die Möglichkeit, den Dualismus von Männlich und Weiblich innerhalb des Christentums abzubauen. Der Geist – häufig durch Christus symbolisiert – ist wichtig, doch der Körper ebenso – den Christus mit Marias Hilfe annahm. Wenn der Körper oder die Seele eines Mannes (das heißt Jesus') in den Himmel aufgenommen wurde, dann war es recht und billig, daß der Körper und die Seele einer Frau auch aufgenommen werden sollte, so das Dogma. «Von dieser Erde, auf der wir als Pilger wandeln, getröstet durch unseren Glauben an die zukünftige Auferstehung, sehen wir auf dich… o süße Jungfrau Maria.»[237] Es ist interessant, zu bemerken, daß Hermetiker und Alchemisten sie nie aufgegeben haben, obwohl die protestantischen Kirchen nach der Reformation die Hingabe an oder die besondere Erwähnung der Maria aufgaben. In den protestantischen Enklaven des Rosenkreuzertums, in den Schriften von Böhme, Vaughan und anderen verborgen, ist die Erinnerung an unsere Liebe Frau noch immer süß. Wir werden das göttliche Weibliche in Kapitel 5 genauer betrachten, in dem wir die Identifikationen der Göttin, der Weltseele und der Sophia selbst, Unserer weisen Frau, untersuchen.

Der Hermetiker mag sich oft mit der exoterischen oder dogmatischen Natur der Kirche im Streit befinden, doch selten mit ihren esoterischen Mysterien. «Was das mikrokosmische Herz nicht sagt, sagt uns das makrokosmische Herz – der Logos – in einer symbolischen und verschlüsselten Sprache.»[294] Die Gleichnisse Christi enthüllen zwei Verständnisebenen – auf der einen Ebene eine Geschichte, auf einer anderen, den Schlüssel zum inneren Königreich. Jesus spricht über sich selbst in symbolischer Weise, indem er seine Zuhörer drängt, den letzten Tropfen Bedeutung aus seinen Gleichnissen herauszupressen. Sein Geschichtenerzählen zielt darauf ab, eine Reaktion bei den Zuhörern hervorzurufen, die die angeborene Weisheit haben, die Geschichte praktisch anzuwenden. Während er ein Feind theoretischen Wissens war, besonders, wenn es Menschen aufgezwungen wurde, die nach einfachem Glauben lebten (Matthäus 23), so ermutigte er auch den Glauben, der zu besserem Wissen führte (Johannes 10). Mehr Fülle im Leben, nicht weniger, waren seine Worte. Nach welcher heilenden Geschichte wir auch unser Leben ausrichten, erst müssen wir an sie glauben und Vertrauen darin haben, daß sie uns ihre Schätze zeigt. Bewußtheit des Makrokosmos, des inneren Königreichs, liegt in den Evangelien verschlossen.

Mystische Erleuchtung ist nichts Verbotenes oder Exotisches: es ist nur das geschickte Begreifen und Verwenden spiritueller Symbolik. In Band 1 sprachen wir über die Möglichkeiten, nach denen wir die Landschaft lesen können, die uralten Steine unserer einheimischen Tradition; dasselbe gilt für die hermetische Tradition. Die gotischen Kathedralen waren als «die Bibel des Volkes» bekannt, deren architektonische Geheimnisse die esoterische Geschichte von Christus verkörperten. Heute eine davon zu besuchen, heißt einen Wald von Steinsäulen zu betreten, in deren Nemeton sich die Abbildungen von Heiligen, Engeln und Propheten, des jährlichen Kreislaufs der Jahreszeiten, den geheimen Kennzeichen von Christus und der Jungfrau Maria befinden. In Chartres betritt man das Labyrinth, das symbolisch nicht nur die Pilgerfahrt nach Jerusalem darstellt, sondern auch eine Rückkehr zur Heimat des Herzens, dem inneren Königreich, das durch das Leben selbst erreicht wird.[358, 57, 2] Das Labyrinth ist auch unsere Erinnerung an die miteinander verbundenen Spiralen des westlichen Weges, welche der Gegenstand unserer derzeitigen Pilgerfahrt sind. Könnten wir innerhalb der aufragenden Säulen dieses Kathedralen-Waldes nicht vielleicht den weißen Hirsch erblicken, der seit jeher das Sinnbild der spirituellen Suche war und in dem die Gralssuche ihre Beute sieht?[277]

Es ist, als habe Pwyll aus dem Mabinogion[204] sich auf der Suche nach dem anderweltlichen weißen Hirsch in das Mittelalter verirrt, wo Arawns wilde Jagd in neuer Gestalt reitet (siehe Band 1). Die unter der Schutzherrschaft der einheimischen Tradition begonnene Suche, wird ohne Unterbrechung in der hermetischen Tradition fortgesetzt. Von dem Gundestrup Kessel mit seiner Darstellung von Cernunnos als Wächter der Opferjagd zum «... denn das verwundete Herz erscheint auf dem Hügel» des heiligen Johannes vom Kreuz[155] scheint es ein großer Schritt zu sein, doch wir sollten keine Schwierigkeit darin sehen, diese in Wechselbeziehung stehenden Bilder miteinander in Einklang zu bringen. Aus dem Temenos einer mittelalterlichen Kathedrale heraus ist es leichter, diese wichtige Verbindung herzustellen. Dessen Steine wurden behauen und aufgestellt, als es spirituelle Ritterlichkeit überall gab – die Suche, die die Laien nicht ausschloß, weder Dame noch Ritter, Edelmann noch Bauer. Die kraftvollen Epen spiritueller Ritterlichkeit, die in den Gralslegenden verkörpert sind, verbanden den christlichen Mythos mit der Vitalität einheimischen Geschichtenerzählens. Liebe, sowohl irdisch als auch spirituell, war in all ihrer Komplexität gegenwärtig: von dem Drang jener berittenen Mönche, der Templer, die Pilger zu schützen, bis zu den anderweltlichen Höfen der Liebe, wo das keltische Paradies und mittelalterliche Einfachheit sich verbanden, wollte jeder Teil der Geschichte sein.

Der Heilige Franz von Assisi hatte den Kopf voll solcher Geschichten, versuchte, ein Ritter zu sein, bevor er, die Dame Armut verteidigend, mit weniger als zerlumpter Kleidung und einer Handvoll Idealen ausritt. Dennoch verlor er seine Liebe für spirituelle Ritterlichkeit und die Suche nie aus den Augen. Er gründete zwei Orden, einen für Mönche und einen für Nonnen, doch dieser Troubadour des Herrn war so überwältigend, daß seine Erzählungen sich anließen, die Dörfer Italiens zu leeren, also gründete er einen Orden für Laien, damit sie nicht aus der Geschichte ausgeschlossen würden.

Die Stammesgeschichten traten nicht zurück, sondern wurden überarbeitet und in die des weißen Hirsches, Christus selbst, eingegliedert. Das klassische Überbleibsel, das die Grundlage der hermetischen Tradition begründen sollte, hat die Geschichte von der verlorenen Perle und dem Finden des Lichtfunkens zum Mittelpunkt. Beide Geschichten überschneiden sich und werden sich zweifellos begegnen, wenn die Zeit reif ist – außer natürlich, wenn sie sich im Inneren treffen, im Königreich selbst, jenseits der Zeit. Und während beide Geschichten von neuen Gleichnissen herausgefordert werden sollten, haben sie immer noch die Kraft, Zuhörer anzuziehen.

Der Wissensdurst war überwältigend und verschlang häufig, was die Kirche als die wichtigeren Belange der spirituellen Suche ansah. Denn während die Akademiker und frühen Wissenschaftler nicht mit der Summe mittelalterlichen Wissens zufrieden waren, begnügten sich die spirituellen Sucher auch nicht damit, in den bekannten Grenzen der Religion zu bleiben.

Die frühere Abspaltung der Religion vom Schamanismus fand ihre unglückliche Wiederholung während der Reformation und Gegen-Reformation in der Trennung von Religion und Wissenschaft, als Glaube und Wissen sich mit Hilfe neuer Kämpfer wieder gemeinsam in die Schlacht begaben – Tradition gegen das Wort, Gottesgesetze und Naturgesetze im Streit miteinander. Zu viele radikale Experimente auf den Gebieten der Physik und Metaphysik hatten eine beinahe vollkommene Spaltung innerhalb der Religion zur Folge. Wissenschaftler und Magier hatten große Schwierigkeiten, ihre Arbeit mit ihrem Glauben in Einklang zu bringen.

Die Bedeutung der Suche liegt hauptsächlich in der Erforschung des Bewußtseins: wie weit wir in der spirituellen Suche auch gehen, was wir suchen, finden wir immer in uns selbst. Die Erforschung der inneren Wirkungsweise des Menschen, dem Mikrokosmos, war immer noch das Hauptanliegen des Mystikers, Wissenschaftlers und Magiers. Und obwohl jeder auf verschiedenen Erfahrungsebenen forschte – jede Suche war wertvoll. Es ist unsere

> gottgegebene Aufgabe, die poetischen und materiellen Reiche zu versöhnen und in Einklang zu bringen, sie zur Einheit zu bringen, das Materielle zu spiritualisieren und alle verborgenen Eigenschaften der geschaffenen Ordnung manifest werden zu lassen. Wie die jüdischen Chassidim es ausdrückten, ist der Mensch aufgerufen, «von Sprosse zu Sprosse voranzukommen, bis durch ihn alles vereint ist». Wie der Mikrokosmos ist der Mensch dann derjenige, durch den die Welt zusammengefaßt wird; als Vermittler ist er derjenige, durch den die Welt Gott wieder dargebracht wird.[355]

Diese Erkenntnis teilen Christentum und Judentum. Diese Erkenntnis in die Tat umzusetzen, war das Ziel der Hermetiker. Wir sprachen über Stammes- und «wandernde» Tradition: innerhalb der jüdischen spirituellen Tradition sind die beiden eins.

Die zerbrochenen Gefäße

> Gott ordnete die Reihenfolge der Schöpfung so, daß alle Dinge aneinander gebunden sind. Die Richtung der Ereignisse in der unteren Welt hängt von den Wesenheiten über ihnen ab, wie unsere Weisen es lehren: «Es gibt keinen Grashalm in der unteren Welt, der nicht einen Engel über sich hat, der ihn prägt und ihm zu wachsen befiehlt.»[168]

Dies schrieb der jüdische mystische Führer, der Hai Ben Scherira Gaon (939–1038). Dieser Ausspruch wird dem Hermetiker vertraut sein, der Schwingungen von der smaragdenen Tafel auffängt. Es ist auch eine Feststellung über die Verbundenheit der Welten untereinander, die die Kabbalistik vor allen anderen Systemen verstanden und der Welt geschenkt hat. Die Entwicklung der Kabbala innerhalb des Judentums ist außerordentlich wegen ihres erstaunlichen Erfolges und ihrer Akzeptanz nicht nur als mystische Tradition im Judentum selbst, sondern als esoterisches System, das Nicht-Juden übernommen haben.

Die Kabbala ist ein Beispiel für eine mystische Tradition, die organisch aus ihrer exoterischen Schale herauswuchs und dennoch völlig in diese integriert blieb. Sie entwickelte sich aus den mündlichen Lehren der Propheten, übernahm mystische Elemente und Techniken während des babylonischen Exils und der Diaspora, woraus sie sich auf bestimmte, örtlich beschränkte Weise weiterentwickelte. Statt ihrer Entwicklung entgegenzuwirken, haben die exoterischen Gesetze des Judentums sie noch stärker zu einer Einheit verschmolzen, indem sie die esoterischen Geheimnisse in den Händen von Adepten beließen, die auch religiöse Führer waren.

Vor allem zwei Faktoren bestimmen die Durchhaltekraft des Judentums: der Stammeszusammenhalt, für den die Familieneinheit ein Beleg ist und die Anpassungsfähigkeit eines Nomadenvolkes – als welches die Juden bis in unser Jahrhundert zu leben gezwungen waren. Die Einzelheiten jüdischen Gesetzes werden von Nicht-Juden oft als mühsame Last dargestellt, doch für die damit lebenden sind sie Gelegenheiten für den Kontakt mit Gott: die Berührung des heiligen Texts der *Shema* («Höre, O Israel», Deut. 6,4) in der *mezuzah* beim Verlassen und Betreten eines Hauses, das Tragen von *tallit* und *tefillin* – dem Gebetsschal und Gebetsriemen – die Ernährungsvorschriften und jahreszeitlichen Feiern, die göttliche Ruhe am Sabbat zählen zu den Interaktionen des gläubigen Volkes mit Gott.[335] Jüdische Mystiker sind keine Mönche und Nonnen, sondern verheiratete Leute, die in der Welt leben und die Notwendigkeit der Vereinigung des Lebens von Körper und Geist verstehen.

Niemand kann den Beginn der Kabbala datieren. Jahrhundertelang blieb sie eine mündlich überlieferte Lehre, deren erste Texte im Spanien des frühen Mittelalters erschienen. Die gegenseitige Befruchtung, die den Mittelmeerraum während des frühen Christentums beeinflußte, zeigt sich auch in den kosmologischen Betrachtungen und Formulierungen der Kabbala. Seitdem Gottesdienste im Tempel von Jerusalem erstmals 586 v. Chr. durch die Zerstörung des salomonischen Tempels unterbrochen wurden und dann nochmals 70 n. Chr., als der wiederaufgebaute zweite Tempel während der römischen Besatzung verbrannte, konnten bestimmte religiöse Pflichten und Dienste nicht erfüllt werden. Mehr noch: Der Wohnort für Gottes Geist, die *Ruach Ha Kodesh*, die Schekhinah hatte keinen Platz, außer in den Seelen der Gläubigen. Dies ist entscheidend für das Verständnis der jüdischen Besessenheit von der Bewahrung der Tradition. Gleichgültig, wo das auserwählte Volk lebte, dort war auch die Schekhinah, um unsichtbar ihr Exil zu teilen, so wie einst die Stämme Moses durch die Wüste gefolgt waren, bei Tage von einer Rauchsäule und bei Nacht von einer Feuersäule geleitet – der mystischen Erscheinung der Schekhinah, die zwischen den Cherubim auf der verhängten Bundeslade ihren Platz hatte. Im neuen Exil der Diaspora hatte jedes Mitglied der Gemeinde die zusätzliche Pflicht, ein geheimes Tabernakel für den innewohnenden Geist zu bewahren, das nur durch aufrechtes Leben und ständiges Studium der Traditionen erwirkt werden konnte. Aus diesem eindringlichen Studium wurde das mystische System der Kabbala geboren.

Die Kabbala ist wie ein Mikrochip, auf dem die gesamte mystische Tradition der Juden kodiert ist. Auf Grund ihrer einzigartigen Verdichtung ist sie ein System, das aus der hermetischen Tradition entliehen wurde, um deren eigene komplexe Symbolik zu verschlüsseln. Doch sollten wir nicht vergessen, daß die Kabbala vor allem anderen eine jüdische spirituelle Ausdrucksweise ist und kein nicht-jüdisches magisches System. Die Kabbala besteht aus vielen Ebenen mystischer Erfahrung und ist vielfach kommentiert worden. Wir haben nicht den Platz, alle Kommentatoren aufzulisten: Wir verweisen den Leser auf die Bibliographie, wo viele Titel angeführt sind.[167, 168, 145, 154, 77, 127–130]

Es ist offensichtlich, daß die von Kabbalisten angewandten Techniken das Gebet, das Fasten und die Wiederholung der heiligen Namen Gottes – die üblichen religiösen Verrichtungen – einschlossen, neben dem, was wir als eher esoterische Techniken ansehen wie Meditation, rhythmisches Atmen, Chanting, das Einnehmen bestimmter Körperhaltungen, um die göttliche Vision wahrzunehmen und viele Mittel der Visualisierung. Diese Techniken wurden sorgfältig vor dem Uneingeweihten verborgen, denn ohne Anleitung kann ihre Verwendung nicht nur körperlich gefährlich sein, sondern den Praktizierenden in Bereiche irreführen – wo die Schalen der Schöpfung von Dämonen bewohnt sind.

Eine der Hauptquellen der Kabbala ist der *Sohar* oder das «Buch des Glanzes», das Moses von León (1250–1305) zugeschrieben wird, doch das zweifelsohne weit früher in mündlicher Tradition datiert. Zusammen mit dem *Sepher Jetzirah* (Buch der Schöpfung) liefert es uns die Basis für alle folgenden kabbalistischen Studien, indem es ein sephirotisches System auf dem *Baum des Lebens* einführt, sowie die Mittel, um eine Folge spiritueller Aufstiege, als *merkhabah* oder «Aufstiege in dem Wagen» bekannt, zu unternehmen. Die Sephiroth sind die zehn Essenzen oder «Saphire» von Gottes Emanationen (siehe Abbildung S. 123). Sie neigten dazu, nützliche Karteikästen in der nichtjüdischen Kabbala zu werden, doch ihre ursprüngliche Bedeutung ist die des juwelenartigen Lichts, durch das die verschiedenen Eigenschaften der Herrlichkeit Gottes manifest werden. Die *merkhabah* oder der Wagen war das Gefährt, aus dem der Mystiker die himmlischen Hallen Gottes betrachtete. Diese Form des Mysteriums rührt von der Vision des Hesekiel her, dessen Bericht vom geräderten Wagen und den lebendigen Wesen, die ihn umgaben, zum Objekt vieler meditativer Studien wurde. Diese Vision betrachtete man als die höchste im Kanon der jüdischen Mystik.[154]

Andere Kabbalisten folgten ihren eigenen intensiven Meditationen, besonders Abraham Abulafia (1240–1292), dessen Umstellungen des hebräischen Alphabets ihm feurige Visionen einbrachten.[1] Seine Techniken sah man als sehr gefährlich an: Es ist

Das göttliche Wissen

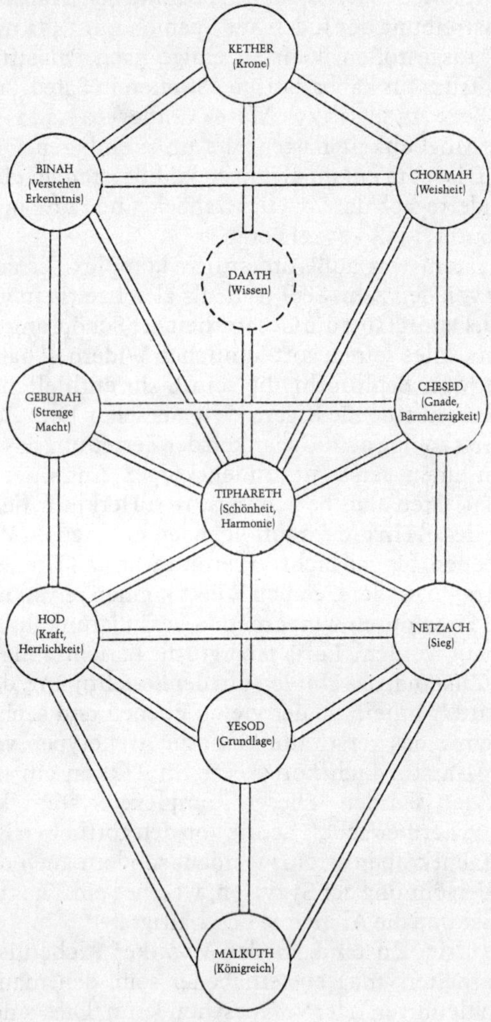

Der Baum des Lebens

möglich, daß es zwischen ihm und dem christlichen Esoteriker Ramón Lull eine Verbindung gab – ihre Systeme glichen einander sehr (siehe Kapitel 3). Die spanische Schule der Kabbala überdauerte die Austreibung der Juden aus Spanien um 1492 nicht lange. Wiederum ausgestoßen, kehrten einige nach Palästina zurück, um ein Zentrum für kabbalistische Studien in Safed, zu gründen, wo Joseph Karo (1488–1575), Moses Cordevero (1522–1570) und andere die Möglichkeit hatten, die unvereinbaren Disziplinen, die aus der Diaspora entsprangen, zu kodifizieren. In diesem Zentrum veränderte sich der Lauf der Kabbala und reifte in der Arbeit von Isaak Luria (1534–1572) heran.

Lurias System war außerordentlich komplex: Er entwickelte den Begriff von den zehn Sephiroth als gleichzeitig in vier Welten existierend. Damit Gott die Gesamtheit der Schöpfung durchdringen kann und alles seinen gott-ähnlichen Widerhall habe, wurden die Gefäße (oder Sephiroth), die sein Licht enthielten, zerschlagen, so daß sie in eine niedrigere Welt ausliefen. Dies Zerschlagen der Gefäße ist analog dem Gedanken der Zerteilung des göttlichen Funkens in einen verstreuten Lichtkörper. Aus ihrer ursprünglichen wichtigsten aber beziehungslosen Herkunft fielen Bruchstücke der Gefäße in die darauffolgenden niedrigeren Welten oder Existenzebenen, bis das Licht so zerteilt war, daß Ungleichmäßigkeiten auftraten (in der gleichen Weise können physikalische Elemente wie Uran durch zunehmende Veränderung ihrer Bestandteile abgebaut werden). Luria predigte die Berichtigung des Lichts aus einem Zustand, das Universum der Berichtigung, das *Tikkun*, genannt wird.[16] Innerhalb der vielen Ebenen und sephirotischen Gefäße konnte das zerstreute Licht zu Archetypen versammelt werden – Miniatur-Lichtkörper, die im Tikkun ein integriertes Ganzes bilden würden. Dieses komplexe System kombiniert nicht nur die hermetische Theorie von den göttlichen Funken, die zu einem Lichtkörper vereint werden, sondern auch die Vereinigung und Versöhnung der Syzygien, welches ein Thema des Gnostizismus ist und die Alchemie beschäftigte.

Der endgültige Zustand, auf den Mystiker, Alchemist und Kabbalist hinarbeiten, mag ein erhabener sein, den man in keiner Weise beschleunigen oder voraussehen kann. Dies sind wahrlich kosmische Dinge, doch wie Chaim Vital (1543–1620), Lurias großer Schüler, schrieb:

> In seinem Aufstieg wird der Mystiker vom Licht des Baumes erleuchtet, und bei seinem Abstieg findet das Licht ein Medium,

durch das es zurück in die alltägliche Welt fließt... Bei dem Abstieg wird ein Zauber ausgeübt und der gesamte (durch imaginative Meditation) visualisierte Weg des Aufstiegs wird «größer als die Wirklichkeit».[121]

Die meditativen Techniken mittels derer eine Würdigung der Geheimnisse des Lebensbaums verstanden werden kann, wurden zu den Werkzeugen, mit denen der Kabbalist den Aufstieg und Abstieg vornahm, so daß die höheren Welten und die Lichter der Sephiroth mit Hilfe der Vorstellungskraft erfahren werden konnten. Doch diese Erfahrung war nicht zum individuellen Besitz gedacht, sondern sollte die Rückkehr der Schekhinah und ihres Volkes aus dem Exil beschleunigen.

Lurias Lehren verbreiteten sich durch die gesamte jüdische Welt, besonders in Rußland und Osteuropa, wo sie die Chassidim-Bewegung beeinflußten. Die Chassidim (die Frommen) wurden häufig verfolgt, doch in ihnen schlug die lebendige Kabbala Wurzeln. Sie brachten sie heil von den mystischen Höhenflügen der mittelalterlichen spanischen Phantasie in den Bereich des täglichen Lebens zurück. Der berühmteste Chassidim war Ba'al Schem Tov (1698–1760), der eine Tradition kabbalistischer Wundertaten gründete. Das Leiden des Volkes war zu jener Zeit so groß, daß man die chassidischen Meister als Magier und Retter ansah. Es ist interessant festzustellen, daß dieselbe Fähigkeit, Wunder zu vollbringen, eine Eigenschaft der russisch-orthodoxen Wandereremiten, der *startsi*, war: Ihre ununterbrochene Wiederholung des Jesus-Gebets, «Herr Jesus Christ, Sohn Gottes, sei mir Sünder gnädig», glich in vieler Hinsicht der Rezitation und Umsetzung der heiligen Gottesnamen, die die Kabbalisten vornahmen. Vielleicht berührten sich Kabbalismus und die Überbleibsel nordeuropäischen Schamanismus an diesem Punkt? Die komplexen Systeme der Kabbala wurden dem Volk sicher durch die Tradition des Geschichtenerzählens nahegebracht, die ihre Wurzeln in den einheimischen Traditionen hatte. Rabbi Nahman von Bratislava (1772–1810) berichtete von dem Tikkun, den Schöpfungsdramen und den Eigenschaften der Sephiroth in Form einfacher Volkserzählungen»[240].

Wie Kaplan bemerkt, «je näher man der Gegenwart kommt, desto weniger gefährlich und universeller werden die Methoden kabbalistischer Meditation»[168]. Der Chassidim tanzt und singt in ekstatischer Einheit mit Gott, der Lurianische Kabbalist führt die mystischen Vereinigungen auf, die männliche und weibliche

Aspekte Gottes in göttlicher Umarmung zusammenbringen, der spanische Kabbalist sitzt auf einem Thron innerhalb der Strahlen der heiligen Namen. Nur wenige streben in neuerer Zeit danach, zu den Anfängen der Kabbala zurückzukehren, um den letzten Aufstieg in den Feuerwagen zur siebten heiligen Halle zu wagen, wo Gott selbst in seiner Herrlichkeit weilt.

Jüdische Kabbalisten treffen sich heutzutage immer noch, sie rekrutieren sich aus den Reihen der orthodoxen und strenggläubigen Juden, nicht denen der Nichtjuden (Heiden). Ihre Arbeit ist Teil der reichen Erbschaft des westlichen Weges, die ihr Gesicht der inneren Welt zeigt, damit das Licht des göttlichen Antlitzes noch heller auf die äußere Welt scheinen möge. Ihre Aufgabe ist der der Mystiker anderer Traditionen nicht unähnlich.

> Ein Mensch wird in diese Welt mit nur einem kleinen Funken Güte in sich geboren. Der Funke ist Gott, es ist die Seele; der Rest ist Häßlichkeit und böse, eine Schale. Der Funke muß wie ein Schatz gehütet werden, er muß genährt und zu einer Flamme entfacht werden. Er muß lernen, die anderen Funken herauszusuchen, er muß die Schale beherrschen.[274]

Viele jüdische Kabbalisten können nichtjüdischen oder sogar christlichen Kabbalismus, wie er oft genannt wird, nicht verstehen (siehe Kapitel 3). Für sie ist die Kabbala der elementarste Ausdruck ihrer Religion und nicht, wie für westliche Okkultisten, bloß eine Technik. Wir werden die Art und Weise, wie die Kabbala sich von einer spirituellen Tradition zu einer psychospirituellen Technik veränderte, im nächsten Kapitel näher betrachten. Okkultismus hat für die Kabbala bewirkt, was die Psychologie für die Religion getan hat. Des einen Mythologie ist schließlich des anderen Religion. Wenn der Leser nicht direkte Erfahrung mit einer lebendigen spirituellen Tradition aus erster Hand hat, dann ist es nicht wahrscheinlich, daß er oder sie die Bilder, Symbole und Zustände, die zu deren Praxis gehören, versteht oder auch nur wiedererkennt. Jene Hermetiker, die kabbalistische Techniken verwenden, sollten mehr als nur flüchtige Kenntnis der Tradition besitzen, aus der diese entsprangen. Die Bücher von Z'ev ben Shimon Halevi (siehe Bibliographie) werden dem allgemeinen Leser einen guten Hintergrund über dieses Gebiet verschaffen, wie auch ein Ausbildungssystem in authentischer kabbalistischer Methode.

Wir fragen uns, wie häufig dieses hebräische Kindergebet in anderen esoterischen Zusammenhängen benutzt wurde:

Im Namen des Herrn Gott von Israel, möge Michael, der Schutz Gottes an meiner rechten Seite sein; und Gabriel, die Macht Gottes an meiner linken; vor mir Uriel, das Licht Gottes; hinter mir Raphael, die Heilung Gottes und über mir Schechinat El, die Gegenwart Gottes.[88]

Übung 3: Der Tempel der inneren Weisheit

Diese Übung ist dazu bestimmt, einen Tempel innerer Weisheit aufzubauen, einen allgemeinen Versammlungsort, wo sich Angehörige verschiedener oder gar keiner Tradition treffen können. Wenn «religiöse Loyalität nicht mehr ist, als die Ernsthaftigkeit unserer menschlichen Beziehungen zu Gott, auf der Basis der Mittel, die er zu unserer Verfügung stellt»,[294] dann müssen wir die geschicktesten Mittel finden und benutzen. Obwohl der Zufall der Geburt unseren kulturellen Hintergrund bestimmt, und obwohl wir unsere eigene Tradition vielleicht erst finden, nachdem wir die notwendige Reife erlangt haben, existiert eine Gesellschaft der Philosophia Perennis, an der wir alle teilhaben.

Der Tempel der inneren Weisheit ist rund. Um ihn herum sind viele Vorzimmer, die Zugang zum mittleren Bereich gewähren. Durch eines davon werden Sie eintreten. Dem inneren Tempel nähern Sie sich durch das Vorzimmer, das Ihre eigene Tradition repräsentiert. Es wird gemäß den angemessenen Symbolen und Entsprechungen mit dieser Tradition ausgestattet sein. Es sollte ein Ort sein, an dem Sie sich zu Hause fühlen.

Falls Sie keiner Tradition angehören, betrachten Sie die vielen Pfade, die Sie dorthin geführt haben, wo Sie heute stehen. Diese Pfade müssen nicht unbedingt selbst Traditionen sein, sondern Bruchstücke oder Ableitungen einer solchen. Vielleicht haben Sie eine Meditationstechnik verwendet, die hilfreich war oder ein Buch gelesen, dessen Philosophie mit Ihrer eigenen mitschwingt, so daß Sie sie angenommen haben. Vielleicht haben Sie ein Symbol-System wie den Tarot oder den Baum des Lebens erforscht; vielleicht haben Sie auch Techniken benutzt, die aus den östlichen Religionen stammen wie Yoga oder I-Ging. Wenn Sie möchten, machen Sie diese zu den Vorzimmern um den Tempel herum, doch gehen Sie sicher, daß Sie sich dort zu Hause fühlen: Versuchen Sie nicht, aus einer Tradition heraus zu arbeiten, die Sie befremdet. Gehen Sie also sicher, daß Sie die gewählte

Tradition mehr als nur oberflächlich verstehen, bevor Sie den Tempel betreten. Jedes dieser Vorzimmer wird einen Wächter haben, dem es freisteht, Ihnen den Zutritt zum Tempel zu erlauben oder nicht: Jeder ist ein Meister oder eine Meisterin dieser Tradition, also hören Sie auf ihren Rat.

Wenn Sie sich noch auf der Reise in Richtung Weisheit befinden (und wann besitzt einer von uns sie denn völlig?) oder wenn Sie von der Vielfalt der Ihnen zur Verfügung stehenden Traditionen vollkommen verwirrt sind, dann zögern Sie nicht, das Vorzimmer des Amethyst-Heiligtums zu betreten. Dies ist ein kahler, heiliger Raum, in dem eine verzierte Silberlampe mit einer ewigen Flamme hängt, die in einem amethystfarbenen Glas brennt. Jeder darf diesen Ort betreten. Seine einzige Möblierung besteht aus einem Stuhl, auf dem Sie über die ewige Flamme meditieren dürfen. Wenn Sie wirklich wünschen, den Tempel der inneren Weisheit zu betreten, dann müssen Sie etwas von Ihrer spirituellen Erfahrung mitbringen. Jemand wird aus dem Temenos heraus zu Ihnen kommen, um mit Ihnen zu sprechen und Ihnen Anweisungen zu geben. Dieser Wächter wird Sie einladen, den Tempel aus dem Amethyst-Heiligtum heraus zu betreten, wenn Sie vollkommen bereit sind und nicht eher.

Es gibt so viele Vorzimmer zu dem Tempel wie Traditionen in der Welt. Um sich darauf vorzubereiten, den Tempel aus Ihrem gewählten Zimmer zu betreten, setzen Sie sich zur Meditation und bauen Sie das Vorzimmer um sich herum auf, indem Sie seine wesentlichen Eigenschaften mit Ihren Sinneswerkzeugen hervorrufen. Sie sollten Ihre Tradition effektiv *bewohnen*, bevor Ihnen erlaubt wird, den Vorhang beiseitezuziehen, der Sie von dem Tempel trennt. Der Wächter der Kammer – der als religiöser Führer, Prophet, Mystiker oder selbständiger Führer auf dem Pfad erscheinen kann – wird Ihnen anzeigen, ob Sie vollkommen bereit sind.

Sie ziehen den Vorhang beiseite. Die runde Halle hat riesige Ausmaße. Drumherum befinden sich sieben Säulen, auf denen eine goldene Mittelkuppel ruht. Hier gibt es keine Symbole irgendeiner Tradition – diese bleiben alle in den Vorzimmern, da sie die äußeren Gestaltungen einer inneren Tradition sind. Das Heiligtum der Mysterien war ein leerer Raum, der die bilderlose Wahrheit der Weisheit repräsentierte.

In der Mitte des Tempels befindet sich ein runder Tisch, auf dem ein Teller mit Brot und Salz steht und ein Kelch mit Rotwein. Alle, die hier eintreten, müssen an diesem Mahl teilhaben, oder sie haben hier nichts zu suchen. Dieses Brot und Salz der Gastfreundschaft und der Wein der Gemeinschaft werden von Sophia selbst gereicht. Sie mag als schöne, gekrönte Königin von geheimnisvollem Anblick oder in anderen Verkleidungen erscheinen. Es ist möglich, daß das Mahl von unsichtbaren Händen gereicht wird, daß der Meditierende gar keine Gestalt sieht. Doch die Gegenwart von Sophia durchdringt den Tempel und macht ihn dadurch zu dem Versammlungsort jener, die auf der Suche nach ihren Gaben sind.

Sie können hierher kommen, um zu meditieren und alle Aspekte anderer Traditionen zu treffen. Da Sie das Brot gegessen und von dem Wein getrunken haben, ist Eintracht zwischen allen, die hierher kommen. Sie dürfen Fragen über Aspekte von Traditionen stellen, die Ihnen Schwierigkeiten machen oder die Sie nicht verstehen. Da Sie Ihre Tradition im Tempel der inneren Weisheit vertreten, seien Sie nicht überrascht, wenn andere Fragen an *Sie* richten.

Diese Übung mag mit den Jahren an Bedeutung gewinnen: Ihre Wirkung steigert sich. Der Tempel kann als Ort der Ruhe und Erfrischung benutzt werden. Hier können Sie andere Pfadwanderer treffen wie auch Hüter, Heilige und Mystiker vieler Traditionen. Sie können sogar an der runden Tafel der Gemeinschaft sitzen und an den Ratschlägen der Sophia teilhaben.

Verzweifeln Sie nicht, wenn Sie durch die Amethyst-Kammer eintreten und keine Einladung nach drinnen zu bekommen scheinen. Sie werden eintreten, wenn Sie bereit sind. Der Tempel ist keinesfalls für jene bestimmt, die das Ende ihrer Suche nach Weisheit erreicht haben. Sie führt uns auf verschlungenen Wegen, und wer mittels einer Tradition eingetreten ist, mag die Tür zeitweilig verschlossen finden, falls der Weg von ihr wegführt. Eine andere Tür wird sich rechtzeitig öffnen, und in der Zwischenzeit gibt es das Amethyst-Heiligtum, das immer für den offensteht, den es nach der Weisheit und ihren Gaben hungert und dürstet.

Kapitel 3

Der Magus und seine Magie

Laß meine Lampe zur Mitternacht
in einem hohen einsamen Turm zu sehen sein,
wo ich oft den Bären beobachte
mit dem dreimal größten Hermes.
Milton: *Il Penseroso*

Der Magier strebt danach, Gottes Geist zu kennen, wie er in den kosmischen Mustern veräußerlicht ist.
Godwin: *Mystery Religions*

Die Rückkehr des Schamanen

Drei Magier waren bei der Geburt Christi anwesend. Wie uns das Evangelium des Matthäus berichtet:

> Da Jesus geboren war zu Bethlehem im jüdischen Lande zur Zeit des Königs Herodes, siehe, da kamen Weise vom Morgenland nach Jerusalem und sprachen: Wo ist der neugeborene König der Juden? Wir haben seinen Stern gesehen im Morgenland und sind gekommen, ihn anzubeten… (Matthäus 2,1–2)

Das neutestamentarische Griechisch nennt sie «Weise», doch traditionell heißen sie beinahe von Anbeginn Magi. Frühchristliche Ikonographie bildet sie ab, wie sie den Säugling Jesus in einer Höhle besuchen, ihre phrygischen Kopfbedeckungen weisen sie als Perser oder möglicherweise mithräische Priester aus. Wie wir in Kapitel 1 gesehen haben, gibt es zuweilen überraschende Ähnlichkeiten zwischen den Leben von Christus und Mithras, so daß es angemessen erscheint, wenn die Diener des einen geopferten Gottes zur Geburt eines anderen erscheinen.

Wer waren diese ersten Besucher des inkarnierten Gottes, die seinen königlichen und göttlichen Charakter auf eine Weise erkannten, wie nicht einmal die Juden selbst? Wir können nur wenig über sie vermuten, außer daß sie aus dem Osten kamen, wahrscheinlich zoroastrische oder mazdaische Priester waren, und daß sie dem Lauf der Sterne folgten. Der Tradition nach waren ihre Namen Balthazar, Melchior und Caspar: Balthazar gehörte der weißen Rasse von Shem an und brachte das Gold der Inkarnation; Melchior von der schwarzen Rasse Hams brachte den Weihrauch der Kreuzigung und Caspar von der gelben Rasse von Japheth brachte die Myrrhe der Einbalsamierung und der Auferstehung. Jeder stand für eine Rasse und eine Kunst; jeder war ein Aspekt uralter Weisheit und kam, um ihrer neuesten Manifestation zu huldigen. Sie sind beim Beginn des Christentums dabei, haben aber in seiner nachfolgenden Entwicklung keinen Platz. Und doch «sahen sie das Kind mit seiner Mutter

Maria» wahrscheinlich in der gleichen Weise, wie sie Statuen von Isis und Horus, Cybele und Attis und anderen ebensolchen vorangegangenen Archetypen erkannt hätten, und als sie die lebendige Ikone von Mutter und Kind vor sich hatten, fielen sie auf ihre Knie und huldigten ihnen:

> Die Kinder der Chaldäer sahen die Jungfrau, die in ihren Händen Ihn hielt, der mit Seinen Händen die Menschheit formte. Obwohl Er die Gestalt eines Dieners annahm, erkannten sie Ihn als ihren Meister. Eilig knieten sie vor ihm mit ihren Gaben und riefen die gebenedeite Jungfrau an. Heil dir, Mutter des Sterns, der nie untergeht.[191]

Wer waren dann diese Männer, die Christus vor dem Beginn seiner irdischen Priesterschaft als ihren Meister anerkannten? Ein Autor beschreibt sie als Männer, die «in der Lage waren, Gott zu verstehen» und die wußten, «wie der Gottheit zu dienen war»[270]. Jede dieser Beschreibungen kann ohne Veränderung auf die Rolle des Schamanen angewandt werden, mit der wir uns in Band 1 befaßt haben. Die Magi sind immer noch Priester, den Göttern nahe genug, um einen neuen Avatar zu erkennen und den Wunsch zu haben, als Unterhändler zwischen Gottheit und Menschheit zu fungieren. Sie sind die Vorläufer des Magiers oder vielleicht sollten wir sagen, seine Urahnen, und sie tragen in sich die Saat seiner Kunst.

Obwohl eine große Zeitspanne zwischen dem Schamanen und dem Magier liegt, gibt es beinahe keinen wesentlichen Unterschied zwischen ihren jeweiligen Funktionen. Beide stehen als Mittler eines inneren Impulses der äußeren Welt gegenüber: der Schamane als öffentliche Gestalt, der Mittelpunkt der Beziehung seines Stammes zu den Göttern; der Magier als private Gestalt, oft im Verborgenen wirkend, doch weiterhin die kosmischen Kräfte seinen Mitmenschen vermittelnd. Da er nicht mehr der Priester seines Stammes ist, ist er auf eine isolierte Stellung beschränkt; er lebt ein verborgenes Leben, welches das des Mannes auf der Straße nur am Rande berührt. Er ist «weder ein Heiliger, noch ein Erlöser, noch ein Prophet, noch ein Seher. Er ist ein Schamane-in-der Zivilisation»[75].

Als solcher arbeitet der Magier in völlig anderer Weise als sein Vorläufer: Wo der eine die direkte Verbindung zu dem Gott oder den Göttern seines Stammes hatte, arbeitet der andere mit verschiedenen Techniken, verschiedenen Kontakten und ist doch immer auf der Suche danach, in die inneren Reiche vorzudringen, um direkt mit Gott zu sprechen, wie seine Vorfahren es

Der Magus

einst konnten. Also ist seine Magie die praktische Erweiterung eines philosophisch-mystischen Unterbaus, und ohne diese Grundlage würde sie nicht existieren. Den Magier zu betrachten, ohne seinen Traum von Einheit mit dem Göttlichen zu berücksichtigen, wie bruchstückhaft oder oberflächlich diese auch sein mag, heißt, sein erstrebtes Ziel zu verkennen.

Wir machen denselben Fehler, wenn wir Magie oder Ritual einfach als Übung zur Macht-Suche ansehen – als ob wir die Karosserie eines neuen Wagens betrachten, ohne den Motor zu überprüfen.

Magie und Ritual sind ein mikrokosmischer Ausdruck des Makrokosmos: Des Menschen winzige Fackel der Sehnsucht zum Feuer der Sterne hinaufgetragen. Wir zapfen das Universum durch die Ausübung des Rituals an – beginnend, wie wir in Band 1 sahen, mit der Versöhnung der Elemente und der Sehnsucht, in den Schoß der Weltenmutter einzudringen. Die hermetische Methode, wie der Magier sie übernommen hat, ist eher intellektuell motiviert, eher himmlisch als chthonisch. Die astrologischen Berechnungen von «sternengeleiteten Zauberern» in Miltons *Ode on the Morning of Christ's Nativity* sind weit von den instinktiven Handlungen des Stammesschamanen entfernt – und doch sind beide auf ihre Weise von den gleichen Bedürfnissen und Sehnsüchten motiviert, nur ihre Methoden haben sich mit der Bewegung vom Stammes- zum individuellen Bewußtsein verändert.

So etwas wie einen archetypischen Magier hat es in keinem Zeitalter gegeben, und um mit einiger Gewißheit über seine Rolle zu sprechen, sind wir zur Verallgemeinerung gezwungen. Wenn wir uns einige der Hauptgestalten ansehen, die als Magier oder Zauberer eingestuft werden, werden wir sehen, warum dies so ist. Wir entdecken vielleicht auch einige Gemeinsamkeiten.

Betrachten wir zum Beispiel Apollonius von Tyana, der im ersten Jahrhundert nach Christi berühmt war und von einigen eher als Gott, denn als Mensch angesehen wurde. Man sagte, er sei von Proteus, dem Gott der Winde, der in vielfältiger Gestalt auftreten kann, gezeugt – eine angemessene Wahl möchte man denken, für den Vater eines Magiers – und habe wunderbare Kräfte, die ihn unter anderem befähigten, den Tod des römischen Kaisers Domitian genau vorherzusagen. Er reiste ausgiebig, vollbrachte Taten, die sich jeder rationalen Erklärung entzogen und verschwand auf mysteriöse Weise nach einem langen Leben. Er entkam häufig dem Tod durch die Hand verärgerter Priester verschiedener Sekten, mit denen er in Konflikt geriet. Man sagt auch, daß er den Hades aufsuchte, um den Gott der Unterwelt nach der reinsten Philosophie, die der Menschheit zur Verfügung stünde, zu fragen. Er tauchte fünf Tage später mit den niedergeschriebenen Lehren des Pythagoras wieder auf, dessen Anhänger er danach wurde, und er befolgte ein fünf Jahre währendes Schweigegelübde, bis er vollkommen eingeweiht war. Viele seiner Zeitgenossen verglichen ihn mit Christus und erachteten ihn als überlegen, während andere ihn als eine Gestalt des Bösen ansahen.[37] Seine *Briefe*, die alles sind, was von seinen einst umfangreichen Schriften blieb, sind voll mit guten Ratschlägen und mystischen Wahrnehmungen. Einem Neophyten schrieb er:

> Höre mir gut zu, mein Sohn, und ich werde dir das Mysterium der Weisheit enthüllen, ein Mysterium, das für viele unentzifferbar, unbekannt und verborgen ist, das die Jahreszeiten und die Zeit, die Stunden des Tages und der Nacht betrifft; deren Benennung und deren Einfluß betrifft und die wahre Weisheit, die darin verborgen liegt ...[298]

Er fährt fort, vier seiner eigenen Werke zu zitieren, «kostbarer als goldener Schmuck und Steine von großem Wert», deren viertes,

> das edelste von allen, mächtige und schreckliche Zeichen enthält ... das die ersten Elemente der von Gott geschaffenen sichtbaren Dinge lehrt, so daß der, der dieses Buch liest, wenn er will, bei der Durchführung solcher Wunder erfolgreich sein kann. (ebda.)

Er spricht über Methoden, die Elemente durch das Aussprechen der heiligen Gottesnamen «zu verbinden» und «loszubinden» – eine Methode magischer Praxis, die in faszinierender Weise der der kabbalistischen Magier einer späteren Zeit gleicht.

Hier gibt es also einen Magier, der fähig ist, Kontrolle über die verschiedenen Aspekte der Natur auszuüben und der ein System entwickelt oder erworben hat, mit dem er magische Aktivität zu jeder Stunde, jedem Tag, Monat oder Jahr in Beziehung setzen kann. All dies, behauptet er, wurde ihm von Gott beigebracht – ein wichtiger Punkt, zu dem wir in Kürze zurückkehren werden.

Zwischendurch lassen Sie uns eine andere Magier-Gestalt betrachten, die in gewisser Weise berüchtigter als Apollonius ist, Simon den Magier oder, wie er besser bekannt ist, Simon der Magus.

Ungleich Apollonius, dessen Behauptungen er noch überbot, ist er uns als der typische gescheiterte Magier überliefert. Sein berühmter Wettstreit mit Petrus, in dem er anbot, wie ein Vogel in der Luft zu fliegen, um zu beweisen, daß das Christentum eine falsche Religion sei, endete mit einem Sturz auf die unnachgiebige Erde. Und dennoch zog Simon in seinem Leben eine große Anhängerschaft an und zeigte sich keinesfalls bar jeder Weisheit.

Nachdem er Magie in Ägypten erlernt hatte, wurde er nach einem spektakulären magischen Wettstreit mit dessen vorherigem Leiter zum Führer einer gnostischen Sekte.[37] Seine Anhänger erhoben ihn in den Status einer Gottheit, doch als seine Wunder von denen des Jüngers Philip übertroffen wurden, sagte er sich eine Zeitlang von seinen früheren Glaubenssätzen los und wurde von einem Christen getauft. Später jedoch wurde er wieder abtrünnig, als er erfolglos versuchte, die Macht des Heiligen Geistes mit Geld zu kaufen. Danach wurde er zum Todfeind aller Christen, der bei jeder Gelegenheit die Wunder der Jünger herausforderte, bis es zu dem tödlichen Wettstreit mit Petrus kam.

Seinen ihm eigenen Gnostizismus kann man im folgenden Abschnitt aus seinen Schriften erkennen:

> Ich sage, was ich sage und schreibe, was ich schreibe. Und die Schrift ist diese. In den universellen Aeonen gibt es zwei Schulen, ohne Anfang oder Ende, die aus einer Wurzel entspringen, welche die Macht der unsichtbaren, nicht wahrnehmbaren Stille ist. Von diesen Schößlingen ist einer über allem manifest, welcher die große Macht ist, der

> universelle Geist, der alle Dinge befiehlt, männlich, und der andere [ist] von unten [manifestiert], der große Gedanke, weiblich, der alle Dinge erschafft. Wenn sie sich also miteinander paaren, vereinen sie sich und manifestieren die mittlere Entfernung, unbegreifliche Luft, ohne Anfang oder Ende. Darin ist der Vater, der alle Dinge erhält und die Dinge nährt, die Anfang und Ende haben.[133]

Wir können hier die Basis für eine gesamte esoterische Philosophie erkennen, ein Schema und eine Struktur des Kosmos, die sich über alle Zeit hinaus erstreckt. Unsichtbare, unbegreifliche Stille ist der Stoff, aus dem alle Dinge entstehen: man spürt, daß moderne Philosophen wie Wittgenstein und Nietzsche die Klarheit dieses Gedankens befürwortet hätten.

Doch wird dadurch unserer Vorstellung vom Magier etwas hinzugefügt? Simon Magus ist uns bestenfalls als Opfer spiritueller Überheblichkeit überliefert und schlimmstenfalls als verderbtes Ungeheuer und Diener des Bösen – und der Magier hat davon seitdem seinen Anstrich übernommen. Doch in seinen Werken (oder von wem auch die ihm zugeschriebenen Worte verfaßt sind) sind die Saatkörner einer philosophischen Vision, die heute noch die Arbeit des Magiers durchdringt. Simons «universeller Geist» neben das «Ich bin Geist» von *Poimandres* gestellt, gleicht der Streitfrage von der Bewußtseinsevolution, die in Band 1 des vorliegenden Werkes vorgebracht wurde und zeigt den Magier, wie er sich des Urlichts bewußt wird.

Im Vergleich dazu scheinen die Zauberer des Mittelalters sicherlich rückständig, sowohl in ihren spirituellen als auch ihren philosophischen Motivationen. Dies mag auf den Einfluß der mittelalterlichen Scholastik zurückzuführen sein, den man als die intellektuelle Waffe der Kirche Europas bezeichnen könnte, da er den physischen Umfang des Wissens – in Form von Büchern, Manuskripten und Dokumenten – unter seinem prüfenden Auge verwaltete und diesen einen vollkommen christlichen Blickwinkel aufzwang. Darin hatte der Magier keinen Platz, obwohl ironischerweise das konventionelle Klischee vom Magus als einem Mann im Sternenmantel, der aus sicherer Entfernung Dämonen in ein Dreieck zaubert, tatsächlich aus dieser Zeit herrührt. Man muß bedenken, daß diese Dämonen in Wahrheit *daimones* waren, spirituelle Helfer, esoterisch den Engeln gleich, die die Weisheit höherer Welten übermittelten. Psychologisch betrachtet erkannten die Magier, die zu solchen Beschwörungsmethoden Zuflucht nahmen, eigentlich jene Aspekte ihres inneren Selbst, die mit einer anderweltlichen Wirklichkeit kommunizierten, und integrierten sie. Den hilfreichen *daimon* als Dämon zu behandeln, hieß, sich mit den inneren Aspekten des Selbst zu raufen, die noch unausgeglichen oder noch nicht integriert waren. Schlechte individuelle Aspekte waren dämonisch, während gute Aspekte als engelhaft dagegengesetzt wurden; die nicht-integrierten Aspekte blieben somit für immer im Dreieck der Beschwörung gebunden.

Doch während der mittelalterlichen Ära existierte ein weit größeres Ausmaß an Wissensdurst als allgemein angenommen. Die Alchemie blühte, zugegeben unter schwierigen Bedingungen, wie wir sehen werden, und wissenschaftliche Forschung war eine starke Kraft, mit der man rechnen mußte, obwohl sie durch die Kontrolle Roms stark beschnitten wurde. Roger Bacon (ca. 1214–ca. 1292), den viele für den archetypischen Magier des Zeitalters halten, war in Wahrheit ein typischer Wissenschaftler, obgleich er keinesfalls Magie von seinen Studien ausschloß und ihr zugestand, wenigstens «etwas Wahrheit» zu enthalten. «Doch bei naher Betrachtung sind diese Wahrheiten in eine Anzahl von Betrügereien gehüllt, so daß es nicht sehr leicht ist, zwischen Wahrem und Falschem zu unterscheiden.»[37] Doch Bacon studierte Magie sicherlich bei den Grimoires, die damals erhältlich waren, und er schrieb ein Traktat mit dem Titel *The Mirror of Alchemy*, das vieles enthält, was noch immer wertvoll ist. (ebda.) Tatsächlich scheint er sich Worte zu Herzen genommen zu haben, die von einem anderen Autor des Mittelalters, Gerald von Wales, Hieronymus zugeschrieben wurden: «Sie werden viele Dinge recht unglaublich finden und jenseits der Grenzen aller Möglichkeit, die für all dieses gelten. Die Natur überschreitet niemals die von Gott gesetzten Grenzen, der sie geschaffen hat.»[101] In seiner eigenen vorsichtigen Art war Bacon eher ein Magier als viele seiner berüchtigten Mitmenschen. Mit dem Dichter Virgil teilt er sich die fragwürdige Ehre, nach seinem Tod ein Wundermacher genannt zu werden, und man stattete ihn mit einem Zauberspiegel aus, der ihm zu sehen ermöglichte, was überall in der Welt geschah, und schrieb ihm den Bau eines Bronzekopfes zu, der getreulich jede an ihn gestellte Frage beantwortete. Aller Wahrscheinlichkeit nach, und wenn man Bacons weitsichtiges Genie in Betracht zieht, war dies möglicherweise eher der erste «Computer» der Welt als ein magisches Werkzeug, obwohl dies nicht heißt, daß wir seinen Schöpfer von unserer Liste der Magier streichen sollten. Es gab immer eine praktische, forschende Seite der Magie, welche Bacons lebhafter Geist so gut wie jede andere repräsentiert.

Der berühmteste Magier aller Zeiten ist vielleicht selbst ebenso ein Produkt des Mittelalters wie alle anderen Gestalten, die wir untersucht haben. Wir beziehen uns hier auf Merlin, und im Licht seiner außergewöhnlichen Eigenschaften und seines legendären Status überrascht es vielleicht nicht, daß er in sich die gesamte Bandbreite der Rollenveränderungen, durch die die Magier hindurchgegangen sind, vereint.

Merlin, dessen Leben als Schamane begann, der in der Wildnis in der Gesellschaft von Tieren lebte und das Leben und Schicksal von Königen voraussagte, entwickelte sich schnell durch aufeinanderfolgende Metamorphosen in den Magier und Wundermacher des Arthur-Zyklus. Geheimnisumwittert erschien und verschwand er nach Belieben, bewegte sich völlig unvorhersagbar durch die Geschichten von Arthur und seinen Gefährten hinein und heraus und besaß immer größere Kräfte. Er konnte jede beliebige Gestalt annehmen, bunte Truppen von Phantasiewesen aus der Luft herbeirufen und sie mit vollendeter Leichtigkeit wieder entlassen. Er ist tatsächlich während Arthurs Regentschaft die vorherrschende Macht im Land, der für sich die Orchestrierung der Gralsmysterien und der verschiedenen Suchen, die die Ritter der Tafelrunde unternahmen, in Anspruch nimmt.[331]

Er ist daher im Bewußtsein vieler zuallererst eine literarische Gestalt, obwohl er in der Tat für sehr viel mehr steht. In der Wirklichkeit der inneren Ebene ist Merlin einer der großen Meister, der die Schritte der Reisenden auf dem westlichen Weg leitet. Um die Worte des modernen Magiers Gareth Knight zu zitieren, «Merlins Bedeutung liegt in seiner Rolle als Wegweiser in eine neue Phase oder Epoche bewußter Evolution»[185]. Mehr noch,

> Er repräsentiert eine humanisierte westliche Form der alten Götter des Lernens und der Zivilisation, so wie der griechische Hermes oder der ägyptische Thoth. Er ist darüber hinaus einer von denen, die Melchizadek im Alten Testament verwandt sind, «ohne Vater oder Mutter, ohne Abstammung». (ebda.)

Daß Merlin mit Hermes oder Thoth verglichen wird, sollte uns nicht überraschen: Interessant ist, daß dadurch seine zwiefache Natur als Meister sowohl der einheimischen als auch der hermetischen Tradition demonstriert wird. Wie wir im vorhergehenden Band bemerkten, ist er mehr ein Gott als ein menschliches Wesen und als solcher repräsentiert er den Magier auf einem höheren Bogen der Evolution – er ist beinahe eine Zusammenfassung all dessen, was der mit Magie Arbeitende zu werden versucht.

Wenn Merlin ein innerer Resonanzboden ist, der die Literatur erzeugte, die sich um seinen Namen herum sammelte, dann muß man Dr. John Dee beinahe als seine äußere Manifestation in der wirklichen Welt bezeichnen. Er ist wahrscheinlich der einzig einflußreiche Aspekt des Magiers, der je gelebt hat und ein würdiger Nachfolger des arthurischen Magus. Obwohl seine Fähigkeiten oft in Frage gestellt wurden, setzte sich sein Einfluß bis in die heutige Zeit fort.

1527 geboren, stieg Dee von einer vergleichsweise niedrigen Stellung zu einer Machtposition als Ratgeber und Hofastrologe Elizabeth' I. auf. Er wird als größter Mathematiker seiner Zeit angesehen, war weitgereist und hinterließ eine Fülle an Schriften, Tagebüchern und Notizheften, die Zeugnis von der Größe seines Geistes, der Tiefe seines okkulten Verständnisses und der Qualität seiner Wahrnehmung ablegen. Er wurde geboren, während Heinrich VIII. noch auf dem Thron saß und überlebte bis zum Zeitalter Jakobs I. – fünf Regierungsperioden und fünf Wechsel religiöser Anhängerschaft in diesem unruhigen Zeitalter. Er starb schließlich 1608, beinahe vergessen von der Welt, die er so lange unmerklich beeinflußt hatte. Während seines langen Lebens hatte er vieles integriert, das als wesentlicher Bestandteil der hermetischen Tradition anerkannt wurde: Neuplatonismus und die Lehren des Pythagoras, Kabbala, alchemische und hermetische Materialien wurden in sein kompliziertes System von Entsprechungen hineingegossen – für die die langen Listen engelhafter Wesen ein deutliches Anzeichen sind. Sein Einfluß auf Sir Philip Sidney und dessen Kreis, den Shakespeare als «Die Schule der Nacht» bezeichnet, war beträchtlich, und es kann gut sein, daß durch ihn der Kult der jungfräulichen Königin aufkam, der mit Elizabeth in Verbindung gebracht wurde.

1598 besuchte Dee Heinrich Khunrath in Deutschland und hat dabei vielleicht den Samen für das gesetzt, was später zum Rosenkreuzertum wurde.[364] Seine *Monas Hieroglyphica*[65] scheint die Grundlage für die *Consideratis Brevis* und *Confessio Fraternitatis* gebildet zu haben, während die Gestalt der schlafenden Venus in der *Chymischen Hochzeit*[178] die Art widerspiegelt, in der die Höflinge, Dees Einfluß zufolge, Elizabeth wahrnahmen.

Dee ist außerdem ein erstklassiges Beispiel des Magiers in der politischen Arena, der innere Impulse in die äußere Welt übermittelte – immer, wie wir sagten, die erste Aufgabe des Magus. Doch obwohl er sich noch in einer zwielichtigen Welt von Mysterien und Wundern bewegte, hatte seine Arbeit kosmische Dimensionen anzunehmen begonnen. Er arbeitete nicht mehr nur mit Elementarwesen oder Dämonen, sondern man sah ihn mit spirituellen Wesen einer höheren Ordnung Gespräche halten. Innerhalb der Grenzen seines Kreises konnte Dee, wie sein Landsmann Owen Glyndwr, Geister aus der unendlichen Tiefe heraufrufen, doch sie gehörten nun einer höheren Ordnung an und die Gründe, sie zu rufen, hatten sich ebenfalls verändert.

Man wird aus der obigen Einleitung ersehen, daß es beinahe unmöglich ist, den Magier in zufriedenstellender Weise einzuordnen; als Persönlichkeit entzieht er sich uns durch fortwährende Veränderungen seiner Formen und Handlungen, so daß ein moderner Magus Schwierigkeiten hätte, sich einem bestimmten Archetyp nachzubilden. Glücklicherweise wird dies von denen, die dem Weg des Magus heute folgen, nicht verlangt. Ihre Ausbildung, wie die jedes anderen Initianden, kommt ebenso häufig von innen – wo sie sich höchstwahrscheinlich in direktem Kontakt mit einem der großen Magier der Vergangenheit in seiner Maske der inneren Ebene wiederfinden werden. Es ist immer noch möglich von der spirituellen Gestalt eines Dee oder Michael Scott oder Roger Bacon oder Giordano Bruno überschattet zu werden, von denen jeder seine eigene Weisheit zu lehren hat und seinen reichen Wissensschatz weiterzugeben.

Obwohl die Erscheinung des Magiers sich durch die langen Jahrhunderte, seit er erstmals im Tierfellgewand und geweihförmigem Kopfschmuck die Bühne betrat, verändert haben mag, sind seine Ziele weitgehend die gleichen geblieben. Zeitgenössische Magier wie Gareth Knight[179, 181] und W. G. Gray[114–116] folgen demselben Pfad wie Apollonius oder Merlin oder Dee, wenn auch ihre Methode und viele ihrer Techniken sich verändert haben. Jeder benutzt immer noch symbolgeladene Rituale und visuelle Techniken, um ihre innengeleitete Absicht auf einen Punkt zu konzentrieren, wo sie verwirklicht wird. Wie der Alchemist danach strebt, in die inneren Reiche hineingeboren zu werden (siehe Kapitel 5), so sucht der Magier der Vergangenheit und Gegenwart, den inneren Impuls in der äußeren Welt entstehen zu lassen, indem er sowohl als Elternteil wie auch Geburtshelfer agiert.

Daß diese Rolle zu einem gewissen Grad auch von dem Mystiker, dem Heiligen und dem Philosophen geteilt wird, erklärt die

Schwierigkeiten, die uns begegnen, wenn wir versuchen, dem Magier einen einzigen Titel zuzuordnen. Wie der «Schamane-in-der-Zivilisation», mit dem wir begannen, ist seine Funktion bruchstückhaft geworden und wird nur von der esoterischen Philosophie zusammengehalten, die so vielem auf dem westlichen Weg zugrundeliegt. Um zu verstehen, warum dies so ist, müssen wir uns diesen philosophischen Unterbau näher ansehen und wie er half, das magische Leben zu formen.

Der große traditionalistische Philosoph René Guénon wies in seinem Buch *Crisis of the Modern World*[123] zuerst darauf hin, daß mit dem Heraufdämmern der Philosophie in der hellenistischen Welt eine Unterscheidung zwischen exoterisch und esoterisch innerhalb der Mysterien zustandekam. Das Erstere bezeichnete eine radikal-realistische Ansicht über die Natur von einem rein logischen Blickwinkel aus; das Letztere deutete eine innere Spiritualität an, die völlig transzendent war. Damit die Philosophie als abstrakte Disziplin überleben konnte, wurde es notwendig, sich unter Ausschluß alles anderen auf das Exoterische zu konzentrieren – und dies taten die ersten Philosophen, indem sie in praktisch einem Jahrzehnt eine vollkommen andere Art, das Universum zu betrachten, erschufen.

Natürlich war dies nicht das Ende der Mysterien, doch es verursachte eine Verschiebung weg von ihrer offenen Zelebrierung, hin zu einer schützenden Geheimhaltung, die den Magier und seine magischen Handlungen seitdem verhüllt hat. Es war eine Geheimhaltung neuer Art im Gegensatz zu der der Mysterienschule – denn, obwohl die Mysterien von den Eingeweihten geheimgehalten wurden, waren sie immer noch für alle zugänglich. Jene, die der Straße des Magiers folgten, mußten in eine Welt des Dämmerlichts umziehen, um zu überleben.

Dies resultierte in einem eigenartigen Zustand, in dem trotz des Glaubens, daß die Griechen anti-mystisch und zu einem Kurs des reinen Intellektualismus entschlossen seien, viele offen fortfuhren hingebungsvolle Diener der Götter zu sein, während sie gleichzeitig versuchten, sie in Zweifel zu ziehen. Platon, Eingeweihter einer Mysterienschule, wurde mehrere Male dafür angegriffen, daß er geheime Doktrinen in öffentlichen Debatten preisgegeben hatte. Tatsächlich muß man die platonischen Schriften als Teil einer Mysterienlehre lesen, wie die fortgesetzte Aktivität ihres Autors als Lehrer der inneren Ebenen und Initiator (Einweihender) beweist.

Tatsächlich war Platon ein Schüler von Pythagoras. Obwohl am besten als Philosoph bekannt, war Pythagoras selbst in mehrere Schulen – in Ägypten, Griechenland und Babylon – eingeweiht, wo er zweifellos die Grundlagen für seine numerischen Theorien erwarb, wie auch eine kosmische Einstellung gegenüber Dingen des Geistes. Er wurde während seines Lebens als Avatar Apollos anerkannt – wahrscheinlich der hyperboräische Aspekt des Gottes, wenn wir der Bedeutung seines Zusammentreffens mit dem hyperboräischen Priester Abaris (siehe Kapitel 4) Glauben schenken wollen. Er weihte Abaris ganz untypisch ohne die übliche fünfjährige Bewährungsfrist des Schweigens und Gehorsams in seine Dokrinen ein, aller Wahrscheinlichkeit nach, weil er die Ähnlichkeit zwischen seinen eigenen Glaubenssätzen und denen der Druiden erkannte, zu denen Abaris wahrscheinlich als Eingeweihter gehörte. Seitdem das eine System das andere beeinflußt und widergespiegelt hat, gab es sicher häufig Anspruchsanmeldungen.

Pythagoras' Anhänger lebten in strenger Selbstverleugnung – sie waren sowohl Vegetarier als auch Nomaden. Ihr Meister war wegen dieser – den Griechen verhaßten – Neigungen praktisch von der normalen Gesellschaft ausgeschlossen, und es ist interessant, festzustellen, daß die eremitischen Traditionen innerhalb des Christentums wahrscheinlich zum pythagoräischen Einfluß zurückverfolgt werden können.

Sicher folgten die Essener in ihrem Lebensstil der pythagoräischen Art und Weise – in der gemeinsame Güter, Sonnenanbetung und Numerologie eine große Rolle spielten. Sie wiederum beeinflußten die Entwicklung der Wüstenväter in Ägypten und Syrien, von denen man bis heute Elemente im modernen Äthiopien entdecken kann.

Doch Pythagoras erlaubte seinen Jüngern nicht, über seine Doktrinen zu sprechen, und die, die ihren Verschwiegenheitseid brachen, wurden öffentlich betrauert, als seien sie tot, und zu ihrer Erinnerung wurden Ehrengrabmale errichtet. Aus diesem Grund schrieb man der Bewegung viele verdrehte Anschauungen zu, und vieles vom Kern der Lehren Pythagoras' blieb immer noch im dunkeln.

Es wird kaum bestritten, daß diese Lehren mit dem Platonismus verschmolzen und verwechselt wurden. Platon übernahm einiges aus den Lehren seines Meisters und überarbeitete deren mystische Richtung in eine allgemeinere Philosophie. Sowohl Porphyrios[325] als auch Plotin[268] wurden davon beeinflußt, und es ist immer noch schwierig, zu wissen, ob man sie als Neu-Pythagoräer oder Neuplatoniker klassifizieren soll. Doch pythagoräische Glaubenssätze wurden weiterhin vom sechsten Jahrhundert v. Chr. bis zum sechsten Jahrhundert n. Chr. praktiziert, als der östliche Kaiser Julian die platonische Akademie in Athen schloß. Danach gingen die Pythagoräer ins Exil nach Persien, wo sie willkommen waren und viele ihrer eigenen Doktrinen in denen des Ostens wiedererkannten.

Doch zu diesem Zeitpunkt hatten Pythagoras' Lehren die Richtung von Philosophie und Magie tief beeinflußt und hatten dazu beigetragen, die Mysterien weit über den Punkt hinaus zu bewahren, an dem sie sonst vielleicht verlorengegangen wären.

Als der große Philosoph und Magier der Renaissance, Marsilio Ficino, eine Abstammungsfolge der Meister zusammenstellte, reihte er Pythagoras und Platon fest in diese mit ein:

> der erste war Zoroaster, das Oberhaupt der Magi; der zweite war Hermes Trismegistos, der Kopf der ägyptischen Priesterschaft; auf Hermes folgte Orpheus; Aglaophamus wurde in die heiligen Mysterien von Orpheus eingeweiht; Pythagoras wurde in die Theologie von Aglaophamus und Platon von Pythagoras eingeweiht. Platon faßte ihre ganze Weisheit in seinen Briefen zusammen.[227]

Dies wurde natürlich im nachhinein geschrieben, doch es gibt wenig Grund, diese Liste anzufechten, und sie zeigt deutlich das Erbe des westlichen Magiers.

Der Platonismus stellte die Dinge wirkungsvoll auf den Kopf. Anstatt der Richtung der Mysterienschulen zu folgen, die den Geist zum Gefangenen des Körpers machten, machte er *alles* in dieser Welt zur schattenhaften Kopie eines anderswo – in einem weit von unserem entfernten, spirituellen Reich – vorhandenen Originals. Während sie sich nach außen hin mit philosophischen Strukturen beschäftigten, pflegten die platonischen Schulen daher tatsächlich ein esoterisches Gedankensystem, das geradewegs auf die Lehren der Mysterienschulen zurückging. Daher wurden in Platons *Erzählung des Er*[266] wie auch später in Ciceros *Traum des Scipio*[71] die Saat der größeren Mysterien bewahrt. Als das Christentum gerade dabei war, seine eigenen Doktrinen zu formulieren, «prangerte es den Platonismus sogar dann an, als es sich zu Lehren bekannte, die es selbst nicht ohne die Aufklärung Platons formuliert haben konnte... somit die Sprache Zions sprechend, jedoch mit dem unverkennbaren Akzent der Akademie»[257].

Plotin, Platons Hauptschüler, schmiedete die Verbindungsglieder zu den magischen Lehren der Mysterienschulen noch fester.

Das Hauptziel seiner Lehren war, die Menschen (die wenigen, die dazu in der Lage waren) zurück zu dem Bewußtsein von und der möglichen Einheit mit der Quelle zu führen, aus der sie und alle Dinge kamen – das «Eine oder Gute, das ihnen das Sein gab und damit auch den Impuls zurückzukehren»[336].

Daher begann Plotin die Materie als Prinzip des Bösen anzusehen, da sie die absolute Grenze war, die äußerste Negativität und Unzulänglichkeit des Seins, die das Ende der Abstammung vom Guten durch aufeinanderfolgende Realitätsebenen bezeichnete. Dennoch befand er das materielle Universum für gut und schön als eine lebendige Struktur der Formen und des bestmöglichen Werkes der Seele – entgegen der gnostischen Ansicht von der Materie, die er zutiefst verachtete – und er strebte immer noch tiefer danach, die wahre Natur der verwirrenden Welt um sich herum wahrzunehmen.

Somit verbindet sich Plotins System des Neuplatonismus sowohl mit Magie und Wissenschaft, als auch mit Philosophie und setzt alle drei zu ihren ältesten Wurzeln in Beziehung. Aus dem Streben der Menschheit heraus geboren, etwas über ihre Ursprünge zu erfahren, entspricht er der christlichen Theologie genügend, um für spätere Generationen von Denkern akzeptabel zu sein, wie auch für jene, die dem inneren Weg folgten.

Wie wir bereits gesehen haben, hat es wenig Sinn, den Ursprung der Hermetik zu suchen. Man kann sich bei vielen Dingen nach Ägypten wenden und vielleicht darüber hinaus flüchtige Eindrücke von Chaldäa einfangen. Man kann, wie unlängst ein Kommentator vorschlug, glauben, daß das Ganze eine kulturelle Projektion der ptolemäischen Dynastie sei![22] Doch in Wirklichkeit ist die dem Beginn des hermetischen Ursprungs und durch ihn der Magie am nächsten liegende Periode, diejenige, in der das Christentum sich sowohl politisch als auch durch Priestertum in der römischen Welt etablierte.

Hier, im Schmelztiegel der gräko-romanischen Synthese entstanden als Erben der platonischen Weisheit und der pythagoräischen Auffassung nicht nur, was wir heute unter hermetischen Mysterien verstehen, sondern auch Gnostizismus und Alchemie.

Da das Klima jener Zeiten jedoch weitgehend ungünstig für derartige Entwicklungen war, gingen die hermetischen Mysterien in den Untergrund und nahmen unter dem Islam einen Wüstenburnus an – eine gegenseitige Befruchtung, die einige tausend Jahre später mit den mittelalterlichen Mysterien der Alchemie, des Grals und der Naturmagie in den Westen zurückkehrte. In diesem Zeitraum versammelte die Hermetik in sich nicht nur die Philosophien von Platon und Plotin, sondern auch die esoterischen Lehren der Sufis, dies alles zu einem Konglomerat mystischer Sagen, magischer Systeme und esoterischer Philosophie vereinend, einem Potpourri von Ost-West-Mysterien.

Doch als die Hermetik nach Europa zurückkehrte, war die Reaktion zuerst eine empörte Überraschung, die schnell in Haß auf das, was man als fremde Invasion ansah, umschlug. Jene, die versuchten, die hermetische Erneuerung zu unterdrücken, wurden nie gewahr, daß das, was sie auf sich zukommen sahen, eine alte und vertraute Gestalt war, die ihren Teil der Welt vor langer Zeit verlassen hatte und nun in sonderbarer Kleidung zurückkehrte.

Magie wurde ständig neu definiert: In religiösen Begriffen, als Wissenschaft und als Philosophie. Jeder, der die Bruchstücke der magisch-orientierten Vergangenheit aufnahm, zwang ihnen seine eigene Synthese auf, so daß während der oben erwähnten Periode die Magie sich von einer religiösen Disziplin zu einer Philosophie wandelte, beides Herangehensweisen, die sie heute noch teilt. Die Gestalt des Magiers veränderte sich, wie wir gesehen haben, mit ihr und verwandelte sich in verschiedene Erscheinungen, bis das, was heute unter dem Begriff verstanden wird, wenig oder keine Beziehung zu seinen Ursprüngen hatte. Sonderbarerweise – denn es war das Zeitalter, in dem jegliche magische Aktivität, denen, die sie praktizierten, die schwerste Strafe einbringen konnte – ist es das mittelalterliche Bild, das am tiefsten ins Bewußtsein geheftet ist. Diese merkwürdige Gestalt, die mit ihrem Sternenkleid (eigentlich ein Überbleibsel der persischen Magi), Spitzhut und dicken Brillengläsern (Symbol ihrer vorwissenschaftlichen Haltung) durch die dunkleren Seiten der Geschichte watschelt, ist immer noch ein lebensfähiges Bild. Doch es sind Gestalten wie Roger Bacon, die typisch für den mittelalterlichen Magier sind, wie er wirklich war: Gelehrter, Kleriker, Sucher, wahrscheinlich in geringeren Orden der Kirche (die einzige Möglichkeit, die Bücher zu erhalten, die er brauchte) und die die wahren Erben der klassischen Tradition und der Philosophien von Pythagoras und den Platonikern sind.

Tatsächlich hätte der mittelalterliche Magus nur sehr wenig von der ursprünglichen Materie der Mysterien verstehen können; wenige blieben im Westen, die die Texte lesen konnten oder die, genaugenommen, überhaupt von ihrer Existenz wußten.

Und doch überlebten die «verborgenen Worte» von Hermes: Bruchstücke sickerten immer wieder durch, bis das Rinnsal auf der Höhe der Renaissance zu einer Flut wurde. Wie dies geschah, ist an sich eine faszinierende Geschichte, jedoch eine, die wir hier nur streifen können.

Es ist wirklich der Gelehrsamkeit und Hingabe eines Mannes, Michael Psellus (1018–1078/9) zu verdanken, der viele der hermetischen Texte wie auch die von Platon, Plotin usw. sammelte und kodifizierte, daß wir ihr Vermächtnis heute noch besitzen. Ebenso mußte das *Corpus Hermeticum* bis 1463 warten, bevor es in der Person des großen Philosophen und Naturmagiers der Renaissance, Marsilio Ficino, einen Übersetzer fand, der auf Geheiß seines Gönners Cosimo di Medici an der riesigen Manuskriptsammlung arbeitete. Bedeutsamerweise sollte Ficino diese vor den Werken Platons übersetzen, da man glaubte, daß die hermetischen Texte ihren Ursprung in Ägypten hatten, das damals wie in jüngerer Zeit unter den esoterischen Bruderschaften als von weitaus größerem Interesse angesehen wurde, als das klassische und neuklassische Griechenland.

Mit der Veröffentlichung des *Corpus Hermeticum* war die westliche Welt mal wieder versuchsweise in Kontakt mit den Mysterien. Wir sagen versuchsweise, da der Hermetiker der Renaissance nur Texte besaß, keine lebendigen Traditionen, mit denen er seine Erneuerung durchführen konnte. Er mußte sich mittels Übersetzungen von Übersetzungen, zusammengewürfelter Schriften und bruchstückhafter klassischer Hinweise mühevoll an ein Verständnis dessen herantasten, was einst klar verstanden und vom Eingeweihten der Mysterien praktiziert wurde. Es war eine Aufgabe von unvorstellbarer Schwierigkeit, doch der Hermetiker der Renaissance war dieser Aufgabe durch seinen Enthusiasmus gewachsen, wenn er auch ihre Komplexität nicht voll erfaßte.

Die Form des hermetischen Gnostizismus, die Ficino und seinesgleichen vorlegten, datiert eigentlich aus dem hellenistischen Ägypten und nicht, wie allgemein angenommen wurde, aus der Zeit der Pharaonen. Doch dieses Mißverständnis machte eine Art Versöhnung zwischen nach-christlicher und vor-christlicher Lehre möglich, was den Denkern der Renaissance eine Entschuldigung gab, tiefer zu graben. So gestattete ein Fehler in der Chronologie einer neuen Renaissance der Magie zu erblühen und lieferte die Grundlage, auf der sich die französische magische Erneuerung des achtzehnten Jahrhunderts aufbauen konnte. In dieser Zeit wurde die Literatur der frühesten Zeiten, wiederum fehlerhaft, zu biblischen Quellen in Beziehung gesetzt.

Es ist leicht, im gelehrten Rückblick und im Vollbesitz guter Übersetzungen den mittelalterlichen Magier und den Renaissance-Forscher mit ihrem Lumpensack jüdischer und babylonischer Zaubersprüche und Grimoires aus zweiter Hand, die von wandernden arabischen Astrologen gestohlen waren, zu verdammen. Doch wir vergessen die lange Zeitspanne und die kulturellen Lücken, die dazwischen liegen und die reichlich synkretistischen Mysterien des klassischen Alexandria. Auf diese Weise setzte das Renaissance-Italien von Ficino und Pico della Mirandola das Bild von Alexandria oder der griechischen Akademie mit größerer Genauigkeit zusammen als durch die Unwissenheit schlimmster Art, die im restlichen Europa vorherrschte, möglich gewesen wäre.

Im Europa des späten Mittelalters wurde das Endspiel der einheimischen Spiritualität und Magie mit den Stücken dynastischer Habgierigkeit und klerikaler Genauigkeit aufgeführt. Genau wie in dem Schachbrett-Schloß von Chrétien de Troyes' *Conte du Graal*[47] bewegten sich phantastische Stücke aus eigenem Entschluß durch eine Landschaft, deren innerer Brennpunkt sich ständig von den glänzenden Türmchen und herrlichen Pavillons zu einer neuen hermetischen Vision hin verlagerte. Die mittelalterlichen Scheuklappen waren abgelegt und andere, rosarote Brillengläser waren an ihre Stelle getreten.[150]

Die Renaissance brachte viele Faktoren hervor, die den Tod des spirituellen Lebens des Mittelalters herbeiführten. Wie Guénon richtig bemerkt hat,[123] pflegte die Annahme des Neu-Klassizismus nur den Teil der hellenistischen und ägyptischen Mysterien, der schon genügend veräußerlicht war, um sie akzeptabel zu machen und auch weniger rein, als sie in ihrem ursprünglichen Zustand gewesen waren. Der Verlust war unermeßlich und er bedeutete, daß die hermetischen Systeme von Anbeginn auf unsicheren Boden gegründet waren. Sie hatten den Bezug zu ihrem ursprünglichen Funken verloren, und jeder Schritt, mit dem sie sich von diesem Punkt entfernten, brachte eine Verengung, die mehr und mehr von ihrer alten Kraft ausschloß. Sogar Renaissance-Adepten wie Ficino, Bruno, Dee oder Francis Bacon gelang es nur teilweise, die Quellen ihrer eigenen Spekulationen zu rekonstruieren und einige ihrer Erkenntnisse in ihrem eigenen Verschnitt der Hermetik zu verbreiten. Vielleicht waren sie zu vorsichtig; doch ihre Anstrengungen wurden zur Grundlage moderner westlicher Esoterik, so wie die Hermetik durch sie ebenso sicher ein Teil der Renaissance wurde wie auch ein Produkt mittelalterlicher und vor-mittelalterlicher Magie und Religion.

Heidnische, christliche und hermetische Überbleibsel gerieten in denselben Schmelztiegel. Es war möglich, Archetypen, die seit langem, außer als erzieherische Paradigmen verfemt waren, in den Personen der klassischen Götter zu überarbeiten. Ficino, der sowohl ein christlicher Priester war, als auch ein natürlicher Magier, schrieb und sang Hymnen an Apollo; Bruno bettete seine philosophischen Spekulationen über den Ursprung des Kosmos in Dialoge zwischen Jupiter und Merkur.[33] Klassische Themen begannen die allgegenwärtige christliche Geburt und Kreuzesabnahme zu ersetzen; neue Passionen und neue Geburten wurden abgebildet – Marsyas, dem bei lebendigem Leibe die Haut abgezogen wurde oder die schaumgeborene Aphrodite von Botticelli. Primavera, mit der Tracht des lang erwarteten Frühlings geschmückt, schritt aus attischen in toskanische Wälder. Das klassische Erbe drang wie der Duft zerstoßenen Rosmarins durch alles hindurch.

Hier wurden die Mysterien säkularisiert. Die großen Denker und natürlichen Magier waren zuerst einmal Christen: Andere Wahlmöglichkeiten standen ihnen kaum offen. Doch hier waren auch die alten Traditionen: Aus Griechenland, Ägypten, Persien. Ihren Glauben konnte man nicht so leicht mißbilligen. Und so begann langsam ein neuer Systementwurf hervorzukommen, der auf den alten Mysterien *basierte*, aber als im Bezugsrahmen von Gottes Gesetz stehend angesehen wurde. Natürlich wurden diese zu der Zeit als häretisch angesehen – doch die, die sie praktizierten, sahen sie mit anderen Augen. Für sie waren die Gottheiten Geister der Luft, engelhafte Wesen, die wie die Menschheit erschaffen waren, um Gott und der Schöpfung zu dienen. Während sie also bis zu einem gewissen Grad christianisiert wurden, verloren sie nichts von ihrer Energie; sie entgingen der Einschränkung auf fundamentale Ebenen, die zum Beispiel von der «Mythologie» des Christentums heute erreicht worden sind. Sie behielten ihre Kraft, aber in einer neuen Gestalt.

In diese Welt trat die Gestalt des Magiers, ausgewachsen, wie es schien und wie Merlin nach jahrhundertelangem Schlaf seinem Dornenturm entkommen. Die Reichtümer dieses Erbes waren ebenso berauschend wie Wein. Hermetische Texte, kabbalistische Übersetzungen, wissenschaftliche Experimente, die Möglichkeit neuer Innenräume. Utopias: Die Stadt der Sonne, Neu-

Atlantis flossen aus den drängenden Federn von Thomas More, Campanilla und Francis Bacon, jede die Vision einer vollkommenen Welt, das Produkt einer Sehnsucht, den Mikrokosmos den Makrokosmos so vollkommen wie möglich reflektieren zu lassen.

Der Magier der Renaissance muß sich oft gefragt haben, wie nah er dem Verderben während der dazwischenliegenden Jahrhunderte gewesen war, als esoterische Beschäftigungen jeglicher Art ihr unausweichliches Stigma erlangten. Wie der Hofkapellmeister, dessen Musik bei der Messe gesungen wurde, von dem man aber erwartete, daß er in der Küche aß und durch den Hintereingang hereinkam, so war der Magier in seiner esoterischen Hütte... ein zahmer Schamane, in den Kellern des Königs angekettet, ein Präger von Goldstücken, ein dämonisches Maskottchen gegen göttliche Ungnade – mitunter den abergläubischen Bedürfnissen der Menschen Vorschub leistend, manchmal, mit Göttern und Engeln an seiner Seite zwischen den Sternen segelnd.

Die Gabe des Lesens, die man sich an den großen Universitäten des Mittelalters zu eigen gemacht hatte, lag nicht länger allein in den Händen kirchlicher Akademiker. Hätte Roger Bacon noch gelebt, hätte er vielleicht sein dominikanisches Gewand abgeworfen und sich den Scharen der Alchemisten und frühen Wissenschaftler angeschlossen, die nicht nur Gottes, sondern auch die Mysterien der Natur liebten.

Die hermetische Erneuerung brach über die Welt herein und weckte sie aus ihrem Schlaf. Europas Gewinn war Verlust für Byzanz. Die Eroberung Konstantinopels 1453 durch die Türken bedeutete die Zerstreuung des Wohlstandes und der Lehren des östlichen Reiches: doch durch diese Katastrophe gelang es den hermetischen Texten in Europa wiederzuerscheinen, und während das *Corpus Hermeticum* seine Wirkung auf die esoterische Erneuerung hatte, wurde eine andere Tradition plötzlich durch die jüdische Austreibung aus Spanien 1492 für den Westen zugänglich – die Kabbala. Die Kabbala hat das Gesicht der westlichen Esoterik verändert und war seit der Renaissance der Mittelpunkt für die Ausübung ritueller Magie, indem sie eine neue Engelslehre, eine Sprache genauer makrokosmischer Entsprechungen und einen rituellen Bezugsrahmen bereitstellte, der seitdem zur Norm geworden ist.

Wie wir gesehen haben, war Spanien die Wiege der europäischen Kabbala. Es pflegte ihre großen Vertreter wie Abraham Todros Abulafia und Moses von León. Es wird häufig angenommen, daß die Kabbala unter den Nichtjuden bis zur Renaissance unbekannt war, doch es gibt eindeutige Beweise, daß der katalanische Philosoph Ramón Lull (Raimundus Lullus, ca. 1235–1316) ihre Lehren bis zu einem gewissen Grad kannte. Lull wurde ein Jahr vor der Veröffentlichung des *Sohar* geboren – der Hauptquelle der spanischen Kabbala – und war ein Zeitgenosse Abulafias, dessen Umstellungen des hebräischen Alphabets Lull in gewissem Maß mit seinem eigenen System imitiert. Das *Ars Raymundi*, wie spätere Esoteriker es kannten, war ein System der Sternenkunde, das auf aristotelischen Elementarkategorien basierte; es verband auch die göttlichen Epitheta (wie sie auf dem Lebensbaum erscheinen, siehe Abbildung S. 123), da diese auf alle Aspekte des Lebens vom Mineralienreich bis hinauf zu den Engelhierarchien und jenseits davon angewendet werden konnten. Lulls Ziel war es, ein System zu liefern, das alle Religionen miteinander in Einklang bringen würde. Er selbst lernte Arabisch und sah sein System als Teil einer missionarischen Anstrengung, die Juden und Moslems zu bekehren. Er wurde schließlich in Nordafrika zum Märtyrer.

Doch Lulls Einfluß war beträchtlich. Giovanni Pico della Mirandola (1463–1494), der sich auf der Höhe der hermetischen Wiederbelebung in dem Kreis am Hof der Medici bewegte, erkannte Lulls Werk als vorkabbalistisches System. Pico hatte einige Kenntnisse in Hebräisch, und es gelang ihm, vor der Austreibung der Juden aus Spanien, kabbalistische Manuskripte zu bekommen, die er übersetzte und als Grundlage für seine *Schlußfolgerungen* verwendete, mit denen er beabsichtigte, die christliche Religion mittels hebräischer Weisheit zu bestätigen. Diese Schlußfolgerungen zog man auch aus anderen esoterischen Quellen, besonders aus platonischen und neuplatonischen Texten, orphischen Hymnen und chaldäischen Orakeln. Picos Philosophie ist in vieler Hinsicht eine Neuformulierung von Lull, doch anstatt unter Moslems und Juden zu gehen, um die Wahrheit des Christentums zu beweisen, ging er nach Rom, um zu zeigen, inwiefern das Christentum ein natürlicher Nachfolger dieser Konzepte ist. Er war gezwungen, sich 1487 formell für seine Schlußfolgerungen zu entschuldigen, so groß war der Aufruhr, der über ihn ausbrach.[364] In seiner Entschuldigung teilte Pico die Kabbala in zwei Teile: die *ars combinandi* oder die Methode, hebräische Buchstaben umzustellen und «eine Methode, die Kräfte höherer Dinge einzufangen» – die Kräfte von Engeln und Geistern. Dies war zweifellos eher eine magische als eine theologische Schlußfolgerung! Es ist Pico, der für die planetarischen Zuordnungen zu jeder der Sephiroth verantwortlich war, die den Aspiranten von den Mineral- und Elementarreichen bis zu den planetarischen, engelhaften und göttlichen Reichen führen, welche die vier Welten der jüdischen Kabbala bilden. Indem er Lulls Ehrgeiz, die voneinander getrennten Glaubensrichtungen zu verbinden und zu versöhnen, imitierte, war er der erste, der das Verbindungsglied, das Kabbala und Christentum untrennbar verschmolz, herstellte und zu beweisen versuchte, daß durch die Hinzufügung eines Buchstabens, das Tetragrammaton – der allerheiligste Name Gottes, der von frommen Juden nie ausgesprochen und immer durch einen Euphemismus wie Adonai, Herr, ersetzt wird – in den Namen Jesus umgewandelt werden könnte. Das Tetragrammaton besteht aus vier Buchstaben: Yod He Vau He oder Yahwh. Durch Hinzufügung eines Shin am Ende wird YHVH zu YHSHVH oder Yeheshuah, Jesus. Solche schlampigen christlichen Gematria (Buchstabendeutung) mögen uns heute bedeutungslos erscheinen, doch die Auswirkung dieser Schlußfolgerung sollte sich über ganz Europa ausbreiten.

Hier begann die Synthese. In der Zwischenzeit bedeutete die Austreibung der Juden aus Spanien, daß sie sich in ganz Europa wieder niederließen; eine neue Begegnung des Geistes wie einst in Alexandria fand statt. Kabbalistische Manuskripte wurden diskutiert und übersetzt. Johannes Reuchlin (1455–1522), ein Gelehrter der deutschen Renaissance, veröffentlichte 1494 sein *De Verbo Mirifico*: Picos Gedanken folgend gibt uns Reuchlin einen platonischen Dialog, in dem ein Jude, ein Grieche und ein Christ den kabbalistischen «Beweis», daß Jesus der Messias sei, diskutieren. Diesem folgten andere Bücher. Der Franziskaner Francesco Giorgi (1466–1540), der von Venedig aus arbeitete, gliederte die Kabbala vollkommen in das Christentum ein und fügte die neuplatonischen und hermetischen Elemente als Teile eines gnostisch-christlichen Systems hinzu.[364]

Schließlich brachte Heinrich Cornelius Agrippa (1486–1535) die Kabbala in die Form, in der sie heute am besten bekannt ist – ein magisches System. Sein *De Occulta Philosophia* (1533) zeigt ein in drei Welten unterteiltes Universum: Die elementare, himmlische und geistige Welt. Diese Unterteilung wird selbstverständlich zu einer Erörterung natürlicher Magie, himmlischer Magie (Ficinos Modell folgend) und zeremonieller Magie, die darauf abzielt, die engelhafte Welt mittels kabbalistischer Magie zu beeinflussen.

So wurde ein jüdisches mystisches System mit einem Streich die Basis einer christlichen Gnosis und eines magischen Systems. Die Kabbala bleibt die *Lingua franca* westlicher Esoterik, wenngleich eine, die unausweichlich ihre Dialekte der Uneinigkeit hat. So wurde Lulls Vision von einem versöhnten und ausgeglichenen Mikrokosmos teils in der Weise erfüllt, in der sich die nichtjüdische Kabbala entwickelt hat. Es ist eine Ironie, daß das Christentum, das seine eigene esoterische Tradition zurückgewiesen hatte, das esoterische System einer Religion übernommen und entwickelt hat, der es seine eigene Existenz verdankte. Und doch, obwohl die Väter der jüdischen Kabbala bei dem Gedanken an eine christliche Kabbala verzagt haben mögen, sehen wir einmal mehr die unmerkliche Verbreitung esoterischer Konzepte, deren Mysterien lebten, um neue Traditionen mit alter Weisheit auszusäen. Die Worte von Isaak Luria treffen immer noch für diejenigen zu, die die Kabbala, das Judentum oder das Heidentum studieren:

> Für jede Handbreit der Mysterien, die ich enthülle, werde ich eine Meile verbergen. Mit großen Schwierigkeiten werde ich die Tore der Heiligkeit öffnen, indem ich eine Öffnung wie ein Nadelöhr schaffe und den, der es wert ist, dadurch in die innerste Kammer passieren lasse.[167]

Der esoterische Weg ist immer noch schmal. Die, die ihren Weg leicht finden und deren Durchreise unbehindert ist, reisen wahrscheinlich fort von den Mysterien und nicht auf sie zu.

Unglücklicherweise gibt es keine ethischen Regeln, die von okkulten Prüfungsgremien anerkannt sind, an die sich der Aspirant wenden könnte. Jene, die die gesamte esoterische Welt als böse und fehlgeleitet abtun, fürchten sich aus eben jenem Mangel heraus: Auch der Esoteriker sollte in diesem Punkt nicht selbstgefällig sein. Wenn Sie keinen Lehrer haben, keine Tradition hinter sich, wie können Sie dann sicher sein, daß Ihre Arbeit wahrhaftig im Einklang mit dem Willen Gottes ist, wie immer Sie diesen Begriff auch verstehen? Wie wir sahen, haben solche Mysterien- und Ausbildungsschulen, die noch existieren, außerordentlich starre Regeln, an die die Schüler sich halten oder gehen müssen. Denselben Problemen sieht sich die medizinische Welt gegenüber, seit viele Praktizierende alternativer Heiltherapien sich niederlassen. Einige Therapien haben noch keine autorisierte Körperschaft, die Regeln garantieren könnte. Das Feld ist weit offen für Scharlatane, wie auch für bona-fide Praktizierende, die ihre Patienten wirklich heilen.

Während es für Esoteriker keinen hippokratischen Eid gibt, besteht ein stillschweigendes Regelabkommen unter echten Praktizierenden der magischen Künste. Dies mag Außenseitern wie eine Art «Ehrenkodex unter Dieben» erscheinen. Doch das Problem ist: Der westliche Weg ist so bruchstückhaft geworden, so mißtrauisch sich selbst gegenüber, daß viele wichtige Traditionen untergehen werden, wenn nicht bald ein offenerer und vertrauensvollerer Austausch erreicht wird. Wir schlagen nicht vor, daß eine zentrale Agentur eingerichtet werden *sollte*, um über solche Dinge zu entscheiden, sondern daß wir immer Zuflucht zum Inneren nehmen, welches unsere einzige gemeinsame Grundlage ist, wenn wir der Bestätigung bedürfen.

Der göttliche Wagen

Magie im Westen hat eine lange und manchmal unehrenhafte Geschichte. Dies ist teilweise auf die Entwicklung des Christentums im Westen zurückzuführen, das viele für alle Religionen grundlegenden Praktiken in seiner Vereinfachung örtlicher Gebräuche ausschloß. Jede Religion ist eine Formalisierung verschiedener Glaubenssätze: ebenso ist das Gebet die Formalisierung der Magie.

In seiner Rolle als Vermittler verkörpert der Magier die Antwort auf dieses Problem, indem er ein Mitarbeiter an dem sich weiterentwickelnden Zustand des Kosmos wird – den man nie als statisch oder vollendet ansehen sollte. Durch das Ritual wird der innere Impuls veräußerlicht; der Magier wird zum Repräsentanten sowohl der Menschheit als auch der Orden der Schöpfung: seine Magie ist eine visualisierte Gebetstechnik. Wenn sie funktioniert, können wir annehmen, daß Hingabe und Verpflichtung an das Gute in der Welt sie stützen. Doch Magie ist nicht narrensicher – keine Antwort auf jedes Übel und jede Not – wie einige denken, die sich ohne Wissen oder Verständnis auf ihre Ausübung stürzen. Sie wird genausowenig auf Kommando funktionieren wie die Bitte um eine Million oder eine Wunderheilung notwendigerweise für einen Christen funktioniert; sie wird den Gang der Dinge genausowenig aufhalten, wie das Anzünden einer Kerze ein Erdbeben verhindern kann.

Magier wie Gläubige sind keine Heiligen, noch haben sie übermenschliche Hilfsquellen: sie scheitern an ihrem hohen Ziel wie andere Menschen auch. Doch während es für einen gewöhnlichen Sterblichen erlaubt ist, zu scheitern, ist dies dem Magier, wie es scheint, nicht gestattet. Wenn Meditation ernstlich in Betracht gezogen wird, wenn entweder das Ritual, das sie verkörpert oder die Meditation ihr Ziel verfehlt, dann sind die Konsequenzen schwerwiegend. Falls dies auf eine persönliche Unausgeglichenheit oder spirituelle Überheblichkeit zurückzuführen ist, wird das Leben des Ausführenden Schaden erleiden.

Tatsächlich ist es eine okkulte Binsenweisheit, daß eine nicht in Übereinstimmung mit Gottes Willen ausgeübte Magie auf den Sender zurückfallen wird, dreifach, wie einige behaupten. In ähnlicher Weise mögen wir Gott bitten, uns einige Tausend Mark zu schicken, und es kann sein, daß wir das Geld nach einem schweren Unfall in Form einer Versicherungssumme erhalten. Wir sollten in jedem Moment mit dem, was wir uns wünschen, vorsichtig sein, denn wir werden es sicher bekommen.

Doch die Ethik der Magie ist nirgendwo eindeutig festgelegt: wie andere gesellschaftliche Übereinkünfte und moralischen Daumenregeln, hat die Magie ihre eigenen Regeln, die jeder selbst im Experiment herausfinden muß. Das Prinzip der Ausübung ist, daß niemandem geschadet werden darf – daß nichts durch die Handlung des Magiers aus dem Gleichgewicht gebracht werden darf. Vor sich hat er den Leuchtturm des Großen Werkes, die Vollendung eines kreativen Mikrokosmos, der den Makrokosmos des Allmächtigen vollkommen widerspiegelt.

> Kein Magier könnte in seiner Suche nach Erkenntnis weit vorankommen, ohne zu dem Punkt zu gelangen, an dem er, zumindest stillschweigend, die Einheit aller Dinge erkennt, und diese Erkenntnis nährt das Mitgefühl. Sogar der Gebrauch eines Bildes ist eine stillschweigende Erkenntnis, daß das Eine eng mit dem Anderen verbunden ist, ungeachtet der Unendlichkeit von Zeit und Raum.[341]

Die in allem erkennbare Unterschrift läßt alle Materie sich gegenseitig beeinflussen und so das Verständnis fördern, daß was immer getan wird, Auswirkungen für den Rest der Schöpfung hat. (ebda.) Mitgefühl muß die Arbeit des Magiers beseelen oder sie wird so gut wie nichts sein. Wie Paulus sagt:

> Wenn ich mit Menschen- und mit Engelszungen redete und hätte der Liebe nicht, so wäre ich ein tönend Erz oder eine klingende Schelle. Und wenn ich weissagen könnte und wüßte alle Geheimnisse und alle Erkenntnis und hätte allen Glauben, so daß ich Berge versetzte und hätte der Liebe nicht, so wäre ich nichts (1. Korinther 13,1–2).

Magie ist keine exakte Wissenschaft. Die Auswirkungen magischer Arbeit sind subjektiv, wie jede Kunst – Lehm beinhaltet viele Formen, und Worte haben eine Art, sich ganz anders zusammenzustellen, als ursprünglich in der Absicht des Schreibers lag. Und doch kann Magie, wie die Wissenschaft vom Maschinenbau, benutzt werden, um Brücken zu bauen und Lasten zu befördern, was physikalischen Gesetzen nach unmöglich wäre. Der Magier ist selbst eine Brücke zwischen den oberen und unteren Reichen. Wenn er innerhalb des Kreises der Loge oder des Tempels steht, tritt er aus der Zeit heraus, um das eine Staubkörnchen in dem von Gott ausgehenden Licht zu werden. Ein Stäubchen, das nichtsdestoweniger einen kausalen Effekt weit jenseits von seiner normalen menschlichen Fähigkeit hat. Hier wird das Ritual eine Aufführung der inneren Wirklichkeit in symbolischer Form. Wie die Symbolik auch übermittelt wird, es wird ein direktes Verbindungsglied mit den inneren Reichen gebildet. Wie dies geschieht können wir aus dem folgenden Paradigma ersehen:

Wenn ein plötzlicher Ansturm von Energie aus dem Inneren im Äußeren erlebt wird, kann dies von verschiedenen Menschen verschieden wahrgenommen und interpretiert werden:

a) ein Magier wird diesen besonderen Ansturm als innere Läuterung wahrnehmen, die ihren Effekt auf das Äußere hat. Er erschafft ein Ritual, das dabei hilft, daß die Energie mit Gottes Willen durch ihn hindurchströmt. Sein Leben wird unerträglich sein, bis diese Handlung ausgeführt ist;

b) ein Seher/Medium wird die Kraft empfangen und sie sich vorstellen. Eine Läuterung dieser Art wird dem Seher häufig mit beunruhigender Klarheit erscheinen (siehe Jungs Traum vom 1. Weltkrieg);

c) ein Mystiker wird Gottes Willen wahrnehmen – die Kräfte der Schöpfung, die der Erfüllung eines göttlichen Zieles dienen. Gebete um Harmonie im Universum werden die Folge sein, eine größere Einheit mit Gottes Willen wird gesucht;

d) ein Dichter wird die Energie auffangen und sie in Verse transformieren, ein Künstler wird sie auf der Leinwand oder in einem Bronzeabguß einfangen, Komponisten führen neue Harmonien in ihrer Instrumentierung ein: alle werden schließlich danach suchen, die Energie zu ihrer Quelle zurückzuverfolgen;

e) in Ländern und sozialen Gruppen wird die Reaktion weniger zusammenhängend sein; wenn die Kraft, wie in diesem Beispiel, läuternd ist, kann zivile Unruhe gespürt werden, Kriege oder Aufruhr brechen aus, bis die innere Kraft ihre orkanartige Energie verliert;

f) die Menschen registrieren vielleicht instinktiv die Kraft, die sich auf gewöhnliche äußerliche Weise mitteilt. Friedenbewegungen werden gestärkt oder kriminelle Aktivitäten häufen sich; die Wachsamkeit der Polizei wird auffällig.

Dies ist natürlich nur ein projiziertes Paradigma. Die inneren Kräfte können sich – und tun dies auch – auf viele andere Arten manifestieren und werden, ebenso wie die, die ihre Auswirkung verspüren, ihrer Stärke und ihrem Ursprung gemäß unterschiedlich empfangen und interpretiert. Wenn innere Kräfte dieser Art wirksam werden, bleibt einem nur übrig, zu kooperieren, zu helfen, daß sie vorübergehen und vielleicht ihre wohltätigen Eigenschaften zu fühlen.

Läuterung ist eine mächtige und schreckliche Angelegenheit – aber sie selbst ist nicht böse. Die innere Aktivität ist meistens schöpferischer Natur, die einen für alle hilfreichen frischen Impuls und Vitalität beisteuert. Wer in solchen Fällen nach dem Willen Gottes sucht, braucht sich nicht passiv damit abzufinden, nichts zu tun, sondern kann recht aktiv die ihm zugewiesene Aufgabe so gut wie möglich erfüllen.

> «Denn jeder, dem ein Platz in der göttlichen Ordnung zugewiesen ist, findet seine Vollkommenheit darin, seiner Fähigkeit gemäß zum göttlichen Abbild emporgehoben zu werden; und was noch göttlicher ist, er wird, wie die Schriften sagen, *Mitarbeiter Gottes* und strahlt die offenbarte göttliche Aktivität so weit wie möglich in sich selbst aus.»[70] (unsere Hervorhebung)

Darin tun wir, was alle Anhänger des westlichen Weges am Ende tun müssen – nämlich unsere Interessen beiseitezustellen, um Arbeiter in der großen Streitmacht der Schöpfung zu werden.

Es ist ein Thema, mit dem wir jetzt vertraut sein sollten: der göttliche Funke, der seine Identität im größeren Ganzen sieht, der Mystiker, der die Einheit mit Gott sucht.

Der Magier schließlich stellt sich so nah zum Mittelpunkt der Schöpfung wie es geht, um aus ihr und mit ihr zu arbeiten. Er strebt danach, sein Potential im Rahmen der Materie zu verwirklichen – und wird ein Priester, um die Arbeit der inneren Reiche, den Willen Gottes, weiterzutragen. Ein Magier zu sein, heißt Handwerker, Künstler und Priester in einem zu sein. Es ist eine edle Kunst.

Damit das obengezeichnete Bild nicht zu attraktiv erscheint, sollte auch gesagt werden, daß das Leben des Magiers weder bequem noch leicht ist. William G. Gray bemerkte einmal, daß es in der Magie keine vorgefertigten Erklärungen gibt, nur Verdienste, die man einkassiert, wenn sie fällig sind. Dies ist heute so zutreffend wie von jeher und eines der ersten Dinge, an die wir uns erinnern sollten, bevor wir uns mit esoterischer Arbeit befassen. Es war die erste Vorschrift für Magier in der Vergangenheit, und bis zu dem Grad, wie sie diese entweder akzeptierten oder ablehnten, war ihr Leben entweder voll oder leer, wohltuend oder schädlich.

Magier sind auch Menschen und haben ein gewöhnliches Leben, Arbeit und Familie. Während sie sich anderer Gesetze, die innerhalb dieses gewöhnlichen Lebens wirksam sind, gewahr sein mögen, beschäftigen sie sich selten oder niemals mit der Sorte von Rollenspielen, die in okkulter Schundliteratur beschrieben wird. Gewisse Adepten, die sich auf die Art medialer Erste-Hilfe-Arbeit spezialisieren, wie sie Dion Fortune in ihren Doktor Taverner-Geschichten beschreibt, scheinen dieses phantastische Bild des Magiers zu bestätigen, doch gibt es nur wenige, die sich regelmäßig dieser Art von Arbeit widmen. Es ist verantwortungsvolle Spezialisten-Arbeit, mit den wirklichen Störungen umzugehen, die durch psychische Unausgeglichenheit hervorgerufen werden, und am besten kann damit der Adept umgehen, der auf vielen Wirklichkeitsebenen Erfahrung hat und groß genug ist, die Schläge einzustecken, die unausweichlich vorkommen.

Während wir bei dem Thema psychischer Angriffe sind, sollte festgestellt werden, daß der Schüler selten solche Phänomene wahrnimmt oder von ihnen geplagt wird. Es ist eine Form von Egozentrik, zu glauben, daß die, die verantwortlich für die Aussendung negativer Energien sind, sich um eine kleine Elritze kümmern würden, wenn sie beabsichtigen, einen Lachs zu fangen. Das Schlimmste, was einem Neophyten möglicherweise begegnet, sind seine oder ihre eigene Unausgeglichenheit und deren Ausgleich. Bestimmte vernünftige Maßnahmen sollte man immer bei esoterischer Arbeit beachten: Versiegeln Sie Ihre Aura, bezeichnen Sie Ihre medialen Aktivitäten mit klaren Eröffnungs- und Abschlußzeichen, bleiben Sie wachsam, auf welcher Ebene Sie auch arbeiten, benutzen Sie Ihr Klan-Totem (siehe Band 1) als Schild. Murray Hopes ausgezeichnetes Buch über psychische Selbstverteidigung[148] gibt viele praktische Hilfsmittel, mit dem Leben in diesem scheinbar noch nicht erfaßten Gebiet fertigzuwerden. Dion Fortunes *Psychic Self Defense* ist praktisch unübertroffen.

Das magische Leben wird durch die jahreszeitlichen Rituale gelebt, die die Gezeiten des Jahres beherrschen: die Frühlingszeit, die mit der Frühlings-Tagundnachtgleiche beginnt und die Zeit des Wachstums und des Beginns neuer Projekte oder Ideen beherrscht; die Sommerzeit, die mit der Sommersonnenwende beginnt und sich mit Konsolidierung und aktiver Arbeit befaßt; die Herbstzeit der Ernte, beginnend mit der Herbst-Tagundnachtgleiche, wenn Projekte zum Abschluß und/oder Reife gebracht werden; und die Winterzeit der Auflösung, die mit der Wintersonnenwende beginnt und in der abgestandene Ideen und Projekte ausgeräumt werden.

Auch den monatlichen Zyklus des Mondes muß man in Betracht ziehen, die wöchentliche Progression der Tage und den stündlichen Mikrokosmos des Tages von der Morgendämmerung zum Mittag, der Abenddämmerung bis Mitternacht. Diesen kleineren Zyklen sind die planetarischen und Tierkreis-Muster übergeordnet, und sie alle werden vom Magier erkannt, der sie zu einem Teil seines inneren und äußeren Lebens macht.[182] Er wird, Perioden kosmischer Zeit überblickend, auch die größeren Muster der Aeonen in Betracht ziehen – wie die Fische- und Wassermannzeitalter, die sich treffen und den Handlungsfluß in unserem eigenen Leben verändern. Natürlich ist es keineswegs leicht, all diese Faktoren miteinander in Beziehung zu setzen – daher der Bedarf nach vorheriger strenger Ausbildung. Sogar der Adept wird es zeitweise schwierig finden, sich diesen zahlreichen Kombinationen anzupassen, doch jede rituelle Magie ist im Grunde eine Methode, das Höhere mit dem Niederen zu verbinden, das Himmlische mit dem Chthonischen, das Göttliche mit dem Weltlichen. Die komplexen Systeme untereinander zusammenhängender Kräfte, die die Mysterienschulen lehrten, die detaillierten Entsprechungstafeln, die man in den Grimoires des Mittelalters und der Renaissance findet, und die Techniken kabbalistischer Ausbildung sind alle auf das gleiche Ziel gerichtet.

So wird die Arbeit des Magiers um große zyklische Ereignisse herumgeordnet, die außerhalb von Raum und Zeit auftreten: die wiederkehrenden Muster, die der Balanceakt des Kosmos sind. Sie leuchten hell in seinem Jahr, ebenso wie sie in den Träumen des Sensitiven auftauchen und irdisch in der äußeren Welt widergespiegelt werden. Der Magier mag diese Ereignisse in Rituale umformen, in denen die Jahreszeiten und Elemente und die Position der Planeten Ausdruck einer inneren Wirklichkeit in der äußeren Welt werden, eine sakramentale Begegnung zwischen den Sehnsüchten der Menschheit und der Kraft und Macht Gottes.

Doch wir müssen darauf achten, die Mächte der Schöpfung nur als symbolische Werkzeuge anzusehen, mit denen wir arbeiten, daß sie aber keine letztendliche Wirklichkeit haben. Es ist möglich, eine Theorie der Archetypen zu entwickeln, die ebenso komplex ist, wie alles, was man im *Corpus Hermeticum* findet, doch diese sind nutzlos, wenn sie nicht durch praktische Anwendung und Erfahrung beseelt sind. Ein Grimoire ist nutzlos für jemanden, der seine Entsprechungen nicht als Schlüssel zu einer größeren Wirklichkeit versteht. Der zukünftige Magier muß lernen, die elementaren Kräfte in seine eigene Arbeitssphäre hinunterzuziehen, ebenso wie er auch sein menschliches Verständnis zu dem Punkt emporheben muß, auf dem er die Mysterien der Schöpfung und die Gegenwart des göttlichen Prinzips darin würdigen kann.

Magie ist das höhere Verständnis von der Natur, eine wahre Vision des Universums wie es um uns herum wirbelt und tost. Vom Ritual zur Renaissance, bis zur modernen okkulten Erneuerung war dies das Herz und der Mittelpunkt magischer Arbeit. Vom Stammesschamanen bis zum heutigen Magus erhob sich deren Arbeit aus einem grundlegenden Glauben an einen geordneten Kosmos und daß wir nicht einfach aus dem einzigen Grund in die Welt hineingeboren wurden, um als Belustigung für eine ferne Gottheit oder Götter zu dienen, Nahrung für die Erde zu liefern oder eine blinde Tierexistenz zu leben. Statt dessen sollen wir Teil des universellen Entstehungsprozesses werden.

> Du mußt verstehen, daß dies der erste Pfad zur Glückseligkeit ist... das... theurgische Geschenk... wird tatsächlich das Tor zum Demiurg (Schöpfer) der Ganzheiten genannt... Es besitzt Macht, die Seele zu läutern und... stellt Einheit mit den Göttern her... den Gebern alles Guten.[152]

Magie als Zweig der Hermetik scheint sich nicht mit der Rettung der Seele zu befassen. Dem Außenstehenden mag es nur als ein Weg erscheinen, eine Technik, eine Methodologie. Doch an Magie teilzunehmen, heißt in den Stoff der Schöpfung als Mit-Arbeiter eingewickelt zu sein, geläutert und gereinigt zu werden und ganz zu werden. Dies heißt, den Willen Gottes in seinem eigenen Leben zu tun: Es bedeutet, nahe am Wind zu leben, allzeit bereit, sich gemäß seiner Richtung zu wenden.

Die Qualifikationen für magische Arbeit, die wir hier angeführt haben, sollten in Großbuchstaben über dem Eingang zum Tempel jedes Individuums stehen, das sich für bereit hält, das Leben des Magiers zu befolgen. Solch ein Motto liest sich vielleicht so: Sinn für Ritual, Sinn für Humor und gesunder Menschenverstand. Mit diesen drei Eigenschaften können Sie nicht besonders viel falsch machen.

Brüder (einer Gemeinschaft oder Loge) sollten sich in Harmonie begegnen und in Frieden und Stille voneinander scheiden, doch ist dies nicht immer der Fall. Es wird häufig nicht verstanden, daß das magische Leben subtilen Druck ausübt, der vernünftige und angenehme Menschen zu aggressiven und kleinlichen Individuen macht. Unter Druck will die menschliche Natur heraus, und rituelle Arbeit steht hochgradig unter Druck. Es ist die Pflicht des Meisters sicherzugehen, daß dies verstanden wird und, wenn nötig, die Betroffenen darauf hinzuweisen. Einige rituelle Arbeit kann sogar für den erfahrenen Magier recht beunruhigend sein: wenn die Offiziere der Viertel ihre Rollen richtig übermitteln, dann ist das Risiko emotioneller Verirrung unter den Mitwirkenden wesentlich verringert. Kleinere Verärgerungen unter Teilnehmern am Ritual können sehr schnell aus der Mücke einen Elefanten machen, besonders wenn das Ritual die persönliche Unausgeglichenheit verstärkt hat. Diese emotionellen Reaktionen gehen meist schnell vorbei: Wenn jeder die Objektivität wahrt und sie als Begleitumstand des Rituals ansieht, dann gibt es keinen Schaden.

In einem magischen Orden wird jeder Kandidat genau überprüft und aufgefordert, einen Fragebogen über seine Absichten und seinen derzeitigen Lebensstil auszufüllen. Der Unausgeglichene, der Unzufriedene, der Egomane, der Depressive, der Kranke, sie alle werden zu ihrem eigenen Besten ausgeschlossen. Für Magie ist nur das Beste gut genug – alles andere als völlige Verpflichtung ist Energie- und Zeitverschwendung. Eine dilettantische Herangehensweise an Magie, für den viele Möchtegern-Aleister-Crowleys ein Beispiel sind, ist nicht besser als Sabbat-Christentum.

Dies mag denen merkwürdig erscheinen, die Magie als ausschließlich «schwarz» ansehen. Sicherlich ist all das Gerede über «Welt-Dienst»[20] und «Hingabe» nur eine Verschleierung, die eine letztendlich böse Absicht verbirgt? Trotz allem, was in den Zeitungen steht, ist dies nicht der Fall. Wir haben in diesem Buch die Gründe zu zeigen versucht. Doch ebenso wie es unausgeglichene Individuen auf allen Lebenswegen gibt, so auch in magischen Bereichen. Diese Menschen bringen Neuigkeiten, schlechte Neuigkeiten. Wir müssen immer daran denken:

> Theurgie oder hohe Magie ist das Erwecken des Bewußtseins für die Wertschätzung der Mächte und Kräfte hinter der äußeren Welt in der frommen Absicht, spirituelle Bewußtheit zu entwickeln und darauf-

hin zu helfen, den göttlichen Plan von einer wiederhergestellten Erde hervorzubringen. Thaumaturgie oder niedere Magie... ist die Erzeugung von Wundern durch die Verwendung wenig bekannter Kräfte des Geistes.[180]

Es wurde alles vor langer Zeit von dem römischen Historiker Dio Chrysostom zusammengefaßt, als er schrieb, daß «die Magi... behaupten, daß das Universum gleichmäßig von einem Wagenlenker eine einzige Straße entlang gezogen wird, der mit größter Geschicklichkeit und Kraft begabt ist.»[227] Der Magier versucht nicht, der Wagenlenker *zu werden*, sondern nur den Wagen davor zu bewahren, mit ihm und den Kameraden, die mit ihm reisen, davonzufahren. Das magische Leben wird meistens nicht unter Dreißig begonnen, da die Jahre zwischen Zwanzig und Dreißig die Zeit sind, in der das weltliche Leben in Hinsicht auf Ausbildung und die Gründung einer Familie etabliert wird. Die Verantwortung existiert hauptsächlich für das Familienleben – den Pfad des Herdfeuers. Wenn die Kinder erwachsen sind oder genügend flügge, um für sich selbst zu sorgen, kann das magische Leben ernsthaft beginnen.

Solche strengen Regeln werden normalerweise in der einheimischen Tradition nicht angewendet, da ihre Verfahrensweisen innerhalb der Familieneinheit sehr leicht aufrechterhalten und studiert werden können, da sie aus dem Stammesbewußtsein herrühren. Die hermetische Tradition fordert von ihren Anhängern rigorosere Standards. Bis der Kandidat an den initiatorischen Toren des Lebens steht und den Weg der Rückkehr auf dem evolutionären Pfad beginnt, muß er dem Weg der Involution folgen.[184]

Doch die Magie kehrt heutzutage von allen Seiten zurück – nicht immer rein hermetisch oder einheimisch in ihrer Methode, sondern als Mischung von Altem und Neuem. Die Rückkehr des Magiers ist auch die Rückkehr des Schamanen, und «Schamanismus wird im Westen genau deswegen neu erfunden, weil er gebraucht wird»[135]. Seine Techniken, ebenso wie die des hermetisch ausgebildeten Magus, zeigen den Weg in die inneren Welten, von wo der lange Aufstieg zum höchsten Ausdruck beider Traditionen beginnt: Den Mysterien und Techniken der Alchemie.

Isis, wie sie im *Goldenen Esel*
von Apuleius dargestellt wird

Übung 4: Der hermetische Weg

Die zwei folgenden Texte sind vom Hauptteil des Buches getrennt, um ihre Bedeutung zu betonen und ihre Anwendung als Meditationsthemen zu ermöglichen. Als eine Form der Übung, die vieles erhellen wird, das in den vorhergehenden Kapiteln erörtert wurde und die den Weg für nachfolgende Übungen und Techniken bereitet, schlagen wir vor, daß die Texte aufmerksam über eine Zeitspanne von zwei Wochen gelesen werden und über einzelne Abschnitte oder Sätze abwechselnd meditiert wird. Schreiben Sie jede Erkenntnis auf, die Ihnen kommt. Dies sollte Sie in die Lage versetzen, Ihren eigenen Kommentar zur Smaragdenen Tafel und dem Auszug aus dem *Corpus Hermeticum* aufzubauen. Am Ende dieser Zeitspanne haben Sie vielleicht den Wunsch, eine längere Meditation zu beginnen (im allgemeinen genügen Spannen von zwanzig bis dreißig Minuten), in die sie Material aus beiden Texten und Ihren eigenen Notizen einbringen. Dies sollten Sie als Beginn eines ausgedehnten Studiums und erweiterter Arbeit mit den hermetischen Texten im allgemeinen betrachten, die den Bezugsrahmen sowohl für lebenslange Beschäftigung als auch für eine Vertiefung der Bewußtheit von den Mysterien bilden können, um die es im restlichen Teil dieses Buches geht.

Die Smaragdene Tafel des Hermes Trismegistos

1 In Wahrheit sicherlich und ohne Zweifel, was immer unten ist, gleicht dem, was oben ist, und was immer oben ist, gleicht dem, was unten ist, um die Wunder eines Dinges zu vollbringen.

2 So wie alle Dinge von einem allein ausgehen, durch Meditation über einem allein, so sind sie auch durch Anpassung aus diesem geboren.

3 Sein Vater ist die Sonne und seine Mutter ist der Mond. Der Wind hat es in seinen Körper getragen. Seine Amme ist die Erde.

4 Es ist der Vater jedes wunderbaren Werkes auf der ganzen Welt.

5 Seine Macht ist vollkommen, wenn es zu Erde umgewandelt wird.

6 Trenne die Erde vom Feuer und das Feine vom Groben, sanft und mit grosser Vorsicht.

7 Es erhebt sich von der Erde zum Himmel und kommt vom Himmel wieder zur Erde herunter und nimmt so die Macht der Wirklichkeiten darunter an. Auf diese Weise werdet ihr die Herrlichkeit der ganzen Welt gewinnen und alle Dunkelheit wird euch verlassen.

8 Dies ist die Macht aller Mächte, denn sie besiegt alles Feine und durchdringt alles Feste.

9 So ist die kleine Welt dem Prototyp der grossen Welt entsprechend geschaffen.

10 Hieraus und auf diese Weise entstehen wunderbare Anwendungen.

11 Aus diesem Grund nennt man mich Hermes Trismegistos, denn ich besitze die drei Teile der Weisheit der ganzen Welt.

12 Vollkommen ist, was ich über die Arbeit der Sonne gesagt habe.

Die Lehren des Hermes

Im Fall du dich selbst, also Gott nicht kannst gleichmachen, so kannst du Gott nicht verstehen, denn gleich wird verstanden von seinesgleichen. Du musst dich zu einer unermesslichen Grösse machen und von allen Leibern ausspringen, dich über alle Zeit erheben und die Ewigkeit werden, so wirst du Gott verstehen. Du musst für dich nichts unmöglich erachten, dich auch selbst unsterblich achten und dass du mächtig seist, zu verstehen alle Kunst, alle Wissenschaften und Eigenschaften von allen Geschöpfen. Du musst höher werden als alle Höhen und niedriger als alle Tiefen. Fasse in dir zusammen alle Gegensätze der Eigenschaften, Hitze und Kälte, Trockenheit und Feuchte; denke, dass du überall zugleich seist, auf Erden, im Himmel; denke, dass du noch ungeboren, dass du noch im Mutterleib seist, dass du noch jung seist, dass du alt seist, dass du gestorben seist und in der Welt jenseits des Grabes: so wirst du dies alles zugleich verstehen, die Zeiten, den Raum, die Werke, die Eigenschaft und die Grösse: dann kannst du Gott verstehen. Aber wirst du deine Seele im Leibe verschliessen, dieselbe verkleinern und wolltest sagen, ich verstehe nichts, ich kann nichts, ich fürchte das Meer, in den Himmel kann ich nicht steigen, ich weiss nicht wer ich bin, weiss auch nicht, wer ich werde sein: Was geht dich dann Gott an? Du kannst doch von den herrlichen und guten Dingen nichts verstehen, weil du den Leib liebst und böse bist: denn Gott nicht zu kennen ist eine dreifache Bosheit. Aber zu kennen und zu wollen, bekennen und hoffen, solches ist der rechte und göttliche Weg, der zum Guten leitet, der dir überall, wohin du gehst, eben und leicht wird begegnen und vor dir überall wird gesehen werden, auch wenn du nicht darauf gedenkst.

Übung 5: Die viereckige Zitadelle

Die folgende Übung wird in fünf Teilen erarbeitet und ist ein vollständiges, für Leser jeder Tradition geeignetes Einweihungssystem. Es gibt dabei eine eingebaute Fehlervermeidung, da die viereckige Zitadelle nur in Ihrer eigenen Meditation gebaut werden kann: Niemand anders kann Ihnen bei dieser Übung helfen, noch werden Sie die Antworten in irgendwelchen Büchern finden. Die Übung basiert auf einer gründlichen Kenntnis der Elemente und ist nur erfolgreich, wenn Sie ausreichend über jede Energie meditieren. Im abschließenden, fünften Teil werden Sie in der Lage sein, die viereckige Zitadelle zu erbauen, die danach für immer Ihr persönlicher Temenos sein wird, aus dem heraus Sie meditieren oder arbeiten können. Das ist ideal für diejenigen, die in Ihrem Heim keinen besonderen Arbeitsbereich für sich haben. Arbeiten Sie jeden Teil erfolgreich durch, bevor Sie zum nächsten weitergehen; möglicherweise brauchen Sie für jeden Teil mehrere Sitzungen. Versuchen Sie auf keinen Fall die ganze Übung auf einmal durchzuarbeiten. Legen Sie am Beginn jedes Abschnitts Ihre Absicht in diesen oder Ihren eigenen Worten dar:

> Zum Beispiel: Ich suche nach der Zitadelle ohne Fundament, das in mir selbst liegt.
> Fügen Sie für jedes Viertel hinzu:
> Ich suche die Kraft des Ostens (oder Südens/Westens/Nordens): Den Samen der Kraft, die innen liegt.

Falls Sie Schwierigkeiten haben, die Eigenschaften der Elemente wahrzunehmen, geben die Bücher *Magical Ritual Methods* von William Gray[115] oder *The Practice of Ritual Magic* von Gareth Knight[182] ausgezeichnete Hinweise dafür, wie Sie diese erfahren können.

A) Setzen Sie sich zur Meditation auf einen Stuhl in die Mitte des Zimmers, wenn Sie viel Platz haben: falls nicht, ist es nicht wichtig. Visualisieren Sie einen Kreis um sich herum. Falls Sie Platz haben, können Sie diesen Kreis auf dem Fußboden mit Wolle oder Bindfaden kennzeichnen. Blicken Sie nach Osten und visualisieren Sie die folgende Szene um sich herum. Der Kreis um Sie vergrößert sich, bis er zur äußersten Grenze der Erde von Horizont zu Horizont wird, die Ränder der Welt neigen sich ins Unendliche. Sie stehen im Zentrum der umkreisten Welt: Am Ende der vier Himmelsrichtungen stehen vier Gestalten von gewaltiger Macht.

Sie stehen am entferntesten Punkt von vier Pfaden, die dort beginnen und sich kreuzen, wo Sie stehen. Jedes der Viertel hat eine andere Farbe: das östliche ist weiß, wie Kristall; das südliche ist rot, von transparenter Färbung, das westliche ist grün wie Smaragd; das nördliche ist undurchsichtig schwarz. Jede Macht hält die elementaren Kräfte davon zurück, in die Mitte der umkreisten Welt zu stürzen. Drehen Sie sich in Richtung jeder Macht und fühlen Sie die Art der kontrollierten Elementen-Energie.

Um Ihre viereckige Zitadelle zu bauen, müssen Sie mittels einer einleitenden Meditation zu jedem Element in Beziehung treten. Blicken Sie nach Osten und meditieren Sie über die Macht der Luft, die weiß wie Kristall ist. Ziehen Sie die elementare Eigenschaft der Luft auf jeder Ebene Ihres Verständnisses in Betracht. Während Sie meditieren, wird das ganze östliche Viertel der umkreisten Welt von weißem Licht überflutet, da sich die Macht des Ostens aufbaut: Der Boden wird ebenfalls weiß, so daß der weiße Pfad verschwindet. Auf diesem unsichtbaren Pfad müssen Sie zum östlichen Rand der Welt reisen und das Geschenk der östlichen Macht mit zurückbringen. Sie reisen blind durch die weiß gewordene Welt. Der Schnee ist tief und kalt, doch Sie müssen ohne anzuhalten weiter. Stimmen Sie sich trotz Ihrer Unsicherheit auf die östliche Macht ein und fühlen Sie ihren magnetischen Ruf. Ein weißer Hase kreuzt Ihre Spur und Sie verstehen, daß Sie ihm tiefer in den Schnee folgen sollen. Wo immer der Hase hinläuft, öffnet sich ein Pfad und der Boden ist leicht begehbar. Anderswo ist die Erde von so tiefen Schneewehen bedeckt, daß Sie nicht vorankommen, also folgen Sie ihm weiter. Sie kämpfen sich voran.

Plötzlich hält der Hase an und dreht sich um. Er fragt Sie:

> «Wohin reist du und was suchst du?» Sie antworten: «Ich suche nach der Zitadelle ohne Fundamente, die im Osten liegt.» Er fragt: «Welches sind die Kräfte des Ostens?»

Sie antworten mit Ihren eigenen Worten, die Sie aus Ihren eigenen meditativen Erkenntnissen beziehen. Wenn der Hase mit Ihrer Antwort zufrieden ist, dürfen Sie weitergehen. Wenn nicht, dann verschwindet der Hase und Sie müssen zu Ihrem Ausgangspunkt in der Mitte der umkreisten Welt zurückkehren. Sie dürfen nicht weitergehen, denn der Pfad endet hier, der Wind bläst, und der Schnee wird tiefer. Wenn Ihre Antwort zufriedenstellend ist, wird der Hase nach vorn springen, mitten in das Weiß vor

Ihnen hinein und Sie mit sich ziehen, bis Sie am Ende Ihrer Reise ankommen. Vor Ihnen befindet sich der Archont des Ostens, als gewaltige Macht in den Mantel des Schnees gekleidet. In der rechten Hand hält er ein Schwert aus Adamant, und auf seinem Kopf brennt eine Krone aus Kristall. Seine Kraft und Gegenwart sind überwältigend stark. Erweisen Sie ihm Ihren Respekt und nehmen Sie das Geschenk an, das er Ihnen als Zeichen Ihrer Herrschaft über das östliche Element gibt, was es auch sei. Das Geschenk wird ein Gegenstand sein, der sich leicht in der Hand halten läßt – nur Sie wissen, was es ist: Nehmen Sie das erste Ding, das Sie sehen, für wie unangemessen Ihr rationaler Verstand es auch ansehen mag – der erste Eindruck ist meistens richtig. Dies ist das erste Geschenk, mit dem Sie Ihre viereckige Zitadelle bauen werden. Nehmen Sie Abschied vom Archonten des Ostens und reisen Sie ab. Schnell wie Gedanken kehren Sie zur Mitte der umkreisten Welt auf dem nun für Sie sichtbaren und leicht begehbaren Pfad zurück. Stellen Sie sich in die Mitte, blicken Sie noch einmal nach Osten und sehen Sie den Pfad vor sich und den Archonten mit seiner Krone aus weißem Kristall, der im äußersten Osten der Welt steht. Erheben Sie Ihr Geschenk zum Gruß und Dank und legen Sie es im östlichen Viertel des Kreises nieder.

Legen Sie bei der Arbeit mit jedem Viertel jedes Geschenk in das ihm zugehörige Elementen-Viertel, bis Sie alle vier durchgearbeitet haben. Es ist wirkungsvoll, das Mandala der umkreisten Welt mit farbigen Vierteln auf ein Blatt Papier zu zeichnen und jedes Geschenk daraufzulegen oder, wenn Sie einen Arbeitsbereich haben, eine symbolische Darstellung jeder Gabe in dem zugehörigen Viertel Ihres Zimmers zu machen. Dies sind jedoch Ihre persönlichen Symbole und nicht für die Augen anderer bestimmt, denn es sind die Schlüssel, mit denen Sie Ihre viereckige Zitadelle aufschließen, also verwahren Sie sie sicher.

B) Nun wenden Sie sich nach Süden und setzen Sie den Pfad zum äußersten Süden der umkreisten Welt fest. An seinem Ende steht die gewaltige Macht des Südens, zu der Sie hinreisen müssen. Wie zuvor meditieren Sie über die Kraft des Feuers, die durchscheinend rot wie Rubin ist. Während sich die Kraft aufbaut, wird das ganze südliche Viertel mit Licht überflutet, das den Pfad vor Ihnen auslöscht. Bewegen Sie sich wieder Ihrem Instinkt folgend durch die Landschaft voran, die sich vor Ihnen öffnet. Die Erde ist roter Sand, durch den Sie sich mühsam in der Hitze einer unsichtbaren Sonne dahinschleppen. Der Sand ist heiß und setzt Ihren Füßen schwer zu; er knirscht in Ihrem Hals und Mund. Fühlen Sie die Kraft und orientieren Sie sich noch einmal. Vor Ihnen erscheint eine Sandeidechse, genau wie der Boden gefärbt. Folgen Sie ihr und Ihr Pfad wird leichter sein. Wo immer sie hingeht, können Sie sicher gehen. Sie wendet sich um und fragt Sie:

> «Wohin reist du und was suchst du?» Sie antworten: «Ich suche nach der Zitadelle ohne Fundamente, die im Süden liegt.» Sie fragt: «Welches sind die Kräfte des Südens?»

Sie antworten mit Ihren eigenen Worten. Wenn die Eidechse mit Ihrer Antwort nicht zufrieden ist, müssen Sie zur Mitte zurückkehren und diesen Weg ein andermal bereisen. Ist Ihre Antwort zufriedenstellend, wird die Eidechse schnell voranschießen und Sie mit sich nehmen, bis Sie vor dem mächtigen Archonten des Südens stehen. Er ist wie eine gewaltige Macht in einen Mantel aus rotem glitzerndem Sand gekleidet. In der rechten Hand hält er einen Speer aus Adamant, und auf seinem Kopf brennt eine Krone aus Rubinen. Seine Kraft und Gegenwart sind überwältigend. Erweisen Sie ihm Ihren Respekt, und nehmen Sie das Geschenk, das nur Sie sehen und erkennen können, an. Nehmen Sie Abschied und gehen Sie. Gedankenschnell kehren Sie auf dem Pfad, der sich vor Ihnen öffnet, zur Mitte der umkreisten Welt zurück. Stellen Sie sich in die Mitte in Richtung Süden und erheben Sie Ihr Geschenk zum Dank an den Archonten, der im äußersten Süden des Pfades steht. Grüßen Sie ihn und legen Sie Ihr Geschenk im südlichen Viertel nieder.

C) Nun wenden Sie sich nach Westen und setzen den Pfad zum westlichen Viertel der umkreisten Welt fest. An seinem Ende steht die gewaltige Macht des Wassers, die durchscheinend grün wie Smaragd ist. Meditieren Sie über die Kraft des Wassers. Während sich die Kraft aufbaut, wird das ganze westliche Viertel von grünem Licht überflutet, das den Pfad vor Ihnen auslöscht. Bewegen Sie sich wieder Ihrem Instinkt folgend durch die Landschaft voran, die sich vor Ihnen öffnet. Alles ist grün und feucht. Ein Dschungel aus Pflanzen und Schlinggewächsen umgibt Sie. Die Erde unter Ihren Füßen ist naß und sumpfig, die Atmosphäre heiß und feucht. Der Weg ist schwer und gewunden, doch suchen Sie weiter den äußersten Westen. Als Sie sich durch das grüne, verschlungene Dickicht kämpfen und versuchen, die sumpfigen Stellen zu umgehen, gleitet eine Wasserschlange über Ihren Pfad. Folgen Sie ihr und sofort wird der Weg leichter. Sie wendet sich um und fragt Sie:

> «Wohin reist du und was suchst du?» Sie antworten: «Ich suche die Zitadelle ohne Fundamente, die im Westen liegt.» Sie fragt: «Welches sind die Kräfte des Westens?»

Sie antworten mit Ihren eigenen Worten. Falls Ihre Antwort nicht zufriedenstellend ist, wird die Schlange verschwinden, und Sie müssen zur Mitte der umkreisten Welt zurückkehren, um diese Reise nochmals zu versuchen. Ist Ihre Antwort befriedigend, gleitet die Schlange schnell voran und zieht Sie mit sich, bis Sie vor dem Archonten des Westens stehen. Er ist als gewaltige Macht in einen Mantel schimmernden Laubes gekleidet. In der rechten Hand hält er einen Kelch aus Adamant, und auf seinem Kopf strahlt eine Krone aus Smaragden. Seine Kraft und Gegenwart sind überwältigend stark. Erweisen Sie ihm Ihren Respekt und nehmen Sie das Geschenk, das er Ihnen zum Zeichen Ihrer Herrschaft über die Kräfte des Wassers gibt, an, was es auch sei. Dies ist das dritte Geschenk, mit dem Sie die viereckige Zitadelle erbauen. Nehmen Sie Abschied und kehren Sie, so schnell wie Gedanken auf dem Pfad, der sich Ihnen nun öffnet, zur Mitte der umkreisten Welt zurück. Stellen Sie sich in die Mitte, blikken Sie nach Westen und grüßen Sie den Archonten des Westens, indem Sie Ihr Geschenk zum Dank erheben. Legen Sie es im westlichen Viertel nieder.

D) Nun wenden Sie sich nach Norden und setzen Sie den Pfad zum nördlichsten Viertel der umkreisten Welt fest. An seinem Ende steht die gewaltige Macht der Erde, welche schwarz wie Obsidian ist. Meditieren Sie über die Kräfte der Erde. Während sich die Kraft aufbaut, wird der Pfad ausgelöscht und mit Schwärze überflutet. Wiederum gehen Sie Ihren Instinkten nach durch die Landschaft voran. Dieses Mal gibt es kaum Licht, um etwas zu sehen, nur ein undurchdringlicher Dämmerschein, in dem Sie sich hauptsächlich tastend voranbewegen. Der Boden unter Ihren Füßen ist abwechselnd felsenhart und nachgiebig wie Sand: Die lose Erde ist so fein wie Schießpulver. Ihr Weg wird von der nachgiebigen Erde und der Dunkelheit behindert. Doch spüren Sie nach dem wahren Norden. Die Luft ist kalt und der Wind trocken. Zu Ihren Füßen hören Sie ein kratzendes Geräusch, und ein kleines pelziges Wesen streift Ihre Füße. Es ist ein Maulwurf, der in der Nacht sehen kann. Er fragt sie:

«Wohin reist du und was suchst du?» Sie antworten: «Ich suche die Zitadelle ohne Fundamente, die im Norden liegt.» Er fragt: «Welches sind die Kräfte des Nordens?»

Antworten Sie mit eigenen Worten. Wenn Ihre Antwort unbefriedigend ist, wird der Maulwurf verschwinden und Sie müssen zur Mitte zurückkehren und diesen Pfad nochmals bereisen. Ist sie zufriedenstellend, wird der Maulwurf in der Dunkelheit vorankrabbeln und Sie mit sich ziehen, bis Sie vor dem Archonten des Nordens stehen. Er ist als gewaltige Macht in einen Mantel glitzernder Schwärze gekleidet, der von silbernem Licht gesäumt ist. In der rechten Hand befindet sich ein Buch aus Adamant, und auf seinem Kopf funkelt eine Krone aus schwarzen Diamanten. Seine Kraft und Gegenwart sind überwältigend stark. Erweisen Sie ihm Ihren Respekt und nehmen Sie das Geschenk an, das er Ihnen zum Zeichen Ihrer Herrschaft über die Kräfte der Erde gibt, was es auch sei. Dies ist das letzte Geschenk, mit dem Sie ihren viereckigen Turm bauen. Nehmen Sie Abschied und kehren Sie gedankenschnell auf dem Pfad, der sich vor Ihnen nun in ausreichendem Licht öffnet, zur Mitte der umkreisten Welt zurück. Stellen Sie sich in die Mitte, Richtung Norden und grüßen Sie den Archonten, indem Sie Ihr Geschenk zum Dank erheben, und legen Sie es in dem Viertel vor sich nieder.

E) Es mag vieler Sitzungen und Monate der Meditation bedurft haben, um diesen Punkt zu erreichen, aber Sie haben durchgehalten. Dieser letzte Abschnitt kann auch länger als eine Sitzung dauern. Wir werden nun fortfahren, die viereckige Zitadelle zu bauen.

Legen Sie Ihre vier Geschenke in die vier entsprechenden Viertel um Ihre Füße herum, in der Meditation, wo Sie im Zentrum der umkreisten Welt stehen. Drehen Sie sich langsam im Kreis und betrachten nacheinander jeden der Pfade: Ost, Süd, West, Nord. Alle Pfade führen zu Ihren Füßen. Die Gaben zu Ihren Füßen sind Ihre Werkzeuge, mit denen Sie die viereckige Zitadelle bauen – diese und keine anderen. Meditieren Sie über deren Bedeutung, die nur für Sie und Ihrem eigenen Entsprechungssystem anwendbar sind. Hier gibt es keine richtigen Antworten. Sollten Sie Probleme haben, Ihre Bedeutungen zu erkennen, dann betrachten Sie den Pfad des Viertels, aus dem Sie kamen und fragen Sie das Wesen dieses Viertels, bis Sie Klarheit haben. Wenn jedes Geschenk durch Ihr Verständnis aktiviert wird, steigt die Kraft aus Ihnen auf, die sich in einer spiralförmigen Bewegung im Uhrzeigersinn vom Boden nach oben bewegt. Die Mauern Ihrer Zitadelle erheben sich um Sie herum: Fürchten Sie nicht, darin gefangen zu sein, denn jede Seite hat eine Tür. Es gibt im ganzen fünf Ebenen, die durch eine Treppe verbunden sind, die sich in der Mitte des Bauwerks hinaufwindet. In jede Ebene sind vier Fenster eingelassen, die auf jedes der vier Viertel hinausblicken. Jede Ebene entspricht von unten herauf jeweils dem Raum der Erde, dem Raum des Wassers, dem Raum des Feuers und dem Raum der Luft. Es gibt eine höchste Ebene, der eine andere Funktion zukommt. Siehe unten.

Dies ist Ihre viereckige Zitadelle, in der Sie die Bewegungen der inneren Welt beachten können. Gehen sie zur obersten Ebene und überblicken Sie abwechselnd jedes Viertel. Während Sie den Horizont umkreisen, können Sie sehen, daß sich dort, wo der Archont stand, in jedem Viertel jetzt ein Turm befindet – dies sind die Wachttürme der umkreisten Welt: Sie stehen mit Ihrem eigenen Turm in Verbindung. Sie werden auf diese Ebene kommen, wenn Sie mit den vier Wachttürmen und ihren Wächtern in Verbindung treten möchten.

Nun blicken Sie über die Landschaft, durch die Sie durch die Einweihungen der Elemente so mühsam hindurchgereist sind. Im Osten beginnt der Schnee zu schmelzen: Der Tau des Frühlingsanfangs legt sich über das Land, und der Boden ist mit jungen Pflanzen und grünen Schößlingen bedeckt. Nur der östliche Turm ist noch weiß. Im Süden weicht die endlose Sandwüste einer Landschaft, wo die Sommerhitze von Seen und Flüssen gemildert wird und wo Bäume Schutz vor der Mittagssonne bieten. Nur der südliche Turm ist noch rot. Im Westen werden die Regenwälder und das sumpfige Terrain durch die sanfte Herbstkühle gemildert. An einigen Bäumen hängen rote und braune Blätter, die das endlose Grün unterbrechen. Der Boden wandelt sich zu herbstlicher Pracht. Der westliche Turm ist immer noch grün. Im Norden weichen die schwarzen Felsen und der unfruchtbare Boden einer brachliegenden Wachsamkeit und dem Winter. Immergrün wächst, und obwohl die Erde kahl aussieht, beherbergt sie die Hoffnung des Frühlings. Das Licht entspricht der klaren Helligkeit des Nordens. Nur der nördliche Turm bleibt tiefschwarz.

Es gibt viel Arbeit, die Sie in dieser, Ihrer Zitadelle erledigen können. In den Räumen der Erde, des Wassers, des Feuers und der Luft können Sie Rituale und Meditationen durchführen, die diesen Elementen entsprechen; Sie können die Räume Ihrem Geschmack gemäß ausstatten, solange Sie dabei die Herkunft jedes Elements beachten. Aber Sie können die Elemente auch ausgleichen: Zum Beispiel hat der Raum der Erde vier Fenster, die jeweils auf die vier Viertel blicken, woraus sich folgende Kombinationen ergeben – Luft der Erde, Feuer der Erde, Wasser der Erde und Erde der Erde. Daraus ergeben sich für Sie Meditationsmöglichkeiten für Monate.

Normalerweise arbeiten Sie mit den Wesen der Viertel, anstatt mit den Archonten der Elemente selbst. Die Wesen sind Botschafter und Vermittler, und es ist einfacher, mit ihnen zu arbeiten, als mit den rohen Kräften selbst. Sollten Sie es jedoch schwierig empfinden, mit Tierformen zu arbeiten, dann können Sie jedes der Tiere bitten, sich in anthropomorphische Formen zu verwandeln. Wenn Sie mit den Archonten selbst arbeiten möchten, dann ist dieses am besten mittels der Symbole aus Adamant möglich.

Ihre Symbole sind:

Osten – Schwert aus Adamant

Süden – Speer aus Adamant

Westen – Kelch aus Adamant

Norden – Buch oder Tafel aus Adamant

(Adamant ist eine legendäre Substanz von großer Dauerhaftigkeit: Sie können jedes Symbol als aus diamantähnlichem Stein gefertigt visualisieren, in der zu dem Viertel passenden Farbe.) Die oberste Ebene der Zitadelle kann zur Adamant-Kammer werden, wo Sie die Symbole an der jeweiligen Wand ihres Viertels aufstellen können. Um die Symbole zu erwerben, arbeiten Sie mit einem dem Viertel entsprechenden Ritual und bitten die Archonten durch ihre Botschafter darum, das benötigte Symbol erhalten zu dürfen. Sie werden vielleicht sehen, daß die Struktur, um die vier Geschenke zu erhalten, in leicht abgewandelter Form benutzt wird. Das Originalsymbol bleibt stets bei dem Archont – Sie bekommen eine authorisierte Kopie, die in jeder Hinsicht identisch ist. Die Archonten und ihre Diener haben das Recht, es Ihnen zu verweigern, bis Sie es wert sind, alle Symbole zu erhalten. Diese sind machtvolle Werkzeuge, die Sie als Archetypen jeder richtigen Waffe oder jedes Gegenstandes ansehen sollten, den Sie in Zukunft vielleicht anfertigen.

Die viereckige Zitadelle

Um die Zitadelle zu betreten und zu verlassen, brauchen Sie sich nur Ihre vier Geschenke wieder vorzustellen. Um die Zitadelle aufzubauen, legen Sie die Geschenke nieder, meditieren Sie über ihren Eigenschaften und fühlen Sie, wie sich der Turm spiralförmig im Uhrzeigersinn um sie herum erhebt. Um die Zitadelle zu verlassen, gehen Sie in den untersten Raum und lösen Sie sie in einer Spirale entgegen dem Uhrzeigersinn auf, bis nur noch Ihre Geschenke übrigbleiben. Es ist offensichtlich, daß niemand anders Zugang zu Ihrer Zitadelle haben kann, da die Geschenke eines jeden verschieden sind. Es sind Ihre Schlüssel und können persönlich gefärbte Symbole der Elemente sein, über die Sie meditieren können, wenn Sie die Hilfe einer bestimmten elementaren Energie brauchen. Beschließen Sie immer sorgfältig jede Sitzung und nehmen Sie sich vor jeder Unausgeglichenheit in acht, die durch die Arbeit mit den Elementar-Energien auftauchen kann: Machen Sie, wenn nötig, die Selbst-Klärungs-Übung (Band 1).

Die Archonten der Elemente sind die Elementar-Könige. Einige Leser werden Henochische Untertöne in diesem Einweihungssystem wiedererkennen. Jene, die die Hinweise verstehen, können in einer dreidimensionalen Meditation ein sehr interessantes henochisches Schachspiel spielen. (Siehe Regardie[283] und Casaubon[43])

Kapitel 4

Durch die innere Tür

Denkt daran, daß ihr eine zweite Welt in Miniatur seid, und die Sonne und der Mond sind in euch, wie auch die Sterne.

Origen: *Homiliae Leviticium*

Alle haben ihre Schlüssel und festgelegten
Aufgänge:
Doch der Mensch,
Obwohl er diese kennt und auch seine
eigenen hat,
Schläft am Fuße der Leiter.

Henry Vaughan: *The Tempest*

Himmlische Erinnerungen

Wenn das innere Echo der einheimischen Tradition die Unter- oder Anderwelt ist, dann ist das innere Echo der hermetischen Tradition ein himmlischer Ort. Wir sprechen natürlich nicht von einem äußeren Ort, sondern von einer Arbeitsmetapher, einem Weltbild. Diese antiphonischen inneren Wirklichkeiten polarisieren die beiden Strömungen des westlichen Weges auf deutliche Weise, doch wir sollten uns hüten, alle Teufel einer einheimischen Unterwelt und alle Engel einem hermetischen Himmel zuzuschreiben, denn dies ist die Art und Weise, in der Symbolik und Weltbilder als Knüppel benutzt wurden, mit denen man in der Vergangenheit ideologische Antagonisten schlug. In diesem Kapitel werden Sie keine dogmatischen Darstellungen des Kosmos finden: Es gibt viele Landkarten, die aus verschiedenen Perspektiven gezeichnet wurden, das ist alles. Jeder Initiand kommt seinen Lichtern gemäß voran. Der Makrokosmos ist wie der Mikrokosmos eine sich entwickelnde Wesenheit, nicht ein statistisches Phänomen[90], wir sollten also nicht versuchen, ihn durch halb vermutete Definitionen einzugrenzen.

Die Welt des Mittelalters erbte den hellenistischen Kosmos, der aus der Erde, den sieben Planeten, den Fixsternen und dem Tierkreis bestand, der sich in sphärischer Progression ausdehnte, jenseits dessen der Lichthimmel lag. Durch diese Sphären sikkerte die Kraft Gottes mittels der Engelhierarchien hindurch, wie sie Dionysos Areopagita definiert hatte, über den später mehr gesagt wird. Diese Hypostase des Kosmos ist für uns heute verloren – der Mond ist ein toter Felsbrocken, die Planeten verhalten sich nicht so wie Ptolemäus glaubte, die Erde ist genausowenig der Mittelpunkt des Universums, wie unseres Sonnensystems. Doch, «die, die äußerlich zu diesen himmlischen Körpern reisen, werden nur leere Planeten finden. Das wahre kosmische Universum ist ein inneres.»[304] Unser Anliegen ist es, festzustellen, wie das himmlische Weltbild wissenschaftlich bedeutungslos und doch Mittelpunkt der Hermetik blieb.

Die Hierarchie der Schöpfung

Bis zur Renaissance glaubte die Menschheit sich selbst nicht an der Spitze einer Darwinschen Evolutionsleiter, sondern am Grunde einer riesigen himmlischen Hierarchie und Kosmologie – das Resultat war eine sehr angemessene Bescheidenheit. Die Revision des ptolemäischen Weltbildes zugunsten des kopernikanischen Systems in der Renaissance hatte eine radikale Loslösung vom Makrokosmos zur Folge, was einen existentialistischen, oder wie man im Mittelalter sagen würde, einen melancholischen Bewußtseinszustand hervorrief, in dem die Menschheit von Griesgrämigkeit und Einsamkeit geplagt wurde. Diesem Getrenntsein vom Makrokosmos ist in unserer Zeit teilweise abgeholfen worden, in der die wechselseitige Abhängigkeit von Mensch und Tier, Baum und Fluß, Felsen und Stern erkannt wird (Abbildung S. 182). Dieser Mangel an einem zentralen Weltbild wird von einer ängstlichen Einstellung reflektiert, die sich in Spott gegenüber metaphysischen oder spirituellen Dingen im Allgemeinen ausdrückt. Die Spötter sind in einer Zeit aufgewachsen, in der viele derzeitige Weltbilder aus der Mode kamen oder zusammenbrachen, doch sie haben nichts, um diese zu ersetzen.

C. S. Lewis schlägt vor[193], daß «man in einer sternklaren Nacht hinausgehen muß und eine halbe Stunde herumgehen und versuchen, den Himmel in Begriffen der alten Kosmologie zu sehen» – einen Himmel, der näher lag, als heute wissenschaftlich angenommen wird, einer, in dem der Mond eine unüberwindliche Grenze darstellte, das sublunare Reich, in dem allein die Natur herrschte und jenseits dessen die Sterne in ihren festgelegten Bahnen kreisten, repräsentiert von einem Schatz bildlicher Entsprechungen.

Die ptolemäische Kosmologie – demzufolge die Erde der Mittelpunkt des Universums war – ist unter Hermetikern das *metaphysische* innere Weltbild des Makrokosmos geblieben. Das soll nicht heißen, daß sie die kopernikanische und postkopernikanische heliozentrische Kosmologie des physischen Kosmos ablehnen. Adam McLean führt als Beispiel Robert Fludd an, dem die Bedeutung des ptolemäischen Systems klar war, insofern es das hermetische Konzept des *inneren* Raums unterstrich, sich jedoch gleichzeitig auf wissenschaftlicher Ebene des kopernikanischen Systems bewußt war.[211] Sein Werk *Utriusque Cosmi Historia* (*Die Geschichte der beiden Welten*, 1617–1621) war eine Verteidigung des alten Weltbildes. Er behielt es bei, weil er begriff, daß es «einem nicht-spirituellen Bild des Kosmos Vorschub leisten würde» (ebda.), wenn das kopernikanische System erst einmal im hermetischen Gedankenreich eingeführt sein würde. Unser Gefühl von kosmischer Einheit war richtig.

Die ptolemäische Kosmologie sah die Welt in Beziehung zur Menschheit: ein System von Stufen auf der Leiter des Kosmos, durch die Mikrokosmos und Makrokosmos reflektiert und aufeinander bezogen wurden. Fludds Buch zeigt uns die alte Kosmologie nicht in Begriffen astronomischer Erkenntnisse, sondern als gültige spirituelle Philosophie für den Hermetiker. Er folgt der ausströmenden Bewegung des Geistes in die Materie in der gleichen Weise, wie die Kabbalisten die prismatische Zerstreuung von Gottes Herrlichkeit durch die sephirotischen Gefäße sahen. McLean weist darauf hin, daß Fludds System der spirituellen Evolution drei Jahrhunderte früher entstand, bevor Steiner oder Blavatsky ihre aus östlichen Quellen bezogene Theorie vorstellten. Fludds Sinnbilder, die sein Werk illustrieren, sind immer noch der deutlichste Ausdruck dieses kosmischen Verständnisses und lohnen die Meditation über ihre Prinzipien.[105] Sie sind die westlichen Mandalas der inneren Räume, Sinnbilder der Seele.

Ein weiterer Faktor, der zum Weltbild des Mittelalters beitrug, war Platons *Timaios*.[267] Dieses Werk war der mittelalterlichen Welt durch eine lateinische Übersetzung von Chalcidius bekannt, so daß Platon nicht so sehr als Begründer einer Philosophie bekannt war, sondern als «der große monotheistische Kosmogone gleich nach Moses, der Philosoph der Schöpfung»[193] angesehen wurde. *Timaeus* zeigt einen wohlwollenden Demiurg (ungleich dem gnostischen Demiurg, der den Geist in der Materie versklavt). Die himmlischen Hierarchien solcher Kosmologien und ihre Bewohner sind ein großes Anliegen des Hermetikers, der ihre Archetypen, oftmals unwissentlich,in seiner Arbeit verwendet. Dionysos Areopagita (um 500 n. Chr.), der mystische Theologe, versorgte sowohl die christliche als auch die esoterische Sammlung mit seiner maßgeblichen Arbeit über Engel in seiner *Mystical Theology and the Celestial Hierarchies*[70]. Dieses Buch befaßt sich mit den Wechselbeziehungen der göttlichen Intelligenzen, die, jede ihrer Sphäre gemäß, Kraft von den höherrangigen Wesen erhalten und diese an die niedrigeren Ränge weitergeben. Diese lyrische Studie betont, daß diese hohen Mysterien nur durch poetische und symbolische Mittel verstanden werden können, nicht in profaner Sprache. Dionysos' Engel haben vielleicht ihren Ursprung in den iranischen *spentas* (siehe Kapitel 1) oder in babylonischen Wächtern, von wo sie über das Judentum in christliche Lehren übernommen wurden. Doch die göttlichen Intelligenzen, die die himmlischen Hierarchien regieren, wurden nicht immer als wohltätige Wesen angesehen. Die Gnostiker behaupteten, daß die Herrscher oder Archonten jeder nachfolgenden Ebene ihrer komplexen Kosmologie die Diener des bösen Demiurg waren. Jeder Archont beherrschte eine der planetarischen Spähren (siehe Abbildung S. 95). Doch abgesehen von deren Anbetung, glaubten die Gnostiker, daß sie diesen schrecklichen Werkzeugen des Schicksals nach dem Tod begegnen und sie überwältigen müßten. Eine Reihe innerer Reisen durch die Sphären der Archonten war notwendig, um den Punkt, da keine weitere Inkarnation nötig war, zu erreichen: eine Ansicht, die auch die Orphiker vertraten. Von einigen der Auserwählten (den Pneumatikern) nahm man an, daß sie dieses Ziel erreicht hätten, wie zum Beispiel Henoch[31], Baruch und Ezra. Zu diesem Zweck wurde eine Anzahl von Psalmen und Anrufungen auswendig gelernt, damit der Gnostiker nach dem Tod vielleicht die Macht der Archonten besiegen konnte. Die Mandäer besaßen sehr viel Literatur zu diesem Thema, mit ausführlichen Anweisungen, wie man den Körper zu den Elementen erheben kann und über die Laster, die jedem der planetarischen über einen Bereich herrschenden Archonten zugeschrieben wurden. Sie bilden schließlich ein gnostisches «Totenbuch» ähnlich dem ägyptischen oder tibetanischen. Heißt es doch im Naasener Psalm: «Durch alle Welten soll ich reisen, alle Mysterien aufschließen.»[350, 291]

Wir brauchen nur Dantes *Göttliche Komödie*[61] in der gleichen Weise wie diese gnostischen Erzählungen als «Totenbuch» zu betrachten, um zu sehen, wie weit verbreitet und praktisch verstanden diese komplexen Weltbilder waren. Dante reist durch «alle Welten», durch viele Ebenen, durch die Hölle, das Fegefeuer und den Himmel, um seine Einweihungserfahrung zu erlangen. Natürlich gibt es für Dante Wächter auf dem Weg, die den Reisenden durch die Welten geleiten: Wir werden über diese später in diesem Kapitel sprechen. Henoch[31] reist durch die Hallen des Himmels wie auch durch die Reiche der Erde und die hebräische Unterwelt Sheol, von ähnlichen Visionen apokalyptischer Schrecken begleitet wie der Kabbalist, der die ineinander greifenden Welten des Lebensbaumes erforscht.

Die Zerstörung der Gefäße ist eine andere Darstellung innerer Kosmologie, wobei jede der Sephiroth die Emanationen Gottes als fortschreitende Zerstreuung weißen Lichts in Farben erlebt. Hier kann der Initiand dem Pfad der Erleuchteten folgen, die entsprechend an jedem Tor, das die vier Welten des Baumes miteinander verband, beteten und die Vereinigungen, durch die das Licht Gottes wiederhergestellt wurde, rezitierten.[168]

Die esoterische Welt ist nicht ohne ihre eigenen in unserer Zeit geschriebenen Kosmologien. Blavatsky stellte ein östlich beeinflußtes Weltbild vor, das unmerklich viele Bewußtseinsebenen durchdrungen hat. Rudolf Steiner, der ihren theosophischen Grundriß ablehnte, hatte die Vision einer anthroposophischen Kosmologie, deren Komplexität und Genauigkeit auf jeden Fall gnostisch ist.[317] Dion Fortunes empfangener Text *The Cosmic Doctrine* wird von vielen Anhängern des westlichen Weges als kosmologisches Paradigma bevorzugt, obwohl es einen trockenen Stil hat und es seinen Begriffen, obwohl diese strikt logisch sind, an ausreichender Erläuterung mangelt. Es gibt wahrlich keinen Mangel an Weltbildern, mit denen man experimentieren und die man erforschen kann.

Diese himmlischen Erinnerungen sind Versuche, den Makrokosmos zu verstehen, um ihn menschlichem Verständnis gemäß zu ordnen. In den Werken Platons und Pythagoras' sehen wir den Versuch, das innere Weltbild mittels Musik zu ordnen. In *The Myth of Er*[266] treffen wir auf die *Spindel der Notwendigkeit*, die für das kosmische System der Sterne und Planeten steht, die sich um die Achse des Universums drehen (siehe Abbildung S. 191). Auf jeder Windung der Spindel sitzt eine Sirene, die eine einzige Note singt. Pythagoras' kosmisches Musikschiff[107] ist ein ähnliches Thema: es segelt durch die Himmel, *rhoizimata* oder rauschende Töne von sich gebend. Die Sphärenmusik gibt uns Einblick in die kosmische Ordnung, die weit mehr ist, als nur eine planetarische Entsprechung. Wenn wir die siebensaitige Lyra unseres Wesens geschickt zupfen, schwingen wir mit der Sphärenmusik, so daß Mikrokosmos und Makrokosmos in Harmonie erklingen.

«Gäbe es die verborgene Ordnung der Musik nicht, würden wir der unermeßlichen Leere zum Opfer fallen», schreibt Ronald Duncan[121]. Die sieben Saiten der Lyra entsprechen tatsächlich den sieben, der klassischen Welt bekannten, Planeten und gaben diesen ihre Ordnung. Man stellte sich eine hypothetische «achte Sphäre» vor, die der Oktave entsprach, mit der die Tonleiter der Schöpfung abgeschlossen wurde. Robert Fludd erfand ein Instrument, das eben diese Theorie zum Ausdruck brachte: Die Saite des Monochords konnte in der Art eines musikalischen Rechenbretts geteilt und unterteilt werden, um Intervalle oder Bruchteile der ursprünglichen Note hervorzubringen.[105] So konnte die ursprünglich bei der Schöpfung zum Klingen gebrachte Note wieder geteilt werden, gleich den sephirotischen Unterteilungen auf dem Lebensbaum.

> Aus Harmonie, aus himmlischer Harmonie
> Entstand dieser universelle Körper:
> Von Harmonie zu Harmonie
> Durch alle Umfänge der Noten lief er,
> Bis der Zusammenklang sich voll im Menschen schloß,

schrieb John Dryden in seinem Gedicht «A Song for St. Cecilia's Day». So wie sich die Alchemie mit der Natur der Materie und ihrer Umwandlung befaßt, so befaßt sich die Musik mit der Entsprechung von Note und planetarischem Archetyp. «Es gibt eine andere Musik der Seele und der Sphären, die der eigentlichen von Stimmen gesungenen und auf Instrumenten gespielten Musik ihre Daseinsberechtigung gibt.»[103] Kombinationen von Noten, wie Dur- und Moll-Terzen kann man als Syzygien der Harmonie hören, während andere dissonante Intervalle wie kriegerische und unversöhnliche Archonten klingen. Die Sophia fällt von der höheren in die niedrigere Oktave und strebt zusammen mit der Menschheit zur Vereinigung mit ihrer Syzygien-Oktave durch die Tonleiter, bis sie in der Apokatastasis der Musik durch die natürliche harmonische Progression vereint sind.

Die Musik verdient ihre Vorrangstellung innerhalb der Künste. Ihre Unmittelbarkeit transzendiert die Notwendigkeit der Sprache oder die Übersetzung einer Mundart. Musik ist aurisches Licht, das Inspiration durch das Prisma des Ohres gießt und uns über archetypische Naturen, platonische Gestalten, in Kenntnis setzt. Von Aulos und Lyra, die die Mysterien Apolls zelebrierten, bis zu Ficinos Hymnen an Orpheus, war Musik eine der hermetischen Künste. Ficino besang nicht nur die Gottheit sondern auch ihre planetarischen Zuschreibungen und Entsprechungen in talismanischer Weise. Sogar die Geburt der Oper kann als Entwicklung der Beschäftigung der Renaissance mit Mythologie angesehen werden. Mit Masken waren die Monarchen in der Lage, als Götter gekleidet an «Mysteriendramen» teilzunehmen. Durch moderne Opernaufführungen kommen viele von uns dem Erlebnis der Mysterien noch am nächsten, die einst in den Amphitheatern Griechenlands aufgeführt wurden: in ihnen wurden die archetypischen Gestalten mit Licht, Musik, Farbe und einer außerordentlichen Choreographie dargestellt. Am Ende dieses Buches haben wir eine Diskographie beschwörender Musik angefügt. Durch ihre Wertschätzung verstehen wir, was Plotin meinte, als er schrieb:

> Wir sind wie eine Gemeinschaft singender Tänzer, die ihren Blick nach außen und hinfort richten mögen, ungeachtet dessen, daß ihr Chorleiter in der Mitte steht; doch wenn sie sich nach innen zu ihm hinwenden, dann singen sie wahrhaftig und sind wahrlich auf ihn zentriert. Genau so umkreisen wir stets das Höchste; aber unsere Augen sind nicht immer auf die Mitte gerichtet. Doch im Anblick der Mitte liegt unser Ziel und unsere Ruhe und das Ende aller Zwietracht: Gott in seinen Tänzern und Gott, das wahre Zentrum des Tanzes.[269]

Wenn Musik uns an innere Seinszustände erinnert, was ist dann mit den Entsprechungen und der reichen und tiefen Symbolik, mit denen die Hermetik verbunden ist? Symbolik ist die Sprache des Inneren, und ihre Gesetze sind die der Smaragdtafel. Obwohl die exoterische Welt diese Symbolik nicht mehr deuten kann, verbleiben die Spuren planetarischer Entsprechungen durch den Reiz, den Astrologie und Wahrsagerei auf sie ausüben. Doch diese halb-verstandene Wissens-Kunst sind nur zwei Stränge im Stoff der Entsprechungen und Signaturen. In einer Welt, die durch die Materie von Satelliten eng durch Fernsehen, Rundfunk und Telex verbunden ist, sollten wir bereit sein, das Kommunikationsnetz des Inneren in Betracht zu ziehen, das in unglaublich sensibler Weise durch Symbolik verbunden ist. «Das Niedrigere muß das Höhere symbolisieren, doch das Gegenteil ist unmöglich», schreibt der Philosoph René Guénon.[124] Doch vom Standpunkt einer materiellen Welt aus, ist es schwierig, das vollkommen zu erkennen. Die archetypischen Gestalten des Makrokosmos sind keine mächtigen Realitäten mehr, von denen die Bildung unseres eigenen Mikrokosmos herstammt: sie sind Überbleibsel eines abgelehnten Weltbildes, archaische Geister, die in den windigen Straßen des gewöhnlichen Mannes widerhallen. Wenn sich der Hermetiker beinahe abergläubisch an die nachhallenden Entsprechungen der alten Welt klammert, dann um irgendeine Ausrüstung zu haben, mit der er auf dem Weg steuern kann. So wie die Archetypen der einheimischen Traditionen verschwunden sind, um in unserer Zeit wieder aufzutauchen, so muß die hermetische Tradition ihre eigene Symbolik überarbeiten und ihren Wert estimieren. Nicht jedes Wort in einem Wörterbuch wird ständig in der alltäglichen Sprache verwendet, doch absolute Wörter bleiben genaue Indikatoren dessen, was gemeint ist: Man kann sie nicht aufgeben, nur weil sie seltener benutzt werden.

In Band 1 sprachen wir über die farbige Sprache der keltischen Dichter, in deren rätselhaften Dialogen und protzenden Aussprüchen die Geheimlehren des Stammes verborgen waren. Solche Lehren wurden nicht nur in der Sprache, sondern auch in Zahlen, Farben, Musik, Zeichen, Symbolen, Gerüchen, Kleidung und göttlichen Gestalten versteckt. Diese Entsprechungen waren, wie die Noten auf der Spindel der Notwendigkeit, durch die Hilfe einer Fähigkeit im Einklang – der Gabe der Muse Mnemosyne – der Erinnerung. Die oralen Traditionen früherer Zeiten wurden unter der hermetischen Ordnung durch Erinnerungssysteme aufrechterhalten. Erinnerung ist ein Teil des Gesetzes der Entsprechungen, die gleichsam eine Pawlowsche Reaktion auf die makrokosmische Übermittlung provozieren. Analoge Zeichen, Symbole und Gedächtniskunst schließen bestimmte Bedeutungen ein. Erinnerung ist das Nervensystem Adam Kadmons, das den Mikrokosmos mit dem Makrokosmos verbindet.

«Individuelle Seelen», sagte der Neuplatoniker Henry More, Plotin nachsprechend, «entspringen der universellen Seele, daher die Fähigkeit zu denken, zu erinnern und zu handeln.» Francis Yates hat in ihrer ausführlichen Arbeit über das Theater der Erinnerung gezeigt, daß Erinnerungssysteme von frühester klassischer Zeit an bis zur Renaissance und danach als Hauptzug der Grundausbildung besonders intensiv geübt wurden. Nachdem die Fähigkeit zu lesen weitverbreitet vorherrschte, gehörten solche Systeme zum Bereich der Hermetiker.[362] Das Theater der Erinnerung war eine Vorstellungsmethode, in der Tatsachenansammlungen mit Orten in Verbindung gebracht wurden. Man konnte zum Beispiel die Titel der biblischen Bücher «lagern», indem man sie visuell mit den Zimmern eines Hauses verband. Es ist ein schwerfälliges System, doch gibt es Einblick in die Methoden imaginativer Visualisierung, wie sie von Hermetikern der Renaissance angewandt wurde.

Die symbolischen Gedankenspielereien alchemistischer und rosenkreuzerischer Bücher waren malerische Einweihungen, die Bilder verwendeten, um innere Erinnerung auszulösen. Alle Medien und Hellsichtigen, die mit dem Inneren in Kontakt sind, benutzen die Leinwand ihrer inneren Wahrnehmung, um auf diese Weise Eindrücke zu erhalten. Im Gegensatz zur landläufigen Erwartung, manifestieren sich innere Wahrnehmungen nicht körperlich, dreidimensional im eigenen Wohnzimmer, sondern sind von *innerer* Art. «Die Akasha lesen», wie es in esoterischer Ausdrucksweise genannt wird, ist bloß eine Methode kosmischen Bild-Empfangs; nicht jeder hat das Talent, diese Übermittlungen aufzufangen. Die, die es können, sind die Propheten unserer Zeit. Wahrsagerei gehört eigentlich in diesen Bereich, oder sollte es zumindest. Der Wahrsager sieht mit Hilfe der Glaskugel nicht in die Zukunft, sondern er sieht ein «platonisches» Hologramm vergangener, gegenwärtiger und zukünftiger Strukturen, die eine Gesamtheit bilden, die niemals in einem bestimmten Zeitraum manifest wird. Solche Arbeit erfordert die hingebungsvolle Genauigkeit des geduldigsten Esoterikers, einem, der wahrscheinlich in dem, was er wahrnimmt keinen Verdienst sieht und der den Sucher eher zum Selbstverständnis leitet als trockene Voraussagen von Ereignissen gibt. Die Erinnerung innerer Dinge erfordert eine konzentrative Trance, die man durch die Verwendung passender Entsprechungen auslösen kann. Für den Prophet

Elisa war Musik erforderlich, damit seine medialen Fähigkeiten erwachen konnten: «‹Laßt den Harfenisten herbringen›, sagte der Prophet. Und während der Harfenist spielte, kam die Hand des Herrn auf Elisa» (2. Könige 3,15).

Es gab viele Verfechter der Signaturenlehre, deren größter zweifellos der hermetische Arzt, Alchemist und Philosoph Paracelsus ist. Alles, was in der Natur erschien, war ein Zeichen für die innere Wirklichkeit: «Du kannst den unsterblichen Teil des Menschen an seinen sichtbaren, angeborenen, charakteristischen Zeichen herausfinden, und du kannst ihn sogar an seiner Erscheinung erkennen; denn das Äußere enthüllt das Innere.»[134] Paracelsus predigte diese Lehre nicht nur, er praktizierte sie auch bei seiner Heilungstätigkeit. Jacob Böhmes Lehren waren innerhalb einer ebenso komplexen Kosmologie aufgebaut, wie wir erörtert haben und seine Theorien liegen nicht nur Steiners Arbeit, sondern auch der von Blavatsky zugrunde. Zusammen mit vielen gnostischen Charakteristika wie die Sophia und dem androgynen Adam, strebte er danach, die makrokosmischen Signaturen im Menschen, dem Mikrokosmos, zu erkennen.

Hermetische Entsprechungen wurden auf Grund der Ansammlungen von Symbolen unhandlich. Es ist zum Beispiel allgemein anerkannt, den Freitag als Tag der Venus zu bezeichnen, ihr Metall als Kupfer, ihren Duft als den der Rose und ihre Farbe als Smaragdgrün: Man könnte die Liste bis ins Unendliche fortsetzen und eine Ewigkeit mit verschiedenen Praktizierenden darüber debattieren. Die planetarischen und anderen Bedeutungen von Archetypen reichen mit großer Übereinstimmung von sumerischer Praxis bis in Ficinos Tage. Fügt man dem die Bildersprache hinzu, mit der christliche Kabbalisten den Baum des Lebens befrachtet haben, der in einigen Lehrbüchern für kabbalistische Praxis wie ein überladener Weihnachtsbaum aussieht, und endet mit Aleister Crowleys Buch der Entsprechungen, 777, dann haben Sie ein schlecht sortiertes Tablett mit Kostproben, aus denen Sie auswählen können.[58]

Symbolsysteme sind das Gedächtnis einer Tradition und erfordern ein Minimum an Gebrauch, wenn wir die Sprache lernen wollen. Die rituelle Verwendung einiger Namen Gottes ist heute insofern fragwürdig, daß Sie, wenn Sie die Bedeutung und somit die Entsprechung des ausgesprochenen Namens nicht kennen, Sie sich keines Ergebnisses sicher sein können. Die chaldäischen Orakel raten, «Ändere nichts an den barbarischen Namen der Anrufung, denn es sind Titel göttlicher Dinge, die durch die Erge-

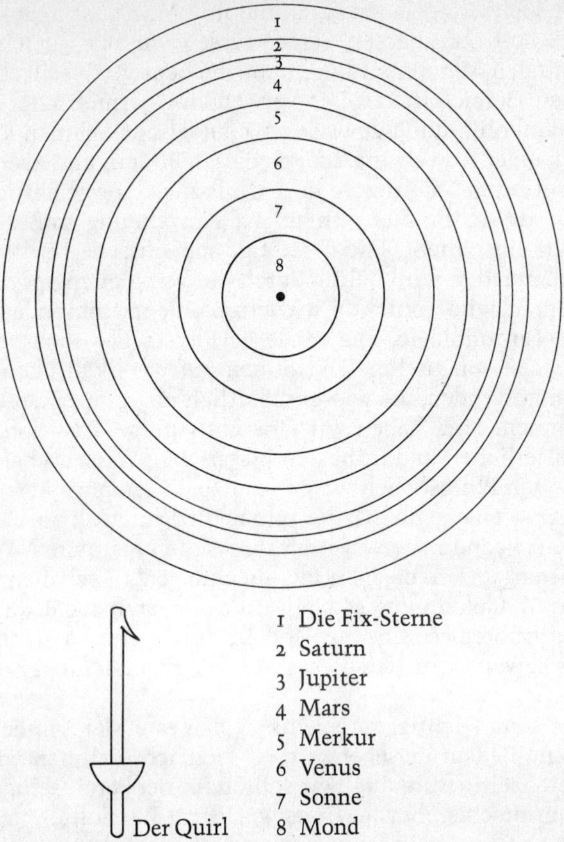

Die Spindel der Notwendigkeit

benheit vieler aufgeladen sind, und ihre Macht ist unaussprechlich»[367]. Auf der anderen Seite müssen wir uns auch vor den wechselnden Metaphern hüten, die die heutige Gesellschaft uns in diesem Bereich liefert. Die Verwendung hermetischer und anderer Symbolik durch gewisse psychologische Schulen kann sowohl zu einer Abwertung der von diesen Bildern und Archetypen repräsentierten Traditionen führen, als auch eine gefährliche Praxis sein, da sie die nicht-integrierte Anwendung großer innerer Energien einschließt. Die derzeitige semantische Lücke in medialen Bereichen wird häufig durch die Verwendung psychologischer Sprache überbrückt – wiederum eine irreführende und ungenaue Terminologie. Die moderne Physik hat auch versucht, die Sprache spiritueller Disziplinen auf physikalischer Phänomene anzuwenden, die wissenschaftlich nicht eingekapselt werden können: Hier haben wir eine ehrwürdige Tradition, da die mittelalterlichen und frühesten klassischen Wissenschaftler, die häufig auch Philosophen waren – sowohl Metaphysiker als auch Physiker –, eine gemeinsame spirituelle Semantik zur Beschreibung von Phänomenen in jeder der Welten benutzten. Wir sind angehalten, unsere eigenen Entsprechungen zu schaffen, unsere eigenen Metaphern und Modelle, und wenn wir aus Bequemlichkeit auf frühere esoterische Modelle zurückgreifen, dann lassen Sie uns gewahr sein, daß dieses Metaphern sind, *nicht die Sache selbst*.

Es ist stets wichtig, zu bedenken, daß es in der Symbolik verschiedene Bedeutungsebenen gibt: vielleicht nehmen wir nicht alle gleichzeitig wahr, und wir sollten immer bereit sein, ein Bild tief zu erforschen, bevor wir es weglegen. Wir sollten uns davor in acht nehmen, dem Symbol zu erlauben, die innere Wirklichkeit *an sich zu reißen*. Es war zum Beispiel eine symbolische Konvention, Gott den Vater im Mittelalter als grauen, bärtigen Patriarchen zu symbolisieren. Diese Symbolik setzte sich allmählich durch, so daß Gott in den Köpfen der Leute heute beinahe völlig mit diesem Bild identifiziert wird. Doch Gott ist weder Vater noch Mutter, männlich oder weiblich, sondern reiner Geist. Trotzdem lauert Gott in den Köpfen vieler immer noch als vergeltender Patriarch, bereit, die Sündigen mit seinen Blitzen zu erschlagen. Wenn solche Symbolik Furcht und Mißtrauen hervorruft, ist sie nichtig, und man sollte andere Möglichkeiten untersuchen. Bedeutungsebenen werden leicht von denen durcheinandergebracht, die nicht daran gewöhnt sind, metaphysisch zu denken. Deshalb brauchen wir den Dichter, den luziden Mystiker und den pragmatischen Esoteriker, der objektiv in den Welten der Symbolik arbeiten und sie dem metaphysisch Verwirrten erläutern kann.

Es bleibt jedoch dabei, daß Entsprechungen die Essenz magischer Kunst sind und man kann keine ausnahmslosen Grundsätze anwenden. Der individuelle Praktizierende muß sich eigene Listen anfertigen: Zu oft beziehen sich Schüler auf der Suche nach einem schnellen Weg in ein magisches System auf Crowleys 777.[58] Schaffen Sie sich Ihre eigenen Entsprechungen und experimentieren Sie dann vorsichtig mit deren Arbeitsmöglichkeiten – wenn sie nicht funktionieren, ändern Sie sie.

Wie sollte man an die Auswahl einer Liste von Entsprechungen herangehen? Sie wird natürlich von dem spirituellen System oder der Mythologie bestimmt sein, mit dem / der Sie arbeiten. Das übliche Sieben-Planeten-System ist ein nützlicher Aufhänger, an den Sie Ihre magischen Kleider hängen können. Die üblichen Zuschreibungen des griechisch / römischen Pantheons brauchen nicht notwendigerweise angewandt zu werden: Jede Sammlung von Archetypen aus einheimischen oder hermetischen Quellen kann verwendet werden. Sie können keltische, indianische, ägyptische, platonische, christliche oder kabbalistische Archetypen und ihre Korrespondenzen auswählen. Das einzige Kriterium ist, daß Sie sie selbst suchen, auswählen und damit arbeiten sollten. Wir geben unten einige Vorschläge als Beispiel:

Planeten	Engel	Heilige	Ägyptisch
Sonne	Metatron	Johannes der Täufer	Re
Mond	Gabriel	Joseph	Khonsu
Mars	Michael	Barbara	Sekmet
Merkur	Raphael	Christophorus	Thoth
Jupiter	Tsadkiel	Gregorius	Ptah
Venus	Haniel	Maria Magdalena	Isis
Saturn	Uriel	Geronimus	Osiris

Falls das planetarische System Ihnen nicht zusagt, dann verwenden sie ein anderes Symbolsystem wie das Tarot oder die Kabbala. Abbildung S. 243 gibt weitere Vorschläge, um mit dem Baum des Lebens zu arbeiten. Doch solche Pläne kann man nicht ohne die Hilfe der Bewohner der inneren Reiche verfolgen. Plotin sagt:

«Sogar die Himmlischen, die Daimonen, sind auf ihrer unlogischen Seite nicht immun; es gibt nichts dagegen, ihnen Gedächtnisakte und Sinneserfahrungen zuzuschreiben, indem wir voraussetzen, daß sie die Zugkraft von Methoden anerkennen, die in natürlicher Reihenfolge angesammelt würden, und daß sie Bittstellern Gehör schenken: dies trifft besonders auf jene von ihnen zu, die dieser Sphäre am nächsten sind und in dem Grad ihrer Besorgtheit darum.»[268]

Diese «Himmlischen» sind eben jene Herrlichen, denen wir in Band 1 des *Westlichen Weges* begegneten und die auf der Mitte zwischen unserer Welt und den spirituellen Reichen stehen, von deren Kosmologien wir lasen. Es ist wichtig, zu wissen, wer sie sind und wie sie im Inneren funktionieren. Dies können wir nur durch die großen Schriften der mystischen Traditionen und die subjektive Erfahrung jener erfahren, die diese Welten bereist haben. Bevor wir selbst den Fuß durch die innere Tür setzten, lassen Sie uns die Wächter treffen, die uns auf dem Weg leiten.

Verborgene Meister: Geheimnisvolle Sibyllen

In Band 1 sprachen wir ausführlich über die Anderwelt und ihre Bewohner. Beide basieren auf der Unterwelt der Ahnen und der Weisheit der Stammesvorfahren: die Archetypen sind lokalisierte Ausdrücke von Prinzipien, die bloße einheimische Erfahrung transzendieren. Die hermetische Tradition hat – wie man hätte erwarten können –, ihre eigenen inneren Korrelationen, von denen einige sich direkt, mit wenigen oder gar keinen Veränderungen, aus der einheimischen Tradition transponieren lassen, während andere ausschließlich in der hermetischen Wirklichkeit ihren Ursprung haben. Einige erscheinen aus den Reihen der großen Toten, der Vorfahren, wie Elias, oder aus den Reihen der Götter, wie Osiris und Isis. Einige steigen aus Heldensagen oder anderen literarischen Quellen auf, Christian Rosenkreutz oder Parzival. Der Stamm sieht seine Vorfahren und ist beruhigt: der Schamane sieht größere Wesen, ist aber nicht beunruhigt. Gleichermaßen nimmt der Hermetiker die Bewohner des Inneren wahr, die nicht nur in lokaler Kleidung, sondern in der Maske verschiedener kultureller Traditionen erscheinen können. Es ist möglich, Kontakte aus dem Inneren «aufzuschnappen», als seien es Übermittlungen von Radiokanälen: Der Adept kann, wenn nötig, den richtigen «Sender anstellen». In Kapitel 4c geben wir eine kurze Liste von «Sendefrequenzen», mit denen man Kontakte aufnehmen kann. Doch wir müssen gleich zwei äußerst wichtige Richtlinien aufstellen: Die inneren Bewohner, die wir *Kontakte* nennen können, haben viele Methoden, in unserem Bewußtsein zu erscheinen, und obwohl sie Mitarbeiter auf der spirituellen Ebene sind, sind sie nicht Gott.

Und dennoch wird sich die Frage stellen: Woher kommen Kontakte, existieren sie überhaupt und wozu sind sie gut? Verborgene Meister, verlorene Kontinente und anderweltliche Besucher – es ist unwichtig, ob sie je existierten. Was wichtig ist, ist daß die Menschen sich so verhalten, *als ob* sie real seien. Diese Aufhebung des Glaubens ist allen Erscheinungen – oder deren Abwesenheit – zum Trost kein Selbstbetrug. (Kontakte wie Gott sind ontologisch nicht beweisbar.) Wie jeder Romanautor bestätigen wird, ist die Erschaffung von Archetypen praktisch unmöglich: worüber man auch nachdenkt, es hat in den zeitlosen Dimensionen des Unendlichen bereits existiert. Die Worte «als ob» sind wichtig. Wenn es etwas ist, das irgend jemandes Wirklichkeit beleidigt, dann ziehen Sie den Gebrauch von x in der Algebra in Betracht. Wenn Ihr Wissen von inneren Welten skizzenhaft ist, müssen wir uns auf diese Sorte algebraischer Formel beschränken, um mit unseren Untersuchungen voranzukommen. Wir nehmen viel im Vertrauen hin, doch wir beziehen uns stets auf die uns bekannte Erfahrung in diesen Bereichen. Und das kann jeder tun.

Die Verinnerlichung heroischer und anderer Archetypen kann man bis in die Kindheit und Jugend zurückverfolgen; sie verbleiben bei dem Individuum, lange nachdem weltbewegende, intellektuelle Erkenntnisse aufgehört haben, von Bedeutung zu sein. Die menschliche Psyche ist eine plastische Substanz, die formbar ist und sich willig um ein erwünschtes Bild herumlegt. Doch in diesem Bereich ist kein Verweilen: die Bilder schwinden und hinterlassen nur ihre Wirkung. Der Prospero in uns beschwört innere Archetypen herauf, mit denen wir in der Vorstellung spielen, nur um sie zu vertreiben, wenn ein interessanterer Neuankömmling die Szene betritt. Wir manipulieren unser inneres Leben und werden auch von ihm manipuliert. Was die Existenz der Kontakte angeht: es gibt mehr Existenzen, als nur die physischen. Was die Arbeit der Kontakte, so zum Beispiel der Meister, angeht, werden wir dies in Kürze erörtern. Doch unsere Kontakte – und jeder hat seine eigenen –, agieren als Wegzeiger und Begleiter auf unserem Weg zu innerem Verständnis.

Die Vielfältigkeit der Gestalten und Bilder ist vielleicht die Wurzel der Unterschiede innerhalb des westlichen Weges. Es gab kaum Versuche, Ebenen, Methoden und Botschaften des Inneren auf einer rein esoterischen Grundlage zu kodifizieren. Wenn ein Marsmensch auf dem Piccadilly Circus oder dem Times Square landen würde, wären der erste Mann und die erste Frau, die ihm begegnen, vielleicht Repräsentanten der menschlichen Spezies, doch nicht ihrer unendlichen Variationsbreite. Gleichermaßen macht die überreiche Mannigfaltigkeit an hierarchischen Wesenheiten, Engeln, Heiligen, Propheten, Meistern, indianischen Häuptlingen und tibetanischen Ärzten, die auf vielen Ebenen von Esoterikern «übermittelt» werden, es schwierig, das Innere zu verallgemeinern. Nur zu oft wird ein Medium von einer Wesenheit besucht oder nimmt Kontakt zu ihr auf und gründet dann eine «Weltbotschaft» auf diese Ergebnisse, ohne «die Geister zu prüfen, ob sie von Gott kommen». Das Ergebnis ist ein wertloser Strom geschwätziger Aphorismen – analog dem willigen Gebrabbel, das vielleicht auf dem Tonbandgerät unseres hypothetischen Marsmenschen aufgenommen würde, wenn Sie oder ich als Repräsentant der Erde gebeten würden, für die gesamte Rasse auf dem Mars «ein paar Worte zu sagen».

Unterscheidungsvermögen ist lebenswichtig. Im Inneren kann man jede Ebene nicht-inkarnierter Wesenheiten von atavistischen Dämonen bis zu Erzengeln antreffen: es ist dann notwendig, durch anerkannte Kanäle und mit geprüften Kontakten zu arbeiten. Ebenso wie wir beurteilen, was für unser Leben in dieser Welt angemessen ist, müssen wir erkennen, daß nicht alles im Inneren für uns geeignet ist – wie diejenigen, die in einem Anfall medialen Enthusiasmus alles akzeptieren, zu ihrem eigenen Schaden herausfinden. Die Arbeit des Inneren soll Menschen nicht irreführen oder in Gefahr bringen und deshalb sind manche mächtigen Kontakte schwer aufzubauen und aufrechtzuerhalten.

Die Vorstellung von den verborgenen Meistern ist dem mittleren Osten näher als der westlichen Tradition, doch der Westen war nie ohne innere Wächter. In der modernen Esoterik taucht der Begriff erstmals in dem deutschen Orden auf, der als *Die Goldene und Rosenkreuzer Bruderschaft* bekannt ist und der im achtzehnten Jahrhundert tätig war. Dieser hatte eine Reihe «geheimer Oberhäupter» – ein Begriff, über den sowohl in der Theosophie als auch im Golden Dawn viel dabattiert wurde. Dies ist das Thema von Edward Bulwer-Lyttons Roman *Zanoni* (1862), der auf viele esoterische Erneuerer beträchtliche Wirkung hatte.[207] Die Streitfrage der Meister besteht bis in unsere Zeit. Madame Blavatskys Aussagen über ihre tibetanischen Meister schienen die Situation zu klären, doch die blassen Öldrucke von turbangeschmückten Geistlichen, die von theosophischen Mauern herunterblicken, sind weit von der Wirklichkeit entfernt: sie sind nur die Hüllen tieferer Archetypen, die jenseits aller Ausdrucksmöglichkeit liegen. Jedes Zeitalter bildet sie anders ab, jedes Individuum kleidet seine archetypischen Kräfte in entsprechend geheimnisvolle Gewänder, so daß Dr. Dee, Merlin und viele ehrwürdige Herren der Vorlage entsprechen zu scheinen. Persönlichkeitskulte der Meister sind irreführend und unnötig, wie wir einsehen, wenn wir uns auf Dion Fortunes *The Cosmic Doctrine* beziehen:[90]

> Die Meister, wie Sie sie darstellen, sind alle «Einbildung». Wohlgemerkt, ich habe nicht gesagt, die Meister *sind* Einbildung… durch Ihre Einbildung (wird Kontakt zu ihnen aufgenommen), und obwohl Ihr geistiges Bild nicht wirklich oder gegenwärtig ist, sind die *Auswirkungen* dessen wirklich und gegenwärtig.

Dieses Buch, zusammen mit Gareth Knights Essay *The Work of the Inner Plane Adepti* zerreißt den Nebelschleier von «Mumpitz und beseeltem Aberglauben», der die sog. Meister umgibt.[9]

Was sind also die Meister? «Menschliche Wesen wie wir selbst, doch älter. Sie sind weder Götter, noch Engel, noch Elementarwesen, sondern jene Individuen, die dieselbe Aufgabe erfüllt und beendigt haben, die wir auf uns genommen haben.»[90] Unter Meistern kann man jene Adepten verstehen, die gegenwärtig nicht inkarniert sind, die jedoch jene Energien aus dem Inneren vermitteln, mittels derer die Erde ihren Mikrokosmos mit dem Makrokosmos verknüpft.

Mysterienschulen und esoterische Bewegungen waren immer schnell damit bei der Hand, jene, die in der Geschichte berühmt für ihre kulturellen oder philosophischen Leistungen sind, als vergangene Meister ihres Ordens in Anspruch zu nehmen: Der Vergleich einer Handvoll solcher Schulen bringt eine bemerkenswert ähnliche Liste solcher Persönlichkeiten zutage – Sokrates, Francis Bacon und Hypatia zum Beispiel. Das innere Verständnis hat zu einer exoterischen Verwirrung geführt, als solche Listen hervorgebracht wurden. Denn obwohl die mystischen Hierarchien uralter Weisheitsströme eine innere Kette von Initianden aufstellen, beinhaltet dies nicht notwendigerweise eine apostolische Nachfolge berühmter inkarnierter Eingeweihter. Wie wir in Band 1 andeuteten, wird Wissen nicht unbedingt ungebrochen von Person zu Person durch die Generationen weitergegeben, sondern wird auf andere Weise geteilt, versteckt und wiederentdeckt. Julius Sperber, ein deutscher Rosenkreuzer, schrieb von der Weisheit des Christian Rosenkreutz als einem Erbe Adams, der nach dem Sündenfall etwas Erinnerung an das Paradies zurückbehielt – diese ging in viele Tradtitionen über, einschließlich dem Zoroastrismus sowie chaldäischen, persischen, ägyptischen und kabbalistischen Strömungen und wurde in Christus vollendet und ging dann zu den christlichen Theurgen der Renaissance und in Sperbers eigene Tradition über.[207] So sprechen viele Mysterienschulen von ihrer eigenen Tradition, doch sollte man dies nicht mit Blutsverwandtschaft verwechseln.

Die Menschheitsgenerationen werden meistens von Kain an gerechnet, doch der mystische Überrest sind die Abkömmlinge von Seth. Diese Tradition der «inneren Familie» durchdringt die gesamte jüdische und islamische Mystik und war einst im Gnostizismus als christliche Auffassung gegenwärtig. Die Erbschaft von Adams Weisheit geht auf Seth über und dies wird mystisch als «das Saatkorn Seths» symbolisiert, das mittels *innerer Zeugung* auf nachfolgende Eingeweihte übergeht. Mit diesem Begriff ist die Auffassung der Kodierung des Lebens verbunden, der spirituellen DNS oder dem Funken, der durch das Saatkorn oder die Perle übermittelt wird.[72] Dieses mystische Symbol wurde häufig in exoterischer und buchstäblicher Weise verwendet. Neuere Andeutungen, daß Jesu Blutlinie durch seine von Maria Magdalena empfangenen Kinder vererbt wurde, sind nur der moderne Beweis für das Überleben dieses Gedankens.[18] Jesu Blutlinie ist tatsächlich noch vorhanden, doch müssen wir auf den mystischen Körper Christi blicken, der von Kommunikanten erzeugt wird und nicht auf die königliche Familie der Habsburger. In ähnlicher Weise könnte Magdalena als spirituelle Mutter angesehen werden: Eine, die die Auferstehung ankündigte und die in der gnostischen Tradition in die verborgensten Lehren Christi eingeweiht war.[239]

Diese ausführlichen Beispiele zeigen, wie vorsichtig wir unsere Ebenen bei inneren Angelegenheiten kennzeichnen müssen. Die Sprache, die auf materiellem Ausdruck basiert, hat Schwierigkeiten mit metaphysischen Begriffen. Sogar mit Symbolik und phantasiereicher Verwendung von Bildern kommt man nur teilweise voran, wenn es heißt, innere Dimensionen zu erklären, und auch das kann im konkreten Fall einer grundsätzlichen Annahme versagen. Die Sprache des Inneren ist die, die die Propheten und Sibyllen sprechen: Elias, Jesaja, Hildegard von Bingen,[143] Joachim de Fiore,[9] Johannes – sie alle sprechen von einem Standpunkt außerhalb der Zeit aus mit den feurigen Zungen der Offenbarung und atmen Apokalypse und neue Hoffnung. Die Prophezeiung ist, wie die Dichtkunst, eklektisch: Bestimmte Bilder werden programmiert, um eine Reaktion im Herzen des Eingeweihten auszulösen, die denen rätselhaft bleibt, die doch nur ängstlich wären, verstünden sie die innere Sprache. Die Meister sprechen auf diese Weise, doch wie wir sehen werden, gemäß des individuellen Verständnis und der Fähigkeit des Schülers.

Dies bringt uns auf eine andere Streitfrage. Es wird häufig vorgebracht, daß die Hüter der Tradition, ob inkarniert oder nicht, männlich seien. Es scheint wahrhaftig eine Überfülle an Meistern zu geben. Man mag sich fragen, wo die Meisterinnen der Tradition sind?

> «Warum manifestieren sich Frauen nicht als Meister und Adepten auf den inneren Ebenen oder sogar auf den äußeren? In frühen Zeiten manifestierten sie sich so, doch die Trennlinie zwischen positiv und negativ war damals sehr fein. In Zukunft werden sie sich wieder manifestieren und sogar jetzt gibt es gewisse Adepten in weiblichen Körpern, die ganz bestimmte Missionen auf der inneren Ebene haben und die wahre Adepten sind.»[91]

Diese Schrift, die von dem Meister, der hinter der *Gesellschaft des inneren Lichts* steht, ausgeht, behandelt das Thema in frustrierend ausweichender Weise. Auf dem westlichen Weg gibt es eine Tradition, daß der Prophet und die Sibylle eine gemeinsame Wächterschaft unterhalten: sie sind die hermetischen Äquivalente zu Schamane und Schamanka (Schamanin) der einheimischen Tradition und Rollen, die man sowohl auf der inneren als auch der äußeren Ebene finden kann. Sie sind die Stimmen der Unterwelt und der Sterne, die das antiphonale Lied aussenden und die Meditationen des Mikrokosmos und Makrokosmos weben. Wenn mit dieser alten Tradition Kontakt aufgenommen wird, dann hat der Eingeweihte das Privileg, Teil ihrer Arbeit zu sein. In vieler Hinsicht kommt der Archetyp der Sibyllen von tieferen oder früheren Ebenen der Erkenntnis als der des Propheten. Doch obwohl wir die Sibylle mit der einheimischen und den Propheten mit der hermetischen Tradition polarisieren können, dürfen wir in diesem Punkt nicht dogmatisch sein: wir sprechen in Symbolen. Die Propheten sind unserem eigenen Bewußtsein und unserer kulturellen Konditionierung näher und begegnen uns daher in zahlreichen Persönlichkeiten. Die Sibyllen gehen auf eine Bewußtseinsphase zurück, die sich außerhalb modernen Verständnisses befindet, obwohl diese wieder zu schwingen beginnt. Die Musen der klassischen Mythologie, die Bergmütter und Cailleachs der einheimischen Tradition, die Schwesternschaft der Sibyllen und Priesterinnen alter Zeiten sind in der sibyllinischen Tradition zusammengefaßt. Sie kommen aus so tiefen Ebenen, daß sie häufig eher wie ein Kollektiv erscheinen als wie eine individuelle Wesenheit.

Die Sibyllen arbeiten meistens chthonisch, von der Erde aus, in antiphonalem Austausch mit den Propheten, die vom Himmel aus arbeiten. Ihre Polarisation untereinander kann das Thema

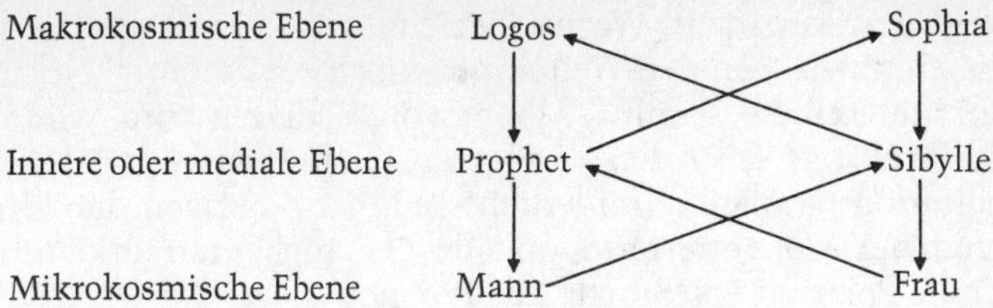

Diagramm der Polaritäten

intensiver Kontemplation sein. (Damit es keine Verwechslung der Ebenen gibt, betonen wir noch einmal, daß dieses komplexe Konzept eine innere Vorstellung ist.) Die Sibylle empfängt und integriert den von den Propheten übermittelten Impuls: Der Prophet empfängt und integriert den Impuls der Sibyllen. So erfüllt jeder den anderen und ist ohne ihn unvollständig. Dies soll keine Aussage über die Rolle von Frauen oder Männern sein. Wie wir in Band 1 schrieben, sind die Ebenen zwischen sexueller Polarität und magischer Polarität deutlich unterschieden. Das Geschlecht magischer Polaritäten wird sowohl machtvoll als auch symbolisch in diesem Paradigma verwendet:

Ebenso wie es eine Beziehung zwischen Mann und Frau geben kann, so kann es eine Beziehung zwischen Mann und Sibylle oder Frau und Prophet geben. Jeder männliche oder weibliche Praktizierende steht direkt unter sowohl dem Archetyp der inneren Ebene, als auch dem makrokosmischen Archetyp, mit dem auch eine Beziehung aufgebaut werden kann. Wir haben die Begriffe Logos und Sophia verwendet, um die göttlichen männlichen und weiblichen Prinzipien aufzuzeigen, doch Gott und Göttin können wie jedes andere geeignete Bild ersetzt werden. Dieses System der Beziehungen ist *per se* außerkörperlich, doch von großer Bedeutung für das Verständnis magischer Arbeit. Die innere Ebene, auf der Prophet und Sibylle stehen, ist die schöpferische und inspirative Ebene. Daher haben verschiedene Denkrichtungen diese Funktion verschiedentlich als Anima und Animus, Daimon und Muse oder, negativ gesprochen, als Incubus und Succubus dargestellt. Die Quelle der eigenen Weisheit zu finden und mit ihr in Wechselbeziehung zu treten, ist für den Wanderer-zwischen-den-Welten von höchster Wichtigkeit. Obwohl hier keine bestimmte Übung vorgeschlagen wird, wird der Leser ermutigt, über diese Dinge zu meditieren. Wenn für die Meditation Symbole erforderlich sind, dann bringen die Tarotkarten der Hohepriesterin und des Hierophanten Erkenntnis über die Polarität von Sibylle und Prophet.

Das Weberschiffchen ihres Liedes verwebt die mikrokosmischen und makrokosmischen Ebenen. Die Sibyllen und Propheten sind die vollkommenen Gerechten, Männer und Frauen, die unsere Verzweiflung und unseren Schmerz hören, die unsere Hingabe an das Große Werk verstehen und die uns insgeheim in unserer Seele inspirieren. Man könnte sie als ein himmlisches und chthonisches System von Kommunikationskabeln ansehen, die uns mit jedem Teil des Kosmos – vergangen, gegenwärtig oder zukünftig – in Verbindung bringen können. Jeder Kontakt, den wir mit ihnen haben, ist dünn und kann nicht lange aufrechterhalten werden. Wie die Mächtigen, von denen in Band 1 gesprochen wurde, sind die Sibyllen und Propheten unpersönlich, doch ihre Herzen sind auf den Willen Gottes gerichtet. Ein besseres Verständnis ihrer Rolle könnte der ziemlich veraltete Begriff des Meisters in der westlichen Esoterik revidieren.

Gewisse Adepten üben bereits die Rolle der Sibylle oder des Propheten aus, während sie noch unter uns inkarniert sind. Sie leben wie die Heiligen im Verborgenen und lehren selten öffentlich. Nach ihrem Tod werden sie durch die Arbeit ihrer Schüler bekannt. Solche Adepten sind die wahren Verborgenen, die im Namen des Mikrokosmos die Arbeit der Vermittlung ausführen. Einige sind Hüter des uralten Landes, andere singen das Lied des Paradieses: diese heimlichen Schamanen sind tatsächlich die Gerechten – die, wie man traditionell glaubt(e), einen Kreis Auserwählter bilden, die die Welt vor der Zerstörung bewahren. Positiv gesprochen integriert ihre Arbeit «alle Dinge, die gut, wohlgefällig und vollkommen sind» (Römer 12,2).

Der Begriff von einem *inneren Kommunikator* steckt in dem Wort *maggid* oder innerer Lehrer[130], der den kabbalistischen Adepten begleitete. Dies konnte ein ehemaliger Meister oder Ausleger kabbalistischer Kunde sein wie Isaak Luria oder Abraham Abulafia oder einer der Propheten – Abraham oder Elias. Wir werden noch weiter über solche Lehrer sprechen, doch lassen Sie uns den Führer in Betracht ziehen, der uns am nächsten ist und mit dem wir in Übung 7 von Band 1 eine Beziehung aufgebaut haben; unseren inneren Wächter oder Engel. «Wenn jemand ein Gebot einhält, verdient er einen Fürsprecher» (Engel),[168] wird uns gesagt. Dieser Gedanke von einem himmlischen «Anderen» oder Schutzengel wurde recht dünn von der jüdischen in die christliche Tradition weitergegeben – die Kirche scheint über ihre himmlischen Hierarchien in Verlegenheit geraten zu sein und spielt nur selten auf die positive Arbeit von Engeln an, trotz der Kodifizierungen innerer Bewohner durch Dionysos Areopagita. Die allgemeine Ansicht über Engel ist nicht viel besser, und sogar der große «Engelexperte» Dr. Dee selbst war nicht gegen die engstirnige Sicht seiner Zeit immun, als er mit einem Engel in weiblicher Gestalt konfrontiert wurde. Diese Begegnung, von der in Casaubons *A True and Faithful Relation of What Passed for Many Years Between Dr. John Dee and Some Spirits*[43] berichtet wird, erfolgte Dees erste Begegnung mit einem Geist durch das Medium Edward Kelly. Er fragt ziemlich ungehalten, wie sie so erscheinen könne. Sie antwortet:

> «Engel (sage ich) sind von sich selbst aus weder Mann noch Frau; deshalb nehmen sie nicht entsprechend irgendeinem Maß in der Vorstellung Gestalt an, sondern entsprechend dem besonnenen und anwendbaren Willen sowohl Gottes und der Sache, deren Verwalter sie sind.»

Sowohl Jakob Böhme als auch Emmanuel Swedenborg kamen in den Genuß solch engelhafter Unterhaltungen wie Dee. Eingebungsvolle Autoren aller Art bezeugen den Beistand von Engeln. Die Bekanntschaft und Unterhaltung mit seinem heiligen Schutzengel zu kultivieren, war natürlich eines der Ziele des mittelalterlichen Magiers: doch lassen Sie sich dadurch nicht in Ihrer eigenen Würdigung Ihres Engels begrenzen.

Ungleich den Meistern sind Engel nicht, noch waren sie je menschlich. Sie sind eine Klasse für sich. Es gibt nicht nur Engel von Individuen, sondern auch von Ländern. Sie sind die Beobachter und Intelligenzen Gottes. Denen, die weiter darüber lesen möchten, empfehlen wir G. Davidsons *A Dictionary of Angels*[63] wie auch Peter Lamborn Wilsons *Angels*[360].

Wo und wie findet man die Meister? Diese Frage wird gestellt seit die Rosenkreuzer-Manifeste erstmals ihren Einfluß auf das Europa des frühen siebzehnten Jahrhunderts geltend machten (siehe Kapitel 1). Die Unsichtbarkeit der Meister, der verlorenen

Welten und anderer kurioser Phänomene ist für einige okkulte Enthusiasten schlicht unerklärlich: sie decken diese Grauzone mit Rationalisierungen und verdrehter Literatur ab. Die Wahrheit ist viel einfacher und beinhaltet einmal mehr die klare Wahrnehmung der Ebenen.

The Mirror of Wisdom von Theophilus Schweighardt[301] macht sicherlich die Frage nach einem irdischen Ort für die Meister überflüssig. Er schreibt:

> ...daß gemäß der Ankündigung der Brüder, obwohl die vereinigte Versammlung aller Rosenkreuzer nicht an einem bestimmten Ort stattfindet, nichtsdestoweniger ein treuherziger, frommer und aufrechter Mann leicht und ohne große Mühe mit einem der Brüder sprechen kann.

Er fährt fort, Hinweise auf ihre Ortsbestimmung zu geben, und rät dem Leser, sich «dem Sonnenaufgang, Mittag und Abend und schließlich der Mitternacht» zuzuwenden, wenn er wünscht, das Kollegium der Rosenkreuzer-Adepten zu suchen. Dies liest sich wie eine Mysterienanweisung, die dem Sucher bedeutet, nach innen, nicht nach außen zu sehen. Die Schlüssel der viereckigen Wachttürme des Tages sind genau aufgeschrieben. Noch offener sagt er: «Du siehst, daß das Kollegium in der Luft hängt, Gott kann es dorthin leiten, wohin er will. Es ist beweglich und unbeweglich, beständig und unbeständig... und du mußt... die Prüfung durchmachen.» Er sagte uns, daß man mit dem Kollegium der Meister durch die allgemeinen, uns zur Verfügung stehenden Mittel Kontakt aufnehmen kann – Meditation, Gebet, ein gutes Leben – genau die langweiligen Gemeinplätze, die das Mysterium so wirkungsvoll verbergen, daß wenige ihren Wert realisieren. Jene Sucher, deren innere Augen und Sinne erweckt sind, werden einen Meister finden:

> «Ich versichere dir, daß dir ein Bruder in Person erscheinen wird. Es scheint wunderbar unglaublich, doch... ich versichere dir, du sollst die Kunst und das Kollegium finden, und das ist der einzige Weg, denn anders ist es vergeblich, den Ort zu suchen, denn er ist nicht und doch ist er.» (ebda.)

Anfänger in den Mysterien werden durch diese ruhige Gewißheit, daß, «wenn der Sucher bereit ist, ein Meister erscheinen wird», oft bis ans Ende ihrer Weisheit getrieben. Was *bedeutet* es, fragen sie? Welches sind die richtigen Kanäle, um sich ihnen zu nähern? In Mysterienorden scheinen so viele große Versprechungen gemacht zu werden, daß wir gut daran täten, uns die Art Antwort, die einer davon gibt, näher anzusehen:

> Wenn ein Mensch sich auf die Suche nach einem Pfad macht, bekundet er einen Wunsch. Dieser Wunsch wird von denen bemerkt, die an den inneren Orten wachen, und er wird seinem Temperament gemäß «einer Klasse zugeordnet». Nachdem er eine gewisse Wegstrecke unter dieser Anleitung gegangen ist, wird er der Obhut eines sogenannten «Führers» unterstellt: ... (der) versuchen wird, die Lehre, die er der Seele seines Schülers vermitteln will, telepathisch zu übertragen, und der Schüler muß versuchen aufzufangen, was «gesagt» wird. Später wird der Schüler in Kontakt mit einem der geringeren Meister gebracht und ist einer der Schüler, für die dieser Meister verantwortlich ist. Ein Führer hat nur einen Schüler zur Zeit, ein Meister aber hat viele. Während der Schüler Fortschritte macht, wird er Meistern höherer Grade zugeteilt. Sein Problem wird immer sein, aufzufangen, was sein Meister sagt.[90]

Dieses saubere hierarchische System fällt mit denen der theosophischen Schule und der Alice-Bailey-Schule zusammen: Tatsächlich stammt es aus *The Cosmic Doctrine* von Dion Fortune, der Gründerin der *Gesellschaft des inneren Lichts*. Aus eigener Erfahrung würden wir sagen, daß die Dinge nicht immer so sauber und ordentlich sind, daß Fortschritt nicht gewiß ist. Es gibt eigentlich kein Belohnungssystem irdischer Art. Einige Esoteriker bauen dauerhafte Beziehungen zu ihren inneren Lehrern auf und kommen wie beschrieben voran, doch die meisten gehen im Kollegium der Meister in verschiedene Seminare und folgen einem ausgeglichenen Curriculum; erst später im Laufe ihrer Erfahrungen spezialisieren sie sich.

Einen Kontakt zu gewinnen ist etwas, das normalerweise erst später bewußt geschieht: es ist nichts, dessen sich der Student bewußt ist oder das er für notwendig hält – zu Beginn ist es gerade genug, die Grundlagen zu erlernen. Doch sogar in den frühen Ausbildungsstadien sollte man aufmerksam für die Kontakte sein, die vielleicht ihre Grundlagen schon gelegt haben.

Die Wahl eines magischen Namens enthüllt sehr oft die geheimen Angliederungen im Inneren in dieser Hinsicht. Mitglieder des Golden Dawn nahmen lateinische Etikettierungen als Namen, indem sie häufig das daraus gebildete Akrostichon benutzten, so nahm W. B. Yeats: Deus est Demon Inversus oder DEDI (dedicated – hingebungsvoll). Dion Fortune (Violet Firth) nahm als eigenen Namen eine Zusammenziehung aus Deo non Fortuna an. Nicht alle Initianden wählen Namen oder Mitgliedschaften auf diese Weise. Sehr häufig stellt sich der Kandidat unter die Schutzherrschaft eines vergangenen Wanderers auf dem westlichen Weg. Dies kann wie oben beschrieben im einen Fall ein alles überschattender Lehrer oder ein Fall von «Seelenverwandtschaft» sein.

Seelenverwandtschaft wird manchmal als Reinkarnationserinnerung mißverstanden, doch wie ein moderner Okkultist bemerkte: «Ja, ich erinnere mich an einige Inkarnationen, aber sind es *meine*?» Dies ist eine berechtigte Frage, die der Leser stets im Sinn behalten sollte: jene, die für das Wirken des Inneren sensibel sind, haben eine große Menge an Informationen zu ihrer Verfügung. Bloß weil Ihre Psyche sich auf das ägyptische Totenbuch eingestimmt hat, heißt das nicht, daß Sie in einem anderen Leben ein Priester oder eine Priesterin der Maat waren. Seelenverwandtschaft ist das unmittelbare Wiedererkennen, das wir manchmal mit Menschen und Orten in unserem täglichen Leben erfahren. Es ist möglich, daß hier sowohl genetisches als auch inneres Gedächtnis im Spiel sind. In den Zyklen des Geschehens ist es unvermeidbar, daß sich die Welten überlagern, während wir gleichsam einen Zeitkorridor entlang sehen. Der in der Ausbildung befindliche Pfadwanderer wird diese Gelegenheiten weise nutzen und nicht öffentlich darüber sprechen.

Isaak Luria, der Kabbalist von Safed, «konnte einen Menschen anblicken und ihm sagen, inwiefern er mit dem überirdischen Menschen verbunden war und in welcher Beziehung er zu Adam stand».[168] Nicht jeder von uns ist so scharfsichtig, und sogar die in der Position des Lehrers befindlichen sollten damit zurückhaltend sein, solche Beziehungen für ihre Studenten herauszufinden. Solche Entsprechungen können voller Gefahren sein, wie der Besuch einer Nervenheilanstalt offenbaren wird. Wenn Sie zwischen den Welten wirken, dann verwechseln Sie sich selbst nie mit einer inneren Rolle oder Wesenheit: Versiegeln Sie stets eine Handlung gegen die andere, so daß Merlin oder Morgan Le Fay nicht im Auto von John oder Anne Smith sitzen, wenn Sie ins tägliche Leben zurückkehren. Nervenheilanstalten sind voller Napoleons und Maria Stuarts – schwache Persönlichkeiten, die in stärkeren untergetaucht sind.

Ein wahrer innerer Lehrer wird nicht danach streben, die Beziehung mit einem Studenten zu beherrschen; er oder sie wird statt dessen die starken Aspekte der Persönlichkeit des Studenten entwickeln und die schwachen stärken, indem er das wesentliche Selbst des Studenten nährt, ohne ihm einen abschließenden Eindruck aufzuzwingen. Natürlich hinterlassen große Lehrer ihre Prägung bei guten Studenten: wir brauchen nur einigen der talentiertesten Musikern unserer Zeit zuzuhören, um die in der Meisterklasse eines vergangenen Virtuosen dieses Instruments erlernte, unverwechselbare Technik und Disziplin herauszuhören. Genauso lernen wir von unseren Kontakten.

Es wird häufig gefragt, «Woher weiß ich, ob ich einen Kontakt hergestellt habe?» oder «Woher weiß ich, ob mein innerer Lehrer verläßlich ist?» Auf die erste Frage würden wir antworten, daß wir alle in unserem Leben Kontakte herstellen. Wann immer unsere Herzen zu entfernten Freunden gehen oder wenn unsere Phantasie mit einem packenden Buch beschäftigt ist, benutzen wir dieselbe Möglichkeit, zu etwas «Kontakt aufzunehmen», das nicht anwesend ist. Diese feinen Einflüsse formen unser Leben und sind die Kontakte, die wir praktisch genommen alle erfahren.

Ein innerer Lehrer ist etwas anderes. Es ist unwahrscheinlich, daß man ohne eine einigermaßen gute Grundausbildung, meist in der Art einer formalen Mysterienschule, angenommen wird. Wenn man einer Tradition folgt, wird ein innerer Lehrer am Rande dieser Tradition bereitstehen, um den Studenten zu helfen, die esoterischen Tiefen zu suchen (siehe Übung 3). Was die Verläßlichkeit des inneren Lehrers angeht, so weisen wir den Leser auf Band 1 des *Westlichen Weges* und den Ratschlag Isaak Lurias hin: Er muß auf jeden Fall die Wahrheit sprechen, einen motivieren, gute Taten zu tun, und sich in keiner Voraussage irren.[168] In dieser Angelegenheit beurteilen wir nach Ergebnissen oder nach unserer intuitiven Richtigkeit. Unglücklicherweise werden Kontakte und eigene Wünsche leicht verwechselt, und es ist schwer zu sagen, wann man bloß die rationelle Grundlage des Einflusses des Inneren benutzt, um sich den eigenen Weg zu ebnen. Eigensinnige Medien sind dafür bekannt geworden, daß sie darauf bestanden, daß die Meister einen Ferienaufenthalt auf den Bahamas angeordnet haben, wenn sie selbst einmal von allem weg wollten. Innere Reife ist für jeden schwer zu lernen: Der innere Lehrer nimmt auf Ihre zartesten Gefühle keine Rücksicht, wenn es darum geht, Ihre eigene Unausgeglichenheit aufzuzeigen: die einzige Möglichkeit liegt darin, bescheiden zu sein und Ratschläge anzunehmen. Die vorangehenden Bemerkungen setzen voraus, daß der Leser sich in keiner Ausbildung befindet, doch natürlich sind die Gefahren beim Durchschreiten der inneren Tür durch den Unterricht eines äußeren Lehrers beträchtlich verrringert.

Solche Warnungen klingen schrecklich genug, doch es gibt auch Vorteile. Der Dienst am Inneren, für den Willen Gottes – wie Mystiker es bezeichnen würden – wird mit Liebe geleistet, und es gibt eine Erwiderung der Liebe, die unseren Dienst mehr als ausgleicht (siehe Kapitel 3). Dies soll nicht heißen, daß notwendigerweise Geld und gute Dinge auf Sie herniederregnen, sondern, daß den Mitarbeitern Gottes spirituelle Gaben geschenkt werden. Liebe ist die endgültige Unterscheidung in diesem Arbeitsfeld: wenn Ihre Arbeit Ihr Ego fördert und spirituellen Hochmut aufpoliert, dann bitten Sie Ihren Engel um Klärung für sich und Ihre Motive. Sie können Mikrokosmos und Makrokosmos nicht auf Kosten Ihrer Perle – dem göttlichen Funken – zusammenweben.

Der Druck innerer Arbeit ist immens. Esoteriker haben Berufe wie andere Menschen und müssen mit Kindern, Rechnungen und überfüllten Wohnungen fertig werden. Die Bedingungen sind hart und nur die flexiblen überleben das Tempo. Es gibt kein ideales hermetisches Dasein in einem Landsitz, wo hingebungsvolle Schüler für Ihren Lebensunterhalt sorgen, während Sie in glückseliger Stille meditieren. Die kurze Einsamkeit der Lern- und Meditationsperiode muß so eingerichtet werden, daß sie eine tägliche Andacht und Erfrischung des Geistes gewährleistet, aus der Sie so hervorgehen, daß Sie Ihrem täglichen Leben gegenübertreten können. Die wachsende «Ungeduld» des Inneren, bestimmte Lehren durchzubringen, stellen aufreibend harte Bedingungen für Sensitive auf, die es übernehmen, diese in die äußere Welt zu vermitteln. Doch diese Vermittlertätigkeit ist so wichtig, daß viele Zeit und Anstrengung opfern, um ihre richtige Erdung sicherzustellen. An diesem Punkt können wir sehen, daß die Arbeit von Gebet und Meditation im Grunde dieselbe ist: der Mystiker und der Esoteriker, die auf dieser Bewußtseinsebene arbeiten können, haben eine wechselseitige Funktion.

Den Impuls des Inneren zu vermitteln ist eine Sache des richtigen Zeitpunkts und von Rhythmus. Derzeit wird von vielen Normalbürgern großes Gewicht auf ihre Biorhythmen gelegt – vorberechnete Tabellen der emotionalen, geistigen und irdischen Möglichkeiten für den Monat: der Esoteriker kennt seinen Biorhythmus bereits und bringt das persönliche Muster mit dem makrokosmischen in Übereinstimmung. Jede esoterische Arbeit wird entsprechend den vorherrschenden inneren Strömungen, Gezeiten und Einflüssen verrichtet. Diese werden mittels der Mondphasen, astronomischer Übereinstimmungen und Konjunktionen, dem Fluß der Jahreszeiten gemessen. Immer wieder beweisen synchrone Ereignisse, daß Rhythmus aus der Essenz des Inneren besteht, besonders wenn er sich mit Ziel, Muster und Kraft in Übereinstimmung befindet. Gewisse innere Übereinstimmungen kehren beinahe wie Sternenübereinstimmungen einmal in einem Jahrtausend wieder, wobei die Resonanz einer historischen Zeitskala Jahrhunderte später für uns verfügbar ist. Dies geschieht jetzt, wie wir bereits beschrieben haben, mit der Wiederentdeckung der einheimischen Tradition. Gewisse Aspekte der hermetischen Tradition sind zur Zeit nicht «in der Phase». In diesem Buch haben wir danach gestrebt, uns mit einem grundlegenden Thema zu befassen, das viele zeitgenössische Probleme betrifft: Resonanzen, deren Gegenwart wir in Kürze im allgemeinen Bewußtsein spüren werden.

Die Resonanzen des Inneren werden uns über die verborgenen Meister und geheimen Sibyllen übermittelt, doch das macht uns nicht zu passiven Empfängern. Nach einer Lehrzeit im Dienst des Inneren werden dem Studenten die Mittel gegeben, um ein Reisender zu werden. Esoterische Bücher sprechen von diesem Prozeß häufig als «die Gründung einer magischen Persönlichkeit», was sich großartig anhört, aber nicht mehr ist, als die Annahme passender Reisekleidung für die Arbeit im Innern. Die magische Persönlichkeit ist das *wahre* Gewand des Magiers. Es wird in einem langen Prozeß erworben, der ein tiefes Wissen von sich selbst, eine Integration der eigenen Unausgeglichenheiten und eine Stärkung der eigenen Potentiale beinhaltet, bis das Selbstbild, mit dem sich arbeiten läßt – der Lichtkörper –, aufgebaut werden kann. Dies ist kein überhöhtes Selbstbild oder keine egozentrische Idealisierung des Selbst, sondern ein Gefährt des höheren Selbst – die *merkhabah* oder der Wagen, mit dem man seinen Aufstieg macht. Vielmehr als die Annahme einer maskenähnlichen Persona, ist die magische Persönlichkeit eine Identifizierung mit dem heiligen Schutzengel, dem Anderwelt-Führer. Dieses Stadium ist erreicht, wenn der Student seine Lehrzeit am Großen Werk abgeleistet hat, wenn der Student niemandem geringeren als Gott huldigt, doch darauf vorbereitet ist, mit der Arbeit seines Schicksals als ein vertrauenswürdiger Mitarbeiter des Inneren fortzufahren. Der Student wird zuletzt ein Lehrer für andere.

Es wird oft die Frage gestellt, wie man an diesen Prozeß herangeht: mit getreuer Ausübung täglicher Meditation, mit fortgesetzter Bewußtheit von den Gezeiten des eigenen Lebens, mit Beobachtung der wechselnden Muster innerer und äußerer Gezeiten, mit Hingabe an das Große Werk, mit harmonischer Zusammenarbeit mit seinen Kontakten. Nur so wird das Werk der Integration erreicht.

Adeptenschaft ist das Erwachsensein des Inneren – die innere Reife, zwischen den vielen Ebenen des Lebens wirkungsvoll und verantwortlich zu arbeiten, ohne die eigenen Unausgeglichenheiten anderen aufzuerlegen. Adept zu sein (to be adept – fähig sein), heißt begabt zu sein, ein Meister seiner Zunft zu sein. Ein Adept ist nichts anderes als das.

‹Magische Persönlichkeit› hört sich gewaltig an, doch wir sollten uns klar darüber sein, daß sie dazu neigt, ebenso unbeweglich zu werden wie die Psyche eines Analysanden, der mit seiner «Individuation» prahlt. So etwas wie endgültige Erleuchtung gibt es nicht: Die zyklische Natur des menschlichen Lebens macht uns alle ebenso zur Vergeßlichkeit geneigt wie zur Bewußtheit. Wir verbringen unser Leben damit, danach zu streben, die stets wechselnden Parallelen festzusetzen, durch die das Innere wahrgenommen und übermittelt werden kann, und entdecken dabei neue Möglichkeiten, stets auf der Hut vor den Gefahren des Selbstbetrugs oder der Selbstzufriedenheit. Doch wenn einmal die magische Identifizierung des Selbst mit dem Lehrer stattfindet, werden die Dinge nie mehr dieselben sein. Die Perioden der Überschattung und dann der Integration ereignen sich gemäß individueller Erfahrung mit unterschiedlicher Geschwindigkeit, doch es gibt ein tieferes Verständnis innerer und äußerer Ereignisse, weil die Lebenserfahrung des Lehrers Teil des Bewußtseins des Adepten wird. Dieser subtile Vorgang macht aus dem Adepten keinen Supermann. Tatsächlich wird der Adept um so weniger bemerkenswert in äußeren Belangen, je weiter er in das Innere vordringt und mit ihm kooperiert. Die Persönlichkeit schmilzt nicht dahin, noch löst sie sich auf oder wird Teil eines gleichförmigen Ausdrucks: Die persönliche Identität wird eher zur Speerspitze innerer Meditation. Hier erreichen wir die Grenzen beschreibender Sprache, wo nur noch persönliche Erfahrung etwas erklären kann.

Es kann sein, daß Sie Ihre Lehre im Kollegium der Meister schon begonnen haben, daß Sie eine Reihe funktionierender Kontakte haben und daß Sie häufig durch die innere Tür reisen. In den nächsten beiden Abschnitten finden die, die mit ihren Forschungen noch nicht begonnen haben, vielleicht einige Hinweise, wie sie damit beginnen können. Es gibt viele Wege in die hermetische Landschaft und viele Wächter.

Führer und Wächter

«Diese großen Gedanken (Archetypen) sind keineswegs steril, sie multiplizieren ihre Abbilder durch das ganze Universum»,[68] schrieb Marcilio Ficino. Einige Archetypen, die das nationale Bewußtsein ansprechen, überschreiten selten ihre örtlichen Grenzen, doch, mythologisch gesprochen, emigrieren viele aus ihren einheimischen Traditionen, weil ihre archetypischen Energien universell annehmbar sind. So erscheint Hermes örtlich in fast jeder Kultur unter einem anderen Namen: Merlin und Thoth sind, wie wir gesehen haben, wohlbekannte Resonanzen.

In Band 1 sprachen wir über die Regeneration der Formen. Es ist die Aufgabe jeder Generation, die ausgeformten Kräfte, mit denen sie zu arbeiten beabsichtigt, zu lokalisieren. Falls diese Formen für diese Zeit unangemessen sind, müssen sie durch praktische Arbeit regeneriert werden, so daß die Synthese der Energien ineinandergreifen kann. Viellleicht entscheidet man sich zum Beispiel, eine kaum bekannte sumerische Gottheit in seinem Ritual zu verwenden. Wenn die Gestalt, deren Energie mit ihnen kooperieren soll, viele Jahrhunderte nicht gebraucht wurde, dann arbeitet man sich zu dem Ritual vor, indem man erst über jeden bekannten Aspekt dieser Gottheit im Detail meditiert und dann die hinter der äußeren Form liegenden Prinzipien erdet, indem man sie vorsichtig übermittelt. Wenn man mit dieser Methode unausgeglichene Ergebnisse erhält, dann wurde die Gestalt nicht regeneriert. Dies trifft ebenso für die hermetische als auch für die einheimische Tradition zu, in der Extreme atavistischer Umkehrung oft anzutreffen sind. Wenn Sie eine Autobahn entlangfahren wollen, dann ist eine zweirädrige Droschke ein ebenso ungeeignetes Gefährt wie zum Beispiel ein keltischer Streitwagen. Die Arbeit mit jeder Energie ist sinnlos, wie immer Sie diese sich auch vorstellen, wenn Sie keine persönliche Beziehung dazu haben. Die rhythmischen inneren Übereinstimmungen, über die wir weiter oben sprachen, müssen sorgfältig nach passenden, sich mit der eigenen inneren Arbeit überschneidenden Resonanzen durchsucht werden.

Die folgende Liste besteht sowohl aus Archetypen, zu denen Kontakt aufgenommen werden kann, als auch aus Konzepten, die die hermetische Tradition durchdringen und die als symbolische Meditationsobjekte verwendet werden können. Falls Sie beabsichtigen, mit einer der erwähnten Gestalten oder einem der Konzepte zu arbeiten, dann gehen Sie sicher, soviel wie möglich darüber herauszufinden, wenn Sie mit diesen Archetypen nicht vertraut sind: die Eintragungen sind auf Grund des Platzmangels beträchtlich verkürzt. Die meisten von uns sind jämmerlich ungebildet in bezug auf die Geschichten, die unserer Kultur zugrunde liegen. Viele dieser Archetypen sind heute nur durch Volkserzählungen, mythologische Zyklen oder psychoanalytische Kommentare bekannt, wo man sie sicher als für Kinder oder Verrückte angemessen ignorieren kann. Diese objektive Distanzierung unserer selbst von der lebendigen Essenz inneren Lebens hat mehr als alles andere zur Aushöhlung unserer spirituellen Tradition beigetragen. Eine religiöse Tradition ist schließlich nichts anderes als eine Geschichte, nach der man leben kann – und es gibt so viele Geschichten wie menschliche Leben.

> Wir müssen Gottes Geschichte, unsere Tradition, erlernen. Es ist eine unserer heutigen Sorgen, daß so viele junge Menschen elementare Konzepte und Sprache und sogar Persönlichkeiten, die unsere Tradition charakterisieren, nicht kennen. Die Kenntnis von Gottes Geschichte ist eine Voraussetzung für die Kenntnis unserer eigenen.

Viele der Archetypen sind wie die Masken Gottes und sind in unserer Zeit auf diese Art von den Repräsentanten Jungs benutzt worden. Der neu-gnostische Charakter von Jungs Arbeit hat uns in die Lage versetzt, die Archetypen zu verwenden und zu erörtern, die bis vor kurzem unter Heiligen, Engeln und literarischen Gestalten zusammengefaßt wurden. Hier taucht jedoch das Problem auf, daß jeder Archetyp eine Energie von großer Kraft ist und nicht ungestraft in psychologischen «rituellen Workshops» verwendet werden kann. Um mit diesen Gestalten zu arbeiten, muß man sie *kennen*. Der Archetyp, den *Sie* als freundlichen Wächter in der Gestalt von Anubis erfahren, wird jemand anderem aus Ihrem Bekanntenkreis nicht notwendigerweise ebenso erscheinen. Wenn Sie beabsichtigen, diese oder auch andere Archetypen als Grundlage für rituelle Arbeit mit anderen zu verwenden, dann gehen Sie sicher, daß alle Anwesenden in der Übermittlung dieses Grades an Energie erfahren sind.

Was uns zum Thema Respekt bringt:
Engel lassen sich nicht herbeirufen
Alte Folianten sind keine Gelben Seiten[229]
ist ein guter Ratschlag. Man befiehlt die Erscheinung

irgendeiner Energie im Inneren nicht, man *erbittet* sie. Weiterhin: Vermischen Sie keine Systeme, wenn Sie, mit den Ergebnissen Ihrer Erfahrung arbeitend, ein Ritual aufbauen. Keltische und henochische Systeme verbinden sich nicht notwendigerweise, genausowenig wie gnostische und einheimische Systeme. Isis und Demeter sollten nicht in demselben Ritual erscheinen – die eine ist ein Aspekt der anderen, doch aus einem anderen Mythos. Die nichtjüdische Kabbala hat erfolgreich jüdische und christliche Aspekte miteinander vereint; gnostische und alchemistische Systeme haben viel gemeinsam, doch treiben Sie die Entsprechungen nicht zu weit.

Verwenden Sie diesen Abschnitt schöpferisch, fügen Sie Ihre eigenen Beispiele hinzu und arbeiten Sie mit allem, was Sie anregt. Es kann sein, daß einer dieser Archetypen den Schlüssel zu Ihrer eigenen spirituellen Erbschaft in der Hand hält. Wenn Sie auf Grund dieser Erfahrung eine bestimmte Tradition vorziehen, dann können Sie dieses gern mit Übung 3 verbinden.

Abaris. Meister der hyperboräischen Mysterien, die im Nordwesten Europas, einige sagen im Bereich der Britischen Inseln, ihre Grundlage haben. Abaris war ein Diener des hyperboräischen Apollo. Er lebte ohne Nahrung und reiste auf einem goldenen Pfeil (der das Symbol Apollos war). Man sagt von ihm, er sei in die pythagoräischen Mysterien eingeweiht gewesen. Sein fragmentarischer Mythos läßt Anklänge an den von *Bladdud* erkennen, dem legendären Gründer der vorrömischen Stadt Bath: auch er hatte die Fähigkeit zu fliegen und richtete den Tempel und die Anbetung der Göttin Sulis ein – die später unter den Römern zu Sulis-Minerva wurde. Wenn Bladdud, wie die Legende ihm zuschreibt, Griechenland besuchte und in die Mysterien eingeweiht wurde, dann ist es möglich, daß die zwei Mythen miteinander gleichgesetzt wurden. Abaris verbindet die keltische einheimische Tradition mit der frühen hermetischen Tradition. Es ist gefahrloser, mit den hyperboräischen Mysterien, deren Meister er ist, zu arbeiten, als mit denen von Atlantis.

Literatur: Stewart [323], Chapman [45], Lievegoed [195]

Adam und Eva. Unsere Ureltern. Mythologisch kann man in ihnen jeden Mann und jede Frau sehen. Sibylle und Prophet sind ihre innere Resonanz, so wie Logos und Sophia (siehe dort) ihre kosmische und endgültige Wirklichkeit sind. Ihrer beider Sündenfall und Austreibung aus dem Garten stehen, wie immer man sie interpretiert, repräsentativ für einen Verlust des vollkommenen Zustandes. Ihr Gebet um die Rückkehr in diesen Zustand kann auch unseres sein:

> O kostbares Paradies, an Schönheit unübertroffen, von Gott gebautes Tabernakel, unendliche Freude und Entzücken... bete mit dem Klang der Blätter zu dem Schöpfer von allem: Möge er für mich die Tore öffnen, die ich durch meine Übertretung schloß, und möge er mich wert erachten, am Baum des Lebens teilzuhaben und an der Freude, die meine war, als ich einst in dir wohnte.[191]

Die orthodoxe Ikone vom Abstieg zur Hölle zeigt den glorifizierten Christus, der seine Hände zu Adam und Eva ausstreckt, er steht auf der Brücke des Kreuzes und darunter werden die als Schlösser und Riegel dargestellten Urkräfte zerbrochen.

Literatur: Graves [110], [112], Every [78], Apokryphisches Neues Testament [10]

Adam Kadmon / Anthropos. Der vielen Traditionen gemeinsame Begriff des verborgenen Adam oder makrokosmischen Menschen findet seinen vollkommensten Ausdruck im kabbalistischen Adam Kadmon, dessen Körper als kosmische Glyphe des Lebensbaumes selbst angesehen wird: Alle zehn Emanationen (Sephiroth) des Lebensbaums werden bildlich auf Adam Kadmons Lichtkörper übertragen. Die ursprüngliche Gestalt Adams war die des Kosmos selbst, doch wie in dem orphischen Glauben von der Zerteilung der Gottheit in Menschen durch die Titanen, ist der Lichtkörper zerstreut. Adam Kadmon jedoch, nach dem Bilde Gottes geschaffen, *ist* das Universum in seiner Totalität. «Der Körper Adams ist der Körper der Welt, und die Seele Adams ist die Totalität der Seelen.» Das Konzept vom Anthropos ist ein hermetischer Widerhall des kabbalistischen: «Doch der Geist des All-Vaters, der Leben und Licht ist, brachte den Menschen (Anthropos) hervor, Ihm selbst gleichend.» Übung 6 liefert eine Methode, um diese Energie zu erfahren. Jegliche ausführliche Arbeit mit der Kabbala wird den Leser direkt mit diesem Archetyp in Berührung bringen.

Literatur: Halevi [127], Mead [227], Rudolph [291], Drower [72]

Äon/Aion. Das Äon wird als das kommende Zeitalter betrachtet, in dem eine Erlösergestalt kommen wird, um alle Dinge in ihrer richtigen Ordnung wiederherzustellen. Viele sprechen vom Wassermannzeitalter als der Erfüllung ihrer Hoffnung. Das Kind des Äon ist Horus/Harpokrates (siehe dort). Aion, der Gott der Zeit, wurde mit dem Kult von Kore in Alexandria assoziiert. Seine Geburt wurde am 5. Januar gefeiert, der nun der Dreikönigstag des Anblicks Christi ist, was die Verbindung des Äon mit dem Aion stärkt. Neuerdings wurde der Aion mit Mithras als Gott der Zeit identifiziert. Eine Statue aus dem Mithräum in Ostia zeigt ihn als löwenköpfigen Mann mit einer Schlange, die seinen Körper sechsmal umgürtet, in den Händen hält er einen Schlüssel und ein Zepter. Auf dem Rücken hat er Flügel mit jahreszeitlichen Symbolen darauf, einen Blitz auf seiner Brust, und zu seinen Füßen befinden sich der Hammer und die Zangen von Asklepios (repräsentativ für den Heiler) und der Caduceus von Hermes (repräsentativ für die hermetische Tradition). (Siehe Abbildung S. 12) Er wird oft mit Agathodaimon (siehe dort) verschmolzen.

Literatur: Guénon [124], Godwin [104], Lindsay [197]

Agathodaimon. Sein Name bedeutet «Guter Geist». Porphyrios berichtet uns, daß er bei den Ägyptern als anthropomorphisch mit blauschwarzer Haut dargestellt wurde, mit einem Gürtel um die Taille, ein Zepter und eine geflügelte Krone tragend. Er ist der erste Aspekt von Hermes Trismegistos, identifizierbar mit dem Anthropos (siehe dort) oder dem kosmischen Lichtmenschen, «dessen Kopf der Himmel ist, dessen Leib aus Äther, dessen Füße aus Erde und das Wasser um (ihn) herum die Tiefen des Ozeans». Vielleicht wird er auch mit Kneph-Kamephis oder dem Herrn der vollkommenen Schwärze identifiziert, der Isis die Mysterien der Alchemie lehrt. Agathodaimon ist der Hirte und Hüter aller Eingeweihten, die ihn so anrufen:

«O mögest Du für die Dauer meines Lebens in meinen Geist und in mein Herz kommen und alles erfüllen, was meine Seele begehrt ... komme zu mir Gutes, gänzlich Gutes ... Du, das keine Magie verzaubern kann, keine Magie lenken kann, das mir gute Gesundheit gibt, Sicherheit, Wohlstand, guten Ruf, Erfolg, Stärke und heitere Gemütsruhe.»

Literatur: Denning und Phillips [68], Lindsay [197], Mead [227]

Die Akasha-Chroniken. Obwohl es keinen westlichen Namen gibt, der diesem Konzept entspricht, ist das Konzept selbst auf dem westlichen Weg erkennbar. Die Akasha-Chroniken sind eine riesige Computer-Bank des Inneren, deren Hüter die aufzeichnenden Götter Thoth und Hermes sind. In früheren Zeiten wurde diese Rolle von Mnemosyne und den Musen (siehe dort) erfüllt, die die Hüter des Brunnens der Erinnerung sind, aus dem der Initiand trinkt (siehe Übung 2, Band 1). Es ist sowohl Aufgabe des Hermetikers wie auch die des Schamanen, dieses Erinnerungssystem von Hermes anzuzapfen und Informationen zu erlangen, die derzeit mit anderen Mitteln nicht erhältlich sind.

Engel. Sie sind die inneren Beschützer der Menschheit und Gottes Helfer. Es sind Wesen, die niemals so wie die Menschheit inkarniert waren und deshalb die Vervollkommnung des vollkommenen Menschen nicht erreichen können. In den Mysterien des Mittleren Ostens sind sie seit Sumer wohlbekannt. Die Erzengel Raphael, Michael, Gabriel und Uriel werden immer noch angerufen, um den rituellen Temenos des Magiers zu schützen, ebenso wie die Evangelisten Matthäus, Markus, Lukas und Johannes immer noch angerufen werden, um die Betten schlafender Kinder zu behüten. Die hebräische Version dieses Schutzgebets steht auf Seite 127 (Ende des 2. Kapitels). Alle haben ihren Ursprung in der babylonischen Anrufung: «Shamash (Sonnengott) vor mir, hinter mir Sin (Mondgott), Nergal (Unterweltgott) zu meiner Rechten, Ninil (Erdgöttin) zu meiner Linken.» Solche Anrufungen sind Lorica-Gebete (Brustharnische) und finden sich häufig in der keltischen Tradition, besonders in St. Patricks Brustharnisch. Dr. Dee und Edward Kelly arbeiteten ein komplexes Engel-System aus. Die Kabbala hat ihre eigenen Engel und Erzengel. Übung 5 wird dem Anfänger einen Vorgeschmack von Eigenschaften der Erzengel geben, wie sie von ihren Elementen repräsentiert werden.

Literatur: Davidson [63], Dionysos Areopagita [70], Oxford Dictionary of Nursery Rhymes [252], Wilson [360]

Anima Mundi ist die Weltseele, der planetarische Engel oder Übermittler. In Platons *Timaeus* wird sie als das belebende Prinzip der Schöpfung beschrieben. Man kann sie als engelhafte Gestalt visualisieren oder als fürsorgliche Mutter, die ihren Mantel der Gnade um die Gesamtheit des Globus hält. Christen möchten sie vielleicht als *Mater Misericordia* visualisieren, Mutter der

Gnade, die allen menschlichen Seelen unter ihrem Mantel Schutz gewährt. Ihre Symbolik ist eng mit der der Shekhinah (siehe dort) und der Sophia (siehe dort) assoziiert. Ökologisch ausgerichtete Leser werden finden, daß sich mit diesem Archetyp in der Meditation für die Heilung der Erde auf mehr als einer körperlichen Ebene arbeiten läßt.

Literatur: Platon [265]

Anubis. Sohn von Nephthys (siehe dort) und Osiris (siehe dort). Er ist eine Form des chthonischen Hermes, Totenwächter, ein Führer für Initianden und alle allein Reisenden. Er wird als dunkelhäutiger Mann mit dem Kopf eines Schakals dargestellt.

Literatur: Hope [147], Lurker [203]

Apokatastasis bedeutet die Wiedereinsetzung oder Wiederherstellung aller Dinge zu ihrer Ureinheit. Der Begriff wurde von dem Theologen Origen verwendet, um die Rückkehr aller erschaffenen Dinge zu Gott zu bezeichnen, einschließlich der, die als gefallen angesehen wurden. Die Gnostiker sahen die Apokatastasis als das Ende des Äons, wenn der Logos (siehe dort) und Sophia (siehe dort) ihre Heirat in der Hochzeitskammer der Pleroma feiern würden. Diese Vorstellung findet sich in vielen Traditionen des westlichen Weges. Die Zoroastrer nennen sie die *Frasokereti* oder «das Wunderbar-Machen», wenn ein Erlöser aus dem Samen eines Propheten von einer Jungfrau geboren würde und aufwächst, um das Böse zu bekämpfen und der Welt ein Ende zu setzen. Christen verstehen darunter den Tag des Jüngsten Gerichts, wenn jedes Wesen beurteilt wird und entweder in den Himmel eingeht oder eins mit den Verdammten wird. (Doch «Christus ist auferstanden, und es gibt keinen Toten in der Grabkammer».) Kabbalisten haben sie als *Tikkun* angesehen, in der das Zerbrechen der Gefäße wiedergutgemacht wird. Die endgültige Erlösung wird in der jüdischen Religion als die *Tzaftzaf* oder der «Durchbruch» beschrieben, der als «spiritueller Druck, durch den man zu einer höheren, vom Geist erfühlten Ebene durchbricht», gilt. Dieses Konzept ist eng mit der Partnerschaft der Syzygien (siehe dort) verbunden.

Literatur: Kaplan [167], Origen [246], Rudolph [291], Lossky [200]

Apollo. Sein Name soll «Apfelmann» oder «Zerstörer» bedeuten. Er ist in seiner Rolle als hyperboräischer Apollo eng mit Mabon (siehe Band 1) verbunden. Für seinen komplexen Mythos siehe Graves [111]. Er ist der Sohn von Zeus und Leto, einer Tochter der Titanen. Sein Symbol, die Lyra, wurde von Hermes erfunden, der sie ihm im Tausch gegen den Caduceus gegeben hat. Apollo ist wie Zeus (siehe dort) eng mit den Musen (siehe dort) verbunden. Weil er ein so alter Archetyp ist, reflektiert sein Mythos die vielen Veränderungen, denen er unterworfen war. In der Hermetik sieht man Apollo mit seiner siebensaitigen Lyra – einer, der die Grundtöne der sieben Planeten wahrgenommen und dargestellt hat.

Literatur: Graves [111], Kerenyi [171]

Asklepios. Er, der Sohn von Apollo und Coronis, ist der Gott der Heilung. Er hatte Heilstätten oder Asklepeia in Tricca, Epidaurus, Kos und Pergamon, wo der Patient entweder auf dem Fell eines Opfertieres oder in der Nähe einer Gottesstatue schlief. Er schien Patienten in Träumen zu beraten, die daraufhin von einer alteingesessenen priesterlichen Familie interpretiert wurden. Diese Form des Tempelschlafs kann unter Asklepios' Schutz entweder in einem geweihten Kreis oder im Bett immer noch ausgeführt werden, nachdem man die Heilkraft des Schlafs angerufen hat. Er wird als erwachsener bärtiger Mann gezeigt, der auf einem Stab oder Ast lehnt, um den sich eine Schlange windet. Seine Symbole sind der Kiefernzapfen, der Hahn und der Caduceus der Heilung. Manchmal wird er in Begleitung eines Kindes in einem Kapuzenmantel gezeigt, das als Telesphoros – «Beender oder Heiler» bekannt ist. Asklepios heilt auf allen Ebenen.

Literatur: Kerenyi [172]

Christian Rosenkreutz ist der Held der *Chymischen Hochzeit* und des Rosenkreuzer-Manifestes *Fama Fraternitatis*. Er ist der Eingeweihte, der die hermetische Kammer des Rosenkreuzer-Gewölbes für dieses Mal betreten hat und der ein Kompendium aller Weisheit erstellt hat, das alle Pfadwanderer auf dem westlichen Weg benutzen können. Sein in der *Fama* erzähltes Leben gleicht dem von Christus: Er bereist den Osten und wird von den Weisen mit Jubel begrüßt; er kehrt zurück, um Kontakt zur Weisheit des Westens aufzunehmen, und gründet die Bruderschaft vom Rosenkreuz. Die Mitglieder der Bruderschaft reisen in viele Länder, üben ihre verschiedenen Künste aus und vereinbaren, sich alljährlich zu treffen. Von der Entdeckung des Gewölbes oder der Grabkammer von Rosenkreutz wird in der *Fama* berichtet: Es ist für den Hermetiker ein Text von großem tieferen Sinn.

Rosenkreutz erscheint entweder als ehrwürdiger Mann in seiner Maske als Meister der Rosenkreuzer-Tradition oder in der Maske eines Kandidaten der Mysterien, als junger Mann oder Jüngling in einfacher Kleidung mit gekreuzten roten Bändern über seinen Schultern – eine ähnliche Gestalt wie der Narr im Tarot.

Literatur: Allen [6], Knight [178], [184], McLean [208]

Kundrie ist die Gralsbotin in *Parzival*. Sie ist der Gestalt der Landeshoheit ähnlich (siehe Band 1, Kapitel 1) und erscheint als Loathly Lady der keltischen Tradition. Sie ist die Personifizierung des wüsten Landes, ist aber dennoch eng mit der Shekhinah und der Sophia (siehe dort) verbunden. In *Parzival* warnt sie König Arthur, indem sie ihm sagt, daß seine Herrschaft und der Ruhm der Tafelrunde durch das Verhalten Parzivals beeinträchtigt wurden, der vergaß, die Gralsfrage zu stellen, durch die der verwundete König und das wüste Land geheilt werden könnten. Sie beklagt dies und fordert, daß ein Held ausreite, um sein Unrecht wiedergutzumachen. Am Ende hat Parzival bei seiner Suche Erfolg, doch erst auf ihr Drängen. Kundrie bringt später Nachricht von der erlösenden Hoffnung auf die Erlangung des Grals für die *Templeisen*, wie von Eschenbach seine Gralsgemeinschaft nennt. Sie erscheint ihnen in einen weißen Schleier gekleidet, der von einem schwarzen, mit goldenen Tauben – dem Zeichen des Heiligen Geistes, des göttlichen weiblichen Prinzips und dem Gral selbst – bestickten Überwurf bedeckt wird. Man kann ihren schwarzen Umhang mit smaragdgrüner Seide gesäumt visualisieren, ein Zeichen für den Smaragd-Stein – den Gral (siehe dort). Kundrie hat ein scheußliches Antlitz – eine Frau von entstellter Schönheit, von Trauer zerfurcht, und doch ist sie die Hüterin der Grals-Suche, die den eingeweihten Pfadwanderer begleitet und ihn oder sie berät. Sie ist ein Quell der Weisheit. Ihre Schönheit wird wiederhergestellt, wenn der Gral gefunden ist – obwohl dies in von Eschenbachs Geschichte nicht erwähnt wird.

Literatur: Matthews C. [219], von Eschenbach [344]

Dante. So wie Virgil Dante kraft seiner schamanischen Erfahrung als Dichter und Unterwelt-Kommentator durch die drei Bereiche der Existenz führte, so mag Dante für unser Zeitalter wirksam sein. Eine meditative Lektüre der *Göttlichen Komödie* wird dem Leser viele Einblicke in diese Bereiche der Seinszustände geben. Dantes historische Erscheinung – eine Gelehrtenrobe mit enggeknöpften Manschetten und schwarzer Kapuze – sind für Visualisierungszwecke angemessen.

Literatur: Dante [61], Jackson-Knight [153]

Daimon. Der Daimon ist die innere Wesenheit oder der Hüter der unsere Schritte leitet oder uns inspiriert. (In diesem Band haben wir den Daimon in einer besonderen Bedeutung als der inneren männlichen Qualität zugehörig erörtert, die die Jungianer den *Animus* nennen, doch hier betrachten wir ihn im allgemeinen Sinn.) Gleich dem Engel ist der Daimon der Psychopompos der Seele und das Sprachrohr des inspirierenden Gottes. Orpheus kann man als einen Aspekt des Daimon ansehen oder auch den Agathodaimon (siehe dort), der die Seele wie der gute Hirte durch die gewundenen Pfade der Welten leitet. Platons Daimon wird von Plutarch erörtert. Im römischen Mythos hatte jeder Mensch seinen *genius* und jede Frau ihre *Juno*: ein Konzept, das den Jungschen Anima und Animus gleicht. Die Gestalt des Daimon ist wie der innere Helfer für den Hermetiker. Die tibetanische Vorstellung der persönlichen inneren Gottheit oder *yidam* ist die östliche Entsprechung des Daimon.

Das Wort Daimon wird häufig mit Dämon verwechselt, was tatsächlich eine Herabsetzung des Archetyps durch jene ist, die die Götter zu den Dämonen der nachfolgenden Generationen machen. Die Vorstellung des mittelalterlichen Magiers, der Dämonen beschwört, damit sie seinen Willen ausführen, ist eine schwache Erinnerung an den Adepten, der in enger Übereinstimmung mit dem Daimon arbeitet.

Literatur: St. Augustinus [14], Platon [265], Plutarch [271]

Demeter / Cybele / Rhea. Der Name Demeter bedeutet «Mutter» und sie vermittelt dem Initianden das einweihende Opfer der Mutterschaft. Ihr Mythos wurde mit dem der Isis verschmolzen, so daß es viele Resonanzen zwischen den beiden Geschichten gibt. Sie ist die freigebige Erde. Mit Kore und Hekate bildet sie eine mächtige Dreiheit göttinnengleicher Energie. Ihre Suche nach und ihre Trauer über die verlorene Kore ist der Kern der eleusinischen Mysterien, die sie während ihrer Wanderungen im Exil gründete. Sie strebte danach, aus Triptolemus, dem Kind ihres Gastgebers, einen Unsterblichen zu machen, weihte ihn aber statt dessen in die Geheimnisse der Landwirtschaft ein, durch die die unfruchtbare Erde mit gutem Ackerbau wieder fruchtbar gemacht werden kann. In ihrem traurigen Aspekt erscheint sie als die schwarze Demeter von Phygala und wird daher eng mit den Göttinnen Cybele und Rhea in Verbindung gebracht. Rhea war die mit Cronos (siehe Band 1) verheiratete Titanin. Nur sie und Metis entkamen der Verbannung der Titanen, als Zeus, ihr Sohn, mit ihnen rang. Wie ihr asiatisches Gegenstück Cybele ist sie eine Bergmutter, eine, die titanische Kräfte handhabt wie die keltische Cailleach Beare (Band 1). Cybeles Mythos befaßt sich mit einer früheren Resonanz von Demeters aufopfernder Mutterschaft und ist nicht so erneuernd wie der Demeters. Hekate scheint die erschreckenderen Aspekte von Cybele und Rhea als eine Göttin der Kreuzwege und wilden Tiere angenommen zu haben. Demeter erscheint als eine Mutter mit Gerstenbündeln, gewöhnlich von Kore und Hekate begleitet. Rhea ist eine massive, sitzende Gestalt von priesterlicher Macht. Cybele erscheint in einem von Löwen gezogenen Wagen. Das Bild der Tarot-Kaiserin ist eine konkrete Gestalt für die Arbeit des Anfängers.

Literatur: Graves [111], Pausanius [256], Vermaseren [339], Lucian [202]

Demiurg. Bei Platon hatte der Demiurg oder Schöpfer keinen der bösartigen Untertöne, die mit dem gnostischen Demiurg oder falschen Gott in Verbindung gebracht werden. Er wurde im *Timaeus* als gütiger Schöpfer angesehen. Die christliche Vorstellung von Gott dem Vater wurde stark durch die Assoziation mit einem weißbärtigen Patriarchen entwertet, der zu einem verdrießlichen Demiurg nach gnostischem Modell, ähnlich William Blakes Old Nobodaddy wurde. Der Leser kann jedoch durch Meditation eine Rückverfolgung dieses falschen Bildes in Gang setzen, wenn er oder sie die Statue aus der Kathedrale von Chartres als Gott ansieht, der Adam liebevoll aus Staub erschafft: auch die Lektüre der Sprüche 8 liefert ein Bild Gottes, wie er als «Meister-Handwerker» beschrieben, den die Schöpfung entzückt, die Welt mit Hilfe der Shekhinah/Sophia (siehe dort) erschafft. Nichtchristliche Hermetiker möchten vielleicht mit den ägyptischen Gestalten *Khnum* oder *Ptah* arbeiten.

Khnum erschuf Kinder auf seiner Töpferscheibe und pflanzte den Samen in den Bauch der Mutter ein. Er wurde «Vater des Vaters und Mutter der Mütter» genannt. Er wird als widderköpfiger Gott dargestellt. Ptah war der «Herr der Goldschmelzer und Goldschmiede». Sein Tempel wurde die Goldschmiede genannt und seine Priester hatten Namen wie «der große Handhaber des Hammers» oder «er, der die Geheimnisse der Goldschmiede kennt». Ptah ist der Handwerker-Gott, der als eng eingewickelte Gestalt mit einer eng anliegenden Kappe, ein Zepter mit dem *djed* oder dem heiligen Baumsymbol tragend erscheint.

Die Vorstellungen von Gott als Schöpfer haben die ängstlichen Projektionen vieler Zeitalter erhalten, und dieser Archetyp braucht viel positive Meditation, wenn die wahre Schöpfungsenergie ungehindert fließen soll. Der gnostische Demiurg ist Satan oder dem Teufel in christlicher Terminologie analog: es wäre schrecklich, wenn eine falsche Anwendung der Symbolik Gott und seinen Antagonisten miteinander verwechseln würde. Im Gegensatz zur landläufigen Meinung beten Pfadwanderer des westlichen Weges nicht zum Teufel, noch rufen sie ihn an. Der Dualismus von Gott und Teufel hat die christliche Tradition schwer behindert: die Probleme von Gut und Böse werden am besten durch die Lektüre des Buches Hiob überdacht.

Literatur: Blake [2], Lurker [203], Platon [267], Rudolph [291]

Dionysos. Als Dionysos Sabazios ist er der Zerstörer (In-Stücke-Reißer), das westliche Äquivalent zu Shiva. Doch er selbst wird von den Titanen in Stücke gerissen. Dies war ein Merkmal seiner Mysterien, in denen ein Stierkalb (manche sagen, ein Kind) zerissen und roh verzehrt wurde. Seine Anhänger waren die Mänaden, rasende, feurige Frauen, deren Riten gute Bürger wohlweislich zu meiden suchten. Dionysos hat die chaotische Kraft der Cybele (siehe dort) und sollte mit Vorsicht angerufen werden. Er kann als ziemlich dunkler Mann mit langem Haar und Bart in reich bestickten Gewändern erscheinen; in seinem Unterwelt-Aspekt sitzt er mit seiner Gefährtin Ariadne auf einem Thron, die er als seine Braut zur Unsterblichkeit erhob. Er erscheint auch als der junge Herr der Jagd mit einem Thyrsos, einem efeuumwundenen Stab mit einem Kiefernzapfen an der Spitze in der Hand, seine Nacktheit nachlässig von einem Pantherfell bedeckt. Er wird auch das «Kind der Doppeltür» genannt, was seine gemeinsame Geburt aus dem Schoß von Semele, seiner Mutter, und dem Schenkel von Zeus (siehe dort), seinem Vater, anzeigt. Doch sein Titel bezeichnet auch die zwei Geburten des Initianden: die körperliche und die einweihende Geburt.

Literatur: Danielou [60], Graves [111], Otto [248]

Elias Henoch Metatron. *Elias* ist der große wunderwirkende Prophet der jüdischen Tradition (1. Könige 17 ff). Er steigt in einem feurigen Wagen zum Himmel auf und gibt seine Nachfolge an seinen Jünger Elisa weiter, der für den Geist seines Meisters um einen doppelten Anteil betet. Dann betritt Elias die siebte Halle Gottes und wird des göttlichen Willens ansichtig. Von da an ist er ein Meister oder prophetischer Hüter der Tradition. Er erscheint in Zeiten der Gefahr, um zu trösten und den Weg zur Gerechtigkeit zu weisen. Als Mitarbeiter Gottes hilft er allen, die seinen Namen anrufen. Mit Henoch bewacht er die siebte Ebene des Paradieses. Am Seder-Tisch (dem jüdischen Passah-Abendmahl) wird Elias geladen, sich zu den Gästen zu gesellen: «Elias, öffne uns das Reich der Mysterien und Wunder. Laßt uns nun die Tür für Elias öffnen.» Er verkündet das messianische Versprechen, die Schöpfung. Man kann ihn sich als Propheten in Wüstenkleidung vorstellen, ehrwürdig und bärtig, doch nicht gealtert. Sein rätselhafter Vogel ist der Rabe. Sein islamischer Name Khidir bedeutet «der Grüne». Er ist «der Psychopomp, dessen Pflicht darin besteht, am Kreuzweg zum Paradies zu stehen und die Frommen zu ihren angewiesenen Plätzen zu leiten». Er wurde mit dem Erzengel Metatron (siehe dort) gleichgesetzt.

Henoch, der mit Elias die Tore zum Paradies bewacht, wird im Islam Idris genannt. Sein Name bedeutet «hingebungsvoll oder eingeweiht». Er hat den Tod nie erfahren. Er überwacht und lehrt die Welt und wird mit dem Erzengel Metatron gleichgesetzt. Seine Reise durch die Gebiete der inneren und äußeren Welten findet sich in dem apokryphen *Henochbuch*, das erschreckende Prophezeiungen, das Ende der Welt betreffend, enthält. Henoch ist bei den Mandäern als Anosh bekannt.

Metatron ist der größte der Erzengel. Seine Statur ist «gleich der Ausdehnung der gesamten Welt» – welches vor dem Sündenfall die Statur Adams (siehe dort) war. Metatron ist eindeutig mit dem Lichtkörper gleichzusetzen. Er steht auf dem Lebensbaum am Tor zu Kether und kann als engelhafte Gestalt mit vielen Flügeln visualisiert werden.

Literatur: Bronstein [32], Davidson [63], Book of Enoch [31], Halevi [129]

Fischer König/Der verwundete König. Der verwundete König des Gralszyklus. Alle außer ihm haben an dem Gralsmysterium teil – sein Leiden hält ihn zwischen den Welten in der Schwebe. Er kann gleichzeitig mit dem verwundeten Land, mit dem Gralshüter und mit Christus als identisch betrachtet werden. Er wird in dem *Corpus Christi Carol* besungen. Er erscheint meistens als alte, verhärmte Gestalt, die auf einem Bett liegt. Ihm den Kelch der Heilung anzubieten, bedeutet, an der Wiederherstellung aller zerstörten Dinge zu arbeiten. Er ist die Wunde in der Schöpfung, die nur durch die höchste Form der Selbstaufopferung wieder heil werden kann. Er kann seine Rolle als Gralshüter nicht aufgeben, bis der Gralerwerber kommt, um seinen Platz einzunehmen.

Literatur: Matthews [219], Stewart [322]

Die vier heiligen lebendigen Wesen / Elementarhüter. Diese mächtigen Entsprechungen versteht man am besten als Hüter des kosmischen Jahres. Sie werden in vielen Traditionen verwendet – siehe unten. Sie erscheinen in Hesekiels Vision und werden dann in der christlichen Tradition auf die vier Evangelisten angewendet.

HESEKIELS VISION	EVANGELISTEN	KABBALISTISCHE WELT	ELEMENTE	FESTE TIERKREISZEICHEN
Mensch	Matthäus	Atziluth	Feuer	Wassermann
Löwe	Markus	Yetzirah	Wasser	Löwe
Stier	Lukas	Assiah	Erde	Stier
Adler	Johannes	Briah	Luft	Skorpion

Literatur: Halevi [129], Knight [182]

Der Gral. Das Gefäß der Erlösung, der Erkenntnis und der Erfüllung. Überall geht man nach ihm auf die Suche, doch wenige finden ihn. Es ist kein materieller Gegenstand, obwohl wirkliche Becher, Kelche und Kessel etwas von seiner Kraft haben, da das innere Symbol durch Anbetung oder als Kultmittelpunkt auf sie einwirkt. Er ist eine kraftvolle Meditationsquelle und man kann viel Pfadarbeit mit den erhältlichen Texten ausüben. Für Anhänger des westlichen Weges ist er bedeutsam, weil er in seiner Gestalt als Tiegel und alchemistischer Stein die einheimische mit der hermetischen Tradition vereint. Er stellt ein Voranschreiten in andere Bereiche dar und verschafft direkten Zugang zu den höheren Mysterien.

Literatur: Jung, E. und von Franz [166], Knight [185], Malory [216], Matthews, J. [220], [221], Matthews, J. und Green [222], Quest of the Holy Grail [277], Perlesvaus [258]

Hermaphrodit. Das vollendete Große Werk wird von dieser Gestalt symbolisiert, die manchmal auch der Rebus oder der Androgyne genannt wird. Statt ihn als eine eklatante sexuelle Abnormität anzusehen, erkannten die Ahnen ihn als die Summe der Vollendung. Übung 8 gibt eine meditative Verwendung dieser Gestalt. Der Name ist eine Zusammensetzung aus dem Gott Hermes und der Göttin Aphrodite und kann als das Yin-Yang-Symbol des Westens angesehen werden.

Literatur: Fabricus [79]

Hermes ist der Götterbote, der Hüter der Reisenden und der Vermittler von Weisheit. Er erfand die Lyra und tauschte sie gegen den Caduceus des Apollo ein, mit dem er für die himmlischen Herden sorgte. Man kann ihn als römischen Merkur mit geflügelten Sandalen, Helm und Caduceus visualisieren oder als Agathodaimon (siehe dort). Er legt seinen Stab auf die Augen der Toten und wird manchmal der «Flüsterer» genannt. Als chthonischer Hermes ist er der Bewahrer von Weisheit und altem Wissen, der in Traum und Meditation kommt, um seine Geheimnisse weiterzugeben. Als *Thoth-Tehuti* wird er als Erfinder des ägyptischen Hieroglyphensystems und der Verwalter des Buches der Einweihung erachtet. In der Hermetik sieht man ihn wie auf dem berühmten Pflaster von Siena als reife Gestalt in schweren Roben mit einem hohen spitzen Hut.

Literatur: Graves [111], Kerenyi [176], Mead [227]

Horus / Harpokrates. Horus ist das Kind des Äon (siehe dort), der Sohn von Isis und Osiris aus einer Verbindung, die von Isis nach Osiris' Tod und Entmannung herbeigeführt wurde. Horus' Symbole sind die zwei Augen von Mond und Sonne, oder er wird als falkenköpfiger Mann gesehen. Als Kind erscheint er in einer Lotusblüte sitzend, mit dem Finger auf den Lippen, Stille andeutend. Er teilt die Symbolik mit Apollo und Mabon (Band 1).

Literatur: Hope [147], Lurker [203]

Isis. Isis ist die göttliche Retterin, ihre Macht allein fügte die verstreuten Bruchstücke des Körpers ihres Bruders / Gatten zusammen, ein Sinnbild für die Vereinigung des Lichtkörpers. Ihr Kult verbreitete sich über die ganze römische Welt bis nach Britannien. Wie die heilige Maria, vereint sie in sich alle geringeren Manifestationen des göttlichen weiblichen Prinzips. Sie ist ein besonders wichtiger Archetyp für das jetzige Zeitalter, da sie eine umfassende Manifestation der Göttin ist. Ihr Einfluß setzt sich bis in die heutige Zeit fort. Die Gemeinschaft der Isis, ein weltweites Netzwerk aller Pfadwanderer, die das göttliche Weibliche anerkennen, wurde in den siebziger Jahren unseres Jahrhunderts in Irland gegründet. Isis erscheint in weiße Gewänder von regenbogenartiger Durchsichtigkeit gekleidet und mit einem Ankh oder einem Systrum in der Hand. Ihr Gürtel ist auf ganz bestimmte Weise geknotet, so daß er eine Schlinge in Form des Ankhs bildet. Bei Apuleius kann man eine schöne Anrufung an Isis und ihre vielen Aspekte lesen (siehe Abbildung S. 166).

Literatur: Apuleius [11], Hope [147], Plutarch [270], Witt [361]

Joseph von Arimathea. Der weise Jude, der Christus in seiner eigenen Grabstätte begrub und das Totenhemd zur Verfügung stellte. Er sammelte auch das Blut und Wasser aus der Seite Christi in zwei Fläschchen – der frühesten Form des christlichen Grals –, nachdem Christus vom Kreuz heruntergenommen war. Nach der Kreuzigung wurde Joseph für viele Jahre ins Gefängnis geworfen und blieb nur durch den Gral, den er bei sich hatte, am Leben. Während seiner Gefangenschaft wurde er heimlich von Christus unterrichtet und floh mit seiner Familie nach Europa, um eine Reihe von Gralshütern zu begründen. Es wird verschiedentlich behauptet, er sei in Frankreich gelandet oder, noch häufiger, in Glastonbury, wo er die erste christliche Kirche zu Ehren der heiligen Maria (siehe dort) gründete. Er ist der Kontakt für die Gralsweisheit.

Literatur: de Borron [64], Matthews, J. [221], Apokryphisches Neues Testament [10]

Die Gerechten / Sibyllen / Propheten. Die «Lamed-Vau» oder sechsunddreißig verborgenen Heiligen sind gemäß jüdischer Tradition jene, für die die Welt besteht. Sie zeigen sich in Zeiten der Gefahr. Sie halten die Welt als Mittler zwischen den Welten im Gleichgewicht. Wie die Engel, kann man die Sibyllen und Propheten als vollkommen innere Gestalten betrachten, doch ihre Rolle ist auch eine Stufe innerer Arbeit, die die noch Inkarnierten vielleicht erreichen. Wie die Gerechten sind sie die verborgene Inspiration und Stütze der Erde.[153] Man kann sie als Doppelchor visualisieren, der das Lied der Schöpfung antiphonal singt. Jan van Eycks Gemälde *Die Anbetung des Lammes* könnte für diese Visualisierung als Inspiration dienen. Sie können aber auch nach eher klassischer griechischer Art als Chor von Männern und Frauen gesehen werden, die die mächtigen Themen der Geschichte singen.

Literatur: Schwartz-Bart [300]

Logos. Der Logos ist das Wort Gottes, so wie Sophia (siehe dort) die Weisheit Gottes ist. Gnostiker, Platoniker und Christen haben alle dieses Konzept verwendet. Das Johannes-Evangelium (Kapitel 1) gibt viel für die Meditation her. Für praktische Zwecke kann man den Logos als Christus den König visualisieren – gekrönt, in Herrlichkeit gehüllt und triumphierend auf dem Kreuz stehend oder als Christus Pantocrator, den Herrn der Erde, mit einem offenen Buch. Der Logos kommt, um die Seele zu erlösen, damit er sich mit seiner Syzygie vereinen kann: gnostisch gesehen, mit Sophia; oder, in der christlichen Tradition, mit den individuellen Seelen der erschaffenen Gläubigen in der Person der heiligen Maria. Seine Energie ist die von Gott dem Sohn und Wegzeiger. Der folgende Gesang ist ein Versprechen:

Sende mich, o Vater!
Siegel in meinen Händen, werde ich hinabsteigen;
Durch allumfassende Äonen werde ich meinen Pfad gehen;
Durch alle Mysterien werde ich einen Weg öffnen!
Und Gestalten von Göttern werde ich vorzeigen;
Die Geheimnisse des heiligen Pfades werde ich weitergeben
Und sie Gnosis nennen.

Literatur: Mead [227], Rudolph [291]

Maria: Die gebenedeite Jungfrau. Genau wie Isis alle früheren Göttinnen unter ihrem Schutz vereint, so umfaßt Maria all die göttlichen Aspekte des göttlichen Weiblichen in der ganzen Welt. Wo immer man ein Heiligtum einer Göttin fand, unter der christlichen Fügung bleibt der ursprüngliche Schwerpunkt des Heiligtums als Unsere Liebe Frau von (diesem Ort) in Erinnerung. Sie zeigt uns Gott als Mutter. Obwohl die orthodoxe Theologie sie als Göttin nicht anerkennt und ihr Ehren zugesteht, wie sie Engel und Heiligen eigen sind, bewahren die Gläubigen sie mit besonderer Liebe in ihrem Herzen, weil sie ihnen das Angesicht ihrer ersten schlichten Mutter zeigt. Man kann sie als jeden der drei Aspekte visualisieren, die den drei Mysterien des Rosenkranzes entsprechen: als weiß gekleidete Jungfrau mit einem blauen Umhang; als trauernde Mutter in Schwarz am Fuße des Kreuzes oder als die sonnenumhüllte Frau (Offenbarungen 12).

Maria Magdalena. Eine der weiblichen Jüngerinnen Jesu, die seine Auferstehung entdeckte und dies den Jüngern, die sich im oberen Zimmer verbargen, verkündete. Die Loyalität und der besondere Platz von Maria Magdalena ist von so eindrucksvollem Charakter, daß er in die Folklore eingegangen ist – oft so weit, daß man sie zu seiner körperlichen Gemahlin machte. Sie teilt die Tugenden der Sophia (siehe dort) und von Kundrie (siehe dort). Sie kennt die inneren Lehren Christi, und er vertraut sie ihr an, obwohl die anderen Jünger sich darüber beschweren, daß sie nur eine Frau sei. Ihr Beruf als bekehrte Prostituierte ist auf ihre Gleichsetzung mit der bußfertigen Frau im Markus-Evangelium 14 zurückzuführen. Sie und die Jungfrau Maria sind die weiblichen Säulen, die die Inkarnation Christi flankieren, ebenso wie die beiden Josephs – Marias Ehemann und der von Arimathea die männlichen Säulen sind. Maria Magdalena kann man als Frau von reifer Schönheit mit langen offenen Haaren und einem grünen Umhang visualisieren.

Literatur: Baigent [18], Die Bibel [26], Rudolph [291], Nag Hammadi [239]

Melchizedek war der Priester-König, der kam, um Abraham nach seinem Sieg über die Könige von Edom mit Gaben von Brot und Wein willkommen zu heißen. Dies wird als eine Art Abendmahl und ewige Hohe Priesterschaft Christi angesehen. Melchizedek wird in der Hermetik als innerer Meister angesehen, weil er weder «einen Anfang der Tage noch ein Ende des Lebens» hatte. Man betrachtet ihn als vom Planet Venus kommend, von wo er Honig und Asbest mitbrachte. Sein Leitmotiv ist in die Gralslegenden eingewoben. Er ist ein starker und hoher Kontakt, der den Leser in die Gegenwart ewiger Dinge versetzt. Man kann ihn wie die Statue außerhalb der Kathedrale von Chartres sehen, einen Kelch tragend, in dem ein Stein oder ein Stück Brot sichtbar ist, und wie ein König gekrönt.

Literatur: Die Bibel [26], Matthews [221], Fortune [96]

Merlin. Der archetypische Magus des westlichen Weges. Er ist der Genius von England und Führer in viele innere Reiche. Er kann als weißbärtiger Weiser erscheinen, als schöner Jüngling oder als roher Wilder. Sein Kontakt kann von schöpferischer prophetischer Einsicht sein, und er ist besonders für den westlichen Weg von Bedeutung, weil er hinter dem einheimischen Mysterienimpuls steht und doch starke Affinität zum hermetischen Pfad aufweist. Seine Ursprünge liegen im dunkeln, doch sein Name bedeutet «aus dem Meer», und er wurde mit einem atlantischen Meister identifiziert.

Literatur: Knight [185], Tolstoi [331]

Orpheus und die neun Musen

Mithras. Gott der Kreativität und des Lichts. In seinem Mythos ähnelt er stark Christus als göttlichem Kind, das zur Wintersonnenwende geboren wird. Als getöteter Gott ist sein Symbol das des Stiers, des Raben und der Sol Invictus (der triumphierenden Sonne). Sein Kult war sehr männlich orientiert und hatte eine Reihe von Einweihungsgraden: die Krähe, das Geheimnis, den Soldaten, den Löwen, den Perser, den Läufer-der-Sonne, den Vater und den Vater der Väter. Mithras erscheint gewöhnlich als Jüngling mit einer phrygischen Kappe und in kurzer Tunika: er ist ein hervorragender Aufseher über esoterische Ausbildung, auf den seine Anhänger großes Gewicht legen.

Literatur: Godwin [104], Cumont [59], Vermaseren [340], Mead [225]

Mnemosyne und die Musen. Zeus wohnte Mnemosyne neun Nächte lang bei, und sie gebar später die neun Musen (siehe Abbildung S. 201). Sie ist «Erinnerung als kosmischer Grund für Selbst-Erinnerung». Ihre dualistische Rolle ist die der Erinnerung und des Vergessens (Lethe). Diese Aspekte werden in Übung 2 von Band 1 miteinander verbunden. Die Musen machen die Arbeit der Sibyllen. Wenn alle singen, stehen Himmel, Sterne, Meere und Flüsse still, um ihnen zuzuhören. Sie können in Vogel-Gestalt erscheinen oder so wie sie im Mantegna-Tarot abgebildet sind. Ihre Namen, Schutzherrschaften und symbolischen Darstellungen sind unten angegeben. Ihre Energien sind seit der hermetischen Wiederbelebung in der Renaissance weitgehend vernachlässigt worden, doch es gibt keine späteren Gestalten oder symbolischen Darstellungen, die diese ersetzen können:

MUSE	SCHUTZHERRIN VON	SYMBOL
Klio (verleiht Ruhm)	Geschichte	heroische Trompete, Wasseruhr
Euterpe (gibt Freude)	Flötenspiel	Flöte
Thalia (festlich)	Komödie	Hirtenstab und komische Maske
Melpomene (die Sängerin)	Tragödie	tragische Maske und Herkulesstab
Terpsichore (die, die tanzt)	Lyrische Dichtkunst und Tanz	Kithara
Erato (Erweckerin der Sehnsucht)	Liebeslyrik	Tamburin
Polyhymnia (die von den vielen Hymnen)	Geschichtenerzählen und heroische Hymnen	Lyra oder tragbare Orgel
Urania (die Himmlische)	Astronomie	himmlischer Globus und Kompasse
Kalliope (die mit der schönen Stimme)	heroische Dichtung	Stift und Tafel

Literatur: Kerenyi [173], McLean [209]

Nephthys. Die Schwester von Isis. Ihre Funktion für die Jungfrau ist gleich der von St. Brigit (Band 1), die Hebamme und Hüterin des heiligen Kindes, zu sein. Hope zufolge hat sie die Fähigkeit, verborgene Dinge zu enthüllen. Sie erscheint als Unterstützung von Isis mit schützend erhobenen Armen: ihr Kopfschmuck besteht aus dem Opferkorb, der ihr Symbol ist. Sie kann als innere Hüterin von Isis' verschleierter Rolle als Herrin der Mysterien angesehen werden.

Literatur: Hope [147]

Orpheus. Seine frühen Anfänge weisen Spuren des thrakischen Schamanen auf. In Ovids *Metamorphoses* gibt es eine romantische Geschichte über seinen Abstieg in den Hades, um seine Frau Eurydike zurückzuholen. Wie Hermes und Thoth erscheint er oft als Sprecher für die Götter. Sein Wiederauftauchen im Mittelalter als Herr oder König Orfeo etablierte ihn in der einheimischen Tradition als Quälgeist der Unterwelt, ein Besucher der Feenwelt. Der Orpheus der Renaissance ist der inkarnierte Geist der Musik, der Herr der Musen. Tamino in Mozarts *Zauberflöte* basiert auf Orpheus: Er kämpft sich durch die verschlungenen Netze der Königin der Nacht, um Pamina zu retten. Orpheus ist ein rätselhafter Gott in der Art Bran des Gesegneten (siehe Band 1). Seine Verstümmelung und Enthauptung setzen ihn mit Osiris und anderen gleich (siehe dort). Ficino setzt Orpheus wieder als Psychopomp, göttlichen Vermittler und himmlischen Musiker ein. Er sieht Apollo sehr ähnlich, dessen genaue Resonanz er ist. Traditionell wird er in der Wildnis singend dargestellt, umgeben von verzauberten Tieren oder wie in der Abbildung auf S. 230 mit den Musen.

Literatur: Warden [353], Ovid [249], Orphische Hymnen [247]

Osiris. Der Bruder und Begleiter von Isis. Osiris ist einer der vielen unreifen Götter, der gefällt wird. Sein Mythos steht bei Plutarch. Seine Erscheinung als grünhäutige Gestalt in weißen Gewändern erinnert uns an seinen Charakter wie auch sein Symbol des *djed* oder Baums, in dem er einigen Legenden zufolge eingeschlossen ist. Wie John Barleycorn und andere ist er das «Weizenkorn», das in die Erde fallen muß, damit es Frucht tragen kann.

Literatur: Budge [34], Hope [147], Plutarch [270]

Persephone ist der Unterwelt-Name der Kore (was Jungfrau bedeutet). Sie steigt von Hades, dem König dieses Reiches, entführt in die Unterwelt hinab. Sie verändert ihren Charakter schnell von dem der Jungfrau zu einer chthonischen Vettel, und während sie unter der Erde ist, trauert Demeter, und der Winter regiert. Doch sie ist die gnädige Jungfrau und dem Eingeweihten gegenüber gastfreundlich, der sich auf die Unterwelt-Reise macht. Ihre Erscheinung kann die einer Frühlingsmaid von priesterlicher Ruhe und Einfachheit sein oder auch die einer schwer gewandeten Königin mit einem schwarzen glitzernden Diadem auf dem Kopf, das offene Haar zu Strähnen eisigen Wassers erstarrt. Ihren Unterwelt-Aspekt sollte man nicht meiden, da der Initiand den Weg der weißen Zypresse zum Brunnen der Erinnerung in Persephones Reich gehen muß oder die Mysterien verlassen.

Literatur: Graves [111], Matthews, C. [218], Stewart [322], Fortune [93], [94]

Priesterkönig Johannes. Der geheimnisvolle christliche König des Ostens. Er ist der Sohn von Parzivals Halbbruder Feirefiz und Repanse de Schoye. Eine Beschreibung seines Königreichs und dessen merkwürdiger Bewohner (dem Phönix und dem Einhorn) zeigen, daß es eine Art Paradies war. Vom Gral wird manchmal gesagt, daß er dort in einem großen Tempel aufbewahrt wird, und Prester John wird von einigen als der Gralshüter unseres eigenen Zeitalters angesehen. Manchmal erscheint er als herrlicher König in reichen Gewändern mit einer dreifachen Krone, doch häufiger als junger Mann in einem schlichten weißen Gewand, dessen Gesichtszüge einen orientalischen Einschlag haben. Er hält die Schlüssel zu mehreren inneren Landschaften einschließlich der des östlichen Grals und der paradiesischen Heimat in der Hand.

Literatur: Matthews, J. [220], [221], Silverberg [308]

Prometheus brachte das Feuer vom Himmel. Er wird als der Titan angesehen, der die Menschheit erschuf und deren geplanter Zerstörung durch Zeus (siehe dort) Widerstand leistete. Die Leiden der Welt wurden an ihm wegen seiner siegreichen Verteidigung der Erdbewohner geahndet: er wurde an eine Säule gekettet, und ein Geier riß ihm in alle Ewigkeit den ganzen Tag lang die Leber aus dem Leib, obwohl die Leber jede Nacht wieder nachwuchs. Mit der aus dem Land getriebenen Shekhinah (siehe dort) repräsentiert er den Schmerz der Inkarnation, doch er ist stets voller Hoffnung in bezug auf das menschliche Potential. Er ist ein mächtiger Mann und handhabt rauh die Elemente der Erde. Er stahl Feuer vom Himmel, um es dem Menschen in einem hohlen Fenchelhalm zu geben. Dieses Symbol des aufrecht gehaltenen Halms ist umgekehrt worden, um – bewußt oder nicht – das Symbol der Atomwaffenabrüstung zu werden. Es mag sehr wohl als nützliches Meditationssymbol dienen.

Literatur: Kerenyi [173], Graves [111]

Psyche. Die Geschichte von Cupido und Psyche wird bei Apuleius erzählt, wo man über sie meditieren kann. Die schöne Psyche ist ein Typus der Seele, wie auch ihr Name besagt. Sie heiratet den Gott Cupido, wohnt ihm jedoch in Dunkelheit bei. Ihre Schwestern deuten an, daß sie mit einem Ungeheuer verheiratet ist, und auf ihr Geheiß verbirgt sie eine Lampe, um den schönen Gott im Schlaf zu enthüllen. Sie zieht sich die Eifersucht von Venus, Cupidos Mutter, zu, und wie es überall in der Welt in der Volkserzählung heißt, muß sie unmögliche Aufgaben erfüllen. Mit Cupidos Hilfe erfüllt sie diese und wird unsterblich. Die Geschichte ist von C. S. Lewis in einer Weise nacherzählt worden, die viele Merkmale, die die Wechselbeziehung zwischen den hellen und dunklen Aspekten der Göttin betreffen, hervorhebt.

Literatur: Apuleius [11], Lewis [194], Knight [184]

Heilige. Paulus nennt sie «eine große Wolke von Zeugen». In der frühen Kirche waren alle Christen Heilige, doch der Titel wird neuerdings für die reserviert, die durch ihr heiliges Leben Ehre verdienten. Alle Gattungen der Menschheit werden von den Heiligen repräsentiert. Die meisten Menschen im christlichen Westen bekommen die Namen von Heiligen, damit diese ihre innerweltlichen Schutzherren sind. Viele Energien werden unter dem Schutz der Heiligen dargestellt, die einst mit Göttern in Verbindung gebracht wurden: ihr Schutz kann immer noch durch Gebet und Meditation angerufen werden, und sie können für den Pfadwanderer als Wächter dienen. Man kann sie als Facetten eines mächtigen Kristalls ansehen, der der Körper von Christus ist.

Seth. Als Erbe von Adams paradiesischer Erfahrung war Seth für viele Traditionen eine Gestalt erlösender Hoffnung: seine Abkömmlinge, sowohl irdisch als auch geistig, haben an der Gnosis des Lebens teil. Bei den Mandäern wird Seth Shitil genannt, und beim Tode muß die Seele seine Reinheit überwiegen, wenn sie das Königreich des Lichts betreten können soll. Man kann ihn sich als großen, starken Mann von beinahe engelhafter Gestalt vorstellen. Sein Kopf ist intelligent und zwischen seinen Augenbrauen befindet sich eine Lichtflamme, die seinen inneren Erleuchtungszustand darstellt. Er ist einer der Hüter der Gnosis.

Literatur: Nag Hammadi [239], Quinn [278], Rudolph [291]

Shekhinah ist die jüdische Gestalt der Weisheit. Sie «bringt die Gabe der Königin zu denen, die mit ihr im Exil umherwandern».[121] Sie ist Gott als Geist, der Mitarbeiter bei der Schöpfung (Sprüche 8). Sie repräsentiert die ausströmende Gegenwart Gottes zwischen dem erschaffenen Leben und wird daher eng sowohl mit Sophia (siehe dort) und der Anima Mundi assoziiert. Ihre Symbolik weist Spuren früherer Göttinnen-Kulte auf. Sie ist die Rauchsäule am Tag und die Feuersäule bei Nacht, die die Bundeslade in der Wüste begleiteten. Sie ist die Rauchwolke auf dem Heiligtum im salomonischen Tempel. Man visualisiert sie am besten in diesen Gestalten oder als mächtiges Paar Schwingen, die über dem Kopf ausgebreitet sind (siehe Gebet auf Seite 27, Ende 2. Kapitel). Man sieht sie jedoch auch als trauernde Witwe, die wie Isis oder Demeter (siehe dort) im Exil ihrer Wege zieht.

Literatur: Patai [255]

Sophia. Als die göttliche Weisheit selbst und Syzygie des Logos (siehe dort) kann man Sophia in vielen Gestalten in der ganzen Welt antreffen. Ikonographisch wird sie als geflügelte engelhafte Gestalt dargestellt, die in Rot und Gold gekleidet ist, mit einem Diadem auf dem Kopf und der Welt zu ihren Füßen. Der Tempel der Weisheit, Übung 3, bringt den Leser in direkten Kontakt mit ihr. Sie «wohnt in allem Fleisch» gemäß der Gabe Gottes und kann daher der Besitz und das Erbe aller lebendigen Dinge sein.

Literatur: Nag Hammadi [239], Rudolph [291], Die Bibel [26]

Syzygien sind den Gnostikern zufolge göttliche Partner oder Begleiter. Sophia und Logos sind die Ursyzygien (siehe dort), doch Salomo und Sheba können auch als Aspekte dieser Begriffsvorstellung angesehen werden, die die Vereinigung von Wissen mit Weisheit darstellen. William Blakes Theorie von den Emanationen, die wahrscheinlich letztlich aus östlichen Quellen hergeleitet war, stellt eine westliche Sicht der Vereinigung von Shiva und Shakti in seinem *Jerusalem*-Gedicht dar, das ein System von Gottheiten und deren Begleitern aufzeigt. In der Alchemie wird die Vereinigung der Syzygien im Bild der *Coniunctio* oder der *hieros gamos*, der heiligen Hochzeit, dargestellt.

Literatur: Blake [24], Rudolph [291]

Zeus, der seinen Vater Uranus unterwarf, indem er ihn kastrierte, scheint in die Haut des bösen Demiurg geschlüpft zu sein. Dennoch wird er treffend *Pantomorphos* – der Vielgestaltige – genannt. Wie Math und Gwydion (siehe Band 1) ist Zeus von veränderlicher Gestalt. Seine vielen Liebschaften und Vereinigungen sollte man nicht in einem grundsätzlichen Licht sehen, sondern als Spiegelung der göttlichen Vereinigung mit allem Leben. Als eine Entsprechung des nordischen Gottes Odin wohnt Zeus neun Nächte lang bei Mnemosyne (siehe dort), genau wie Odin neun Tage und Nächte an dem windigen Baum hängt: beide sind Eingeweihte des Geheimwissens. Zeus ist mit den göttlichen weiblichen Darstellungen der drei einheimischen Existenzebenen verheiratet: der Unterwelt – Persephone; der Erde – Maria – und dem Himmel – Hera und hat also Kenntnis von den drei Reichen wie der schamanische Odin, der die drei Ebenen des Weltenbaums Yggdrasil umfaßt. Zeus kann wie bereits erwähnt in jeder Gestalt erscheinen, und seine Macht wird durch das Symbol des Blitzes versinnbildlicht. Man kann ihn als den «Herrscher» aus den Tarotkarten visualisieren.

Literatur: Graves [111], Kore Kosmou [186], Kerenyi [173]

Die hermetische Landschaft

Jeder hat eine innere Landschaft: «Der Weg zu diesem Ort – und der Ort selbst – waren lange Zeit unbekannt, und er ist vor dem größten Teil der Welt verborgen. Doch ungeachtet dessen, daß es schwierig und mühsam sein wird, diesen Weg und diesen Ort zu entdecken, sollte man den Ort dennoch suchen», schrieb Thomas Vaughan in seinem *Lumen de Lumine*[338]. Wenn Sie bereits die Zwei-Bäume-Meditation in Band 1 versucht haben, werden Sie begonnen haben, bestimmte Facetten der anderweltlichen Landschaft zu sehen, die die innere Wirklichkeit der einheimischen Tradition ist. Diese Aufzeichnung kann viele Jahre dauern, bis man wirklich Vertrautheit erlangt. Sie haben vielleicht bemerkt, wie bestimmte Orte über die Jahre hinweg in Ihren Träumen erscheinen – diese repräsentieren die persönliche Landschaft, die auf die größere archetypische Wirklichkeit einer Tradition stößt.

Geradeso wie die einheimische Tradition ihre Anderwelt hat, so hat die hermetische Tradition ihre eigene Landschaft. Doch während die Anderwelt selten dargestellt wird, ist die hermetische Landschaft häufig in den symbolischen Mustern sowohl magischer als auch alchemistischer Texte erschienen. Wenn wir für einen kurzen Moment zur Anderwelt zurückkehren, werden wir uns daran erinnern, daß einer der Aspekte der inneren Wirklichkeit der einheimischen Tradition der des Inselparadieses oder Gartens ist. Aspekte davon kann man in mittelalterlichen Illustrationen sehen: Engel, die sich im Paradies vergnügen, fantastische Tiere, die im Garten irdischer Glückseligkeit einherstolzieren wie in Boschs Gemälden. Das Bild des Gartens ist beiden Traditionen, der einheimischen und der hermetischen, gemein, und hier können wir von einer Wirklichkeit in die andere treten. Die Verschmelzung von Anderwelten wird durch den verbindenden Impuls des Rosenkreuzertums und alchemistischer Vorstellung erreicht, die frühere Symbolik verwendeten, auf der sie ihre eigenen inneren Forschungen basieren konnten. Das Ergebnis ist eine unwiderstehliche Mischung der beiden.

Das Schlüsselbild dieser Mischung ist unverwechselbar:

O kein Mensch weiß
durch welch' wilde Jahrhunderte
die Rose umherstreift.[347]

Die Rose ist ein Kennzeichen der ruhigen Kontinuität der esoterischen Tradition: Wo immer sie wächst, dort gedeiht die Tradition. Esoterische Erkenntnis wurde als schöne verschleierte Jungfrau personifiziert, die der Liebhaber der Weisheit suchen muß. Diese Identifizierung machte es möglich, die Jungfrau Maria als «rosa mystica» anzusprechen oder, mit den Worten des Hoheliedes: «Ein verschlossener Garten ist meine Schwester, meine Braut.» Es gibt keinen Weg in den *hortus conclusus* außer durch die Liebe, durch die Sehnsucht, die verborgene Rose zu finden, die darinnen wächst. Das, was als «sub rosa» ausgesprochen wird, ist «unter der Rose» – das Wissen, das nur in dem verborgenen Garten selbst übermittelt wird, die Weisheit, die die Geliebte dem Geliebten freimütig gibt. In der Alchemie symbolisiert die Rose diese Weisheit, und das *rosarium* – der Rosengarten – symbolisiert das Große Werk selbst. Das Symbol der Rosenkreuzer ist das Rosenkreuz: die Rose des Geistes blüht auf dem Kreuz der Elemente – ein Symbol auch der Hochzeit zwischen heidnischen und christlichen Strömungen. Bevor die rosa mystica das Symbol der Ewigen Jungfrau Mutter wurde, war es das Zeichen der Dame Venus.[217]

Der Garten schafft den leichten Übergang als innere Landschaft für sowohl die einheimische als auch die hermetische Tradition durch das Medium nicht nur der bildlichen Darstellung, sondern auch durch die Werke von Dichtern und Mystikern. Von der mittelalterlichen Allegorie des *La Romaunt de la Rose*, in dem der Dichter nach der Rose selbst sucht, bis zu Edmund Spensers *Fairy Queen* wird das anderweltliche Paradies allmählich transformiert. Eingeschlossen in die komplizierten Irrgärten im Europa des sechzehnten und siebzehnten Jahrhunderts wird die spirituelle Reise von Christian in Bunyans *Pilgrim's Progress* und von Christian Rosenkreutz in *The Chymical Wedding* aufgeführt.[178] Der Esoteriker findet seinen Weg entlang der zeremoniellen Labyrinthe, die in Nachahmung der spirituellen Weiterentwicklung angelegt sind. Bäume, Lauben und Kräuter werden gemäß planetarischen Entsprechungen errichtet, so daß der mikrokosmische *hortus conclusus* den makrokosmischen Garten der Himmel widerspiegelt.

In der Landschaft befindet sich die Kapelle des Eremiten, das Labor des Alchemisten, der astrologische Turm, von dem aus die planetarischen Bewegungen beobachtet und berechnet werden. Es gibt Seen, Flüsse und geschickte Zurschaustellung von Wasser, das aus klassischen Wassergottheiten und Wesen der Tiefe hervorquillt. Mitunter wird der offenkundig hermetische Charakter des Gartens offenbar wie in Edzell Castle in Angus, Schottland, wo noch ein Planetengarten zu sehen ist,[212] oder wie in den jetzt verlassenen Gärten, die Salomon De Caus für den Elector Palatine in Heidelberg geschaffen hat.[210]

Jenseits bewohnter Orte, in wilderen und unzugänglicheren Regionen steht der Berg der Einweihung – manchmal Mons Abiegnus oder der Unsichtbare Zauberberg genannt, wo der Initiand seine Meisterschaft für Pilgerfahrt und Entdeckung aufs Spiel setzt. Wie im Königreich von Prester John, trifft der Reisende hier auch auf Tiere, die den Pagen (Edelknaben) heraldischer und alchemistischer Schriftrollen eigentümlich sind – den grünen Löwen, die Krähe, das Einhorn und den Phönix. Hier sitzt der Pelikan in seiner Frömmigkeit, dort steigt der gekrönte Adler auf. Jedes Tier symbolisiert einen geheimen Vorgang, dem man sich unterziehen muß. Der Reisende findet den Weg mittels in den Fels eingravierter Siegel, die einen Teil des Weges bezeichnen. Die totemistischen Symbole der hermetischen Tradition sind ebenso kraftvoll und schwer zu fassen wie jene alten Totems, die wir in Band 1 suchten.

Dies sind nur einige Aspekte der hermetischen Landschaft, die darauf warten, entdeckt zu werden. Genau wie das Stundenbuch biblische Szenen von glühender Intensität für die aktive Teilnahme der Gläubigen im Mittelalter darstellte, so enthüllen die Symbolbücher hermetischer Allegorie eine reiche Fundgrube für unsere eigene Meditation. *The Western Mandala* von Adam McLean[213] ist ein besonders guter Ausgangspunkt für den Hermetik-Lehrling, und immer mehr alchemistische Texte stehen vollständig mit den Abbildungen zu unserer Verfügung. Phantasiereiche Arbeit mit einigen davon liefert weitere Gelegenheiten, die hermetische Landschaft zu betreten und tiefer zu erforschen. Als Mittel zum Eintritt können die schwarze und weiße Säule des Lebensbaums dienen, die Sie als Torweg vor sich visualisieren können. Ihr Führer sollte eine der betrachteten Szene angemessene Persönlichkeit sein: Hermes oder Christian Rosenkreutz zum Beispiel.

Doch die Symbolbücher sind nicht die einzigen Quellen für

unsere Inspiration. Der Tarot, der jetzt im Licht modernen Bewußtseins interpretiert wird, ist eigentlich ein Buch mittelalterlicher Sinnbilder, die wichtige Aspekte des esoterischen Weltbildes verkörpern: der finstere Schnitter (Sensemann) des Todes, das Rota des Glücksrades, die wilde sublunare Welt der Mondkarte. Die vier Sätze repräsentieren die vier Elemente. In stilisierter Form erlauben sie uns einen flüchtigen Blick in einen anderen Teil der hermetischen Landschaft. Die Ursprünge des Tarot waren in esoterischen Kreisen immer eine Streitfrage. Die Schlußfolgerung, daß sie aus ägyptischen Quellen herrühren, kann man bis zur Wiederentdeckung ägyptischer Gegenstände zurückverfolgen, die die französische esoterische Welt zur Zeit von Napoleons ägyptischem Feldzug motivierte, als der Rosetta-Stein entziffert wurde. Dieses wie auch die Übersetzung des *Corpus Hermeticum* im fünfzehnten Jahrhundert führte zu einer Folge von erneuernden Entdeckungen (siehe Kapitel 1). Paul Christian[48] liefert eine hervorragende Pfadarbeit in seiner *History of Magic*, in der der Leser aufgefordert wird, sich die Einweihung eines Kandidaten in der großen Pyramide vorzustellen, in der alle Bilder der großen Trümpfe wirksam sind. Der Initiand geht eine Straße entlang, wie ein Mensch in einem Geisterzug, und trifft auf schreckliche, furchtbare und verlockende Bilder, die er mittels der Haupttrümpfe überwindet – er versagt nur, wenn er die Lektion jedes Trumpfes nicht versteht. Eine ähnliche Pfadarbeit nach Art der Zigeuner erscheint in Basil Rakoczis Buch *Fortune Telling*, in der der Leser durch die drei Höhlen der Einweihung hindurchgeht.[281]

Adam McLean hat eine andere Quelle für die Entwicklung des europäischen Tarot vorgeschlagen – eine, die im wesentlichen einen westlichen Ursprung hat.[209] Seine Studie des Mantegna-Tarot (um 1465) ist überzeugend. Diese Karten, insgesamt fünfzig Stück, gehen von der Schule von Ferrara aus und basieren auf den platonischen Akademien der Renaissance der Mitte des fünfzehnten Jahrhunderts. Die Karten sind in fünf Dekanate eingeteilt, die a) die Lebensumstände vom Bettler zum Papst; b) die neun Musen und Apollo; c) die sieben freien Künste, einschließlich der Philosophie, Dichtkunst und Theologie; d) die sieben Haupttugenden, mit den Geistern der Astronomie, Chronologie und Kosmologie, und e) die himmlische Hierarchie der sieben Planeten zusammen mit der achten Sphäre, dem Primum Mobile und der Prima Causa, repräsentieren. Trotz der unterschiedlichen Benennung der Karten ist ihre Symbolik den traditionellen Spielen bemerkenswert ähnlich. Die Karte zum Beispiel, die Mars im fünften Dekanat repräsentiert, ist identisch mit dem Wagen; Jupiter steht in einer Mandorla (ein mandelförmiger Heiligenschein) wie die Welt. Offensichtliche Eigenschaften wie Gerechtigkeit und Stärke sind beinahe identisch. Wohingegen uns das Dekanat der Lebensumstände den Narren von Bettler liefert und den Magier, der mit seinem Tisch und dem Werkzeug dem Handwerker gleicht. Der Junker und der Ritter gehen in die kleinen Trümpfe über.

Obwohl es bruchstückhafte vor dieser Zeit datierende Tarotspiele gibt, die dem traditionellen Schema folgen, ist es interessant, zu mutmaßen, welche Symbolik beiden gemeinsam ist. Der Mantegna-Tarot zeigt die grundlegenden Tugenden, Eigenschaften, Kosmologien, Fähigkeiten und Bedingungen des menschlichen Lebens, die die ungeschriebenen Regeln mittelalterlichen Lebens waren. Diese Bilder waren allen vertraut, sogar den Ungebildeten. Sehen Sie sich Ihr eigenes Tarotspiel mit anderen Augen an: Welche Art der Symbolik und Kultur erschuf dieses Buch der Weisheit mit seinen vielfältigen Archetypen? Mit dem Schlüssel des Mantegna-Tarots können wir viele dieser Geheimnisse für unsere eigene Zeit erschließen. Wenigen modernen Tarots ist es gelungen, die alte Symbolik durch eine in unserer Zeit brauchbare zu ersetzen. Die mächtigen Archetypen hinter den großen Trümpfen werden heute kommerziell durch die Interpretationen solcher Tarot-Leger verstümmelt, die danach streben, ihren Klienten die kosmische Botschaft zu bringen und dabei sogar die mikrokosmische Botschaft des Tarot auf eine Handvoll zungenfertiger materieller Anwendungen zu reduzieren. Es ist möglich, in jede Karte, wie in ein Bild, hineinzugehen, den Schauplatz zu erforschen und mit dem Archetyp zu sprechen. Auf diese Weise kann der Tarot zu einem Einweihungssystem werden.[120]

Was für den Tarot gilt, trifft auch für die Kabbala zu. Dem Uneingeweihten erscheint der Baum des Lebens wie eine geheime Landkarte – eine zweidimensionale Ansammlung von durch Linien verbundenen Klecksen. Doch jede der Sephiroth ist ein multidimensionaler Ort und ein ebenso reales Ziel wie der Oxford Circus oder die Île de la Cité. In einem Buch dieses Umfangs ist es unmöglich, die Möglichkeiten der Erforschung einer so komplexen Glyphe wie dem Lebensbaum anzudeuten. Der Leser wird auf *A Practical Guide to Qabalistic Symbolism* von Gareth Knight hingewiesen[183], mit dem die Entsprechungen und innere Symbolik direkter erforscht werden können. Dies ist in der Tat ein gewaltiges Feld für Forschung, das hebräische und nichtjüdische

Kabbalisten jahrhundertelang beschäftigt hat. Es gibt keine bestimmte Methode, Entsprechungen anzuwenden – finden Sie Ihre eigenen, doch der Wegweiser gab es viele und ihre Vielfalt mag sich als verwirrend erweisen. Die Kabbala liefert eine einzigartige Methode, um die hermetische Landschaft zu erkunden, da ihr System auch eine Lebensweise für die ist, die ihre Möglichkeit erkennen können.

Der Lebensbaum ist eine Darstellung des Lichtmenschen Adam Kadmon, in dem die zehn Hauptattribute Gottes manifest werden.[127] Diese kann man auch als Emanationen für die vielen Archetypen ansehen, die in magischer Arbeit verwendet werden (siehe Abbildungen 33 und 110). Die mittlere Säule des Baumes ist die Wirbelsäule Adam Kadmons, auf der sich die westlichen Gegenstücke zu den Chakren befinden. Die seitlichen Säulen der Gnade und der Strenge, die weiße und die schwarze, sind die rechte und die linke Seite Adam Kadmons. Die Gesamtheit des Lebensbaums ist ein makrokosmischer Lichtkörper. Jegliche Erforschung dieser wundervollen universellen Glyphe ist auch eine Entdeckung unserer selbst.

Es gibt viele weitere Systeme und symbolische Paradigmen in der hermetischen Tradition, die der Leser auf ähnliche Weise erkunden kann. Am Ende kommt es auf die Systeme und Symbole nicht an – wofür sie stehen, sollte uns interessieren. Symbole sind Kraftwerke, die man mit Vorsicht verwenden sollte. Die himmlischen Hierarchien, Engel und evolutionären Wesen sind Metaphern unseres eigenen Zustandes: Erkenntnisse dessen, was wir sein könnten.

> Abgesehen von der ständigen Zirkulation planetarischer, solarer und kosmischer Energien durch seinen Astralkörper, hat jeder Mensch sich aus dem größeren Ganzen genug astrale Energie angeeignet, um damit seinen eigenen individuellen und besonderen Astralkörper aufzubauen, der auf seine besondere Note reagiert, von seiner besonderen Eigenschaft gefärbt ist und ihn, seinem Standpunkt auf der Evolutionsleiter gemäß, beschränkt oder auch nicht.[21]

Wir nehmen uns aus diesen Symbolsystemen, was wir brauchen, und lernen unsere Theorie der Ebenen, was eine Lebensaufgabe ist. Ihr sich steigernder Effekt besteht darin, uns einzustimmen und für das Große Werk selbst vorzubereiten. Wir haben nach außen zu den Himmeln gesehen, nun ist die Zeit gekommen, nach innen zu schauen, um den Punkt des Ausgleichs zu finden, den *Stein* zu formen.

Tabelle der Entsprechungen auf dem Baum des Lebens

Nr. der Sephira	planetarisches Bild	Tugend	Laster	magisches Bild
1. Kether	Primum Mobile	Errungenschaft des Großen Werks	keins	Ein alter bärtiger König im Profil
2. Chokmah	Der Tierkreis	Hingabe	keines	Ein bärtiger Mann, ein Vater
3. Binah	Saturn	Stille	Habgier	Eine reife Frau, eine Mutter
X. Daath	Sirius	Selbstlose Vollkommenheit	spirituelle Überheblichkeit	Ein Kopf mit einer männlichen und einer weiblichen Seite, die in verschiedenen Richtungen blicken
4. Chesed	Jupiter	Gehorsam	Fanatismus Herrschsucht	Ein starker König, gekrönt, auf einem Thron sitzend
5. Geburah	Mars	Mut	Grausamkeit	Ein Krieger in einem Wagen
6. Tiphereth	Die Sonne	Hingabe an das Große Werk	Stolz	Ein Kind, König oder geopferter Gott
7. Netzach	Venus	Selbstlosigkeit	Begierde	Eine schöne, unbekleidete Frau
8. Hod	Merkur	Wahrhaftigkeit	Unehrlichkeit	Ein Hermaphrodit
9. Yesod	Der Mond	Unabhängigkeit	Faulheit	Ein schöner, unbekleideter, starker Mann
10. Malkuth	Die Erde	Unterscheidungsvermögen	Trägheit	Eine junge Frau, gekrönt, auf einem Thron sitzend

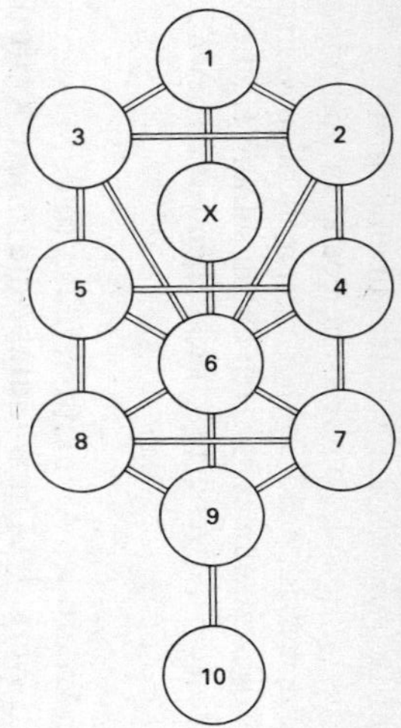

> Der Schüler, der von seinem Meister auf einer höheren Ebene Kraft empfängt, um diese auf die physische Ebene zu übertragen, muß in der Lage sein, die Umwandlung der entsprechenden Kraftmenge von einem niedrigen zu einem höheren Ort in seinem eigenen Wesen zu bewirken, um die notwendige Ausgeglichenheit zu bewahren.[90]

Dies ist die Arbeit des Alchemisten, der in der Beschäftigung mit dem Großen Werk der Umwandlung die innere Kraft und Einwirkung nicht bei sich behält, sondern, um diese in das weltliche Reich zu übermitteln, jenen Teil seiner selbst in einem gegenseitigen Austausch umwandelt: Materie gegen Geist.

Übung 6: Der Caduceus des Hermes

«Es wird gelehrt, daß es ein einziges Licht in der Form eines Menschen gibt, das durch alle vier Universen, *Atziluth, Briah, Yetzirah* und *Assiah* hindurchleuchtet und sich bis zu den physischen Elementen hinunterstreckt. Dieses Licht ist an die Lichter des übernatürlichen Menschen gebunden, die die zehn *Sephira* genannt werden. Sie sind in dieses Licht gekleidet, das das ‹Licht der Quelle der Seelen› genannt wird, und in ihm sind alle Seelen darunter enthalten.» Diese Beschreibung Adam Kadmons ist gleichzeitig eine Beschreibung des Lebensbaumes, der die Grundlage für diese Übung bildet. Unser Ziel ist es, hiermit eine Ähnlichkeit mit dem makrokosmischen Körper des Universums herzustellen, um jene Seelen zu heilen, die darin enthalten sind, und um unsere Einheit mit dem Lichtkörper zu erhalten. Um diese Übung auszuführen, ist es nicht notwendig, etwas über die Kabbala zu wissen, obwohl Sie sie auf höher entwickelte Weise auch anwenden können, wenn Sie auf diesem Gebiet belesen und geübt sind.

Zuerst setzen Sie sich auf einen aufrechten Stuhl oder stellen Sie sich mit gleichmäßig auf beide Füße verteiltem Gewicht hin. Dann schlagen Sie auf folgende Weise ein Lichtkreuz. Diese Handlung versiegelt die Aura und stabilisiert die feinstofflichen Körper.

Sagen Sie:

Zwischen Höhen	*Berühren Sie die Stirnmitte mit Mittel- und Zeigefinger der rechten Hand*
und Tiefen,	*Berühren Sie das Sonnengeflecht*
zwischen Gerechtigkeit	*Berühren Sie die rechte Schulter*
und Gnade	*Berühren Sie die linke Schulter*
bin ich zentriert	*Kreuzen Sie die Hände über der Brust*

Während Sie dies ausführen, visualisieren Sie weißes Licht, das über Ihrem Kopf entspringt und unter Ihren Füßen in die Erde hinabfließt. Das Kreuz wird von einem Balken weißen Lichts von Schulter zu Schulter vervollständigt, der über Ihren eigentlichen Körper hinausragt. Falls Sie sich gerne mit Ihren eigenen Worten unter den Schutz Gottes stellen möchten, tun Sie dies außerdem. Etablieren Sie Ihr Aurafeld durch einen regelmäßigen Atemkreislauf: Visualisieren Sie Ihre Atmung als doppeltes Lichtband, das an Ihrem Körper entlang vom linken Ohr zum linken Fuß und auf der anderen Seite zurück über den Kopf, von der Stirn zu den Füßen, von den Füßen zum Hinterkopf läuft. Diese Visualisierung brauchen Sie nach einer Weile nicht mehr aufrechtzuerhalten, wenn das Muster einmal aufgebaut ist.

Ihre Füße befinden sich auf der physischen Erde dieser Welt, doch Ihr Körper wird sich durch die inneren Welten des inneren Raums ausstrecken. Visualisieren Sie die Erde unter sich, wie man sie vom All aus sieht: ein Planet mit Landmassen und Meeren. Hier stehen Sie ganz fest. Ihr Körper streckt sich durch den inneren Raum, bis der Mond in Höhe Ihrer Genitalien steht: Visualisieren Sie ihn als den Ihnen bekannten Mond am Nachthimmel. Indem Sie sich weiter ausstrecken, reisen Sie weiter, bis die Sonne an Ihrem Herzen steht, Sirius in Höhe Ihrer Kehle – ein strahlend heller Stern –, und über Ihrem Kopf befindet sich das *Primum Mobile* selbst – das Sie als wirbelnden weißen Nebel visualisieren können, das Zentrum, wo die Schöpfung ewiglich bewirkt wird. Es ist sehr wichtig, daß Sie diese Positionen nicht genau mit den feinstofflichen Zentren Ihres Ätherleibes gleichsetzen. Sehen Sie die Planeten senkrecht vor Ihnen aufgereiht. Wenn Sie diese Streckübung vollendet haben, visualisieren Sie die Sphären vor sich. Sie sind nun wirklich ein Riese. Ihr Körper und der von Adam Kadmon bilden einen Umriß übereinander.

Bei der ersten Ausführung dieser Übung machen Sie nur dies. Bauen Sie ganz ruhig einen regelmäßigen Atemrhythmus auf und folgen Sie den Anweisungen sehr langsam in umgekehrter Reihenfolge, bis Sie sanft zu Ihrer eigenen Größe und Ihrem eigenen Ort zurückgekehrt sind. Versiegeln Sie mit der oben angegebenen Formel, schreiben Sie alle Erkenntnisse auf und essen und trinken Sie dann etwas, um sicherzustellen, daß Sie gut geerdet sind.

Wenn Sie diesen Teil der Übung erst einmal ohne Schwierigkeiten bewältigen, ist es Zeit, den nächsten Teil aufzubauen, der dort weitermacht, wo Sie alle fünf Positionen vor sich ausgerichtet haben. Ihre Visualisierung sollte am *inneren* und nicht am äußeren Weltraum ausgerichtet sein. Sollten Sie Schwindel oder Orientierungslosigkeit verspüren, dann stellen Sie sicher, daß Sie den Vorgang langsam umkehren und vollständig versiegeln. Fühlen Sie diesmal zwei starke Kräfte polarisierter Intensität – wie zwei große Pole elektrischen Stroms – positive und negative Kräfte um jede der Sphären herum, bis sie kurz unter dem *Primum Mobile* auf Höhe Ihrer Ohren enden. (siehe Abbildung S. 247) Denken Sie daran: Die Energie durchwirkt die Sphären, *nicht Ihren eigenen Körper*. Sie haben jetzt den Caduceus des Hermes über dem Körper Adam Kadmons aufgebaut. Während Sie meditieren, werden Sie einen Energieaustausch zwischen den beiden Strömungen des Stabes bemerken. Seien Sie sich der kosmischen Einheit allen Lebens bewußt, Ihrer eigenen Berufung als Werkzeug des Inneren. Seien Sie sich besonders bewußt, daß der von Ihnen aufgebaute Stab sowohl das Symbol von Asklepios, dem Gott der Heilung, ist als auch der Hermesstab. Er kann allen, die es brauchen, Heilung bringen: Jeder göttliche Funke in jedem menschlichen Körper entsteht, um den Lichtkörper zu umfassen. Halten Sie diese Visualisierung beim erstenmal nicht zu lange aufrecht. Versuchen Sie sie nicht, wenn Sie auf irgendeiner Ebene emotional unausgeglichen oder instabil sind. Wenn die üblichen Regeln beachtet werden, ist diese Übung kosmisch heilsam, doch sie ist sehr kraftvoll und sollte nicht oft unternommen werden. HINWEIS: Die positiven und negativen Energieströme auf dem Caduceus sollten *nicht* als Bezeichnungen für gute und böse Einflüsse angesehen werden, sondern als wechselseitige Energieströmungen, die jede ihre notwendigen Funktionen haben.[179]

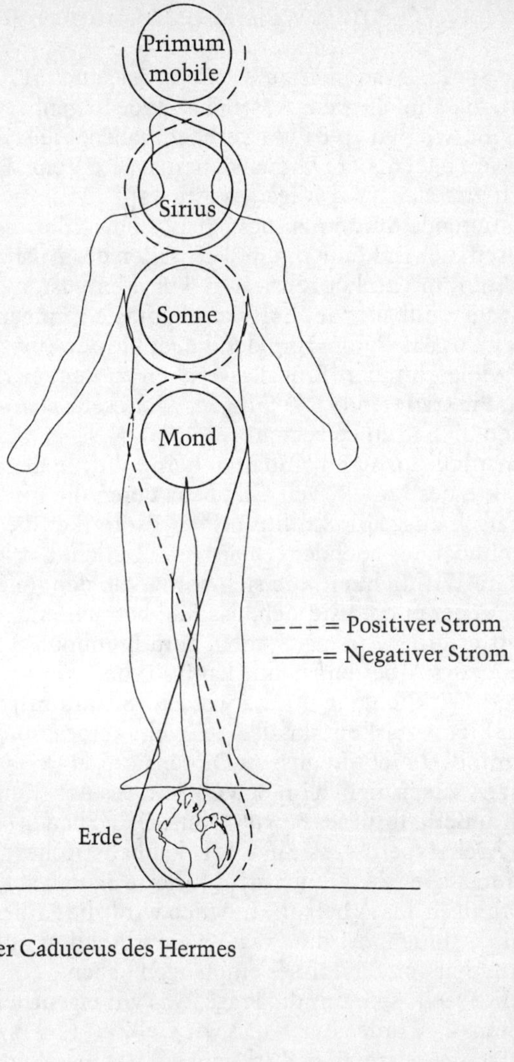

Der Caduceus des Hermes

Übung 7: Anderwelt-Zugänge und Symbole

Mit Symbolsystemen zu arbeiten, ist eine grundlegende Fähigkeit, die alle, die dem westlichen Weg folgen, erwerben müssen. Es gibt, wie wir in Band 1 gesehen haben, viele Zugänge zur Anderwelt oder andere Dimensionen der Existenz. Für jene, die dem hermetischen Pfad folgen, sollte es nicht notwendig sein, real existierende Stätten zu besuchen – obwohl diese manchmal als Linsen dienen können, um den Willen des Ausführenden zu vergrößern und zu konzentrieren. Für die meisten sollte die Fähigkeit und aufbauende Kraft der Phantasie genügen. Ein visionärer Blick auf das Pylon-Tor oder die Höhle der Sibylle, um nur zwei der vielen hundert Eingangsglyphen zu nennen, sollte den geübten Praktizierenden befähigen, sich selbst in die Reiche des Unendlichen zu versetzen.

Symbole an sich beinhalten keine Wirklichkeit; sie sind Konstrukte des kollektiven Glaubens derer, die mit ihnen arbeiten. Magisch ausgedrückt, nimmt der Esoteriker diese Symbole und macht daraus, nachdem er sie veräußerlicht hat, Eingänge in eine innere Wirklichkeit, die sich völlig von der äußeren unterscheidet, in der er oder sie sich, das Bild betrachtend, befindet. So mit Kraft erfüllt, wird das Symbol zum Brennpunkt für das gesamte Wesen des Arbeitenden und kann so von einer Art äußeren erfahrbaren Wirklichkeit erfüllt werden. So nimmt der Schutzengel oder Elementarkontakt, der vielleicht keine *konkrete* Realität hat (zumindest nicht in unserer Dimension), eine *symbolische* Realität an – ursprünglich im Bewußtsein des Arbeitenden, doch letztlich außerhalb dieses Bewußtseins. Daher bauen sich die engelhaften Archetypen, wie sie häufig in kabbalistischer Magie vermittelt werden, eher als farblich strukturierte Säulen auf, statt anthropomorphisch, bis es beinahe möglich wird, die Farben zu schmecken und zu fühlen, die die Prägung einer Realität außerhalb unseres normalen Verständnisses empfangen haben.

Hier stellt sich uns die Frage, was wir eigentlich unter real verstehen. Es wurde gesagt, daß wir viel Zeit und Energie damit verbringen, Grenzen der Wirklichkeit festzustellen und sie täglich zu betätigen, um uns vor dem Wahnsinn zu schützen, der aus der Wahrnehmung von *zu viel* Wirklichkeit resultieren könnte. In diesem Fall können wir die Arbeit des Esoterikers als Errichtung eines Brückenkopfes zwischen zwei Arten der Wirklichkeit ansehen: der inneren und äußeren, der es anderen Menschen möglich macht, furchtlos von einer zur anderen zu gehen. Es sollte nicht schwierig sein, unsichtbare Kraftlinien in der Luft um uns herum intuitiv wahrzunehmen – vielleicht sogar mit geometrischer Genauigkeit. Meistens sind wir uns der Existenz dieser lebendigen Verbindungsglieder mit dem Unendlichen nicht bewußt, obwohl sie sich eigentlich nicht von den leuchtenden Pfaden unterscheiden, die die Steinkreise und aufrechten Hügel der einheimischen Tradition verbinden. Wenn wir ein großes Kraftsymbol in die Luft zeichnen, das irgendeine uralte Wahrheit repräsentiert, dann schließen wir unser eigenes Siegel in das Netz unsichtbarer Kraft ein, das uns umgibt.

Solch ein Verständnis erfordert eine radikale Änderung unseres Alltagsbewußtseins, und aus diesem Grund benutzen wir Symbole und Zeichen als visuelle Schlüssel. Für den Geist alter Zeit waren Zeichen von größter Wichtigkeit: sie waren wirksame Repräsentationen von Dingen, die man mit bloßem Auge nicht sehen konnte, die man nichtsdestoweniger durch die innere Wahrnehmung verstehen konnte: «Alle Dinge, die das Auge sehen kann, sind bloß Phantome und körperlose Umrisse: doch die Dinge, die das Auge nicht sehen kann, sind die Wirklichkeiten...»[22] Dies dient dazu, eine andere Art der Wirklichkeit zu postulieren; es greift auf die *synthemata* des Iamblichus zurück[152] oder voraus auf die Wirkungskraft von Zeichen, die der Künstler David Jones erörtert.[158]

Ein Beispiel für das, wovon wir sprechen, könnte das Zeichen oder Anfertigen einer dreidimensionalen Pyramide sein. Die vier Seiten dieser Figur können für eine Anzahl von Dingen stehen: Norden, Süden, Osten oder Westen; eine Gottgestalt, eine Farbe, ein Name oder Archetyp. Diese sieht man sich dann in der Spitze der Pyramide treffen, die zu dem Punkt wird, wo die Kräfte aufeinander wirken und ausgeglichen werden, um die Wirkung eines visionären Erkenntnisblitzes oder der Öffnung eines Eingangshafens in eine andere Dimension zu erzielen.

Die Meditation über solche Formen kann vieles verdeutlichen, das vorher vernebelt oder immateriell schien. Alle traditionellen Gestalten dieser Art sind das Produkt innerer Lehre. Der Gral als Kelch gezeichnet nimmt die Form umgekehrter Pyramiden an und ist besonders wirkungsvoll als Glyphe für aufwärts gerichtetes Streben und abwärts gerichtete Energetisierung (Abb. S. 250):

Hier steht der Nexus für den Standort des Arbeitenden, an dem der Eingeweihte (untere Pyramide) die nach unten fließende Energie der Götter erhält und übermittelt, die sein eigenes nach oben steigendes Streben (obere Pyramide) trifft.

Oder nehmen Sie den fünfstrahligen Stern oder einen anderen. Man mag dies als den endlosen Knoten oder Fünfeck ansehen, bei dem jeder Punkt einen anderen Aspekt von Gottheit oder ein Kraftsymbol repräsentiert (einen der Aspekte des Grals zum Beispiel). Zeichnen Sie dies auf und versuchen Sie es mit verschiedenen Symbol-Kombinationen, bis Sie das Gefühl haben, an einem funktionierenden System angelangt zu sein, dann benutzen Sie es einige Tage oder sogar Wochen zur Meditation, je nachdem, was für Resultate Sie erreichen. Dies kann sich auch auf die Anordnung der heiligen Gegenstände im Tempel oder Arbeitsbereich beziehen oder sogar auf die Plätze, die die Teilnehmer an irgendeinem Ritual einnehmen, das unter der Ägide dieses Systems ausgeführt wird. Es kann ebensogut auf Sternenübereinstimmungen oder Ley-Linien-Punkte, Hauptpositionen im rituellen Temenos oder von den Arbeitenden angenommene Aspekte der Gottheit bezogen werden.

Mit diesen wenigen Beispielen und anderen, die in den Schriften von Regardie, Gray und Knight (siehe Bibliographie) leicht zugänglich sind, sollte es in einem vergleichsweise kurzen Zeitraum möglich sein, ein vollständiges Arbeitssystem aus zielgerichteter Bildsprache aufzubauen, das bei aller magischen Arbeit, die allein oder in einer Gruppe unternommen wird, von beträchtlicher Hilfe sein wird. Machen Sie sich dennoch keine Gedanken, wenn Sie kaum unmittelbare Reaktionen erfahren; einige sind besser als andere dazu ausgerüstet, mit Symbolen zu arbeiten. Falls mehr Anstrengung erforderlich ist oder längere Zeiträume für Studium und Meditation, dann lohnt es sich wohl, den schwer zu fassenden Augenblick, wenn ein gewähltes Symbol in Ihrem Bewußtsein an seinen Platz «fällt», zu verfolgen. Ist dieser Schritt einmal getan, werden Sie feststellen, daß der Rest wie von selbst kommt.

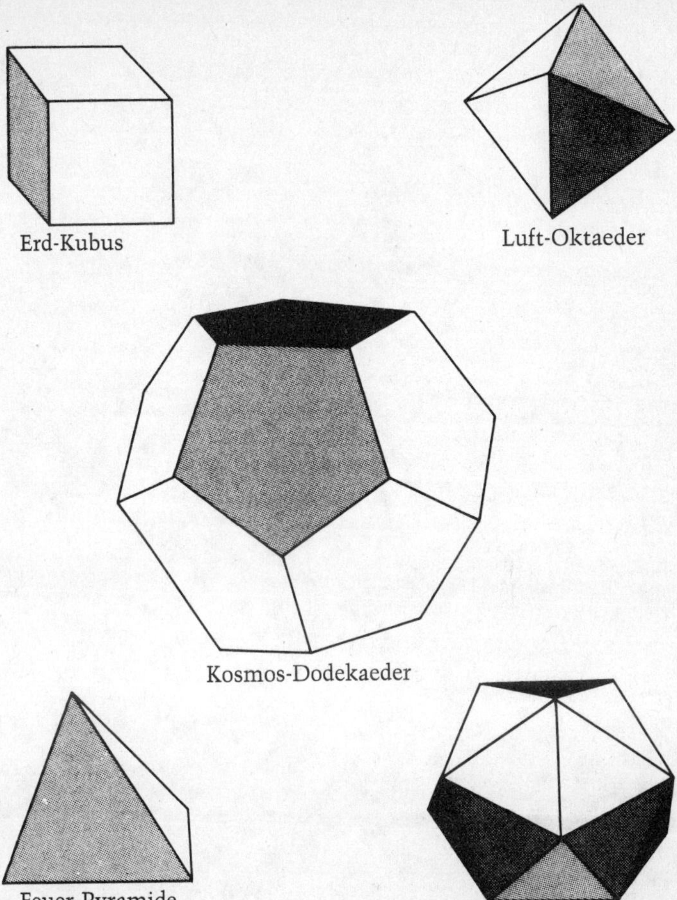

Platonische Körper

Kapitel 5

Alchemie: der feuererprobte Stein

Du solltest verstehen, daß Alchemie nichts anderes als die Kunst ist, die das Unreine durch Feuer rein macht.

Paracelsus

Materie ist der letzte Schritt auf dem Weg zu Gott.

Rudolph Hauschka: *The Nature of Substance*

Die Jagd nach dem grünen Löwen

«Materie kann weder erschaffen noch zerstört werden», sagt das wissenschaftliche Gesetz der Erhaltung: «Doch sie kann umgewandelt werden», erwidert der Alchemist. Gottes Großes Werk ist die Schöpfung selbst, in die die Zeichen und Entsprechungen gesetzt sind, nach denen sie sich entwickeln kann. Alles Erschaffene besitzt Leben: kein *menschliches* Leben, doch ein seiner eigenen Natur entsprechendes Leben und ein inneres Korrelat, welches den platonischen Formen analog ist. Die Wissenschaft äußert sich abschätzig über den Gedanken, daß Materie lebendig sei, wie ihre Nichtachtung der vollkommenen Ökologie der Natur offenbart. Die Alchemie hat die Materie immer als ihre *prima materia* behandelt, aus der der göttliche Funken zur Bewußtheit seines Potentials angefacht werden kann. Der alchemistische Prozeß konzentriert sich auf die Isolierung der *prima materia* der Schöpfung, damit darauf die Evolution der Materie folgen kann. Und wie mit der Materie, so ist es auch mit der Menschheit: die gesamte Kette der Schöpfung, die ihre göttlichen Funken befreit, durch die Seinsebenen hindurch in freudiger Rückkehr zu Ureinheit aufsteigt – dies ist die Vision der Alchemie.

Wenn die Philosophen nach Weisheit suchen, dann sind die Alchemisten auf Suche nach dem Stein der Weisen – dem Schlußstein der Erdstruktur – dem *lapis exilis,* der vom Himmel fiel und aus dem alle Materie gebildet wurde. In diesem Stein ist die Chiffre der Geheimnisse des Lebens kodiert – die männlichen und weiblichen Komponenten, die in der äußeren Welt getrennt sind, die sich aber im Inneren verbinden. In der schillernden Sprache der Alchemie werden sowohl Weisheit als auch der Stein der Weisen als «eine Gabe und ein Sakrament Gottes und einer göttlichen Materie (beschrieben), das die Weisen tief und auf verschiedene Art in Bildern verschleierten.» [15] Wenn uns diese Sprache übertrieben verschleiert erscheint, sollten wir bedenken, daß unsere gesamte Existenz auf einen genetischen Prozeß von alchemistischer Komplexität zurückzuführen ist. Was in der Alchemie unter dem Zeichen von Emblem und Glyphe verborgen ist, ist wissenschaftlich unter dem Mikroskop als Gene und Chromosomen erkennbar, der individuellen DNS der menschlichen Zusammensetzung. Die wahre *prima materia* der Menschheit ist das Fleisch, in dem wir inkarniert sind: die Art, in der sich unsere Körper entwickeln, ist teils schon bei der Geburt in uns verschlüsselt und teils den physischen Bedingungen zuzuschreiben, unter denen wir aufwachsen. Das Potential jedes menschlichen Wesens wohnt in den Genen und in der DNS-Spirale: Eine sonderbare Alchemie diktiert unsere Verwandlung von der Verschmelzung der Eizelle mit dem Sperma, über die zyklische stoffwechselbedingte Erneuerung unserer Zellstruktur bis schließlich zu unserem Tod, wenn unser Fleisch sich der Kette der Materie anschließt. Die Physik hat versucht, dieses Mysterium zu begreifen; die medizinische Wissenschaft strebt jetzt danach, die Bedingungen nachzuvollziehen, unter denen man das Mysterium des Lebens übermitteln und genetisch verändern kann – mit wer weiß was für eugenischen Möglichkeiten? Die Tatsache bleibt jedoch bestehen: obwohl die Wissenschaft in der Lage sein mag, grobe DNS-Spiralen herzustellen und ein Leben auf das andere aufzupfropfen, hat sie doch das Versteck des Geistes noch nicht entdeckt.

> Ich betrachte, wie alle Dinge im Äther
> mit Lebenshauch vermischt sind.
> Ich sehe im Geist wie alle Dinge
> vom Lebenshauch erhalten werden:
> Das Fleisch hängt sich an die Seele,
> die Seele wird von der Luft emporgetragen,
> die Luft hängt sich an den Äther.
> Früchte steigen aus der Tiefe auf,
> ein Kind wird aus dem Schoß gehoben.[15]

Der Geist ist das innere Gegenstück des Fleisches, und kein Leben kann auf der Erde ohne eine entsprechende Beseelung im Inneren hergestellt werden.

Die Empfängnis eines Kindes ist die mächtigste Alchemie, doch während die Geburt eines Kindes seine Annahme des einen oder anderen Geschlechts als Erfordernis für irdisches Leben notwendig macht, so bedarf die Arbeit des Alchemisten, die einen Versuch darstellt, im Inneren geboren zu werden, der Versöhnung der Gegensätze durch den Fund des Steins der Weisen. Das wahre Geheimnis der Alchemie ist, daß der Arbeitende zu dem Stein *wird*.

Doch was ist dieser Stein und wie werden wir dazu? Seine Anfänge liegen im dunkeln, schwarz wie die fruchtlose Erde im Nildelta, die der Alchemie ihren Namen gab. (Ägyptisch *keme* = schwarze Erde.) Die Griechen, die die Symbolik der Farben verstanden, wußten, daß die innere schwarze Farbtinktur eigentlich gold war.[197] Somit war Apollos Haar, obwohl auf Bildern schwarz dargestellt, symbolisch goldfarben. Dieses Mysterium wurde auch im Kult der Isis gesehen: das hermetische Dokument, das *Kore Kosmou*[197] oder die universelle Jungfrau berichtet uns, wie Isis die Geheimnisse der Alchemie erhielt, die nur durch ihren Sohn Horus übermittelt werden sollten. Ihr wird «die Gabe der vollkommenen Schwärze» überreicht – die wir im Textzusammenhang als Osiris selbst ansehen müssen – der Begleiter, mit dem sie in alchemistischer Vereinigung verbunden wird. Sie selbst jedoch ist die schwarze Erde und die Pupille des Auges von Osiris:[227] Sie ist das verschleierte Mysterium, das äußerlich als *Schwarze Isis* erscheint, doch deren innere Wirklichkeit die *Helle Isis der Sterne* ist.

Hier liegt der Kern des Mysteriums, das weibliche Symbolik der Materie zuschreibt und männliche Symbolik dem Geist, Isis und Osiris, Sophia und Logos, weiße Königin und roter König sind Syzygien, deren Vereinigung nur durch die Ebenen des alchemistischen Prozesses erreicht werden kann. Nirgendwo wird behauptet oder angedeutet, daß Materie = Frau, Geist = Mann ist, noch sollten wir versuchen, diese Bedeutungen unserem Verständnis aufzudrängen. Diese Vereinigung komplementärer Gegensätze: Materie und Geist, Königin und König, ist das Thema dieses Kapitels.

Doch sicher ist die Alchemie nur die Grundlage, auf der sich die Chemie aufbaute. Irgendwelche Gegenargumente? In der Tat beinhaltet Alchemie in ihrer Geschichte sowohl frühe Gelehrte und Chemiker wie auch Mystiker und Magier. Es ist nicht leicht, die Anwendung von Physik und Metaphysik in einer Disziplin zu vereinen, wenn man Wissenschaft vom heutigen Standpunkt aus betrachtet.

Dieses Buch hat sich viel mit der Natur des Geistes befaßt: Denn nur wenn wir ewige Dinge verstehen, werden wir beginnen, vergängliche Dinge wahrzunehmen, und aus diesem Grund haben wir eine Erörterung der Materie bis zum Schluß übriggelassen. Wir können die Materie nicht mit der Grundsätzlichkeit rationaler Wissenschaft, noch mit der Verachtung des Manichäers betrachten, wenn wir uns ihr mit der mitfühlenden Wahrnehmung innerer Bewußtheit und ewiger Entsprechung nähern.

«Aristoteles schrieb über die *prima materia*, Platon über die *hyle*, Hermes von der *umbra horrenda*, Pythagoras von der «symbolischen Einheit» und Hippokrates vom «deformierten Chaos», sagt Robert Fludd[307], damit zeigend, wie entscheidend Materie in bezug auf esoterische Philosophie war. Die Sprache der Metaphysik wurde fortwährend in der gesamten westlichen Welt bis zum Zeitalter der Aufklärung (diesem häufig falsch verwendeten Begriff) auf das Reich der Physik angewandt. Nun ist die neue Physik in ihrem Selbstverständnis von Wissenschaft durch den Gebrauch östlich spiritueller Terminologie wieder zu ihrem Ausgangspunkt zurückgekehrt: was in weltlich-wissenschaftlicher Sprache unerklärlich ist, kann in kosmischen Begriffsfindungen zusammengefaßt werden. Diese ironische Wendung des Schicksals, durch die die einst verachteten mythologischen Paradigmen in der Physik gebräuchlich geworden sind, sollte man mit Vorsicht ankündigen. Die spirituelle Symbolik der Mythologie, die zum Handwerkszeug des Psychologen wurde, mag mit ebensowenig Rechtfertigung und Sinn für Wächterschaft zum Banner der neuen Physik werden. Wenn die Alchemisten in symbolischer Sprache sich äußerten, dann kannten sie wenigstens die innere Wirklichkeit des Symbols. Dies ist der Unterschied zwischen dem Schamanen und dem Psychologen oder zwischen dem Alchemist und dem Wissenschaftler, damit dieser Punkt ganz klar ist.

Alchemie ist spirituelle Chemie, denn obwohl es heißt, sie habe sich aus physikalischen Experimenten zur «Seelen-Alchemie» entwickelt, hat sie sich stets, wie in der Smaragdtafel beschrieben, mit der Versöhnung von Gegensätzen befaßt. Wir sahen bereits in Kapitel 4, wie man planetarische Entsprechungen in allen Manifestationen der Natur beobachtete: die Farben, Formen, Töne, Gerüche und Geschmacksrichtungen, mit denen unsere Sinne uns die Geschichte jedes erschaffenen Dinges erzählen, wurden zur Tafel der chemischen Zeichen und Ordnungszahlen der Chemie. Die subtilen Entsprechungen waren das erste Studium der Alchemie, angefangen mit der Grundmaterie – den Metallen, Mineralen und stofflichen Verbindungen, die die Grundlage der hierarchischen Kette des Seins waren. Wenn ein Metall verwandelt werden konnte, dann war die Kette der Existenz betroffen. Die Erschaffung von Gold aus Blei kann man als das hermetische Äquivalent zu dem aus der Anderwelt zurückgebrachten Feengold ansehen: eine Energieübertragung vom Inneren ins Äußere. Alchemisten «verstanden, daß das, womit sie arbeiteten, nicht so sehr die eigentlichen Substanzen waren, als in den Metallen verborgene spirituelle Eigenschaften».[273] Wir könnten sagen, sie versuchten das innere Potential hervorzubringen, den göttlichen Funken im Metall. «Blei ist krank gewordenes Gold»[232]: Das Metall von Saturn/Cronos hat nicht mehr den Glanz, den es einst im goldenen Zeitalter besaß.

Der Alchemist steht in direkter Nachfolge zu dem Schmied der einheimischen Tradition – der die ersten Werkzeuge aus den Erzen der Erde schmiedete und voll Aberglauben als Wächter eines großen Mysteriums betrachtet wurde. Der Schmied ist der Waffenhersteller der Götter: Govannon, Wieland, Hephaistos – der geschwärzte Lahme. Der Alchemist scheint das beinahe universelle Mißtrauen, das allen Metallarbeitern, Kesselflickern und Bergarbeitern seit Prometheus' Zeiten zuteil wird, mit diesen gemeinsam zu haben. Der Bergarbeiter gräbt in den Schoß der Erde hinein, darauf bedacht, sie zu besänftigen – wie wir an den Ausgrabungsfunden aus der neolithischen Mine in Grime's Graves in Norfolk sehen. Der Metallarbeiter kennt das Mysterium der Umwandlung durch Feuer. Der Kesselflicker und Gelegenheitshufschmied kennt das Mysterium des Metalls und hat das Wort des Reiters – das Mittel, Tiere zu beherrschen, die lingua franca oder *shelta* aller Schmiede. Und da sich solche Leute ursprünglich unter der Schutzherrschaft der Göttin Brigit befanden, richtet der Alchemist seine Aufmerksamkeit sorgfältig auf den Dienst an der *Anima Mundi* unserer Frau (Mutter) Erde.

Der Alchemist war die Hebamme und der Priester der Umwandlung: «Metalle und Mineralien wurden geboren, wuchsen, heirateten, paarten sich, gebaren und starben. Felsen und Steine hatten Körper, Seelen, Gefühle und Wünsche.»[55] Indem der Alchemist in wirkliche Beziehung zu den Metallen und Elementen trat, für die er verantwortlich war, gewährte er diesen lebendigen Kindern der Erde alchemistische Sakramente. Wie für die richtige Hebamme und den Priester waren Enthaltsamkeit, Mäßigkeit und Wachsamkeit in der Wochenbettkammer – dem Laboratorium – notwendig, einem Wort, in dem das Benediktiner-Motto «ora et labora» (arbeiten und beten) manifest wurde.

In der Alchemie können wir im Mikrokosmos den Abstieg des westlichen Weges sehen: er steigt auf in den kosmologischen Spekulationen der einheimischen Tradition, erhält den Tribut der Philosophie, des Gnostizismus, der Kabbala, der Magie und des Rosenkreuzertums, spaltet sich schließlich zu unserer Zeit in komplexe Mäander von Chemie und Psychologie – die Studien der physischen und psychischen Bestandteile der Schöpfung, von denen wir alle erstaunlich wenig wissen. Die hermetischen Texte schöpften aus dem Wissen der ägyptischen alchemistischen Techniken wie auch aus hellenistischem wissenschaftlichem Gedankengut, welches in der Folge sowohl platonische als auch neuplatonische Philosophie durchdrang. Die Erkenntnisse des Gnostizismus, die selbst aus vielfältigen Quellen des Mittleren Ostens stammten, befruchteten die Symbolik der Alchemie – wie wir im weiteren sehen werden. Als kabbalistische Magie und rosenkreuzerische Elemente in diesen außerordentlich mächtigen Strom einflossen, hatte der westliche Weg alle notwendigen Nährstoffe erhalten, die ihm zu überleben halfen. Alchemie wurde praktisch zum Äquivalent des Tantra- und Vajrayana-Pfades des Ostens.

Die Vermittlung dieses mächtigen Pfades kann man historisch von vielen Standpunkten aus verfolgen. Die meisten Kommentatoren bevorzugen eine klare wissenschaftliche Einschätzung und ignorieren die esoterischen Anhängsel als peinliche und mittelalterliche Übertreibung. Doch durch die Verwendung dieser Mittel wird die Alchemie ihrer wahren Bedeutung beraubt – der Hochzeit von Makrokosmos und Mikrokosmos. Wissenschaft muß im Zusammenhang als heilige Kunst statt als unheilige Einmischung in die Schöpfung angesehen werden. Wissenschaftler und frühe Gelehrte glaubten bis zur Morgendämmerung oder besser dem Zwielicht rationaler Wissenschaft fromm an die Beziehung zwischen ihren Studien und Gott; sie spannten ihre Arbeit unter das Joch des Gebets. Dies war besonders wichtig, da man die Künste der Metallurgie, Kräutermedizin, Astronomie, Astrologie und so weiter, als etwas ansah, das der Menschheit laut hermetischer Tradition von den gefallenen Engeln verliehen wurde.[197] Dieses Mißtrauen des Wissenschaftlers lebt bis heute weiter, fest in der Angst begründet, etwas zu wissen, was niemand außer Gott wissen sollte.

Aristoteles' Theorie von den vier Elementen – die man als im Fluß befindlich und sich vom einen ins andere ändernd ansah – liegt dem wesentlichen alchemistischen Prozeß zugrunde. Diese Theorie kann man an Hand der Abbildung auf S. 262 demonstrieren. Eine Verbindung von Luft und Feuer resultiert in Hitze, die Verbindung von Erde und Wasser resultiert in Kälte. Dieses Schema ließ auch die Theorie von den Temperamenten aufkommen – dem herrschenden elementaren Charakteristikum des Körpers, nach dem man Individuen ihrer Zusammensetzung gemäß als phlegmatisch, melancholisch, sanguinisch oder cholerisch beurteilte. Alle Elemente wurden als von der *prima materia* abstammend angesehen – und waren tatsächlich dem Prozeß unterworfen, durch den sie in ihren Urzustand zurückversetzt wurden. Doch die Summe der Elemente war die Quintessenz oder das fünfte Element, ein Zustand, der mit alchemistischen Mitteln gesucht wurde, indem man die Elemente in verschiedenen Prozessen miteinander verband. Dies ist in der Abbildung auf S. 263 sichtbar, welche die dreidimensionale Darstellung des Großen Werkes ist. Wenn die Elemente ausgeglichen sind, kann sich die Quintessenz ergeben: Das fünfte Element ist selbst ein vollkommenes Spiegelbild der *prima materia*, aus der die anderen vier stammen. Die vielen und langwierigen Prozesse, denen man die Elemente unterwarf, wurden verschiedentlich chemisch wie auch psychologisch beschrieben, sowie in mythologischer und symbolischer Terminologie. Da hier jedoch nur wenig Platz für einen Abriß der komplexen chemischen Prozesse ist, müssen wir die Alchemie mittels der Smaragdtafel betrachten. Die vielen Emblem-Bücher des siebzehnten Jahrhunderts – besonders das *Rosarium Philosophorum*[290] und die Mylius-Gravierungen[238] geben einen deutlichen Abriß der klassischen alchemistischen Prozesse.

Das Folgende ist eine komprimierte Meditation über die Smaragdtafel.

Von der *prima materia* glaubte man, sie sei «vom Feuer erzeugt, aus dem Wasser geboren, durch den Wind vom Himmel heruntergebracht und von der Erde ernährt»[307] – die Bildung der Materie, durch die Elemente ausgeglichen, deren essentieller Kern – ihre DNS – dennoch ein Geheimnis bleibt. Alle erschaffenen Dinge stammen aus dieser Substanz, doch ihre Vervollkommnung ist die Errungenschaft des Großen Werkes. Die *prima materia* muß der Mutter übergeben werden, damit sie geformt oder «in Ordnung gebracht» wird. Wenn das «Kind» wächst, muß es von seinen einzelnen Elementen gereinigt werden, damit es stark wird: Die Seele und der Geist der *prima materia* sind gereift. Als nächstes muß man die Entsprechungen zwischen Mikro- und Makrokosmos verstehen: Der «Jugendliche» wird für den Unterricht in erhabenen Dingen zu seinem Vater geschickt. Wenn dies vollbracht ist, kehrt der «Erwachsene» zur Erde zurück, um seine Weisheit zu praktizieren. Die *prima materia* ist mit der Quintessenz vereint worden, welche sie spiegelt, und entdeckt ihre adamantene Reinheit und Stärke. Es ist dieser Prozeß, durch den alles erschaffen wird und der,

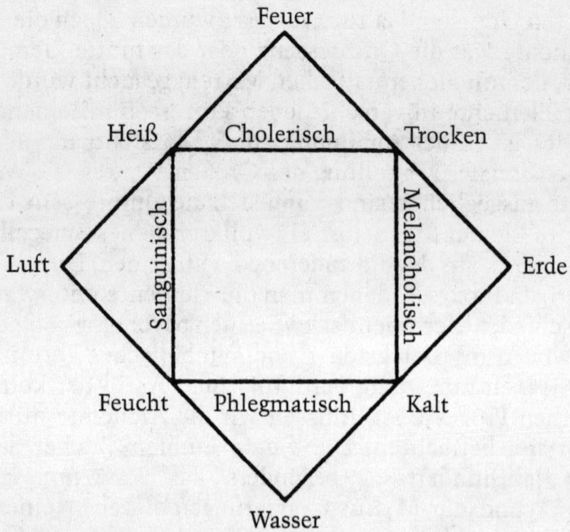

Aristotelische Tafel der Elemente

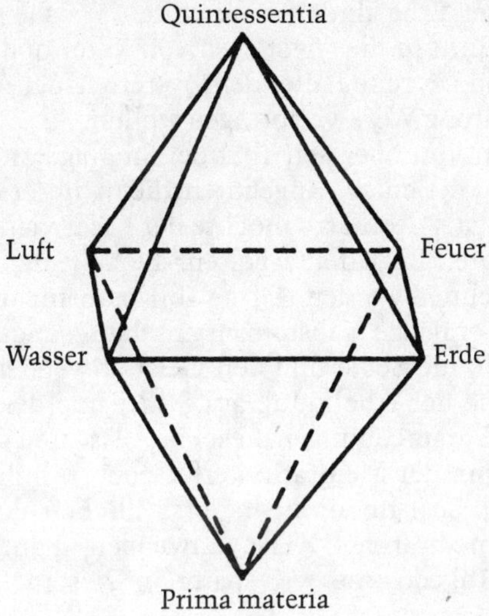

Die kristalline Struktur des Großen Werkes

wenn er mit Weisheit nachvollzogen wird, Heilung, langes Leben und Erleuchtung für die ganze Welt bewirken kann. Der Wächter dieser Arbeit ist Hermes Trismegistos selbst: das Kind der Philosophen und der Erbe ihrer gesammelten Weisheit; der jugendliche Eingeweihte in die Mysterien von Vater und Mutter, Gott und Göttin und der reife Hüter der Mysterien, der Agathodaimon aller, die das Große Werk vollbringen wollen.

Diese Meditation über den Text der Smaragdtafel wird als Arbeitsmodell für diejenigen angeboten, die in dieser Arbeit weiterkommen wollen. Alternativ möchte der Leser vielleicht mit den drei unbekannten Begriffen arbeiten, die als Salz, Schwefel und Merkur bezeichnet werden. Diese soll man nicht nur als physische oder chemische Substanzen ansehen, sondern sie jeweils auf den Körper, die Seele und den Geist anwenden. Zusammen mit der Glyphe der Abbildung auf S. 263 und der Smaragdtafel kann man die Entsprechungen dieser Prozesse und ihre Beziehung untereinander in der Meditation erforschen. Ähnlich kann man die klassischen Begriffe für die hauptsächlichen alchemistischen Prozesse in meditativer Weise anwenden, nämlich Nigredo, Albedo und Rubedo, die wir später in diesem Kapitel untersuchen werden.

Merkur, das Metall von Hermes selbst, ist eine Brücke zwischen den in der Alchemie angewandten chemischen Substanzen. Von allen Metallen «hatte (Quecksilber [Merkur]) nicht an den letzten Stadien der Erdverdichtung teil, (sondern) blieb eine Flüssigkeit»[138]. Genauso bleibt Hermes Trismegistos nicht in einem Mythos verankert, sondern durchzieht als Bote die Systeme und Mythologien vieler Kulturen. Die merkurischen Kräfte von Hermes kann man am besten in seiner symbolischen Darstellung als grüner Löwe der alchemistischen Prozesse aufnehmen: Seine fortgesetzte Veränderung der Form verbindet die vielen Ebenen, Systeme und Prozesse und produziert einen Erkenntnisreichtum, wie er in der Smaragdtafel dargelegt wird:

> Der grüne Löwe ist außerordentlich lebhaft
> und bläst die Sonnenfarben hervor,
> so daß man die Spiegelung
> auf der Ebene sehen kann.[6]

Hermes erforscht als der grüne Löwe die Höhen und Tiefen: die Himmel, die Erde und die Wasser unter der Erde. Sein Beispiel ist das Muster, dem der Alchemist folgt. (Abbildung S. 265)

Alchemie ist der Seelenpreis des Kosmos: sie lehrt uns, das

Der grüne Löwe

Unendliche zu dem Weltlichen in Beziehung zu setzen, um die Gegenwart des Göttlichen im täglichen Kreislauf des Daseins zu finden. Der Vorgang ist ein spiritueller Kode, der – wie der Baum des Lebens – von jenen, die den Stein suchen, als Entsprechungssystem benutzt wird, durch das man alles mikrokosmisch und makrokosmisch in Beziehung setzen kann. Die Suche nach dem Stein besteht in der Verfeinerung der Seele, ihrer Läuterung von elementaren Einflüssen, bis alles, was nachbleibt, eine einzige Einheit ist – ein vollkommen abgestimmter Mikrokosmos, der den Makrokosmos reflektiert. Alle Materie ist ein Mysterium: Die Prozesse der Alchemie sind eine Leiter, mit der man Zeit und Raum transzendieren kann, bis man am höchsten Punkt der Schöpfung steht, der Gott ist.

Wir sagten, daß alle Materie auf geheimnisvolle Weise lebt. Die «Vertiefung der Ebene», durch die die Materie entspiritualisiert wird – etwa, das die Pythagoräer verabscheuten – scheint eine bedrohliche Möglichkeit in unserer Zeit, innerhalb der schwarzen Alchemie der Nukleartechnologie. Die schwereren radioaktiven Elemente, die aus wieder anderen Elementen gewonnen wurden, laufen Gefahr, völlig von der spirituellen Welt abgeschnitten zu werden. «Der Abstieg des Geistes in die Materie hat nun in der Erde einen Wendepunkt erreicht, und von nun an ist es die Aufgabe der Menschen, den Geist in der Materie zu erkennen und freizusetzen. Der Abstieg des Geistes in die Materie hat im Element Blei einen Wendepunkt erreicht.»[209] Die Rolle der Wissenschaft bei der Linderung der Menschheitsleiden war enorm, doch wenn sie die Einsicht in ihre ursprüngliche Funktion im Kosmos verliert, dann verliert sie den Glauben an die Schöpfung. Rudolf Steiner glaubte, daß die Rolle der Wissenschaft entscheidend sein könnte:

> Der eingeweihte Herrscher, der Philosoph der Persönlichkeit, der priesterliche Versöhner von Wissen und Glauben sind gleichermaßen unfähig, die moderne Menschheit vor den Früchten ihrer eigenen Errungenschaften zu retten. Nur ein im wissenschaftlichen, die technologischen Forschungen und Entwicklungen moderner Zivilisation motivierenden Denken geübter Mensch kann diese *neuen* Elemente entdecken, die in das menschliche Bewußtsein eindringen müssen, wenn die Menschheit nicht Opfer ihrer eigenen Leistungen werden soll.[318]

Steiner hatte offensichtlich wenig Vertrauen in die verschiedenen modernen Überreste des Schamanen – den Esoteriker, Psychologen und Priester – vielleicht suchte er nach neuen Alchemisten, die für planetarische Evolution standen, die Geist und Materie, Wissenschaft und Meta-Wissenschaft, verbanden.

Diese Vereinigung aller Disziplinen der Kunst, Wissenschaft und des Geistes war das Ziel des Rosenkreuzer-Manifests. Francis Bacons Vision im *Nova Atlantis* (1627) und seine *Instauratio Magna* (1620–1658) legten die «universelle und allgemeine Reformation der gesamten weiten Welt durch die Erneuerung aller Künste und Wissenschaften» dar. Darauffolgend wurde 1660 die *Royal Society* gegründet, doch außer daß sie das «manifest gewordene unsichtbare Kollegium» nach rosenkreuzerischem Modell war, wurde sie bald zur Wiege der rationalen Wissenschaft. Solche «Veräußerlichungen der Hierarchie» resultieren selten in etwas anderem als Fachsimpelei, es sei denn, sie werden wirklich kontaktiert. Doch diese Kontakte waren keine inneren spirituellen Wesen, sondern Schöpfungen von frühen Wissenschaftlern. Von Rabbi Judah Leibs Erschaffung des Golem im Prag des sechzehnten Jahrhunderts[310] bis zu Dr. Frankensteins Monster ist ein weiter Schritt: ebenso weit wie von Roger Bacons Metallkopf bis zum Computer. Dem Magier wird die Schöpfung von Homunkuli zugeschrieben – ein Dämon in einer Flasche, möglicherweise eine wilde Grundlegung der Schöpfung des *Kindes der Philosophen* – doch was sollen wir von der Empfängnis *in vitro* und den anderen Experimenten halten, denen der menschliche Körper mit seinem göttlichen Funken ausgesetzt wird? Solche Schöpfungen sollen dienstfertige, ihren Meistern gehorsame Maschinen sein: doch können solche Dinge jemals Freunde und Ratgeber in der Art der inneren Wächter sein? Antwortet der Geist in der Maschine?

Wenn spirituelle Symbole bis zu körperlichen Verwendungen untergraben wurden, wie bei den Begriffen Gott und Göttin, wie furchtbar ist die Kunst der Alchemie auf den Kopf gestellt worden, daß die Behausungen des göttlichen Funkens in der Materie wissenschaftliche Hausgeister sein sollten? Der letztendliche Materialismus des Großen Werks hat die Alchemie von Anfang an gejagt: Nicht das innere Gold des Geistes, sondern die äußerliche Währung des weltlichen Handelns wird auf Wunsch verlangt.

> Alle schreien laut: «Wir wollen reich sein!» Reich! Ja, ihr wünscht euch Reichtum und sagt mit Epikur: «Laßt uns unsere Körper versorgen und unsere Seelen sich selbst überlassen. Sogar wie Midas in der Sage, wünschen wir alles in Gold zu verwandeln.» So gibt es also Leute, die das Gold in Antimon suchen, doch da sie sich nichts aus Gott machen und die Liebe ihres Nächsten weit von sich geworfen haben, werden sie sich die Pferdezähne des Antimon ewig ansehen, ohne etwas über sein Alter und seine Qualität zu wissen. Wie die Hochzeitsgäste in Kana mögen sie sehen aber… nichts wissen.

Dies schreibt Basilius Valentinus in seinem *Triumphal Chariot of Antimony*[341].

Unsere Suche nach dem Stein muß weitergehen: er verspricht Heilung, langes Leben und Erleuchtung, kein irdisches Gold. «Der Stein, das Licht der Erde, dient als Führer in allen erschaffenen Dingen und macht Verborgenes manifest.»[197] Doch was, wenn er selbst verborgen bleibt? Wie sollen wir weitermachen? Die einzige Methode ist, mit der Weisheit als unserem Führer den Weg der Wanderer-zwischen-den-Welten zu nehmen, den Weg der Meister, die auf der Suche nach diesem wertvollen Gegenstand durch die Anwendung der Vorstellungskraft zwischen den Welten hindurchgehen.

Das wandernde Viatikum

Wer dem alchemistischen Pfad des westlichen Weges folgt, reist an Hand von Zeichen und Geschichten, wie alle guten Reisenden von den Canterbury Pilgern bis zu den unbedarften Reisenden in Italo Calvinos *Das Schloß, darin sich Schicksale kreuzen*[41] es taten. Jene, die einen alchemistischen Ausflug machen wollen, werden vielleicht erst Berichte über solche Reisen lesen, um informative Hinweise darüber zu erhalten, wie sie voranschreiten sollen, um dann herauszufinden, daß sie die alchemistischen Texte nicht verstehen, weil diese nur mittels symbolischer Schlüssel gelesen werden können. Man braucht Geduld und Entschlossenheit, um die symbolische Sprache der Weisen zu lernen: die *disciplina arcani* der Mysterien konnte keinen besseren Schutz gegen das Eindringen des Profanen errichten, als es diese Schreibmethode tut. Doch wie Paracelsus sagt, «entschlossene Vorstellungskraft kann alles erreichen».[134]

Nun taucht das Problem auf: An wen sollen wir uns zwecks Führung wenden? Gegenüber den zahlreichen Kommentaren zu diesem und jenem Text mag der Alchemiestudent wohl zögern. Während ein erfahrener Reisender in diesen Reichen dem Anfänger versichern wird, daß er aus eigenen Quellen und Erfahrungen ebensoviel über Alchemie weiß wie der größte lebende Kommentator, so ist diese Behauptung nur schwer zu akzeptieren. Doch bis zu einem gewissen Grad sind wir alle Alchemisten, die ihre Körper und Charaktere durch die Aufnahme von Nahrung und Ideen in etwas anderes verwandeln. Ebenso wie der Stoffwechsel alle unsere Zellen ersetzt, so daß wir innerhalb von sieben Jahren körperlich neu aufgebaut werden, so geschieht dies auch mit unserem Bewußtsein: Unsere Motivation ändert ihre Richtung von Notwendigkeit zu Notwendigkeit, wobei sie ständig, Jahr für Jahr, in neue Kanäle der Erfahrung geleitet wird. Unser Fortschritt in alchemistischer Forschung hängt sehr von der Zufuhr von Gedanken und Erfahrungen ab. Deshalb ist es doppelt wichtig, daß wir die Originaltexte studieren, wo es möglich ist, und sorgfältig überprüfen, was moderne Kommentatoren uns erzählen.

Wo wir einst unter körperlich anwesenden Wächtern studiert hätten, müssen wir nun lernen, auf die Lehren der inneren Wächter zu hören, die die Übermittlung der Mysterien sicherstellen. Dies mag auf Grund unseres Interesses oder unserer Studien geschehen, doch innere Kontakte oder Lehrer haben eine Art, ohne Ankündigung in unserem Bewußtsein aufzutauchen, wie wir bereits im vorhergehenden Kapitel gesehen haben. Jung hatte selbst viele innere Kontakte, einschließlich einen, den er Philemon nannte, von dem er schrieb:

> Psychologisch gesehen repräsentierte Philemon höhere Einsicht. Zeitweilig erscheint er mir recht real, als sei er eine lebendige Persönlichkeit. Für mich war er, was die Inder einen Guru nennen. (Er) und andere Gestalten meiner Phantasien brachten mir die entscheidende Einsicht, daß es Dinge in der Psyche gibt, die nicht ich produziere, sondern die sich selbst produzieren und ihr eigenes Leben haben. Philemon repräsentierte eine Kraft, die nicht ich selber war.[165]

Jung war deutlich ein Pfadwanderer im Zustand einsamer Entdeckung; er ist nicht willens, rational anzuerkennen, daß sein innerer Lehrer real sein könnte – er «erscheint» nur real. Dies hielt Jung nichtsdestoweniger weder davon ab, zuzuhören und Aufzeichnungen zu machen, noch seine eigenen Erfahrungen zum Nutzen anderer potentieller Reisender aufzuschreiben. Es ist schade, daß spätere Jungianer selten seinem Beispiel gefolgt, aus ihren Lehnstühlen aufgestanden und selbst dorthin gereist sind. Die Versuchung, innere Erfahrung zu intellektualisieren, ist groß. Weil Jung die Wirklichkeit der Archetypen, *wie er sie erfuhr*, für die moderne Welt eröffnet hat, geben sich viele heute damit zufrieden, sich zurückzulehnen und lieber mit seinen Entdeckungen zu arbeiten, statt mit ihren eigenen.

Jung schrieb: «Nur eine beispiellose Verarmung der Symbolik könnte uns befähigen, die Götter als psychische Faktoren wiederzuentdecken, das heißt als Archetypen des Unbewußten.» Wir sprachen bereits davon, wie Symbolik in einem Verständnis aus erster Hand geerdet sein muß: genauso ist es mit den Archetypen der inneren Welten – wir können uns nicht erlauben, mit ihnen aus zweiter Hand zu arbeiten, noch sie in das Unbewußte verbannen. Diese Auffassung wird uns bei der Lektüre alchemistischer Texte helfen. Die komplexen Vorgänge und fremdartigen symbolischen Tiere, Könige und androgynen Wesen der Alchemie sind die Kennzeichen jener inneren Energien, die wir Götter nennen; es sind keine Abstraktionen oder Produkte unserer Psyche, die in irgendeinem objektiven Sinn aus einem projizierten Theater der Erinnerung heraus arbeiten. Ihre Wirkung ist real, nicht Illusion. Unter vielen verschiedenen Masken versteckt, kommen diese inneren Energien, die die Psychologie Archetypen nennt, zu uns durch – sie haben nicht ihren Ursprung in uns, wie Jung selbst anerkannte. Der Dichter W. B. Yeats bestätigt diese Auffassung:

> Es gibt tatsächlich personifizierende Geister, die wir am besten Tore und Torhüter nennen, weil sie unsere Seelen durch ihre dramatische Kraft in eine Krise bringen, zu Maske und Bild... Sie haben nur einen Sinn, ihren auserwählten Menschen zu dem größten Hindernis zu bringen, dem er, ohne zu verzweifeln, gegenübertreten kann.[366]

Ohne solche Begegnungen kann unsere alchemistische Suche nicht aufrechterhalten werden, weil wir unseren Weg nach vorn ohne diese Tore und Torhüter nicht finden können. Die alchemistischen Archetypen sind im Grunde unser *neter* – der ägyptische Ausdruck für Archetyp oder Salz – die *prima materia* unserer Suche, die Grundlage, auf der die anderen Elemente arbeiten. Wir sagen immer noch von bestimmten Charakteren um uns herum, deren täglicher Umgang die Eintönigkeit des Lebens auflockert, daß sie das «Salz der Erde» seien; so auch unsere Archetypen. Doch die *archai* – griechisch für Prinzipien oder Anfänge – sind «etwas Universelleres als die Elemente».[197] Wir benötigen sorgfältige Vorbereitung, um mit ihnen vollkommen zu kooperieren. Hier kommt die Basisarbeit der Entsprechungen ins Spiel, und hier kann der Leser den Weg mit den Mitteln für sich selbst bereiten, die wir in Kapitel 4 vorgeschlagen haben.

Eine Vorbereitungsmöglichkeit ist die Anfertigung eines Talismans, den man nicht als Glücksbringer ansehen darf, sondern als Methode der Feinabstimmung. Ein Talisman ist «eine magische Figur, die mit der Kraft aufgeladen ist, die sie zu repräsentieren beabsichtigt».[286] Israel Regardies Buch *How to Make and Use Talismans* gibt praktische Ratschläge für ihre Herstellung. Ob sie jedoch aus Papier, reinem Pergament oder wertvollen Metallen hergestellt sind, ist gleichgültig, es ist nicht die Qualität des Materials, die zählt, sondern die Qualität der Meditation und Konzentration, mit der sie geweiht werden. Der ägyptische Bildhauer erfüllte jede Statue in einer ähnlichen talismanischen

Weise, indem er die göttliche Energie des abgebildeten Gottes mit den ihr angemessenen Entsprechungen verstärkte; die Hieroglyphe für den Bildhauer war «er-der-am-Leben-erhält».[55]

Eine andere Vorbereitungsmethode ist die Musik, deren subtile Entsprechungen tatsächlich die *archai* in einer universellen Weise aktivieren, wenn man die richtigen harmonischen Umsetzungen entdeckt. Orpheus war mit seiner Lyra in der Lage, die Natur von Tier und Mensch durch die Umsetzungen von nur sieben Saiten zu verändern. Wenn Sie sich entscheiden, mit der Alchemie der Musik zu arbeiten, dann ist er der richtige Kontakt. Der Kopf von Orpheus singt, wie der Kopf von Bran dem Gesegneten, immer noch für die, die Ohren zum Hören haben. In diesem Buch finden Sie eine Diskographie passender Musik, doch niemals sollte Musik von Platten, wie schön sie auch sei, die, die Sie selbst machen, ersetzen:

> Denkt daran, daß das Lied der mächtigste Imitator aller Dinge ist. Denn es imitiert die Absichten und Zuneigungen der Seele und Sprache und reproduziert auch Körpergesten, menschliche Bewegung und moralische Charaktere, und es imitiert und stellt alles so machtvoll dar, daß es den Sänger und den Zuhörer unmittelbar dazu provoziert, dieselben Dinge zu imitieren und darzustellen.[351]

Ficino versuchte mit seinen hermetischen Hymnen, planetarische Entsprechungen wiederzugeben. Fabio Paolini, ein Griechisch-Professor in Venedig um 1589 schrieb auch über die talismanische Alchemie der Musik und bemerkte, daß obwohl die Musiker seiner eigenen Zeit meisterhaft geschickt waren, «keiner von ihnen bessere Wirkungen hervorgebracht hat als Orpheus». (ebda.)

Für die meisten wird die unmittelbarste Vorbereitungsmethode die Lektüre der alchemistischen Texte und die Betrachtung alchemistischer Sinnbilder sein. Diese haben eine tiefe innere Wirkung, wie Jung in seiner psychologischen Studie der Alchemie aufzeichnete.[164] Ebenso wie die architektonische Sprache der mittelalterlichen Symbolik mit jeder Kathedrale Bücher aus Stein vorstellte, so wurden die alchemistischen Archetypen als Sinnbilder porträtiert, die einweihende Hinweise vermittelten. Wie sollen wir mit diesen arbeiten? Gerhard Dorn (floriat 1565–78), ein Schüler von Paracelsus, gibt folgenden Rat über die Möglichkeiten, sich dem Großen Werk zu nähern:

> Durch Studium erlangt man Wissen; durch Wissen Liebe, die Hin-

gabe erzeugt; Hingabe erzeugt Wiederholung, und durch die Festlegung der Wiederholung erzeugt man in sich selbst Erfahrung, Tugend und Macht, durch die das wunderbare Werk vollbracht wird, und das Werk in der Natur ist von dieser Qualität.[345]

Marie-Louise von Franz vermutet, daß das «Studium», von dem oben gesprochen wird, die eigentliche Lektüre der alchemistischen Texte bedeutet – daß es bereits eine Wirkung haben kann, ihnen ausgesetzt zu sein. Obwohl die verbal und bildnerisch beschriebenen Vorgänge in den Texten der chemischen Mischung verschiedener Substanzen entsprechen, sind sie auch sinnbildlich für den inneren menschlichen Zustand – welchen die psychologischen Schulen zu ihrem Studienobjekt gemacht haben. Eine derartige tiefsinnige Lektüre und Betrachtung ist der Beginn der Einweihungsreise. In *Die Chymische Hochzeit von Christian Rosenkreutz*[178] beschreibt der Held, Rosenkreutz selbst, seine eigene Einweihung derart, daß nur die, die sie selbst erfahren hatten, es verstehen konnten. Doch wenn wir über die verborgenen Wörter und Bilder meditieren – «Festlegung durch Meditation», wie Dorn es nennt – werden wir einige der Schlüssel finden, die wir suchen. In Ermangelung tätiger Mysterienschulen und Mysterienwächter werden wir gezwungen, Nahrung in den uns verbliebenen Mysteriengeschichten zu suchen. Wenn die Welt nur wüßte, daß die Mysterien zu unseren Füßen verstreut liegen – ganze Einweihungssysteme, die auf jemanden warten, der sie darlegt, nachdem er mit den Archetypen unterwegs war, die ihre inneren Wächter sind. Man kann sie nur durch Meditation erforschen, indem man in die Geschichte eintritt – genau wie die klassischen Mysterienschulen ihre Kandidaten einweihten, indem sie sie das Mysterium in der Identifikation mit der Kultgottheit durchleben ließen (siehe Kapitel 1).

Die Ausdeuter, Wächter und Paradigmen des Großen Werkes waren das Thema dieser beiden Bände. Alchemie ist der vollständigste Ausdruck des westlichen Weges, da sie sich mit der Umwandlung und Vervollkommnung des Bewußtseins befaßt. Die Wächter der einheimischen Tradition versuchten die Veränderung vom Stammes- zum individuellen Bewußtsein zu bewirken, so wie die Hüter der hermetischen Tradition versuchten, das individuelle in kosmisches Bewußtsein zu verwandeln. Sowohl der Schamane als auch der Magier haben auf ihre unterschiedliche Weise versucht, den Mikrokosmos mit dem Makrokosmos in wechselseitige Beziehung zu bringen. Ihre Rollen sind auf verschiedene Weise zerfallen; ihre Symbolik variierte mit verwirrender Komplexität, doch wir können die Ähnlichkeiten verfolgen und entscheiden, wie wir unsere eigene innere Reise mit dem Großen Werk in Übereinstimmung zu bringen wünschen. Die Vorzeit wurde von einer chthonischen Identifizierung motiviert; ihre Alchemie wurde mittels Erde, Holz und Stein verwirklicht. Spätere Zeitalter wandten sich für ihre Integration in den Körper Gottes an die himmlischen Hierarchien, doch sie erkannten immer noch die chthonischen Merkmale der Metalle an, die talismanischen Eigenschaften aller erschaffenen Dinge. Der Tiegel und der Destillierkolben waren beides umformende Gefäße, in denen sich das universelle Bild des Grals vereinigte. Schamane und Alchemist waren durch dieselbe Geschichte verbunden, die die schwierige innerweltliche Reise des Initianden beinhaltete, seine Suche nach anderweltlichen Führern und nach dem Trank, der seinem Stamm Heilung, langes Leben und Erleuchtung bringen wird.

Wenn die Esoterik in höchste Bedrängnis gerät, ist das einzig Überlebende häufig die zentrale Geschichte des Mysteriums, die sich höchstens als Volkserzählung verkleiden kann oder als Einweihungsschlüssel wiedereingesetzt wird, je nach den Erfordernissen.

Auf diese Weise soll die esoterische Weisheit des Tarot überlebt haben: Gibt es einen besseren Ort, um das Mysterium zu verstecken, als ein Kartenspiel, das sich in der Hand jedes umherziehenden Spitzbuben finden kann, dessen Schminke den wahren Adel eines Meisters verbirgt? Die randständigen Schamanen der einheimischen und hermetischen Traditionen haben als Geschichtenerzähler, Troubadoure und Stückeschreiber überlebt, um ihre ererbte Weisheit zu übermitteln. So war die uralte Rolle des Dichterschamanen daran beteiligt, die alten Traditionen der Transformation am Leben zu erhalten. Und was macht es, wenn die Mysterien zum Stoff einer Erzählung werden, mit der man sich die langen Winterabende angenehm vertreiben kann, solange sie immer noch erzählt werden und in unseren Herzen leben? Es sind diese treuen Wächter – *die makars*, wie der mittelalterliche schottische Dichter William Dunbar seine Dichterkollegen nannte – denen wir dafür dankbar sein müssen, daß wir ein traditionelles Mysteriensystem im Westen besitzen, das direkt aus unseren einheimischen Wurzeln entspringt, um in den hermetischen Strom der Alchemie zu fließen.

So wie die hermetische innere Landschaft auf die natürliche

Vollkommenheit der einheimischen Anderwelt zurückgeht, so finden die transformativen Bilder ihre Wurzel im Paradies. Das Szenario, in dem das umwandelbare Symbol gesucht wird, variiert von Geschichte zu Geschichte nur wenig. In dem apokryphen Text *The Apocalypse of Moses*, der ungefähr aus der frühchristlichen Ära datiert, lesen wir, wie Seth, der Erbe von Adams Weisheit in der hermetischen Tradition, von seinem Vater ausgesandt wird, um das Öl der Gnade aus Eden zu erhalten.

Der Erzengel Michael verweigert es ihm, doch er erhält das Versprechen, daß es «am Ende der Zeit zu den heiligen Menschen» hervorkommen wird.[278] Dieses Öl der Gnade ist ein Heilöl, das Adam in seiner ursprünglichen Ganzheit wiederherstellen wird, doch obwohl Seth es nicht zur Heilung seines Vaters erhält, wird ihm versprochen, daß sein Geschlecht in der Tat einen Erlöser hervorbringen wird, der Seths Nachkommen Heilung spendet. Wir sahen bereits, wie die Geschichte von der Perle ähnlich mit Seths Abstammung in Verbindung steht (Kapitel 4): Die Perle zu besitzen, heißt, das Paradies zu erlangen. Diese Geschichten und die Entdeckung der Smaragdtafel (Kapitel 1) deuten auf eine Suche, die unternommen werden muß, eine Herausforderung, die der Erwiderung bedarf. Dies sind die archetypischen Mythen der hermetischen Suche nach der Wiedervereinigung des göttlichen Funkens mit Gott im Paradies, durch die die Welt geheilt wird und wo es weder Tod noch Unwissenheit gibt.

Aus der einheimischen Tradition entsprang noch eine andere solche Geschichte – die des Grals. Für diese Legende gibt es keine einzelne Quelle, obwohl wir uns zahlreichen Hinweisen auf die heilenden Wasser, Quellen oder Brunnen der Anderwelt zuwenden können, die Weisheit und Heilung brachten. Wir bemerken auch den Tiegel der Transformation, der verschiedentlich die ersehnte Nahrung hervorbrachte, die Toten wieder lebendig machte und die Kranken heilte. Er ist immer im Besitz einer ranghohen Göttin, Jungfrau des Brunnens oder einer Frau oder anderweltlichen Macht.[219] Dem Thema des verwüsteten Landes – einem Paradigma des disharmonischen Zustandes der Erde im Kosmos – liegt das der geplünderten Erdmutter zugrunde, die ihre großzügigen Gaben nicht dem Herrscher schenken kann, der gleichermaßen ein verwundeter König ist. Der Ritter des verwundeten Königs ist der unerprobte Held, der irgendwie den heilenden Trank finden muß, der seinen Herrscher wieder ganz heil macht: er muß versuchen, die Wasser zu befreien, die durch böse Gebräuche gefesselt sind, so daß das Wüste Land

Alchemistischer König und Königin

der Erdmutter wieder erblühen kann. Dann, und nur dann kann der Herrscher und seine Herrschaft in alchemistischer Vereinigung verbunden sein.

Wer kann sagen, wie oft dieses Mysterium dargelegt wurde und auf wie viele verschiedene Weisen? Der Heilungstrank, der Sophia und Logos in der Gnosis vereint, verwundete Könige und das Wüste Land im Gral-Korpus und den Roten König und die Weiße Königin in der Alchemie, kann nur in dem Gefäß aufgefangen werden, das der Adept für diesen Zweck formt. Es ist Krater, Kelch und Stein. Jene, die diese Höhe des Großen Werkes erreichen – die Vereinigung des Großen Oberen und des Großen Unteren – dürfen aus dem wandernden Viatikum trinken, durch das der Initiand auf seiner Reise zur Apokatastasis, wenn alle Dinge geheilt sein werden, bei Kräften gehalten wird. Das Getränk, das er oder sie zu sich nimmt, ist zur Heilung der Welt gedacht; es ist kein magischer Trank, der nur dem Sucher Nutzen bringt. Dieses wandernde Viatikum – die Wegzehrung und das Getränk der Welt – gleicht insofern dem alchemistischen Stein, als es nach langer Suche an unwahrscheinlichen Orten gefunden wird und man es nicht zum persönlichen Gebrauch behalten kann. Wie der Kern der Mysterienerzählung, der vom Unwissenden nicht erfaßbar ist, kann man den Gral nicht für böse Absichten benutzen – seine Heilung kann der Unwerte nicht vermitteln. Doch auch der Pedant erlangt sie nicht. Seine Heilung wird nur dem Einfältigen zuteil, dem heiligen Narren, dem Initianden, der, um ewiges Leben zu erlangen, am Rande des Abgrunds steht und mit all dem Vertrauen seines Vorfahren, des Schamanen, leicht hinüberspringt.

Die Dimension der inneren Suche nach dem transformativen Symbol wird weiter vertieft durch die Beigabe von einheimischer und hermetischer Tradition am Knotenpunkt mit dem Christentum, als die einheimischen Geschichten des Dichter-Sängers mit der hermetischen Kunst des Alchemisten-Magiers verschmolzen. *Makar* und Handwerker, Troubadour und Gildemitglied, Meister und Kabbalist, Gralsritter und Rosenkreuzer sind alle in einem wunderbaren Austausch von Materie gefangen. Die Repräsentanten der Mysterienschulen wurden im Christentum zusammengefaßt oder folgten ihren eigenen unorthodoxen Wegen der Übermittlung, und der hermetische Einfluß war noch nicht zurückgekehrt, als die Gralslegenden schließlich niedergeschrieben wurden. Der keltische Held war auf der Suche nach dem Kelch zum mittelalterlichen Ritter geworden. Der Dux Bellorum, Artus, war zu König Arthur geworden, diesem höchst christlichen König, der das Bild der heiligen Maria, der ewigwährenden Jungfrau, in der Schlacht von Guinnion auf seiner Schulter trug.[248] Die Gralslegenden wurden zur heilenden Lanze der spirituellen Ritterlichkeit. Der Gral selbst wurde mit dem Kelch des letzten Abendmahls gleichgesetzt, in dem Joseph von Arimathea das Blut und Wasser aus der Seite des gekreuzigten Herrn auffing. Seths mächtiger Nachfahre war zurückgekehrt, um sein Volk zu erlösen und ihnen zu guter Letzt das Öl der Gnade zu bringen. Die einheimische Geschichte des Volkes fand Zugang in die Sammlungen der christlichen Erzählung und befruchtete die Heldensagen aller Länder.

Wenn die Gralslegenden der Inbegriff der inneren Mysterien des katholischen Europas sind, dann sind die des Christian Rosenkreutz die grundlegenden Mysterien des protestantischen Europas nach der Reformation. Sie scheinen vielleicht eine vollkommen hermetische Erfindung zu sein, doch ihre Wurzeln liegen tiefer. In der Tradition der Meister der keltischen Tradition betritt Rosenkreutz den Berg der Göttin und lüftet ihren Schleier – wie es auch Tom der Reimer und Tannhäuser tun.[217] Er weist Elemente von Spensers Rotkreuzritter auf, doch anstatt Drachen zu besiegen und Jungfrauen zu befreien, geht er auf die Suche nach innerer Weisheit und wird der Held der Unwissenden, der Kranken und Gepeinigten. In der *Chymischen Hochzeit* vereint er König und Königin und wird selbst mit der Dame Venus vereint, die die innere Weisheit repräsentiert. Man kann ihn sowohl mit Hermes gleichsetzen, als auch mit Christus und Parzifal im Augenblick der Vollendung – ob wegen des Steins der Weisen, der Erlösung oder des Grals, soll der Leser entscheiden.

Beide Legendensammlungen – die des Grals und die von Christian Rosenkreutz – zeigen bemerkenswerte Ähnlichkeit in der Hingabe an das Große Werk. Die Gemeinschaft von Arthurs Tafelrunde und die Gemeinde der Rosenkreuzer treffen sich beide einmal im Jahr zu Pfingsten auf Camelot beziehungsweise zu Weihnachten im Hause des Heiligen Geistes. Beide schwören, allen, die darum bitten, freigebig und ohne Bevorzugung gut zu dienen. Während Arthurs Ritter Drachen besiegen und so atavistische böse Sitten im Lande unterdrücken, streben die Rosenkreuzer danach, die Kranken zu heilen und die Unwissenden zu beraten. Offensichtlich starb die spirituelle Ritterlichkeit in der Reformation und der Renaissance nicht aus.[6, 185]

Die Geschichtenerzähler, die *makars*, die sich einst einer ehrenvollen Stellung in der Gesellschaft erfreuen konnten und diese wieder verloren, waren in der Lage, mit den Buchstaben der Gelehrsamkeit hinter ihren Namen zurückzukehren, da sie die Mysterien rehabilitiert und einer neuen Generation mitgebracht hatten. Es war an der Zeit, innerhalb der Grenzen von Alchemie, Magie und Wissenschaft, zur aktiven Teilnahme an den Mysterien zurückzukehren. Der *zerfallene* Schamane – Schmied, Magier, Astrologe, Priester, Dichter, Philosoph – wurde einmal mehr unter königlicher Schutzherrschaft in der Person des Alchemisten *vereint,* um das Große Werk durchzuführen. Es war die kurze Rückkehr einer alten Lebensweise, die sich unter der Ignoranz der neuen Gelehrsamkeit auflöste, welches die sinnbildlichen Vorgänge der alchemistischen Geschichte verachtete und sie als kindische Allegorien betrachtete, die die Herrlichkeiten der Wissenschaft ankündigten. Die transformative Weisheit des Grals wurde zugunsten einer materiellen Beendigung aller Mißstände ignoriert. Der Stein der Weisen wurde wieder zu Müll – außer er war in der Lage, richtiges Gold oder ewiges Leben hervorzubringen. Das Ende des klassischen Zeitalters der Alchemie wurde durch den Zweifel an seine verinnerlichten mythologischen Sequenzen herbeigeführt. Weder Hermes, Christus noch Arthur waren, außer als sonderbare literarische Überreste, von Interesse. Die Erde konnte wieder zum Wüsten Land werden und die Seele zur Verdammnis zurückkehren. Die *makars* waren mit Sicherheit gestorben und das wandernde Viatikum erschien in dieser Zeit überhaupt nicht – keiner war es wert zu trinken, denn keiner war in der Lage zu transformieren. Beide, die einheimische und die hermetische Tradition, starben ab, um in einem späteren Jahrhundert, in unserer Zeit, aus dem Inneren neue Keime zu entwickeln.

Wenn die Weisheit der Vorzeit das natürliche Echo der einheimischen Tradition in unserer Zeit ist, dann ist Alchemie das derzeitige Echo der hermetischen Tradition. Es gibt noch viel wieder zu entdecken für jene, die sich dem Überleben des westlichen Weges verpflichtet haben. Einige Fragmente der Tradition sind so verstreut, als seien sie Teile von Osiris' Leichnam, die mit viel Mühe und Leiden eingesammelt werden müssen. Doch was immer in der physischen Welt verlorenging, kann noch durch Meditation und analeptische Erinnerung geborgen werden. (Siehe Übung 2, Band 1).

Das Erbe der Rosenkreuzer verbindet den Gral und das Elixir des Lebens, spirituelle Ritterlichkeit und hermetische Suche, Körper- und Seelenalchemie. Die rosenkreuzerischen und alchemistischen Texte des frühen siebzehnten Jahrhunderts schöpften, über das Medium der im Islam bewahrten alchemistischen Weisheit, unbewußt aus den gnostischen Bräuchen des frühchristlichen Alexandria. In einer Zeit, als das Christentum während der Reformationsperiode in katholisch und protestantisch aufgeteilt wurde, gelang es daher einem alten esoterischen christlichen Impuls, Europa zu durchdringen. Bis zur Mitte des siebzehnten Jahrhunderts wurden die in dieser Periode festgelegten Muster in der westlichen Welt aufrechterhalten. Durch kulturelle und religiöse Grenzen wie durch einen Zeitkorridor voneinander abgeschnitten, entwickelte sich das katholische und protestantische Europa in völlig unterschiedlicher Weise. Das spekulative Rosenkreuzertum Nordeuropas antwortete auf das stark symbolisch-verkürzte Christentum, das der Protestantismus bot: Der heiligen Liturgie beraubt, wandte sich der esoterisch unausgefüllte Mensch den Umwandlungen der Alchemie zu; Alchemisten, denen die Jungfrau Mutter (Maria) entzogen war, riefen Pan Sophia, die Weltseele, die weiße Königin der alchemistischen Vereinigung an. Währenddessen nahmen im katholischen Süden, wo die Liturgie wie eh und je weiterbestand, Philosophie und Physik die mit nördlichen Himmeln assoziierte Blässe an: die asketischen Denkweisen von Descartes und Pascal liefen dem überbordenden Aberglauben einer Weltordnung zuwider, mit der die Wissenschaft nicht übereinstimmte. Die esoterische Entwicklung scheint nur im Norden vorangeschritten zu sein. Das Zentrum esoterischer Aufmerksamkeit bewegte sich von Italien nach Deutschland, wo es von der Zeit Böhmes und der Rosenkreuzer an, bis zur Zeit Goethes und Steiners unvermindert fortbestand. Die französische esoterische Erneuerung fand erst nach der Französischen Revolution statt. Griechenland erfuhr auf Grund seiner Besetzung durch die Türken nie eine Renaissance, doch es bewahrte, zusammen mit dem vorrevolutionären Rußland, die esoterische Christlichkeit des mystischen orthodoxen Ritus. Spanien vertrieb seine esoterischen Cliquen im fünfzehnten Jahrhundert. England, wie auch Amerika, durchläuft derzeit eine Wiederentdeckung der einheimischen und hermetischen Traditionen. Menschen- und Ideenwanderungen haben die esoterische Entwicklung des Westens geformt: was ein Teil der Welt ablehnte, nimmt ein anderer als seine rettende Idee und Motivationskraft auf. In den Zyklen der Wiederkehr und inneren Resonanz liefert uns die Synthese zweier Traditionen ein eng ineinander verwobenes Muster, mit dem wir entsprechend unserer Fähigkeit und Neigung arbeiten können.

Wir haben jeder das Potential, uns entsprechend unseren individuellen Talenten, ob als Dichter, Sänger, Magier, Wissenschaftler oder Handwerker, der Alchemie wie unserem eigenen Studium anzunähern. Alchemie ist von entscheidender Bedeutung für die zukünftige Entwicklung des Westens, der immer noch nicht fähig ist, sich an körperliche Sexualität oder innere Polarität anzupassen, ganz zu schweigen von der Interpretation von Mikrokosmos und Makrokosmos. Die tiefsten Mysterien der Versöhnung müssen wir noch ergründen: es ist ein im Dunkeln begangener Pfad, den nur die Laterne der Liebe erleuchtet.

Die Chymische Hochzeit

In einer Zeit, die sich damit befaßt, die alten Symbole und Archetypen aufzupolieren, gibt es viel Streit über die rechtmäßige Position der göttlichen männlichen und weiblichen Symbole, genauso wie es eine ähnliche Debatte über die entsprechenden Rollen von Männern und Frauen gegeben hat. In der esoterischen Welt sind solche Streitigkeiten seltener: Die Symbole von Herr und Herrin, Gott und Göttin sind auf den inneren Ebenen allgemein verbreitet. Lassen Sie uns intuitiv auf diesem Gebiet voranschreiten und nicht versuchen, Symbole wie Waffen zu benutzen. Das göttliche Männliche und Weibliche ist die doppelseitige Tür – Janus/Janua. In Begriffen der Bewußtseinsentwicklung kommen wir durch die Tür, die die Göttin darstellt, denn sie ist das Urbild unserer Geburt in die Mysterien. Wenn wir es ablehnen, durch ihre Mysterien hindurchzugehen, dürfen wir auf unserem Weg nicht voranschreiten: sie steht am Eingang der inwendigen Spirale der einheimischen Tradition. Unseren Weg aus dem Labyrinth heraus finden wir durch ihre Weisheit. Auf der anderen Seite, hinter der Tür, befindet sich der Gott, der am Ende der nach außen gerichteten Spirale der hermetischen Tradition steht. Ohne die Hilfe seines Wissens können wir nicht auftauchen. Ebenso wie diese zweifachen Einflüsse sich zu verschiedenen Zeiten auf ganze Zeitalter und Kulturen auswirken, so treffen auch wir zum vorgesehenen Zeitpunkt in unserem Lebenszyklus auf den Gott und die Göttin. Unsere Eltern erzählen uns etwas über Mutter und Vater, unsere Beziehungen sagen etwas über Ehefrau und Ehemann; unsere Kinder über Sohn und Tochter. Während wir körperlich altern, so wird unser inneres Verständnis der ewig-verjüngenden Aspekte von männlich und weiblich gewahr, doch ist dies nur eine Ausdrucksweise – die körperliche Wahrnehmung – einer komplexen Gruppe von Polaritäten: die Innenweltpolaritäten sind noch wieder anders.

In Band 1 sprachen wir über die Probleme, die auftreten können, wenn der innere Begleiter auf eine reale Person projiziert wird. Um Verwirrung zu vermeiden, lassen Sie uns die Abbildung auf S. 201 betrachten, die die Polaritäten und ihre Ebenen klar aufzeigt. Jeder Mann untersteht dem kosmischen Archetyp des Logos oder Gottes und ist fähig, diese Kraft zu vermitteln; jede Frau untersteht dem makrokosmischen Archetyp der Göttin oder Sophia und ist fähig, diese Kraft zu vermitteln. Wie ein Mann in der Lage ist, die Liebe einer Frau zu erfahren, die Inspiration seiner inneren Gefährtin – der Muse oder Sibylle – und die makrokosmische Schönheit der Göttin zu betrachten, so ist auch die Frau in der Lage, die Liebe eines Mannes zu erfahren, die Inspiration ihres inneren Gefährten – des Daimon oder Propheten – und die makrokosmische Schönheit Gottes zu betrachten. Weiterhin ist jede Polarität in der Lage, sich auf ihrer eigenen Ebene zu paaren, das heißt, Mann mit Frau, Prophet mit Sibylle, Gott mit Göttin: Jede dieser Ebenen, die auf geheimnisvolle Weise in uns sind, ist auch fähig, sich zu paaren, doch erst muß sich jeder der Partner dieser Ebenen bewußt sein, was in den meisten modernen Beziehungen nicht der Fall ist. In solchen Fällen erfolgt die Paarung nur in der Verbindung des Fleisches während der sexuellen Vereinigung – die anderen Ebenen werden einander nicht gegenübergestellt und können sich also nicht paaren.

Die alchemistische Auffassung von der *conjunctio* ist eben diese Paarung auf jeder Ebene, die das Rebus oder den Hermaphroditen des Großen Werkes hervorbringt – eine Versöhnung, die die Vereinigung von Mikrokosmos und Makrokosmos vorwegnimmt. Dies liegt im Kern jenes verlorenen Tantra des Westens, dessen Geheimnis die höchste Funktionsweise der Alchemie ist.

Die Rollen der Weißen Königin und des Roten Königs anzunehmen, ist nur möglich, wenn beide Partner Eingeweihte in dem Großen Werk sind: dies ist der Grund für die Arbeit des Alchemisten mit seiner *soror mystica*, die unweigerlich seine Frau war. Wer die Rolle der Frau in dem Werk nur als die der Assistentin des Zauberers ansieht – ganz Plüsch und Pleureusen – der versteht sie überhaupt nicht. Doch genausowenig ist die *soror mystica* eine passive Vertreterin bei der Handlung. Tatsächlich ist es so, daß wenn es sich um eine weibliche Ausführende handelt, sie die Hilfe eines *frater mysticus* anfordert.

Doch wo bleibt da der Nichteingeweihte, der einen Partner geheiratet hat, welcher nicht nur die inneren Wirklichkeiten nicht kennt, sondern eindeutig ablehnt, an ihre Existenz zu glauben? Wie kommt man zu einer Neubewertung der Beziehung, ohne die zarten Bande der Liebe zu zerreißen, die ein menschliches Wesen bereits an ein anderes binden? Die radikale Revision männlicher und weiblicher Rollen hatte denselben Effekt, den die Wissenschaft auf die metaphysische Wahrnehmung der Welt hatte – es hat die auf den Webstühlen des Lichts gefertigte Arbeit zertrennt, den Spiegel der Mysterien zerbrochen und uns unbefriedigt zurückgelassen. Diejenigen, die es danach verlangt, sich mit ihrem Partner auf höheren Ebenen zu paaren und die dazu unfähig sind, verharren in einem Zustand der Frustration, der nicht physisch ist. Es mangelt ihnen an wahrer heiliger Vereinigung. «Nur jene, die rechtmäßig verheiratet sind, können zu den höheren Graden aufsteigen», schreibt Dion Fortune in ihrer Studie über Sexualität und Polarität.[92] Mit «rechtmäßiger Heirat» meint sie nicht eine rechtlich, sondern eine göttlich sanktionierte Partnerschaft. Das soll nicht heißen, daß man Partnerschaften aufgeben sollte, wenn die esoterische Pflicht ruft. Die esoterischen Gesetze sind in diesem Punkt klar genug: Was für Verträge man auch abschließt, man muß sich daran halten, besonders wenn Kinder betroffen sind. Das Gesetz, das die Ehe betrifft, wird oft verspottet, aber es reflektiert die Auffassung, daß die Ehe ein Sakrament ist, das ein Mensch einem anderen mit seinem Körper besiegelt. Wer weiß, außer wir gehen auf die Suche nach dem Gral – dem Gefäß der polaren Alchemie zwischen den Geschlechtern –, daß der Kelch dem Geliebten vom Liebenden geschenkt werden kann, daß die Wunden des Verwundeten Herrn und des Wüsten Landes endlich geheilt werden können?

Der Königsweg der Alchemie ist keineswegs leicht zu gehen. Es ist schwierig, Gegensätze zu versöhnen. Das Große Werk wird nur durch intensive Anstrengung und behutsame Vorbereitung vollbracht. Kein Alchemist würde mit der beiläufigen Selbstvergessenheit, mit der einige Menschen miteinander ins Bett steigen, die Elemente in das vorbereitete Becken werfen: Das Ergebnis beider Unternehmungen sollte besser vergessen werden.

Die scheinbar unversöhnliche Trennung von Gegensätzen war Thema vieler Mythen und Legenden. Die traditionelle Geschichte über die inzestuöse Liebe der Sonne für den Mond, ihren Bruder, hat ihre Heimat in alchemistischer und hermetischer Symbolik. Gott stellt die Sonne und den Mond in den Himmel, so daß sie einander durch die Himmel folgen und sich nie treffen, außer im Augenblick der Finsternisse, wenn man sie in Umarmung sieht. Doch die unbefriedigte Sehnsucht von Sonne und Mond gibt uns Licht bei Tag und bei Nacht. «Durch den Mond und die Sonne wird Leben in alle Dinge gegossen, und deshalb nennt Orpheus sie die belebenden Augen des Himmels.»[84] In einem frühen hermetischen Text wird Hermes als einer angesprochen, «dessen nie ermüdende Augen Sonne und Mond sind – die in den Pupillen der Augen der Menschen glänzen». Hermes, das Kind von Sonne und Mond, übermittelt die Metaphorik von Gott und Göttin in der Symbolik aller Mythen, und so nehmen wir alle Dinge auf vielen Ebenen als an diesen zweierlei Naturen teilhabend wahr. Doch in der *Offenbarung des Johannes* (Kap. 22) wird uns berichtet, daß an Sonne und Mond in der Heiligen Stadt kein Bedarf besteht, weil das Licht Gottes in und durch uns leuchten wird: Das Bedürfnis, uns nach den himmlischen Einflüssen des göttlichen Männlichen oder Weiblichen zu richten, wird vorbei sein, weil wir das Licht selbst *sein* werden.

Wir sind jedoch noch erdgebundene und keine spirituellen Wesen, und die neupythagoräische Anrufung an das Ewig Weibliche ist für unsere Bedürfnisse immer noch angemessen:

> Ehre sei der Frau auf Erden wie im Himmel und möge sie geheiligt sein und uns helfen, zur großen Weltseele aufzusteigen, die Leben schenkt, erhält und erneuert – die erhabene Göttin, die alle Seelen in ihrem Lichtmantel mit sich trägt.[295]

Wer mit diesen Archetypen der Versöhnung arbeiten möchte, kann viele verschiedene Szenarios anwenden, die er aus der Tradition bezieht, die er für angemessen hält. Ein solches ist die gnostische *apocatastasis*, wenn die Braut Sophia zu ihrem Bräutigam Logos emporgehoben wird. Sie bilden das Tor des Brautgemachs, wo sie sich miteinander vereinen sollen und mit ihren Händen ein O formen, durch das die erschaffenen Hierarchien hindurchgehen – die mineralischen, pflanzlichen, tierischen, menschlichen, engelhaften usw. Wenn alles nach innen durchgegangen ist, findet ihre Vereinigung statt. In ähnlicher Weise kann man nach der kabbalistischen Sabbath-Meditation *yichudim* die Versöhnung der Shekhinah mit Gott visualisieren. Die Himmelfahrt und Krönung der Jungfrau ist ein anderes Bild dieser Versöhnung: Obwohl ihr Körper und ihre Seele in den Himmel aufgenommen sind, ist sie mit ihrem Sohn eine Brücke, über die die gesamte Schöpfung in die endgültige Einheit des Paradieses eintritt (s. Abb. S. 284).

Die Alchemie ist die endgültige Antwort auf die Herausforderung des Dualismus, indem sie die Herausforderung der Dualität annimmt. Die «böse» Natur des Fleisches – eine Furcht, die im Innersten vieler klassischer Mysterienschulen begründet liegt,

Alpha und Omega:
Logos und Sophia – Embleme ewiger Hoffnung

war so lange nicht aufgelöst, bis die Alchemie ein funktionierendes System geworden war. Hier wurde erkannt, daß man mit der Aufgabe, die fleischliche Hülle in Richtung einer höheren spirituellen Seinsebene zu verwandeln, beginnen konnte, während man noch am Leben war, und daß die Auswirkung dieser Verwandlung ein Mittel zur Vereinigung des zerstreuten Lichtkörpers zum Wohl der gesamten Schöpfung werden konnte. Die Vereinigung des Alchemisten und der *soror mystica* im Brautgemach und die der Elemente im Schmelztiegel waren Paradigmen dieses Einsammelns und Einswerdens.

Die alchemistischen Prozesse variieren erheblich von Text zu Text: Einige berichten von der Integration zweier Gegensätze – wie in dem *Rosary of the Philosophers*[290] – wo Sonne und Mond durch zwei Serien von Prozessen hindurchgehen. In anderen Darstellungen werden die Elemente sieben Stadien unterworfen, die dem siebenfältigen planetarischen System entsprechen, ähnlich den gnostischen Sekten, die man lehrte, die sieben Sphären der Archonten zu durchqueren, um von allen, den Wächtern jeder Sphäre zuzuschreibenden Lastern geläutert, in der Pleroma, der Welt des Lichts, anzukommen. Einige erzählen von der Geburt des vollkommenen Merkurius, der einst am Ende dieses siebenfältigen Verwandlungszyklus durch die Nigredo, Albedo und Rubedo Stadien des alchemistischen Prozesses auftaucht – Hermes Trismegistos geht rückwärts durch die sieben Schöpfungstage, um triumphierend zu erscheinen.

Die schwarzen, weißen und roten Stadien sind das archetypische Muster, nicht nur der Alchemie, sondern auch der einheimischen Volkserzählung. Die Vollkommenheit soll in einer

Kombination dieser drei Farben liegen: Der sich verzehrende Prinz oder die Prinzessin der Geschichte kann nur jemanden heiraten, dessen Wangen so weiß wie Schnee, dessen Lippen so rot wie Blut und dessen Haare so schwarz wie Ebenholz (oder Rabenflügel) sind. Dieses uralte Motiv ist ein Merkmal des Erwachens des Gralsritters aus dem unwirklichen Traum: Er sieht das Blut im Schnee, als ein schwarzer Rabe sich über seine Beute beugt, und erinnert sich an seine Suche. Dieser symbolische Schlüssel wird in der Alchemie weitaus komplexer angewandt, wo jedes Stadium seinen eigenen Mythos hat. Einige Systeme geben weitere Farben – den Pfauenschwanz und die Gelbfärbung – doch wir werden nur diese drei grundsätzlichen betrachten.

Im *Nigredo* trifft der verwundete König auf das Wüste Land, Christus betritt die Grabstätte, Osiris wird von Seth verstreut. Der König des alchemistischen Prozesses wird von seinem Fleisch getrennt, und die Verwesung setzt ein. Im *Albedo* wird *ein* siebenfältiges Bad vorbereitet. Die Knochen des Verstreuten werden von Isis wiederhergestellt, die Weiße Messe der Heiligen Mutter wird zelebriert, in der die Jungfrau ihr Kind darbringt, der Verwundete König aus dem Gral trinkt: Der himmlische Tau der Planeten wird gespendet. Im *Rubedo* steht der glorifizierte Körper wieder auf, Isis vereint sich mit Osiris, um Horus zu erschaffen, der Gralsritter tritt die Nachfolge seines Verwundeten Königs an und heiratet die Tochter seines Herrn. Der Stein der Weisen ist gefunden.[79]

Ebenso wie die alchemistischen Elemente getrennt, geläutert, verändert und wiedervereinigt wurden, so wurden die göttlichen Funken der Schöpfung von ihrer Quelle getrennt, durch irdische Erfahrung verändert und geläutert, durch die Prüfungen, denen sie begegneten, sollen sie ebenso zur ursprünglichen Einheit zurückkehren. Die Gestalten von Adam Kadmon in der Kabbala, vom gnostischen Anthropos und vom schwer zu fassenden Merkurius in der Alchemie sind Paradigmen derselben esoterischen Wahrheit. Unser Prüfstein ist das Symbol des zerstreuten Lichtkörpers: sei es Perle, Gral, Stein der Weisen.

Die Alchemie ist die Philosophie, die uns befähigt, die Begrenzungen der Sterblichkeit zu transzendieren: Unser göttlicher Funke wird in das Elixir des Lebens verwandelt, so daß das physische Gefährt in Wirklichkeit zu einem Tempel wird. Die Quintessenz – den unsterblichen Teil unserer Selbst – zu finden und abzusondern, ist die Aufgabe: Wie die Auster, die eine Perle bildet, müssen wir lernen, mit Ärger, Mühen und einem unrühmlichen Leben fertigzuwerden, um diese Aufgabe zu bewältigen. Die Umwandlung des irdischen in das himmlische ist jedoch nicht nur das Anliegen der Alchemie. In der täglichen Transsubstantiation der Messe wird Brot am Altar gereicht und wird auf geheimnisvolle Weise zum Körper Christi. Der Augenblick der Erlösung, durch den Materie die Möglichkeit der spirituellen Erneuerung erhält, wird allen von dem angeboten, der der Hohepriester der Mysterien ist – ein Priester für immer nach dem Befehl Melchizedeks (Hebräer 5,6). Die Alchemie war in der Lage zu behaupten, daß «der irdische Stein der Weisen das wahre Bild des spirituellen und himmlischen Steins, Jesus Christus, ist».[55] Dies war weder blasphemisch noch fremd für die hermetische Tradition; alle, die dem Weg zu kosmischer Bewußtheit und Regeneration folgen, benutzen die Brücken, die die Tradition uns bereitstellt. Christus, der sowohl irdische als auch göttliche Eigenschaften hat, wurde als eine solche Brücke angesehen: Seine Auferstehung und die Himmelfahrt seiner Mutter stehen in alchemistischen Sinnbildern häufig symbolisch für das vollbrachte Werk. Bezeichnenderweise hat der Ausdruck *Corpus Christi* – der Körper von Christus – drei Bedeutungen: der glorifizierte Körper Christi, das geheiligte Brot auf dem Altar und die Gemeinde der Gläubigen, die den makrokosmischen Körper von Christus bilden.

Im Mythos von Christus sieht man die Begegnung zweier Traditionen. So wie Dionysos von den Titanen oder Orpheus von den Mänaden in Stücke gerissen wird – innerhalb der einheimischen Tradition später selbst ein Paradigma der rituellen Opferung, in der der Stamm Eigenschaften des gefolterten Körpers von John Barleycorn hat – so zeigt uns der rituelle Mythos der hermetischen Tradition die Auflösung des Roten Königs im alchemistischen Natronbad, das (sich) in pures Gold verwandelt. Es gibt viele Fruchtbarkeits- bzw. Pflanzengötter, die Namen tragen, welche Grünfärbung bedeuten: Vom mesopotamischen Tammuz bis zu Osiris, der der Grüne ist, läuft das Drama ab. Dünn ausgearbeitetes Blattgold, gegen das Licht gehalten, schimmert grünlich und gold, wie der grüngoldene Löwe, der Merkurius, in dem alle Geheimnisse des Weisen verborgen sind: das Chlorophyll der *prima materia*.

Die Gründungsmysterien der einheimischen Tradition sprechen von der Aufteilung des Körpers der Göttin, um die Welt zu bilden: Also sind die Gründungsmysterien der hermetischen Tradition die des zerstreuten Gottes. Ihre Wiedervereinigung wurde von Sumer bis nach Irland zelebriert: von der rituellen Paarung der Repräsentantin der Göttin mit dem König, der Huldigung des Königs an die Oberherrschaft, das gnostische Brautgemach.[217] Roter König und Weiße Königin sind Gott und Natur, Christus und Sophia, Merkur und Venus – eine Schachpartie, die matt steht, Tod und Neuerschaffung in einem.

> Syrien hat Adonis, Griechenland hat Dionysos, Ägypten hat Osiris – doch diese sind nur die Sonne der Weisheit. Isis ist die Schwester, Gattin und Mutter von Osiris; Seth alias Typhon schneidet die Gliedmaßen von Osiris in vierzehn Stücke, doch verbindet Isis sie wieder.[307]

Der Stein, der vom Himmel fiel – der früheste Gral – ist Materie, die durch ihre Hüterin personifiziert ist, die *Anima Mundi* oder Sophia. Erst wenn die Quintessenz die *prima materia* umfängt, kann der zurückgewiesene Stein zum Schlußstein der Schöpfung werden. Die rosenkreuzerischen Alchemisten hatten in ihrer Lobpreisung Christi als dem Stein der Weisen recht, weil er, von allen erschaffenen Menschen, nicht nur Geburt und Tod, sondern auch die Auferstehung in seinem erschaffenen Körper vollbracht hat.

Über die geheimnisvolle Begegnung, die Christus in den Tiefen der Unterwelt hatte und die die Auferstehung herbeiführte, kann man nur Vermutungen anstellen: Er brachte sein himmlisches Licht, wie jener Stern von Bethlehem am Ort seiner Geburt, in die Dunkelheit der Grabkammer. Als einer im menschlichen Fleisch, nahm er die menschlichen Zustände von Tod und Auflösung an und machte sie zu seiner Schwester und Braut. So wurden die Naturgesetze in unbegreiflicher Weise verändert. Das Totenhemd von Turin trägt den Abdruck dieser geheimnisvollen Begegnung – von der der Eingeweihte besser nicht zu dem Törichten sprechen sollte. Fleisch wurde freiwillig für die Erlösung allen Fleisches dargeboten. Was Christus getan hat, ändert die Gesetze der erschaffenen Welt für alle kommenden Zeiten.[217] Wort und Weisheit, Logos und Sophia haben einander umarmt – diese Seite der Apokatastasis – doch unsere *Anima Mundi* kann nicht ruhen, «den schuldigen Globus» zu umhüllen, bis die gesamte Schöpfung zur Ureinheit zurückgekehrt ist: erst dann kann sie in die ewige Umarmung des Bräutigams eingehen.

The Golden Age Restored, ein alchemistisches Traktat, spricht von der Materie in der Person der «reinen und keuschen Jungfrau, aus der Adam gebildet und erschaffen wurde»: Der Alchemist muß sie, wie Christus, vorziehen und sagen, «ihre Kleider sind alt, besudelt und verdorben, doch ich werde sie läutern und sie von ganzem Herzen lieben».[307] Das alchemistische Werk ist deshalb ein planetarischer Dienst, denn nur durch die Hingabe an das Los der Erde und jene, die auf ihr leben, kann das Große Werk endlich vollbracht werden.

Wir haben gehört, wie die Smaragdtafel in den Händen von Hermes Trismegistos gefunden wurde, wie das Öl der Gnade schließlich Adams Nachkommen gereicht wurde, wie Adam an Seth die wertvolle Perle der Gnosis weitergab: Dies sind letztlich Geschichten über die Erbschaft einer weltfremden Weisheit. Genetisch sind wir ein Teil des Lichtkörpers: Die zwei Schlangen auf Hermes' Caduceus herrschen über jede Zelle mit ihren verschlüsselten DNS-Spiralen. Der Kelch der Gnosis wartet darauf, am Ende der Suche an unsere Lippen gehalten zu werden. Dies sind die esoterischen Paradigmen des Hermetikers – die Geschichten, die unsere Vorfahren-Schamanen einst erzählten und die von nachfolgenden Generationen von Reisenden auf dem westlichen Weg neugeformt wurden. Dies ist die Geschichte, die bis zum Seufzer des letzten Grashalms erzählt werden wird, wenn die Schöpfung rückwärts, in einer Folge leuchtender Funken in der Dunkelheit, in die Wohnstatt des Lichts zurückläuft.

Das Kennzeichen des Äon ist der Hermaphrodit – das Rebus der Alchemie. Dieses Wesen ist das Produkt einer Vereinigung zwischen Hermes und Aphrodite, Sonne und Mond, Gott und Göttin der hermetischen und einheimischen Traditionen. Die Gesamtheit der beiden Traditionen besteht aus der Smaragdtafel des Hermes und der Rose von Aphrodite. So wie uns die einheimische Tradition durch den Schamanen als Dichter/Mystiker/Sucher überliefert wurde, so ist sie in der Weisheit der Rosenkreuzer-Alchemisten bewahrt worden, deren Symbol die Rose der Göttin auf dem Kreuz der Erneuerung der Elemente ist. Die hermetische Tradition wurde von dem Schamanen als Magier/Philosoph übermittelt, der den Gesetzen der Smaragdtafel des Gottes Hermes Trismegistos folgt. Die Vereinigung dieser ungleichen Funktionen des Schamanen geschieht in unserer Zeit, in der die zwei Traditionen sich im neuen Äon – dem Wassermannzeitalter – begegnen.

Es wird viel über dieses Phänomen spekuliert: Wird es nur eine weitere Projektion des goldenen Zeitalters sein oder bloß die Phantasie von Mystikern am Ende einer esoterischen Ära? Das Äon kommt als Kind: und wie das Kind Harpokrates, mit dem

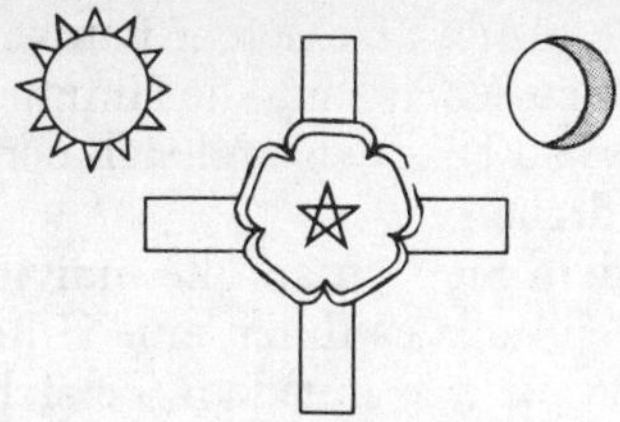

Sonne und Mond scheinen auf das Rosenkreuz des Großen Werkes

Finger auf den Lippen. Es ist eine neue Schöpfung mit dem Wissen beider Eltern – Isis und Osiris – und der Erinnerung an die Nemeta der Göttin und die Tempel des Gottes. Es war – und wird – viele Dinge sein. Es wird geboren, während Sie diese Seite lesen: Das Lied ist schon zwischen der chthonischen Sibylle und dem himmlischen Propheten verwoben.

Übung 8: Der Hirte der Sterne

«Es ist für jedes menschliche Wesen das höchste Ideal, psychisch androgyn zu sein»[68] – *nicht* physisch, wie wir anmerken möchten. Die Bedeutung dieser Aussage kann mit der folgenden Übung erfahrbar gemacht werden. In Übung 6 erlebten Sie die Elemente und lernten, sie zu integrieren: In dieser Übung lernen Sie, die männliche und die weibliche Hälfte Ihrer inneren Natur auszugleichen. Sitzen Sie in Meditation und visualisieren Sie die folgende Szene vor sich.

Sie stehen gleichermaßen am Ende der Welt. Vor Ihnen befinden sich zwei gleiche Säulen: zu Ihrer Linken die weiße Säule – die Säule der Gnade auf dem Lebensbaum, die die göttliche männliche Energie andeutet, welche positiv und äußerlich in ihrer Wirkung ist. Zu Ihrer Rechten befindet sich die schwarze Säule, die Säule der Gerechtigkeit auf dem Lebensbaum, die die Kraft des göttlichen Weiblichen andeutet, welche negativ und innerlich in ihrer Wirkung ist. (Wenn auch nicht im schlechten Sinn: negativ bedeutet hier einschränkend – im Gegensatz zur positiven ausfließenden Energie.) Hinter den Säulen ist ein unendlicher Nachthimmel von tiefem Dunkelblau, an dem die Sterne und Planeten zu sehen sind; die Himmelskörper scheinen sich in ewiger Ruhe zu befinden und sich dennoch gleichzeitig um ihre Achsen zu drehen.

Beginnen Sie, indem Sie sich auf die individuellen Kräfte der Säulen konzentrieren: falls es Ihnen eine Hilfe ist, üben Sie die Symbolik eines Mythos ein, mit dem Sie sich wohlfühlen und übertragen Sie seine Energie auf die Säulen, um sich auf ihre Wirkung zu konzentrieren. Beeilen Sie sich nicht; erlauben Sie den gegensätzlichen Kräften, aufzusteigen. Fühlen Sie die ineinandergreifenden Energien als beinahe greifbares Magnetfeld, ohne eine der Säulen zu berühren. Wenn die Kraft stabilisiert und fest aufgebaut ist, visualisieren Sie die Kraft jeder Säule als Lichtstrahl in die Himmel über Ihnen aufsteigen, wie den Strahl eines Scheinwerfers. An dem Punkt, wo sich die Strahlen treffen, steht eine nackte Gestalt in einem Oval von polarisiertem Licht. Es ist ein aus den zwei Energien gebildetes androgynes Wesen – halb weiblich, halb männlich. Die Gestalt ist von vollkommener Schönheit, von der Kraft und Reinheit eines Engels, und doch ist sie die Summe der Energien der Säulen in menschlicher Form. Ein Regenbogenschal hüllt den Körper leicht ein.

Es genügt, die oben beschriebene Szene, während Sie vor den Säulen stehen, zu visualisieren und allen Erkenntnissen zu erlauben hochzukommen. Doch vielleicht wollen Sie noch eine Stufe weiter gehen. Der Eingeweihte der Mysterien muß «zwischen den Säulen hindurchgehen» oder, im mystischen Sinn, für die Welt sterben. Der Uneingeweihte kann dieses Mysterium nur in seinem Nennwert erkennen, indem er den Verlust und das Opfer, die in dieser symbolischen Handlung impliziert sind, wahrnimmt. Doch der Eingeweihte gewinnt an dem Weihealtar mehr als er opfert. Das androgyne Wesen, das hinter den Säulen steht, ist Ihr potentielles Selbst, vollkommen und ausgeglichen. Wenn die Zeit reif ist und Sie sich vorbereitet fühlen, treten Sie zwischen die Säulen, machen Sie den Schritt nach vorn und in den Weltraum und stehen Sie zwischen den beiden Strahlen. Sie identifizieren sich mit der potentiellen und essentiellen Natur der ganzen Erde, indem Sie ihren Platz im Kosmos als ausgeglichene und gedeihende Einheit repräsentieren. Wie Sie dort unter dem sternenübersäten Gewölbe stehen und von beiden Säulen die Kraft empfangen, erscheint vor Ihnen der Hirte der Sterne, der Hüter der Herden. Er sagt: «Ich bin Alpha und Omega, der Wäch-

Die jungfräuliche Weisheit

ter der Tore, der Bewahrer der Schlüssel der Zeit.» Meditieren Sie über seine Worte: Hören Sie auf alles andere, das er Ihnen vielleicht zu sagen hat. Über diesen Punkt dürfen Sie nicht hinausgehen. Visualisieren Sie sich wieder zurück vor die Säulen, fühlen Sie die Kraft in die Säulen zurückkehren und sich für dieses Mal verschließen. Versiegeln Sie in der üblichen Weise und gehen Sie sicher, daß Sie gut geerdet sind.

Sollten Sie eines der traditionelleren Tarotspiele besitzen, könnte es Ihnen helfen, die Große Arkanakarte XXI, *Die Welt*, zu betrachten, auf der das androgyne Wesen erscheint. Der Hirte der Sterne wird in der Form auftreten, die Ihren Bedürfnissen entspricht.

Übung 9: Erneuerung Ihrer Wurzeln

Wir nähern uns dem Ende des Buches. Wenn Sie beide Bände gelesen und konsequent die Übungen durchgearbeitet haben, dann haben Sie begonnen, den westlichen Weg zu gehen. Möglicherweise haben Sie einen regelmäßigen Plan für Meditation oder praktische Arbeit für sich aufgestellt. In dem Fall werden Sie festgestellt haben, wieviel Zeit und Energie von anderen Bereichen Ihres Lebens abgelenkt werden. Sollte dies das erste Mal sein, daß Sie mit oder auf inneren Ebenen gearbeitet haben, dann könnten Sie von der Erschöpfung Ihrer Energie beunruhigt sein: dies ist in den früheren Stadien zu erwarten, doch jeder, vom Neophyten bis zum Adepten, erfährt diese Erschöpfung irgendwann einmal, besonders nach längeren Arbeitsperioden. Ihre körperliche Struktur mag nicht so gut geeignet sein, um die Art von Schlägen einzustecken, die das Leben auf mehr als einer Ebene bereithält, und vielleicht müssen Sie Ihre Arbeit sorgfältig planen. Jede Periode längerer Erschöpfung ist gefährlich und macht die Person anfällig für Krankheit: Wenn Ihre Energie ernsthaft erschöpft ist, ist eine längere Ruhepause von innerer Arbeit angezeigt. Und das heißt eine *vollkommene* Pause.

Diese Übung ist dazu gedacht, Vitalität zu erzeugen und sollte als psychisches Äquivalent zu Traubenzuckertabletten angesehen werden – machen Sie die Übung gelegentlich, aber erwarten Sie nicht, längere Zeit damit zu überleben. Sie soll *keinen* Ersatz für normale Entspannung und Erfrischung darstellen.

Erinnern Sie sich an den großen Baum der Tradition, auf dem Sie Ihr Klan-Totem fanden? (Übung 1, Band 1) Dieser Baum ist der Achsenbaum des westlichen Weges, das zentrale Wahrzeichen, das alle Ebenen der Tradition durchdringt. Es ist ein Bild, über das man in fruchtbarer Weise meditieren und womit man auf viele Arten arbeiten kann, doch für diese Übung werden wir aus seiner Vitalität schöpfen. Es ist nicht notwendig, in der Mitte des Baumstamms hinabzufahren: Falls Sie die Klan-Totem-Übung schon gemacht haben, sollten Sie in der Lage sein, den Baum zu visualisieren und sofort dort zu sein. Nehmen Sie Ihr persönliches Totem als Paß und Stärkung auf diese Übung mit.

Setzen Sie sich, entspannen Sie und bauen Sie einen regelmäßigen Atemrhythmus auf. Dies ist besonders wichtig, wenn Sie müde und verspannt sind, also lassen Sie es nicht aus. Fünf Minuten regelmäßiger Atmung wird Sie auf jeden Fall schon beleben. Visualisieren Sie den Baum vor sich. Es ist ein schöner Tag – genau das Wetter, das Sie am liebsten haben. Die Erde federt unter Ihren Füßen. Legen Sie Ihre Hand auf den Baumstamm und fühlen Sie die grüne Stärke unter der warmen Rinde dahinfließen. Erkennen Sie Ihre Zugehörigkeit zum Baum der Tradition dankbar an.

Wenden Sie sich um und sehen Sie um sich. Wenn sie häufig in die Anderwelt gereist sind, erkennen Sie vielleicht bestimmte Landschaftsmerkmale wieder. Neben dem Baum sitzt auf einem kleinen Hügel der Hüter der Tradition. Vielleicht sind Sie ihm noch nicht begegnet: Sie werden ihn entsprechend Ihrer ererbten Ausrichtung wahrnehmen – es gibt nicht nur eine Art, ihn zu sehen. Er ist der Wächter des Baums und einer natürlichen Quelle, die in der Nähe eines großen grünlichen Steins entspringt. Er hält ein Trinkhorn in seinen Händen.

Begrüßen Sie den Wächter und bitten Sie, von der Quelle trinken zu dürfen. Er mag Sie herausfordern und fragen, mit welchem Recht Sie kommen, um aus der Quelle zu trinken. In diesem Fall zeigen Sie Ihr Zugehörigkeitstotem. Wenn es annehmbar ist – und er hat das Recht, Sie abzulehnen, wenn er das Gefühl hat, daß Sie der Tradition nicht treu sind – wird er sein Horn in die Quelle tauchen und Ihnen geben. Trinken Sie und spüren Sie gründliche Erfrischung. Die Quellwasser entspringen an der Wurzel des Baumes und kommen aus den Tiefen des Unterweltreiches der Vorfahren. Geben Sie das Horn mit Dank zurück und gehen Sie zu dem Baum zurück. Setzen Sie sich mit dem Rükken gegen seinen Stamm hin und lehnen Sie sich zurück, um an seiner pulsierenden Vitalität teilzuhaben. Erfreuen Sie sich an diesem Gefühl des Wohlbehagens und kehren Sie dann in Ihre eigene Zeit, an Ihren eigenen Ort zurück.

Einige Arten der Schwächung treten wegen der ablaufenden inneren Gezeiten auf. Die abnehmenden Mondphasen, die Herbst- und Winterzeit wie auch die eigenen Körperrhythmen müssen in Betracht gezogen werden – besonders der Beginn der Menstruation oder der Menopause. Innere Arbeit sollte, anders als sehr allgemeine Meditationsarbeit, nicht versucht werden, wenn man schwanger ist und alle physischen und psychischen Energien dazu dienen sollten, das wachsende Kind zu ernähren. Während männliche Körperrhythmen nicht so ausgeprägt wie weibliche sind, sollten Männer dennoch ihre eigenen Reaktionsmuster aufzeichnen und feststellen.

Nachwort

Die Tradition von morgen

Ultima Cumaei venit iam carminis aetas;
Magnus ab integro saeclorum pascitiur ordo.
Iam redit et virgo, redeunt Saturnia regna,
Iam nova progenies caelo demittitur alto.

Dem Orakel in Cumae zufolge, kommt nun das letzte Zeitalter;
Die große Lebensfolge wird erneuert. Nun kommt die Jungfrau-Göttin
noch einmal, die goldenen Tage von Saturns Herrschaft kehren zurück und eine neue Rasse steigt vom Himmel herab.

Virgil: *Die Eklogen*

Der Ruheplatz des goldenen Zeitalters befindet sich in den Tiefen jedes menschlichen Herzens.

J. C. Powys: *Morwyn*

Wir sind in Raum und Zeit weit gekommen, seit wir uns zu Beginn von Band 1 mit einem hilfreichen Führer auf eine Phantasiereise begeben haben. Wir haben die inwendige Spirale der einheimischen Tradition erforscht, persönlich oder in der Phantasie alte Stätten besucht, Meditationen und Visualisierungen ausgeführt, einen inneren Führer und Lehrer gefunden, den Hütern der Straße gegenübergestanden und sind an ihnen vorbei durch Türen in innere Welten gegangen. Dort haben wir vielleicht begonnen, unsere eigene innere Landschaft aufzuzeichnen und Antworten auf Fragen zu suchen, die uns in unserem täglichen Leben beunruhigten oder faszinierten. Nun haben wir, indem wir der nach außen gerichteten Spirale der hermetischen Tradition gefolgt sind, vielleicht – wie in Band 1 angedeutet – entdeckt, daß der Ort, an dem wir angekommen sind, nicht mehr derselbe ist wie der, an dem wir begonnen haben. Wir stehen an der Schwelle zu einem neuen Anfang, der weder ein tausendjähriger Traum noch die Sehnsucht nach einem verlorenen Goldenen Zeitalter ist, sondern eher ein Nexus der Traditionen. Der einheimische Pfad nähert sich seinem Ende: an einigen Stellen ist er ausgetreten. Der hermetische Weg wurde in immer größeren Tiefen erforscht. Welches ist nun der nächstmögliche Schritt auf diesem Weg, dem wir von der Vorzeit bis in zukünftige Zeit gefolgt sind?

Es gibt darauf natürlich weder nur eine, noch eine einzig richtige Antwort: Jedes Individuum muß die Entscheidung für sich selbst treffen. Einige Vorschläge haben wir auf diesen Seiten bereits gemacht. Ein Vorschlag, der all diese umstößt, ist der Schritt in Richtung einer neuen Art magischer Disziplin, einer Disziplin, die paradoxerweise auch die älteste Art ist: eine «dimensionslose, kosmische Bewußtheit, die alle Grenzen, alle Pfade und alle anderen Disziplinen transzendiert. Der Geist ist grenzenlos: er kann sich jenseits aller Einschränkungen, die wir in Raum und Zeit aufstellen, erstrecken. Und er kann mit anderen, ähnlich gearteten kommunizieren. Telepathie ist kein Produkt der Phantasie, wie viele, die dies lesen, bereits wissen werden; eine universelle Entwicklung der Kommunikationsfähigkeit über weite Entfernungen hin wird vielleicht nicht mehr lange auf sich warten lassen. Vor allem müssen wir erkennen, daß es für das, was wir erreichen können, keine Grenzen gibt, außer denen, die wir uns setzen, keine Riegel und Schranken zwischen den Welten, außer denen, an denen wir selbst eifrig gearbeitet haben. Die Seele ist kein in einem Käfig gefangener Vogel: sie kann und wird frei fliegen – und nach langer Reise in ihre Heimat zurückkehren. Alle Übungen und Techniken in diesem Buch werden dieser Erkenntnis gegenüber nichts sein, noch werden sie ohne ihr Einverständnis funktionieren.

Die Ahnen hatten recht, dem Gedanken des lebenswichtigen Funkens, der danach strebte, sich über irdische Grenzen zu erheben, so viel Bedeutung zuzumessen, und wie wir wiederholt gesehen haben, ist es ein Fehler, zu glauben, daß diese Lehre bedeutet, wir sollten den Körper verachten. Durch seine Fenster können wir Blicke in die Unendlichkeit erhaschen, deren Anblick anderenfalls für unsere Augen genauso wäre, als blickten wir ohne Schutzbrille in die Sonne. Wir sehen den Himmel tatsächlich durch eine dunkle Brille, doch dies sowohl zu unserem Besten, als auch aus anderen Gründen.

Dies überrascht vielleicht diejenigen, die denken, daß Praktizierende der esoterischen Disziplinen nur danach streben, das Körperliche zu transzendieren. Tatsächlich werden wir – wenn wir klug sind – erkennen, daß unser körperliches Selbst von größtem Wert ist. Aus diesem sicheren Hafen machen wir uns zu Entdeckungsreisen auf und kehren wie von jeder Reise in unser Zuhause zurück, wo wir willkommen sind. Mikrokosmisch gesehen ist dies ein Echo der Sehnsucht der Seele, zu ihrem Ursprung zurückzukehren, wo immer wir persönlich glauben, daß dieser sich befinde. Auf unserer langen Suche nach dem Land der Verheißung, der paradiesischen Heimat im Exil, lernen wir, daß es immer eine Kontaktstelle mit den Wurzeln des Seins geben muß. Während wir noch inkarniert bleiben, ist der Körper diese Stelle für uns.

Bevor Sie in das unendliche Reich, das Sie suchen oder das Sie anzieht, losfliegen, denken Sie daran, sowohl mit sich selbst als auch mit dem Unendlichen in Übereinstimmung zu sein. Freunden Sie sich mit Ihrem menschlichen «Gefährt» an, bevor Sie es hinter sich lassen, und kommen Sie am Ende Ihrer Reise auf jeden Fall in seine willkommen heißende Umarmung zurück.

Dieses zweibändige Werk ist keineswegs ein vollständiger Kursus. Wenn der westliche Weg anziehend genug für Sie ist, um mit seinen vielen Traditionen zu arbeiten, dann werden Sie zweifellos feststellen, daß Sie ihn bereits einige Zeitlang gegangen sind. Vielleicht möchten Sie seine Weisheit regelmäßiger in die Praxis umsetzen, indem Sie einer Mysterienschule oder magischen Gruppe beitreten, vielleicht möchten Sie aber auch fortfahren, Ihren eigenen Weg aufzuzeichnen oder an einer der lebendigen spirituellen Traditionen teilzuhaben. Wofür Sie sich auch entscheiden, das wichtigste ist, Ihre erworbene Weisheit zu *nutzen*. Was wir in den Grenzen dieser Seiten zu vermitteln versucht haben, ist nichts wert, wenn es nicht täglich in unserem Leben angewendet wird. Wenn der westliche Weg in Ihren Händen ein abstraktes Studiengebiet bleibt, dann ist die Wahrscheinlichkeit groß, daß er über kurz oder lang zu einer ausgestorbenen Tradition wird. Nur wenn man ihn direkt anwendet, wird er real, multidimensional, eher ein *Pfad* als ein Konzept. Wir hoffen, daß Sie nützliche Wege finden, um Ihre Wahrnehmungen zu verbessern und Ihre innere Erfahrung des westlichen Weges zu vertiefen: Wir hoffen in der Tat, daß Sie bessere und geschicktere Wege finden, ihn für andere kenntlich zu machen. Man sagt, daß Lehrer und Schüler beide die Lehre enthalten. Die Lehre ist für jeden anders: es ist die individuelle Reaktion auf diese, welche die alten Traditionen von einer Generation zur nächsten widerspiegelt.

Sie sollten sich Ihr eigenes Studien-, Meditations- und Übungsprogramm schaffen: Diese drei Disziplinen sind die Grundkomponenten einer esoterischen Lebensweise. Die Studien liefern uns das Material, mit dem wir arbeiten; Meditation zeigt uns neue Arbeitsmethoden auf und hilft, uns unsere individuelle Reaktion auf symbolische Weise einzuprägen, und Übung erdet unsere inneren Erfahrungen in der äußeren Wirklichkeit. Es sind häufig die Übungen, welche die Schüler der westlichen Mysterien am schwierigsten finden: In gewissem Ausmaß erfüllt rituelle Arbeit einen Teil unserer Übung, doch der Hauptteil fällt unausweichlich in den Bereich unseres weltlichen Lebens – das Zuhause, das Büro, in Beziehungen. «Allein ausgeführte okkulte Übungen sind gut – es sind die Leute, die alles kaputtmachen», ist ein Ausruf, den man häufig vom Anfänger hört: Versuchen Sie, dies zu vermeiden, indem Sie Ihren Mitmenschen gegenüber einen klaren Kopf behalten.

Das tägliche Leben ist der beste Übungsplatz von allen. Wenn Sie für die Lösung jedes irdischen Problems zu Ihrem inneren Lehrer, Ihrem Tarotdeck oder Ihrer Entsprechungstabelle laufen müssen, dann sehen Sie den Realitäten des Lebens nicht ins Gesicht. Um dies zu überprüfen, versuchen Sie, einen ganzen Tag lang in Übereinstimmung mit esoterischen Prinzipien zu leben: Essen und trinken Sie mit totaler Aufmerksamkeit für die Dinge, die Sie verzehren, ihren Geschmack, das Gute, das Sie aus deren Verdauung beziehen. Sehen Sie jeden, der Ihnen begegnet, als vom göttlichen Funken erfüllt an: Jedes Wesen ist ebenso wertvoll wie Sie. Sogar die, die Sie ärgern, mögen Eigenschaften haben, die Sie nie vermutet hätten und an denen Sie gut täten, sie zu übernehmen. Führen Sie Ihre täglichen Aufgaben mit völliger Aufmerksamkeit für das betroffene Prinzip aus: Hausputz ist bloß eine Ausweitung der Selbstklärung und ist selbst eine Spiegelung makrokosmischer Ordnung. Wenn Sie sich plötzlichen Entscheidungen gegenübergestellt sehen, versuchen Sie, die Prinzipien und Wahlmöglichkeiten vor sich zu sehen, wie sie a) Sie selbst betreffen, b) andere betreffen und c) den Kosmos betreffen. Seien Sie ebenso aufmerksam für die Momente der Entspannung: Ruhen Sie sich ebenso intensiv aus, wie Sie intensiv arbeiten: Fühlen Sie das Ende der Arbeit als Beginn kreativer Ruhe, die darauf wieder zum Startblock für Ihre Arbeit wird. Notieren Sie am Ende eines so verbrachten Tages Ihre Reaktionen: Sie beginnen vielleicht zu verstehen, was das Wort *Übung* beinhaltet.

Welches Material Sie auch für Ihre Arbeit auswählen, lassen Sie es ein Ausdruck Ihrer eigenen Wahrnehmung sein, nicht eine Wiederbelebung, die wie eine Rolle auswendig gelernt werden muß. Wenn Sie bereits mit praktischer Pfadwanderung begonnen haben, werden Sie entdeckt haben, daß sich der Weg richtig anfühlt, wenn Sie Ihren eigenen Kompaß benutzen und nicht irgendeine komplizierte Methode, die von jemandem anders patentiert wurde. Niemand kann Sie zu einem Adepten machen. Diesen Rang – der eigentlich nicht mehr als ein Titel ist, den der bekommt, der ein bestimmtes Entwicklungsstadium im Schöpfungsplatz erreicht hat – können nur Sie selbst sich entweder im Gespräch mit einem inneren Lehrer oder dem inneren göttlichen Funken verleihen.

> Gott sagte zum Menschen: Ich habe dich in die Welt gesetzt, damit du klarer erkennst, was du bist. Ich habe dich weder irdisch noch himmlisch gemacht, weder als ein sterbliches noch ein unsterbliches Wesen, damit du wie dein eigener Bildhauer selbst Formen und Linien, Wesenszüge herausmeißeln kannst. Du kannst dich in ein Tier zurückentwickeln, doch wenn du deinen freien Willen nutzt, kannst du als gottgleiches Wesen wiedergeboren werden.[67]

Wir haben in diesem Buch vieles als gegeben vorausgesetzt. Den Glauben an andere Seinszustände und andere Welten, andere Ordnungen der Schöpfung über und jenseits von dem, was wir in unserem normal funktionierenden Zustand erkennen. Wir haben festgestellt, daß die Menschheit eine Zukunft hat, daß sie nicht notwendigerweise dem Untergang geweiht ist – daß sie in der Tat an der Schwelle zu einer völlig neuen Entwicklung stehen könnte. Daß dies nicht bloße Spekulation ist, sehen wir deutlich genug, wenn wir die Entdeckungen betrachten, die täglich in der Quantenphysik und anderen Bereichen wissenschaftlicher Forschung gemacht werden, welches die äußeren Manifestationen der Alchemie sind und welche die Schöpfung wieder zu ihren Anfängen zurückbringen.

Doch Wissenschaft ist nicht genug – sie ist unbefriedigend, weil sie die wirklich wichtigen Fragen nicht beantwortet; ihre Theorien und Gesetze zusammengenommen bilden nicht die Gesamtsumme der Schöpfung – nicht mal ein Zehntel davon. Als Esoteriker müssen wir uns selbst als Zeichen der Schöpfung ansehen und die Elemente in uns alchemistisch vervollkommnen, bis sie genau in das Puzzle des Kosmos passen.

Es ist nicht genug, sich einfach dieser Dinge bewußt zu sein und sie nur aus bloßer Neugier zu erforschen. Wir müssen ein lebendiger Teil des Prozesses sein, der die verstreuten Teile des Lichtkörpers in ein völlig neues und ursprüngliches Wesen transformiert. Adam Kadmon muß Stück für Stück aufgebaut werden; Osiris, Dionysos – all die verwundeten Retter-Gottheiten – ganz heil gemacht werden, der Fischer-König wiederhergestellt. Doch um dabei zu helfen, das zu erreichen, müssen wir funktionierende Teile in diesem Prozeß sein. Das unterstreicht die Bedeutung dessen, «in Berührung zu sein», mit dem Herz des Kosmos verbunden zu sein, in dem Wissen, daß wir dort eine Antwortberührung fühlen werden, eine Note, die in uns nachklingt.

> Keiner der Götter im Himmel wird jemals den Himmel verlassen, seine Grenze überschreiten und auf die Erde herabkommen; doch der Mensch steigt sogar zum Himmel auf und mißt ihn; und was noch mehr ist, er steigt zum Himmel, ohne die Erde zu verlassen; über so eine riesige Entfernung kann er seine Macht erstrecken. Wir dürfen deshalb nicht zögern, zu sagen, daß der Mensch auf der Erde ein sterblicher Gott ist und daß Gott im Himmel ein unsterblicher Mensch ist.[302]

Zu diesem Zweck haben wir Übungen und Techniken angegeben, die darauf abzielen, uns mit den unendlichen Welten um uns herum zu verbinden, um die Weisheit der Anderwelt in unsere eigene Dimension zurückzubringen und sie zu einem dauerhaften Teil unseres eigenen Werdens zu machen. Die Techniken für sich genommen, bedeuten gar nichts ohne die Verpflichtung an die Wahrheiten, die dahinter stehen. Zu diesem Zweck haben wir vieles angegeben, was dem Wesen nach eine esoterische Philosophie ist – ein Bezugsrahmen, um den Stoff der Wunder darüberzuhängen. Als Anhänger des westlichen Weges widmen wir uns diesen Wahrheiten, ob wir sie am Ende Götter oder Geisteszustände nennen; und es sind diese fundamentalen Axiome, die wir Ihnen durch das komplizierte Netz von Glaube, Praxis und Lehre hindurch versucht haben vorzustellen, die das Rückgrat aller Traditionen sind.

Für die Wahl, an ein sinnerfülltes Universum zu glauben, entschuldigen wir uns nicht, in der Annahme, daß diejenigen, die diese Seiten lesen, unseren Glauben teilen. Wie die zoroastrischen Magi glaubten, ist das Universum tatsächlich ein großer Wagen: Es ist nicht wichtig, daß wir nur wenig oder gar nichts über den Fahrer wissen (der sehr wohl wir im Kollektiv sein können), nur daß der Wagen sich auf einen Punkt der Fertigstellung hinbewegt, statt auf einen der Zerstörung, und daß wir als Passagiere dabei sein sollten, wenn er ankommt.

Das Bild vom Esoteriker als Schwarzmagier oder harmlosen Spinner weicht nur langsam. Der Schamane und die Schamanka, der Magier und der Pfadwanderer – wie immer wir uns auch sehen – fallen alle unter dieses Bild. Freunde, Ihre Familie, sogar Ihr Arbeitgeber mögen Ihre Anstrengungen kritisch betrachten und Sie als gottlos, verrückt oder sogar böse brandmarken. Mit dem Esoterischen konfrontiert, reagieren viele Leute in orthodoxer und fundamental exoterischer Art und Weise. Sie werden diese Nachteile bei der Befolgung des westlichen Weges abwägen müssen, denn auch wenn gegenwärtig ein Geist der Toleranz der Esoterik gegenüber herrscht, heißt das nicht, daß es immer so sein wird. Der Fundamentalismus ist wieder auf dem Vormarsch, Hexenjagden und Gehirnwäschen sind auch in diesem Jahrhundert vorgekommen: Sie sind nicht nur Berichte aus grauer Vorzeit. Diskretion und Stillschweigen haben die esoterischen Traditionen in solchen Zeiten der Verfolgung von den Uneingeweihten ferngehalten; nun, da die Zeiten uns freundlich gesonnen sind, liegt es in der Verantwortung aller, die den westlichen Weg beschreiten, sicherzustellen, daß die Lehre sorgfältig praktiziert und vernünftig gelehrt wird; daß Traditionen weise verbreitet und praktisch für eine Welt demonstriert werden, die sie vielleicht dennoch für unnatürlich hält.

Vielleicht meditieren Sie nur in einer kleinen Gruppe oder treffen sich zu den Festen an einer alten Stätte; vielleicht unterrichten Sie auch in offenen Seminaren oder halten Vorträge und vermitteln Pfadwanderungen an Anfänger. Was immer Sie tun, *Sie* sind die öffentliche Verkörperung des westlichen Weges: Die Leute blicken auf Sie, um zu praktizieren, was Sie predigen. Sie schulden den Lehrern, die Sie gelehrt haben – ob inneren oder äußeren – Respekt, und Sie tragen mit Sicherheit Verantwortung für die, die Sie unterrichten wollen. Wir alle müssen die Anweisungen aus dem Rosenkreuzer-Manifest befolgen: Kleiden und verhalten Sie sich nach Art des Landes, in dem Sie leben, ziehen Sie keine Aufmerksamkeit auf sich, nehmen Sie kein Geld für Ihre Dienste (die dem Inneren gehören und nicht von Ihnen verkauft werden dürfen), treffen Sie sich regelmäßig mit Ihren zeitgenössischen Pfadwanderern, finden Sie (wenigstens) eine würdige Person, der Sie Ihre Tradition und was Sie gelernt haben vermitteln können. Vor allem bleiben Sie immer Ihren inneren

Prinzipien treu. Der Baum der Tradition wurzelt in der Ahnenvergangenheit; bleiben Sie dieser Vergangenheit treu und sorgen Sie dafür, daß seine Zweige heutzutage stark werden und er Früchte trägt für die Tradition von morgen.

Da wir davon sprechen: Was ist mit dieser Zukunft? Wohin geht die Esoterik als nächstes? Können die hermetischen und einheimischen Traditionen miteinander verschmelzen, um die erstere vor hierarchischem Stillstand und die letztere vor einer atavistischen Umkehr zu bewahren? Wir glauben, daß diese Vereinigung sich heute auf viele unmerkliche Weisen manifestiert; genauso wie es bald keine klare Grenze zwischen Ost und West mehr geben wird, so wird es auch immer schwieriger, die Nahtstelle zwischen hermetischer und einheimischer Tradition wahrzunehmen.

> Jedes Volk bewahrt seine kulturellen Traditionen, und jeder Kult überlebt, bis die Fähigkeiten, die er wachrufen sollte, zum normalen Erbe der Gattung geworden sind. Dann hört er auf, esoterisch zu sein und wird exoterisch… Solange es Seelen gibt, die die Disziplin benötigen, überlebt der Kult.[90]

Dies trifft für die einheimische Tradition genau zu – Elemente ihrer Weisheit mögen heute atavistisch sein, doch bis ihre Lektionen nicht völlig assimiliert sind, kann man sie nicht wie einen ausgebeuteten Steinbruch verlassen. Das Echo der einheimischen Tradition ist heute besonders stark, weil vieles, das esoterisch war, nun exoterisch und daher für alle zugänglich ist. Die Resonanz der hermetischen Tradition besteht sowohl für unsere Zeit als auch für zukünftige Zeitalter: Es bleibt noch vieles übrig, und es wird die Arbeit kompetenter Pfadwanderer sein, dieses in exoterischere Formen zu integrieren.

Die Schranken zwischen Ost und West beginnen ebenso sich aufzulösen, obwohl es noch Generationen dauern wird, bis sie endgültig verschwunden sind. Für die, die den westlichen Weg beschreiten, wird ein anfänglicher Kontakt mit den Wurzeln der westlichen Mysterien empfohlen. Es kann gut sein, daß man die Anziehungskraft des Ostens verspürt: Östliche spirituelle Schulen erscheinen verlockend, und vielleicht hat man Inkarnationsverbindungen dorthin – doch unsere Geburt hat uns in den Westen gestellt. An einem gewissen Punkt erreichen die Mysterien eine Ebene, wo alle Traditionen sich in Übereinstimmung befinden. Schon jetzt kommen mit der Verringerung der Abstände zwischen Ost und West viele neue Faktoren ins Spiel. Die Übernahme Tibets durch die Chinesen 1958 hatte die unvorhergesehene Wirkung, daß ein Großteil geheimer tibetischer Lehren in der Person flüchtender Lamas ausgesandt wurde, die die lebenden Vertreter eines einheimischen Systems sind, das in den Westen emigrieren wird. Die Parallelen zwischen diesem Exodus und den sagenhaften atlantischen Fluchtwegen in den Westen sind nicht unbeträchtlich. Auch damals schickte eine dem Untergang geweihte Kultur Boten in die Welt hinaus, die sehr wohl die Lehren der westlichen Mysterien ausgesät haben können. Solche Wanderungen haben immer ihre Arbeit bei der gegenseitigen Befruchtung und Kräftigung sterbender Traditionen getan, indem sie für einen riesigen Zustrom neuer Energie sorgten.

Die Tatsache, daß die Leute wie in der Geschichte von Hermann Hesse, mit der wir begannen, in den Osten reisen mußten, um esoterische Ausbildung zu erlangen, bedeutete, daß die östlichen Lehren nicht immer richtig in das westliche Leben integriert wurden. Die Tibeter, die ihr Leben nun im Westen leben werden, bringen ihr Wissen aus erster Hand mit und passen es mit ihren geschickten Methoden so nutzbringend an.[8]

> Die endgültige Lösung unseres Weltproblems liegt in... dem Wissen, das weder westlich noch östlich ist, sondern beiden bekannt. Wenn wir dem Orient die Hand gereicht haben, und wenn wir die besten Gedanken des Ostens mit denen des Westens vereint haben, werden wir im Besitz einer integrierten und ausgeglichenen Lehre sein, die kommende Generationen befreien wird.

In der Zwischenzeit ist es unsere Aufgabe als Hüter des westlichen Weges auf eine Integration der einheimischen und hermetischen Traditionen hinzuarbeiten, indem wir die «besten Gedanken» der beiden nehmen, um ein neues Ganzes zu bilden. Kosmisches Bewußtsein ist das Ziel der Tradition von morgen, die fest auf die Erkenntnisse der einheimischen wie auch hermetischen Wege gebaut ist: in das kosmische Bewußtsein, mit dem Faden der Erkenntnis in das Labyrinth hinein und wieder heraus, um eine neue kollektive Bewußtheit zu entdecken.

Das Wiederauftauchen des göttlichen Weiblichen und die Vermischung männlicher und weiblicher Energien sind Elemente, die die Geburt des Wassermannzeitalters kennzeichnen. Endlich wird die Aufteilung der Pfade beendet; die Menschen beginnen zu erkennen, daß es immer nur ein Ziel gab, obwohl man es auf vielen Wegen erreichen konnte. Der westliche Weg ist nicht der einzige, es ist bloß der für uns vertrauteste Pfad. Die, die ihn gehen, müssen lernen, anders als die restliche, sich bekriegende Menschheit, zu denken, sie müssen in der Tat alles wiedererlernen, was wir seit dem Anbeginn, der Vorzeit, vergessen haben, als leben Leben *war*, Schöpfung war, Natur war, Gott war. Es gibt keine große Synthese auf dieser Ebene, keine einfache Antwort. Schließlich auch keinen Stein der Weisen – es sei denn, wir sind es selbst. Nur eine neue Seinsweise, eine Möglichkeit, die Wahrheit über unseren Platz im Kosmos zu erkennen.

Bei unserem Blick in die Zukunft müssen wir vieles bedenken, vieles in Betracht ziehen und über vieles meditieren, bevor wir frei sind, die endlosen Dimensionen, nach denen wir so lange gesucht haben, zu erforschen. Während wir entlang dem sich schlängelnden Weg im Labyrinth zurückblicken, sehen wir viele Wegweiser. Alle zeigen in die gleiche Richtung: *auf uns*. Eine lange Reihe von Lehrern steht hinter uns: eine andere streckt sich in die Zukunft aus. Wir alle sind Verbindungsglieder in einer Kette der Überlieferung, die nicht aufhören darf. Wir sind selbst wie Sonnensysteme, ganze Kosmologien mit Fixsternen und laufenden Planeten. Es gibt keine uns bekannten Grenzen dafür, wo wir hingehen oder wie weit wir reisen können. Wir stehen mit Karte und Kompaß in der Hand bereit, eine neue Reise zu beginnen, und wir sind in gewisser Hinsicht unsere eigenen Führer, denn das Land ist sehr vertraut. Alles, was wir tun müssen, ist, voranzuschreiten. Diese Erfahrung erwartet Sie in Ihrer eigenen Zeit und auf Ihre eigene Weise. Möge Ihre Reise so glücklich und freudevoll sein, wie es unsere war, und mögen Sie stets sicher zurückkehren.

Hermes, Nachkomme von Dionysos, der sich am Tanz ergötzt
und Aphrodite, der paphischen * Jungfrau der flatternden Augenlider,
du besuchst häufig das heilige Haus der Persephone
als Führer durch die Erde unglücklicher Seelen,
die du zu ihrem Hafen bringst, wenn ihre Zeit gekommen ist,
sie mit deinem heiligen Stab verzauberst und ihnen Schlaf gibst,
von dem du wieder auferstanden bist. Dir, in der Tat,
gab Persephone das Amt, durch den großen Tartaros

* Paphos, Stadt auf Zypern mit Heiligtum der Aphrodite

die ewigen Seelen der Menschen auf ihrem Weg zu leiten.
Doch Gesegneter, gewähre dem Werk des Eingeweihten ein gutes Ende.[13]

Anhang

Bibliographie und Diskographie

1 Abulafia, A., *The Path of the Names*, Berkley, Trigram, 1976
2 Adams, H., *Mont St.-Michel and Chartres*, London, Hamlyn, 1980
3 Agrippa von Nettesheim, Heinrich C., *De Occulta Philosophia*, Nördlingen 1987
4 Ahern, G., *Sun at Midnight*, Wellingborough, Aquarian Press, 1984
5 Albertus, Frater, *Alchemist's Handbook*, Routledge & Kegan Paul, 1976
6 Allen, P. M. ed., *A Christian Rosenkreutz Anthology*, New York, Rudolf Steiner Publication, 1968
Christian Rosenkreutz und seine Mission, Novalis Schaffhausen
7 Allen, R. H., *Star Names: their lore and meaning*, New York, Dover Books, 1963
8 Anderson, W., *Das offene Geheimnis*, München 1988, Goldmann
9 *Apocalyptic Spirituality*, ed. and trans., B. McGuinn, London, SPCK, 1979
10 *Apocryphal New Testament*, ed. and trans., M. R. James, London, Oxford University Press, 1924
11 Apuleius, *Der goldene Esel*, München 1980, Artemis
12 Ashcroft-Nowicki, D., *The Shining Paths*, Wellingborough, Aquarian Press, 1983
13 Athanassakis, A. N., trans., *The Orphic Hymns*, Missoula, Mont., Scholars Press, 1977
14 Augustin, *De civitate Dei*, Schöningh, Paderborn
15 *Aurora Consurgens*, ed., M.-L. von Franz, New York, Pantheon, 1966
16 Bacon, F., *Neu-Atlantis*, Stuttgart, Reclam
17 *Das Buch Bahir*, Hg. von Scholem, G., Wissenschaftliche Buchges.
18 Lincoln, H., Baigent, M., and Leigh, R., *Der Heilige Gral und seine Erben*, Lübbe 1984
19 Bailey, A. A. *Die geistige Hierarchie tritt in Erscheinung*, 1978
20 Bailey, A. A., *Eine Abhandlung über die Sieben Strahlen*, Bd. 5, Rohm, 1974
21 Bailey, A. A., *Eine Abhandlung über die weiße Magie*, Rohm 1987
22 Bamford, C., ‹Natureworld, the Hermetic Tradition and Today› in *Natureworld* by R. A. Schwaller de Lubicz, Mass., Lindisfarne Press, 1982
23 Banks, N. N., *The Golden Thread*, London, Lucis Press, 1963
24 Barbault, A., *Gold of a Thousand Mornings*, London, Neville Spearman, 1975
25 Bausch, W. J., *Storytelling: imagination and faith*, Twenty-Third Publishers, Mystic, Conn., 1984
26 *Die M.-Luther-Bibel*, 1984
27 Blake, W., *Poetry and Prose*, ed. G. Keynes, London, Nonsuch Library, 1975
28 Blakeley, J. D., *Mystical Tower of the Tarot*, London, Watkins, 1974
29 Blavatsky, H. P., *Die Geheimlehre*, Das heilige Buch d. theosoph. Bruderschaft, Schikowski
30 Bolton, J. D. P., *Aristaeus of Proconnesus*, London, Oxford University Press, 1962

31 *Book of Enoch*, trans. R. H. Charles, London, SPCK, 1982
32 Bronstein, H., *A Passover Haggadah*, Harmondsworth, Penguin, 1974
33 Bruno, G., *The Expulsion of the Triumphant Beast*, trans. A. D. Imerti, New Brunswick, Rutgers University Press, 1964 und Bruno, Giordano, Ges. Werke, 1983, Wiss. Buchges.
34 Budge, E. A. W., *Osiris. The Egyptian Religion of Resurrection*, New York, University Books, 1961
35 Burckhardt, T., *Alchemy: Science of the Cosmos, Science of the Soul*, trans. W. Stoddart, London, Stuart & Watkins, 1967
36 Burton, U. and Dolley, J., *Christian Evolution: Moving Towards a Global Spirituality*. Wellingborough, Turnstone, 1984
37 Butler, E. M., *The Myth of the Magus*, Cambridge, Cambridge University Press, 1979
38 Butler, E. M., *Ritual Magic*, Cambridge, Cambridge University Press, 1979
39 Butler, W. E., *Die hohe Schule der Magie*, 1987, H. Bauer
40 Caldecott, S., *The Treasures of Tradition: in Resurgence* no. 102, January–February 1984
41 Calvino, I. *Das Schloß, darin sich Schicksale kreuzen*, 1984, dtv
42 *Cambridge History of Judaism volume I: The Persians Period*, ed. W. D. Davies and L. Finkenstein, Cambridge, Cambridge University Press, 1984
43 Casaubon, M., *A True and Faithful Relation Of What Passed For Many Years Between Dr. John Dee and Some Spirits*. Glasgow and Portmeirion, Antonine Publishing Company Ltd. with Golden Dragon Press, 1974
44 St. Catherine of Siena, *The Dialogues*, London, SPCK, 1980
45 Chapman, V., *Bladdud the Birdman*, London, Rex Collings, 1978
46 Chevalier, G., *The Sacred Magician – a Ceremonial Diary*, Frogmore, Paladin, 1976
47 Chrétien de Troyes, *Parzival oder die Geschichte vom Gral*, 1980
48 Christian, P., *The History and Practice of Magic*, London, Forge Press, 1952
49 Christie-Murray, D., *A History of Heresy*, London, New English Library, 1976
50 *Cloud of Unknowing*, ed. E. Underhill, London, Stuart and Watkins, 1970
51 Colquhoun, I., *Das Schwert der Weisheit – MacGregor Mathers und der Golden Dawn*, 1986
52 Coomaraswamy, R. P., *The Destruction of the Christian Tradition*, London, Perennial Books, 1981
53 Cooper, J. C., *Das illustrierte Lexikon der traditionellen Symbole*, 1986
54 Corbin, H., *The Man of Light in Iranian Sufism*, Shambhala. Boulder, Colarado and London, 1978
55 Coudert, A., *Alchemy: The Philosophers' Stone*, London, Wildwood, 1980
56 Court, S., *Das Meditations-Handbuch*, 1986
57 Critchlow, K., *Temenos and Temple*, in *Temenos*, I, 1981
58 Crowley, A. 777, privately printed by Ordo Templi Orientis, n. d.
59 Cumont, F., *Die Mysterien des Mithra*, 1981, Teubner
60 Danielou, A., *Shiva and Dionysios*, New York, Inner Traditions Int., 1984
61 Dante Alighieri, *Göttliche Komödie*, 1974, Insel
62 Dart, J., *The Laughing Saviour*, New York, Harper & Row, 1976
63 Davidson, G., *A Dictionary of Angels*, New York, Free Press with Collier-Macmillan, 1967
64 De Borron, R., *Joseph d'Arimathie*, ed. W. A. Nitze, in Roman de L'estoire dou Graal, Paris, Classiques Français du Moyen Age, 1927
65 Dee, J., *Die Monas-Hieroglyphe*, 1983, Interlaken, Ausata
66 De Jong, H. M. E., *Michael Maier's Atalanta Fugiens: Sources of an Alchemical Book of Emblems*, Leiden, E. J. Brill, 1969
67 Della Mirandola, P., *On the Dignity of Man, On Being and the One, Heptaplus*, Indianapolis, Bobbs-Merrill, 1965

68 Denning, M. and Phillips, O., *The Magical Philosophy* (5 Volumes) St. Paul. Llewellyn Pubs, 1974–1981
69 Dionysios Areopagita, *The Divine Names and the Mystical Theology*, trans. C. E. Rolt, London, SPCK, 1940
70 Dionysios Areopagita, *The Mystical Theology and the Celestial Hierarchies*, trans. and ed. The Shrine of Wisdom, Fintry, Shrine of Wisdom, 1949
71 *Dream of Scipio*, trans. R. Bullock. Wellingborough, Aquarian, 1983
72 Drower, E. S., *The Secret Adam: A Study of Nasoraean Gnosis*. Oxford, Oxford University Press, 1960
73 Eliade, M., *Geschichte der religiösen Ideen*, Bd. 1: *Von der Steinzeit bis zu den Mysterien von Eleusis*, 1985, Freiburg, Herder
74 Eliade, M., ebenda: *Von Gautama Buddha bis zu den Anfängen des Christentums*, 1987
75 Ellwood, R. S., *Religious and Spiritual Groups in Modern America*. New Jersey, Prentice Hall Inc., 1975
76 Ellwood Post, W., *Saints, Signs and Symbols*, London, SPCK 1962
77 Epstein, P., *Kabbalah: the way of the Jewish Mystic*, New York, Weiser, 1978
78 Every, G., *Christian Mythology*, London, Hamlyn, 1970
79 Fabricius, J., *Alchemy*, Copenhagen, Rosenkilde and Bagger, 1976
80 Ferguson, J., *Illustrated Encyclopedia of Mysticism and the Mystery Religious*, London, Thames & Hudson, 1976
81 Ferguson, J., *Jesus in the Tide of Time*, London, Routledge & Kegan Paul, 1980
82 Ferguson, M., *Die sanfte Verschwörung*, 1984, München
83 Ficino, M., *The Letters of Marsilio Ficino vols 1–3*, London, Shepheard Walwyn, 1975–1981
84 Figulus, B., *A Golden and Blessed Casket of Nature's Marvels*, London, Vincent Stuart Ltd., 1963
85 Fleming, D. L., *Contemporary Reading of the Spiritual Exercises*, St Louis, Institute of Jesuit Sources, 1980
86 Fludd, R., *The Origin and Structure of the Cosmos*. Edinburgh, Hermetic Source Works, 1982
87 Fontenrose, J., *Python*, Berkeley, University of California Press, 1959
88 *Forms of Prayer for Jewish Worship*, ed. Assembly of Rabbis of the Reform Synagogues of Great Britain, 1977
89 Fortune, D., *Applied Magic*, Wellingborough, Aquarian, 1962
90 Fortune, D., *The Cosmic Doctrine*, Wellingborough, Aquarian, 1976
91 Fortune, D., *Esoteric Orders and their Work*, St Paul, Llewellyn Press, 1978
92 Fortune, D., *Esoteric Philosophy of Love and Marriage*, Wellingborough, Aquarian Press, 1970
93 Fortune, D., *Moon Magic*, Wellingborough, Aquarian, 1956
94 Fortune, D., *The Sea Priestess*, Wellingborough, Aquarian 1957
95 Fortune, D., *The Secrets of Dr. Taverner*, St Paul, Llewellyn Press, 1979
96 Fortune, D., *The Training and Work of an Initiate*, Wellingborough, Aquarian 1930
97 Fouquet, J., *The Hours of Etienne Chevalier*, London, Thames & Hudson, 1972
98 French, R. M., *The Way of the Pilgrim*, London, SPCK 1930
99 Gadal, A., *Auf dem Weg zum Heiligen Gral*, Rozekruis Pers. 1980
100 Garrison, J., *The Darkness of God: Theology after Hiroshima*, London, SCM Press, 1982
101 Giraldus Cambrensis, *The Journey through Wales*, trans. L. Thorpe, Harmondsworth, Penguin, 1978
102 Godwin, J., *Athanasius Kircher*, London, Thames & Hudson, 1979

103 Godwin, J., *The Golden Chain of Orpheus*, in *Temenos* 4 and 5, 1984
104 Godwin, J., *Mystery Religion and the Ancient World*, London, Thames & Hudson, 1981
105 Godwin, J., *Robert Fludd*, London, Thames & Hudson, 1979
106 *Golden Verses of the Pythagoreans*, trans. Editors of the Shrine of Wisdom, Fintry, Shrine of Wisdom, n. d.
107 Gorman, P., *Pythagoras*, London, Routledge & Kegan Paul, 1979
108 Gorres, I. F., *Broken Lights*, London, Burns & Oates, 1964
109 Grant, F. C., *Hellenistic Religions – The Age of Syncretism*, New York, Bobbs-Merrill, 1953
110 Graves, R., *Adam's Rib*, London, Trianon Press, 1955
111 Graves, R., *Griechische Mythologie*, Reinbek 1984, Rowohlt
112 Graves, R. and Patai, R., *Hebräische Mythen*, Reinbek 1986, Rowohlt
113 Graves, R., *Seven Days in New Crete*, London, Cassell, 1949
114 Gray, W. G., *Inner Traditions of Magic*, London, Aquarian, 1970
115 Gray, W. G., *Magical Ritual Methods*, Toddington, Helios, 1971
116 Gray, W. G., *Western Inner Workings*, New York, Weiser, 1983
117 Green, M., *Experiments in Aquarian Magic*, Wellingborough, Aquarian, 1985
118 Green, M., *Magic in the Aquarian Age*, Wellingborough, Aquarian, 1983
119 Greene, B. and Gollancz, V., *God of a Hundred Names*, London, Gollancz, 1962
120 Greer, M. K., *Tarot For Your Self: a Workbook for Personal Transformation*, North Hollywood, Newcastle Publications Company Inc., 1984
121 Grossinger, R., *The Alchemical Tradition*, Berkeley, North Atlantic Books, 1983
122 Grossinger, R., *Der Mensch, die Nacht und die Sterne*, München 1988, Goldmann
123 Guénon, R., *Crisis of the Modern World*, London, Luzac, 1975
124 Guénon, R., *Symboles Fondamentaux de la Science Sacrée*, Paris, Gallimard, 1962
125 Guirdham, A., *The Great Heresy*, Jersey, Neville Spearman, 1977
126 Guthrie, W. K. C., *Orpheus and Greek Religion*, New York, W. W. Norton, 1966
127 Halevi, Z., *Adam and the Kabbalistic Tree*, London, Rider, 1974
128 Halevi, Z., *Kabbalah: Tradition of Hidden Knowledge*, London, Thames & Hudson, 1979
129 Halevi, Z., *A Kabbalistic Universe*, London, Rider, 1977
130 Halevi, Z., *The Work of the Kabbalist*, London, Gateway Books, 1985
131 Hall, M. P., *The Adepts in the Western Esoteric Tradition*, Los Angeles, Philosophical Research Society, 1949
132 Hall, M. P., *Magic*, Los Angeles, Philosophical Research Society, 1978
133 Hall, M. P., *The Secret Teachings of All Ages*, Los Angeles, Philosophical Research Society, 1975
134 Hargrave, J., *The Life and Soul of Paracelsus*, London, Gollancz, 1951
135 Harner, M., *Der Weg des Schamanen*, Reinbek 1986, Rowohlt
136 Haughton, R., *The Catholic Thing*, Dublin, Villa Books, 1979
137 Haughton, R., *Tales from Eternity: The World of Faeries and the Spiritual Search*, London, Allen & Unwin, 1973
138 Hauschka, R., *Substanzlehre*. Frankfurt 1985. V. Klostermann
139 Hawkridge, R., *The Wisdom Tree*. New York, Houghton Mifflin Co., 1945
140 Heller, A., *Der Mensch der Renaissance*, Frankfurt 1988, Suhrkamp
141 *Hermetic Journal* ed. A. McLean, issn. 01416391, Edinburgh 1978
142 Hesse, H., *Das Glasperlenspiel*, Frankfurt, Suhrkamp
143 Hildegard von Bingen, Auswahl. Olten, Freiburg 1980, Walter

144 Hoeller, S. A., *Der gnostische Jung. Und die sieben Reden an die Toten.* Calw 1987, Schatzkammer
145 Hoffman, E., *The Way of Splendour: Jewish Mysticism and Modern Psychology*, Boulder, Shambhala, 1981
146 *Homage to Pythagoras*, Lindisfarne Newsletter 1981, West Stockbridge
147 Hope, M., *Practical Egyptian Magic*, Wellingborough, Aquarian, 1984
148 Hope, M., *Practical Techniques of Psychic Self-Defence*, Wellingborough, Aquarian, 1983
149 Houselander, C., *Letters*, London, Sheed & Ward, 1965
150 Huizinga, J., *Der Herbst des Mittelalters*, Stuttgart 1975, Krönen
151 Huxley, A., *Die ewige Philosophie*, München 1987, Piper
152 Iamblicus., *De mysteriis aegyptiorum*, Würzburg 1984
153 Jackson-Knight, W. F., *Vergil: Epic and Anthropology*. London, Allen & Unwin, 1967
154 Jacobs, L., *Jewish Mystical Testimonies*, New York, Schoken Books, 1976
155 St John of the Cross, *Four Poems*, trans, Y. Orta, Oxford, Carmelite Priory, Boar's Hill, 1984
156 Johnston, W., *Christian Mysticism Today*, London, Collins, 1984
157 Jonas, H., *Die gnostische Religion*, Frankfurt 1987, Insel
158 Jones, D., *Epoch and Artist*, London, Faber, 1959
159 Jones, P., *Physics as Metaphor*, London, Wildwood, 1983
160 Julian of Norwich, *Revelations of Divine Love*, Wheathampstead, Anthony Clarke, 1973
161 Jung, C. G., *Gesammelte Werke*, Walter Verlag
162 Jung, C. G., *Die Archetype und das Kollektive Unbewußte*, Gesammelte Werke Bd. 9/1, Walter Verlag
163 Jung, C. G., *Erinnerungen, Träume, Gedanken*, aufgez. u. hg. von Aniela Jaffé, Walter Verlag
164 Jung, C. G., *Psychologie und Alchemie*, Bd. 12, Ges. W., Walter Verlag
165 Aniela Jaffé, *C. G. Jung, Bild und Wort, eine Biographie*, Walter Verlag
166 Jung, E. and v. Franz, M., *The Grail Legends*, London, Hodder, 1956
167 Kaplan, A., *Meditation and the Bible*, Maine, Weiser, 1978
168 Kaplan, A., *Meditation and Kabbalah*, York Beach, Weiser, 1982
169 Keen, M., *Chivalry*, New Harlem, Yale University Press, 1984
170 Kempis, Thomas von: *Nachfolge Christi*. Versch. Ausgaben
171 Kerenyi, K., *Apollo*, Dallas, Spring Publications, 1983
172 Kerenyi, K., *Asklepios*, New York, Pantheon Books, 1959
173 Kerenyi, K., *Die Mythologie der Griechen*, München, dtv
174 Kerenyi, K., *Hermes, Guide of Souls*, Zurich, Spring Books, 1976
175 Kerenyi, K., *The Heroes of the Greeks*, London, Thames & Hudson, 1959
176 Kierkegaard, S., *For Self-Examination and Judge for Yourselves*, trans. W. Lowrie, Oxford, Oxford University Press, 1941
177 Klibansky, R., *Continuity of the Platonic Tradition*, London, Warburg Institute, 1939
178 Knight, G. and McLean, A., *Commentary on the Chymical Wedding of Christian Rosenkreutz*, Edinburgh, Magnum Opus Hermetic Sourceworks, 1984
179 Knight, G., *Experience of Inner Worlds*, Toddington, Helios, 1975
180 Knight, G., *A History of White Magic*, London, Mowbrays, 1978
181 Knight, G., *Occult Exercises and Practices*, Wellingborough, Aquarian, 1982
182 Knight, G., *The Practice of Ritual Magic*, Wellingborough, Aquarian, 1979
183 Knight, G., *A Practical guide to Qabalistic Symbolism*, Toddington, Helios, 1965
184 Knight, G., *The Rose-Cross and the Goddess*, Wellingborough, Aquarian, 1985

185 Knight, G., *The Secret Tradition in Arthurian Legend*, Wellingborough, Aquarian, 1984
186 *Kore Kosmou*, trans. A. Kingsford and E. Maitland, Minneapolis, Wizard's Bookshelf, 1977
187 Lacarriere, J., *The Gnostics*, London, Peter Owen, 1977
188 Lambert, M. D., *Medieval Heresy*, London, Edward Arnold, 1977
189 Lang-Sims, L., *The Christian Mystery*, London, Allen & Unwin, 1980
190 Le Roy Ladurie, E., *Montaillou*, London, Scholar Press, 1978
191 *Lenten Triodion*, trans. Mother Mary and Archimandrite K. Ware, London, Faber, 1977
192 Lewis, C. S., *The Business of Heaven*, London, Fount, 1984
193 Lewis, C. S., *The Discarded Image*, Cambridge University Press, 1964
194 Lewis, C. S., *Till we Have Faces*, London, Fount, 1978
195 Lievegoed, B. C. J., *Mystery Streams in Europe and the New Mysteries*, New York, Anthroposophic Press, 1982
196 Lindisfarne Letter no 9. *Poetry and Prophecy*, West Stockbridge, 1979
197 Lindsay, J., *The Origins of Alchemy in Graeco-Roman Egypt*, London, Frederick Muller, 1970
198 Lindsay, J., *The Troubadours*, London, Frederick Muller, 1976
199 Lionel, F., *The Seduction of the Occult Path*, Wellingborough, Turnstone, 1983
200 Lossky, V., *The Mystical Theology of the Eastern Church*, Cambridge, James Clarke & Co. Ltd., 1957
201 Love, J., *Die Quantengötter* 1987, Reinbek, Rowohlt
202 Lucian, *The Syrian Goddess*, Constable, 1913
203 Lurker, M., *Lexikon der Götter und Symbole der alten Ägypter*, 1987, München, Scherz
204 *Mabinogion*, ed. and trans. Lady Charlotte Guest, John Jones, Cardiff, 1977
205 McClain, E. G., *The Pythagorean Plato*, Nicholas Hays, 1978
206 McGregor-Mathers, S. L., *The Book of the Sacred Magic of Abra-Melin the Mage*, Wellingborough, Thorsons, 1976
207 McIntosh, C., *Rosy Cross Unveiled*, Wellingborough, Aquarian Press, 1980
208 McLean, A., *A Compendium on the Rosicrucian Vault*, Hermetic Research Series, 12 Antigua Street, Edinburgh, 1985
209 McLean, A., ‹*A Hermetic Origin of the Tarot Cards!*› in *Hermetic Journal*, vol. 21, Autumn 1983
210 McLean, A., *Journal of Rosicrucian Studies I*, Autumn 1983, 12 Antigua Street, Edinburgh
211 McLean, A., ‹Robert Flood's Great Treatise of Rosicrucian Science› in *Hermetic Journal* No. 17, Autumn 1982
212 McLean, A., ‹A Rosicrucian Alchemical Mystery Centre in Scotland› in *Hermetic Journal* No. 4, Summer 1979
213 McLean, A., *The Western Mandala*, Hermetic Research Series, 12 Antigua Street, Edinburgh, 1983
214 McWaters, B., *Conscious Evolution*, Wellingborough, Turnstone Press, 1983
215 Macrobius, Opera, 2 Bde., *Commentarii in somnium Scipionis*, Bd. 2, 1970 Teubner (DDR)
216 Malory, Sir Thomas, *Die Geschichte von König Artus u. den Rittern seiner Tafelrunde* (3 Bde.), 1977, Insel
217 Matthews, C., ‹The Rosicrucian Vault as Sepulchre and Wedding Chamber› in Stewart, B., *The Initiation of the Underworld*. Wellingborough, Aquarian Press, 1985
218 Matthews, C., *The Search for Rhiannon*, Frome, Brans Head, 1981
219 Matthews, C., ‹Sophia as Companion on the Quest› in *At the Table of the Grail*, ed J. Matthews, Routledge & Kegan Paul, 1983

220 Matthews, J., *At The Table of the Grail*, Routledge & Kegan Paul, 1983
221 Matthews, J., *The Grail, Quest for the Eternal*, Thames & Hudson, 1981
222 Matthews, J. and Green, M., *The Grail Seekers Handbook*, Wellingborough, Aquarian Press, 1986
223 Mead, G. R. S., *Apollonius of Tyana*, University Books, New York, 1966
224 Mead, G. R. S., *Fragments of a Faith Forgotten*, New York, University Books, 1960
225 Mead, G. R. S., *Mysteries of Mithras*, Theosophical Publishing Society, 1907
226 Mead, G. R. S., *Orpheus*, J. M. Watkins, 1965
227 Mead, G. R. S., *Thrice Greatest Hermes*, J. M. Watkins, 1964
228 Mead, G. R. S., *Vision of Aridaeus*, Theosophical Publishing Society, 1907
229 Meltzer, D., *Six*, Santa Barbara, Black Sparrow Press, 1976
230 Menahem Nahum of Chernobyl, *Upright Practices*, New York, Paulist Press, 1982
231 Merry, E., *I Am: the Ascent of Mankind*, Rider, 1944
232 Merton, T., *Asiatisches Tagebuch, 1987, Benziger*
233 Merton, T., *Der Berg der sieben Stufen*, 1985, Benziger
234 Miller, R., *Continents in Collision*, Amsterdam, Time-Life, 1983
235 Milton, J., *Complete Poetry*, New York, Anchor Books, 1971
236 Moore, V., *The Unicorn: William Butler Yeats' Search for Reality*, New York, Macmillan, 1954
237 *Munificentissimus Deus (Pope Pius XII)*, Daughters of St Paul, Derby, New York, 1950
238 Mylius, J. D., trans. P. Tahta, *Alchemical Engravings*, Magnum Opus Hermetic Sourcebooks, Edinburgh, 1984
239 *Nag Hammadi Library*, trans J. M. Robinson, Leiden, Brill, 1977
240 Nahman of Bratislav, *The Tales*, Paulist Press, New York, 1978
241 Needleman, J., *Lost Christianity*, New York, Doubleday, 1980
242 Needleman, J. ed., *Sword of Gnosis*, Baltimore, Penguin Books, 1974
243 Nennius, *British History and the Welsh Annals*, London and Chichester, Phillimore, 1980
244 Newman, J. H., *The Arians of the 4th Century*, E. Lumley, 1871
245 Nicholas of Cusa, *The Vision of God*, New York, 1960
246 Origen, trans. Gasser, M., *An Exhortation to Martyrdom and Other Writings*, London, SPCK 1979
247 *Orphic Hymns*, Text, trans. and Notes by A. M. Athanassakis, Missoula, Montana Scholars Press, 1977
248 Otto, W. F., *Dionysos. Mythos und Kultus*, 1980 Klostermann
249 Ovid, *Metamorphosen* (Reclams UB) Reclam
250 *Oxford Classical Dictionary*, ed. N. G. K. Hammond, and H. H. Scullard, London, Oxford University Press, 1970
251 *Oxford Dictionary of the Christian Church* ed F. L. Cross and E. A. Livingston, London, Oxford University Press, 1957
252 *Oxford Dictionary of Nursery Rhymes*, ed. I. and P. Opie, London, Oxford University Press, 1951
253 Paracelsus, *The Archidoxes of Magic*, Askin Publishers, 1975
254 Paracelsus, *Selected Writings*, ed. J. Jacobi, New Jersey, Princeton University Press, 1951
255 Patai, R., *The Hebrew Goddess*, New York, Avon Books, 1978
256 Pausanius, *Guide to Greece*, trans. P. Levi, Harmondsworth, Penguin Books, 1971
257 Pelikan, J., *Vindication of Tradition*, New Haven and London, Yale University Press, 1984
258 *Perlesvaus: The High History of the Holy Grail*, trans. S. Evans, J. M. Dent, 1911

259 Perry, M., *Psychic Studies*, Wellingborough, Aquarian Press, 1984
260 Perry, W. N., *A Treasury of Traditional Wisdom*, Allen & Unwin, 1971
261 Philo of Alexandria, *The Contemplative Life*, Paulist Press, 1981
262 Pindar, *Oden* (Reclam UB 8314) Reclam
263 Piske, L., *The Actor and His Body*, Harrap, 1975
264 *Pistis Sophia*, ed. G. R. S. Mead, New Jersey, University Books, 1974
265 Platon, *Sämtliche Werke* (Rowohlt TB) 6 Bde. Reinbek. Rowohlt
266 Platon, *Die Erzählung des Er*, aus: Platon: *Phaidon und Politaia*, Rowohlt Klassiker
267 Platon, ebda.
268 Plotinos, *Die Enneaden*
269 Plotinos, ebda. Plotin: Über Ewigkeit und Zeit, Klostermann Texte Philos. 1981
270 Plutarch, *Moralia V*, ‹Isis und Osiris› trans. F. C. Babbitt, London, Heinemann, Cambridge, Mass., Harvard University Press, 1957
271 Plutarch, *Moralia VI* ‹On the Sign of Plato› trans. P. H. De Lacy and B. Einarson, London, Heinemann, Cambridge Mass., Harvard University Press, 1968. Plutarch, Moralia (7 Bde.), Teubner (DDR)
272 Ponce, C., *The Game of Wizards*, New York, Penguin Books, 1975
273 Ponce, C., *Papers Towards a Radical Metaphysics – Alchemy*, Berkeley, California, North Atlantic Books, 1983
274 Potok, C., *The Book of Lights*, Heinemann, 1982
275 Potok, C., *The Chosen*, Harmondsworth, Penguin Books, 1970
276 Powys, J. C., *Morwyn or the Vengeance of God*, Village Press, 1974
277 *Quest fo the Holy Grail*, trans. P. Metarasso, Harmondsworth, Penguin Books, 1969
278 Quinn, E. C., *The Quest of Seth*, University of Chicago, 1962
279 Quispel, G., *Secret Book of Revelation*, Collins, 1979. Quispel, G., *Gnosis als Weltreligion*, Origo
280 Raine, K., *Defending Ancient Springs*, Oxford University Press, 1967
281 Rakoczi, B. I., *Fortune Telling*, MacDonald, 1970
282 Reeves, M., *Joachim of Fiore and the Prophetic Future*, SPCK, 1976
283 Regardie, I., *Das magische System des Golden Dawn* (3 Bde.), H. Bauer
284 Regardie, I., *Foundation and Practice of Magic*, Wellingborough, Aquarian Press, 1979
285 Regardie, I., *The Golden Dawn*, Saint Paul, Llewellyn Publishers, 1971
286 Regardie, I., *How to Make and Use Talismans*. Wellingborough Aquarian Press, 1981
287 *Rider Book of Mystical Verse*, ed. J. M. Cohen, Rider Books, 1983
288 Roberts, R., *Tarot Revelation*, Privately Printed, L. C. 80–50329. n. d.
289 Robertson, S. M., *Rosegarden and Labyrinth*, London, Routledge & Kegan Paul, 1963
290 *The Rosary of the Philosophers*, ed. Adam McLean, Edinburgh, Hermetic Sourceworks, 1980
291 Rudolph, K., *Die Gnosis*. 1980. Vandenhoeck
292 Schaya, L., *Universal Meaning of the Kabbalah*, London, Allen & Unwin, 1971
293 Scholem, G. G., *Die jüdische Mystik in ihren Hauptströmungen*, 1988, Suhrkamp
294 Schuon, F., *Esotericism as Principle and as Way*, Bedford, Perennial Books, 1981
295 Schure, E., *The Great Initiates*, New York, Mackay, 1913
296 Schwaller de Lubicz, R. A. S., *Nature Word*, West Stockbridge, Lindisfarne Press, 1982
297 Schwaller de Lubicz, R. A. S., *The Opening of the Way*, New York, Inner Traditions Int., 1981

298 Schwaller de Lubicz, R. A. S., *Sacred Science*, New York, Inner Traditions Int., 1982
299 Schwaller de Lubicz, R. A. S., *Symbol and the Symbolic*, New York, Inner Traditions Int., 1978
300 Schwartz-Bart, A., *The Last of the Just*, Harmondsworth, Penguin, 1984
301 Schweighardt, T., *The Mirror of Wisdom*, trans. D. McLean in *Hermetic Journal* no. 25
302 Scott, W., *Hermetica* vol. I. Boulder, Hermes House, 1982
303 Scruton, R., *From Descartes to Wittgenstein*. London, Routledge & Kegan Paul, 1981
304 Serrano, M., *El/Ella: Book of Magical Love*, London, Routledge & Kegan Paul, 1973
305 Serrano, M., *Nos: Book of the Resurrection*, London, Routledge & Kegan Paul, 1984
306 Serrano, M., *Die Besuche der Königin von Saba*, 1980, Aurum
307 Shumaker, W., *The Occult Sciences in the Renaissance*, Berkeley, University of California Press, 1972
308 Silverberg, R., *The Realm of Prester John*, New York, Doubleday & Co., 1972
309 Sinclair, J. R., *The Alice Bailey Inheritance*, Wellingborough, Turnstone Press, 1984
310 Singer, I. P., *The Golem*, London, Deutsch, 1983
311 Slade, H., *Contemplative Meditation*, London, Darton Longman & Todd, 1977
312 Smith, M., *Jesus the Magician*, London, Gollancz, 1978
313 Solomon, J., *The Structure of Matter*, Newton Abbot, David & Charles, 1973
314 Sorabji, R., *Time, Creation and the Continuum*, London, Duckworth, 1983
315 Southwell, R., *Poetical Works*, London, John Russell Smith, 1856
316 Spence, L., *Occult Sciences in Atlantis*, London, Aquarian Press, 1970
317 Rudolf Steiner, Ausgewählte Werke. Kass; 1985, Fischer. Steiner, R., *Atlantis and Lemuria*, New York, Anthroposophical Publications Co., 1923
318 Steiner, R., *The Course of My Life*, New York, Steiner Books, 1977
319 Steiner, R., *Evolution and Consciousness*, London, Rudolf Steiner Press, 1979
320 Steiner, R., *Occult Science, an Outline*, London, Rudolf Steiner Press, 1979
321 Steiner, R., *The Occult Significance of Blood*, London, Rudolf Steiner Press, 1967
322 Stewart, R. J., *The Underworld Initiation*, Wellingborough, Aquarian Press, 1985
323 Stewart, R. J., *The Waters of the Gap*, Bath, Bath City Council, 1981
324 Szekeley, E. B., *The Gospel of the Essenes*, London, C. W. Daniel, 1976
325 Taylor, T., *Selected Writings*, ed. K. Raine, Princeton, Princeton University Press, 1969
326, 327 Teilhard de Chardin, *Werke*, Bd. 2–7 u. 10, 1985, Walter Verlag
328 *Temenos*, ed. K. Raine, 47 Paultons Square, London SW3 5DT.issn 02624524, 1981 et seq.
329 Temple, R., *Conversations With Eternity*, London, Rider, 1984
330 Tillyard, E. M. W., *The Elizabethan World Picture*, London, Chatto & Windus, 1943
331 Tolstoi, N., *Auf der Suche nach Merlin*. Mythos u. geschichtliche Wahrheit. 1988, Deutsche V.A.
332 Trinick, J., *The Fire-Tried Stone*, London, Stuart & Watkins, 1967
333 Underhill, E., *Mystik*. 1973, Larber & Turm Verlag
334 Underkircher, F., *Le Livre du Cœur d'Amours Espris*, London, Thames & Hudson, 1975

335 Unterman, A., *The Jews: Their Religious Beliefs and Practics*, London, Routledge & Kegan Paul, 1981
336 Urmson, J. O., *Concise Encyclopedia of Western Philosophy and Philosophers*, London, Hutchinson, 1960
337 Vaughan, H., *The Complete Poems*, ed. Alan Rudrum. Harmondsworth, Penguin, 1976
338 Vaughan, T., *The Works of Thomas Vaughan*, New York, University Books, 1968
339 Vermaseren, M. J., *Cybele and Attis*, London, Thames & Hudson, 1977
340 Vermaseren, M. J., *Mithras, the Secret God*, London, Chatto & Windus, 1963
341 Versluis, A., *The Philosophy of Magic*, London, Routledge & Kegan Paul, n. d.
342 Vidal, G., *Julian*, Hamburg 1988, Hoffmann & Campe
343 Virgil, *Die Eklogen*
344 Von Eschenbach, W., *Parzival*
345 Von Franz, M. L., *Alchemical Active Imagination*, Irving, Spring Books, 1979
346 Von Franz, M. L., *Alchemy*, Toronto, Inner City Books, 1980, von Franz, M. L., Ausgewählte Schriften, 1985, Daimon
347 Waddell, H., *Songs of the Wandering Scholars*, London, Folio Society, 1982
348 Waite, A. E., *The Brotherhood of the Rosy Cross*, New York, University Books, 1961
349 Waite, A. E., *The New Encyclopedia of Freemasonry*, New York, Weathervane Books, 1970
350 Walker, B., *Gnosticism*, Wellingborough, Aquarian Press, 1983
351 Walker, D. P., *Spiritual and Demonic Magic*, London, University of Notre Dame, 1969
352 Wang, R., *The Qabalistic Tarot*, Maine, Weiser, 1983
Wang, R., *Der Tarot des Golden Dawn*, 1987, Urania
353 Warden, J., *Orpheus: the Metamorphosis of a Myth*, Toronto, University of Toronto Press, 1982
354 Ware, T., *The Orthodox Church*, Harmondsworth, Penguin, 1963
355 Ware, K., *The Orthodox Way*, London and Oxford, Mowbrays, 1979
356 Wasson, R. G., *Der Weg nach Eleusis*. 1984, Insel
357 West, M. L., *The Orphic Poems*, Oxford, The Clarendon Press, 1984
358 Whone, H., *Church, Monastery, Cathedral*, Tisbury, Compton Russell Element, 1977
359 Wilby, B., *New Dimensions Red Book*, Toddington, Helios Books, 1968
360 Wilson, P. L., *Engel*. 1981, Kohlhammer
361 Watt, R. E., *Isis in the Graeco-Roman World*, London, Thames & Hudson, 1971
362 Yates, F., *The Art of Memory*, London, Routledge & Kegan Paul, 1966
363 Yates, F., *Giordano Bruno and the Hermetic Tradition*, London, Routledge & Kegan Paul, 1971
364 Yates, F., *Occult Philosophy in the Elizabethan Age*, London, Routledge & Kegan Paul, 1979
365 Yates, F., *The Rosicrucian Englightenment*, London, Routledge & Kegan Paul, 1972
366 Yeats, W. B., *Autobiography*, New York, Collier-Macmillan, 1974
Yeats, W. B., *Werke*. (6 Bde.) 1977, Luchterhand
367 Zoroaster, *The Chaldean Oracles*, Wellingborough, Aquarian, 1983

Diskographie

368 Abelard, P., *Planctus Jephtha*, Studio der Frühen Musik, Reflexe 1C 063–30–123
369 *L'Agonie du Languedoc*, Studio der Frühen Musik with Claude Marti, Reflexe 1C 063–30–132
370 *The Art of the Psaltery*, Les Musiciens de Provence with Maurice Guis, Arion ARN 36613
371 Ashcroft-Nowicki, D., *The Halls of Osiris*, Sulis Music, BCM 3721, London WC1N 3XX
372 Ashcroft-Nowicki, D., *The Journey of the Fool*, Sulis Music, BCM 3721, London WC1N 3XX
373 Bearns, R. and Dexter, R., *The Golden Voyages tapes 1–4*, Awakening Productions Inc.
374 Chants d'Exil, Boston Camerata, Erato Stu 71429
375 Dowland, J., *Songs, Books III*, Consort of Musicke, Oiseau-Lyre I DSLO 508–9, 528–1 & 531–2
376 Dunstable, J., *Motets*, Hilliard Ensemble, HMV ASD 1467031
377 Gesualdo, *First Book of Madrigals*, Consort of Musicke, Oiseau-Lyre HO 128–1
378 Hildegard von Bingen, Äbtissin, *A Feather on the Breath of God*, Gothic Voices, Hyperion A66039
379 Hovhaness, I., *Fra Angelico* op. 220, Unicorn Records UNS 243
380 Hovhaness, I., *St Varten Symphony* op. 80, Unicorn RHS 317
381 Kindler, S. and Warner, P. I., *Lemurian Sunrise*, Waterfall Music 105
382 Knight, G., *The Calling of King Arthur*, 8 Acorn Avenue, Braintree, Essex
383 Knight, G., *Contacting the Western Masters*, 8 Acorn Avenue, Braintree, Essex
384 Knight, G., *Dion Fortune's Magical Battle of Britain*, 8 Acorn Avenue, Braintree, Essex
385 Knight, G., *Dion Fortune's War Letters*, (2 tapes), 8 Acorn Avenue, Braintree, Essex
386 Knight, G., *The Phaidon Scripts* (2 tapes), 8 Acorn Avenue, Braintree, Essex
387 Knight, G., *Visions of Lost Atlantis*, 8 Acorn Avenue, Braintree, Essex
388 Lassus, O., *Lagrimi di San Pietro*, Consort of Musicke, Oiseau-Lyre DSDL 706
389 Lawes, W., *Dialogues, Psalms and Elegies*, Consort of Musicke, Oiseau-Lyre DSLO 574
390 Matthews, C. and J., *Walking the Western Way*, Sulis Music, BCM 3721, London WC1N 3XX
391 Mozart, W. A., *The Magic Flute.* (Zauberflöte) Berliner Philharmoniker (Boehme) DG 138981–3
392 *Music from the Time of the Popes at Avignon*, Jean-Claude Malgoire and the Florigeum Musicium de Paris, CBS 76534
393 *Music in Christian and Jewish Spain*, Hesperion XX, Reflexe IC 163–30–125/26
394 *Music of Ancient Greece*, Atrium Musical de Madrid HM 1015

395 Orff, G., *Trionfi*, BASF 59–21346–3
396 Pinter, J., *Secrets from the Stone*, Sona Gaia Productions C123
397 Scriabin, A., *Symphonies 1–3*, Melodiya 80030 XHK
398 Upper Astral, *Crystal Cave: Back to Atlantis*, New World Cassettes AM109
399 Vaughan-Williams, R., *Job: a Masque for Dancing*, HMV 2673
400 Vaughan-Williams, R., *The Sons of Light*, Lyrita SRCS 125

Stressverhalten ändern lernen

Dietmar Juli / Angelika Schulz
Stressverhalten ändern lernen
Vorbeugung und Hilfe bei psychosomatischen Störungen und Krankheiten
(rororo sachbuch 60214)
Stress als Krankheitsfaktor ist nicht mit einfachen Rezepten zu bewältigen. Die gutgemeinten Empfehlungen populärer Ratgeber lassen meist außer acht, daß die Reaktion auf Belastungen individuell sehr verschieden ist. Jedes gesundheitsschädliche Stressverhalten ist Folge einer persönlichen Entwicklung, die erkannt werden muß, damit Änderungen möglich werden. Hier setzt dieses Buch an; es verbindet das medizinische Stresskonzept mit Aussagen der psychologischen Lerntheorie.

Gisa Briese-Neumann
Herausforderung Stress
Gesund durch Körper- und InnerManagement
(rororo sachbuch 60212)
Das vorliegende Buch soll Sie in die Lage versetzen, Stress und Konfliktpotential zu erkennen und deren Ursachen gezielt zu vermeiden und zu überwinden. Das Besondere an Gisa Briese-Neumanns Ansatz ist, daß dies auf drei Ebenen geschieht: im körperlichen, im geistigen und im seelischen Bereich.

Paul Wilson
Wege zur Ruhe *100 Tricks und Techniken zur schnellen Entspannung*
(rororo sachbuch 60119)

rororo gesundes leben

Paul Wilson
Zur Ruhe kommen *Einfache Wege zur Meditation*
(rororo sachbuch 60533)

Rolf Degen
Der kleine Schlaf zwischendurch
In Minuten frisch, erholt und fit
(rororo sachbuch 60213)
Nickerchen, Powerschlaf, Siesta, Nap – der kleine Schlaf zwischendurch hat viele Namen und ist so alt wie die Menschheit selbst. In unserer modernen Stressgesellschaft bekommt er als Fitness- und Wellnessbringer eine völlig neue Bedeutung. Der Minischlaf hat nicht nur gesundheitsfördernde Wirkungen, sondern kann auch gezielt eingesetzt werden, um den Nachtschlaf ganz oder teilweise zu ersetzen.

Ein Gesamtverzeichnis aller lieferbaren Titel der Reihe *rororo gesundes leben* finden Sie in der *Rowohlt Revue*. Vierteljährlich neu kostenlos in Ihrer Buchhandlung.

Ernährung ist die beste Medizin

Rosemarie Franke / Prof. Dr. med. Ingrid Mühlhauser
Ernährung ist die beste Medizin: Bluthochdruck
(rororo sachbuch 60448 / Großformat)
Erfahren Sie hier, was Sie schon immer über Ihren erhöhten Blutdruck und eine gesunde Ernährung wissen wollten. Lassen Sie sich verführen von köstlichen blutdrucksenkenden Rezepten und vielen einfachen Tips, die auch das Abnehmen erleichtern.

Rosemarie Franke / Prof. Dr. med. Armin Steinmetz
Ernährung ist die beste Medizin: Erhöhter Cholesterinspiegel
(rororo sachbuch 60447 / Großformat)

Rosemarie Franke / Prof. Dr. med. Hans Hauner
Ernährung ist die beste Medizin: Diabetes Typ 2
(rororo sachbuch 60446 / Großformat)

Herbert Jost
Wege zum Wunschgewicht *Schlank und gesund mit dem Kombi-Programm*
(rororo sachbuch 19792 / Großformat)
Mit dem dreiteiligen Kombi-Programm und vielen wertvollen Tips können Sie Ihr Wunschgewicht langfristig halten.

Neal Barnard
Iß dich fit *Die vitalisierende Kraft natürlicher Ernährung*
(rororo sachbuch 60534)

rororo gesundes leben

Gudrun Dalla Via
Power-Nahrung fürs Gehirn *Tips und Rezepte für mehr Konzentration und Kreativität*
(rororo sachbuch 60371)

Regina Naumann
Bioaktive Substanzen: die Gesundmacher in unserer Nahrung *Heilstoffe und ihre Wirkung. Einkaufstips und Rezepte*
(rororo sachbuch 60211)

Robyn Landis
BodyFood *Schlemm dich schlank und fit*
(rororo sachbuch 60278)
BodyFood bietet eine bahnbrechende Methode, durch die richtige Nahrung neue Kraft zu schöpfen, die Energien des Körpers optimal zu nutzen, die Leistungsfähigkeit zu erhöhen, mehr Lebensfreude zu gewinnen und in der Folge quasi wie von selbst Fettgewebe zu reduzieren.

Rowohlt im Internet: www.rowohlt.de

Gesundheit rundum

Richard Hallam
Leben mit Tinnitus *Wie Ohrgeräusche erträglicher werden*
(rororo sachbuch 19932)
Da bei Tinnitus eine medikamentöse oder chirurgische Behandlung nur in wenigen Fällen möglich ist, müssen die meisten Betroffenen lernen, mit Ohrgeräuschen zu leben. Richard Hallam, führender Tinnitus-Forscher und -Therapeut, gibt hierzu kompetente und zugleich einfühlsame Anleitung.

Lisette Scholl
Das Augenübungsbuch *Besser sehen ohne Brille – eine ganzheitliche Therapie*
(rororo sachbuch 19136)

Joachim Grifka
Die Knieschule *Hilfe bei Kniebeschwerden*
(rororo sachbuch 19186)
Das Buch zeigt, wie man sich bei Kniegelenksbeschwerden selbst helfen kann und welche Erkrankungen ärztlich behandelt werden müssen. Es gibt dem Patienten die Möglichkeit, genaue Fragen zu stellen und die ärztliche Behandlung besser zu verstehen.

Louis J. Rosner / Shelley Ross
Multiple Sklerose *Neue Hoffnung für Menschen mit MS*
(rororo sachbuch 19759)
«Das beste Buch über Multiple Sklerose für Betroffene.»
The New England Journal of Medicine

rororo gesundes leben

Benno Werner
Im Rhythmus der Jahreszeiten *Gesund leben im Einklang mit der Natur*
(rororo sachbuch 60279)
Der Autor zeigt auf, welche Organe in welcher Jahreszeit besonders aktiv sind und welche Emotionen in dieser Zeit dominieren. Mit zahlreichen Übungen für Körper, Geist und Seele gibt er wertvolle Hinweise für ein gesundes Leben im Einklang mit der Natur.

Nicole Ronsard
Das Anti-Cellulite-Erfolgsprogramm
(rororo sachbuch 60370)
Die Autorin hat ein erfolgversprechendes, ganzheitliches Programm zusammengestellt, das der «Orangenhaut» gezielt zu Leibe rückt.

Ein Gesamtverzeichnis aller lieferbaren Titel der Reihe *rororo gesundes leben* finden Sie in der *Rowohlt Revue*. Vierteljährlich neu. Kostenlos in Ihrer Buchhandlung.

Wieder gesund werden

Greg Anderson
Diagnose Krebs: 50 Erste Hilfen
(rororo sachbuch 19929)
Die Diagnose Krebs löst bei den meisten Betroffenen einen Schock aus, dem Verzweiflung und Handlungsunfähigkeit folgen. Hier setzt der Autor mit seinen «Ersten Hilfen» ein: Knapp und kurz gibt er 50 Handlungsanweisungen für die Zeit unmittelbar «danach». Ein Kursbuch für Krebspatienten, welches zeigt, daß Erkrankte auf einem Weg sind, den sie selbst entscheidend mitgestalten.

O. Carl Simonton / Stephanie Matthews Simonton / James Creighton
Wieder gesund werden *Eine Anleitung zur Aktivierung der Selbstheilungskräfte für Krebspatienten und ihre Angehörigen*
(rororo sachbuch 19199)
Was kann ein Kranker über die ärztlich verordnete Behandlung hinaus tun, um aktiv an seiner Gesundung mitzuwirken? Welche Rolle spielen seelische Vorgänge bei der Entstehung und bei der Heilung von Krankheiten? Die Autoren wollen mit ihrer praktischen Anleitung zur Selbsthilfe die herkömmliche medizinische Behandlung nicht ersetzen, sondern ergänzen. Sie zeigen anhand zahlreicher Fallbeispiele, daß Hoffnung, Vertrauen und Zuversicht sowie ein neues Umgehen mit sich selbst wichtige Voraussetzungen für Gesundwerden und Gesundbleiben sein können.

rororo gesundes leben

O. Carl Simonton / Reid M. Henson / Brenda Hampton
Auf dem Wege der Besserung
Schritte zur körperlichen und spirituellen Heilung
(rororo sachbuch 19791)

Judith McKay / Nancee Hirano
Chemotherapie: Information und Hilfen
(rororo sachbuch 19788)
«Die Deutsche Krebshilfe begrüßt es sehr, daß der Rowohlt Verlag diesen wertvollen Ratgeber aus dem Amerikanischen ins Deutsche übersetzt und in sein Verlagsprogramm aufgenommen hat ...»
Dr. Helmut Geiger, Präsident der Deutschen Krebshilfe, in seinem Geleitwort

Ein Gesamtverzeichnis aller lieferbaren Titel der Reihe *rororo gesundes leben* finden Sie in der *Rowohlt Revue*. Vierteljährlich neu. Kostenlos in Ihrer Buchhandlung.

Rowohlt im Internet:
www.rowohlt.de

3407/8c